U0917644

文淵閣『四庫全書』岳飛資料匯編

上卷

王德保　岳朝軍◎主編

中国社会科学出版社

圖書在版編目(CIP)數據

文淵閣《四庫全書》岳飛資料匯編：全2册 / 王德保，岳朝軍主編．—北京：中國社會科學出版社，2015.2

ISBN 978-7-5161-5570-7

Ⅰ.①文… Ⅱ.①王… Ⅲ.①岳飛（1103～1142）-人物研究-資料-匯編 Ⅳ.①K825.2

中國版本圖書館CIP數據核字(2015)第032769號

出 版 人 趙劍英
責任編輯 任 明
責任校對 李 楠
責任印製 何 艷

出 版 中国社会科学出版社
社 址 北京鼓樓西大街甲158號
郵 編 100720
網 址 http://www.csspw.cn
發 行 部 010-84083685
門 市 部 010-84029450
經 銷 新華書店及其他書店

印刷裝訂 北京市興懷印刷廠
版 次 2015年2月第1版
印 次 2015年2月第1次印刷

開 本 710×1000 1/16
印 張 70.5
插 頁 2
字 數 1248千字
定 價 258.00圓（全2册）

前　言

岳飛，字鵬舉，湯陰（今屬河南）人，南宋著名抗金愛國將領、民族英雄。建炎二年，岳飛受知于宗澤，汜水關一戰成名。建炎四年，他率新軍收復建康。紹興四年，首次北伐克復襄陽六郡。紹興十年，擊破金軍主力，奠定了南宋立國一百餘年的基礎。但宋高宗一意求和，與金國完顏宗弼（兀朮）達成約定，授意秦檜以"莫須有"的罪名，於紹興十一年秘密處死了岳飛。紹興三十二年，宋孝宗昭雪岳飛冤案。淳熙五年，追謚武穆。嘉泰四年，追封鄂王。寶慶元年，改謚忠武。

岳飛詮釋了中華民族自強不息的民族精神，樹立了一座高風亮節的曆史豐碑，對後世產生了"心昭日月"的影響，成為宋代曆史人物研究的重點對象。同時，他的軍事思想以及詩詞文學和書法成就對後世亦有重大影響，為曆代所推崇。《宋史》謂其奏章"有諸葛孔明之遺風"，而杭州岳廟內，相傳為岳飛手書的諸葛亮《前、後出師表》碑等極為珍貴的書法作品，都受到了國內外書法界的重視。

南宋以降，關於岳飛的研究資料汗牛充棟，浩如煙海。目前國內在岳飛資料的搜集整理方面主要著重於今人的研究論文論著。如徐靜建、王晴、方建新等人編寫的《岳飛研究論著目錄（1983—2000）》，是目前為止唯一一部對岳飛研究資料進行整理的目錄，其他則散見於各種宋史研究目錄。這些目錄絕少包含古文獻中的岳飛資料，對古代的岳飛研究仍不夠重視。著名宋史學家龔延明在《岳飛新傳》後，附錄一篇《文獻索引》，列舉了書中岳飛資料的文獻出處，但這些肯定也只是古代岳飛資料文獻中的滄海一粟，還需要進一步的整理和歸納。

《四庫全書》是清乾隆時期，窮三百餘位達官顯貴、學界精英之力，耗時十三餘年纂集而成，是现存我國古代所存文獻最大的集結與總匯。成書至今的二百餘年間，雖然頗多學人視《四庫全書》為清廷以"稽古右文"為名，推行文化專制的產物，但也不能掩蓋《四庫全書》幾乎囊括了清代中期以前傳世經典文獻的事實。所以，鉤沉古代岳飛研究資料最好的方法，莫過於從這部亙古未有的文獻集成中爬梳輯錄。

鑒於曆代岳飛資料的龐蕪駁雜，我們對《四庫全書》中與岳飛相關的曆史文獻，秉持最大限度收錄的原則。只要該篇文字能夠展現岳飛人生經曆、道德情操、軍事成就以及其生前南宋內部複雜的政治環境，宋金間微妙的和戰形勢，冤獄始末等曆史話語背景，曆代題詠悼念、評述考據、祭祀遺跡等文化背景，皆在搜羅整理之列。另外，王曾瑜先生於二十世紀八十年代末已對《金佗稡編》進行過整理校注，成為如今岳飛研究重要的參考資料。因此本《滙編》不收《四庫全書》中子部《金佗稡編》以及集部中的岳飛本人著作，但其他文獻中所載岳飛散佚詩文仍收錄其中。

《四庫全書》規模宏大，即使《滙編》成書過程中再三覆核，部分文獻資料的遺漏仍在所難免，使本書不夠完備。希望關心岳飛研究的讀者能夠不吝賜教，以便在將來對本書作出有效的補充。

文淵閣《四庫全書》岳飛資料匯編

主　　編	王德保　岳朝軍
編　　委	宋三平　段曉華　岳　湛　葉林楨
	邱　明
顾　　问	岳福洪　李殿仁　岳世鑫　岳宣义
	岳惠来　岳久成　岳　峰　岳　成

凡 例

一、本書輯錄了《四庫全書》中南宋以來至清代前葉的岳飛文獻資料，包括其生平事蹟、思想、功業的記載，後世對他的追慕吟詠、緬懷憑弔，以及岳飛後裔、幕僚、部將的記述。

二、本書以臺灣商務印書館《景印文淵閣〈四庫全書〉》為底本。選用的關鍵字如下：岳飛、岳侯、鄂王、岳承宣、鵬舉、岳少保、武穆、背嵬軍、朱仙鎮、岳忠武、岳王、岳帥、岳家軍、岳將軍、岳太尉、岳爺爺、岳墳，均為直接關聯岳飛本人的稱謂或地名。

三、岳飛本人詩文已收錄於《金陀稡編・續編》者，概未編入。

四、本書酌情收錄與岳飛同時期南宋抗戰派人物相關的資料，如《李綱行狀》、《少師、保信軍節度使、魏國公、致仕贈太保張公（浚）行狀》、《韓忠武王世忠中興佐命定國元勛之碑》等。

五、本書對重復資料適當刪汰，採用其中最早或較為完備者，並用注說明。若大同中仍有小異，作為資料的輯集，仍予以保留。

六、本書資料按經、史、子、集四部編排，每部內再按作者的大致時代順序排列。一部分作者生卒年或確切活動年代均已失考，只能根據著作大致推定其年代。同一人名下的資料，其編排次序為先本集，次其他著作，最後列見於他書的文字。見於個人別集的行狀遺事若未注明作者，則仍列於別集著者名下。佚名資料歸於一組。

七、凡屬集體撰者，大多已無法確知其執筆情況，按《四庫全書總目》選擇一人為著者代表。其中能判明作者身份者則歸於原作者名下。

八、本書中異體字，如両巳亊㠯會之屬，及顯有錯誤之文字，如係魯魚亥豖之類，徑改為正字，不加校語，否則一仍其舊，不加考訂，供校勘者參考。

九、本書中【】者為原文小注，( ) 者為編者所加注釋。

十、本書雖經電腦檢索，又經人工核查，但由於我們見識和水準有限，錯誤仍在所難免。歡迎讀者不吝指正，以便今後補充、改正。

目　錄

《四庫全書·經部》岳飛資料匯編

《四庫全書·史部》岳飛資料匯編

《四庫全書・子部》岳飛資料匯編

《四庫全書・集部》岳飛資料匯編

《四庫全書·經部》岳飛資料匯編

元

陳應潤

撰:《周易爻變易緼》卷四

四居大臣之位，能為國柱石，使棟隆而不橈，其吉可知。有它吝者，恐人君用之不專，為羣下所橈，則棟不能久隆矣。以國危如棟橈之時言之：晉元帝渡江之時，棟橈矣，能用王導、謝安為相，棟隆矣，未幾，王敦、桓温之徒間之，棟復橈矣；唐肅宗遭安史難，棟橈矣，用郭子儀、李光弼為將，棟隆矣，未幾，王奐、李輔國之徒間之，棟橈矣；宋高宗南渡之時，棟橈矣，能用李綱、岳飛將相，棟隆矣，未幾，秦檜、汪潛善之徒間之，棟復橈矣。人君用賢之專，不為羣下所橈，則棟常隆，而吉无它吝矣。

明

崔銑

撰:《讀易餘言》卷一

濟否者君子，主此者君。九四當變否之時，有剛健之才，承君之命，行己之道，其上下交而志同者乎？闇主在上，良臣袖手；奸人在側，大將囬戈。陳蕃、岳飛是已，身不免於誅，胡能錫類？

杨爵

撰:《周易辯錄》卷二

君不及臣，不可輔之以大有為。宋高宗欲建中興之業，李綱以英哲全德日勉勵，終不能復大讎而反疆土，以身殉國，區區效忠如岳武穆者，卒不免於禍焉，則不可涉大川之驗也。

來知德

撰:《周易集註》卷十一

揆之天理而順，故順天；即之人心而安，故應人。天理人心，正而已矣。若説之不以正，則不能順應矣。民忘其勞，如禹之隨山濬川，周宣之城朔方是也；民忘其死，如湯之東征西怨，岳飛蔡州朱仙鎮之戰是也。

葉山

撰：《葉八白易傳》卷一

君子貴平天下之難，然不必其自我平之也。我欲平之，奈無才何？君子貴成天下之功，然不必其自我成之也。我欲成之，奈無力何？吾不能平，吾與女平之；吾不能成，吾與女成之。天下之至，明也。知此者，其唐之許遠乎？位本在巡上，授之柄而處其下。卒為唐氏之保障，天下稱才焉；卒為臣道立彝極，後世稱忠焉。孰謂遠也而固非巡匹耶？彼張浚自執己見，不聽王彥、劉子羽、吳玠、郭浩之諫，而輕師失律，致富平之敗；不聽岳飛之言，而致酈瓊之叛、吕祉之死；不制李顯忠、邵宏淵之不協，而致符離之潰。君子謂其量狹而不能下士，知暗而不能知人。且富平之役，李綱尚在，浚忌之而不能用；淮西之舉，岳飛在管，浚惡之，聽其歸終母喪，而不能留；符離之戰，虞允文遠在川陝，浚雖聞其賢，而不能舉以自副，乃以桀傲争利之人自隨，與圖大事，夫安得不敗？噫！浚之為將如此，其視趙奢之下許曆、韓信之拜李左車，相去固亦遠矣，而曷知巡、遠之事耶？

同上書卷九

《語》云：功蓋天下者不賞。若之何而不賞乎？時之暗則忠不揚，君之愎則誠不達，臣工之多忌則心不宣，是以子胥劍刎，韓、彭葅醢，裴寂、劉文静譖死，岳飛矯殺，而況其他乎？

黄道周

撰：《洪範明義》卷下之上

高宗紹興元、二、三、四年，行在皆火，應在上皇。紹興九、十年，行都又火，秦檜主災。紹興十一年，婺州、建康大火，是殺岳飛。紹興十二年，行都又火，金來册命。紹興二十年，行都又火，秦檜受之。

撰：《緇衣集傳》卷四

宋自建炎而後，當國人材無復足稱。其最無恒者，有秦檜、韓侂胄、史彌遠、史嵩之、賈似道之流。檜初從二帝至燕，金主以檜賜達蘭，為其任用。及南侵，以為參謀軍事，又以為隨軍轉運使。達蘭攻楚州，檜與妻王氏自軍中趨漣水軍，自言殺金人監己者，奪舟而來，欲赴行在，遂航海至越州。上命先見宰執。檜首言："如欲天下無事，須是南自南，北自北。"朝士疑其與何㮚、孫傅等同被拘執而檜獨還，又燕至楚二千八百里，踰河海，無誰何者，安得殺監，與妻俱南。惟范宗尹及李囬二人素與檜善，力薦其忠。檜入對，即奏所草與達蘭求和書。上謂輔臣曰："檜朴忠過人，朕得之喜而不寐。既聞二帝、母后消息，又得一佳士也。"先是，朝廷雖數遣使于金，但且守且和，而一意與敵解仇息兵，則自檜始。時范宗尹罷相，檜欲得位，因揚言曰："我有二策，可聳動天下。"上聞，遽相之。及得位，惡左相吕頤浩欲規恢復，乃風臺臣言："周宣王以内修外攘成中興，越王勾踐以種、蠡分職成霸。今二相宜分職内外，用成恢復功。"於是頤浩出，開府鎮江，而檜獨居中用事，引諸名賢，列清要以為名。頤浩既知為所賣，心恨之。會胡安國撓朱勝非，遂以黨劾檜，並罷安國等。時檜罪狀未著，又以黨去，得自附於仁賢，中外莫能明也已。上傷上皇及宣和皇后春秋高，在外國，深念欲和，思檜言，稍復其官。檜亦以是中上意，劫士大夫。及何籀還自金，聞上皇、寧德太后之喪，始決意用檜，置諸戰將主恢復者不道矣。檜一日見上，留獨對，言："臣僚本不得敵情，揚大言，持兩端，此何足與大計。若陛下決主和，顯與臣議，臣任其必成。"上曰："朕獨委卿。"檜曰："此大事，望陛下熟思。"又它日，請獨對，問熟思如前，如是者三，度上意已確，乃顯上章請和，猶以公論為患。勾龍如淵逢意言："相公為天下大計主和，第擇人為臺諫，擊異議者，則定矣。"於是張燾、晏敦復、魏矼、尹焞、梁汝嘉、蘇符、薛徽言、李彌遜、馮時中、許忻、趙雍及胡珵、朱松、張擴、凌景、夏常明、方廷實等皆竭力爭之，而編修胡銓疏以鍐佈特聞，直學士曾開、樞使王庶、史館修撰趙如圭，皆面詆檜。檜靦然不動也。韓世忠言："金以劉豫相待，義當決戰。兵勢最重處，臣請獨當之。"上亦不省。亡何，金達蘭與富勒琿謀反，誅烏珠，復敗盟，責奉歲幣，責奉正朔，更誓命，分道入寇，陷前所歸河陝州郡。檜以其言不讎，乃大懼，意謂必且召故相張浚用之也，遣其黨馮檝嘗上意，知上不動，乃遣王次翁說上言"曩國是無主，事小變，則更用他相，屢變屢更。後來者未必賢，而排黜異己，歷歲月不能定。願深以為戒"。上深然之，於是眷倚檜不衰。時諸將猶用命，吳璘敗金扶風，薩里罕走鳳翔；劉錡敗金順昌，烏珠走汴；岳飛敗金京西，復河南諸州郡，又破烏珠於郾城。烏珠亦憚中國，悔已為兵端，以莫將久留金，縱之歸，以書與檜，令主和。檜度上意恇怯，獨願和，幸和成，伸前畫也，遂甘心為烏珠間。於是陰設間，為上言“金不足患，韓世忠、張俊、岳飛三大帥，皆握重兵分鎮，此國之大患也”。上以為然，乃用王次翁計，以諸將連捷，召並赴行在論功賞。世忠、俊先至，飛後七日至，乃除世忠、俊樞使，飛副使，悉罷所部兵，隸御前營。已又罷楊沂中、王德、劉錡軍，於是中國之武衛盡撤。初，飛以恢復為己任，檜逐相鼎，飛對客太息。抵檜奏，怒曰：“君臣大倫，根於天性，豈以大臣而顧為面謾耶?”檜聞，深銜之。烏珠又遺檜書曰：“必殺飛，和乃可成。”檜亦以飛不死終梗和，竟甘心飛而和乃堅。已，金歸三梓宮及太后，封秦檜太師、魏國公。於是檜依金以自固，權重於天子，天子不能制，而縉紳荼毒彌慘矣。初，浚與趙鼎並相，論人才，劇稱檜，引與共政。鼎曰：“此人得志，吾屬無措足地矣。”浚不以為然。後罷相，上問代者，舉趙鼎。上曰：“秦檜何如?”對曰：“比與共事，方知其闇。”檜大恨。及浚得罪，鼎營救甚力，而檜無一言。當檜在樞府，一聽鼎所為，陽毀浚為恭。鼎顧信之，卒為所傾而罷。檜性深阻如崖穽，而好為浮語悅人。同列論事上前，未嘗力辨，但以一二語傾擠之，俾上自怒。據相位十九年，更執政二十八人，一語合即收之，一語牴牾立罷之。凡臺諫糾劾章疏，皆檜自操筆授之，以誣陷善類為己功。又立久任之說以錮士，士淹滯不得調。開門受賂，富敵於國。上孤立，亦中懣不自堪。而張扶請檜乘金根車，吕愿中獻《秦城王氣詩》，浸浸無將矣。初，檜所陳二策，欲以河北人還金，中原人還劉豫。上曰：“檜言‘南人歸南，北人歸北’，朕北人，將安歸?”檜乃語塞。及洪皓、朱弁等歸，始稍稍知達蘭所以用檜，檜所以通敵者。而檜已橫啖，不復可支矣。人之無恒，至有賣國事人，一至於此者。

撰：《儒行集傳》卷上

宋洪皓為吕頤浩所抑，使金，在金中十五年。尼堪逼迫，使事劉豫，不可，欲殺之，他將為力請，得流遞冷山。冷山苦寒，四月草生，八月已雪。留二年，廩絶，盛夏衣粗佈，盛雪以馬通燃火煨麵食。既而忤部長，欲殺之。皓曰：“分久當死，但不可使大國有殺行人名。即殺之，當投水，以墜淵為名耳。”部長悟，乃舍之。既徙雲中，得通問五國城。又從敝絮中獻書臨安，言：“順昌、朱仙鎮之捷，金人震恐。及李綱、趙鼎、張浚名動異域，胡銓封事此中時有也。”金人屢欲官之，不可。會金主以生子大赦，還。談錫納寄聲秦檜也，為秦檜所困終。同時有朱弁者，為兩宮通問使，以自請得之，見止金中。及議和，當歸金，令弁與王倫探籌決去留。弁慨然曰：“探籌，市道耳。倫正使，當還報；弁副使，當留。何疑乎？”及倫行，為請印曰：“印，即節也。公去無所事，印願見授，緩急可與俱死。”倫揮涕授之。已而金迫事豫，不可，絶之廩。弁遂拒驛門待盡。金乃禮之。和議成，還，召見。秦檜惡其道金中事，亦為所隘終。

清

孙奇逢

撰:《讀易大旨》卷一

千載而下，有賢將以不得耑主而致敗者，如郭汾陽、李臨淮、岳武穆，不知凡幾。

王又樸

撰:《易翼述信》卷五

竊以寇萊公獨斷澶淵之議，岳忠武力持恢復之謀，可謂獨立不懼矣。然萊公之以功名自矜，忠武口斥相檜之面欺，則是不能“巽而說行”處也。又如四皓之抗志商山，子陵之埋踪江水，可謂遁世無悶矣。然四皓為太子而挾其父，子陵之足加帝腹而不為屈，亦非能“巽而說行”者也。求其“巽而說行”者，其唐之郭汾陽、張曲江，宋之韓魏公諸君子乎?

姜炳璋

撰:《詩序補義》卷十九

天子外臣，身逢暗主，惟如周文王之柔順文明，郭令公、岳武穆之單騎赴召，臣道斯為無愧。後世强兵手握，遥執朝權，甚且興晉陽之甲，清君側之蠱，六朝亂臣率用此術，無怪近代借此詩一“靖”字，自號為“靖難之師”也。聖人存此詩，立萬世臣道之防，杜亂賊覬覦之意。

徐乾學

撰：《讀禮通考》卷二十五

夫人之生也，有父子、君臣、兄弟、夫婦之倫，而朋友介乎其間，獨若無所為者，乃共之而稱五，何也？蓋惇倫必須於明德，而進賢必資於取友。朋友之義盡，則君臣以正，父子以親，兄弟以睦，夫婦以別，故友道之於人重矣。師也者，友之至嚴者也，成德之莫切者也。可以繼往，可以垂後，可以開人經世，皆於師乎得之，則師之為德，輕重大小，宜如何報也？昔宋岳武穆王學射周同，及同没，朔望必祭其墓，終身不輟。夫武穆天性忠孝，以之事師，固宜如此。然武穆猶武人也，於學射之一藝，圖報如此，矧以逢掖之倫，受賢聖之訓，而在三之事可忘哉？

同上書卷六十四

《釋名》：古者諸侯薨時，天子論行以賜謚。惟王者無上，故於南郊稱天以謚之。當春秋時，周室卑微，臣謚其父，故諸侯之謚多不以實也。程敏政曰：後主景耀三年，追謚關羽曰壯謬侯。案《謚法》，武功不成曰謬。蔡邕《獨斷》：名實過爽曰謬。而謬、穆古通用，若秦穆公、魯穆公在《孟子》，漢穆生、晉穆彤在史，皆為謬。蓋傷羽之死國，故以壯謬節惠。而宋岳飛謚武穆，意與此同，今乃諱之，以為惡謚，豈理也哉？若果為惡謚，則史不應云“追謚之典，時論以為榮”也。

同上書卷一百十二

少詹事黄道周《論會推弗拘守制疏》：臣觀古今典制，受於先王，誼不敢改。至於事窮理極，時亦通變以盡神。惟綱常所係，為臣教忠，為子教孝，垂憲萬世，不可易也。禮，三年之喪，君命不過其門，兵革鑿凶門出，戎右不施於士大夫。宋武弁如田況、岳飛皆累乞終制。

同上書卷一百十五

王蕙子曰：“杭人多停柩不葬，每寄柩管墳人家。”康熙辛亥仲冬，岳墳寄柩有失火者，燒棺十餘具，灰骨難辨，其寄柩子孫痛苦莫伸。又前崇禎戊辰季夏，淫雨發横，自天竺至雷院金沙灘，漂去棺木數百具，皆莫能辨，號慟而已。即此而觀，停柩日久，水火不測，速葬之保全多矣。

秦蕙田

撰：《五禮通考》卷一百十六

《禮志》：洪武二十一年，令每歲郊祀，附祭曆代帝王於大祀殿，仍以歲八月中旬，擇日遣官祭於本廟，其春祭停之。又定每三年遣祭各陵之歲，則停廟祭。是年詔以曆代名臣從祀，禮官李原名奏擬三十六人以進。帝以宋趙普負太祖不忠，不可從祀；元臣四傑，木華黎為首，不可祀孫而去其祖，可祀木華黎而罷安童；既祀伯顏，則阿术不必祀；漢陳平、馮異，宋潘美，皆善始終，可祀。於是定風后、力牧、臯陶、夔龍、伯夷、伯益、伊尹、傅說、周公旦、召公奭、太公望、召虎、方叔、張良、蕭何、曹參、陳平、周勃、鄧禹、馮異、諸葛亮、房元齡、杜如晦、李靖、郭子儀、李晟、曹彬、潘美、韓世忠、岳飛、張浚、木華黎、博爾忽、博爾术、赤老温、伯顏，凡三十七人，從祀於東西廡，為壇四……

《明會典》：洪武二十六年，定各處聖帝明王載在祀典者，其廟宇陵寢皆要備知其處，每年定奪日期，或差官往祭，或令有司自祭。禮部悉理之。是年定遣祭儀……東廡……第二壇：周勃、馮異、房元齡、李靖、李晟、潘美、岳飛、木華黎、博爾忽、伯顏；羊一、豕一、鉶十、籩豆各四、簠簋各一、帛一、酒盞三十、饌盤一、篚一。

同上書卷一百二十三

《宋史·孝宗本紀》：乾道三年二月甲申，為知陳州陳亨祖立廟于光州，賜名“愍忠”。五年十一月丙寅，為岳飛立廟于鄂州……

《宋史·寧宗本紀》：嘉泰四年，夏四月甲午朔，立韓世忠廟于鎮江府。五月癸未，追封岳飛為鄂王……

王圻《續通考》：洪武中……岳武穆王廟，在杭州岳飛墓側。

同上書卷二百十八

洪氏邁《容齋隨筆》：國朝樞密之名，其長為使，則其貳為副使；其長為知院，則其貳為同知院。如柴禹錫知院，向敏中同知。及曹彬為使，則敏中改副使。王繼英知院，王旦同知，繼馮拯、陳堯叟亦同知。及繼英為使，拯、堯叟乃改簽書院事，而恩例同副使。王欽若、陳堯叟知院，馬知節簽書。及王、陳為使，知節遷副使。其後知節知院，則任中正，周起同知。惟熙寧初，文彦博、吕公弼已為使，而陳升之過闕，留。王安石以升之曾再入樞府，遂除知院。知院與使並置，非故事也。安石之意，以沮彦博耳。紹興以來，唯韓世忠、張俊為使，岳飛為副使。此後除使固多，而其貳只為同知，亦非故事也。又使班視宰相，而乾道職制雜壓，令副使反在同知之下。

张尚瑗

《三傳折諸·左傳折諸》卷七，《而後喜可知也，曰："莫予毒也已。"》

宋文帝殺檀道濟，魏聞之，喜曰："道濟死，吴子輩不足復憚。"高齊殺斛律光，周武帝為赦其境内。唐武氏殺程務挺，突厥宴樂相慶，仍為立祠，每攻戰，致禱焉。宋高宗殺岳武穆，金人酌酒相賀。毁干城以資敵國，古來此等甚多。

同上書卷十三，《外寧必有内憂》

范文子"外寧内憂"之論，晉山濤一引之，宋李沆再引之。於是吴平而八王之難作，契丹盟而泰山、汾陰之祀繁，驗若左券。然非特此也，王氏纂漢，在呼韓来服之時；武后亂唐，在突厥、高麗破滅之後。以暨秦逐匈奴，隋臣頡利，窮兵啓釁，厲階有由。大抵文子之論，其解有二：一則時勢宜乘、不容退諉者，桓温、劉裕不能定關中，宗澤、岳飛不能定河北，南朝終為北并，所謂"不盡力，子孫將弱者"也；一則德力宜度、不可貪功者，童貫倚女真以滅遼，賈似道仗蒙古以滅金，神州反致陸沈。所謂"盍釋楚以為外懼者"也。滋蔓尋柯，除狼得虎，古今天下之變，盡於此數言矣。

《三傳折諸·公羊折諸》卷四，《服金革之事，君使之非也，臣行之禮也》

"魯公伯禽有為為之"，孔子以答子夏之問。即如成王作《大誥》討武庚，亦在亮闇之内。敵國外患，每有因伐喪而起，其君既墨縗視師，為之臣者，安得有辭以謝？晉襄敗秦師於殽，即其一事。灌夫父孟死吴軍，夫奮，願報父讐。兵事常與喪事相連。若如士匄聞齊喪，及穀而歸，齊必無追躡之舉。凶器也而以仁義行之，未始不稱於君子。岳武穆葬母，步歸廬山，高宗優詔聽之。純孝之節出于倥偬之間，故未可一概論。盧象昇敗沒賈家莊，紉麻裹巾，藉以求得其尸，由迫於督戰之中詔。若楊嗣昌新喪，起為大司馬，招墨縗赤縗之謗，僨寇之無功則同，而處心之貞邪有別。先王制禮，非後世梯榮之藉。所謂“以三年之喪從其利者，吾弗知”也。

同上書卷六，《父不受誅，子復讎可也》

自敵以下乃有讎。君命，天也。君討臣，誰敢讎之？然伍員、宰嚭之為吳謀楚，論世者不以為非，以父之不受誅也，且深著楚平之惡，以明君人之大戒。後世忠臣，死非其罪，追卹其子孫，即以為朝廷之盛典。唐袁恕己之孫高事代宗，宋岳飛之孫珂事寧宗，皆為名臣，由其所讎者武三思、秦檜而非中宗、高宗也。明王世貞父忬死世宗時，穆宗即位，世貞兄弟詣闕，訟冤言：“殺臣父者嚴嵩，非先帝。”竟以等於無極之誅矣。獨嵇紹忠晉，君子非之。叔夜未嘗臣司馬昭，紹之視王裒為有忝焉。

顧棟高

《春秋大事表》卷四十六，《〈左傳〉兵謀表》（節選）

史稱關忠義好《左氏》，諷誦略皆上口。而岳忠武尤好《左氏春秋》，嘗曰：“用兵在先定謀，欒枝曳柴以敗荊，莫敖採樵以致絞，皆謀定也。”二公佐漢、宋中興，而生平經略靡不由於《左傳》。甚哉！經術之足以戡亂也。

《四庫全書·史部》岳飛資料匯編

岳飛

[清] 謝旻等編：江西通志，卷一百五十四，《題驟馬岡》

立馬林岡豁戰眸，陣雲開處一溪流。機舂水沚猶傳晉，黍秀宮庭孰憫周。南服只今殲小醜，北轅何日返神州。誓將七尺酬明聖，怒指天涯淚不收。

同上書卷一百五十七，《雩都華嚴院》

手持竹杖訪黃龍，舊穴空餘虎子踪。深鎖白雲無覓處，半山松竹撼西風。

晁公武

撰：《郡齋讀書志》卷五上，《傳記錄》

《四將傳》四卷，右建炎中興名將劉琦、岳飛、李顯忠、魏勝之傳也。史官章穎撰而上之。

賈廷佐

[元] 吳師道編：《敬鄉錄》卷五，《上高宗論遣使書》

陛下二三將，如岳飛、韓世忠，皆忠義可使。

陸游

撰：《入蜀記》卷二

（乾道六年八月）四日，游天慶觀，李太白詩所謂“潯陽紫極宮”也……李守智者，滁州來安人。自言家故富饒，遇亂，棄家為道人。大將岳飛以度牒與之，始為道士，至今畫岳氏父子事之。史志道招飲於發運廨中。登高遠亭，望廬山，天氣澄霽，諸峰盡見。

十三日，至富池昭勇廟……後詔加封岳飛為宣撫使，大葺祠宇。江上神祠，皆不及也。

徐夢莘

撰：《三朝北盟會編》卷一百八

建炎元年六月十七日乙亥……張所為河北路招撫使。張所請乞車駕還闕有五利，不許，乃授所河北路招撫使。相州百姓岳飛初隸所為效用。

同上書卷一百十二

建炎元年八月三日庚申……《野記》曰：楊惟忠驍勇，善騎射，少為將。靖康初，為高陽關路軍馬副總管。康王開大元帥府，惟忠來歸，授都統制。及黃潛善、汪伯彥兵至，皆以屬惟忠。王即位，加殿前都指揮、平盧節度使，後進檢校少保。以兵一萬衛隆祐皇太后往洪州，聞金人渡江，軍皆潰，部將司全、傅選等去為盜。太后適虔州，惟忠走萬安縣山谷間，數日乃還，再聚兵數千，司全、傅選等復降。賊陳辛圍虔州，惟忠登陴力戰，賴故友至，敗辛。後屯軍洪州，李成將馬進來攻。呂頤浩率惟忠拒戰，進解去。改江西副總管，軍於吉。時賊楊勍屯吉，惟忠與勍敘同姓之好，邀勍飲，誅其首領而併其兵。卒年六十六，以其軍隸岳飛。

同上書卷一百十三

建炎元年九月二十一日戊申……王彥河北招撫都統制渡河，破金人兵，收復衛州府新鄉縣。樞密院以王彥為河北招撫司都統制，司張翼、白安民、岳飛等一十頭項七千人，渡大河於陷州縣，已措置招撫不順番軍民，遂渡河北，屢與金人之兵鏖戰，破之，收復衛州新鄉縣。

同上書卷一百二十

建炎三年正月……十六日，杜充出兵攻張用等，不勝。張用，相州湯陰縣之弓手也。乘民警急，呼而聚之。與曹成、李宏、馬友為義兄弟，有衆数十萬，分為六軍。成，太名府外黄縣人，因殺人投拱聖指揮為兵。有膂力，軍中服其勇。又有王大郎者，名善，濮州人，亦有衆数十萬，分為六軍。善初為亂也，濮州弓兵執其父殺之。善有衆既盛，乃以報父讎為辭，攻濮州。不下，又攻雷澤縣，亦不下。與用合軍，皆受留守宗澤招安，既而復反。杜充為留守，又招安，屯於京城之南南御園為中軍，善屯於京城之東劉家寺為中軍。又有岳飛、桑仲、馬皋、李寶諸軍，皆屯於京城之西。充以用一軍最盛，終必難制，乃有攻之之意。甲午，充掩不備，出兵攻用，令城西諸軍皆發。岳飛、桑仲、馬皋、李寶等皆率兵至城南以擣用。覺之，勒兵拒戰，亦會善自城東率兵，與用為應。官兵大敗，賽關索李寶被執。岳飛者，初隸張所營效用。飛随都統制王奇往太行山，遂自為一軍。後歸京城，留守司杜充用飛為統制。

同上書卷一百三十三

建炎三年十月二十六日辛丑……岳飛敗李成於長蘆九里堽。李成據滁州，杜充命王瓊征討之。瓊以本部兵駐長蘆鎮，整捉行伍，取瓦梁路趨滁州，留輜重舟船在長蘆。行之次日，提點刑獄裴濼親來犒軍。軍既行，濼次於崇福禪院，般錢絹，堆貯滿屋。瓊行之三日，猶在瓦梁，不敢進。敵遣輕騎五百渡茅塘，取盤城路，夜行徑犯長蘆。質明到長蘆，輜重軍人猶睡未起，無一到岸者，遂急斫纜，開船而去。賊遂入崇福禪院，掠僧行百姓百餘人。方索金銀衣物，忽聞鳴鑼聲，敵皆退去。僧行土軍被殺者九人，敵猶以馬捶催督被掠人速行。行至九里堽，與岳飛相遇。初瓊之進兵也，充以飛為策應。飛渡宣化鎮，聞有敵騎五百徑趨長蘆，飛遂往長蘆。至盤城，質之村人，所說與宣化一同，飛遂進兵疾趨九里堽。敵之綽路者，知官軍由盤城趨長蘆，恐遏歸路，乃報長蘆敵兵，鳴鑼促回。至九里堽相遇，飛擊之，敵兵盡殪，奪被執人，發回長蘆，有中刀者、有中鎗者數十人。瓊不至滁州而回，會充促還建康，遂歸建康。自長蘆往滁州，有大路二，瓊直行其一，而不虞其他。始敵至長蘆，濼在崇福禪院，急登舟而去。敵既退，錢絹盡為郡人攘取之，遂一空。

同上書卷一百三十五

建炎三年二十五日己亥……初，軍潰於建康蔣山也，統制劉經、扈成、岳飛皆入茅山。經屯上觀，成屯中觀，飛屯下觀，皆從兵擄掠為資。飛與經、成議移軍入廣德軍鍾村，經與成皆許之。岳飛與經引兵先行。飛等既行，成按軍在路下，擺齪不動。飛與經軍馬已行盡，成乃往金壇縣，與其將李璋等議入鎮江，會滑楃之軍。將士從之，成留老小在金壇，以其衆往鎮江。李滑楃閉門不納，而出銀帛犒成軍。復囬，至丹陽得報，戚方劫金壇寨，盡擄老小而去。成大怒，有吞啗戚方之意，急趨金壇。有統領官谷俊者，背成投方，告其事。方勒兵馬備之。中夜，鄉導二人迷路，質明始悟。成益怒，斬鄉導二人。成使剋擇日筮之，日緩則吉。成曰："事已如此，何可稍緩?"又命斬之。命尋路而囬，中途與方隔水相遇。方下馬拜成，成亦下馬答拜。成曰："弊軍老小在金壇，何故見侵?"方曰："死罪，死罪。戚方安敢作此，乃其下小人有相累者。"成曰："然願得軍中老小見還，如何?"方謝曰："既蒙寛恕，謹當盡以老小交付，不敢稍有侵損。"約日交還已定。方先期令人於橋下，掘大坑，伏精鋭數十人。期日盡刷老小鱗次而行，若將交還者，成以車馬迎之。方隔水言曰："戚方今日盡將老小交還統制，何用軍馬，豈非欲見陵侵乎?"成曰："不然。"遂約其軍馬皆退，而成與方各進馬。方稍緩其行，成先至橋側，伏兵出，遂殺成。成既死，方乃進兵。其軍散走，方盡取成父母妻子，皆殺之。於是龐榮收成餘衆，往宜興縣投水軍統制郭吉。

同上書卷一百三十六

建炎四年正月七日庚戌……岳飛屯於宜興縣。水軍統制郭吉自建康潰，散屯於宜興縣。時右統制岳飛與劉經屯於廣德軍種村。飛令軍中不得騍擾鄉村，約束雖嚴，然不可禁。飛患之。有將司李寅者，獻計曰："若移軍宜興，三面臨湖，唯有陸路極狹，使一小將守之，不可犯矣。"飛大喜，遂移軍宜興。吉聞飛將至，已懼，即命擄捉舟船，盡載老小，若將遁者。飛先遣人投書，以好語慰諭吉。吉覺之，急解維開船而去。飛遂屯於宜興，後龐榮率其衆背吉而投。飛納而用之。

同上書卷一百三十七

建炎四年四月十四日乙酉……戚方勇悍善射，初投為教駿兵士。軍興，盜賊起，在九朶花徒黨行伍中，未知名。方殺其為首人，遂率衆歸建康，投充，用為準備將，留在帳前。建康失利，諸軍皆散。方走至金壇界，與建康統制扈成相遇。方欲奪成軍，乃謀殺成，遂伏衆於篠中，皆執長槍，令曰："扈統制過則殺。"俄而成果至，伏發，以長槍刺成，成死。統領龐榮率其衆，聞岳飛在宜興，乃以其衆歸。飛以榮為左軍統制。方率衆入常州，為劉宴所敗，乃犯宣州。知州李光遣兵馬監押吕執中齎書招之，方佯受書，實欲攻城也。執中覺偽詐，僅得脱歸。有衙前石振者，為方所執，問以城中虚實。振有從賊之心，乃悉以虚實告，且具言城中之方隅可擊者、不可擊者。方用振之説，鼓行而前，是日犯城下。光自決守城之計，乃命城外居人盡遷入城，應寺院及人家與空閑官舍，任便居住。是時有建康潰散班直百餘人，無所歸，光留於城中。光因以主首王逸為都統制，令見任及寄居官分守城壁，僧道居民，皆執仗登城，措置甚有法。方攻城不克，光以知州衙儀登城北壁，令一吏詐作知州，招方打話，云："戚統制，爾部曲皆是官軍，豈非念國家艱難之際，何苦欲攻此城為盜賊乎?"方曰："方不敢亟撓朝廷，但緣士卒皆飢，不免尋覓粮食耳。"又曰："我與汝糧食，并銀絹犒設，如何?"方曰："若蒙犒軍，即便引退。"於是光乃遺以米肉并銀絹甚厚。方雖受之，而意猶徐徐，睥睨不已。王逸曰："賊非退也，且未可解嚴，更當謹備。"方果伐木作攻具，復攻城，城中皆禦退之。矢如注雨，城中負戶方能汲。是時諸邑民兵，皆聚城中。寧國民兵，尤矗壯有膂力，以手抛石，賊甚苦之。

同上書卷一百三十八

建炎四年五月十三日甲寅……岳飛殺劉涇，併其軍。先是，岳飛與劉涇合軍，屯戍宜興。飛領兵往建康，劫金人於靖安，得勝囬軍溧陽縣，得涇軍將官王萬報，涇欲殺飛母及妻，而併其軍。飛大驚，即令姚政往圖之。政夜行抵宜興，以飛母命傳語涇，適得家書，請略訪來議事。涇不虞其謀，入其室，則有楊某者伏於壁間，遂殺涇。少刻，飛到，撫其衆。

……金人周太師聞康民得勍，屯於定遠也，乃會亳州大太師兵，渡滑口。甲寅，周太師入自西門，康民出兵迎敵，大敗而囬。大太師已自北門入，執勍而去。是役也，康民幾死，趙宏救之得免。次日，康民議追金人奪勍，聞已渡渦口矣。宏，相州湯陰縣弓手也，時人謂之趙三翻。初，勍迎奉神御，趣離西京也，於岳飛處借使臣十人，而宏其一也。

同上書卷一百四十

建炎四年六月十一日辛巳……《閒居錄》曰：宣和以來，宦者童貫弄兵，蔡攸並幹樞柄，邊帥率皆小人，以賄賂用之，軍政盡廢，非徒士卒驕惰不可用，且零落盡矣。今敵大舉南牧，不復可以支持。靖康初，淵聖下令河朔，欲令郡將世守，事不果行。今上駐蹕維揚，獻言者甚衆。宰相黃潛善以謂非急務，悉寢其奏。建炎三年，南渡至於餘杭。潛善既罷，余謬當柄途，而士大夫復以藩鎮為請。余為擇能虞卿等十九疏奏之，且問陳以為宜微照藝祖初議，隨時制宜，行在為京西，淮北為藩方，淮南為郡縣。會余罷去，事亦不果。次年六月，范宗尹為參政，申其說，置鎮撫使，遂以為相，降詔施行。然規模參錯，多寡不均。李成以舒、蘄、光、黃四州叛，徑擾江西；孔彥舟授鼎、澧、辰、沅、靖五州，不赴，遂犯湖南。劉綱授濠、泗，岳飛授通、泰，趙立授承、楚，薛慶授天長，郭仲威授真陽，王彥授金、房，皆不能守。惟桑仲以宗尹之兄宗禮在其中，故授以襄、鄧、隨、郢、金、均、房、信陽八郡，地大人衆，稍為患。仲為其徒所殺，裨將李宏代之。宏為偽齊所逐，鎮遂廢。羅索薩里罕哈芬敗曲端軍於邠州自店。

建炎四年六月二十四日甲午……戚方詣張俊降。戚方犯湖州安吉縣上鄉侗里，張俊以兵討之。至安吉，鄉導言："上鄉路狹，不可行兵。"俊乃遣王再興齎檄招之。會岳飛追襲其後，方無路進退，乃詣俊乞降，與其徒鄭其，號為"三哥哥"者，同至安吉見俊。俊先見方，諭之曰："國家多難，當以忠義報國家，不可負朝廷。"方曰："不敢。"俊曰："爾宜一心事主，不得有二。"方拜謝，而見"三哥哥"者，俊曰："國家不負人，爾亦不可負國家。"曰："不敢。"俊曰："是何不敢，人言汝復欲反。"乃呼證，左而問曰："是人果欲反乎？"曰："實欲復反。"俊命推出斬之。方上兵馬簿，有馬六百匹，獻金珠玉珍，不可計。自方到行在，日與中貴人蒲博，不勝，取黑藤如馬蹄者，用炭火熁去藤，乃黃金也，以償博負。每一博，不下數枚。於是，方已受正使矣，時人為之語曰："要高官，受招安；欲得富，須胡做。"

同上書卷一百四十一

建炎四年……八月一日辛未朔，岳飛除昌州觀察使，通、泰州鎮撫使。

五月，岳飛有靖安鎮之捷，生獲金人三百餘人。至是，岳飛獻俘於行在，授昌州觀察使，通、泰州鎮撫使。

同上書卷一百四十二

建炎四年九月……四日癸卯，通、泰州鎮撫使岳飛入泰州。七月，岳飛除通、泰州鎮撫使。至是，以本部兵入泰州。飛治軍嚴整，將士畏之。禁止軍中，不得騷擾百姓，尤得民情。

同上書卷一百四十三

建炎四年十月……十三日癸未，岳飛斬其統制傅慶。傅慶，衡州窑戶也。有勇力，善戰，屢立功。岳飛寵惜之，以為前軍統制。慶恃其才，視飛為平交。嘗曰："岳丈所主張此一軍者，皆我出戰有功之力。"每有需，索於飛，則曰："岳丈，傅慶沒錢使，可覓金若干，或錢若干。"飛亦屢與之，無忤色。及飛為鎮撫使，持法嚴肅，尤不可犯，而慶不改其常。飛待之異，慶頗覺之，不喜。會劉光世遣王德來高郵，以當金人在高郵、楚州者。飛遣慶，以前軍將士應援。德與慶交馬，而慶言欲伏事劉相公，德許之。統領張憲聞其言，告於飛。飛銜之，戒憲勿泄。至是，飛令諸統制射遠箭，慶三籌皆及一百七十步，諸統制不過一百五十步。飛三賞，慶酒醉。飛取宣賜戰袍、金帶與王貴。慶曰："賞有功者。"飛問有功者為誰。慶曰："傅慶在清水亭有功，當賞傅慶。"飛大怒，叱慶下階，取戰袍焚之，槌毀其金帶，乃曰："不斬傅慶，何以示衆。"遂命斬之。

建炎四年十一月……四日癸卯，岳飛棄泰州。岳飛為泰州鎮撫使，軍於泰州。會金人達蘭有佔通州經畫、再渡江之意，已破張榮茭城。敵騎寖入，飛以泰州不可守，於是率衆渡江，入於江陰軍而棄泰州。

同上書卷一百四十四

紹興元年正月……十一日己酉，命岳飛起發江陰軍，權聽張俊節制。李成乘金人殘亂之餘，據江淮十餘州，連兵數十萬，有席卷東南之意，數使其徒多為文書符讖，以為幻惑，聲撼中外。朝廷患之，議遣將未決，而張俊請行，乃命俊為江淮路招討使，應江淮路駐劄軍馬並聽節制。岳飛以通、泰州鎮撫使，方退屯于江陰軍。戊申被命，己酉進發。癸丑，到宜興，取老小到徽州。有百姓訴其舅姚某掻擾，飛白其母，責之曰："舅所為如此，有累于飛。飛能容，恐軍情與軍法不能容。"母亦苦勸而止。他日，與飛兵官押馬，舅亦同行。舅出飛馬前，而馳約數十步，引弓滿，回身射飛，中其鞍橋。飛馳馬逐舅，擒下馬，令王貴、張憲捉其手，自取佩刀破其心，然後碎割之。歸白其母，母曰："我鍾愛此弟，何遽如此？"飛曰："若一箭或上或下，則飛死矣。為舅所殺，母雖欲一日安，不可得也。所以中橋者，乃天相飛也。今日不殺舅，他日必為舅所害，故不如殺之。"母意亦解。飛留老小于徽州，率軍馬趨洪州會俊。時邵青在蕪湖，曾以文字告呂頤浩，且叙鄉曲，乞受招安。頤浩從之，授青樞密院水軍統制，蕪湖駐劄，兼招捉沿江盜賊，亦受俊節制而行。

同上書卷一百四十五

紹興元年二月……二十六日癸巳，詔侍從條具時政。中書舍人汪藻上書，書曰：

準尚書省劄子，二十六日，三省同奉手詔，右臣窃惟人君當承平之時，中原無犬吠之驚，人臣以未見未然之事，自下劘上，甘心蹈斧鉞之誅，義士猶不以為難。今國家之危，如坐燒屋之下、漏船之中，陛下宵旰憂勤，未知所以拯救之術，而求言于臣等。儻猶狃習故態，用猥卑之辭，取塞詔旨而已，豈臣等惓惓效誠於陛下之時也。臣昨扈蹕溫州，嘗蒙陛下賜以條對。臣以為方今所急者，唯馭將一事，更無他說。譬餽飢者，當用食，捨食之外，皆非所急也；已疾者，當用醫，捨醫之外，皆非所急也。陛下不以臣為愚，雖不克時行，然頗加採納。臣今日區區之意，猶守前見，敢再為陛下陳之。古之進說者，曰人君恭儉愛人，清心省事，建立法度，制禮作樂，豈非甚盛之學而至美之談歟。是數者，人君不可須臾而忘。然今日用此，則未足以解紛，何則？敵騎充斥於中原，群賊跳梁於諸路。陛下專於恭儉愛人，清心省事而已，為足以卻之乎？專于建立法度，制禮作樂而已，為足以卻之乎？抑以陛下能使諸將，諸將能使士卒，為足以卻之乎？而陛下諸將爵祿已極，家貲已盈，習成悍驕，無復鬥志。一方有警，輒狐疑相視，無一人奮然為國請行者。或至迫不得已而行，則邀例外之賞，賜無名之求，上不恤國，下不恤民，使朝廷為之黽勉曲從，不啻如奉驕子，是豈為國家平禍亂、立功名之人哉？臣於此，有馭將之說三焉，惟陛下留神裁察。一曰示之以法；二曰運之以權；三曰別之以分。何謂示之以法？古者人君之于將帥，未嘗一日廢賞，亦未嘗一日廢罰。如冬夏寒暑然，相須而成，豈有獨恩無威，漫然略不繩治，如今日之甚者哉？議者謂承平之時，朝廷尊荣，操縱在我，故武夫提兵者，可予可奪，可生可殺；今溥天搶攘，國難未已，方藉此曹為腹心，孜孜拊循，猶懼不濟，奈何欲拂其心，將誰肯前死？且今諸將悍驕已成，雖朝廷有法，果能一一治之乎？此言是也。然臣所謂示之法者，豈欲明主自親其文哉？古者人君以恩結人臣為朝廷任其責者，肅宗在靈武，廣平王以兵二十萬復長安，其權可謂重矣。先驅不肅，顔真卿劾之，王為之不敢當闕而承。李祐夜入蔡州，縛吳元濟，其功可謂大矣。違詔進馬，温造劾之。祐曰：“今日膽落于温御史。”夫先驅不肅，違詔進馬，於軍政未有害也，而二臣已不貸如此。蓋小過不貸，則惡之大者，知朝廷有人，不復敢萌于胸中矣。今諸將雖然驕悍，臣得之傳聞，亦尚知畏朝廷之法，而陛下群臣平居時聚談，切齒無不以諸將負國為言。及進言于陛下，不過掎摭目前，為逭責進身之資而已。至此事，則未嘗有一言及之者，豈以為細故而不足言也哉？揣陛下非所樂聞，而不以告耳。殊不知陛下重於用恩之過而驕，有司時一警焉。是陛下結其心者，愈固而愈深也，何不樂聞之有哉？何謂運之以權？臣聞馭將如馭馬，必馭之力，足以勝馬，然後周旋曲折，唯我之聽。不然，嚙銜脫轡，毁首碎胸。雖跬步之間，能不使之前矣。漢高祖之諸將，其梟雄而難制者，莫如韓信。方其厄於滎陽，漢固危甚，人人懷去就之心。高祖一旦入其軍中，自稱使者，即卧内奪其印，荷麾召諸將，易置之，信蓋不知也。及信下魏、代，輒收其精兵以距楚。既敗項羽死垓下，則又盡其軍，徙為楚王，以信之材，而周旋曲折，唯高祖之聽者，豈不以其智足以勝之故耶？信嘗曰：“陛下不善將兵而善將將。”是信自知其材，唯高祖足以制己，故甘心俛首為之用而不辭也。大抵人君之於將帥，必有要領而使之心畏誠服者。謂解衣推食，便足以得其驩心者，非也。唐憲宗時，劉闢叛蜀，宰相杜黄裳度惟高崇文足以破之，而崇文素憚劉澭，使人謂曰：“公不奮命者，當以澭代。”崇文惧，盡力縛賊以獻。是以澭代崇文者，黄裳得其領要也。高祖之用韓信，其術亦豈出此哉？今陛下諸將倉卒之時，可奪其印符而易置其部曲乎？於戰勝之時，可收其精兵而用以自衛乎？於立大功之時，可奪其全軍而使之歸鎮乎？臣有以知陛下不能矣。幸今諸將皆齷齪常才，固不足深忌。萬一有如韓信者，不知陛下何以待之。此則平定之時，亦當深察。如以劉澭代崇文之術，不可不知也。何謂别之以分？漢高謂功臣曰：“諸君知獵乎？追殺走獸者，狗也；而發縱指示獸處者，人也。今諸軍徒能得獸耳，如蕭何，則發縱指示者也。蓋古者用兵，謀臣坐於帷幄之中，以出籌策，而將帥則聽于命令，為之役使，此命之所以行而功之所以成也。高祖所與謀者，蕭何、張良、陳平而已，黥、彭之徒，不得而與也；蜀先主所與謀者，諸葛武侯而已，關、張之徒，不得而與也。今大臣之任宰相執政事者，陛下以為謀之不臧歟。慎擇而易之，可也，獨不可使武夫參預其間。竊觀陛下對大臣不過數刻，而諸將皆得出入禁中，是大臣見陛下有時而諸將無時也。臣非不知艱難之時，陛下欲得其心，姑與之無間。然此曹何所知識，必不能上補聰明，不過入則希求恩澤，出則憑藉權勢而已。此道路流傳，遂以為陛下進退人材，諸將或與焉。以陛下英睿擇善，而從顧於此曹何有然？致是言者，恐必有可疑之蹟，不可不慎也。又廟堂者，具瞻之地，大臣為天子建立政事，以號令四方者也。今諸帥率驟謁徑前，便衣密往，視大臣如僚友，百端營求，期于得而後已。朝廷豈不自卑哉？祖宗時，武臣莫尊於三衛，見大臣必執撾趨庭，肅揖而退，非具文也，以為等威不如是之嚴，不足以相制。以今觀之，一何凌遲之甚也。兼國家出師遣將、詔侍從集議者，所以重博採衆人之見也，而諸將必在焉。夫諸將者，聽命於朝廷而為之役使者也，乃使之從容預謀。彼既各售其說，則利於公者，必不肯以為可行，便於己而不便於國者，必不肯以為可罷。欲責其冒鋒鏑、趨死地，難矣。臣愚以為，自今諸將，當律以朝廷之義，每有陳奏，必使之如有司之式，無數燕見。其至政事堂，亦有祖宗故事，且無使參議論之餘。庶名分不至混淆，而可以責功效。是三說者，果行，足以駕馭諸將矣。何憂乎保民，何難乎弭盜，何患乎遏寇哉！若夫國財之生，則臣願陛下毋以生財為言也。自五六十年來，士大夫喜操生財之說，民窮至骨矣。今四方舉為盜區，國家所有，不過數十州而已。所謂生者，必生於此數十州之民。古者以暴賦横斂為非，尚有賦斂之名也，今則直奪而已耳；古者以收大半之賦為非，而民尚有其半也，今則直盡而已耳。南畝之民，寒耕暑耘，黎面塗足，終歲勞苦而不厭糟糠者，陛下不得而見也。胥吏門役，朝暮不得休息而愁嘆之聲與死者，陛下不得而聞也。鬻妻賣子，至無地可容其身者，陛下不得而知也。尚何以生財為哉，惟痛加裁損，庶幾乎其可耳。外之可以裁損者，軍中之冒請；内之可以裁損者，禁中之汎取。何謂軍中之冒請？朝廷不得已而取民之財，當一銖、一縷、一粒，以養戰士。今一軍之中，非戰士者，率三居其二。有詭名而請者，一人而挾數人之名是也。有以使臣之名而請者，而使臣之俸，實兼十人戰士之費，而行伍中使臣大半，是養兵十萬而止獲萬兵之用也。有借補官資而請者，異時借補，猶須申稟朝廷，謂之真命，則一軍之出，四方游手者，無不竄名軍中，既得主帥借補，便得支行補廩，與命官一同，無有限極。訪聞岳飛軍中，如此類者，幾數百人。州縣惧於憑凌，莫敢訶詰。其盜支之物，至不可勝計。不惟是而已，自軍興以來，州縣貪殘之吏，惟患盜賊之不來，一聞入境，則便置軍期司，率斂民財，無復稽考，恣為侵漁，與盜無異。此而不治，雖財賦日生，於國家果有秋毫之益哉。何謂禁中汎取？窃觀國家軍兵之餉，百官之廪，乘輿之奉，悉在有司。禁中時有須索，如戶部銀絹以萬計，禮部度牒以百計者，月有進焉。以陛下清心寡慾，必無嬪嬙横給、燕游侈費也；以陛下恭勤節儉，必無营繕浮耗、使令妄予也。然人主用財，要須有名，使有司與聞；用而無名，是取民膏血，擲而棄之溝中耳。至於度牒，則國家以虚名而權天下之實利，陛下用之以重則重，陛下用之以輕則輕，免一時掊斂之瘡痍，而實濟軍國之用，誠非小補。幸無以方寸之紙，輕以予之而不之惜也。若内外並加裁損，大農之計，雖至有餘，其視不知節用而專務生財者，有間矣。陛下所以詔臣者，臣固已畢陳於前矣，而臣有私憂過計者，敢復言之。臣聞《坤》之《初六》曰："履霜堅冰。"至《象》曰："履霜堅冰，陰始凝也。馴致其道，至堅冰也。"蓋患之不可不預防也如此。自古以兵權屬人，久而未有不為患者，此非以予之至易，收之至難，不密圖之後悔無及耶。晉以六卿帥師，而卒于分晉者，六卿也；魯以三家帥師，而卒于弱魯者，三家也。漢自元、成，兵在外戚，而漢由是以亡；唐中葉，兵在神策，而唐由是以亂。古今一同，此必然之理也。國家以三衙管軍，而一兵之出，必待密院之符，祖宗於此，蓋有深意。今諸軍之驕，密院已不得而制矣。臣恐敵平之後，方有勞聖慮，孔子所謂"吾恐季孫之憂，不在顓臾而在蕭墙之内也"。臣嘗觀自古偏方霸國提兵者，未嘗乏人，豈以國家四海之大，雖曰多故，而將帥之才，遂至於寥寥如此哉。意偏裨之中，必有英豪，特為二三將臣抑之而不伸耳。臣以為及今之時，當用漢建諸侯之法，衆建之而少其力。精擇偏裨十餘人，裁付兵數千，直隸御前而不隸諸將，合為數萬，以漸銷諸將之權，此萬世計也。惟陛下勿以臣人微而忽其言，不勝幸甚。

《遺史》曰："藻之言深切時務，偉矣哉。唯論將帥之名分，抑之太甚，不能無文武黨比之私。其言使將臣毋數燕見者，是豈知蜀先主與關、張同卧起；使將臣無得參議論者，是豈知漢光武與賈復輩論朝政。藻徒知三衛見大臣執撾肅揖之恭，而不知廟堂延接，自有官制高下之式。藻又謂此曹何所識，是待將帥以無人矣。此書既傳，兵將官皆不堪之，有令門下士作《不當用文臣論》者，其略曰：'今日語國者，皆文臣。蔡京壞亂綱紀，王黼收復燕雲之後，執政侍從以下，持節則喪節，守城則棄城，建議者執講和之論，奉使者持割地之說，提兵勤王則潰散，防河拒險則遁逃。自金人深入中原，蹂踐京東西、陝西、淮南、江浙之地，為王臣而棄民、誤國、敗事者，皆文臣也。時時有一二竭節死難、當横潰之衝者，皆武臣也。又其甚也，張邦昌為偽楚，劉豫為偽齊，非文臣誰敢當之。'自此文武二途，若冰炭之不合矣。”

紹興元年……三月十二日己酉，張俊敗馬進，戰于玉隆觀，進走江州。初，張俊進兵，急趨豫章，至則喜曰：“我已得洪州，破賊必矣。”乃復斂兵若無人者，金鼓不動，令將士登城者斬。居數日餘，賊首馬進以大書文牒使來索戰，俊復細書答狀以驕之，又命王璦閲水軍於江中以疑之。賊勢方強，謂俊為怯戰。俊諜知賊稍怠。己酉，遽命大軍亟行，徑濟生米渡。遇先鋒，擊敗之于玉龍觀，乘勝追奔。次筠州。進方擁數十萬衆，據筠州。進者，成之驍將也。出兵背筠河，先守要地。俊領步卒，與賊迎戰，命統制陳思恭、岳飛、楊存中等分兵兩道，以午為期，視旌旗所嚮，兩道俱進。俊前擊至午，兩道精騎自山馳下，賊駭，退走，死者數萬人，俘八千人。俊督鋭卒追至城下，賊力不支，乃夜遁走，遂復筠州、臨江軍。所俘者八千人，俊疑叛，是夜遣陳思恭盡殪之。進之據筠州也，三月旦日，設香案，望闕而拜，有黑風如蓋，自天而下，漸低，乃聞有聲，徐視之，則散而為群鴉，不啻數萬，諠譟于庭中。剋擇官以為不祥，進曰：“何以攘之?”剋擇官曰：“當易旗幟，改軍號，可禳也。”進從之，即命易旗幟，改軍號，而申成照會。成見之不喜，謂：“進有背戾之心。”囬奏責之。至是，果敗筠州，退去南康軍。遇巨師古兵，與戰，師古軍敗。是時崔增以水軍往南康軍，到之日，適見師古新敗，横屍滿野，而進走江州矣。增以舟船聽俊節制

同上書卷一百四十七

紹興元年……七月，岳飛為神武右軍副統制。張用以兵五萬降于張俊。張用自咸寧縣趨江西，屯于瑞昌境中。曹成屯于吳仙鎮。張俊既敗李成，成歸劉豫矣，乃使岳飛招用降。用有受降之意，令諸軍來日往吳仙鎮，與成合軍。翌旦，軍士有之吳仙鎮者。久之，用不至，衆皆疑之。俄有承局報用已受岳飛招安，追軍馬皆囬。衆以既行三十里，不可囬矣，乃趨吳仙鎮。曹成令軍中人别作一寨。未幾，用再遣人追其軍馬，遂往瑞昌與合矣。

八月八日壬申，張俊點揀張用人馬。張用在分寧縣令家莊受岳飛招安。張瑞昌親揀其軍，五萬強壯者留之，餘逐便令去。有投曹成者，有投岳飛者，有投韓世忠者，有自营生者。自此，曹成走湖南，韓世忠追之。

同上書卷一百四十九

紹興元年十二月十四日丁丑……岳飛為神武副軍都統制。

同上書卷一百五十一

紹興二年五月三日壬戌……曹成以其衆降於韓世忠。初，曹成據道州，以兵守莫邪關。岳飛遣前軍張憲攻關。有郭進者，趫勇有膂力，每以夥飯不飽為言，乃自製大馬杓打飯，火頭亦笑而與之，無忤意，軍中呼為“大馬杓”郭進，每隨憲執馬槍。莫邪之役，進與旗頭二人先登攻關。賊兵拒關，進揮槍先進，殺賊旗頭。賊兵亂，官軍齊進，遂入關。俄報郭進已得關，為第一功。飛喜之，解金束帶，並隨行跟從物賞之，仍補秉義郎。官軍既入關，賊兵散亂。第五將韓順夫解鞍卸甲，以所擄婦人佐酒恣飲。賊黨楊再興率衆直犯順夫之營，官軍退卻，順夫為再興折一臂而死。飛怒，盡誅其新隨兵，責副將王某擒再興以贖罪。會前軍統制張憲皆到，掩殺再興。再興屢戰，又敗。官軍追擊不已。再興屢敗，率騎走廣西。韓世忠以成屢敗北，乃命董牧往招之。成以其衆降，有郝政者，獨不從，率衆走沅州，戴白巾，稱為成報仇，謂之曰“白頭巾”郝政，後歸於張憲。再興走至靜江界中，官軍追及，跳入深澗中。官軍欲殺之，再興曰：“我是好漢，當執我見岳飛。”受縛。飛見再興，解其縛曰：“我與汝，是鄉人。汝，好漢也。吾不殺汝，當以忠義報國。”再興謝之。

紹興二年六月十三日壬寅……韓世忠為太尉、武城威德軍節度使；岳飛為中衛大夫、武安軍承宣使。

同上書卷一百五十五

紹興三年九月……岳飛來朝，加鎮南軍承宣使、江西制置使、神武後軍統制。先是，飛駐軍于洪州也，趙秉淵為江南西路兵馬鈐轄，洪州駐劄。飛因飲酒大醉，毆擊秉淵，幾死。安撫使李囬奏劾之。至是，上戒飛飲酒，飛自此不飲。初，有旨，任士安交軍馬與飛，士安授江西總管，洪州駐劄。飛支犒，設帶甲人五千、輕騎三千，不帶甲人二千。士安有隱匿入已，飛杖之一百。士安以病瘡卒。郝晸，乃其統制也。士安在湖南所部，乃辛企宗之兵也，交兵與飛。而統制毛司禮反，飛撫定之。李囬帥江西也，傳選駐劄于蘄州，聽囬節制。飛皆乞為統制，亦乞秉淵為統制，於是飛始能成軍……神武後軍及御前忠鋭十將軍馬，皆撥付張俊。撥軍馬付張俊，乃朱勝非建議也。

紹興二年十月……二十二日癸卯，李横棄襄陽府，偽齊陷襄陽府。劉豫遣李成攻京西。成既行至鄧州，而豫之衆有來歸襄陽者，鎮撫使李横以為寇，至遂棄城出奔。成遂入襄陽。是時，李道亦棄隨州，豫以王嵩偽知隨州。嵩，本桑仲後軍統制，背仲歸豫，故豫用之。横既棄襄陽，未有所向。州人趙去疾勸横以衆歸朝廷，横然之。横在襄陽也，岳飛遣張憲招之，不從。至是，横自黄州渡江，徑往洪州，投安撫使趙鼎。飛知之，馳往洪州，後横一日至。横已參鼎矣。飛責横不相從之意，横戰慄伏罪而已。後鼎發遣横赴行在，分其軍。明年，岳飛乞董先為統制官。又有李進者，小名號“李僧兒”，軍中呼為“入洞鬼”，初為桑仲統制官。時俊乃李進下第三人也，亦在軍中。

同上書卷一百五十九

紹興四年五月……五日甲寅，岳飛克郢州。朱勝非自再為宰相，首建議遣諸大帥分屯淮南等，各據要害，以經略淮北、荆襄。又奏：“襄陽上流，襟帶吴蜀，我若得之，則進可以蹴敵，而退可以保境。今陷于金，所當先取者。”乃除岳飛江西舒、蘄及湖北諸州制置使，俾自江趨戰。又使淮西軍合勢併進，以犄角之。始諸將雖擁重兵，而無分定路分，無所責任。勝非修法度，嚴紀律，明號令，某帥當某路一定，不復易，皆授廟算，成師以出。又命司農卿沈昭遠往總軍餉，師衆素飽，故皆奮勇以進。於是，朝廷以牛皋習知漢上地利，遂俾從飛。飛即辟皋為唐、鄧、郢安撫副使，兼統踏白軍。皋自歸朝，朝廷授以蔡、唐州、信陽軍鎮撫使，兼知蔡州。未到治所，番僞沓至，戰無虚日。朝廷恐皋終困僞地，即詔歸行在。皋見上，因陳僞齊之滅亡、中原可復之計。有進士郭良、馬驥、姚時行者，皆補文資。至是，飛得皋，甚喜，知大功必成，改皋為神武後軍中部統領，兼制置司中統制。軍既發，飛命不得踐民禾稼，秋毫不敢犯。至郢州，令荆超降。超不從。有知長壽縣劉某者，登城發言不順。飛怒，令軍中“城破，必生致劉某”。既得超，已投崖而死。生擒劉某至，飛令凌遲斬之。岳飛克襄陽府。僞知襄陽府李成聞已失郢州，荆超投崖死，乃棄城而去。王師遂入襄陽，又進復唐州。

紹興四年六月……岳飛克隨州。初，岳飛命張憲引兵攻隨州，月餘不能下。牛皋請行，乃裹三日糧往。衆皆笑之。既而糧未盡而城拔，悉推其功與憲，且曰：“吾之存心者，國事耳！功何爭為？”君子多皋之不伐。生執僞知州王嵩，送襄陽府，凌遲處斬。飛取京西數州，董先頗有功。先以紹興三年來降飛，飛用為選鋒軍統制。

紹興四年七月……御史中丞辛炳出知漳州。辛炳為御史中丞，屢言執政大臣之罪而黜罷之。朱夢說見當時尚禽色之樂，多無用之物，二聖播遷而未還，中原陷沒而未復，萬民塗炭而不安，上無良相，朝乏賢臣，乃貽書於炳，責炳不諫。炳惶恐，袖夢說之書，上殿奏陳。上不悅。時夢說為岳飛軍幹辦公事，乃諭飛罷之。飛厚贐夢說而謝遣之。炳亦請外補，乃以顯謨閣直學士知漳州。夢說，字肖隱，嚴州人。徽宗時，屢獻直言。後登進士第，累遷泰州軍事推官。飛聞其賢，辟為幹辦公事。

《中興姓氏錄》曰："朱夢說，字肖隱，嚴州人。博學，有為國憂民之心。政和間，見宮中奢侈，内侍亂政，小人滿朝，賢士竄盡，乃於五年正月、六年九月，皆上書言天下事。七年，又上言入仕之源太濁、不急之務太繁、宦寺之權太重。又曰天下搜採花木，製置什物，京師置局修造。人曰諸路漕司無積年之儲，需用有借支之弊。又曰東南困于水潦，西北擾於強鄰，州縣嚴于督責，良民弊于敷配。又曰陛下累層巒以為麋鹿之苑，浚汙池以為魚鱉之宅，起樓觀以為禽獸之籠。又曰宦官委任華重，名動四方，營起私第，強奪民產，名園甲第，雄冠京師，賣官鬻爵，貨賂公行，人莫敢言，道路以目，蓋位高而不可仰，勢大而不可制，官人以爵而有司不敢問其賢否，刑人以罪而有司不敢究其是非，祿養之臣畏罪而不敢言，四方之士欲言而不敢達，乞斬臣頭以令於市。又上言宰相，力言宦官者之害，願力為天子言之，無恣目前之欲，以階後來之禍。其大略如此。徽宗不悅，士大夫皆傳其言。後以進士及第。靖康初，開府儀曹孟鉞乞召夢說而用之，未之召。及至金人陷京師，後累遷泰州軍事推官。湖北、京師宣撫使岳飛聞其賢，辟為幹辦公事。隨飛入朝，復見當時尚禽色之荒，多無用之物，二聖播遷未還，中原陷沒未復，上無良相，朝乏賢臣，上書於御史中丞辛炳，責其不諫。炳携書奏。上不悅，諭飛罷之。飛厚贈夢說而謝遣之。"

同上書卷一百六十一

紹興四年……八月三日庚寅，趙鼎為知樞密事、川陝宣撫處置使，岳飛為都督湖北荆襄諸軍事。當時獻言者謂："得秦，乃可以制中原。"朝廷是之，乃命樞臣趙鼎都督川陝荆襄諸軍事，岳飛清遠節度使、湖北荆襄制置使。朝廷欲取荆襄，議已定，一日下詔，趣諸將入覲。宰相朱勝非授岳飛以攻取之計，又飭飛惟當招來安定，以慰吾民來蘇之望，無得屠掠凡民。始奏捷，止言某人收復平定某州，不得輒言殺戮。飛一舉復襄陽、隨、郢之地。既班師，授飛節旄，其諸將受賞有差，如初約也。朝廷欲行獻捷之禮，勝非謂："本吾家堂，奥不足言。俟中原盡復，大駕還汴乃可。"

九月初五日辛酉……劉豫率北軍南下。劉豫僞詔，文多指斥，乃遣僞皇子、諸路兵馬大總管、尚書、左丞相梁國公麟，領東南道行臺尚書令，率衆併金國元帥兵南下。麟與右丞相張昂上書，乞據本戶下已耕種熟地頃畝為率，均出每畝錢二百五十文，又在坊郭者，以五厘錢、營運錢、免行錢，上附鄉村田畝均敷。豫依其請。先是，岳飛軍中有校尉王大節者，川人。飛待以為客。李成退走，歸劉豫也。上語飛曰："如李成歸國，朕當以節度使待之。"飛即遣大節詐為投成歸國。是時，劉豫方招接江南衣冠。大節遂投劉麟，麟待之甚厚，授承務郎，為皇太子府屬官。麟問征江南之策，大節言："四川百姓以撫司征擾不已，供億重困，思得大齊以重兵臨關，則人皆響應。既得四川，然後發蜀江之舟，鼓櫂而下。江南屯戍之兵，魂喪膽裂矣。"麟曰："不然。大金有命，會本國之兵，趨淮甸，渡長江，直擣吳會。汝以為如何？"大節曰："其謀非不善，但恐南兵扼長江，未可渡，則我師挫鋭矣。不若攻四川必取之地，以圖萬全。雖若遲，而大功可必成。"麟不聽。大節既得敵人之情，乃脫身走歸報飛。飛大喜，送大節于行在。上令引見，大節具以奏聞，且請淮南為防江之備。授大節丞節郎、閤門祇候。至是，偽齊與金人果合兵攻淮甸。

九月十四日……岳飛湖北荆襄潭州制置司。朝廷以為王𤫩制置無功，遂罷之，乃命岳飛為湖北荆襄潭州制置使，措置討捕廣賊楊幺，令程昌寓上流進兵以候師期。

十月初三日己丑……以左朝請大夫、試尚書工部侍郎魏良臣，充奉使金國軍前奉表通問使，右武大夫、果州團練使王繪副之。王繪《紹興甲寅通和錄》曰："建炎以來，朝廷遣使金國者，皆留而不報。紹興戊戌秋，金人遣先奉使王倫歸，且道息兵講和之意，須得人往議，遂以潘致堯、韓肖冑、章誼三人往，所議未定。紹興甲寅，又遣魏良臣，王繪副之以行。時宰相朱勝非當軸，良臣同繪到堂，面請使指，云：'公見上自知。'又問於趙樞密鼎，鼎則曰：'事成不在二公，不成亦不在二公。其所遴選者，恐語言應對間疏脫。'繪艴然，私於良臣曰：'如此，則使人並無責任，吾輩何辜，但恐非朝廷所以遣使之意。'【蓋趙鼎其初不主和議。】後數日，良臣與繪對，具奏自請使指。上一一訓敕詳盡，且顧良臣等曰：'卿等皆朕親擢。'良臣等曲謝，退到都堂，見宰執，具道宣諭之旨。諸公唯唯，或曰'極是'，或曰'只得如此'。又聞上宣諭'親擢'之語，朱相曰：'勝非得旨，各具四人姓名。上親許二公，是出上意。'繪曰：'繪輩此行，人或以為使路通，決無足慮者。繪獨憂之非前日之比。'朱曰：'何故？'繪曰：'前此，王倫歸言金人要遣使商量，故遣潘致堯等行。洎還，云金人欲大夫往，故韓、胡二樞密往。尋金使李永壽、王詡來聘，所需三事，故以章尚書、孫侍郎往。

章返，歸所議，互有可否，獨疆界一事未定。今繪輩之行，所授使指，皆章、孫已陳之跡，別無所議。金人每以逗遛為言，此行逗遛之跡明矣。今三尺之童，皆謂金不可和，未知廟堂以謂如何。’朱勝非作色曰：‘朝廷非不知，但不遽絶使路，公意欲如何?’繪曰：‘欲更增歲幣耳。’趙鼎曰：‘只此數，將來已不易出，須減百官俸，多方收簇。如何增辦?’繪曰：‘今乞增幣，只是虛數。’諸公愕然曰：‘何邪?’繪曰：‘今敵之所欲，吾淮南、川陝之土地耳。且以淮南鹽論之，歲一千萬緡，與歲幣孰多?今雖增數，敵未必受，故曰虛數。’朱曰：‘待來日奏知，更有何事?’繪曰：‘今所携禮物六分，尼堪以下皆有之，獨不及金主。萬一親到北庭相見，何以藉手?豈有與其臣而不及其君者。更有蕭慶裔先令王倫作手書送信物去。及章孫二公往，二人亦來館中議事。會私覿已盡，無以贈之。斯二人者，乃用事人。金人好禮，萬一來館中，薄賂之物，乞更加增此私覿兩分，來即與，不來即已。’朱曰：‘亦待奏知。’二公以為是。繪論行期未便，令下臨安府，限三日辦集，時九月十三日也。先是，良臣等對，曾奏知：‘臣等未行，亦是一事。欲乞早辦禮物，迤往鎮江伺候。’上曰：‘大禮後可行。’是日，又於堂中說及，故限三日足辦。後得旨，令九月十九日韓胡上殿曁對。上曰：‘前日賜卿等馬，皆内廐名馬。’顧繪曰：‘卿必能乘騎。’顧良臣曰：‘卿文臣，頗習此否?’良臣曰：‘臣雖書生，不敢不勉。’上曰：‘卿等此行，切不須與金人計較言語。卑辭厚禮，朕且不憚。如歲幣、歲貢之計，不須較。更為說宇文虛中久在金國，渠有父母，日望渠歸，見尼堪，可說與早交放還。更說襄陽諸郡，皆故地，只因李成侵犯不已，遂命岳飛收復。察院有前後探國書文字，卿等可問朱勝非，皆錄取去，庶知首尾。’良臣曰：‘臣等近聞有探報，朝廷秘而不言。乞聖慈宣諭臣等，恐合預聞。’上曰：‘止是淮揚有舟船來運麥。聞今春得麥甚多，此不足慮。此行甚坦途，止是遠涉，亦須過為將護。卿等家屬，待朕時遣人問訊。’良臣及繪皆曲謝而退到堂。是日，朱相不入已三押。趙樞、孟參、胡樞聚堂，見良臣等茶罷，起白所授聖訓。趙曰：‘事涉機密，少時閤子中相見。’胡離席曰：‘啓樞密，莫就此大家商量如何?’趙不答。胡復回，良臣等退。繪至客次，語良臣曰：‘次第趙樞以不預始議，决不肯預此事。良臣曰：‘不然。’繪曰：‘少間飲罷再來，趙樞決不見吾輩。’【蓋趙鼎初時已不主和議。】已而果然趙遣直省官傳語曰：‘以督府事忙，請只與參政、胡樞密理會。’既見二公，亦白探報事。繪曰：‘若至鎮江，聞有警急，合與不合申明。’孟曰：‘豈可不申明?’自是，再至中堂，趙必以督府事忙為辭。九月，預備一劄云：‘某等有使事面稟，累蒙鈞旨，只取劄子，以涉機密，不敢形于紙筆。’既而再到，果以事忙，只取劄子。趙久之，送劄子與孟。久而復見，胡曰：‘行期如何？’繪曰：‘行期只在朝廷發遣。’良臣不答，徐曰：‘某已朝辭，但未得國書，不敢徑行。’孟曰：‘旦夕國書可得。’是日，堂中辭。後張俊言已有探報，金人大舉，今過南京。良臣等乞再對，不報。二十三日，堂中見孫，近笑而言曰：‘非細再添。’良臣問：‘幾何？’孫舉五指於胸前，蓋聞有大舉意，遂添作五十萬。次日，得國書，辭會朱相，宣麻即發。趙已下傳語曰：‘事忙，不及相見，且請保重。’堂吏云：‘為已吃點心才畢，去送朱相。’繪於柱廊下厲聲曰：‘豈有遣人使不測之地，臨行不相見之理。設如私家，欲遣一僕幹事，臨行亦須丁寧而後遣。’堂中皆聞之。即日就道，至秀州，已聞敵騎犯淮南。至吳江，準省劄催行，備泗州申，已發接伴孫少卿。十六日，至宿平州。自是，兼程前去，日被省劄催督。至平江府，得制置司關報，審問事宜。又被省劄，速到偽界接伴牒。朝廷令賫執前去，於阻節處照驗。至常州，本州申，探報敵騎已在楚州。又準省劄，云已劄淮東安撫司，令募使臣，說諭承、楚州，令放過奉使。時淮東安撫使已下官吏，皆退保陰沙，承陽官吏已散。十月初七日，至鎮江。韓世忠已駐蹕維揚、鎮江。沈晦迓于門外，舟次排食，酒數行，晦離席問良臣曰：‘侍郎是誰門下人？’良臣曰：‘某孤寒，無援引。’晦曰：‘為郎時，是誰除？’良臣曰：‘席大先薦對，後除。’晦曰：‘是可知，是可知。’晦亦絶不來相見。良臣等因募使臣執旗報信，俟報以行。乃作稟目，備前後朝廷不以禮遣，各指首鼠，無敢任國事之意。初九日，遣書狀官梁植賫赴都堂。其稟目云：‘某等比于九月二十四恭領國書，當日就道。至平江府，緣得泗州關報，齊人引伴，已至宿州。某即以一行官屬姓名、般擔人數回報。約十月十九日，過界至無錫縣。承朝旨催促，即就道疾馳。十六日卯時，至鎮江府，所得探報，並召募使人往軍前，事已逐一公狀申稟，不敢繁叙。目今韓宣撫大兵已渡江，屯泊維揚，不測接戰。然敵人多寡、隊長姓名、見劄寨去處，探報不一。某欲赴趨軍前，而江北官吏四散，道路阻絶，亦未知軍馬是何頭項。又恐為他盜窺伺，如牽駕、般担、兵夫，別無支賜激賞，未易驅迫，使蹈不測之地。國書禮物，事體非輕，萬一別有疏虞，使某何以藉手，不可不謹。倘如潘致堯時，卻回行在，再降禮物等，重有煩費，況今日淮南道路兵馬如此，明知其不可前進而徑往，誠愚而無知之甚者，亦朝廷舉措恐不當。而繪切料承楚之衆，若是齊人，必不喜聞和議。雖齊人所建和議，今來既乖素望，豈復肯顧使。人或謂此舉，金人不在其間，是大不然。豈有不先關決金人，敢擅舉事之理？金人果與同謀，則前所謂和議，果安在哉？緣累奉朝廷指揮，催促過界，不敢不隨宜措置，遂逐急召募使臣等前去報信。雖俟人囬進發，若得信之後，王師與敵接戰，則所約日時與交轄處所，必定又致參差。繪非敢愛身避事，使其有益於國，雖蹈萬死，亦無所惜。若不顧事勢，徒委身敵手，亦無所補。況繪被命之下在二公，所以遴選者，恐語言應對間疏脱。再念此行既無責任在繪，固以為幸。然恐非朝廷所以遣使之意，在行期日，已聞警報，亦嘗稟白參政。若未出疆，有警合與不合前去。又蒙鈞誨，以謂豈不申明。某至此，偶值軍馬阻絶，深恐有誤國事，遂如鈞誨，節次申明。然連日被受省劄催促，令執宿州牒於前路阻節，照驗前去。又令淮東安撫司召募使臣，説諭承楚州令，放過奉使。某殊未曉所以。竊謂淮南若有兵馬阻節，恐合劄下本所相度。今來節次承授省劄，止是催促行程，不問道路通塞，合作如何處置，卻令淮東安撫司召募使臣，説諭承楚州令，放過奉使過界。其承楚州既有朝廷守臣在彼，何用説諭？若有兵馬阻節，及承楚已為敵人所據，豈可不使預聞一二？況淮東安撫司官吏已散，何從召募？某今鎮江詳開事宜，大段緊急，決非遣使可以定議。再今和議，本為淮境。今既進兵，百端懇請，終恐無益。況臨難解紛，萬無此理。繪切有一策，輒敢冒進。自古兩國議和，皆以勢力相孚，不能相下，於是有講和修睦之請，休息兵民之議，未聞以弱和強。彼初無畏憚，曲意定和者也，澶淵之役，規模未遠，昭然可見。比年諸將蓄鋭練兵，士氣思奮，百倍于前日。第以朝廷方篤信金人詐和之請，斷然不疑，斂兵不動，以示誠意，遂使淹延歲月，墮欲奮之士氣，乖歸附之民心，中外憤欝，累年於兹。私議未定，金兵已集，背天逆理，不亡何待？竊聞警報初至，宣撫韓開府奮决怒發，激勵士卒，以殄強敵為期，統率全軍絶江，駐劄淮甸，伺便以進。其進踴躍，如赴私仇，議者謂必能成功。獨念建康控扼之地，聞朝廷已遣張太尉提兵迎敵。敵已壓境，此行似不可緩。仍命劉開府相與應援，以破彼國三不救之説。將加激奮，敵氣自懾，更望朝廷勉勵諸將，以安危存亡在此一舉，使其率厲士卒，爭先鼓勇。軍聲既壯，國威自立，則繪銜命一往，宣佈威靈，庶幾乎其有濟矣。苟不出此，不度事勢，止為退懦之計，效尤前轍，示之以怯，益使吾軍士氣不揚，乘輿再動，社稷必危。萬一敵計少革前日之弊，所至按兵不擾，遲以歲月，人心苟安，則大事將去矣。而乃以一介之使，馳入不測之地，是猶以羊委虎，至則靡爾，何功之有？恭惟僕射相公、參政、樞密盛德重望，同寅協恭，共輔天子，立圖中興。某此行，事干國體，伏望少垂鈞念。若不問事體如何，姑使繪冒萬死伸無益之請，亦無復可辭。如繪固不足恤，顧一行禮物私覿等，方今調發之時，亦何忍輕棄。繪始行之時，累到都堂，竟不蒙與進其所欲稟知者，非一無自而達。今事迫情切，不免冒犯威嚴，略叙萬一，切望不以繪疏遠，僭言國事為罪，而所陳或有可採，乞賜詳酌，審其所當然者，亟施行之。倘使愚者之慮，或有一得，繪雖赴湯蹈火，死無所憾。干冒鈞聽。”

同上書卷一百六十二

紹興四年……十月初十日，御前金書牌至，令寄留禮物私覿在鎮江府，取天長路，出六合前去。並據鎮江府備準尚書省劄子，稱良臣等顯是故作遷延，分析住滯，因依令。又韓世忠差近上使臣一員，專一催促出界，即時倉卒治行。十一日早，方得鎮江府交割禮物私覿了當，當日沈晦一自見訪良臣與繪，各為輕裝，選使臣軍兵十九人，至西津渡江。是日，沈晦方來相別，曰："二公果去耶?"繪曰："豈可不行?"晦曰："忠義如此，固佳，只是分曉便不住。萬一未至，軍前鋒刀之下者，多少事，如何分別。"繪曰："但以死報國，他在所不恤。"及至江口，據本處巡檢申，風色暴猛，渡江不得。繪只得在水府廟以俟。日晡，風少息，遂渡，宿瓜州軍營。十二日，質明前進。至揚子橋，道逢韓世忠使臣持牒，備坐聖旨指揮，令遣上使催促出界，而若稍遲緩，罪有所歸。繪顧良臣曰："幸免管押二字，是亦光華。"比至淮揚，三遣騎士來促。至揚州東門外，見有選鋒大隊軍前來。某等問之，云："相公指揮，回江頭把隘。"既至城，於譙門上見世忠，留飯云："朝廷累有文字，催促奉使過界。只請今便行。"仍將出所受到御前金字牌文字一紙，係令韓世忠將帶軍馬回來鎮江府江口把隘以示。良臣因言欲謁陳桷、董皎，遂就食於彼。韓世忠差人傳語，及送到參辭門狀，即令回去江頭，照管舟船，恐軍馬爭渡。仍令董皎、陳桷發遣使副行了，速行江頭幹當。食畢，差到馬八匹、防護步兵二十八人。即時，陳桷、董皎送繪等出北門。繪與陳桷有舊。城門之外，駐馬久之，以老幼為托。桷泣數下，左右傷怛。遂行三里餘，見防護兵卒，皆羸弱無用，遂呼語之曰："汝輩送我，出不得已。歸路甚難，可自去努力報國家。"諸卒泣拜而去，止將本所使臣軍兵前去。是夜，宿大儀鎮，並無居民。官吏環坐一空舍下，皆乏食。聞鶚鳴鬼嘯，不類人境。十三日，行數里。午前，見敵騎十人。望見繪等，一發叫呼，奔馬前來，矢下如雨。繪謂良臣曰："速令一行人下馬。"回視墜馬者，十四五人矣，無敢前者。繪與良臣並執旗人獨前，大呼曰："不要放箭，是來講和。"金人遂斂收弓矢，獨一騎前來問："當你是甚人?"繪等云："皇帝遣來奉使，欲要講和罷兵，且各自休息。"其一騎復回告之。衆乃歡然。

少頃一時前來，令繪等一齊上馬，聯騎往天長去。沿路問："皇帝在甚處?"繪等答以杭州。又問："韓家在甚處，有多少軍馬?"繪等答："在揚州。來時卻在鎮江府去，不見得有多少軍馬。"又問："莫是計麼？先你過來，待到回來厮打麼?"繪答云："他是兵家，講和人怎得知?"去城六七里，有百餘騎擁一老帥，皂旗高旌，皆全裝。老帥容貌秀整，乃聶呼貝勒。【其下皆稱萬戶大郎。】路次相見，與使人相揖，所問如初。又問："少帝幾歲。"【謂淵聖。】繪等答曰："淵聖皇帝庚辰是三十五歲。"又問："皇帝幾歲?"答以三十二歲。萬戶馬上屈指，數過來軍前時，是三十一二，恰好也。其辭甚温，遂相引同入天長軍。前譯者言："你們來講和，㬹是好公事，不如一發了卻。"繪等曰："某使人此來，專為懇請大國和議。若得速了，甚幸。若欲太平，不難，只在大國一言而已。"譯者又問："皇帝今幾歲。"某等答云："聖壽三十二歲。"譯者云："向在汴京，皇帝來軍前，曾相見，不知今相記否?"譯者又云："泗洲來，所在州縣，多見恤刑詔書，並戒石銘。皇帝如此愛民，㬹好。"又問："秦中丞檜在何處?"繪等答曰："今帶職名宫觀，在温州居住。"又問："聞曾作相，莫是聞得大軍來後，怕這裏軍前去取，所以交他去。"繪等云："自前年歸朝廷，後實曾作相一年。後來堅欲請退，遂以宫祠閒居。"又問繪等："韓有多少軍馬，今在何處?"繪等答以"在揚州，不知的實數目。來時見韓世忠將出皇帝聖旨文字，教繪等看，已勾回韓世忠，令往鎮江府駐劄。良臣等親見人馬出揚州東門，望瓜州去也"。繪曰："侍郎亦不可如此道。用兵與講和，自是兩事。雖指揮勾回，然將在外，君命有所不受。回與未回，使人不可得而知。"又問云："韓世忠卻在掩襲我後，如何?"某曰："軍中機事，使人緣何得知。"又云："言元帥【謂達蘭】已到高郵，三太子已到泗州。今次恁大軍馬，都是劉齊門作來。"某云："如今舉大兵前來，設若欲取南州縣，與他別人，卻壞了元帥軍馬，不曉何苦為他如此。"萬戶云："恰似人家養个義兒，卻賭錢吃酒，待趕了，又卻趕去那裏，且只得恁地說道韓家有幾萬，都在淮南，從入界來，何曾見一个？看如今怎奈何劉麟去里。"某等云："聞劉齊多是信任李成，如李成，反覆叛逆之人，安可信任?"譯者云："李成㬹是粗人，不成人物。元帥㬹不喜它。"到開德府，遂奪了馬，交行來。十四日，天欲明。譯者令某等出天長南門，過城壕，於道邊立馬。有三百餘騎圍定某等，見老幼輜重並向西去。至巳時，引某等轉西至河邊，令某等下馬前，用大斧斫殺三十餘人，遂令人拽某等下馬。群刀引手，萬戶憤怒擲去所帶貂帽，按劍嗔目，問某等云："你們來講和，昨日道韓家人已回，卻因甚使人來奪拆橋?"

某等答以："是水寨人，不知朝廷遣使之意。"萬戶遂回，顧交引過人來問某等云："此是甚人？"某等認得三人被傷，是韓世忠軍下董皎下使臣虞候，內一人不識。某答云："此是韓世忠軍中人。"萬戶大怒云："似恁地事，怎生信得你們。卻是先來稱講和，暗地同來等害我。"其群從遂向前，舉斧以刃向某等，意欲加害。其萬戶以鞭揮之，遂稍卻。某等見其意甚怒，謂決不免。某等厲聲叫呼，指天誓日云："使人棄父母，棄性命前來，只為講和，為國家。韓世忠既以兩使人為餌，豈肯教知他計？某若不見察，願就一死，以報國家，死無所恨。"問難往復半時辰，來見得某等辭直理順。萬戶云："教你去元帥處。"【謂達蘭】某等云："若得到元帥納了國書，便是使人事了，然後請死。"萬戶笑云："大金沒恁公事，待交一个會漢語番譯人做通事，且好坐馬。"須臾，差到通事蕭大尉、防護甲兵二十人，遂同行到竇應縣，用一黃河渡船擺渡人馬。某等說話，云是濟州人，姓滿，舊在學校，與李鄴極相熟。李鄴見在偽齊，作右丞。某等問兹事如何。答曰："甚感人。"又問："可知否？"則搖手。元帥差到接伴官蕭團練使、李少監，【某等前日進呈語錄，誤寫少監】欲來相見。某等探問得蕭團練小名赫嚕，李少監名聿興，遂與某等相見，叙因使事，幸得相見之意。李聿興問來議和事。某等云："此來為江南欲守見存之地，每歲共銀絹各二十五萬匹兩。"某云："見存之地，為章誼回日所存之地。"又問："既來講和，卻為甚叫韓世忠來掩不備。侍郎、團練是幾日過天長？"某等答曰："十三日到天長。"李聿興云："正是會期，全似酈食其事。"某答云："此是田橫不察，食其何罪？"某云："酈食其當時以游說止齊，韓信從而襲之，此來何嘗止大國之兵？"又云："兵家事，先論曲直。師直為壯。江南州縣，此已是大國曾經略定，交與大齊，後來江南擅自佔據。及大兵到來，又令韓世忠掩不備，正是軍人放馬，遽然到來。卻是大齊說得都是。"某等答云："經略州縣事，前此書中，並不曾言及。止是淮南不得屯兵，本朝一如大國所教。如韓世忠掩襲事，某等實不預聞。"聿興云："不知皇帝所用之將，卻不得皇帝指揮，怎敢動？"某云："將在外，君命有所不受。臨機應變，閫外皆得而專之。"又云："如此，是韓世忠跋扈。萬一和議之後，依前生事，定又是敗盟約。"某等云："既是講和之後，皇帝必須有約束，不許妄動。"聿興云："江南第一不是處，為不合須要，量復故地。如襄、漢州縣，皆是大齊已有之地，何故卻令岳飛侵奪？"某等云："襄、漢之地，王倫回日，係屬江南。後李成為劉齊所用，遂來侵攘。是時，方遣韓肖胄等奉使大國，其事曾約束邊境，不欲深探。自後李成侵擾不已，既招安得，又結楊么，欲裂地而王之。江南恐其包藏禍心，侵陵不已，實恐難以立國，遂遣岳飛收復襄、鄧州等故地。即非本朝生事相侵，亦須相察。”聿興云：“元帥欲要國書看，不知可以將去否?”某等云：“不妨。”遂以議事、迎請二聖二書授之。聿興遂喚幕外趙校尉【是副元帥處番譯人】將去。蕭赫嚕又問：“秦中丞安樂麼？此人元在自家軍中,？是好人。”某等答云：“見作宮觀差遣，不任職事，卻請俸祿閒居。”聿興云：“無如此快活也。”又云：“侍郎、團練遠來，事要早了時。若告它元帥，須似申包胥泣於秦庭下。不知如今本朝所須底事，莫須應副得麼。”某云：“此是國家大事，使人豈敢擅決？使人止得將命傳導言語而已。”聿興云：“事固然，江南而今擅佔據淮南州縣，本朝大人門𠺕怒。”某云：“自來使人往還中書兼使人口授，並不聞有此議，皇帝皆所不知。若大國便加怒，豈不誤他江南?”聿興云：“怎生更待商量復故地?”某云：“以中間丞相惠書有云‘既欲不絕祭祀，豈肯過為吝愛，使不成國’。是以江南敢再三懇告。若或不從，卻是使不成國。”聿興再三審問，某等復深言之：“某等江南新州之地，皆江海陂澤，又無不經殘破，卻與大齊不同。”聿興云：“大齊雖號大齊皇帝，然止是本朝一附庸，指揮使令，無不如意。侍郎、團練，曾見執旗、報信、張革等否?”某云：“不曾見。不知是幾日離軍?”云：“十一日。”某等云：“某等是十二日離揚州。以日月考之，可見。”聿興云：“元帥教將劄子去，都是元帥自道底言語，更無文采，再三道你我直迷着那言語，𠺕有意來者。使臣卻也敢向前覆事也，不可得。”某等云：“一行人莫非忠義奮不顧身之人，豈有懼怕者?”遂問：“皇帝在甚處。”某等答云：“駕在臨安府。”又問：“臨安府是甚處?”某等云：“便是舊日杭州。”又云：“此去杭州，幾日可以往囬?”某等又云：“星夜兼程，往來不過半月。”聿興又云：“大軍在此，這公事𠺕緊。”某等云：“若得元帥早有處分囬報江南，使人豈有稽緩?”又云：“昨日書元帥已教番譯做囬書，要看次第，一兩日相見也。”二十九日午晚，有送馬來。赫嚕、聿興令人傳語，請上馬見元帥。某等囬轉語畢，上馬同行。城中屋宇，有五七分已上。其下並有兵馬，並煅鐵打造軍器，河內有糧船百隻，並是東京板，掛七百料船。牽船人等，並裝青號，上書“青州運糧船戶某人”，又有“輦運司第十五綱字運”。少頃，引某至屋下，見達蘭朝外坐，並用蘆蓆釘壁鋪地。左邊用紫佈遮壁，某等認得是毡車子上所用之物。傍有四人坐，皆衣渾紗短袍，裹頭巾，着求頭靴。右邊有紵絲戰袍或着毛衫官軍五十餘人，并有全裝甲士十餘人。引某等向前。禮畢，令譯者問云：“皇帝安樂?”某等對曰：“聖躬萬福。”又問使旨。某等答曰：“某等離江南，日奉皇帝指揮，令誠致懇請，乞早定和議，迎請二聖。某等星夜前來，十月初六日至鎮江府，先遣張革執旗報信，數日無音耗。某等不敢住滯，又奉皇帝指揮，令寄留禮物私覿在鎮江府，由天長路出六合前來。大兵壓境，不知所得罪之由。”譯者云：“使臣所説，更有甚傳語?”某等云：“盡在國書中。”譯者云：“國書中事卻見了。元帥台旨，你們所説，待信來，又已前數次失信；待不信來，又怎生全不信得。今次舉兵，為生靈不能得定。自入境來，並不曾殺一人，房屋不曾拆着，你們都見。”又呼隨某等一行使臣近前聽。某等對云：“大國舉兵，若以生靈為意，天下幸甚。江南所以再三遣使，懇請上國，正為生靈不得休息。所以再遣某等前來，欲得早定和議。且告元帥，矜存趙氏社稷，憫恤一方生靈。”譯者云：“向時第一番到汴京，皇帝同張邦昌來軍前為質，我曾親自説與皇帝，家國不要聽賊臣言語。我道有一喻，一似人家蓋一个房子，使椽柱瓦木蓋得是好，卻須住房子底人做主，防水火、盜賊。若不會照管，便倒塌了。此時親自説與皇帝，一一聽得。卻令趙平仲來劫寨，事不成，嗽損了他人，當時便失信。如今言語，怎生信得。”某等云：“失信之事，盡是前朝奸臣誤國。皇帝雖親聞此語，是時皇帝止是親王，事不在己。皇帝即位以來，未嘗棄信於大國。”譯者云：“這底只是怕你們不知，又怕皇帝官高職大後，不記得也。”又問某云：“元帥問你，當時不是曾隨皇帝來軍前麽?”某云：“是時先人仲通曾充國信副使，同沈晦隨從肅王出使大國，在燕京死節。”譯者傳達云，達蘭首肯數四。譯云：“我這裏説得話，望你們到皇帝一一説。”某等云：“豈敢遺落一字，須一一奏知云。某等皆是皇帝親選差來，只是真實，所以遣來懇告。況今日既荷大國許和，莫非至誠懇請，尚恐不蒙聽從，更豈可不任誠信。”【某觀譯者，所授言語甚多，所説極少。又每人姓并地名，只作漢語音，料止是譯音不改。至于姓名，則不能變矣】譯者又云：“你們説得卻是只是難信。”某等云：“到軍前已是半月，江南日夕望信。臣子之心，實不遑安。敢望早定大計，使某等歸報江南，庶得生靈早有休息之期。”某云：“某輩非敢自為脱身。大底國家安，使人亦安；若國家未安，一身亦弗安。”譯者云：“元帥令你們且歸安下處。候三二日，左元帥到來商議了，交你們去。”某等云：“此來荷元帥授館，種種周備，不勝感激。惟望早賜台念，復命江南。”遂退。聿興云：“沈元用今在耶不在?”元用，謂沈晦字。某等云：“在。”又云：“見在何處?”某等云：“在浙中，見任待制。”聿興云：“是同年。聿興曾在宋朝，沈晦第三甲及第。後來卻再與本朝取應來。”問某云：“侍郎是誰榜?”某云：“何澳榜。”又言：“今年本朝試進士，出賦題，是《天下不可以馬上治》。”某答云："此可見大國息兵之意，天下幸甚。"又云："這賦題是本朝張炳文侍郎出。丞相見，問是誰意思。左右云，事見前漢《陸賈傳》。丞相遂令人用國書譯過其傳，看後大喜，遂與張侍郎轉兩官。"某等復云："大國果有意偃兵修文，豈惟江南之幸，實天下生靈之福。"某等以聿興所說，遣某等回報，前後反覆，遷延不定。某等恐誤國事，遂以長書獻達蘭云。

同上書卷一百六十四

紹興四年十月十三日戊子……牛皋、徐慶敗金人于廬州城下。金人與偽齊連兵攻淮西，安撫使仇悆盡發宣司戍軍一千以拒之。既而敗亡，無一還者，即乞師於湖北岳飛。飛遣腹心將徐慶、牛皋為援。皋、慶引十三騎，先至城下。入城謁悆，坐未定，斥堠報金人五千餘騎將逼城。時湖北軍馬未到，悆色動不安。皋曰："無畏也，為公退之。"即與慶出城，迎見敵軍，遙謂之曰："牛皋在此，爾等安敢來。"敵帥曰："我知牛公在湖北路，已赴詔命，此中安得牛公?"皋乃免冑，張旗幟，敵人相視失色。皋察其有懼意，舞槍先登。敵人奔潰。皋以十三騎，追襲五十里。是時敵人大軍十餘萬，去廬州百里而屯，一夕皆遁。悆駭歎，且親書保明，贊其威望神勇，謝于岳飛。飛不悅而移其功以畀慶。皋亦無慊色，淮西人以為恨。

同上書卷一百六十七

紹興五年四月戊申……岳飛進軍鼎州。張浚以都督收楊幺，先遣岳飛軍於鼎州，吳錫軍於橋口。浚即欲進兵，或說浚曰："不可。追而勝，則捕一漁人耳。如有不勝，則都督為諸將輕矣。"浚曰："奈何?"或曰："不如先張聲言。諸軍人馬，各已差人犒設矣。唯岳制直之軍，當躬入其軍中。是以犒設而進也。或不勝，猶有說焉。"浚從之。未幾，以輔逵代吳錫。浚駐潭州。

同上書卷一百六十八

紹興五年……六月，岳飛兵大破湖賊，擒楊欽、夏成等，湖賊悉平。湖賊楊幺為其下所殺也。其黨楊欽、夏成等，各領其餘衆拒命。欽偽為馬軍太尉，成偽為太僕射，皆與鍾相守事之人，凶愎桀黠賊也。張浚臨湖觀之，知未可攻，乃歸潭州。有急詔，召浚還朝，謀防秋之計。會岳飛至潭州，出圖示攻討出入之要，迺曰："擒之易耳。"浚曰："恐誤防秋之期，俟明年再來討之，如何?"飛請除往來之程，限八日破賊，請浚曲留，以俟之。浚然之。先是，湖南統制任安、王俊、郝日政等，領兵二萬餘，不稟王瓔號令，遂致於敗。及飛始至，鞭任安及孫議，以泄其氣，使其賊餌。賊併兵攻任安，戰三日而困之。飛乃以伏兵四合，一戰破賊衆，盡乘其舟，以入水寨。楊欽等迎降，尚有餘衆数萬。飛決欽等各一百，遣囬。是夜，用師徑掩其營，破其賊而執欽。惟成寨三面臨大江，北恃峻山，不降。親往，測其淺處，悉衆運草木，放之上流。至淺處，則棄瓦石壓之，一日填滿。馬驅入其寨，遂斬成。湖賊悉平，果不過八日。授欽武翼大夫。《遺史》曰："欽狡獪狙詐，最桀黠。既授以官，公論皆不與之。欽出身脚色，書曰'鍾相、楊幺作亂，欽等聚集強壯，保守鄉村，候官軍到鼎州，乃同共破賊有功，見之者無不大笑。"

……賜岳飛詔，"比得張浚奏，知湖湘之寇已悉清，紓朕西顧憂，良用欣愜。非卿威名冠世，忠略濟時，先聲所臨，人自信服，則何以平積年嘯聚之寇，於旬朝指顧之閒。不煩誅夷，坐服佳靖，使朕恩威兼暢，厥功茂焉。腹心之患既除，進取之圖可議。緬思規畫，加歎不忘。然恐招撫之初，人懷反側，更宜綏輯，以安衆情。措置得宜，彼自馴擾，必與卿計之熟矣。或有陳請，可具奏來。"

九月……岳飛加檢校少保。

十二月，改神武五軍，名"行營護軍"：張俊之軍，為中護軍；岳飛之軍，為右護軍；韓世忠之軍，為前護軍；劉光世之軍，為左護軍；吳玠之軍，為後護軍。楊沂中權主管殿前司公事，以神武中軍吳錫之軍，撥隸殿司。邵濤為兵部侍郎、都督府參贊軍事。

同上書卷一百六十九

紹興六年正月，車駕駐蹕臨安府。張浚出視師。《行狀》曰："以金勢未衰，而叛臣劉豫復招中原，為謀叵測，不敢寧處於朝，奏請親行邊寨，部分諸將，以觀機會，至即張榜，聲豫僭逆之罪。以是月中旬啓行。公謂'楚、漢駐兵殽、澠間，則楚不敢越境而西，蓋大軍在前，雖有他技捷徑，敵人畏我之議其後，不敢越踰而深入也。故太原未陷，則尼堪之兵，不復濟河，亦此耳。議者多以前後空闕，敵出他道為憂，曾不議其糧食所自來，師徒所自歸。不然，必環數千里之地，盡以兵守之，然後為可安乎？'既以此告於上，又以此言於同列。惟上深以公言為然。至江上，會諸帥議事，令韓世忠據承、楚，以圖維揚，劉光世屯合淝，以招北軍，命張俊練兵建康，進屯盱眙，命楊沂中領精兵為後翼佐俊，命岳飛屯襄陽，以窺中原形勢。既立，國威大振。上遣使，賜公御書《裴度傳》，以示至意。公於諸將，尤稱韓世忠之勇，岳飛之沉鷙，可倚以大事。世忠在楚州時，入偽地，撫叛賊。上書賜公曰：'世忠獲捷，整軍還宅，進退合宜，中外忻悦。每思世忠發憤，授之方略，卿宜明審虛實，徐為後圖。或遣岳飛一窺陳、蔡，使賊枝梧不暇，以逸待勞。"時飛母死，扶護還廬山。公乞御筆，敦趣其行。飛奉詔歸屯。公又以東南形勢，莫重建康，實為中興根本，且人主居此，則北望中原，常懷憤惕，不敢自暇自逸；臨安僻居一隅，内則易生安肆，外則不足號召遠近係中原之心。奏請駕以秋冬臨建康，撫三軍，以圖恢復。二月，諸路安撫使兼營使。

二月十八日丙辰，王彦保康軍承宣、京西南路安撫使，兼知襄陽府。王彦除京西安撫，是時岳飛為京西湖北宣撫使，當受飛節制。彦昔為招撫使都統制，新鄉之役，飛受節度，彦欲斬而恕之，以此引嫌，辭免不赴。

三月，韓世忠加少保、武寧安化軍節度使、京淮東宣撫處置使，軍楚州。岳飛加檢校少保，平静難軍節度使、川陝宣撫使，軍興州。

八月，岳飛克鎮汝軍、商、虢二州。是役也，偽汝軍薛亨，素號驍勇，岳飛以牛皋當之。皋請生擒以獻，果獲亨以歸。飛大奇之。岳飛復西京長水縣。

同上書卷一百七十

紹興六年九月……十日乙亥，韓世忠來朝。王庶知荆湖北路經略安撫使。王庶被召出川，至鎮江府，除荆湖北路安撫使，知鄂州。有旨，候奏事畢之任。五月，賜封，復顯謨閣待制。未至鄂，改知荆南府、湖北路經略安撫使。至是到官治事。岳飛退軍鄂州。

二十九日甲午，劉豫入寇，張浚至建康督戰。《張浚行狀》曰："公渡江，撫淮上諸屯。時遣人自巫山囬，聞徽宗不豫，又聞欽宗所貽金帥書。奏曰：'臣得屯信，不禁臣子痛切憤激之情。仰惟陛下處天子之尊，遭父兄之變，聖懷惻怛，勤切於中，固不止坐薪嘗胆也。時張俊軍已進屯盱眙，三師鼎立，而岳飛遣兵入偽地，至蔡州，焚其積聚，時有擄獲。俊力贊建康之行為不可緩。上以九月一日進發。至平江，公又請先至江上，諜探敵情。及劉豫姪猊挾敵來寇，公既行而邊遽不一。公至江上，知來為寇者實劉麟兄弟。豫封麟淮西王，兵凡六萬。入寇，已渡淮南，涉曆壽春，逼合肥。公奏：'淮西之寇，正當合兵掩擊。今士氣甚振，可得五勝。若有一退，則大事去矣。'上手詔曰：'近以邊方所疑事咨於卿，今覽卿奏，措置方略，審料敵情，條理明甚，非卿識見高遠出人表，何以臻此？’於是詔下諸將，始為戰計。”

侍御史魏矼奏劄《論不當講和》：“臣伏睹魏良臣、王繪歸自淮甸，亦有金人文字，事意曲折，不得與聞。於《傳》《記》有曰：‘前車覆轍。後車之戒。’又曰：‘商監不遠，在夏后之世。’自靖康初，敵騎既退，大臣偷安，無復注意軍事，故時有‘不理會防秋，卻理會《春秋》’等語。北兵再入河朔，遣王倫督和議，優游不決。繼邀索五輅，又復聚議經時，迄以輿輅未渡河，而遊騎已次濬州。故敵常語人曰：‘所以索輅車者，且令南朝爭議一兩月耳。’今者陛下奮發英斷，新御戎軍，諸將競趨江上，鬥志日銳，而陛下復大開言路，包容狂直。凡非軍旅之事，一切停罷。宸算素定，施設注措，犂然當於人心。臣仰料天意，亦須助順，削僭偽而復侵疆，實係此舉。願自睿斷，立罷‘講和’二字。況朝廷前此，三遣和使，而後大金纔有報聘，禮意周旋，信言可考。頃復傳使尋好，未有釁隙。茲乃偽劉父子巧造兵端，謀窺郊甸。初無和意，使人未見國相，報書來自近甸，自無可信，覆轍未遠。今大兵坐扼天險，授師艤舟，上流精鋭，無慮十萬。彼偽劉挾敵為重，僉軍本吾赤子，人心向背，久當日携，持重以待之，輕兵以擾之，吾計得矣。昔曹操降劉琮，得其水軍人船，合八十餘萬，徑下江陵。吳之議者咸曰：‘曹公，虎豹也。然托名漢相，挾天子以征四方。今日拒之，事更不順。且將軍大勢，可以拒操者，長江也。今操得荊州，水陸俱下，此為長江之險，已與我共之矣。而勢力衆寡，又不可論，不如迎之。’獨周瑜曰：‘不然。操托名漢相，其實漢賊也。今北土未平，馬超、韓遂尚在關西，為操後患。其舍鞍馬，仗舟楫，與吳越爭衡，本非中國所長。又今盛夏，馬無槀草，驅中國士衆，遠涉江湖之間，不習水土，必生疾病。此數者，用兵之忌也。而操皆冒行之，將軍擒操，宜在今日。瑜請得精兵三萬人，進住夏口，保為將軍破之。’遂引兵與劉備并力以逆操，敗之赤壁。今劉豫挾敵以叛，視操孰順？近日敵衆深入澤國，視操孰強？而岳飛在江西，吳玠在秦隴，形勢又孰得？更欲聽其詭計，摧喪士氣，坐以受其弊，非臣所喻也。昔新垣衍説趙帝秦，魯仲連折之，有曰‘是使三晉之大臣，不如鄒魯之僕妾’。秦軍聞之，為卻五十里。臣久誦斯語，不勝憤懣。惟陛下為宗社生靈之重，仰順天意，俯從人欲，飭勵諸將，力圖攻守，庶有再造之期。臣區區識慮，蓋止於此。陛下與二三大臣熟計而裁決之。”

同上書卷一百七十三

紹興七年正月十五日丁丑……李參政邴對，“伏以逆臣劉豫敢肆奸謀，外引敵師，稱兵犯順，人神共憤，天地不容。陛下神武，惟揚聖心，獨得親率鋭旅，前駐大江，股肱協謀，將士賈勇，曾未浹旬，累奏捷音。敵勢即窮，潛師宵遁。天聲大振，國勢遂強。中興之功，屬在今日。猶復曲垂清問，俯逮舊臣。蓋將總衆智以為謀，庶幾無片善之不録。恭惟聖訓條畫如左。戰陣之利有五，一曰出輕兵，二曰務遠略，三曰謀將帥，四曰責成功，五曰重賞格。何謂出輕兵？關陝為進取之地，淮南有保固之地。由關陝可以窺河東，由河東可以窺河朔。河朔平，則京東不取而自歸。故曰：關陝為進取之地。有淮南，外可以捍京東，内可以保浙江。故曰：淮南為保固之地。關陝雖利於進取，然不用師於京東，以牽制其勢，則彼得一方而拒我；淮南雖利於保固，然不用命於關陝，則彼得併兵而南下。二者固相為表裏者也。前日遣大臣經理關陝，誠是。然未嘗用兵於京東，以分其勢，故彼得盡鋭以挫於我。今淮南之兵既捷矣，而關陝之圖尤不可緩也。或曰：‘曷不經由宿泗，以取京東耶？’曰：‘由宿、泗，必用重兵，命大將。今統重兵者數人，皆所恃以為根本。若輕而置之偽境，萬一有失利，將不可復用。’然則遂置而不問耶？曰：非然也。今偏將中如牛皋、王進、楊主、史康民，皆習京東風土，熟其人情，知其山川險易，臣謂可略配以部曲三五千人，或出由徐、淮、揚，或出由宿、泗。彼土之民，固吾赤子也。懷累朝聖澤涵養之久，厭偽朝殘虐不道之政，必有應者。然後因其豪傑，俾其自守，因利乘便，取京東，可也。勢有未可，退保江淮，可也。則我得以擾敵，彼將奔命之不暇而自困矣。是謂我不動，而分陝西重兵之一端也，何憚而不為乎？何謂務遠略？用兵東京，以牽制陝西；用兵陝西，以牽制東京，固然矣。陝西失地之後，其何以復之？曰：因其勢而已。光武以二千人敗尋邑百萬於昆陽，虎豹皆股慄而卻走，勢之盛也；苻堅以百萬衄於淝水，聞風聲鶴唳以為晉師之至，勢之衰也。前日金人強盛，天下莫與敵，而我顯然怒彼，以與之角，彼不得不盡鋭於我。今彼驕甚，憪然有輕敵之心，是我潛形匿勢，示弱用奇之時也。願詔關陝諸將，毋張虛勢，毋競小利，蓄養士氣，乘間阻險，但務其小勝不必大勝也，則馴小勝，可以致大勝矣。要之，毋顯與之角而已。然則朝廷前日遣大臣，如何？曰：固嘗遣之也。選任陟降之權，殺生賞罰之柄，此大臣之職，非將帥所得預。今雖有二宣撫，其體尚輕，非遣大臣不可。關陝土地沃衍，士馬強壯，形勢利便，號為金城百二。他日復五路固守，自當循秦漢之舊，建都長安。今日遣大臣，非獨牽制京東，亦所以為後日經畫也。方今大臣，如吕頤浩，氣節高亮，忠力慨然，李綱識度廣遠，威名素著，必自簡於清衷。願陛下於二人者擇其一，起而用之，必有以報陛下。臣因論兵而及大臣，非所當言。然陛下詔臣，以君臣無間，則臣有所懷，其可不盡陳於陛下哉。何謂謀將帥？今日淮南摧鋒陷陣之士，亦前日所用之軍也，何勇怯異耶？蓋由陛下以身率之耳。以此知強弱無定勢，勇怯無常形，惟人所為而已。今諸大將下，豈無智謀忠勇之士，以馭衆統師者乎？蓋用之未盡其才，故未有以見於世也。陛下即位之初，韓世忠、劉光世、張俊威名，隐然為大將，又今有吳玠、岳飛者出矣。但多得此數十輩，參諸内外，更出迭入，何患兵勢不強哉？臣願詔大臣，於所部舉智謀忠勇、可以馭衆統師，各兩三名，朝廷籍記。遇有事宜，授以廟略，使專當一隊，毋煩隸於大將矣。則諸人競奮才智，出成勳名，為岳飛、吳玠之儔也。何謂責成功？常人之情，莫不欲成功之在我。勢有所壓，則憤然不滿。大將爵位已崇，勳名已著，難相統一。今用兵，可授以成算，使自為戰而已。可勿遣重臣臨之，以輕其權而分其功也。昔晉遣祖逖過江，經略中原，敗石勒，復河南，功垂成矣。而晉遣戴若思權節制，據其上流。若思雖有才望，而逖實不厭也，因發憤而死，前功盡棄。臣嘗嘆息於此，可為萬世深戒。何謂重賞格？曰：今卻敵退兵之後，必論功行賞。臣願因此詔有司預定賞格，以頒天下。小固不論也，謂如得一邑、一城、一路、十人長、百人長、千人長、萬人長之類，及近上首領，自一命至節度使，皆差次，使足相當。人人知我有是功、有是賞，則勸於用命矣。昔漢高滅項籍，最後楊喜等四人，各得籍地以封。夫滅項者，良、平之謀，信、佈之力也，豈四人能知哉？適會其敗亡而殺之耳。高祖封之如此，其蓋示天下以不私，所以勸後之用命者也。況此出勇力，以成功名者耶？然則設王爵以待其功者，不亦重乎？曰：果有是功，何為不可？唐郭汾陽、李臨淮是也。尼堪強盛，孰與祿山之亂？二聖播遷，孰與川蜀之狩？駐蹕江左，孰與靈武之立？是今日事勢，尤艱於唐也。第未有復中原之功，果有之，何愛於王爵哉？守備之宜有五，一曰固根本，二曰習舟師，三曰防他道，四曰講遺策，五曰列屯戍。何謂固根本？建康，古之建國。山川盤絡，漕運便利。陛下欲圖中原，必駐蹕於建康，此不易之論也。則江、信為根本矣。欲保守，則失進取之利；欲進取，則慮根本之傷。是何也？千里饋糧，士有飢色；樵蘇後爨，師不宿飽。今興十萬之衆，深入敵境，未能夷一城，蹶一將，而我已騷然坐困矣。民賦固有常，國用固有經，未知國家何以給之？此必窮民之力而後可也。瘡痍之後，果能任此乎？故曰：欲進取，則慮根本之傷者，此也。然則遂不進取乎？曰：臣前所謂遣偏將，更出徐、泗以擾之，是也。然亦尚有説。晉之遣祖逖也，給兵千廩，佈三千匹，不給鎧仗，使自招募。屯於淮陰，始鑄兵器，得二千人而後行。其後既斬張平，帝嘉其功，運糧以給，而道遠不至。是兵器與資糧，皆不取於晉也。卒能勝強敵，自河之南，皆為晉有，乃知古名將内必屯田以自足，外必因糧於敵，捨是則無以為也。誠能慨然以功名自任如祖逖者，舉淮南而付之，使自為進取，而不為虛内以事外，則北兵不足勝，中原不足復，苟未有斯人也。則前者輕兵之説，自為不可廢。是謂進取、保固，兩得而不貽後患者也。何謂習舟師？臣伏見朝廷下福建，造船七百隻，守臣經畫來上，必如期而辦。今既以長江為險，則教習舟師，乃今日之最急務。臣聞某州某縣各置水軍五百名，以横海為名，而未見其他措置也。漢有伏波、下瀨、樓船將軍之號，皆水軍之名也。臣乞仿古之制，創建此官，以教習水戰，俾近上流將佐領之，自成一軍而專隸於朝廷。無事則散之，緣江州郡緩急，則聚而用之。昔曹操望見孫權舟船器仗，軍伍整肅，嘆息而去，則舟師之盛，望之足以威敵矣。況其實可用耶？臣又聞之，海民舶船不動，數月則生水蟲，能蠹爛船底，則無事之時，又當為教閲之法。每若干月日一教，而寓勸懲之法。既以習戰鬥，亦以利舟船也。何謂防他道？己酉之冬，金人自金陵渡江，實緣吾本為避敵之計，上下莫肯固守，彼得以堂堂而來。及其還也，韓世忠以舟師遏於江上，相持累旬，幾獲其敵帥。彼擄掠雖多，亦不得謂無所失也。去冬淮甸既不得肆，諸將輕兵迭出，捷奏係道，情見力屈，潛師而遁，則金人用師，未有如今日挫衄者。臣度他年入境，懲創今日之失，未必不由舊轍，必先以一軍來淮甸，為築室返耕之計，以綴我師，然後由登、萊泛海，以窺吴越，以出吾左，由武昌渡江，窺江、池，以出吾右，為多方以誤，一處不支，則彼得志矣。淮南之師，雖陽為築室返耕，然沮洳之地，其勢不能久淹，將來固不足慮。而此二途，可為深虞者。臣願預講左支右梧之策，使不出吾素料。彼雖出奇，吾預知，固不能奇矣。何謂講遺策？兵之形無窮，故巧亦無窮。守備之具，切意有未經講畫者。昔賀若弼之攻陳也，積荻於岸，與舟同色，陳人習見，不以為疑。其後牽舟以來，而陳人不覺也。此攻之詭計，而我不知也。魏之伐吳也，吳人以車張席為疑城，自石頭至江，一夕而就。魏人望之曰："彼有人焉，未可圖也。"斂兵而退。此我守之詭計，不可不知也。古雖不用於今，緣此類推之，必有可預備者。願招臨江守臣，凡可設奇以誤敵者，皆預為措置，寧設而不用，事至而無備，則無及矣。何謂列屯戍？曰：長江之險，綿亙數千里，守備者非一。譬若一身，必有要害之處，咽喉、心腹是也。今沿江州郡，孰為心？孰為腹？孰為咽喉？苟制得其要，則用力少而見功多矣。臣願差次其緊慢，最處屯軍若干，一將領之，聽其郡守節制，次緊稍緩處，差降焉。有事宜，則以大將兼統之。既久，則習熟土風，人情相諳，緩急可用，與旋發之師不侔矣。如福建，本因范汝為作過，申世景屯福州，今福人安之，惟恐其去。頻年福建盜賊不作，未必不緣世景彈壓之故也。雖沿江與福建事體不同，然人情豈相遠哉？措畫之方有五，一曰親大閱，二曰補禁衛，三曰訂使事，四曰講軍制，五曰降敕榜。何謂親大閱？竊以陛下親統大師，遂卻大敵，此蓋用高祖馬上治之、光武身定大業之說。其效既如此，自今尤宜練習武事。自古帝王，皆有講武之禮，則春蒐夏苗，秋獮冬狩，在《詩》則'車攻吉日'，在《春秋》則'大閱，蒐於紅'是也。當承平，且不敢忘武備。今日用武之際，豈可曠而不舉？臣聞諸將練兵，異於曩時。其挽強蹶張、擊刺之技，習熟既精，累經出入，能趨走，耐勞苦。陛下誠因秋冬之交，具軍容，闢廣場，會諸將，明三令五申之制，觀坐作進退之節，取其才藝絶特者，或賚以金帛，或加以官爵，以激勵之，則將士感悅，競其勇氣，自倍於平時矣。何謂補禁衛？李德裕有言曰：'一天下之常勢，北軍是也。'北軍者，今之禁衛是也。内以嚴衛九重，外以鎮服天下，其勢莫重焉。建炎以來，此輩更番上下，往復千里，頓踣道路，遺棄老弱。小人不知忠義大節，或有愁嘆，形於言色。明州泛海之役，亦稍喧悖。當時聚其儕類於諸州指使，其實疏遠之也。自茲禁衛愈單寡，乃籍五軍以為重。臣常寒心，譬如蛟龍，不假風雲波濤之勢，而自托於山林，失其所以為神矣。古者天子自將兵，韓信謂高祖能十萬。韓退之曰'此軍千萬虎與貔，天子自將非他師'是也。今陛下自將之兵幾何人哉？若曰昔日慵惰不為用，喧悖不循理，是可廢也。嗚呼！是不幾於因噎而廢食者歟，甚不可也。臣願陛下擇忠實嚴重之將，以為殿帥，精補禁衛之缺，增訓練之法，使隐然自成一軍，則天子益尊嚴，國勢益安強。其馭諸將也，若臂之使指矣。豈有尾大不掉之患哉？"

同上書卷一百七十七

紹興七年二月二十四日丙辰……岳飛加太尉。

四月，張浚往淮西視師。先是，張浚欲征劉豫。會四大將於龜山，問之曰："欲大舉以取劉豫，克復中原，如何？"劉光世請守，韓世忠請進兵。張浚曰："都督欲戰則戰，欲守則守。"惟岳飛獨以為不可用兵。浚再三問之，飛堅執不可之說。浚以飛為翫寇，議不協而罷。至是，浚往視師，以淮西之軍新易大師也。

《上張相公書》【闕姓氏】：某東吳鄙人，行年三十有二，未嘗輒至貴人之門，取辱閽吏。惟閣下自巡按以來，延見賓客，欲求賢者，共濟乃事。然而草萊之間，欲願見閣下者，亦多矣。學短才陋，識不甚明。閣下膺天子之寄，四海指掌，日為中興之計，亦甚切矣。故不敢飾空聞，上惑閣下之聽。某嘗與畎畝中人論天下事，無不歎息，在口亦不能盡言於閣下也。某竊觀比者金人入界，輒屯兩淮，意欲東葦渡江，事如前日。豈謂主上親御鞍馬，諸軍士奮勇，彼不得前。一旦遁去者，此皆我祖宗之靈，天下之幸甚。嘗論之曰：敵在承、楚，無粮可因，惟遠賴清河之運，舳艫相銜。適水寨之人，出沒淮、泗。敵勢既不得前，而又不敢遽遁，我當一軍自廬、壽，一軍自滁、和，一軍自通、泰，然後遣海船入淮，張聲勢，間使游艇劫之，或斷橋，或焚廩，使敵進有天長、高郵之敗，而粮不相繼，退有廬、壽、滁、和之疑，而又有長淮、平渡之患。間使水寨探其營壘，敵勢晝夜不得休息，蓋不戰而自屈也。某自顧人微言輕，不得以進其說。今閣下復領都督，巡按於茲。觀閣下之意，非有事於中原乎？嗚呼！中原之不易復，亦猶大江之不易保也。何以言之？某嘗論，自金人用兵，十餘年所向，無不可者。去歲之來，以其大軍深入，無粮可因，而又運漕不繼，道當承、楚之險，皆非金人所長。在我雖曰再勝，在彼豈不曰非天時地利而粮不繼也。孫子曰："再勝在彼，久則鈍兵挫銳。"以我十年退保之師，雖曰再勝，閣下能保其無長驅乎？某又觀大江之險，往往自戰國以來，能保者惟孫權一人而已。蓋曹公赤壁之敗，實因連舟不解，假以風，便偶成其功。及在濡須，孫權堅守東關，使曹公不得窺伺大江，而卒亦遁去。南唐棄淮甸而亡。今閣下不營淮南，而大江可以自保乎？某又嘗論，自金人用師以來，四海無不塗炭，為怒甚矣。中國之與契丹，帑藏之積，幾數百年。至於子女玉帛，未有盛於此時者也。一旦并兩國所有，盡歸金人。又《易》曰："天道惡盈而好謙。"天下豪傑之士，寧不動心乎？又況金人北有黑水、韃靼、契丹，西有西夏、吐蕃、回鶻，東有高麗國，南有大宋，邊面既廣，怨憤日深。一旦諸國並進，則南北之勢不救，金人無長策矣。今閣下若欲興復中原，非遣間使，連絡西夏，尋契丹，中諸國命，內外夾攻，使金人首尾不顧，則中原不易取也。閣下豈不念金人初破契丹，非本朝有燕山之役，何以至此？昔申胥哭秦庭，七日不絕，卒能興楚。閣下當或留意。某雖愚，不惜為閣下一行也。閣下若欲且守大江，非以一軍淮西，一軍廬、壽，一軍蘄、黃，一軍安、復，一軍荊、襄，各為營田，如犬牙之制。使敵得窺伺大江，則大江未可保也。昔諸葛亮有渭南之屯，司馬氏不得西向。今閣下若能駐軍淮甸，上連荆襄，且耕且戰，示以堅守，如諸葛之在渭南。使某起西北之師，若申生之在秦也。今日之事，譬如泰山頹而大厦毀，非一土一木之所能也。苟非左右牽制，使閣下攬轡於其間，則某未見其策也。某暗於時事，草萊之間，亦不乏人。閣下若能舉一賢者，置之募府，無備員之歎。某不孝，在衰絰中，不敢進見。閣下若以當今利病，事非一端，豈筆舌所能既也。幸察焉。

同上書卷一百七十八

紹興七年四月十七日戊申……岳飛居江州，乞持餘服。岳飛與張浚議事不合。既囬鎮，即上言將相議事不合，乞罷兵守餘服。不候報，即往江州，入廬山廬墓。上遣使宣諭之，猶不起。

六月……張宗元為湖北京西路宣撫判官，以監岳飛軍。

八月五日乙未……岳飛赴行在。初，岳飛解兵，往江州廬山持餘服也，累召促，不肯起。朝廷劄下宣撫使參議官李若虛、統制王貴，同去請飛依舊管軍，如違若虛並行軍法。若虛既至廬山東林寺，見飛，道朝廷之意請飛，執堅不肯出。若虛曰："是欲反耶？此非美事，若堅執不從，朝廷豈不疑宣撫。且宣撫乃河北一農夫耳，受天子之委任，付以兵柄，宣撫謂可與朝廷抗乎？宣撫若堅執不從，若虛等受刑而死，何負於宣撫？宣撫心豈不愧。"凡六日，飛乃受詔赴行在。張浚道上所以眷念之意，且責其不候報即棄軍而廬墓，飛辭窮曰："卻何如作主張？"浚曰："待罪可也。"飛然之，遂具表待罪。樞密院使見飛所上表，已有忿之意矣。【樞密謂秦檜也。】

同上書卷一百八十

紹興七年閏十月……《上皇帝書》【闕姓氏】：臣恭惟陛下詔，許直言極諫，以救闕失。臣竊見近年以來，凡有投進，類皆牽引虛文，無有實效。可以施于今者，間或有之，亦不過州縣常談、米鹽細務而已，非所以裨補天德而聞所未聞也。臣不避斧鉞，為陛下一言。願陛下赦臣愚而終其說。

臣自靖康中，見陛下於濟南，親御鞍馬，慨然有恢復之計。及陛下即位維揚，臣又復從陛下，巡幸淮甸。是時陛下深處九重，上下積習蒙蔽，如國之取舍，民之利害，陛下亦不得聞矣。陛下自維揚至今日，屢涉于艱險，非陛下斷然不疑，大臣何預焉？臣在草萊，亦甚微矣。當國家無事時，方處學校，嘗甘旨。及國家有事，臣之父母不相保者屢矣。事至於此，臣當奈何？臣竊以淮西一事論之。去歲劉豫以金誘三不救之說，力攻淮西。劉光世遂欲南渡，為退保之計。苟非張浚親至江上，使楊沂中絕敵之後，一舉而大破之，則江南之民亦危甚矣。如光世之罪，天下欲共誅之。尚賴陛下憐其舊臣，不加刑戮而以善罷。惜乎！朝廷以光世部曲付之呂祉。臣在淮東，聞光世軍聽呂祉節制，有識無識，皆稱呂祉必致敗事。臣嘗謂酈瓊等所統軍馬，其來久矣，而光世遇之甚厚，非其他大師之比。及光世既罷，當且令諸軍人馬，各自為一頭項，仍類加存恤而使之不疑。候諸軍稍寧，朝廷或別作措置，是亦未晚。夫何呂祉天資驕傲，以尚書自居，至於檢舉冒請之類，欲為之一新。如瓊等驟見，窘迫猜忌，方在疑似之間。朝廷又除張浚為淮西宣撫，楊沂中為制置，以瓊等屬焉。此非瓊等欲叛陛下，豈不見巨師古不聽韓世忠節制，而甘伏遠竄，徐文耻在閆皋之下，卒亦叛去。如崔增、王璣兩軍人馬，自分撥之後，上致軍兵，大半失所。今朝廷遽欲瓊等撥隸沂中，其叛必矣。如瓊等軍馬，平日驕惰，終不為用。陛下勿以瓊等上勞聖慮。天下之事，有大於此者。臣請為陛下言之。臣聞英雄之主，未嘗不因天下之事而遂成天下之業也。自陛下巡幸東南，積有年矣。而有面諛陛下者曰：“指日還兩宫，指日中興矣。”陛下豈不念中興之世，則必有中興之臣。如周之中興，則有張仲、吉甫、方叔、召虎之徒；漢之中興，則有寇恂、鄧禹、馮異、耿弇之徒；晉之中興，則有王導、謝安之徒；唐之中興，則有李光弼、郭子儀之徒。陛下以為今日中興之臣，誰可以比王、謝、李、郭者哉？臣觀張浚，區區之心，實有是念。至於其他大臣，又孰肯以天下之責而自任也。浚誤於才力有限，舉非其人。譬如泰山頹而大厦毁，又豈一土一木之所能也？臣嘗論漢光武起民間，驅數千捨耒耜之人，一戰而有天下。今陛下富有東南，帶甲之士，不下二十萬，又安可同日而語也？臣見陛下去歲親撫六師，雖暫留姑蘇，而聲勢已振。及車駕進發建康，陛下屢降指揮，令州縣不得搔擾。臣觀陛下非不節儉，夫何草萊惟見所過州縣，經營頓遞等事，非數萬緡，不能辦集。臣恐陛下萬一欲復東幸臨安，徒自虚費。臣願凡有巡幸去處，亦不必預先降旨，亦不須廣修殿宇及排頭之類。應職事官所須之物，非事涉軍期，亦不須隨從車駕。仍願今陛下駐蹕建康，與淮西止隔一水。初恃光世，以為藩籬。而瓊等既已叛去，陛下豈不自危？如沂中一軍，又豈可為陛下獨當一面也？淮西之叛，所幸敵人在遠，非防秋之時。若使瓊等叛在秋冬之間，陛下可又不從而東也。陛下豈不念金陵雖號六朝建國之地，如晉之取吳，隋之取陳，未有不藉上流之勢，故王濬、楊素皆能以大舟巨艦，蔽江而下也。陛下雖曰一軍淮楚，一軍盱眙，一軍合肥，一軍襄漢，及有事牽制，則諸軍各自保守。如襄漢，遠在千里之外，陛下可保其無虞乎？陛下又豈不念襄陽、荆門，乃吳蜀必爭之地。在今日，尤為不輕，不知陛下亦嘗慮及此否。陛下自惟憂戚，數下哀痛之詔，俾諸將校上下一心，共恢大業。以臣規之，淮泗諸軍，上至襄漢，但可謹守邊防，為浙江藩翰而已。故昔人有論諸葛孔明曰：棄荆州而剋西蜀，吾知其無能為也。知劍門之險，其守不可出，僅可自保，猶不足以自治，又何足以制中原哉？又曰：富人必居四通五達之都，使其財佈于天下，然後收以天下之功。今日之事，正由此也。陛下又豈不念秦漢之都，沃壤千里，洪河太山，直可控扼天下者乎？陛下勿謂向者使張浚措置陜西，止於如是，在今日，復將奈何。陛下豈不見漢高帝轉戰敗北，未嘗少忘關中，故高帝以是而有天下。臣自草萊，知天下之勢，未嘗不為陛下深思而遠慮也。如陛下即位維揚，自可徑入關中，指揮天下，金人豈以東南為心也。當時機會既失，在今日又不能救前日之弊，臣實為陛下惜也。且如淮西一事，長使劉光世為帥，則諸軍可以相附。今光世實以罪廢，而陛下優加恩，數倍於衆人，而瓊等尚且如此。向使光世遽以疾終，復將以誰繼之，則未必不如今日之叛亡也。嗚呼！陛下在九重之中，又豈知諸將帥臣所統軍馬，曾無一言以念及陛下者乎？且如泗州之兵，事無大小，則知有張浚；楚州一軍，則知有韓世忠；襄陽一軍，則知有岳飛；殿前一司，則知有楊沂中。一旦緩急之際，人皆各為其主，誰復知有陛下者乎？故淮西一軍，自光世既去之後，非特臣為陛下憂，自江以南，誰不為陛下憂者也。今日又何有怪焉？蓋古之建國，諸侯止以千乘，獨天子以萬乘制之。雖其間有不庭，則又群起而共滅之。嗚呼！天下之勢，倒持久矣。臣在草萊，尚為之寒心，陛下何以惕然為祖宗之計乎？以臣觀諸路帥臣，非不欲盡忠竭節，以為陛下。如世忠，自旦至暮，訓習軍馬，未嘗少衰。世忠年已五十，勇力之氣，人皆憚之。諸軍雖有怨嗟之心，人亦不敢言之於世忠也。由是觀之，諸路帥臣，使之長安，在位則可。或其間有一不幸，則又何以異於淮西之事乎？又況小人之情，見利則不能不爭，見患則不能不避，其害常易成，陛下可不思患而預防之乎？臣竊惟陛下自即位以來，所任宰執，至於十八九。當時除命一下，所謂宰執親戚故舊者，不問賢否類，皆鼓篋而進。其罷也，則所謂親戚故舊者，亦皆斂服而退。當時群進之人，亦不無賢士大夫也。夫何朝廷習以為常，雖有顧留，而臺諫亦所不容也。臣見陛下所除宰執，必自兩制所除，兩制必自郎曹卿監所除，郎曹卿監必自宰執成就。今天下雖有賢如吕望，謀如子房，智如孔明，才如馬周，或隱於選調，或隱於佈衣，苟無親戚故舊任宰執，則終身淪没於蓬蓽之中，而與草木俱腐矣。況使陛下之宰執，稍能霽顏以接寒士，雖周公吐哺握髪，亦不過如斯而已。其間縱有所舉不當，亦不害為濟濟多士，雲積於朝廷也。陛下又豈不念凡所除過宰執，某人能為陛下辨天下之形勢，某人能為陛下立天下之規模，某人能為陛下破天下之疑惑，某人能為陛下正天下之紀綱。當天下無事時，所謂宰執，不過以東南一時寧靜，引中興之説，面諛陛下而已。及恩數既足，親戚故舊皆已成就，遂爾力乞宫祠，以便安養。既退之後，又復薦某人於朝，為身後之計。陛下用之不疑，所謂被薦之人，復歸恩矣。將欲子子孫孫，永以為固，又誰肯以祖宗境土為意哉？嗚呼！使上天有靈，此曹殄滅久矣。臣所閲陛下除宰執，惟張浚庶幾，吕頤浩次之也。如趙鼎，雖有大臣之才，而無大臣之器。至於尚僻學而臨事失措，視頤浩又其次也。惜乎！沈與求有憂世許國之心，不能盡其才而死耳。浚器識甚遠，所患者才不足也。向使浚才術兼濟，如囚曲端，罷劉光世，不致為人訕罵而更相短之也。浚之孤力，無一介為助者，陛下自任以天下之責，此亦今日之所難矣。至于吕祉，淮西之敗，祉誠罪人。然可憐者，有是心而才力不逮爾，陛下可不念之。臣學問疏繆，而識不甚明，輒欲效區區之誠，仰干天聽。臣之愚也，亦甚矣。臣嘗聞昔人有言曰："項籍有取天下之志，而無取天下之慮。曹操有取天下之慮，而無取天下之量。劉備有取天下之量，而無取天下之才。"惟陛下天錫勇智，雖金人，亦稱英武。又何遽絶關中，而無一言以及之也？今又以淮西之叛，人得而易之。陛下可不張其聲勢而預為之計乎？臣願陛下諸路軍馬應各置都督一員，使諸路帥臣副之。如淮西一路，願陛下除吕頤浩為都督，以張浚副之，以楊沂中屬焉，詔傅松卿為參謀，復以史願為參議，何以言之？頤浩及浚，所謂股肱。頤浩臨事有斷，松卿詳審而願亦有謀。如淮東一路，願陛下除孟庾為都督，以韓世忠副之，詔劉寧止為參謀，復以韓求為參議，何以言之？庾與世忠有湖南、福建之舊。庾既委曲事情，寧止與求勇於敢為。如襄陽一路，願陛下除秦檜為都督，以岳飛副之，詔劉岑為參謀，復以蔣粲為參議，何以言之？檜見任樞密，寬而有容。岑與粲才術過人，喜于立事，觀於應變，亦善與人同。如趙鼎、劉光世二人也，在大臣中，位望尤重，願陛下除鼎為川陝都督，以光世副之，詔折彦質為參贊軍政，以王瓔、馬擴為參謀議官。如樊序、孟涓之徒，皆先朝達人，諳曉陝西利害，鼎可置之幕府。仍以王德為都督，將帶光世現存軍馬，乘以北風，泝流而上。願陛下假鼎重權，令措置四川賦，任便駐劄，抑招集陝右流離之民。鼎與光世威信素行，自可傳檄五路。間遣吴玠軍馬，出沒僞境，又豈止牽制而已。庶亦措置關中之一端也。昔人有言曰："虎方捕鹿，羆據其穴而取其子，虎安得不置鹿而追之也。"何以言之？陝右乃天下之兵本，四川乃陝右之利源。自古興王，未有不由此而得之也。陛下苟或聽臣之言，非特荆、襄、川、陜有以為援，且將鼓率一路軍馬，徑趨河東，然後淮西諸軍及襄漢等路，約期並進，則偽豫首尾不救，一戰而天下可復矣。嗚呼！天下大計，陛下自有謀臣如雲，又豈以草萊之言而決之也。臣竊見明堂大禮在即，陛下當乘此機會，召諸大臣盡赴行在。願陛下引漢高故事，親為盟主，殺白馬而誓之，令張浚書名金石，而藏諸宗廟。拜浚為大都督，以輔陛下。願陛下親御鞍馬，往來問勞，知軍民之疾苦，四方之豐歉，開達聰明，以廣聽納，庶使偽豫之情，不能探伺陛下之神策也。如臣所舉二三大臣，充諸路都督，非特陛下左右前後得以鄙之，而臣亦任鄙之也。嗚呼！天下之勢既已倒持，非陛下除以前任等項人情稍通者為之，如其他傲上忽下之徒，亦未有能濟者也。臣之區區，非特願陛下置諸路都督，以張其聲勢，實欲為陛下廣其人材，以宣佈陛下之威德。又豈僅使諸路軍馬知有陛下，而實恐諸路帥臣有一不幸，則所統軍馬，不致臨時倉皇而無以制之也。陛下又豈知某人一軍【闕名】號曰“自在軍“也，平居無事，未嘗閲習。其甚至於白晝殺人而奪其財者，惟某人某人兩軍。韓、岳人馬整肅，其失又傷于太嚴。至如近下軍兵，有請一百食錢、米二升半而贍一家四口者，日逐漸教，或至晚方罷。及回本營，欲得杯熱水，以沃肺腑，亦不能得。夫何自申牌前後，打滅火燭，不許復爨，其情可知。及其所請食錢，非獨欲贍數口一月之内，仍欲買皮條，買磁末，買弓絃。至於修理弓箭，種種費耗，不過此一事食錢而已。及晚上，教其妻刷甲，其子積薪，縱緣陰雨得少休，自又不免修葺營寨，此特步人之勞。至於馬軍，又有甚於此者矣。臣願陛下備臣所陳，以詔寬之，應有軍馬兵請受低小之人，仰諸路帥臣開其姓名，量其高下，特與增給，無使怨嗟之聲聞於道路。某人一軍，尤無避忌。雖統制將官親見無禮，惟只隱忍而已。比年以來，諸路軍馬嘗有全裝數隊而入偽境者，往往諸軍互相推避，各稱本軍人馬點足，即無逃亡之人，以是將官得以欺蔽統制，統制得以欺蔽帥臣，帥臣得以欺蔽宰執，宰執得以據所申請而欺蔽陛下也。至如諸軍出入，有攻城破敵之說，大率如此。上下欺蔽，陛下亦無如之何。臣願陛下速置諸路都督，以通上下之情，無使諸軍復有淮西之禍也。今年淮西亦宜預為之備，如張浚一軍，亦不可數數勞動。願陛下令浚差撥與兩軍人馬，于濠、廬之間駐劄，以備緩急。仍願陛下速遣鼎與光世為川陜之行，以張其勢。今陛下若以陜右為不可措畫，且令淮上諸軍為山東之謀，此非臣所以敢言於陛下也。以臣觀之，假令劉豫北遁，盡如所料，不知諸軍人馬沿大河一帶，復作何如屯駐。又復大河南北，皆平衍之地，目盡千里，非中國步人所長。若使金人安處河北，以我為客，利則戰，不利則據河為守，間遣遊騎以勞我師，其間暴露之人，不無怨懟。當臨敵之際，百戰百勝則可。萬一少有不利，則諸軍散漫而無復南渡矣。又況河南乃國家之根本，雖曰殘破，尚玆富饒，陛下復以何人為留守，為濟師餽餉之道，又安能如保川、陜、荆、襄而無復受敵之患乎？臣敢冒萬死以聞陛下，臣實恐諸軍馬有不測之禍。向陜右之民荏苒汙俗，不得為陛下有矣。孔子曰：“無欲速，無見小利。欲速則不達，見小利則大事不成。”陛下又豈不念六朝之弊，區區於江右者哉。臣願陛下體淮西一事，深思而詳覽焉。臣冒犯云云。

十一月……岳飛退軍江州。

同上書卷一百八十三

紹興八年正月……十四日辛丑，僞知蔡州劉永壽殺烏嚕貝勒，率城中老少來降。劉永壽，僞知蔡州，為淮西安撫使，烏嚕貝勒為副。永壽以小隙劾烏嚕之罪，金人移烏嚕為德州同知。未幾，忽報烏嚕貝勒以金人兵三千徒馬來，蔡州提轄白安時請永壽來歸。永壽不從，曰：“若朝廷賜我死，當死之。”懼謀泄，即拘永壽，勒蔡州兵以待之。烏嚕貝勒以其衆入城，不為備。安時乘勢盡殺之，遂驅城中老少來。岳飛遣張憲等往接納之，老少多有復囬不來者。授安時武功大夫、高州刺史。是時亳州宋超亦來降。又中原士庶以金人廢齊之後，多有挈老少來江南。兼酈瓊叛兵，復有囬歸者。沿淮諸州，皆招納應接之不暇矣。

二月七日癸亥，車駕發建康府……韓世忠、岳飛來朝。

四月十四日己巳，詔遣王庶按行營壘，察州縣弛慢失職者。上委王庶視師江淮，調諸路兵，預為防秋之計。庶臨發行朝，請犒軍於殿司都教場，從之。於是便服坐壇上，自大將、三衛而下，雖身任使相，悉以戎服，步由轅門，庭趨受命，拜賜而出。軍容嚴整，莫敢仰視，聞者聳然。蓋自多事而來，未嘗行此禮也。翌日，遂行，駐節淮上。乃移張浚前部張宗顔將七千人軍淮西，復請於朝，授以節鉞，就除淮西安撫使、知廬州；命巨師古將三千人，屯太平州；分淮東軍一軍屯天長，一軍屯泗上，緩急互相聲援；劉錡軍還駐鎮江，專隸密院，以固根本。岳飛聞庶視師淮上，與庶書曰：“今歲若不舉兵，當納節請閒。”稱其壯節

同上書卷一百八十四

紹興八年……九月，韓世忠、張俊、岳飛來朝。

同上書卷一百八十六

紹興八年十一月二十五日丁未……王庶《論和議劄》付……《第二劄子》：臣近緣措置邊方，遍到沿邊州郡。及與守臣次第會議，聞金國自廢豫之後，遼人、漢人，上下不安，日夕思變。前此，歸正者甚衆，其意可見。彼知其屯戍不足，又旋起簽軍，以實疆埸。今之簽軍，又非昔比，老弱盡行，人心乖離，抑又甚焉。岳飛近日與臣咨，自稱“今歲若不乘機會舉兵，要納節乞閒。”韓世忠亦以為然。臣方欲到榻前，縷細開陳。今聞使人入境，必大有需索。若以梓宫為說，如言得歸事在來年，又詐偽，未易可保。今陵寢陷沒，豈特徽宗、顯肅兩梓宫而已。若割淮畫河議和，兩淮我今有之大，河南則千里丘墟，勢須屯兵持守。揆諸事力，支持不易。所謂非徒無益，而又害之也。彼必以此三說疑我，正當剖析曲直利害，逆折其詐。彼利於和，必委曲不得已而從我。切望斷自宸衷，出臣此章，與大臣熟議之，無落奸謀之便。天下幸甚。

同上書卷一百九十一

紹興九年正月壬午朔五日丙戌……韓肖胄同簽書樞密院事，為大金國信報謝使，錢愐副之。金國遣通古、蕭哲來議和，許還三京地，故遣韓肖胄、錢愐為報謝使、副，與之偕行。韓世忠聞和議已成，不喜，伏兵洪澤，詐令為紅巾，欲候通古等回至楚州，使劫而殺之，壞其和議。南北使已行，過揚州，世忠軍有將官郝卞者，詣轉運使胡昉，密告其事。昉大驚，白於肖胄，遂具奏，乞改途，自真、和、廬州取道淮西而去。昉，字【闕】顯，建炎三年知淮陰軍。世忠駐軍江陰，昉厚奉之。後辟昉淮東宣撫處置制司參議。紹興五年，除知楚州，兼主管沿淮安撫司公事。八年，除直秘閣、淮東轉運使，皆世忠成就之力。使人改途事，世忠深怒昉背已。世忠知郝卞漏其謀，追卞，欲殺之。卞棄家，奔鄂州，投故人李啓。啓納而藏之。啓者，岳飛軍中回易官，有心計，能幹旋財賦。惟着佈衣草履雨中，自執蓋步砌，佐飛軍用甚多。有歸正人周金者，與通古舊知，奏取旨，送通古至對境。通古至安豐軍，金贈詩為別，曰：“良人輕一別，奄忽幾經秋。明月望不見，白雲徒自愁。征鴻悲北渡，江水奈東流。會話知何日，如今已白頭。”通古性聰慧，秦檜嘗以胡銓上書示之。通古一覽，能記誦。初，兵部侍郎兼權吏部尚書張燾力詆拜詔之議，秦檜忌之。燾亦自知言切，恐且得罪，遂托疾在告。檜使諭之曰：“北扉闕人，上欲以公為直院。然亦假塗爾，公疾平，宜早出。”燾大駭曰：“果有是言，愈不敢出矣。燾乃不主和議者，萬一使草國書，豈能曲徇意指哉？燾嘗思之，不過一去。今日之事，其去在我。一愛遷官，他日以罪去，則事由他人矣。”坐此不遷，遂不豫國書事。

同上書卷一百九十二

紹興九年正月……韓世忠加少師、揚武翊運功臣。劉光世加輔國功臣，進封雍國公，為陝西五路宣撫使。張俊加少傅、安民靖難功臣。吳玠加開府儀同三司，四川宣撫使。岳飛開府儀同三司。楊沂中太尉、保成軍節度使。劉光世懇辭陝西宣撫使，許之。

湖北、京西宣撫使岳飛上表謝赦。得三京河南地，肆赦。湖北宣撫使岳飛具表陳慶曰：“睹時制變，仰聖哲之宏規；善勝不爭，實帝王之妙算。念此艱難之久，姑從和好之宜。睿澤誕敷，輿情胥悅。竊以婁敬獻言于漢帝，魏絳發策于晉侯，皆盟墨未乾，歃血猶濕，俄驅南牧之馬，旋興北伐之師。蓋敵每不情而轉移無信，莫守金言之約，難充溪壑之求。圖苟安而解倒垂，猶之可也；欲長慮而尊中國，豈其然乎。恭惟皇帝陛下大德有容，神武不殺，體乾之健，行巽之權。務和衆以安，民迺講信；而修睦已漸，還于境土，想喜見其威儀。臣幸遇昌時，復睹盛事。身居將閫，功無補於涓埃；口誦詔書，面有慚於軍旅。尚作聰明而過慮，徒懷猶豫以致疑。謂無事而請和者謀，恐卑辭而益備者進。願定謀而全勝，期收地於兩河。唾手燕雲，正欲復仇而報國；誓心天地，當令稽首以稱藩。”遺史曰：“表辭，飛幕屬張節夫之文也。節夫，字子亨，河朔人，豪邁尚氣節。秦檜見之切齒。”

同上書卷一百九十三

紹興九年二月……吉州佈衣周南仲上書，書曰：臣觀劉蕡策曰：“有正國致君之術，無位而不得行；有犯顏敢諫之心，無路而不得達。”此蕡之言失也，亦蕡之不遇時也。士苟遇時，患無正國致君之術，何患不得行？患無犯顏敢諫之心，何患不得達？臣於去年奏陳十事，陛下既赦其狂矣，又賜召命，而免終身文解。又取十事，而行其一二矣。臣之遭遇，可謂得行得達也，尚敢為劉蕡之言哉。使命交馳，兩國通好，正忠臣義士畫策吐奇之秋。臣於此時緘默不言，是臣負陛下，非陛下負臣，所以不避斧鉞，採取天下輿論，有五不可、三急務，為陛下獻。何謂五不可？欲雪前羞，不可主和議；欲務萬全，不可失機會；欲取中原，不可居東南；欲馭諸軍，不可不將將；欲得賢才，不可廢公論。何謂三急務？一曰重國柄，二曰蓄邊備，三曰擇守令。此八者，執政大臣所經畫，何待臣言。然恐“肉食者鄙，未能遠謀”，特區區為陛下斷焉。女真當立國之始，結我盟好，受我封建，是我徽宗有大造於金人也。口血未乾，貳心已萌，背我盟誓，而為城下之師。我淵聖皇帝不惜土地，以惠生靈，未踰年間，又有青城之役，破我京師，覆我宗社，邀我兩宮，立我臣子，長驅深入，謂天下決非我宋有也。天未厭宋，而得陛下，出帥軍師，起大厦於將顛，舉神器於已墜，駐蹕維揚，匡濟大業。以土則狹，以財則匱，以兵則寡，以民則困。我有虞心，懼如少康，以滅澆殪。乃立劉豫，限我王師。又即豫謀，長驅深入，侵軼我淮甸，蹂踐我江浙，憑陵我荆襄，窺伺我巴蜀，俘縶我臣民，焚燬我城邑。天誘其衷，使金、齊不克逞志于我，是乃皇天悔禍之意也。陛下即位，十有二年，跋履山川，踰越險阻，練兵選將，鱗集淮漢，一舉而金人遁，再舉而劉麟奔，非不能擣其虚，犂其庭，報我靖康之怨。今年遣使，明年又遣使，卑辭厚幣，甘心屈辱者，為我父兄故也。徽宗北征，不復是用，痛心疾首，昭告于皇天后土，我祖宗之靈，舉六師而並進，可也。何事耗蠹財用，區區為梓宫之來哉？情偽之不知，寧免萬世之笑乎？經曰：“父之讎，弗與共戴天。”父死於仇，子不能報，其如上天之靈何？其如天下後世之言何？且金人之為，必不久也。懷王不還楚，而嬴秦亡；懷、愍不還晉，而聰、曜亡。金人之亡，無日矣。使者之來，非困我中國，即疑我師也。臣願陛下近鑒靖康講和之失，遠覽秦劉謀人之禍，我有辭焉，決策以順天人之心，則基圖可復，宗社可久。兩宮安否，可問可還。欲雪前羞，不可主和議。此臣所以為陛下謀也。

臣不明興亡成敗之數，而識興亡成敗之理，推之以行，我有三可勝，金人有五可敗。何者？漢戰而有天下，曆世猶四百年；唐戰而有天下，曆世猶三百年；我藝祖不戰而有天下，曆世宜遠於漢、唐。此為一可勝。桀虐則失天下，紂虐則失天下，秦、隋虐則失天下，惟陛下仁聖孝悌之至，必不失天下。此為二可勝者也。兵民或叛，今也有求為内應者，有從之如歸市者，有在兩河，則念中國之化，懷祖宗之德，日望王師之來，不啻若大旱之望雨。此為三可勝。若爾金人，反恩則敗，背盟則敗，樂殺則敗，擅廢立則敗，據中原則敗。又契丹承石晉之敗，一敗於澶淵，再敗於金人。今金人乘南北之勝而未聞敗，敗之此，其時矣。大抵機會之來，間不容髮。親征之初，可進不進，一失也。凶訃來聞，可進不進，再失也。一之謂甚，其可再乎？臣度金人北有契丹，南有陛下，讎怨交攻，腹背受敵，天與不取，必貽後患。萬一遲之以久，使兩河奸雄競起，陛下於東南可安枕而卧乎？臣恐社稷實不血食，悔之已無及矣。欲勝萬全，不可失機會。此臣所以又為陛下謀也。

昔日親總六師，臣知陛下決意於兩河。今日復幸浙西，又知陛下甘心於東南。決意於兩河，猶以曲直取勝負；甘心於東南，則委靡不振而自取敗矣。何則？東南之地，其土脆，其民怯，其風俗薄而不厚，非帝王必爭之地，亦非帝王萬世之策也。陛下若選形勝，可為進取之資，則荊襄上流，皆為我有，東連吳會，西通巴蜀，上盡湖廣之流，下瞰中原之利，方城為城，漢水為池，且攻且守，坐控敵師，一舉而前，兩河可傳檄而定矣。欲取中原，不可居東南。此臣之所以又為陛下謀也。

兵有將，猶臂之使指；將有帥，猶身之使臂。故能百將一心，三軍同力，父詔其子，兄詔其弟。今之諸軍，相視若冰炭，相疾如讎仇。假使一軍深入，其誰為應？一軍陷陣，其誰為援？劉光世竊琳館之清名，張俊負跋扈之大惡，岳飛、吳玠、韓世忠之流，裹糧坐甲，首鼠兩端，所以然者，無主帥故也。陛下曩年躬擐甲冑，親冒煙塵，詔書具在，誰不聞知？未收尺寸之功，退守浙西，徒以巡幸之言，近慕光武。蓋光武起于河内，征王郎，征赤眉，征五校，征隗囂，身自將兵，戮力數十戰，肯為空言欺天下哉？臣不敢遠引異世為證，陛下知有祖宗故事否乎？太宗嘗謂宰相曰："朕指使將帥如偏裨列校，蓋其權勢，不使過制爾。"今日諸將，尾大不掉，陛下已失於初矣。尚此不決，何耶？澶淵之役，章聖一舉而契丹請命，成憲具在。陛下何憚而不為也？陛下既不鑑太祖馭將之方，又不為章聖親征之行，豈中興明主所為哉？欲馭諸軍，不可不將將。此臣所以又為陛下謀也。

陛下親賢，急於堯舜。艱難以來，無一人卓有見於世者，以下弊之未除也。人弊於黨與，士弊於時學，官弊於資格。何謂人弊於黨與？昔也趙鼎、張浚之交攻，浚在則鼎去，鼎之門人亦去；鼎入則浚去，浚之門人亦去。豈鼎之黨，今皆可用，而浚之黨，今皆不賢？御史諫官，望風希意，曾有一人詆時相為言者乎？曾有一人劾親舊之罪者乎？執政大臣，亦有如郭子儀握光弼之手而涕泣者乎？亦有如藺相如申秦而屈廉頗者乎？如陛下訓趙鼎，以周公期之；際秦檜，以丙、魏、姚、宋望之。蓋周公有大勛勞于天下，而丙、魏以寬察稱，姚、宋以守文應變稱。今鼎守不討，敢望周公乎？檜阿合取容，敢望丙、魏、姚、宋乎？陛下遇鼎、檜為甚厚，則鼎、檜負陛下為極深。朝多倖位，野多遺賢，此其弊一也。何謂士弊於時學？宣和溺于王氏，紹興弊於伊川。王氏既非矣，伊川容皆是乎？不經之語，具在簡編。大臣唱風，學者嚮應。士氣不振，職此之由。祖宗時，用兵如寇準，定策如韓琦，奉使如富弼，安邊如范仲淹，文章如歐陽修，未有伊川而諸臣能然。今日伊川之門人弟子，有一人如諸臣者乎？敵未壓境，往往皆為王欽若、陳堯叟請幸之計也，未聞有用兵如寇準者。主憂臣辱，不敢愛其死，亦未聞請行如富弼者。陛下用尹焞，召劉勉之，厚風俗可也。一舉得李易，再舉得張九成，三舉四舉而得汪、黄，取士以循故典，可也。若曰得人如寇準、如富弼，臣未知其可。此其為弊二也。何謂官弊於資格？文臣者，視武弁如奴隸。郭子儀，文臣也哉。取科第者，視右階為庸流。李德裕果以科第進哉。勢援者，盡躋高位。英俊者，皆臣下僚。有深謀遠慮者，指為迂誕惑衆。有讜言切諫者，指為誹謗邀名。依阿取容者，自以為智。能亡身竭節者，取譏于時輩。廊廟皆養資之人，議曹無蹇諤之論。倚戚藉勢，妨功害能，而仕進無非科舉之流，招來無非高蹈之士。英豪奇特、可用取天下者，困於罪謫，困於草萊，困於戎伍，困於宫祠岳廟，此其弊三也。無黨與之弊，天下將有崛起而至將相者。宰相溺於好惡，諸將欺於公罪，御史護於時政。賞某人、罰某人，賞罰在大臣也，不在陛下；罷某事、行某事，罷行在大臣也，不在陛下。臣下擅權，陛下不斷，章疏每上，臣度陛下收視於穆清，依奏而已。又諸將握重兵，子弟典禁衛，倒持太阿，授人以柄，陛下思之否乎？此重國柄，臣所以又為陛下謀也。

生財無路，理財無術，而蠹財不窮，不識執政大臣獨何為者，遂為苟且之計也。失兩河，失五路，失山東，失兩淮，居民未有耕桑之期。四川財賦，止供本路之費；東南漕運，半虧祖宗之額。祖宗以天下奉天下，猶且未足。今日以兩路疲民，為天下無窮之奉，則生財有路否乎？行營田，不為趙充國之計，則營田虚設也；置和糴，不為陸贄減水運之策，則和糴虚設也。兵冗未汰，官冗未省，兼併未革，不急之務未除，則理財有術否乎？祖宗天下常費者三，曰郊禮，曰黄河，曰北敵，而養兵不與焉。何者？西北分屯，且耕且守。賞賚有節，衣糧有準，而歲之入亦常有餘。今日天下，既失其半，又四川財賦不歸朝廷，計朝廷歲月用度千萬，皆取於東南，刻骨椎髓，民不聊生。養兵之外，更有奉使無益之費，不識國家何辦哉？臣致身以事君，竭力以奉親，淵聖未還，徽宗在天。陛下篳簬藍縷，仗大義以報，已遲矣。竭力事怨，天下後世，以陛下為何如主也。非惟敵情不測，萬一講和，不過分地割界，彼主我臣，歲責常貢，弊我中國。兩宫屬于敵，祖宗陵寢屬于敵，一匹夫猶有父母，猶有墳墓，猶有不共戴天之讎。陛下神明之主，忍捨陵寢，忍捨兩宫，而為講和計哉？兩年三遣使，則民愈困，國愈貧，養兵之費愈不及。金人日責金幣，又不知何時而已？此蓄邊備，臣所以又為陛下謀也。

今日州郡，為之宰相，為之從官，為之親舊，為之監司，率奉接不暇，尚敢按劾之乎？郡守有權勢而不發，縣官有親舊而不發，監司有觀望而不發，上下皆不發，欲致太平之治，得乎哉？監司郡守之賢否，陛下所易察也。縣令之材能，不聞於陛下；縣令之贓罪，不聞于陛下。此今日之極弊也。且以臣桑梓親所聞見者，為陛下條其一二。安福令陳定，廉而愛民之吏也。前年因民艱食，以撫治事，緩於奉行。當路劾之，遂至奪官。未聞諸監司言其廉，未聞擢而用之者，以無援故也。廬陵令王昌，贓而虐民之吏也，交結外域，專事貪殘，百姓訴之，有司解之，蓋秦檜之親黨故也。臣恭讀去年明堂赦書，內有一項，有禁止虔告教訟，以脅州縣為慮。臣意廟堂之上，有黨護虔告贓吏者，故以此詔為張本也。州縣賢明，頑民畏之，良民愛之，囹圄空虛，鞠為茂草，訟庭之下，日可張羅。贓汙則吏長其惡，民受其毒，不訴于有司，何以伸不平之氣？或大臣有為此請，是使天下冤枉者，無赴愬之路。贓汙者得容於時，而愷悌君子亦鮮有激勸之方也。如臣之州，苦於虔賊，亦有年矣。陳邦光，虔人也，昔為建康守臣。守臣楊邦乂，吉人也。昔為建康通判。方金騎之入也，邦乂請死，邦光請降。二人所為，忠奸已判，則虔、吉何可同日而語？州有死士，未聞旌別，縣訴贓吏，輒蒙重禁，國之綱紀，如是乎？臣生是州，亦欲古人自期也。歐陽修以文章名，楊邦乂以死節名。縱不能效歐陽修之文，願效楊邦乂之死以報，亦有年矣。州有謗臣，臣實耻之。此擇守令，臣所以又為陛下謀也。

雖然五不可、三急務，乃天下之輿論也，非臣臆說也。大臣固位而不欲言，小臣畏罪而不敢言，草萊之士不達國體，亦不能言。如臣去墳墓，捐妻子，三年於此講聞天下之計，已熟矣。若緘默不言，誰為陛下言之？然則區區之言，非為身謀也，為陛下社稷計也。大抵自古中興，與創業同。藝祖應天順人，取天下於掌握。陛下若欲同符藝祖，上當天心，下順人欲，則取臣所請，斷而行之，乃生民之幸，社稷之福。如降付三省，看詳可否。大臣必請于陛下，曰："此何事也，此不急也，此狂妄之言，可罪也。"臣死無憾。臣之言不用，則天下未即中興，亦可為陛下惜。臣愚，不識忌諱，仰干天誅，臣無任激切之至。

同上書卷一百九十七

紹興九年九月十五日壬辰……岳飛來朝。

同上書卷一百九十八

紹興九年十月……十九日丙寅，新知鼎州王彥卒。續觱為公行狀曰：

王彦，字子才，河内人，隸弓馬子弟所。政和五年，徽宗皇帝臨軒閲試，以武藝中選，恩補下班祗應。從涇原路經略使种師道兩入夏國，蕩平偽洪夏軍割踏、駱駝兩城。當靖康初，金人圍太原，京城遣發新招赴援，敢戰後軍至太行山，焚輜重肆掠，百姓驚奔，城門晝閉。公勒兵追殺俱盡。金人陷懷州，鼓行及闕。公流涕曰："君父有難，雖生何為?"乃棄家，奔京師，求自試討敵。河北招撫使司選充都統制，樞密院令帥張翼、白安民、岳飛等十一頭項七十人，渡大河，已陷州縣，措置招撫不順。諸軍民既濟，深入陷地，與金人戍兵萬衆鏖戰，大破之，收復衛州新鄉縣，傳檄諸郡。敵以為大軍之至也，率數萬衆薄公營，圍之數匝，矢如雨。將官既寡，且器甲疏略，疾戰輒不利，即決圍以出，遂潰。敵見公所乘甲馬獨異，復盡鋭追擊。公獨與麾下數十人馳赴，所向披靡，轉戰十數，弓矢俱盡，會日暮得免。它將往往復渡河以還，公收散亡，得七百餘人，保共城西山。間遣復結集兩河豪傑，以圖再舉。時金人大立賞格，求公甚急。公在西山，常未夜即徙其寢。所部曲或知之，泣以告曰："我曹所以棄妻子，冒百死以從公者，感公之忠憤，期雪國家之恥爾。今使公寢不安席，我則非人。"乃皆面刺"赤心報國，誓殺金人"八字，以示誠節。公益自感勵，大佈威信，與士卒同甘苦。未幾，兩河響應，招集忠義民兵首領，如傅選、孟德、劉澤、焦文通等一十九人，寨十餘萬衆，綿亘數百里，金鼓之聲相聞。自并、汾、相、衛、懷、澤間，唱義討敵，皆受公約束，稟本朝正朔，威震燕、代。金人患之，列戍相望，時遣勁卒，撓沮糧道。每勒兵以伐之，且戰且行，大小亡慮數十百戰，斬獲銀牌首領、金環真，及奪還河南被擄生口，不可勝計。公聚兵既衆，慮糧儲不繼，一日盡發軍士運糧。會有姦人以告，敵乘我之虚，遂以大兵入營壘。公率親兵乘高以禦，強弩飛石，所向輒摧。將士賈勇，呼聲動地。敵之斃於營者相枕藉，悉以馬負之而去，猶恃衆，欲以久困公，即佈長圍，遮絶餽運者旬餘。公檄召諸寨，兵大至，即宵遁。

時金人鋭意中原，特以公在河朔，兵勢張甚，故未暇南侵，謀公益急。一日，金人召其首領，俾以大兵再逼公壘。首領跪而泣曰："王都統寨，堅如鉄，未易圖也。必欲使諸將者，願請死。"其為所畏如此。

公方繕甲治兵，約日大舉，直趨太原石嶺關，以臨代北，告訴于東京留守、資政殿大學士宗澤。澤得以便宜從事，奏擬公武功大夫、忠州防禦使、河北制置使，遣書延公會議。公將萬餘，將發，悉召諸寨統兵官指揮，授方略，以俟會合。既行，敵以衆兵尾襲，而不敢擊，遂濟河。既至京師，宗澤握公手曰："公力戰河北，以病金人之心膂。忠勇無前，海内所聞。然京師者，朝廷根本。某累上章，邀車駕還闕。取公宿兵近甸，以衛根本。”公即以所部兵馬付留守司，因差統制官張偉統轄於滑州界，沿河沙店以上下地把截。令公量帶親兵，赴揚州行在所。有旨，令閤門引見。上殿時，已遣宇文虛中、楊可輔為祈請信使、副議。而公見宰相，力陳兩河忠義民兵，引頸以望王師，願因人心北征，犄角破敵，收復故地，言辭憤激，大忤宰相。上殿指揮遂寢，差充御營平寇統領官。時范瓊為平寇前將軍，公素知瓊臣節不著，難與共事，即稱疾。知樞密院事張公浚宣撫處置川陝，奏公為前統制官。時盜賊方熾，公為先驅，所過肅清。至漢中，改差權發遣利州路兵馬鈐轄，兼提舉訓練屯駐軍。

建炎四年，改差金、均、房州安撫使，知金州。時中原盜賊蠭起，大者據郡縣，鑄印章，擅生殺，更相吞噬，以圖非望，而饑饉荒榛，無所資食。唯四川號為全蜀，易於保聚。磨牙搖毒、垂涎吮血者，實繁有徒。金州適當蜀之後門，兵備刓缺，事力幺麽。公拊民治軍，寬猛叶宜，夜以繼日。未幾，大敗桑仲。時桑仲乘陷德安、襄陽之勢，擁兵西向，進攻均、房。守將李倫清、韋知幾奔竄，凶威益熾。衆號三十萬，直擣金州白玉關。仲，公舊部曲也。則又申牘以請於公曰：“仲於公，無敢犯。願假道入蜀，以就食耳。”公謂將佐曰：“吾素知仲之為人，雖能馭士卒，輕財善鬥，然勇而無謀，保為諸君破之。”乃遣統領官閻立為先鋒，賊恃強鋭甚，立與戰，不勝，遂遇害。將士失色，或請避賊者。公叱之曰：“樞相張公有事于關陝，使仲越金而至梁、洋，則腹背受敵，大事去矣。”即勒親卒及民兵，疾趨長沙，阻水據山，設伏以待之。賊望官軍少，輒仰高蟻附搏戰。公執幟麾士，士悉殊死鬥。久之，賊氣衰，欲還。吾伏發，因大潰。發兵馳擊，斬獲數萬。賊退保房、陵，公休士進擊，賊復敗，追奔至於白磧，房州平。

是秋，權京西南路副總管李忠反，殺宣撫處置使司招安提舉官、閤門宣贊舍人，遂攻金州諸關，以闚四川。公提兵控禦，躬冒矢石。賊沈鷙善戰，又其下皆河朔驍勇。官軍與角，輒不利，遂陷諸關。公退舍秦郊，令將士盡伏山谷間，息烽燧，噎金鼓，禁樵牧，又焚秦郊集，有若真遁者，以誘賊。秦郊去郡城纔二十里，道路夷坦，寂無人聲。公募必死士，預易麾幟色號，設奇以須其至。閱再信，賊游騎至秦郊。公召將佐曰：“賊以我為遁，明日當悉其家屬，乘高長驅，以入郡城。”夜半，分官軍為三路，遏其衝，又以五百騎伏于麓。凌晨，賊果大至。官軍逆戰，聲震山谷，勝負未分也。而伏騎張翼，繞出賊背。賊大奔潰，擒馘萬數，生口無算，輜械蔽野，追襲至永興之秦嶺，因收復永興之乾祐縣以歸。時金州困於調度，廩無儲積，士有饑色，所得資幣，盡分軍伍，賴之以饒。方賊之遇於秦郊，見吾麾幟色號特異，固已駭怖。念其老幼，業與之俱，故其戰甚力，而破敗最甚焉。初，桑仲既還襄陽，已而鳩集散亡，攻圍鄧州。鎮撫使譚兖力不支，委城夜逃。賊復熾，朝廷在遠，未暇致討，務存懷撫，因就除仲襄、鄧、隨、郢鎮撫使革心。而仲稔惡不悛，反藉專征之權，南攻德安，西據均陽。是冬，盡以其衆分三道，一攻住口關，一出馬郎嶺，一擣洵陽縣。前軍去金州不遠三十里。公曰："仲以我寡彼衆，故寇三道，以離吾之勢。今吾破其堅，即脆者自走矣。"時賊自馬郎之北。公遣統制焦文通禦住口，而自以親兵營馬郎，與之對壘者幾月，大戰凡六日。賊大敗，奔潰，縱兵追擊，擒統領將官二十七人，俘獲壯士數千衆。均州平仲之敗也，為其黨所殺。時又有王闢、董貴、郭守中阻兵闕蜀，雖凶悖虐焰，下于桑、李，然其小者，猶不減萬數。公悉討平之。吳玠為宣撫處置使司都統制，守和尚原，大摧烏珠。公兼同都統，守建康，屢破鉅寇。二公實樞相張公浚所選任，大犒，元樂詩有"陣頭雹散千鈞弩，漢上風馳八字軍"之語，至今人歌之。

公威稜既著，雖遠方持兵者，願聽指蹤。如知華州李子華、知陜州魯【闕】，保據山寨；襄唐鎮撫使李横，實為鄰境；知虢州耿清又以部來歸，受公節度。於是宣撫處置使司又以公節制商、虢、陜、華，沒於偽齊。公曰："上雖南巡，不忘西顧。令商、虢、陜、華，没於偽齊，而陜郡又密邇河東。它日恢復故疆，必自此始。則臣誤膺閫寄，奚敢偷安?"乃遣僚屬高士瑰，部公兵將，進圖商、虢，直抵盧氏，與敵大兵三遇，再破走之，遂定商州。

紹興三年春首，金人偽皇子都統郎君大舉圖蜀，自商州以入。守將邵隆移治上津，敵遽至，跳奔。初，樞相張公召公與吳玠及興元帥劉子羽，會議漢中，約金人若以大兵入蜀，即三帥叶勢，相為手臂。公聞敵大入，即駐軍漢陰一帶，以應梁、洋。而金併兵自上津疾馳，不一日至洵陽境上。公飛檄召漢陰諸軍，統制官郭進先以兵三千人至【闕】流，乘夜發【闕字】于沙限。敵捨騎，鵝鸛來攻，一日凡數十合，進等禦之，殺傷甚衆。明旦，金人知官軍單寡，即步騎並進，塵土蔽天。公曰："敵遠鬥飈鋭，難與爭鋒。彼所以疾攻者，欲因吾糧食，以入蜀耳。"即盡焚儲積，發居民，趨險保聚，盡督漢陰兵自石泉趨西鄉。鄉將與宣撫制置使司及都統制司兵馬會合，併力禦敵。公次西鄉。樞相張公遣幹辦官甄授付公札，札急令清野，會合所以禦敵者，雅如公策。公遂踰西鄉。都統制司移文，命公控禦松林、明月諸關。公部分既定，敵窺伺所以，遂越漢水。敵半渡，公命馳擊之，大破其衆，生擒漢兒軍八十餘衆。時宣撫置使司兵馬萃於饒風關，敵攻之甚，復召公援。公盡以兵陣於饒風下，而發精兵乘高禦敵，一日數十戰，長鎗衝突，奮迅飄忽。敵披靡摧折，弃甲星散，傷痍踵路。時敵殺馬而食者已旬餘，顧其營，去已遠，欲退不能，進益窘。時利路統制官郭屯營次，當饒風背，乘夜以輕兵銜枚襲取之。饒風失守，諸軍盡卻，興、洋亦焚儲積，為清野之計。敵雖至漢中，轉戰千里，死傷過半，且無掠，大失望。其衆洶洶，異謀欲叛，復慮我師掩至，即無遺類，遂自褒斜遁去。樞相張公以敵深入，而亡失士馬之多，前此有勝，實同敗衄，而卒保全蜀者，係諸將勤力，弃過錄功，用明黜陟。聖旨盡加秩，行賞有差，授公保大軍承宣使。公曰："某備任爪牙，不能殄滅強敵，致彼深入者，皆某之罪也。奚敢與它將比?"獨不受，士益重之。

時敵雖遁，而僞齊遣周貴為京西安撫使，盜據金州，發鎮兵，復自饒風以出。至漢陰，周貴領兵拒戰。統制官許清横擊，大破之，貴僅以身免，金州平。時金州新苦於兵，軍食益難。樞相張公命兼使司參議，駐主閬中，以備川蜀，而留格喜以兵三千控禦金、房。俄有令公移軍渠州，照應巴、達等州一帶關隘。紹興五年五月，聞下詔，車駕親征劉豫。公泫然曰："上躬犯霜露，以誅僭逆，此正臣子捐身報國之秋。今分鎮詔書，有'悉心戮力，屏翰王室'之語。"乞盡提全軍援行在州，至於再三。宣撫處置司終以先獲聖旨，令公保蜀，遂不果行。

兼荆南府，兼充荆南府峽州、荆門公安軍撫使。江陵盜賊後，城郭為墟，前徙枝江。公至，始還舊治。帑廩室乏，無三日儲，乞置屯田，以為戰守耕之計。爰擇荒田，分將士為百莊，莊耕千畝，唯山口富里田，舊截阻河，置千戶塘、瓦窯三堰，隄水分溉，上堰廢為榛莽。公親督將士，俱畚插從事，計工六萬有畸，不浹旬告成，公私之利無窮。天下論屯田，實不擾民而得充國之遺意者，必以公為稱首，詔奬諭之。

紹興六年，制授公保安軍承宣使、京西南路安撫司。是時，岳飛為京西湖北宣撫使，當受飛節制。公昔為招撫使司都統制日，飛實以偏將從。新鄉之役，違公節度，飛以其所部別為一寨。已而公兵大集，飛一單騎，叩公壘請罪。左右或勸公斬飛以謝衆。飛惶恐色動，公曰："汝罪當誅，然去吾之久，乃能策身歸服，氣足尚也。方國步艱危，人才難得，豈復仇報怨時邪?吾今捨汝。"因以卮酒飲之。飛再拜謝。及公為制置使，飛終不自安，即檄使赴滎河把隘，自爾復睽。及是，公上章，引嫌辭免。

劉麟再寇淮甸，車駕親征，駐蹕平江府。樞密院奏以都督府參軍，除知邵州，命以所部隸侍衛馬軍司劉錡。公聞之，喜甚，曰：“所付得人矣。”二人素相知心，且篤交契，士論欽之。就除知鼎州，將行，疾遽作，不起，享年五十。詔贈昭化軍承宣使。息六人，仍與一子見闕，差遣照管孤遺。時荊南有彥舊部曲，聞彥死，請於安撫使薛弼，即佛宮迎彥繪像為位以哭，凡三日。士大夫有意於人材者，莫不時為嗟惜。

彥娶劉氏，封碩人。長子顯，成忠郎；其次世官、世雄，皆未授命。彥事親盡孝，撫弟姪盡愛。彥既貴，母太碩人已老。彥喜懼常形色，晨昏無違。誕日，必設樂獻壽，拱手侍側。母素嚴設，飲食起居，必劉氏親庖扶持，無須臾離，而彥每以此為樂。

初，彥會議于東京留守司，家屬悉在河內。及到維揚行在所，河北議將，始獲致其父武經之喪，與其兩兄之孤，猶陷於偽境。在邵陽日，彥優以金幣，遣人抵河內迎取之。法當任子，先推其姪。疾且革，殆不知人。俄稍悟，召弟姪，悉以財物均給之。

其為將帥也，嚴明紀律，沈勇能斷，而以公行之。每出師，無供帳厨，傳誅茅為廬，與士卒同器而食，井竈未具，饑渴不飲食。戰士卒有傷痍者，解衣療之，親為傅藥。或違令犯法，雖故舊，立斬之而撫恤其家。及凱旋，論功必自下推。衆以為難，雖疏逖，必居上列，以是人樂為盡死。尤長于簡練士伍，不以修飾為先，而取其輕足驁果有力者。每破敵，大閱以充軍者，蓋十之一，故其所部，號天下精兵。舊八字軍，既屢摧堅陷陣，而勇夫羡慕，誓不與敵俱生，願刺者至萬數。其金州屢破大盜，雖子弟從軍，未嘗霑賞。妻之弟戰沒於陣，亦不以為言。張浚聞之，特官其姪，以勸盡忠者。至於天籍帑庾，無毫髪私，嘗曰：“人臣惟有功於國，然後能享朝廷爵禄，俯仰無所愧怍。苟貪冒苟得，適足為恥。”故兩除留務，皆不拜。故事，廉車秩視從列，凡除授，即辭免，請之備禮。彥即直還告命，不為飾辭。分鎮時，便宜黜陟，它鎮例擬借官資。彥於立功將士，則上事於宣撫處置使司，以示不敢專。

彥喜人盡言。幕客或面陳其短，必斂容悅謝。雅性嫉惡，尤切齒贓吏，曰：“此偷禄蠹民者。”或干以私，則曰：“彥未有寸功，以報主恩，方且思革弊事，故所未敢至。”與人辯是非，略不少屈己下氣，故議者或譏其黑白太分，疏於涉世。屢陷危機，瀕於不免。平日剛介寡合，而待士極能盡禮，此彥為人之大略也。

同上書卷一百九十九

紹興十年正月十五辛卯……《秀水閒居錄》曰："李綱，字伯紀，閩人，蔡京之子攸黨也。宣和末，淵聖受禪。綱與吳敏以攸詭計，取執政。未幾，貶黜。或謂主用兵。建炎初，首拜輔相。再閱月，繆戾乖剌，大拂衆心，亟黜之，以黃潛善作相。殿中侍御史張浚，潛善所引用，力攻綱，至貶海南軍。車駕南渡，始駐餘杭。有苗、劉二賊之變，浚以卒兵赴難。自春三月【闕字】卿徑執鴻樞，出使陝蜀，甲兵凡三十萬衆，與金角，一戰盡覆，用其屬劉子羽謀，歸罪將帥趙哲、曲端，並誅之。將士由是怨怒俱叛，浚僅以身免，奔還。關陝之陷，自此始。至今言敗績之大者，必曰富平之役。追還薄譴，俾居福州。而綱自南還已，寓是州焉。先，綱百計求復用，富於財，交結中外，罔效。及浚至，綱謂此奇貨可居，傾心結納。浚自云深悔前日之言，相與驩甚。紹興四年冬，劉齊與金合兵，攻淮泗，朝廷震恐。宰相趙鼎常失身於偽楚，初無薦者，而浚獨薦於言事官。鼎德之。至是，乘急變，召浚復秉樞機。召命下，綱賮行百餘奩，皆珍異之物。又以論時事，既托之。浚至，即日進綱疏，且降詔獎諭。明年，兵退，鼎左相，浚右相，并兼都督，即起綱帥豫章，許其入覲。綱見上，盡以前朝所得書詔、犀玉帶及家藏寶玩，次第進獻，上皆不納。延留浹旬，賜廄馬、金帶、飲饍而已。綱既去，殊怏怏。浚以報之未至也，擢其弟維及其腹心鄒柄等，皆列於朝，又以所屬陳公輔為諫官。居頃之，議者謂靖康伏闕之變，乃公輔為綱謀，不當在言路。綱聞而懼，抗章丐罷。浚又思有以安之，謬言江西盜息民安，轉綱官為金紫光祿大夫。是時虔告盜熾，旁郡亦擾，欺罔如此。七年，鼎、浚爭權。浚自謂卻敵之功，興復之策，當獨任國事。諷侍從臺諫及其黨與，攻鼎出會稽；逐大將劉光世，以呂祉代帥其軍，屯於合淝；捃荆襄帥岳飛過失，以張宗堯監其軍。謀取內外軍柄，天下寒心。秋七月，合淝兵亂，已執呂祉入齊，傳執紛紜。綱意浚必敗，即條十五，奏浚措畫之失，又貽書于浚，痛詆其過，以副本傳示遠近，欲擠浚而釣奇，且示於浚不厚也。浚既貶永州，綱亦坐貶。薄及暴橫，貪墨而罷。鼎復相，窮治浚事，至今未已。嗚呼！勢利之交，古人羞之，其三相之謂歟？浚，蜀人，字德遠。鼎，閩中人，字元鎮。八年正月記。"

同上書卷二百

紹興十年……三月，韓世忠、張俊、岳飛來朝。

五月……十八日辛卯，李寶敗金人于渤海廟。李寶，興仁府乘氏人也。少無賴，尚氣節，鄉人號為“潑李三”。京師陷偽地，金以為濮州知州。寶聚三十餘人，謀殺知府，歸南不捷，脫身走濠州。知州寇宏接引，差人伴送往行在。朝廷以方議和，不用寶，欲送於韓世忠軍中。寶不願。會岳飛來朝，寶以鄉曲之故，往見飛，願歸飛。令寶同歸鄂州，以為軍謀，猶未見。寶怏怏，時思鄉中忠義之人，遂有歸北心。乃結連四十餘人，各持一大杴，約日就江下奪船，以杴為櫂濟渡。前期敗露，盡捉獲之。唯寶言乃寶之罪，衆皆不預。飛奇之，送係獄拘係三十九日。有北報，金人將擾邊，出寶于獄，問北方事。寶言願歸京東，會合忠義人立功。飛承局李成贈銀一鋌，令越偽界，得忠義人，發遣八百餘人走飛軍。飛壯其志，遂給付武翼大夫、閤門宣贊舍人，充河北路統領忠義軍馬，依舊黄河駐劄，併付空頭文牒，令以次補官，時紹興九年也。十年，金人敗盟。是時，寶在河上滑州境内，梁興在太行山。寶約興，與同舉事。興探得金人兵重，不從。金人渡沙店，圍京師，留守孟庾投拜。既而知興仁府李師雄亦投拜，寶方在龔山西山上，具聞其詳，乃率衆沿河掠舟，順流而下，漸至興仁府。是時，烏珠欲南侵，而慮寶在河上，遂復回至荆岡，人馬困乏，皆熟寢。寶探聞荆岡之東二十里，渤海廟下有金人，尤不整，亦熟寢，乃與其次孫定、王靖約，夜半襲殺之。遂分兩路，各率衆乘舟，分上下水而進。寶與曹洋作一路，之渤海廟，見金人馬，果困乏，熟寢不覺，乃次第以刀斧擊殺數百人。定與靖亦至，併殺之。金人漸有覺而起者，已不能整，不及乘馬，皆走。走墮寸金淖下，死者無數。然遺馬甚多，岸高船低，馬不能下，寶令殺馬，載之以行，為粮食。由是一馬活斫為四五斷，自岸推下，盡載而去，蓋五月之辛卯也。質明，金人以精騎來援，已無及，積屍而焚之。烏珠聚河南、河北兵捉寶，不獲。守之半月餘，乃南侵順昌。有樞密院準備差使兵延世者，先差在興仁府，劄探以金人復取河南，方圖南歸，備聞寶等在荆岡擊殺金人事。延世漸隱居，覓路歸朝，具言寶之克捷事。故朝廷知寶在河上擊殺金人，恨未能得寶而用也。

六月……韓世忠加太保，兼河南北諸路招討使，封英國公。張浚加少師，兼河南北諸路招討使，封濟國公。岳飛加少保，兼河南諸路招討使。

同上書卷二百二

紹興十年六月……十三日丙辰，岳飛統制牛皋敗金人於京西。

二十二日乙丑，司農少卿李若虛與岳飛計議軍事。金人敗盟，朝廷遣李若虛往鄂州軍，周聿往建康府軍，周矼往楚州軍，各計議軍事。若虛到鄂州日，飛已進發。是日，若虛追至德安府，見飛，言："兵不可輕動，且班師。"飛不從。是時，諸軍皆已進發。若虛曰："面得上旨，不可輕動。既已進發，若見為可進，則當以詔還。矯詔之罪，若虛當任之。"飛許諾，遂進兵。

二十三日丙寅，岳飛軍統領孫顯大破金人排蠻千戶於陳蔡州界。

閏六月十八日庚寅，王之道《上皇帝書》：臣聞兵法曰："未戰而廟算勝者，得算多也；未戰而廟算不勝者，得算少也。多算勝，少算不勝，而況于無算乎？"又曰："知己知彼，百戰不殆。不知彼而知己，一勝一負。不知彼，不知己，每戰必敗。"其言具在，昭若日月，信如四時。後之用兵者，不可不鑒也。恭惟皇帝陛下比以金人不順，入我郊畿，肆命諸將出師，恭行天討。茲固子犯所謂"師直為壯"者，然而不知陛下宵旰之暇，亦嘗為廟算計耶？其未戰而勝耶，其未戰而不勝耶。臣雖至愚，竊嘗為陛下籌之。且有義兵，有應兵，有貪兵，有驕兵。救亂誅暴者，謂之義兵，兵義者王；敵加於己，不得已而起者，謂之應兵，兵應者勝；利人民、土地、寶貨者，謂之貪兵，兵貪者破；恃國家之大，矜人民之衆，欲見威於敵者，謂之驕兵，兵驕者滅。今以吾之義兵而敵彼之貪，以吾之應兵而敵彼之驕，其論廟算之勝與不勝，固較然也。若曰"不知彼而知己，一勝一負。不知彼，不知己，每戰必敗"，則所謂知己知彼，實戰之所先急。不知群臣為陛下計，亦嘗言及此乎？陛下自為宗廟、社稷、生靈之計，亦嘗慮及此乎？知彼可勝者，果有幾乎？我可勝者，果有幾乎？我之所不可勝者，其相當乎？抑亦有優而有劣乎？昔之善為戰者，先為不可勝，以待敵之可勝，常使不可勝在己，可勝在敵，此所以能不戰而屈人之兵也。臣請為陛下言之。且強弱衆寡之不敵也，尚矣。以強弱言，則劉固非項敵也；以衆寡言，則曹固非袁敵也。而項卒歸於劉，袁卒歸於曹者，豈有他哉？得其道，則雖弱能強，雖寡能衆；失其道，則雖強易弱，雖衆易寡爾。臣觀敵有五敗，陛下有五勝。敵雖強且衆，固無能為矣。然在我有未必勝者三，又安得不自知也。且敵專事攘竊，而陛下一本仁義，此道勝也；敵專務奸詐，而陛下一本忠信，此德勝也；敵起兵三十年，用人如牛羊，殺人如草菅，而陛下視民如傷，不憚屈己增幣，俯徇講和之請，冀與天下休息，此仁勝也；敵自烏珠用事，上則欺幼主以擅權，下則殺親族以播虐，而陛下夙興夜寐，不忘父兄播遷之難，方敵無約請和，許還兩宮，群臣以為不可，獨聖意篤於孝悌，幸其必信，斷然從之，此義勝也。敵前後專以和議欺罔國家，劫質二帝，屠戮萬方。天下之人，恥失其君，悼喪其親，恨不得殄滅此而朝食也久矣。陛下頃緣王倫與之畫地，復聽其和。當是時，下而樵夫、牧子者，皆以為金人得計而陛下失計。蓋古人所謂和戎國之福者，為其有以休兵息民也。今兵不得休，民不得息，於養兵之外，歲取於民，以供溪壑無厭之欲。一有不滿，其勢必至，興師雖久，近未可知，而理所不免。臣每念及此，未嘗不痛心疾首。至於無如之何，復自寬曰："福兮禍所伏，禍兮福所倚。"一是一非，一失一得，夫何常之有哉？金人之得計，所謂福也，安知不為禍所倚耶？和之必至于戰，無可疑者，但變速則禍小，變遲則禍大，變自彼則禍小，變自我則禍大。禍小則可轉而為福，禍大則滅土無日矣。速在三年之内，遲在五年之内，自彼則彼實先之，自我則我實啓之。今敵曾不二年，無故敗盟，引兵入境。臣然後知金人向之所謂得計者，今為失計，而陛下向之所謂失計者，今為得計。向得而今失者，福兮禍所伏也；向失而今得者，禍兮福所倚也。此計勝也。陛下有此五勝，固可以勝矣。然以臣觀之，未見其必勝之理。何則？唐肅宗詔九節度討安慶緒，重以郭子儀、李光弼，皆一時元功，難相統攝，特用魚朝恩為觀軍容宣慰使而不立帥，師次鄴南。方與賊對，未及戰而潰。史臣以為王師無統，進退顧望，責功不專，是以及於敗。今者諸軍大會境上，而不置統帥，臣所謂未可必勝者，此其一也。齊景公召司馬穰苴為將，以扞燕晉之師，穰苴辭以"臣素卑賤，士卒未附，百姓不服，願得君之寵臣，以為監軍"。景公使莊賈往，賈後期不至，穰苴斬之以徇，三軍士皆為之戰慄。由是晉師聞之罷去，燕師聞之，渡河而解，盡取所亡邦内故境以歸。今國家用兵，十有六年矣。士卒之隸諸將者，不可謂不親附矣，而罰終不行，緩急果可用哉？臣所謂未可必勝者，此其二也。今日之兵，分隸張俊者，則曰"張家軍"；分隸岳飛者，則曰"岳家軍"；分隸楊沂中者，則曰"楊家軍"；分隸韓世忠者，則曰"韓家軍"。相視如仇讎，相防如盜賊。自不能奉公，惴惴然惟恐他人之立功，而官爵軋於己也。且其平日，猶或矛盾若此，使臨大利害，想其中心，必不能效相如之屈於廉頗，寇恂之不仇賈復，先國家之難，而後其私怨，安能保其不自為敵國而以刃相向耶？臣所謂未可必勝者，此其三也。又況烏珠所領之兵，無非脅從瓦合，猶能自號元帥以統之。初不聞其契丹自為一軍，而各聽其本國之號令也。今不置統帥，而欲求勝，能保其必勝乎？敵自與我角，前後無慮數百戰。敵未嘗不勝，我未嘗不敗者，非敵能自勝，恃我師不戰而潰，遂成其勝爾。夫所以不戰而潰者，非他，不畏我而畏敵故也。使皆畏我而不畏敵，敵亦何能為哉？今罰不行于三軍而欲求勝，能保其必勝乎？春秋以來，如晉楚用兵，以將帥不和而敗績者，多矣。惟是敵人前後驅迫，鄰國入為邊患，逮二十年，未嘗聞其有違衆犯令，自為釁隙以相攻者。今諸將不和，無以分之，而欲求勝，能保其必勝乎？陸贄《奏李晟、李建徽、楊惠元、李懷光四節度狀》云：“四軍接壘，群帥異心。論勢利則夐絶高卑，據職名則不相絶屬。懷光輕晟等兵微位下，而忿其制不如心；晟等疑懷光醸禍蓄奸，而怨其事多凌己。端居則互防飛謗，欲戰則第恐分功。齟齬不和，嫌疑滋甚。覆亡之禍，翹足可期。舊患未除，新患方起。憂憤所切，實堪疚心。”由是言之，臣前所謂可勝者五，恐不足恃以勝，而所謂未可必勝者三，恐不可不深思熟計而求其所以勝也。臣願陛下慨然奮發，自謀諸心，選擇耆德、素負天下之望者，謀及龜筮，謀及士庶。儻龜從、筮從、卿士從、庶民從矣，然後下明詔，遣安車而召焉，逮其入見，陛下宜避正殿，親出玉音而諭之曰：“今敵國深侵，海内騷動，士卒暴露於境。予一人卧不安席，食不甘味。社稷安危，一在將軍，願將軍率師應之。”將軍既已受命，陛下乃齋戒，告於大廟，灼龜卜吉，以授斧鉞，如武王之命太公望。然後遣行，先行之數日，遣誥諸軍曰：“予一人以爾諸軍元帥不立，日夜憂之，恐貽一國三公‘其誰適從’之誚。今謀之卜筮，卿士庶民，蔽自予一人之志，得元老某俾統六師。自閫以外，咸得制之。邦有邦典，軍有軍政。用命賞於祖，不用命戮于社。毋或不和於靖，自底於罪。”而為將軍者，臨屯之日，又能拊循士卒，同甘苦，上不失於關侯之驕，下不失於張飛之不恤。有所不誅，誅必及其大而威；有所不賞，賞必及其小而明。夫然後勒兵赴敵，臣見其一戎衣而天下定，不得專為有周美矣。伏望陛下追懷祖宗積累之難，畀付之重，痛憤父兄戮辱之苦，睽隔之憂，矜念軍興以來，金人所至，積屍腥於草木，流血丹於川原，毋以臣人微言輕，遂忽而不聽，遂棄而不用。古語云：“投機之會，間不容髮。”又云：“後將噬臍，悔可及乎？”臣願陛下不為衆口所奪，斷自宸衷而必行之，使異時獲投機之功，而免噬臍之悔，實天下幸甚。臣之狂瞽，不獨今日。當紹興八年六月，王倫使金還，金遣使隨倫報聘。臣於是時，固嘗有書，致之前吏部魏矼，以述和議有九不可、一可之說。當紹興九年五月，和議既定，淮上興役以備，兩宫來歸，宿食供頓。臣於是時，亦嘗有書，致之前左諫議大夫曾統，以迎奉兩宫有五事，當為先務之急。惟臣區區憂國愛君之心，無易二書，重以家貧地寒，遠去軒陛，不獲自達。是用致之魏矼、曾統，庶幾其有聞于陛下。不圖今日乃見陛下，似與臣意有相符者。雖然亦非臣之私言，天下之公言也。故敢復進千慮一得之愚，獻於閣下，位卑言高，罪在不貸。惟陛下憐其愚忠，而曲賜保全，無使天下以臣為妄。不勝俯伏待罪，憂懼之至。

同上書卷二百四

紹興十年閏六月……二十四日丙申，張憲及金人戰於陳州。張憲克陳州。岳飛令統制趙秉淵知軍州事。

二十五日丁酉，岳飛將楊成及金人戰於鄭州，克鄭州。

七月二日癸卯，岳飛、張應、韓清克西京。

六日丁未，李興知河南府，兼主管本路安撫司公事，特轉右武大夫、忠州團練使。初，金人逼西京，河南兵馬鈐轄李興聚兵迎擊，收復伊陽等八縣。又敗金人於河清縣，奪到藝祖皇帝御容，乘勝收復鄭、汝州。僞河南尹李成棄西京，遁走於孟州。興遂申朝廷，乞差帥臣官吏。湖北京西宣撫使岳飛差兵官郝晸、焦元、蘇堅方來會合。至是，詔下，就除興知河南府，兼本路安撫司公事，仍特轉右武大夫、忠州團練使，訓辭褒美。仍給真俸，皆出異恩也。先是，翟興嘗鎮撫河南，許以便宜行事。許興依翟興例。是時張應、韓清亦報收復西京矣。

八日己酉，岳飛及金人烏珠戰於郾城縣，敗之。楊再興單騎入敵陣，欲直擒烏珠，不獲，殺數千百人而還，身被數十創。

十日辛亥，岳飛敗金人於郾城縣。是日，殺金人將鄂爾多貝勒。

十四日乙卯，岳飛統制王貴、姚政敗烏珠於潁昌府。中楊再興、王蘭、高林歿於陣。楊再興、王蘭以五百騎直入敵陣，殺數千人。再興與蘭皆戰歿，高林亦戰死。聞者惜之，獲再興之屍，焚之得箭頭二升。天大雨，溪澗皆滿溢。敵騎不得進，官軍乃得還。

二十一日壬戌，岳飛自郾城回軍。岳飛在郾城，衆請回軍。飛亦以不可留，乃傳令回軍。而軍士應時皆南嚮，旗靡，轍亂不整。飛望之，口呿而不能合，良久曰："豈非天乎？"

八月……六日丁丑，李山、史貴、韓直敗金人於陳州。初，張憲得陳州也，岳飛令統制趙秉淵守之。金人圍陳州，飛統制李山、史貴與劉錡軍統制韓直，及金人戰於城下，敗之。

（十一日壬午）岳飛、劉光世來朝。

同上書卷二百五

紹興十一年二月……丁丑，以八百騎往探。回報南軍渡江，金人即漸退去。韓世忠、岳飛以兵援淮西。

三月九日戊申……張俊、楊沂中、韓世忠、劉錡皆班師。張俊、楊沂中、韓世忠，廬州退軍也，士卒人負十日糧米。既至黃連埠，軍皆乏糧，遣捷足及馳馬往建康催糧者，踵相躡也。及遣提舉一行事務辛永宗親往催督。永宗至宣化，不渡，坐於民舍，呼巡檢兵士，令採藤花曰：“我偏愛食此藤。”兵士為採藤花，歸已移時矣。坐間，失其被毡。行人皆掩鼻罵之曰：“大軍燒火待炊，提舉催糧不留心如此。”建康軍中盡刷在寨應諸窠坐人及工匠，各人負米六斗，星夜渡江。又留守司就近呼集上元、江寧兩縣民夫，相繼而行，亦人負米六斗，務其輕快也。以縣丞管押，已有到滁州者。會諸軍班師，而軍兵與民夫所負之米，悉棄於路，側奔而歸曰：“歸到家，不過賠米六斗而已。”管押官縣丞竟不曾渡江。諸軍既至滁州，錡與俊、沂中分路之和州。俊、沂中自宣和渡江，軍於建康。錡駐和州，不渡，申取朝廷指揮。凡十一日，得指揮渡江，遂歸太平州。俊、沂中皆憾之。是時，世忠亦以舟歸楚州。俊進少師、河南北諸路招討使。是役也，岳飛不出兵為聲援，朝廷憾之。

《淮西從軍記》曰：“紹興九年，己未歲，金人歸我河南故地。十年春，朝廷命馬軍帥劉錡充東京副留守。三月，率本部軍馬赴任，中途而金人敗盟。四太子烏珠以大兵入京師，留守孟庾投降。分兵復取河南之地，東南震動。六月，錡大破金人於順昌，烏珠狼狽敗還。朝廷之威遂震。於是下命，以韓世忠、張俊、岳飛各以本路宣撫兼河南北招討使，並進兵。閏六月至七月，世忠取海州，俊取亳州，又取宿州，飛取蔡州，又取陳州。京東西皆響應。既而三帥相繼班師，先是，飛方至陳州，而俊已【闕】定宿、亳，遂還壽春，引兵南渡而歸。生擒金七十餘人，李寶欲殺之，曹洋曰：‘不可。我方欲歸朝廷，何不留金人生口，以為實驗。’寶然之。已過睢陽軍，知軍賈舍人乘馬，率人從十數追及，叩岸呼：‘爾為誰?’時寶之衆，皆緋襭頭巾、緋襭袍為號。寶應曰：‘我曹州潑李三也。欲歸朝廷耳。’言訖，引弓一發，賈舍人中矢墮馬。船已行矣，出清河口，渡南岸而見胡探，作一寨，聚居民，養種深，乃具申宣撫使韓世忠。差許世忠、王權來接引而戍。寶到楚州，世忠犒勞甚厚。寶以生口七十餘解赴世忠。世忠大喜。”

同上書卷二百六

紹興十一年四月……韓世忠、張俊、岳飛來朝。

二十四日壬辰，韓世忠、張俊除樞密院使，岳飛為樞密副使。范同獻議於秦檜曰：“諸路久握重兵，難制。當以三大帥皆除樞密使、副，罷其兵。”檜喜，遂奏其事。上從之。世忠、俊皆除樞密使，賜俊玉帶，飛樞密副使。

世忠既拜，乃製一字巾，入都堂則裹之，出則以親兵自衛。檜頗不喜。飛披襟，作雍容之狀，檜亦忌之。唯俊任其自然，故檜不致深疑。

二十七日乙未，罷淮東西、湖北、京西宣撫司，諸軍以御前為名。罷淮東西、湖北、京西宣撫司，止用逐軍統制領將之，以御前為名，謂之御前諸軍。宣撫司並結局官屬，各轉兩官。張俊獨留提點諸房文字王應求一名，餘並發歸本軍。

五月七日甲辰，詔諭諸軍。詔曰："朕昨命虎臣，各當閫寄。雖望屯列戍，已大暢於軍聲，而專統一隅。顧猶分於兵力，爰思更制度，集全功。延登秉鉞之元勛，並任本兵之大計。凡爾有衆，朕親統臨。肆其偏裨，咸得專達。尚慮令行之始，或隳素習之規。其當勵於乃心，以務肅於所部。簡閱無廢，其舊精鋭，有加於初，異績殊庸，人苟自懋。高爵重祿，朕豈遐遺。尚攄忠義之誠，共赴功名之會。咨爾任事，咸服訓言。更制之初，人心未定。故降是詔。"

二十九日……張俊、岳飛往淮東撫定韓世忠之兵。更軍制之初，諸軍未悉朝廷之意，將士不安，乃命張俊、岳飛拊循之。劉錡罷淮北宣撫判官。張俊、楊沂中屢言淮西之戰，劉錡不力，謂其怯懦。至是，罷錡淮北宣撫判官，岳飛乞且留錡掌兵。

六月……（十六日癸未）張俊與岳飛既到楚州，飛居於州治，俊乃在城外。而中軍統制王勝引甲軍而來日，呈點軍馬。或告俊曰："王勝有害樞密意。"俊亦懼之，問勝曰："將士何故擐甲？"勝曰："樞密來點軍馬，不敢不帶甲。"俊不令卸甲，卻卸甲。俊猶憾之。飛點簿，方知世忠止有三萬餘人，乃在楚州十年餘，金人不敢犯，猶有餘力，以侵山東，可謂奇特之士也。飛囬駐於鎮江府，知泗州劉綱詣行府稟議。綱曰："泗州在淮河之北，城郭不固，無兵無食。如有緩急，守乎？棄乎？"飛徐徐言曰："此是潤州，更有何名？"綱曰："京口。"飛再問之，綱曰："丹徒。"飛三問之，綱曰："南徐。"飛曰："只此是矣。"綱退，大歎服曰："岳鵬舉果有過人。"初李寶歸於韓世忠也，世忠令寶戍海。飛到楚州，即呼寶至楚州，慰勞甚。至使下海往登州，以來牽制。寶焚登州及文登縣而還。

十七日甲申，李興自白馬山班師，至鄂州。李興知河南府事，據白馬山，與李成相角，凡數月，成不能攻，遂歸西京。朝廷以興糧餉不繼，孤軍難守，即詔班師。興統率軍民幾萬人，南歸至大章谷，逢金人數千騎邀路，興擊敗之。金人既退，方得路南行，以是日至鄂州。宣撫使岳飛已除樞密副使，於是都統王貴申請樞府，乞留與鄂州，遂就差左軍同統制。

七月，詔張俊沿江視師。初，岳飛與張俊同至楚州，撫諭韓世忠軍。飛與俊議事不合，歸至行在。飛請獨留，不復出掌兵。其寮屬皆乞宫祠而去，俊獨在沿江視師。

八日甲戌，樞密副使岳飛罷為少保、武勝定國軍節度使、醴泉觀使。

鄂州軍統制張憲謀為亂，都統制王貴執之，送於樞行府。張憲以前軍統制，為提舉一行事務，得飛之子雲書，遂欲劫諸軍為亂。且曰："率諸軍徑赴行在，乞岳少保復統軍。"或曰："不若渡江往京西，朝廷必遣岳少保來撫諭。得少保復統軍，則無事矣。"漸泄露，百姓皆晝夜不安，官司亦無措置，惟憂懼而已。都統制王貴赴鎮江府，請樞密行府稟議。方回到鄂州，前軍副統制王俊以其事告之。貴大驚，諸統制入謁貴，遂執憲，送於樞密行府。是時，張俊以樞密使視師，在鎮江也。俊令就行府勘，王應求請樞密院職級嚴師孟、令使劉興仁推勘。師孟、興仁以樞密院吏，無推勘法，恐壞亂祖宗之制，力辭。俊從之，遂命應求推勘，獄成，送大理寺。俊，小名喜兒，濟南府人。范瓊領兵在京東，俊為劊子。

十月……十三日戊寅，岳飛送大理寺。王貴解押張憲至樞密行府，張俊送憲於行在，遂下大理寺。秦檜奏請以岳飛同下大理寺，鞫勘反狀。於是飛坐大理獄。判宗正司士㒟依文字，欲解救之，不密，漏其語。或聞之以告，檜令臺官言士㒟有不軌心，責建州拘管，死於建州。飛初對吏，立身不正而撒其手。旁有卒執杖子，擊杖子作聲，叱曰："叉手正立。"飛竦然聲喏，而叉手矣。既而曰："吾嘗統十萬兵，今日乃知獄吏之貴也。"

同上書卷二百七

紹興十一年……十二月二十九日癸巳，岳飛死於大理寺獄中，誅岳雲、張憲。時岳飛在大理寺獄，未肯招狀。先是，飛自鄢陵回軍也，在一村寺中，與王貴、張憲、董先、王俊夜坐，移時不語，忽大聲曰："天下事，竟如何?"衆皆不敢應，唯憲徐言曰："在相公處置耳。"既退，俊握先及貴手，曰："太尉，太尉，聞適來相公之言，及張太尉之對否?"先與貴曰："然。"及俊告飛使子雲通書軍中事，因言鄢陵路中之語，追先赴行在。秦檜與先曰："止是有一句言語，要爾為證。證了，只今日便可出。"仍差大理官二人送先赴大理寺，並命證畢，就今日摘出。繇是先下大理寺，對吏即伏。吏問飛，飛猶不伏。有獄子事飛甚謹，至是，獄子倚門斜立，無恭謹之狀。飛異之，獄子忽然而言曰："我平生以岳飛為忠臣，故伏侍甚謹，不敢少慢。今乃逆臣耳。"飛聞之，請問其故。獄子曰："君臣不可疑，疑則為亂。故君疑臣則誅，臣疑君則反。若臣疑於君不反，復為君疑而誅之；若君疑於臣而不誅，則復疑於君而必反。君今疑臣矣，故送下棘寺。豈有復出之理？死故無疑矣。少保若不死，出獄則復疑於君，安得不反？反既明甚，此所以為誅也。”飛感動，仰天移時，索筆書押。獄子復事之恭謹如初。

癸巳，飛死於獄中，梟其首，市人聞之，悽愴有墮淚者。其子雲及憲，皆棄市。初，獄成，大理寺丞李若樸、何彥由謂飛罪當徒二年，白於大理卿周三畏。三畏是日遂白於中丞万俟卨。卨不應，三畏曰：“曲當依法，三畏豈惜大理卿耶?”有王輔者，投書於秦檜，具言飛反狀已明。檜以書付獄，卨卒致飛於死。既而卨彈若樸，以其兄若虛嘗為飛幕中參議，故欲黨庇之耳。彥由附會樸。是時，若虛在宣州，乃送徽州羈管，而若樸、彥由皆罷出。飛執兵權之日，遣使臣王忠臣往楚州韓世忠處下書，得囬書，欲歸，臨行，世忠囑之曰：“傳語岳宣撫，宣撫有結髮之妻，見在此中，嫁作一擁押之妻，可差人來取之。”忠囬，密報飛以世忠語。飛且曰：“履冰渡河之日，留臣妻侍老母。今妻兩經更嫁，臣切骨恨之。已差人送錢五百貫，以助其不足，恐天下不知其由也。”

《岳侯傳》曰：“侯名飛，字鵬舉，相州人也。少為韓魏公家庄客，耕種為生。於靖康末，聞張所為河中招討，侯遂投軍，往三次，方得見張所。所觀侯才武，特刺效用，令帳前使喚。至建炎初，王彥為張所前軍統制，用侯為使臣。王彥行軍往太行山，遇金人，接戰。侯遂勝，奪馬數十匹，並擒托卜嘉、頁嚕。侯充前軍準備將。至三年，侯為王彥所疑，夤夜自引一軍千人，投京城留守杜充。充用侯出戰，數有奇功，遂遷侯為中軍統制。至三年春二月，被擄將張用、王善領兵約五十萬衆叩京城，留守杜充遣侯並丁進、桑仲、馬皋等各統兵迎戰，不終朝潰散。張用、王善兵騎敗，走陳州。後金帥烏珠與侯軍連年拘戰，侯兵勢弱，不如敵衆，遂遭所潰。隨杜充棄京城，前往建康。其時在京居民，已降金國。內有劉經、扈成、戚方等諸將，於建康乘勢為亂，劫掠州郡。惟侯一軍秋毫無犯，屯於宜興縣，官吏民戶，皆懼所在，棄走宜興縣，投侯居止。蓋緣侯軍整肅，不令騷擾民。庶有犯者，並依軍法。以此前後一年，收捕扈成、戚方，及斬劉經，并留守司散殘官軍千餘人，復取建康，招民安業。四年，常州太守林茂薦侯於朝廷，充通泰鎮撫使。時賊首李成，自呼李天王，並馬通、商元等，共提兵三十萬，佔據淮西、淮南數州屯駐，往來劫掠。朝廷差張俊充兩淮招討使，統軍十萬，與李成相距。緣李成兵鋭，數戰未能獲勝。張俊奏朝廷，乞侯同王𤩽、陳思恭以本軍隸之。李成遣偏將馬進領兵三十萬，對壘於洪州。諸將不敢當其鋒，張招討請侯議曰：‘俊與李成數戰不勝，公有何見？願求一計。’侯對曰：‘某既蒙所問，不避僭越。用兵者，無他，仁、信、智、勇、嚴五事，不可不用也。有功重賞，無功者重罰，行令嚴者是也。某雖不才，乞為先鋒，與敵迎戰，必可破之。’俊喜而許之，選精兵三萬，並本部諸將，拒馬進至玉隆觀，大破進軍。進走筠州，侯領兵殺之，降其步軍五萬餘衆。李成、商元北走。後又統衆，招降張用等兵數萬。侯功第一，改差充神武後軍統制，兼權邊鎮撫使。至紹興二年，又統本部軍馬，前去湖南，接連廣界，收捕曹成。戰於道州，大破其數萬。加中衛大夫、武昌軍承宣使，又復軍往潭州界，收捕劉忠。紹興三年，偽齊劉麟並四太子烏珠約兵三十萬衆，併兵大舉，攻滁、和、通、泰，直抵揚州。宣撫使韓世忠困於楚州，侯聞曰：‘若得某在通、泰，豈懼烏珠、劉麟？’收曹成、劉忠，萬事纔畢，再奏復收虔州山賊。侯遂先令人探察，其賊首係彭鐵大、廖八姑、王勝、李洞天等，約兵十餘萬，山賊寨百餘座。侯將王萬、寇成、徐慶，首先破固石洞，又遣王貴、龐榮、張憲等，分投領兵，攻打 賊寨。兩月之間，捉大小首領五百餘人，彭鐵大、廖八姑、王勝、李洞天等作過賊首。加鎮南軍承宣使，江西、湖南置制使，神武後軍統制。偽齊劉豫遣劉麟並大將李成等，兵十萬衆，佔據均、襄、隨、郢，為久駐之計。侯奉敕回軍，徑往漢上，與李成戰於郢州，遂擒斬荊超。成退走襄陽。侯既克郢州，復至襄陽。成整兵再戰，又敗走鄧州。侯進兵，成棄鄧州，走潁昌府。侯三戰，復漢上六州。加侯清遠軍節度使。偽齊劉猊、王爪角、孔彥舟、李師雄、商元等，兵二十萬，攻廬州。委侯回軍解圍，侯先遣牛皋、徐慶、李山救應，又會合劉錡，與偽齊接戰於廬州。孔彥舟認是牛皋、徐慶等兵至，遂不戰，起寨而走。回京師，加侯鎮寧、崇信軍節度使，湖北、京西路招信使。鼎州洞庭楊幺、鍾子儀等作亂，據鼎、澧、潭等諸縣。朝廷遣王𤫉、劉寶並崔曾、吳全等，將兵七萬，收捉湖賊，戰數不利。再委侯同張浚督諸軍出征。時賊勢甚銳，浚懼曰：“此賊非易可圖。”欲侯明年與公討之。侯謂丞相曰：“未可。若論來歲，賊勢大張。以某所見，不過旬日，擒捉賊衆。”浚見侯志勇驍雄，於是從之。俊往河南安撫司，差任士安、王俊等領兵二萬，與飛同共調發。侯方欲料敵，次第委任。士安、王浚、孫義等不稟前進，為所敗。侯急下令諸將曰：“限三日，不平楊幺等賊，定斬汝輩。立功者重賞。”湖賊楊幺等曰：“吾聞岳宣撫領兵二十萬，已入潭州、鼎州。至今多日，不見到來，豈不詐也。想任士安等懼吾，佯言岳軍至。”遂令楊欽、黃佐領兵五萬，前赴士安，十里到金橋山，忽遇飛伏兵四合，大破賊衆。楊欽、黃佐等見兵敗走，睹委是岳兵至。楊欽等料不能敵，乃降。欽獻計曰："楊幺可擒，容欽令人報楊幺，今任士安兵敗因走，又聞後有救兵至，吾兄急將士卒，速來救欽，擒士安等，以除禍根。楊幺聞之，必自領兵前來。相公多用伏兵，捉楊幺，不為難也。"遣牛皋、傅選、王綱等，各領兵伏於道側。楊幺果自領兵前來應援，牛皋、傅選、王綱等伏兵發。楊幺得乘舟，走入水寨。侯親臨大湖，當卜山峻處，隔水令人罵之，率衆搬運草木於水中。賊営中聞罵聲，爭用磚瓦石抛擊，上流放草木，為瓦石填平，人騎往來，並無阻隔。侯遂將兵衆長驅，深入水寨，擒楊幺、夏成、鍾子儀等，並斬之。殺降賊首周倫、周亮、張百遍等，並戰舟百隻，前後八日，平盪盡淨。加侯檢校太保、行営都總管、右護聖將軍。紹興六年，加封為少師、武定勝國軍節度使、湖北京西路宣撫使，江夏駐劄。時金帥烏珠與偽齊劉麟率大將賈潭、商元、崔皋、李成、孔彦舟、王爪角等，剋鎮汝、蔡、商、虢、唐、鄧、京西，大有南下之意。諸帥養安不進。侯遣王貴、董先、傅選等，收兵騎二萬，於唐州北楊、牛蹄、白石、何家寨，遇番、偽賊衆。李成、王爪角、王大捷、李序、商元等共約十萬迎戰。自辰至申，敵衆敗走，連夜追兵，遣至蔡州遂平縣，擒王大捷、李勤、郭安、李序等，奪馬千餘匹，降士卒三千餘衆。權暫屯北陽歇泊。偽鎮汝軍總管薛亨、馬汝翼等兵五萬，犯方城縣。侯遣牛皋、王綱，以步卒八千，往方城東北二十里、地名昭福。偽總管薛亨數戰，亨兵敗走。牛皋等追至和尚寨，禽薛亨，斬馬汝翼，奪馬三百餘匹，降士卒千人。屯方城。偽西京竇留守，統制郭德、魏汝弼、施富、任安中等兵騎五萬，犯鄧州界。侯又遣張憲、郝晸、楊再興共兵一萬，前去迎敵。至内鄉，相拒二日，憲與郝晸、楊再興議曰：'敵勢甚鋭。以欺敵，我以輕兵迎戰，佯退敗走。敵見，必來追我，我即伏兵取勝。'衆曰：'善。'遂發兵。於來日早，使輕兵迎戰，佯敗走。偽兵果來追，伏兵發，前後夾擊，禽郭德、施富，奪馬五百餘匹，降士卒千人。魏汝弼收殘軍，趨歸洛陽。侯自慮難獲捷。然金帥烏珠偽兵百萬，糧食數十里，急雖難保，又見諸路按兵不舉，遂收軍，復戍鄂州。將擒到偽大總管薛亨並郭德等一十七人，奪到馬一千餘匹，降卒五十餘人，解押赴行在。上赦薛亨等，賜銀絹，并各人官資。上更賜一官，付侯軍中使喚。時秦檜當國，方主和議，忌侯。申奏乞持母服，棄軍，權居江州廬山。檜遂舉張宗元為宣撫判官兼軍。詔侯赴行在，加侯河南、河北諸路招討使，並湖北、京西路宣撫使。侯方欲計議用兵，有深入敵界、北伐之意。紹興八年，秋九月，金使講和。侯議奏曰：'不可與和。緣金人素多譎詐，國事隙深，何日可忘？臣乞整兵，復三京陵寢。事畢，然後謀河朔，復取舊疆，臣之願也。臣受陛下深恩厚祿，無一時敢忘。’因此與秦檜有隙。紹興九年，加開府儀同三司。紹興十年，金帥烏珠來侵河南，朝廷詔諸路再舉。侯遣李寶、孫彥戰於曹州，又周彥、楊再興、牛皋策應，與李寶、孫彥合兵再戰，大破金軍二十萬。烏珠領潰兵，走往汴京。侯又遣張憲、傅選，與韓常戰於潁昌。常軍大敗，退走陳州，求救烏珠。侯遣牛皋、徐慶、崔虎、王攔助張憲、傅選，與烏珠、韓常大戰於淮寧。金軍敗走汴京，張憲屯兵陳州，侯自屯郾城縣。又遣王貴、董先、姚政、馮賽、岳雲等兵三萬，佔據潁昌，為久駐之計。又分兵攻戰諸州，遣郝晸、張應、韓清取鄭州，孟邦傑、劉政攻求安軍，郝晸、張應與孟邦傑併兵攻戰河南府。李成、王勝等兵十餘萬敗走，棄洛陽，歸懷孟。梁興、趙鬼火等軍，戰絳州泌火縣。敵退走濟洹，斬敵將阿佈哈千戶貝勒。烏珠並龍虎大王、威武將軍韓常兵十萬，俱屯臨潁。侯在郾城。楊再興、李璋將騎軍三百為二隊，至近臨潁，遇烏珠大軍，戰楊再興兵，王攔戰歿。侯整捌軍馬，連夜起發，於次日早拂明，至小張橋，離臨潁二十里下寨。有探騎報曰：‘夜來三更，烏珠並韓常將軍等人馬，起寨退走，前去汴京。’侯欲乘勢追逐，申奏朝廷曰：‘臣聞漢有韓信，項羽授首；蜀有諸葛孔明，先主復興。臣不才，望比此。乞與陛下深入敵境，復取舊疆，報前日之恥。伏望陛下察臣肝胆，表臣精忠，竭力以報，臣之願也。’表到，秦檜大怒，忌侯功高，常用間謀於上。又與張俊、楊沂中謀，乃遣臺官羅振奏‘兵微將少，民困國乏，兵若深入，豈不危也。願陛下降詔，且令班師。將來兵強將衆，糧食得濟，興師北征，一舉可定，雪恥未晚。此萬全之計。’時侯屯軍於潁昌府、陳、蔡、汝州、西京、永安，前不能進，後不能退。忽一日詔書十三道，令班師，赴闕奏事，令諸路軍馬並囬師。侯承宣詔，又不敢便行收兵，恐烏珠聞知，斷我軍路。故虛張其聲，料買佈帛，造戰牌，言進兵北討。烏珠使人聽探，聞知侯有北討之意，引兵夜遁一百餘里。我兵亦退四十五里。裴城牛皋備戰。時有人報烏珠曰：‘南家兵奔走，已棄潁昌。’烏珠提兵復進。侯軍屯於蔡州，時梁興在河北絳州，尚未得知。侯謂諸將曰：‘梁興見在河北，與金人決戰，退走翼城縣。趙秉淵戰守淮寧，亦不知南歸。’侯遣李山、史貴將兵救梁興、趙秉淵等囬蔡州。烏珠不敢進兵。侯諸將軍人馬，依次調發歸江夏。自將二千騎，取潁昌入淮赴詔。加侯樞密副使。侯曰：‘所得諸郡，一旦都休。社稷江山，難以中興。乾坤世界，無由再復。’有人密報秦檜，轉惡之。十一年，大金約和，上令議講和事便與不便。侯奏曰：‘金人無故約和，必探我國之虛實。竊如從前，正約和間，併兵盡舉，張浚不能迎遏。其軍大潰，失離川陝。烏珠、韓常重兵攻淮西。是時韓世忠在楚州，亦無所措，遂求救於朝廷。後無旬日，盡失淮楚。退兵囬住鎮江，以拒江為阻，更無前進之意。大概行軍無方略，料敵無知識，賞罰不明，信令不行，兵無鬥志，是以戰之不克，攻之不拔，則敗之由也。如臣提兵，深入敵境。潁昌之戰，我兵大捷。敵衆奔潰，潛入汴京。當時若得戮力齊心，上下相副，併兵一舉，大事可成。今日烏珠見我班師，有何懼而來約和？豈不偽詐。據臣所見為害，不見為利也。'秦檜與張俊、楊沂中共舉劉錡為江淮招討，都督諸軍。檜密遣王俊同王貴等，前去謀陷侯。王俊、王貴等觀望，奏張憲、岳雲欲謀反等事。俄將張憲、岳雲杻械，送大理寺根勘。上聞驚駭，秦檜乞將張憲、岳雲同證，明其事。是時，侯尚不知。良久，秦檜密遣左右傳宣，請相公略到朝廷，別聽聖旨。侯宣詔，即時將去。卻引到大理寺，侯駭然曰：'吾何到此？'纔入門，到廳下轎，不見一人，止見四面垂簾。纔坐少時，忽見官吏數人向前云：'這裏不是相公坐處，後面有中丞諸相公，略來照對數事。'相公點頭：'吾與國家宣力，今日到此，何也？'言罷，隨獄吏前行。至一處，見張憲、岳雲露頭赤體，各人杻械，渾身盡皆血染，痛苦呻吟。又見羅振，云王俊、王貴首張憲、岳雲并侯反叛罪，又前來云：'國家有何虧負你三人，都要反背。'侯向万俟卨、羅振曰：'對天明誓，吾無所負於國家。汝等既掌正法，且不可損陷忠臣。吾到冥府，與汝等面對不休。'衆人聞說，向羅振並御史中丞万俟卨等曰：'相公既不反，記得進天竺日，壁上留題曰寒門何載富貴乎？'衆人曰：'既出此題，豈不是要反也。'侯知衆人皆是秦檜門下，既見不容理訴，長吁一聲，云：'吾方知已落秦檜國賊之手，使吾為國忠心，一旦都休。'道罷，合眼，任其拷掠。案牘完備，先將張憲、岳雲處斬。紹興十年冬十一月二十七日，侯中毒而卒，葬於臨安菜園内。天下聞者，無不垂淚。下至三尺之童，皆怨秦檜云。後紹興二十三年三月，内有殿前司勇後軍施全，將一鍘刀，伏於暗處。檜囬朝，向前刺之，為轎子所隔，不中。施全依法賜死。紹興三十年，北兵入邊，連年大舉，上思曰：'岳飛若在，金軍豈容至此？'即時下令修廟宇云。"

同上書卷二百八

《林泉野記》：飛，相州人，為韓魏公家佃戶。靖康末，張所招討河北，飛投入效用。建炎初，所都統制王彦以飛為將，從彦與金人戰太行。累立功，後彦疑忌飛才，乃率其衆，降京城留守杜充，為統制。三年，賊張用、王善擾京師，充遣飛及丁進、桑仲破之。充後建康叛歸金，諸將扈成、戚方皆反，惟飛一軍屯於宜興。時常州吏民避居縣中者甚衆，賴飛而全。四年，至湖北，以衆隸張俊，薦諸朝，除通泰招撫使，戰敗金衆。紹興初，命飛聽江淮招討張俊，以拒李成。成將馬進來約戰，飛請為軍鋒，擊破進于洪州玉隆觀，追至筠州、蘄州，頻勝。飛功最，又擊降張遇衆五萬，授神武右軍副統制。二年，破曹成於道州，平虔州山賊數萬。來朝，加鎮南軍承宣使、江西制置使、神武後軍統制。四年，劉豫將李成寇京西，飛復敗之郢州，進復襄陽、鄧、隨、唐等州。又復潁昌，遷招遠軍節度使、湖北襄陽制置使。豫欲攻廬州，飛遣統制牛皋、徐慶會劉錡軍，擊敗豫衆。五年，改鎮寧軍節度使，往鼎州，討湖賊楊幺。幺黨楊欽，有衆數十萬，拒命。會有詔，召都督張浚防秋，欲俟再舉。乃出一小圖，指示浚攻賊出入之要，請除來往之程，期以八日擒賊。浚從其言。先是，湖南統制任士安、王浚、郝晸等，不稟王師慶命，故屢至敗。飛至，鞭士安及孫議，使先鉗賊，告曰："三日不能平賊，皆斬。"初揚言"岳太尉兵二十萬至矣"，賊見士安等衆少，併兵來戰。飛俟其困，率大兵四面伏發。賊衆殲盡，奪舟，入據水寨。欽等窘服，相率出降。餘衆尚數萬。飛杖欽等各一百，遣田，乘其被杖，未及為計，夜襲其營，殺戮甚衆，俘欽還。唯夏誠一寨背山，三面臨湖，恃險不下。飛親臨，測水淺處，遣善罵者三千人，隔水罵賊。賊爭擲瓦石以擊之。飛先令人伐草木，投之上流，瓦石遇草，相積壓良久，淤塞可涉，遂長驅，進擒其衆。湖南平，止八日。加檢校少保，以其軍為行營右護軍。六年，加檢校少傅、武勝定國軍節度使、湖北京西宣撫使。征劉豫，克鎮汝軍、商、虢州、西京長水縣，慨然有清中原之志。而諸將養寇不進，飛乃退軍鄂州。統制王貴敗豫軍於商州等處。七年，進太尉。與宰相張浚議事不合，乞持母服，居江州廬山。浚命張宗元為宣撫判官，撫其衆。詔飛赴行在，喻遣還軍。八年，入朝，與宰相秦檜議和不叶。九年，加開府儀同三司。十年，金敗盟，飛遣統制李寶、孫彥敗之曹州及宛亭縣，進少保、河南北路招討使。寶又敗金於宛亭，牛皋敗之京西，又敗之河上，張憲復潁昌府、陳州，董先、姚政敗之潁昌，將楊成復鄭州，統制孟邦傑復永安，張憲、韓清敗之河南府，蔣遇復河南府南城軍，將梁興、董榮敗之絳州曲垣縣、孟州王屋縣、濟源縣等處。飛再破烏珠於偃城縣，殺其將鄂爾多貝勒。張憲敗之臨潁縣，王貴、姚政敗烏珠潁昌，張憲、傅選、寇成敗之臨潁。飛乘勢欲深入，而秦檜議和，累詔班師，乃還。尋失所復州縣，梁興又敗之絳州翼縣，趙秉淵敗之淮寧府，既而金取濠州。檜忌飛，乃罷其兵，除樞密副使。未幾，同張俊往楚州護韓世忠軍。歸鎮江時，檜與俊、楊沂中譖罷劉錡，飛乞還其兵，不允。飛子雲帶御器械，檜諷臣僚言飛不拔淮西事，以少保、武勝定國軍節度、醴泉觀使罷。頃之，統制張憲謀亂，冀朝廷還飛而已，為副統制王俊發其奸，張俊亦以為言。檜日譖飛令雲作書與憲，下飛大理寺。命御史中丞万俟卨訊鞫歸罪，雲、憲坐斬，並賜飛死。年三十九，妻子遷嶺外，天下冤之。飛略知書傳，禮士恤民，所至秋毫無犯，民不知兵。

紹興十二年正月……十六日庚戌，知鎮江府劉子羽復徽猷閣待制。和洟上書，辨岳飛之冤，編管袁州。和洟，字巨源，汾州人。知書，通《春秋左氏傳》。有識，性不喜詭隨，好直言。岳飛以賓客待之。飛死，洟上書，辯飛之冤事，下中書。秦檜怒，送袁州編管。袁官吏以洟取怒時相，全不少假，監係甚嚴，洟不堪之。

三月一日丁未，鄂州駐劄御前諸軍統制王貴，罷為特添差福建路馬步軍副都總管，福州駐劄。侍御親軍都虞候、雄武軍承宣使、御前統制關師古卒。田師中加殿前都虞候，為鄂州駐劄。御前諸軍都統制，張俊力薦田師中，除殿前都虞候，鄂州駐劄。御前軍都統制以統岳飛之軍，軍中初不服。統制傅選、李山、郭青輩，往往乞罷去，撫諭久之，稍定。師中專務結托內侍，以為內助，故能久其權。

同上書卷二百十二

紹興十二年十一月……（十四日壬寅）王勝為鎮江府住劄，御前諸軍都統制。先是，張俊、岳飛以樞密使、副，往楚州撫諭諸軍也。王勝為中軍統制。或有譖於俊者，謂："勝欲殺俊。"俊憾之。俊還至鎮江府，以事責勝，送建康軍中自效。是時，王德權管諸軍事。俊謂德與勝素不協，必殺勝。至是，德見勝而喜曰："我王夜叉，汝為王黑龍，非我二人，誰可以相親者?"乃厚待之。俊罷樞密，勝潛至行在，見韓世忠。世忠藏於家。一日，世忠具筵會，招醫師王繼先飲酒行。世忠出勝，拜繼先為父。繼先見上，言勝可大用，遂有都統制之命。

十二月……十四日壬申，王德為建康府駐劄，御前諸軍都統制。王德，通遠軍人，從劉光世為前軍統制，自陝西勤王。建炎初，從往江西，討張遇於池州。光世輕進，為敵所乘，德救之免。進追至江州，敗遇。軍中服其驍勇，號"王夜叉"。三年，從敗李成於淮西，擒其將王宜等五十餘人。金人陷揚州，光世兵潰至建康，止百餘人。德引衆四百，至和州。時張育據城，以檄招德。德不肯應，育率衆來攻德。德盡以兵伏草中，育至，無所見，往來提檢。德與弟青、王忠躍出，斬育，餘衆請降。德入城，撫育家至及諸賊將，皆如親舊，莫不歸心。俄而賊張和尚來寇，致書曰："昔張育殺死骨肉，我來復仇。"德以書譬釋，不聽，乃斬育家人，遣送其首。又曰："此特育一家耳，必盡以育一軍來。"乃退。德集諸軍，告之故，咸請死戰。張和尚為鄉兵所殺，盡降其衆。德乃引所獲兵十萬濟江，見光世，分為六軍，軍聲復振。光世復辟，命德追苗傅、劉正彦。至信州，與韓世忠將官同在郡守坐，因話語言不相中，欲刺德。德殺之郡廳，又殺其下十餘人。至福建，遇世忠，欲鬥。世忠避，不與校，訴於朝。德坐罪，編管江州。光世為御營副使，駐九江，德為統制。金人渡江，德拒之，敗於興國。四年，擊斬趙萬於袁州。劉文舜、邵談、袁關圍饒州，誘之入城，皆戮之。妖賊王念九衆二十餘萬，據信州之貴溪弋陽縣。辛企宗累月不能克。從光世一戰俘念九。從光世軍之鎮。金人據楚、泗、德、潁，與戰於高郵、邵伯之間。紹興初，降海寇邵青於泰州。二年，執郭仲荀於揚州，送戮之。吕頤浩為都督也，前軍至潤州丹徒，反。德追至建平，殲其衆。累加忠亮大夫、同州觀察使。四年，金逼淮南，德敗之滁州桑根，又敗之和州。六年，同靳賽敗劉麟兵於滁州渦口，又同酈瓊、趙四臣敗之安豐，斬三千級，又從光世敗劉麟於廬州。七年，光世罷兵奉祠，以吕祉節制其軍。德為都總管，酈瓊、王世忠不平，訴德於朝。德亦言諸將驕，累上命。德以本軍歸，而瓊、世忠果叛，降於劉豫。德軍建康，張俊每以禮幣結之。德以兵八千歸於俊。八年，俊為淮西宣撫司、鋭勝軍統制。十年，金人背盟，光世起為三京招撫使，復請德隸其軍。德不應，從俊敗金於蕲縣，復宿州。戰城父，復亳州。又敗之滑河。俊之立功，賴德為多。十一年，加承宣使。敗烏珠兵於昭關及仙宗鎮，從俊及楊沂中、劉錡諸軍，將遇烏珠兵柘皋。沂中為敵所敗，部下多死。德以錡師擊敵，斬首萬餘。沂中獲免，遂復廬州。烏珠陷豪州，俊令沂中收復，遇伏被圍。殿前司軍幾殲，德同高舉、劉寶、田師中救之，奪沂中出。加清遠軍節度使。十二年，俊在樞庭，薦德為建德駐劄、御前諸軍都統制。德乃用俊姪子蓋、其親將馬立、顧暉皆為統制。及俊罷樞柄，德皆盡罷子蓋等。俊以是憾，譖於朝，而秦檜亦忌其勇。十五年，命王權代之，罷為浙東馬步軍副總管，紹興府駐劄。後改湖北路總管，荆南府駐劄。十四年，薨，六十八。子琪。

同上書卷二百十三

紹興十三年四月……朱勝非薨。《行狀》曰：靖康初，金人稱兵，京城戒嚴。公嘗使敵營，往來計事，辭氣不少屈。初，公為鄧氏婿。後十許年，而夫人之堂妹歸張邦昌。既為僚壻，公察其人，弗與交。邦昌雖執政，亦未嘗造門也。邦昌憾焉，而每遷輒沮格。及金人來攻，邦昌和議，出質敵營，乃請公行。朝廷從之，俾公使軍前計議。疾趨之，道中即日上疏，論和議不可，恃劫質不足信，請大為將來之防。又以邦昌所下檄榜，有挾敵勢以脅郡縣之意，皆上之。行將出疆，有旨召還解使，尋知鄭州。蓋邦昌姦謀已露，至是，朝廷始悟公前疏之當也。未赴，陟海州。時朝廷建議，置四道總管，都、副八帥，分制諸路，為京師衛。其詔有曰："吏得辟置，兵得誅賞，錢穀得以移用。有警則都帥入衛，副帥居守，擇諸班簿，取前兩地從官之才者居之。"惟公以庶僚被時，選除直龍圖閣，充東道副總管，置司南京。公抵應天日，都總管胡直孺準詔勤王，竭本道甲兵財賦以自隨，所餘疲弱，不滿二百，糧食僅及旬日。富室大族，先已逃避。警報日急，敵破都帥于襄邑，近逼南京。上下詾懼，人將驚潰。公奮不顧身，以死誓衆，踴躍先登，令民負門乘城，徇曰："敢返顧者，斬。"攻南城，矢石交下。公益勵奮，人殊死鬥。公躬擐甲冑，與士卒同食飲，夜宿城樓者數月。徒步巡督，率夜一周匝。雖雨雪泥淖，未嘗肩輿。敵列寨城西北隅，若築室返耕，為持久計者，攻圍殆百。方公隨宜應之，輒卻敵，多為疑兵。公料敵精審，逆知詭計。屢摧其鋒，踰月日，東南諸路兵稍集。公曰："敵不足畏矣。"乃大啓城門，縱兵民樵採。所部多南兵，怯敵。公親率教習，授以方略用之。每捷選壯士，夜入敵營焚劫，使之自亂。常設伏兵於要害地，伺其出，掩擊之。堅壁半載餘，仗信義威惠以為守，故人無離心，士有鬥志。以間諜用命，敵動息必聞。其初至也，如入無人之境。及是，不敢肆前，後斬獲以千計，亦屢斃帥首。道路始稍通，江淮漕運漸至，分遣邏兵，明遠斥堠，敵不能抄掠，軍民賴以濟。京師再受圍，已數月。公數募人，間道冒重圍，携蠟書通奏。每遣，必涕泣開諭，勉以捐軀徇國，親酌巵酒以飲，脫所服綈袍以衣，人皆感悦，不復顧死。淵聖皇帝得公奏，每加歎奬，始知諸大鎮悉陷，獨睢陽堅守，屏蔽東南，聚勤王之師，以圖捍禦。遂除待制、都總管。會京師城破，諸道勤王兵疑，不敢前。公遣人傳報京師音耗、敵騎動息，以慰安人心，且檄率四方，戮力以進屬。主上開大元帥府於相州，軍駐劄東平。公日遣人詣軍門，凡金人動静、京師事宜，莫不以聞。上亦倚南都為重。金立邦昌，乃為書，遍抵諸道帥守。一日，金以騎送邦昌使人至。公集官吏，發書按驗，即械係之，上其書元帥府。主上自鄆而西，公發，謁於濟州，首陳翊戴大策，曰："今二聖北狩，天下之心，屬在殿下。宜以時正位號，係天下望，庶以銷弭窺覦之萌。應天寔藝祖興王地，宗社神靈，使敵不能陷，以為殿下受命之所。請亟幸之，以圖大計。”奏疏論：“即位之初，宜謀始。謀始之說無他，仁義而已。仁義者，天下之大柄也。人主當持之，而朝廷奉承之則人主尊；朝廷持之，而四方順從之，則朝廷尊；中國常持之，而四方斂服之，則中國尊。人主失其柄，必有大臣跋扈之患；朝廷失其柄，必有尾大不掉之患；中國失其柄，必有四方交侵之患。國家與契丹，結好一百二十餘年。彼既亂弱，我乃遠交金人，為夾攻之計。天祚匿於近塞，遣使指蹤，令金人取之，且露章稱賀，是中國失其柄矣。金人内侵，每以渝盟失信為辭，是皆燕人之語，怨我背契丹之約也。不然，金人通好以來，何嘗違其意哉？願睿明殫思，其凡進退人材、施張法度、禮樂征伐、慶賞刑威、一話一言、一嚬一笑，必加詳審，合於仁義者，置之則可以養兵保民，興復大業，迎還兩宮矣。”疏奏上，欣然納用。然公為侍從，嘗論“睢陽特以基命地，故列聖建別都，而要非用武之國。脫有緩急，大駕一動，則河之南、淮之北，皆盜區矣。今敵騎充斥兩河，雲擾雍洛，不可卒至。惟襄陽西接蜀漢，南引江淮，可以號令四方。乞鑾輿幸之，控制南北，以圖中原”。而大臣或沮之，其言不果行。及為學士，復論揚州駐蹕地。既得政，力論之。上深信焉，令戶部約留歲計、郊祀之費，餘財皆運之金陵。祀事後，當移蹕矣。時相黄潛善力沮之，後果倉卒南渡。至是，上見公，首及此，且曰：“悔不用卿之言。”時方經畫淮北，上倚公以辦，即上疏，陳五說，謂敵當擊。書奏上，皆施行之。自再相，首建議遣諸大帥，分屯於淮南等路，各據要害，以經略淮北、荆襄，事甚悉。四年，又奏言：“襄陽上游，襟帶吳蜀。我若得之，進可以蹙敵，而退可以保境。今陷於敵，所當先取者，即命大將，自沔、鄂以趨。又使淮西軍合勢並進，以犄角之。”始諸將雖擁重而無分定路分，故無所責成。公在朝廷，修法度，嚴紀律，明號令，某帥當某路一定，不復易，皆授廟算，成師以出。又命司農卿沈昭遠往總軍餉，士衆素飽，皆賈勇以前。豫求救於金，偽兵俱來，遇我師於襄、鄧間，連戰，大破之。遂復襄陽、隨、郢七州之地，軍聲及汝、潁，京、洛大振。先是，分屯纔定，即議進討，而荆襄正岳飛所當取。一日，下詔，趣諸將入覲。公既授飛以攻取之畫，以迄事建節，又戒諸將，咸使戮力。捷至，等級授賞。其或違戾，罰如軍政，即日奏上，罷都督府，故諸將得自奮勵。復飭飛當勞來還，定以慰吾民來蘇之望，無得屠掠。凡得州，始奏捷，止言“某人收復平定某州”，不得輒言殺戮。規模先定，故一舉而成功。既班師，授飛節旄，及諸將授賞有差，如初約也。朝廷欲行獻捷之禮，公謂本吾家堂，奥不足言，俟中原盡復，大駕還汴乃可。自用兵以來，諸將強悍，艱於號令。公威信素有，以服其心，賞罰甚明，莫不聽順，樂為公用之，皆能成功。於是，金始來議和，蓋自上即位，遣使使金者，無慮十數輩，而未嘗報聘。及王詡、李永壽來，命禮部侍郎趙子晝館之。初，上命韓肖胄為使，俾公擇副。公言故事，副使用武臣，時方艱虞，不當專拘舊制，遂薦胡松年副焉。松年入金，論難往復，辭氣明辨，金為之折。又聞豫兵屢敗，襄、郢歸於我，故纔報使。公逆料其謀，隨事酬應，館遇禮既甚簡，而邀求一切不從。二使褫氣去，人情初以為疑，至是乃安。上方親征，詔公以攻戰之利、守備之宜、措置之方、綏懷之略。公慨然上疏，列四事以獻，無不切當利害。疏奏議者，服其精誠。上心善之，而陰有沮之者，因不果行。

同上書卷二百十六

紹興十九年……十二月，董先為鄂州駐劄，御前左軍統制。董先初在鄂州宣撫使，為背嵬軍統制。岳飛死後，召先赴行在，隸步軍司，為統制。先與步帥趙密不協，為江東副總管，州駐劄。殿司楊存中憐其才，常賮遣甚厚，具劄子，乞隸殿司，以三衙不許互換，陳乞不許。鄂州都統制田師中乃乞為統制，遂為左軍統制。

同上書卷二百十八

孫覿撰公（編者按：指韓世忠）墓志曰：建炎三年冬，金人合衆數萬，絶淮泝江，鼓行而南。將吏望風逃竄，無一人敢攖其鋒者。當時太師、鎮南武安寧國軍節度使、咸安郡王韓公，以兩浙西路制置使，提孤軍駐楊子之焦山，募海舶百餘艘，具糗糧，治器械，進泊金山下，連艫相銜，為圜陣，東向邀其歸，植一幟，書姓名，表其上。金人望見，大笑曰："此吾机上肉耳。"平旦，擁千舟譟而前。公先命工鍛鐵為長綆，貫一大鉤，遍授諸軍之伉健有力者。比合戰，分海舶為兩道，出其背。每縋一綆，則曳一舟而入。大帥立馬江上，鋭欲為救，熟視蹂擾，莫能進一步。曾不踰時，掩獲數百舟，遂大敗，閉壁不敢復出已。乃並治城西南隅，鑿一大渠，亙三十里，欲濳師渡建康。而地勢高仰，潮不應。一日，乘南風，縱火千餘栰，抗舟師，破巨浪，冒百死，趨瓜洲渡。公曰："窮寇勿追。"縱使去。於是，錄俘囚，束之沉江中，金帛盡與麾下，盡遣吾人之被係縶者，書婦女州里姓氏，揭諸道，以訪其家。然後獻捷行在，後兩淮交兵十有餘年，而金卒不能飲一馬于江者，懼公楊子一戰之捷也。公諱世忠，字良臣，綏德人。年十八，始隸延平府兵籍。悍邁絶人，不用鞭轡，騎生馬駒，挽強馳射，勇冠軍中。家貧，無生產業。嗜酒豪縱，不治繩檢。間從人貰貸，累券十數。遇出戰，則躍一馬，先登捕首級，馳還得金幣償之，率以為常。嘗從統制官黨萬戰銀州，方解鞍頓舍，而敵騎出間道，直搗其營。萬狂顧，不知所為。公袒裼，持一戈，率其徒戰，卻之。萬兵來援，殿而還。又嘗遙見一帥，金甲朱旗，出護兵，意得甚。公馳一騎，刺之，後諜知貴將駙馬郎君烏頁也。大師張深表其功狀，上之朝，而童貫怒，不先白己，黜其功不錄。宣和初，妖人方臘起青谿，不旬朝，衆數萬，破衢、婺、杭、睦、歙五州，江淮大震。徽宗詔諸將發兵捕誅。時公隸統制王稟，行次淛河。別將王淵駐兵在焉。公扣馬而進，曰："公領騎兵而戰，非其地，奈何?"淵問曰："汝為誰?"答曰："韓世忠也。"淵喜其言，移據便地。翌日，縱騎搏賊。公率所部，突其旁。賊驚奔，追殺無噍類。淵喜甚，飲公酒。會稟卒，遂從淵。方臘授首，例補承節郎。河朔、山東群盜蠭起，大者攻犯城邑，小者延蔓巖谷，多者萬計，少者屯聚。魏博則有楊天下之流，青、徐、沂、密，如高掩山等，至不可勝數。公方從王淵，名播於兩河間，而捉殺制置使梁方平又請公自副。徐、兗、山東之盜，公皆次第討平之。以功，累遷武節大夫。靖康末，金人圍太原。樞密使會諸道兵赴援，而張師正統勝捷一軍，號精鋭。尚書李彌大素不知兵，欲誅一二，裨佐立威，以強軍政。會太原不守，師正遁歸。彌大殺以徇，衆反側洶洶，又不時撫定，一夕潰去，所過焚掠，官軍莫能制。淵聖皇帝詔公討捕。晨夕兼馳，至宿遷，單騎扣其營，大言曰："我輩山西良家子，好勇尚氣，豈有作賊。此李公謬舉，使若輩求活於草間耳。"衆素服公勇，相視慨然，投戈免胄，請從公歸。公杖馬箠，護之而還。淵聖召見，嘉獎，面賜袍帶。正授單州團練使。今天子以兵馬大元帥駐軍濟州，群臣勸進，公偕諸將陪扈至南京。上即位，進嘉州防禦使、御營平寇將軍。再幸維揚，又負櫜鞬以從。四年，金山捷書至，除檢校少保，改武威感德軍節度使。制詞曰："屯兵要害，邀擊其歸。大振軍聲，殺傷過當。強鄰震疊，知國有人。"至今天下誦之。方宣和末，金人攻京師。議者皆謂強鄰不量，彼已昧死一來，忽見天子宫闕、苑囿、城池之大，慭慭然莫相知，而五路之師日至。間其疑懼，壓以重兵，而與之講和，庶幾景德澶淵之盟，足以為德。無何，劫寨一跌，始有輕視中原之意。積五六年，舉國深入，超邑越都，通行無所累，南至潭湘，東暨吳越，皆罹其毒。諸將按兵坐視，莫與交鋒。惟公自負，其能獨與決戰，何其壯也。北方之俗，壯士善騎健馬，被鐵衣數重，上下山坡，如飛矢，刃不能傷，故常以騎兵取勝。公在靖康，蒐集惡少年、敢死士為一軍，教以擊刺戰射之法，號背嵬，如古羽林佽飛、射聲、越騎之儔，履鋒鏑，蹈水火，無不一以當百。於是北馬牧淮楚間，公至天長之大儀，與之遇。金帥貝勒托卜嘉擁騎奔突而前，背嵬者人持一長柄巨斧，堵而進，上砍其胸，下捎其馬足，百遇百克，人馬俱斃。又自出新意，創克敵弓，斗立雄勁，可洞犀象。貫七札，每射鐵馬，一發應弦而倒。金人震駭，若有鬼神。捕獲千萬人，得鎧甲器械甚衆。又轉至高郵，卒擒塔拉等，具舟載俘獲，獻之朝。自是，金人一再敗衄，稍知沮畏。雖時時小入窺邊，無復跳梁不制之患矣。進少師、横海武寧武安軍、三鎮節度使。公生長兵間，習知戎事，而天資拳勇，未嘗以一毫挫於人。臨敵制勝，一出於意造，故能以少擊衆。劉豫聚兵泗上，公戍山陽，與之對壘，屢戰破之。嘗乘勝北踰淮泗，並符離，徑淮揚之宿遷。豫亟召北軍，四面而至，圍之數重。公按兵不動，俄麾其衆曰："視吾馬首所嚮。"奮戈一躍，已潰圍而出，不遺一鏃，按轡而馳。公曰："敵易與耳。"乃治兵赴利，進攻淮揚。金帥達里貝勒者，驍勇蓋衆，獨出挑戰，不勝而逃。有馬大師，亦號勇將，乘兩虎相斃之勢，奮迅而出，亦重傷敗去。退而太息曰："名不得虛矣。"師旋，斬捕首級過當，封英國公。會金主遣完顔烏凌、阿思謀來聘，請以太上皇梓宫、皇太后鑾駕來歸，除前事，復故約。上曰："誠如是，吾能忍垢以從。"使驛五反，歲行兩周，而講和之議定，兩地晏然，解兵撤警。公自山陽造朝，拜樞密使。貂冠赤舄，入侍幃幄，極人臣之選。閲數月，思避時柄，上書解機務，不許。疏累上，且曰："臣蒙國厚恩，誓捐戰場，效一死以報。今以菲材，承輔樞機，進陪國論，實懷危溢之懼。所冀天慈，乞解將相之官，以祠官奉朝請，日望清光，不勝區區。"上不能奪，加太傅、鎮南武安寧國軍節度使、醴泉觀使、咸安郡王。恩禮褒崇，度越前比。公受命已，杜門謝客，絶口不論兵。時跨一驢，從二三童奴，負几杖，操酒壺，為西湖山水之游。解衣藉草，命酒獨酌，盡興而返。平時將佐部曲，皆莫見其面。以二十一年八月四日薨。

嗚呼！靖康、建炎，金人内訌，天下多故。公起行伍間，忠憤感發，奮不顧身，以徇國家之急。建陽之役，手擒二憾；金山之戰，帥渠奔命，僅以身免。然後驅攘群盜，四封之内，掃蕩無餘。方是時也，諸宿將徙屯江左，公獨留戍山陽。孤壘塊然，旁無蚍蜉蟻子之援，蔽遮江淮，屹然如金城湯池之固。中興之烈，公為第一。主上英武，所以駕馭諸將，雖隆名顯號，極其尊榮，而干戈鐵鉞，亦未嘗有所私貸。故岳飛、范瓊，皆以跋扈賜死。惟公進而許國，杖一劍，戡除大憝，為社稷之臣，退釋兵柄，以功名富貴，始終一品，為公、師，持三鎮戎節，累封大國，進爵稱王，賜號揚武翊運功臣，食邑一萬三千七百戶，寔封五千九百戶，澤流子孫，功書竹帛，追配前哲，可謂賢也。公御軍嚴而有恩，紀律修明，不以賞罰佐喜怒，藜羹糗飯，與衆均之。士以此樂為用，摧鋒陷堅，百戰不怠，威名凛然，天下想見其風采。太母行殿，歸次國門，將相大臣，班迎道上。太母坐帷中，顧左右曰："韓某孰是?" 敵中皆知其名，傭舂釋擔，聚觀太息。上所賜詔，皆親札，雲章寶墨，奎璧之光粲然，集而錄之為若干卷，珠囊玉軸，子孫世守之，為希代之寶。公病且革，故時將吏問病卧内，公曰："吾曆事三朝，大小百餘戰，冒白刃，中流矢，未嘗退衄，瘢痏尚在。發衣視之，舉體皆是。賴天之靈，得全首領、卧家簀而沒，諸君尚哀其死耶?"

《林泉野記》曰：公諱世忠，字良臣，延安府人。少無賴，隸赤籍焉，累遷為將。嘗與張俊俱，破鄆賊李太於鹹河，何威於洺，大名賊於超化寺，内黄賊於祁州，徐靖于莒縣，張仙于擂鼓山，濰賊于方村，并濟南賊。公常勇冠諸軍，遂定河北、京東之地。靖康初，從王淵為統制，軍趙州。金人深入，世忠劫其寨，加潁州觀察使。從淵守應天。金來攻，世忠、楊進等累戰敗敵，相拒三月而退。建炎初，為御營使司左軍統制，從幸維揚，上甚簡眷。二年，率張遇、陳思恭等軍於河南府。世忠約翟進、丁進、孟世寧伐金于永興軍，三衙失期，陳思恭先以後軍遁，世忠敗，張遇援之得免，收散卒數千，歸行在。後加承宣使、帶御器械，又除平寇將軍。救京東，戰敗，亡其將張遇。三年，金取徐州，世忠棄淮揚軍，走渡江，止餘兵三千，亦皆潰去。聞苗傅、劉正彦廢立，乃同張浚、吕頤浩入援，請為軍鋒，破正彦赤心隊，軍于臨平。其復辟功居多，加節度使。苗、劉走，除江西、福建制置使，率馬彦溥、趙竭忠、趙竭節等追，破于建州浦城縣。統制孫世詢臨陣擒正彦，傅微服竄村落，為人所執，送世忠，獻俘行在。上親書"忠勇韓世忠"五字於白旗以賜，加檢校少保、御前左軍統制。世忠屯潤州，敵渡江。世忠退守江陰。次年，敵自明州還。烏珠使請曰："借我一路北歸，舟中金帛盡以與汝。"世忠云："可留下。"烏珠乃去，以舟師戰於建康門外。敵大敗，斬首三千級。次日再戰，世忠海舟無風不能行，以小舟縱火，我師大敗。統制孫世詢、嚴永吉皆死，復失所俘。後改神武左軍統制。紹興元年，曹成、馬宥、劉忠亂湖南，范汝為據建州，除世忠江西、福建、荆湖宣撫副使。二年，復建州，汝為自殺。遣提舉官董旼往道州招降曹成。馬宥將李【闕】殺宥，以潭州降。劉忠據潭州白面山，有衆一萬，號花面獸。世忠破之，忠奔劉豫，為其下所殺。加太尉、武成感德軍節度使。未幾，除江南東西路宣撫使，守建康。三年，進開府儀同三司、淮南宣撫使，屯鎮江。後劉光世代世忠戍，世忠遣人入城，潛燒府庫，光世訴於朝，移屯於建康。世忠又欲以兵襲其後，上書寇恂、賈復事以賜。四年，敵入淮南，上親征。世忠敗敵於大儀鎮，又遣將董旼敗之天長，解元敗之承州及六合縣，許世安、王權敗之真州。五年，來朝，加少保，遣將呼延通敗敵於漣水軍。為行營前護軍。六年，改武寧安使軍節度使、京東淮東宣撫處置使。敗敵於宿遷，圍敵淮陽軍，不能克，加橫海武寧安化軍節度使，賜揚武翊運功臣。岳飛進軍京西，命世忠為援，延數月，方至淮陽。七年，遣呼延通、王勝、王權襲敗敵於淮陽。然與淮陽對壘，終不能克，每歲纔獲一二小捷而已。九年，宰相秦檜主和。世忠伏兵洪澤，欲劫金使，以破和議。部將郝卞以其謀密告淮東運副胡昉。時韓肖胄送金使還，昉以告肖胄，俾由淮西路而去。檜甚銜憾。加少師。其兄世良為龍神衛四路諸指揮使、和州防禦使，主管侍步軍司。十年，敵敗盟，加太傅、河南北招討使，封英國公。統制王勝敗周太師呼拉貝勒于淮陽，又敗敵，收海州，擒偽王山。又遣王昇、王權敗之蔣家莊，又敗之淮陽，統制解元敗之沂州潭城縣，世忠敗之淮陽。十一年，烏珠大入淮西。世忠與戰濠州，敵敗而去。來朝，除樞密使，罷兵柄。世忠獻錢一百萬緡、米九十萬碩及鎮江淮東諸庫於朝，加兄世良奉國軍承宣使，提舉醴泉觀。命張俊、岳飛遷其軍於鎮江。秦檜方謀去勛權，累諷臣僚言其過章，上皆留不報。世忠懼焉，乞閒，乃加太傅、橫海武寧安化節度使、醴泉觀使罷。十二年，改封潭國公。十三年，進封咸安郡王。十七年，改封鎮南武安寧國軍節度使，薨，年六十三，贈太師，追封蘄王。將佐若王權、劉寶、成閔、解元咸秉節鉞，登顯仕，幕府若韓俅、王渙、陳桷、張偁、李易、董旼，亦皆至侍從師守。

同上書卷二百十九

紹興二十一年八月……《林泉野記》曰：張俊，字英伯，泰州山陽人。少為弓箭手。初從瀘州兵，討南蠻有功。後從梁方平，累攻夏國，皆先登。宣和五年，京東、河北盜爭起，從方平破鄆州賊李太子，追至洺州，大合群盜萬人來拒，又擊滅之。六年，破大名賊於超化寺，追至內黃，又破內黃賊數千。七年，破沂州賊三萬於沂水，追至密州，又破密賊徐靖於莒縣，回遇賊於南樓山，又破之。還沂州，破賊張仙於【闕】鼓山，又破濰州群賊于方村。累遷武德郎。八年，濟南賊孫列整衆十萬，俊從方平討之。先射中賊來挑戰者，因大破于鏵子山。又破濰州群黨于昌樂。靖康中，從种師中攻太原，與大金戰榆次，奪馬千匹。及師中死，俊潰圍，走烏河川。敵來追，俊大呼死戰，斬首五百級，加武翼大夫，從知信德府楊祖統兵，謁康王于大名。王問楊祖諸兵官誰可使，楊祖稱俊忠實可任。王甚愛之。明年，李煜寇東平府。王命俊同苗傅討之，至任城縣，遇伏兵，賴其將趙密射退賊。俊與傅擊煜，大破之，斬二千級。加拱衛大夫、徐州觀察使。王即位，除御營使司前軍統制，又加帶御器械。往平杜用于淮寧府。又從兩浙制置使王淵，招降趙萬於潤州，降陳遇於杭州。至婺州，射殺賊何三五。建炎二年，秀州軍卒徐明反，命俊討擒之，獻俘於行在，加武寧軍承宣使。三年，苗傅、劉正彥反。俊時屯兵吳江，傅等矯詔，加俊捧日天武四廂都指揮使，俊不受，與張浚泣議，約諸將來勤王。時韓世清軍先為金人所敗，死亡略盡，而不能軍。俊乃以統領劉寶一軍，借之至臨平，擊敵將苗翊、馬柔吉軍，敗之。以復辟功，加鎮西軍節度使。數日，又改御前右軍都統制。大金渡江，上幸温州，留俊軍守明州禦之。大金兵至，俊納隱士劉相如之計，與之決戰，令統制劉寶先戰，不勝。俊用兵横衝之，而楊沂中、田師中軍戰又不勝。寶兵再進，與之苦戰，而李質率諸班直以舟師來助，劉洪道又率其兵射其傍，遂大敗之，殺數千人。四年，烏珠又領兵至。俊擊之于高橋，一日數合，又大敗之。然其心懼其益兵再來，遂與質洪道，俱棄明州而走。烏珠聞諸軍已去，復來屠其城。加俊檢校少保、定江昭慶軍節度使，改神武右軍都統制。大金攻淮南，劉光世守潤州，乞俊來援。俊他托，不行。李成圍江州，兵勢甚盛，以俊為江淮招討使，命王𤫉、岳飛、陳思恭皆聽其節制，領兵五萬，往討之。紹興初，至洪州。李成將馬進來挑戰，俊堅壁不出，後用飛計，渡江擊之於玉隆觀，敗之。至筠州，進陳兵數十萬，命飛與陳思恭騎兵擊之，數合不能勝。俊度其已疲，復率衆兵急攻之，大破賊，殺數萬人，臨陣降者五萬。俊懼其太重，且疑復反，是夜皆殺之。進走，追至奉親縣之教子莊。至江州，又再敗之。追至蘄州羅田山，又敗之。成遂殺進，降於劉豫。俊命飛追張用，降其衆五萬。知鄂州李克文恃兵跋扈，俊誘而擒，送行在。加太尉。四年，大金兵至淮東，以俊為浙西、江東宣撫使，領兵至鎮江，命統制張宗顏戰于真州六合縣，敗之。命其將盧師迪戰真州烏【闕】鎮，敗之。又戰于烏石山，敗之。五年，師迪戰于龍山，敗之。命統制王進戰盱眙，敗之。其將張元戰白塔，敗之。進又同楊忠閔往戰於淮河，敗之，降其將程師𤰞、張連壽二人。又命統制高舉戰于天長軍，敗之。王進、高舉、盧師迪皆俊之將也。加開府儀同三司，以其軍為行營中護軍。六年，加崇信奉寧軍節度使。進守盱眙，築大城以拒大金。時主管殿前司楊沂中軍泗州，劉豫遣姪猊以軍三萬寇濠州。俊令張宗顏、王璋會沂中，往擊之。戰定遠縣及李家灣，大破之，降其兵萬人。俊同沂中攻壽春府，不克而還。加少保、鎮洮崇信奉寧軍節度使。七年，為淮西路安撫使。退軍建康府，其軍多擾民不戢，頗為民怨。九年，加少傅、安民靖難功臣。十年，大金背盟，加少師，兼河南招討使，封濟國公，以兵救劉錡於順昌。俊竟不出，烏珠以退，俊乃行。命統制米超戰永城縣米家【闕】，敗之。統制王德戰蘄縣，敗之，下宿州。俊進兵，戰城父縣，敗之，下亳州。又戰於渦河，敗之。俊愛惜士卒，賞罰明信，先計後戰，故未嘗敗焉。十一年，大金烏珠、龍虎大王鎮國大將軍韓常領兵五十萬，陷廬、和州，連詔促俊先奪和州。諸軍至，楊沂中亦以軍來，故遣沂中同王德戰含山縣昭關、仙踪嶺等處，敗之。烏珠列大陣柘皋，俊時感寒疾，督戰。沂中輕進，敗績。王德援之，以騎軍橫衝其兵，大破之，擒其帥長百餘人，殺其兵萬餘。俄而烏珠復以重兵圍濠，俊以糧乏退軍。黃連鎮及濠州已陷，令沂中往收復。大金伏兵圍之，沂中大敗，遣王德、田師中、高舉、劉寶救之，沂中得逸，退軍建康府。其軍八萬，皆少壯精練之士，器甲光明鋒鋭，為諸軍第一，世謂之鐵山軍。後兵強勢重，恃寵怙權，上眷之厚。凡所言，朝廷無不從。薦人為監司、郡守，帶職名者甚衆。宰相不敢少違。晚年主和，與秦檜意合。來朝，除樞密使，賜玉帶。覺朝廷欲罷其權，乃乞納兵。忌劉錡、岳飛不赴援，每譖於主、相二人。坐是獲罪，復令飛往楚州領韓世忠軍，歸于鎮江府。飛罷而俊獨在鎮江府以為備。加太傅、廣國公。大金再陷楚、泗、濠、揚，俊不出兵渡江，以堅和議。十二年，還朝，薦其將田師中往鄂州，掌岳飛兵。初與檜約，俊主和議，盡罷諸大將，悉以兵權歸俊，故俊力助其謀。及諸將皆罷，檜乃會侍御史張邈，屢言俊罪，罷為醴泉觀使，復還三鎮節鉞，封清河郡王，改靖康寧武奉國軍節度使。二十一年，上幸俊第，勞之，拜太師，官吏各遷一官，以姪子蓋為安德軍節度使。二十四年，薨，年六十九，追封循王，敕葬常州無錫縣，以知内侍省張去為護喪事。自行朝至無錫縣郡，將相祭之者接跡，江左以為榮。五子，子琦、子厚、子顔、子仁、子正，孫宗元。其麾下將佐，若楊存中、田師中、王德、趙密，皆為三公、節鉞。張宗顔、劉寶、王進、馬立、王端，皆顯仕。幕府若孫佑、史愿、詹和、詹宗明、郄漸英、温彦，多為侍從帥守。後賜謚曰“忠烈”。

同上書卷二百二十

紹興二十五年十月……二十二日丙申，秦檜薨……《中興姓氏錄》曰：秦檜，字會之，建康人也。父敏學，曾任湖州吉安縣丞、信州玉山縣令、知靜江府古縣，皆以清白聞名。生子檜，其第三子也。政和五年，何栗榜登進士第，為密州學教授。知州翟汝文、安撫使張叔夜皆薦之，中宏詞科。李邦彦薦入館職。後除監察御史。靖康初，嘗使於大金，囬除右司諫，代陳過庭為御史中丞。大金陷京師，取徽宗、淵聖北去，欲立張邦昌，命御史臺疏其功德。檜列其罪而上之，又表乞立皇太子或越王，又表乞立皇叔親内、不與背盟者一人。其連銜乞立張邦昌之文，檜不肯書。大金乃取詣其軍，由是世稱其忠。其在金也，為徽宗作書上尼堪，以結和議。尼堪喜之，賜錢萬貫、絹萬匹。建炎四年，大金攻楚州，乃使乘舡艦、全家厚載而還，俾結和議為内助。會至漣水軍賊丁禩寨，諸將度曰："兩軍相拒，豈全家厚載逃歸者，必大金使來陰壞朝廷，宜速追之，以絶後患。"敵軍參議王安道、機宜馮義力保護之，曰："此是宋淵聖朝中丞。萬一事平，朝廷尋之，我輩誅矣，宜送之朝。"禩乃令安道同義送至鎮江府。檜見劉光世，首言講和為便。光世送之朝，士民聞檜來，皆驚疑。惟范宗尹、李囬薦其忠，除禮部尚書。紹興初，除參知政事。檜曰："陛下用臣，臣必能聳動天下之士。"後宰相范宗尹罷，上欲用吕頤浩，已召之。富直柔、韓璜、辛道宗、永宗皆懼其來，密薦檜為相，俾塞其進，乃拜尚書右僕射。若誤國之相汪伯彦，首復其官，與之宫祠，以報舊德。及吕頤浩至，俟命一月，上卒用為左僕射。檜心亦不喜，徐結朋黨，以自助。引翟汝文參知政事。汝文公言："天下人知檜真大金之奸細，必誤國矣。"乞罷去。又遣大金招討都監門客通書，大金求好，故大金遣王倫南還議和。頤浩薦朱勝非、綦崇禮、謝克家入朝，往往言檜之奸。上悟，罷其相，乃落職。仍諭朝廷終不復用，書其罪，付崇禮，作制力詆之。并其黨胡安國、程瑀、江躋、劉正、張燾、吴表臣，皆罷之。後復觀文殿大學士，命知温州，碌碌無治聲。張浚為相，上幸平江府撫軍。浚以檜柔佞易制，薦入使備員，乃除行宫留守。次年，奏召為樞密院，檜亦無所建，明奉浚而已。八年，召為尚書右僕射，兼樞密院使，同趙鼎秉政。會王倫、高公繪自大金還，來許還韋太后、邢皇后及河南州縣，檜力主和議，鼎不以為然，乞罷去。檜遂專政。樞密編修胡銓言和議非策，乞斬檜及王倫，以謝天下。上怒，黜銓而和議定，許大金歲幣錢五十萬貫，命王倫交故地，以請太后、皇后，盡得河南州縣。而大金渝盟，王倫、太后、皇后亦不還。檜知僧道太冗，不貨度牒，暗絶其弊，使民知務本。頤浩已病檜，懷憾不已，召為兩京留守。頤浩激憤而死。復命台州發其家私，暗事盡貶其諸子，一家破矣。趙榮以宿州降，命縛還金，以絶中原士民來降之路。世哀榮之忠，而覺檜之心矣。參知政事李光言檜所用，皆親戚，略無公道，與檜相爭而罷去。次年五月，大金背盟，入攻復河南州縣，士民歸咎於檜。檜傲然不肯退，上亦眷之不衰。檜欲慰人心，乃命諸大帥岳飛、韓世忠、張俊、劉錡皆奏追還，不使深入。又懼諸將怨，濫賞以官，又誣趙鼎怨言，安置湖州。士之稍端正如范冲、王居正、張九成輩，盡逐之。楊沂中濠州敗績，殿前司兵幾盡，檜利其繆，改沂中開府儀同三司，以慢軍勢。檜鄉人范同議諸將帥多握重兵，檜用其策，而逐同居鈞州，貪其功於己。檜加尚書右僕射，兼樞密使。俄又加少保、冀國公。忌劉錡謀深名重，因與張俊不協，乃罷其兵，使知荆南。又忌岳飛忠勇，亦與張俊不協，罷其政，又誣其反，殺之于大理寺，天下怨之。三軍解體，大金遣莫將、韓恕囬，檜又再主和議，割唐、鄧、商、泗州，以獻大金，倍添歲幣之數。又誣李光怨言，責建寧軍節度副使，藤州安置。光大泣而去。張浚方知福州，檜忌其名而罷之。大金還徽宗、鄭后、邢后梓宫及韋太后，上大悦，加檜太師，屢賜玉帶。檜初欲罷諸帥兵，乃厚結張俊，俾為樞密使，盡護其軍，又專主武臣差注。及事成，遡言俊罪而罷之。由是朝權盡歸於檜，非檜親黨及昏庸柔佞者，則不得仕官。忠正之士，各避山林間。檜徙封魏用兄為翰林學士，終資政殿學士。弟棣及妻兄王英、王會，皆為兩制。王𩋾、王曆等，皆居撫州，恃檜勢，凌辱百姓田宅，甚於寇盜。紹興十二年科舉，諭考試以其子熺為狀元。俄除禮部侍郎，遷翰林院學士，後除樞密院，加少保嘉國。二十四年，科舉，又令考試以其孫塤為狀元。上覽，自選張孝祥為第一。凡欲差除，皆非典故，止及其親戚故舊而已。不畏公議，傲然自恣。大金命盡發前後所得大金、契丹及歸明人五萬，還于大金。内弱軍勢，絶後來歸降之心。嚴、衢、信、處、婺、建等州，前大水，士民溺數百萬。檜隱而不奏。聞有言者，必罪之。再誣趙鼎怨言，安置吉陽軍而死。後彗星見，檜不乞退。康與之言彗不足畏，檜特改宣教郎擢用之。又忌張俊，落其職，使知連州。頻使臣僚及州縣奏祥瑞，以為檜秉政所致。改封益國公，别築大第，窮土木之麗以賜檜。武臣乞除差恩賞，檜尤惡之，積百千員，無一得者。客行朝餓且死者，歲不下數十。以激軍中，使無鬥志。人人思亂，士民詞訟，略不省覽。殿前司使臣施全候檜肩輿于市，刺之不中。自是列五十兵，持長挺自衛。忌胡寅忠梗，誣其罪，安置新州。又安置李光昌化軍。初趙鼎議立普安、恩平二郡王為子，檜不欲。宗強勸上曰："鼎欲立皇子，待陛下終無子也。宜俟親子乃立。"上見江左小康，以為檜力，任之不疑。檜陰結内侍及醫師王繼先，闖微旨動静，必具知之。日進珍寶、珠玉、書畫、奇玩、美物、餘錢，專徇帝嗜，故帝眷寵無比。命中使陳瑱績理賜珍玩、酒食無虚日，兩居相位，通十九年。薦執政柄，必選世無名譽、柔佞易制者，不使預事，備員書姓名而已。百官不敢謁執政，州縣亦不敢通書問，如孫近、韓肖冑、樓炤、王次翁、万俟卨、程克俊、李文會、楊愿、李若谷、何若、段拂、江勃、詹大方、余堯弼、巫伋、章夏、宋樸、史才、魏師遜、施鉅、鄭仲熊等，不一年或半年，誣以罪罷之，尚疑復用，多使居千里外州軍，時使人伺察之。是時復兩府，不以為榮。迨疾甚，上臨問之，檜已昏默不省。次日卒，年六十四。方士民相勸慶。封建康郡王致仕，其子熺尤恣横不學。聞檜死，置酒大喜，其黨董德元、曹泳等謀薦熺即相位。上久知檜跋扈，秘之未省，乃賜熺少師致仕，諸孫在外宮祠，再贈檜申王，護喪以葬江寧。繼而臺諫湯鵬舉往往言其奸，逐其親曹泳、鄭億年、王會等於嶺表。諸親王珣等數十人皆罷竄之。

同上書卷二百二十一

（紹興）二十六年，辛次膺知紹興府，兼浙東安撫使。遺史曰："先是，辛次膺為湖南提刑。聞金人遣使張通古來詔諭江南，曾上書言'父母之讎，不與共戴天，兄弟之讎，不反兵，豈有降萬乘之尊，屈己稱藩者乎?'書奏不報，即丐祠，遂主管台州崇道觀。紹興十年，金人敗盟，次膺有故人將漕湖北者，擬寄居鄂渚而依焉。及見岳飛，待遇甚厚，力留次膺寓居。次膺亟歸，語兄弟曰：'岳飛握重兵，昧保身之策，禍將及矣。'飛厚賂其行，次膺不受，遂入鄱陽寓居。宮祠滿，以與秦檜不協，不復再陳。貧窶之甚，未嘗以一字通貴要，亦未嘗以毫髮干人。閲十二年，忍窮如鐵石而志氣不少屈。兄弟殂喪，竭歡致養，上順親顔，撫恤幼弱，一門和熙，邑人化之。至是，除帥浙東，未赴，移知婺州。"

同上書卷二百三十四

紹興三十一年九月……（十日己酉）汪澈奏，舉知荆門軍姚岳轉官再任。《遺史》曰："姚岳，字崧卿，京兆人。陝西陷沒，岳避地入蜀。途中，得《進士舉業時文》一册，讀之曰：'我平日習舉業，實不及此。'遂珍藏之。張俊失陝右，欲收係陝右士大夫心。紹興初解試，令陝右流寓進士，盡作合格，及類省亦如此，唯雜犯黜落一二人而已。岳為榜首，由是陝右流寓進士二十餘人，皆過省。岳飛為湖北、京西宣撫使，以身姓岳，母姓姚，一見姚岳，大喜，遂辟為屬官。及飛被罪，自謂非飛之客，且乞改岳州州名，士論鄙之。累官知荆門州軍。籍民兵，置一色衣衫，一等槍仗，新鮮旗幟。聚民兵在教場，習喏聲，令齊一。御史中丞汪澈宣諭荆襄，到荆門軍。岳令民兵迎接，擺列于原野中。澈見衣衫槍旗如法，已喜。俄聲喏齊一而不譁，澈大喜，乃具奏曰：‘近自襄陽還諸，道荆門軍。自入境，見田野漸闢，上下安居，百姓累累，遮道不絶，皆言知軍姚岳為政不擾，並無追呼，治道有術。外戶不閉，他處人民，襁褓而來，願為編戶。荆門正控扼之境内，以姚知軍為命，或一日別有差除，則來居之民必散，強壯子弟必弛。臣密加採聽，誠如其言，郡守中亦不易得。’有旨，姚岳特轉一官，俟任滿，令再任。”

同上書卷二百三十六

紹興三十一年十月……（十八日戊午）太學生直學宋芑《上葉樞密書》，書曰：某聞漢文帝承積累之休，中外帖然無事，而洛陽賈誼，猶有痛哭流涕長太息之書。所達文帝者，河南吳公先之也。今日金人移都中原，意在背盟。東南二百州生靈之命，垂于旦暮。祖宗二百年社稷之危，猶以一縷係千鈞之重，此何止為痛哭流涕長太息也耶。某蒙被教育，幾二十年，於此憂國之計，反不如洛陽一書生，固無以自容於天地間。閣下居本兵之地，國之安危所係，今天下豈無策士，可以贊廟謨者，而閣下達士之心，獨讓河南一吳公乎。某竊聞金人窺伺東南之意，三十年矣。往者傾國來戰，其志非止于利吾歲幣也。及柘皋之戰，諸將以死鬥，順昌之危，劉錡以死守，彼之精鋭卒，死者十有九。其約我以和者，計誠出于不得已也。朝廷失此一機，不知乘勢滅敵，以圖恢復之計，而乃追還諸將，甘心議和。一時執政大臣，偷安苟容。為至甚，其說稍有異己者，排擯誅戮，無所不至。若以歲幣而輕與之和，固已墮金人計中矣。和議始定，聞彼之主謀者舉酒相慶，曰：“吾勢未張，戰未必勝。姑與之和，而坐得重賂，且可使之自困，吾計今得矣。款以二十年後，東南諸將不老則死，西北兵馬銷鑠亦盡。彼至用浙兵，騎廣馬，則吾徐起而求所大欲，未晚也。”以此知金人今日之舉，固已醞造於二十年之前矣。朝廷不悟此意，遂損東南數百萬以益之，謂：“金人真與我和也。”父兄之讎，遂日置而不問，軍旅之議，不至於廟堂者凡幾年矣。彼國日富，吾國日貧，彼備日張，吾備日弛。吾之強弱，彼誠有以料我矣。前日去上京二千里而居我舊京，夫金人豈輕遠故地而安居中土者哉？蓋其三十年窺東南之意，而其形已見於此矣。朝廷尚且未悟和議之果不足恃。去歲於侍從館閣下之臣，論及敵情者，隨以斥逐，而防守之計，漫不經慮。是以信金人真為巡幸而無敗盟之意也。謀國如此，不已疏乎。今聞使者在廷，口傳敵意，欲需我漢東、江北之地，及邀我二三用事之臣，俾來議事，此其意又豈在于其地與其人哉？挾難塞之情以啓釁，我地不可割，人不可遣，則彼長驅而來耳。借使今日割某地，遣某人，可以解彼三十年包藏之禍，可以全吾二百年生靈之命，在朝廷亦不足甚惜。漢東、江北之地既割矣，他日又需我之吳蜀，二三用事之臣既遣矣，他日又邀我之親王，朝廷能繼之乎，能保金人之不來乎？又聞其使者初見之日，殿廷間已殺其禮，止令驛中賜宴，則是朝廷雖盡從今日之請，而此事已忤其使者之意，亦足以生釁矣。況今日之請，決不可從。而可以生釁者，非止一事也。釁端已萌，勢不可掩。和議已叛，勢不再合。朝廷何不赫然震怒，以逆折鋭鋒乎？為今之計，不若誅其正使一人，尸諸通衢，以聲其叛盟之罪。此不惟可以挫彼之強，且可以激吾之弱。乃釋其副使一人，使歸告其主曰："吾與彼約和以來，吾躬食淡，傾内帑之儲以賂者，三十年矣。吾于汝無負矣。汝貪惏無厭，求我不已。汝意不在得地，將釁我也。汝欲戰，吾率三軍之士，以與汝周旋。若無厭之求，吾不能聽。"亦使之知東南有人而示吾之不弱也。然後下責躬之詔，以播告中外曰："金人板蕩我中原，墮毀我宗廟，屈辱我兩宫，發我陵寢，屠戮生靈。吾與敵，不戴天之讎。然吾包羞忍辱，三十年間，卑辭厚賂，以饜金人之欲者，吾非憚於用兵而忘此讎也。上則以兩宫，下懼其殘吾西北之民耳。今兩宫北狩而不復，四海皆知痛憤。而金人又據我舊都，毒我赤子，需我淮漢要領之地，邀我左右腹心之臣，使我西北之民，日不聊生，東南之民，未知死所。天怒人怨，至此極矣。吾誓與天下，上報父兄之讎，下雪生民之恥。凡前日中外之臣，誤我以和議者，無問存沒，悉正典刑。"於是斵秦檜之棺而戮其尸，貶竄其子孫，而籍其資產以助軍，以正其首唱和議、欺君誤國之罪，復岳飛之爵邑而錄用其子孫，以謝三軍之士，以激忠義之氣。詔下之日，使東南之民聞之，莫不感激流涕。如此則師出之日，吾之民將見人自為戰，彼之民必有倒戈者矣。願朝廷決意行之，無少怠。自今日以往，由宰執而下，以及臺諫侍從之臣，則當自造于便朝，由郎曹而下，以及百職事之臣，則當日會於都堂。凡防守江淮之策，圖取中原之計，朝夕相與討論，次第而施行之，規模籌畫，必定於浹旬之間，以解東南倒垂之急，以慰西北來蘇之望，則天下幸甚。

邵宏淵及金人戰于西府橋。金人萬戶蕭琦取路滁州，至瓦梁橋。滁河不得渡，執得土居百姓歐大者，問之曰："以何法可渡？"歐大因記紹興十一年，韓世忠以數騎往定遠縣，虛驚而回。至瓦梁，盡拆民舍，作浮橋。至是，恐金人亦拆民舍作浮橋也。乃答之，亦有路自竹崗鎮，可以徑到六合，免滁河兩渡。金人從之，令歐大引路至六合而放回。金人迂路半日，故六合居人皆得奔竄。是日，金人攻真州。邵宏淵方酒醉，聞報大驚，率衆相拒於西府橋。宏淵命將官三人拒於橋上，金人弓矢如雨。王師多死，城中百姓老小，盡已驚移。惟有看家強壯，猶登城以觀者。正爭橋間，金人載草掘土，填河以渡。三將官皆戰死，宏淵顧金人已填河得渡，率親隨軍人入城，掩關以拒。故軍人皆奔於江上，得舟渡江以免。宏淵毀閘板退。既陷真州，不入城，乃出山路，攻揚州。

同上書卷二百三十七

（紹興三十一年十月二十九日戊辰）太學程宏圖上書：臣聞主憂臣辱，主辱臣死，臣子之至情也。臣等蒙被教育之久，當今日國家危疑之際，正宜捐軀效命，詎敢嘿嘿而無所獻。臣聞之，近日金使之來，桀驁不遜，宣言傳金長之命，姑以還天眷、略歲幣為辭，乃欲增割淮漢地界，邀取將相大臣。道路傳聞，中外憤怨。且淮漢，國之要害也，求淮漢則是欲毀吾之藩籬；將相，國之倚重也，邀將相則是欲奪吾之心腹。使我藩籬既失，腹心既去，天眷雖還，歲幣雖略，其能國乎？是決不可從之請也。夫金人謀我，固非一日。今重兵壓境，而使人乃有此請，知我之難應而冀其必不從也。不從而釁生，釁生而兵舉。變在朝夕，灼然無可疑者。是猶賊在戶外，而索物於主人。不得其物，必無空返之理。物既決不可與，則主人必有以應之，可也。今日之事，國家之所以應之者，其先經務有四焉：一曰留使者，以款金人之謀；一曰下詔書，以感南北之士；一曰先舉事，以決進取之策；一曰用人望，以激忠義之心。

夫所謂留使者，以款金人之謀。蓋金人南侵之計為甚久，而攻取之具為甚備，近日決意離舊土，冒長塗，親董重兵，壓我境土，乃遣使，要以難從之請，非真請也，啓釁之端，俟使者一報耳。且聞所遣二使，皆彼國之肺腑、平日所親信者，未必非其主謀之人。前日殿上之對，軍士恨其不關其口而奪之氣。臣等願朝廷姑善留之，為之辭曰："前日所請，皆汝等口語。初非國書所在，吾將遣使以實汝言。"非獨使其未知所請之可否，吾且得以措置為前進之策，亦可以挫彼之鋭而示吾之未弱也。此而不留，恐我之所以為備者，彼皆得以知之。其餘一泄，則金使今日囬彼界，金兵明日入我境，必矣。

夫所謂下詔書，以感南北之士者。蓋舉天下之大事，必先有以作天下之氣。國自和議既行之後，為故相秦檜所誣，沮天下忠臣義士之氣，三十餘年矣。一旦思得其戮力，必有以感動其心而奮起之，可也。故哀痛之詔，不可不亟下。聖詔一下，南北之民，當感激流涕，爭為之念，事豈有難舉者哉？

然詔不可徒下也，首當正秦檜之罪，復無辜之冤，以舒天下不平之心，而振其敢為之氣。且秦檜所以失吾南民之心者，自趙鼎以不任和議而竄逐海外，身滅而家亡，則學士大夫忠憤之氣沮矣；自岳飛決意用兵而誣大逆，身戮而族誅，則三軍將士忠憤之氣沮矣。至於長舌告訐之風起，羅織之獄，一言及時事者，不問其是非，必致死所，使天下不知有陛下，而欲人呼已為聖臣，則天下匹夫匹婦忠憤之氣，由此而掃地矣。秦檜之所以失吾中原之心者，士大夫一時陷于敵中而家屬在吾國者，兩國已和，檜既不能官其後嗣，庇其宗族，以結其心，而徒使之怨艾以報我，乃復徇金人之請，而悉還之，彼又何戀哉？且其遣時，如赴死所，悲號之聲，徹於道路。甚者宇文虛中，有克敵之謀，計策已就，乃以諭檜。檜意以其功在己上，既匿上聞，私遣首者，告之金主，遂致宇文族誅，使願忠懷義南嚮吞聲而憤，其絶望于我也。今者要令有司正秦檜之罪，追奪官爵而籍其家財，追贈宇文之爵而為之立祠。雪趙鼎、岳飛之冤，而後詔書朝下而暮赴，必矣。又當重為檄文，聲言哀切，令中書刊板，詔告四方。擇有深謀密計、效死之士，授以檄文，副之空名告牒，令潛入中原，開諭招誘思我朝之人，約以徒黨，仗義而起，期以日月，為吾之應。擇端愨服衆守義之士，授以檄文，付以空名告牒，令游江浙淮漢，招集土豪鄉兵與販私竊盜之徒，俾為盡其忠義，用命而起，期以日月，為吾之援。陛下然後下親征之詔，移蹕建康，命將帥勉厲軍士，應敵所臨，人盡死戰，是其氣固足以吞讎仇矣。蓋内有吾南民義兵之援，外有吾中原反間之應，使敵人進不敢前，退不敢後，則祖宗境土可傳檄而定也。

夫所謂先舉事，以決進取之計者，臣等非不審事機，妄勸陛下輕易動兵，以開未必然之釁也。使敗盟生釁之端未露，舉國長驅之勢未逼，則吾之動也，固未可輕。今其重兵已臨汝、潁，而其先驅已羅邊境，此其意欲何為者？使吾不先發，則屯汝、洛者直窺襄陽，羅邊境者突至淮、泗。襄陽失利，則可以控蜀，且有順流東下之勢；兩淮失守，則脣亡齒寒，江非所恃，環海不可以不早計者。海之南北，延袤萬里，攻備之所，不知其幾。使敵至而我備之，備多而力分；使我先之，則彼不能無東顧之憂，而江淮之勢可以少緩。朝廷今日若尚猶豫，欲前而不敢前，臣恐要衝之地為敵人所有，而我失其勢矣。我失其勢，則用命之人，將無所措。惟能先敵而動，則天下之人，謂國有謀焉。故雖驅而赴之萬死之地，人知有恃而無恐矣。又況四方奸雄之徒，凡師旅之際，未嘗無鼠竊狗盜之心，吾有示弱而不決，則彼將伺隙而動，大而竊據，小而嘯聚，有必致之患。倘從臣策，為先發之謀，示恢復之意，則非徒可以坐消此患，而為此流者，又將起而為之助。所謂以寇禦寇，一舉兩得之也。

夫所謂用人望，以激忠義之臣者，雖不可遍舉，如張浚、張燾、胡銓、辛次膺，皆其人也。且浚尤天下所屬望者，而朝廷尚未用之，臣知之矣，是非以輕躁之故而懲之邪？五路之失，驍將之失，此固浚少年輕躁之過。然久在行陣，熟知險阻，敵人之情，素所諳曉，而又罪廢二十餘年，想其少年之心，必能深思而痛懲之矣。崤函之敗不可懲，而孟明再用，卒霸秦國。夫豈可以一失而遽棄之哉？側聞浚於秦檜初死之時，亦嘗上書言兵事矣。陛下試召而問之，何以應敵，何以制勝，何以為善後之策，【缺】不用之哉。或者疑之，謂其罪廢之久，必有忿怨不平之恨，此尤不然。臣嘗以天下之理，考浚之心焉。且天下之望，不徒歸也。是必有愛君憂國之心，而天下亦必以是心而望之。況一浚未足道也，而天下之忠義，實視之以為進退。陛下試思之，浚一用而忠義激，浚一廢而忠義頹。其利害孰輕孰重，願陛下不以浚而用浚，以天下忠義而用浚，可也。至於胡銓，以直言得罪於秦檜，不死於秦手，亦天意有所待也。陛下若能付以臺諫之任，是必知無不言。雖當多事之時，可無奸雄之慮。使其一日立朝，則說陛下為苟安之計、操兩可之論者，與詆忠直而慢事功者，皆屏息而不敢為矣。如張燾、辛次膺，則陛下固嘗親而任之矣。處之廟堂之上，皆可以固國本而延攬天下之英才。此而委之，可勝惜哉！

嗚呼！今日之事，勢已急矣。然臣等又恐朝廷之上，猶以強弱不同之為憂，財用不足之為慮。以臣觀之，為是說者，是皆無謀以沮謀者也。

蓋兵之弱，不足憂，曲直所在，勝負係焉。國家自講和之後，聘問所往，不為不謹，玉帛所遺，不為不厚。今日金使請命，方欲刈吾藩籬之地，取吾腹心之臣，不知吾何負彼而敢有是哉。中外聞者，扼腕思奮。今日之事，直在我矣。師直而壯士氣百倍，大兵渡淮，南北響應。彼將索然自失，雖有百萬之師，無所用矣。臣等因知強弱之勢，不足憂也。

國家自休兵以來，故相秦檜務飾太平，以貪己功。凡百司庶府，莫不畢備。當此艱虞，豈無所可減罷者。且以學校事言之，養士之額，員以千數，公私一試，費以萬計。官吏廩祿，歲又不知其幾。苟從一時之宜，權省罷之，未為廢事。然此特臣等所知者矣。其他冗費，豈無百倍於斯？願俾有司，枚舉條具。凡非係軍民之急者，不以小大，一切罷去，則民不加斂，調發有餘。臣等因知財用之乏，不足慮也。

親征之舉，陛下何憚而不為。然臣等因知陛下必為矣。前日和好之議，陛下豈得已哉。徒以梓宮未還，太后未返，又恐金人未能釋憾，致吾淵聖帝不安，故勉為此舉。想陛下二十年間，念七朝之陵寢，思兩河之人民，朝夕於懷，不能暫置。陛下豈不欲奮神武之威，以雪父兄之恥，第有所重，未敢輕發。今者陛下於父母兄弟之間，生無所累，死有餘怨，以前日愛親之心，發為復仇之舉，則何攻而不取，何戰而不勝哉。漢高帝以義帝之故，三軍縞素，猶足以起義氣而取天下。況我國家，雪先帝積年之憤，其視高帝，尤為易也。今觀金使，劫我歲幣，邀我兩淮，其辭氣狠戾，與向者殊，此必有所恃而然也。臣恐憑陵之患，直旦暮耳。此而不決，則欻然驟至，雖欲禦之，已噬臍矣。臣等願陛下行之以果，守之以堅，拘留金使，亟下哀痛之詔，促發渡淮河之兵，速召人望，以慰天下之心。中外響應，士氣激昂，中興之功，指日可冀。然竊有私過計者，不得不為陛下言之。大抵金人之情，變詐百出。吾與之和，彼則以我為弱，取我無厭，直欲坐困我國，一舉而有之。我欲與戰，彼則知我有謀，彼則緩而不進，以挫我鋭，逮其師老財竭，又將變矣。金人之情，或和或變，或緩或速。要其所欲，豈直歲幣而已哉。靖康之禍，使者交馳而已扣城矣，覆車之轍，可不為鑑？臣等激于事勢之逼，誠恐朝廷或墮其計，異時倉卒，雖悔何追。故不避斧鉞之誅，仰干天聽，願陛下以臣之策，謀及二三大臣，苟以為可，決行之。誠天下蒼生之幸。

熊克

撰:《中興小紀》卷四

建炎二年……初，直龍圖閣張所招撫河東，有前清河尉王彦投所軍中。所奇其才，不數月，擢都統制。彦以效用人岳飛為軍將。彦，河南人。飛，安陽人也。久之，飛見疑於彦，乃去，自為一軍。至是飛降於東京留守杜充。又故大將种師道帳下小校桑仲為潰兵所推亦降於充，並用為統兵官。未幾，郡盜張用、王善等來寇，充命飛、仲與戰，破之。

同上書卷七

建炎三年……（十一月）右僕射杜充在建康，會諜言李成師老可擊，充遽遣兵，而金衆大至，與成併力徑趨烏江縣。充聞敵至，以其軍六萬人列戍江南岸而閉門不出，師無統一。壬戌，敵至馬家渡渡江，充急遣都統制陳淬同統制官岳飛等一十七員領兵二萬與賊死戰。時御前前軍統制王瓔受充節制，乃引軍先遁。岳飛等軍既敗，退屯蔣山，以俟再戰，然皆無鬥志。丙寅夜皆引去。

（十二月）時杜充下諸將潰去，多行剽掠，獨統制官岳飛屯宜興縣，不擾居民。晉陵士大夫避難者，皆賴飛以全。故時譽翕然稱之。

同上書卷八

建炎四年……（五月）江浙制置使張俊薦統制官岳飛為通泰鎮撫使。時飛獻金人之俘，上呼譯問得實者八人，付中軍磔之。

（六月）通泰鎮撫使岳飛統兵捕劇賊戚方。至是，方始就招安。

同上書卷九

建炎四年……（秋七月）辛亥，右僕射范宗尹言："張俊自浙西來，稱岳飛可用。"上曰："飛，杜充愛將。充於事君失節，而能用飛，亦有知人之明也。"

（八月）至是，金攻揚州急，鎮撫使郭仲威求援鄰鎮，慶走救之，戰敗而死，楚勢亦危，立遣人告急。己丑，樞密院奏仲威兵力不加，僉書院事趙鼎欲遣神武右軍都統制張俊往救之……俊復力辭。乃詔通泰鎮撫使岳飛率兵腹背掩擊，又令浙西大帥劉光世遣兵渡江為援。

先是，光世畏敵騎之衆，不能援揚、楚，止遣統制官王德、酈瓊將輕兵趣承州。時淮西乏食，諸將多猶豫不進，獨海州鎮撫使李彥先以兵至淮岸，金人攻其衆，殲焉。真揚鎮撫使郭仲威兵屯天長，掠往來天人以自給。德等至承州，有兩校不應命，斬之。通泰鎮撫使岳飛亦屯三墪為援。至是金攻急楚州，鎮撫使趙立中砲死，城遂陷，而朝廷尚未知也。

（十二月）乙未，以神武右軍都統制張浚為江南招討使，仍詔在宣撫使之下、制置使之上，乃令前軍統制王𤫊、後軍統制陳思恭，與通泰鎮撫使岳飛皆隸於後。【以《會要》及《范宗尹事實》參纂】

同上書卷十二

紹興二年……（二月）左僕射吕頤浩屢請因夏月引兵北向，以復中原，且謂："人事天時，今皆可為。何者？昨自維揚之變，兵械十亡八九。未幾，敵分三路入攻江浙，兵皆散而為盜。自陛下專意軍政，揀汰其冗，修飾器甲。今張浚軍三萬，有全裝甲萬副，刀槍弓箭皆具。韓世忠軍四萬，岳飛軍二萬三千，王𤫊軍一萬三千，雖不能如俊之軍，亦皆精鋭……"

（閏四月）初，詔神武副軍都統制岳飛討曹成賊黨。至是，成衆猶三萬，飛追至賀州，大破之，殺萬餘人。乃詔飛乘勝掩捕，及錄上有功將士。

同上書卷十五

紹興三年……（八月）丙寅，詔江西大帥趙鼎兼制置大使。既又詔江西制置使岳飛駐軍江州，而舒、蘄二州亦隸節制。初，飛與前帥李囬不協。至是，鼎至誠待之，飛亦心服。

同上書卷十六

紹興四年……（春正月）時殿中侍御史常同論制置使王瓔討賊久未有功。壬戌，上謂宰執曰："王瓔使據上流，可令岳飛自下流進兵，賊無所逃矣。今賊恃險與水，嘯聚甚久。譬如人病，若淹歲月，必生他疾，宜速除之。"

（三月）江西制置使岳飛奏："虔州盜發，已遣兵討蕩。"甲戌，上曰："盜發不免加兵。然皆理其末也，不若理其本。如守令得人，能奉行詔旨，無以擾之，即民自安業，盜何自而作耶?"

（夏四月）江西制置使岳飛奏川、陝宣撫司於仙人關與金人戰獲捷。飛奏中頗有輕敵之意。乙酉，上語宰執曰："用兵當持重，飛宜深戒之。"朱勝非等曰："誠如聖訓。"

襄陽重地，既為偽將李成所據，湖、湘之民亦不奠枕。士大夫自蜀來者，茫然不知所向。一日，宰執奏事，朱勝非謂當先取之，上曰："今便可議，就委岳飛如何?"時飛為江西制置使，駐軍鄂、岳。趙鼎曰："知上流利害，無如飛者。"徐俯獨以為不然。

（六月）初，上命江西制置使岳飛復取襄陽，亦命淮西宣撫使劉光世發精兵萬餘人援之。飛率統制官王萬等自鄂渚趨襄陽。右僕射朱勝非許飛迄事建節，且命司農少卿歸安沈昭遠往總軍餉。參知政事趙鼎請上親筆，飭上流監司帥守餉飛軍毋闕，庶幾必濟。飛等進軍。於是，劉豫求救於金，金、偽之兵俱來。我師與遇，連戰大破之，遂復襄陽及郢、隨諸州。飛分遣統制官王貴、張顯進擊敵兵，及復鄧州。時軍聲大振。

（八月）上謂宰執曰："素聞岳飛行軍有律，未知能破敵如此。"胡松年曰："惟其有律，所以能破敵也。"乃降詔獎之，且促飛第賞將士。趙鼎曰："陛下激勵如此，其誰不勸。"尋除飛清遠軍節度、湖北制置使。既而飛奏辟盧宗訓者知德安府。侍御史魏矼言："飛新立功，朝廷當成就其美，不宜徙輕儇之徒為其屬郡。昔郭子儀以奏請不行，謂為人主所厚。願以臣章示諸將，因此事幾以善其後。”宗訓之命遂寢。

先是，湖北制置使岳飛令統制官王萬、辛太駐清水河以掩敵。太不聽命，擅歸荆南，而鎮撫使解潛不即遣太反，妄申太先復襄，皆為飛所劾。丙申，詔太特貸命，除名，令自效。

同上書卷十七

紹興四年……（十二月）初，親征詔未至，廬州衆譁然，棄淮保江。知府仇悆得詔，急錄以示人，皆思奮，且遣其子間道告急。上命以官。及敵進據壽春，悆率兵出奇，直抵城下。敵戰敗，欲走渡淮。是月，金增兵復來，悆盡發戍軍千人拒之，無一還者。遂求救於京西制置使岳飛。飛遣統制官牛皋及愛將徐慶，以二千餘騎造廬。既見悆，坐未定，金驅甲騎五千且破城矣。皋與慶以從騎出城，遥謂金人曰：“牛皋在此，爾輩胡為見陵!”乃展幟示之，金衆愕然。皋舞袖徑前，敵疑有伏，即奔潰。皋率騎追之，金兵自相踐死，餘皆遁去。或問趙鼎：“敵何以遽遁?”鼎曰：“敵衆雖盛，特因劉豫邀請而至。既非本心，當擇利乃進。故不如前日之亡命也。”

同上書卷十八

紹興五年……（五月）都督張浚謂：“楊幺據洞庭湖，實佔上流。不先去之，為腹心害，將無以立國。然寇阻重湖，春夏則耕耘，秋冬水落，則收糧于寨，載老小於船中，而驅其衆，四出為暴。前此，朝廷以夏多水潦，必冬乃出師，故寇得併力，而我多不利。今乘其怠而討之，彼衆既散，一旦復合，固已疲於奔命，又不得守其田畝禾稼，則有絶食之憂。黨與必攜，可招來也。雖已命湖南制置使岳飛往討，而兵將未必喻此。或逞兵殺戮，則失勝算，傷國體。”遂奏請自行。上許焉。浚因辟樞密都承旨馬擴為都督府都統制。初，湖南制置大使席益獲楊幺探者數百人，皆傳致遠縣囚之。浚行至醴陵縣，召囚問之，盡釋其縛，給以文書，俾分示諸寨曰：“今既不得保田畝禾稼，必乏食且餒死矣！不如早降不死。”數百人歡呼而往。及潭州，而首領黄誠、周倫等，先請受約束，然嘗殺招安使，人猶不自安。浚令岳飛分屯鼎、澧、益陽，壓以兵。戊戌，飛至鼎之城外，置寨列艦。飛素有威望，而軍律甚嚴，乃遣先出降人楊華入賊招安。華未降時為賊魁，以寬厚得衆，遂與故部曲潛結幺黨，殺幺以降。時大旱，湖水涸如冬間。

（六月）先是，都督張浚親臨湖以觀賊勢，疑未可攻，復欲還朝，為防秋之計。會制置使岳飛來，以小圖白浚曰：“此易擒耳。”浚曰：“此妨防秋之備。”飛請浚少留八日擒之，浚乃遣飛往。初，湖南統制官任士安、王浚、郝政領兵二萬餘，慢王𤫉，不稟其令，以此無功。飛始至，鞭士安以折其氣，使為賊餌，先揚言岳太尉兵二十萬至矣。及是，止見士安等軍，賊併力拒之。飛伏大兵四合，賊敗走，悉乘舟入據水寨。賊將陳瑫内變，劫偽太子鍾子義船，獲金交牀與龍鳳輦等，詣飛降。楊幺赴水死。黄誠、周倫遂挾子義奔潭州都督府降，餘黨相繼皆降。飛入水寨，殺賊衆殆盡，惟夏誠寨恃險固守。飛擇善罵者二千人夜往罵之，且悉衆運草木流下填滿，乃長驅入營，遂擒賊誠，果應“飛來”之讖。於是浚言：“除楊幺就戮外，招到黄誠、周倫等衆二十餘萬，湖寇盡平。”【李龜年《記楊幺本末》曰：初，賊自恃其險，官軍陸襲則入湖，水攻則登岸。賊中為之語曰：“有能害我，須是飛來。”蓋言其險非有羽翼莫能近也。俄詔用岳飛，適值大旱，而湖水涸。飛命軍士伐君山之木為巨筏無數，賊意謂以木筏塞諸港汊。賊戰敗，急趨舟，欲出湖而港汊木筏已滿，舟為所礙，不能遁。戮死而外，盡招降之。“飛來”之讖，於是乎驗。】

同上書卷十九

紹興五年……（九月）湖南北制置使岳飛以平楊幺功除檢校少保。

十二月己亥朔，詔以湖北制置使岳飛兼湖北京西招討使。

同上書卷二十

紹興六年……（春正月）都督張浚至江上會諸大帥議事，乃命韓世忠據承、楚以圖淮陽，命劉光世屯盱眙，又命楊沂中領精兵為俊後翼，命岳飛進屯襄陽以窺中原。於是國威大振。上御書《裴度傳》遣賜浚，以示至意。浚於諸大帥中獨稱世忠與飛可倚以大事。時劉豫頗於偽境聚衆，世忠自楚州引兵渡淮擊敗之，直至淮陽而還。上手書賜浚曰：“世忠既捷，整軍還屯。進退合宜，不失事機，亦卿指授之方。卿更審虛實，徐為後圖。或遣岳飛一窺陳、蔡，使賊枝梧之不暇也。”

八月，淮東宣撫使韓世忠引兵自淮陽已還楚州。江東宣撫使張俊既城盱眙，遂進屯泗州。湖北京西招討使岳飛亦遣兵至蔡州，焚其積聚。至是，張浚承詔入覲，力請上進臨建康，以為不可緩。然朝論同者極鮮，惟上斷然不疑。

（九月）【《趙鼎事實》曰：聖駕至平江，未浹日，已報賊至。右相張浚遂出。時劉豫一項趨合肥，麟弟猊一項侵及滁、和，淮甸大擾。是時張俊駐盱眙，楊沂中屯泗上，韓世忠在楚，岳飛在鄂，聲勢了不相及。獨劉光世大兵在太平。光世遣輕騎據廬，而松江一帶更無軍馬，朝廷甚憂之。】

時湖北岳飛軍初置總領錢糧。戊子，詔戶部郎官霍蠡為之，於鄂州置司。初，飛一軍每月費錢三十九萬緡，歲計四百六十萬緡餘。至是，蠡申："飛軍中每歲統制、統領、將官、使臣三百五十餘員，多請過一十四萬餘緡；軍兵八十餘人，多請過一千三百餘緡，總計一十五萬餘緡。"於是，左正言李誼言："蠡職在出納，理當究心。然慮點撿苛細，若行改正，卻合支券錢六萬餘貫，纔省九萬緡而已。望令依舊勘支，務存大體，以副陛下優恤將士之意。"

（冬十月）諫官陳公輔言："前日賊犯淮西，諸將用命，捷音屢奏，邊上稍寧，蓋廟社之靈，而陛下威德所至。然行賞當不踰時，廟堂必有定議。臣聞濠梁之急，張俊遣楊沂中來援，遂破賊兵，此功固不可掩。劉光世不守廬州而濠梁戍兵輒便抽回，如渦口要地，更無人防。若非沂中兵至淮西，焉可保哉？光世豈得無罪，此昭然無可疑者。又沂中之勝，以吳錫先登，光世追賊，王德尤為有力。是二人當有崇奬，以為諸軍之勸。若韓世忠屯於淮東，賊不敢犯，岳飛進破商虢，擾賊腹脅，二人雖無淮西之功，宜特優寵，使有功見知，則終能為陛下建中興之業矣！"

先是，詔湖北京西招討使岳飛往駐江州。癸酉，飛奏已至。上曰："淮西既無事，飛不須更來。"趙鼎曰："此有以見諸將知尊朝廷。"上曰："劉麟敗北，朕不足喜，而諸將知尊朝廷，為可喜也。司馬光作《通鑑》，首論魏斯、趙籍、韓虔為諸侯，以為禮莫大於分，分莫大於名。何謂分？綱紀是也。何謂名？公侯卿大夫是也。"又曰："貴以臨賤，賤以事貴。上之使下，猶心腹之運手足，根本之制枝葉；下之事上，猶手足之衛心腹，枝葉之庇根本。其措意深矣。有國家者，以此為先務也。"

同上書卷二十一

紹興七年……（春正月）先是，諸路贍大軍錢，令轉運司於經制、榷酤、征商等數内逐月樁辦，因號"月樁錢"。然所樁不能什之二三，餘則州縣之吏臨時措畫，錙銖而積，僅能充數，一月未畢而後月之期已迫。戊辰，戶部郎官霍蠡言："月樁錢病民最甚，乞詔守臣具所樁窠名幾何，與臨時措置者若為而辦，朝廷召諸路漕臣稟決其可行與否而罷行之。又江西、湖南認發岳飛軍月樁錢，亦令具申省。"

二月戊午，詔太尉，湖北京西安撫副使岳飛為宣撫使。時淮東宣撫使韓世忠、江東宣撫使張俊皆已立功，而飛以列將拔起，世忠、俊不能平。先是，飛皆屈己下之，書數通，俱不答。及飛破楊幺，獻樓船各一，兵徒戰守之械畢備，世忠始大悅，而俊益忌之。飛參議官薛弼雖每勸飛調護，幕中之輕鋭者復教飛勿苦降意，於是飛與俊隙始深矣。

三月癸亥朔，上次丹陽縣。宰執奏岳飛下將士功賞，上曰："諸將每奏乞功賞，朕未常許之，一切付之有司，所以抑其僥求也。功有大小，賞有厚薄，朕何敢私？亦戒諸將不可容私。若私則有功者解體，緩急何以使人？"張浚曰："陛下誠得御將之道。"

【《趙鼎事實》曰："初，駕至建康，當軸者以光世不足伏，遣其腹心吕祉誘脅之，俾請宫祠，罷兵柄，欲以其兵盡付岳飛，為北向之舉。"】

（夏四月）初，張浚與湖北京西宣撫使岳飛議不合。飛喪母，乞持服，乃棄軍而去，居江州廬山，以本軍提舉事務官張憲權管軍事。浚因請用兵部侍郎、樞密都承旨兼都督府參議張宗元為宣撫判官。憲在告而宗元除書下，軍中籍籍曰："張侍郎來，我公不復還矣。"參議官薛弼請憲強出臨軍，憲諭群校曰："我公心腹事，參謀必知，盍往問之。"群校至，弼謂之曰："張侍郎來，由宣撫請也，宣撫解軍未幾，汝輩壞軍法如此，宣撫聞之且不樂。今朝廷已遣敕使起復宣撫矣，張非久留者。"衆遂安。上詔飛入覲，弼亦移書趣飛行。至是，飛偕弼入奏事。飛以手疏言儲貳事，衝風吹，紙動摇。飛聲戰，讀不能句。飛退，弼進，上視之色動。弼曰："臣在道嘗怪飛習寫細字，乃作此奏，雖其子弟無知者。"【此據朱勝非《閒居錄》及《野記》與薛季宣所述參修。勝非又曰："時張浚捃摭岳飛之過，以張宗元監其軍，蓋浚方謀收内外兵柄，天下寒心。"又張戒《默記》曰："薛弼以甲子正月道由建昌，謂戒曰：'弼之免於禍，天也。往者丁巳歲，被旨從鵬入覲，與鵬遇於九江之舟中，鵬説曰：'某此行將陳大計。'弼請之。鵬云：'近諜報金人以儲貳大事入京闕，為朝廷計，莫若正資宗之名，則敵謀沮矣。'弼不敢應。抵建康，與弼同日對。鵬第一班，弼次之。鵬下殿，面如死灰。弼造膝，上曰：'飛適奏乞正資宗之名，朕諭以卿雖忠，然握重兵於外，此事非卿所當與也。'弼曰：'臣雖在其幕中，然初不與聞。昨到九江，但見飛習小楷。凡密奏，皆飛自書耳。'上曰：'飛意似不悦，卿自以意開諭之。弼受旨而退。'嗟夫！鵬為大將而越職及此，其取死宜哉！弼又云：'不知若個書生教之耳！'"岳飛，字鵬舉，故戒隱其語，但曰鵬云。】

丁未，上與宰執言飛求解帥事。上曰："飛頃入對，請由商、虢取關、陝，欲併統淮甸之兵而行。朕問何時可畢，對曰：期以三年。朕諭飛駐蹕於此，以淮甸為屏蔽。若輟淮甸之兵，便能定中原，朕亦何惜。第恐中原未復，而淮甸失守，則行朝未得奠枕而卧也。飛無以對。”飛既復任，宗元乃還。

左司諫陳公輔言：“昨【今月初四日上殿】親奉聖語，說及岳飛。臣前此採諸人言，皆謂飛忠義可用，不應近日便敢如此。恐別無他意，祇是所見有異。望陛下加察。然飛本麤人，凡事終少委曲，臣度其心，往往謂其餘大將或以兵為樂，坐延歲月，我必欲勝之。又以劉豫不足平，要當以十萬橫截金境，使金不能援，勢孤自敗，則中原必得。此亦是一說。陛下且當示以不疑，與之反復詰難，俟其無辭，然後令之曰朝廷但欲先取河南，今淮東、淮西已有措置，而京西二面，緩急賴卿，飛豈敢拒命。前此朝綱不振，諸將皆有易心，習以為常。此飛所以敢言與宰相議不合也。今日正宜思所以制之，如劉光世雖罷，而更寵以少師，坐享富貴，諸將皆謂朝廷賞罰不明。臣乞俟張浚自淮西歸，若見得光世懦怯不法，當明著其罪，使天下知之，亦可以警諸將也。”

同上書卷二十二

紹興七年……（秋七月）丁卯，湖北宣撫使岳飛遣其屬官王敏求來奏事，委曲感恩。戊辰，上語宰執曰：“飛臨行時，朕明諭之云：‘前日陳奏輕率，朕實不怒卿。若怒卿，則必有行譴。太祖所謂若犯吾法，惟有劍爾。所以復令卿典軍，而任以恢復之事，可以知朕無怒卿之意也。’飛得朕語，胸中無疑，故耳。”張浚曰：“陛下御將之道，可謂有餘矣。”

（九月）湖北宣撫使岳飛以酈瓊軍叛，乞提全軍進屯淮甸，降詔獎之。

同上書卷二十七

紹興九年……（冬十月）戊午，宰執奏統制官雷仲管鎮江府軍馬。上曰：“岳飛軍中偏裨，如董先、牛皋，頗驍勇可用，但先好貨，皋嗜酒，皆有所短，未可統衆。”秦檜等退而竊歎：“上知人善任，使雖軍中偏裨，性行才否，無不洞察。”

同上書卷二十八

紹興十年……（六月）時湖北宣撫兼招討使岳飛遣統制官張憲與金戰于潁昌府，敗之，遂復潁昌。憲又與戰於陳州境，敗之，飛別遣統領官楊成與金戰於鄭州境，敗之，復陳、鄭二州。而飛自與烏珠戰於偃城縣，殺其將

鄂爾多貝勒。【原作阿李朶孛堇，今改正。】

湖北宣撫兼招討使岳飛時屢獲捷，至是，詔書不許深入，飛遂班師，而所取州縣，旋復失之。【《野記》】

同上書卷二十九

紹興十一年……（三月）庚戌，宰執奏：“近報韓世忠距濠州三十里，張俊等亦至濠州五十里，又岳飛已離池州渡江去會師矣。”

初，上詔湖北宣撫使岳飛以兵援淮西，飛念前此每勝，復被詔還，乃以糧乏為辭。至是，濠州已破，飛始以兵來援，故張俊與右僕射秦檜皆恨之。【此據野史。】

（夏四月）初，給事中范同力助和議，至是，又以諸大將久握重兵難制，獻計於秦檜，請皆除樞密而罷其兵權，檜用之。【此據《野記》。】乃密奏上，以柘皋之捷，召太保淮東宣撫使韓世忠、少師淮西宣撫使張俊、少保湖北宣撫使岳飛並詣行在，論功行賞。時忠、俊已至行在而飛獨後，秦檜與參知政事王次翁憂之，乃謀以明日率三大將置酒湖山，欲出，則語直省官曰：“姑待岳少保來。”益令堂厨豐其燕具，如此展期以待至六七日。及是飛至即鎖院。壬辰，以世忠、俊為樞密使，飛為樞密副使，惟俊與檜意合，故力贊和議，且覺朝廷欲罷其權，即首言臣既備位樞府，不當復領宣撫司，乞納所統兵。不報。然俊忌飛與劉錡，每以飛赴援遲而錡不力戰為言也，於是禮部侍郎鄭剛中言於檜曰：“前日天下所共憂者，一旦變為安平之道，廟堂不動聲色，而三大帥惟恐奉上兵籍之不先。彼曲士不通世務，挾口以議政者，亦皆言塞意順，謂此非常之舉。”因為檜陳善後之策，凡七事，大概以緣邊倚兵為重，“今大師去，則人心懼，昔三帥兵律不同，今合而用之，固有以更易為便，亦有念舊而不能忘者。又三帥分地而守，各任其責，今惟統制官在外，有如麀高【“麀高”二字未詳】，使誰糾合？又諸軍係宣司，按月勘請，今既罷，合漸立法，庶無冒請之弊。《傳》曰：平亂責武臣。望以數事悉付右府，俾經畫之，而酌其可否。他日攻守進退，彼不得以為言矣。”未幾，除剛中寶文閣直學士、樞密都承旨。

詔三省樞密院依在京舊例分班前後奏事。參知政事王次翁以樞密副使岳飛已官少保，乞班其下。詔從之。【王次翁《叙紀》曰，王伯庠傳：“紹興辛酉，金人有飲馬大江之謀。大將張俊、韓世忠皆欲先事深入，惟岳飛駐軍淮西不肯動。上以親札促其行者，凡十有七，飛偃蹇如故。最後又降親札曰：‘社稷存亡，在卿此舉。’飛奉詔移軍三十里而止，上始有謀飛意。又世忠軍中親校温濟者以世忠陰事來告，朝廷置濟於湖南。世忠連上章，乞遣濟至軍中，語甚不遜。是時三大將皆握重兵，輕視朝廷。其年柘皋之捷，有旨令大將入，論功行賞。俊、世忠已到，而飛獨未來。秦檜為相，先臣參知政事，大臣止二人。檜憂之甚，先臣為之謀，以明日率三大將置酒湖上，欲出，則語直省官曰：‘姑待岳少保來。’益令堂厨豐其燕具，如此展期以待者六七日。飛既到，以明日鎖院，皆除樞密使，趣令入院供職，罷其兵柄。晡時，有旨，鎖院，明日宣麻。是夜將半，以制分命三大帥軍中列校，使各統所部自為一軍，更其銜曰統制御前軍馬。凡其所統陞黜賞罰，得專達之。諸校喜於自便，莫不欣然受命。明日，三大帥入授元樞之制，既出，則其所部皆已散去，導從盡以密院之人上之。此謀惟先臣與秦檜預之，天下歎服。三帥既罷兵柄，先臣語伯庠等曰：‘吾與秦相謀之已久，雖外示閒暇，而終夕未嘗交睫。脫致紛紜，滅族非所憂，所憂宗社而已。事幸而成，上之英斷，與天合也，吾何力之有？’”】

（五月）上遣樞密使張俊與副使岳飛同往楚州，總淮東一全軍，駐鎮江府。壬子，上謂宰執曰：“士大夫言恢復者，皆虛辭，非實用。兵自有次第。朕比遣二樞使按閱軍馬，措置戰守，蓋按閱於先，則兵皆可戰。兵既可戰，則能守矣。待彼有釁，然後可進討以圖恢復。此用兵之序也。”

言者以謂：“綱紀正則朝廷尊。向者三宣撫司有軍期文字進奏，院不以時達，故權宜各置承受官。今韓世忠、張俊、岳飛既除權樞密，文字自經通進司投進，則承受官宜罷。”丙辰，詔從之。

（秋七月）右諫議大夫万俟卨言：“樞密副使岳飛議棄兩淮地，專守大江以南。且飛提重兵十餘萬，無橫草之勞，倡言棄兩淮，以動朝廷，此不臣之漸也。”癸丑，宰執奏事，上曰：“山陽要地，屏蔽淮東，無山陽，則通、泰不能固，敵來，往趨蘇、常，豈不搖動？其事甚明。比遣張俊、岳飛往彼措置戰守，二人登城行視，飛於衆中倡言楚不可守，城安用修？蓋將士戍山陽厭久，欲棄而之他，飛意在附下以要譽，故其言如此。朕何賴焉？”秦檜曰：“飛對人之言乃至是，中外或未知也。”

時樞密使張俊、副使岳飛皆在鎮江府，而右諫議大夫万俟卨等論飛罪。以今春敵犯淮西，張俊全師遇敵，趣飛來而飛固稽嚴詔，略至舒、蘄而不進。比與俊按兵淮上，又執偏見，欲棄山陽不守，致諠外議。所幸俊止其言，紛紜遂定。於是飛上章丐罷。甲戌，以少保、武勝定國軍節度充萬壽觀使。飛既罷，而俊獨留鎮江為備。

湖南漕臣汪叔詹以書白左僕射秦檜，言岳飛頃於鄂渚置酒庫，日售數百緡；襄陽置通貨場，利復不貲。自飛罷，未有所付，乞令統制官張憲主之，庶杜欺弊。九月辛丑，檜奏其事，以為可行。乃詔統制官王貴與憲同掌。

（冬十月）先是，少保岳飛舊所部統制官、節制鄂州兵馬張憲陰謀，冀朝廷還飛復掌兵，而己為之副。未發間，為御前都統制王貴所告。時樞密使張俊在鎮江府，亦奏其事。右僕射秦檜乘此治飛。詔委俊收憲送大理寺，命中丞何鑄、大理卿周三畏鞫之。戊子，宰執奏制勘院乞追人證張憲公事，上曰："刑所以止亂，若妄有追證，動搖人心，非用刑之本意。至於兵亦然。王者兵以仁義為本，故惡夫人之害仁敗義者。若兵出無名，反致害敗，亦豈惡人之意哉!"【此據野史修入。】

（十一月）乙卯，以右諫議大夫万俟卨為御史中丞。時張憲之獄未成，何鑄以除執政奉使，乃改命卨推勘，而少保岳飛與其子忠州防禦使雲皆係獄矣。初，飛之在湖北也，新湖南提刑辛次膺舟行過鄂，飛燕待之。既而延入小閤，盡出所被宸翰，具言上眷之渥，且執次膺手曰："前夕夢為棘寺逮對獄，獄吏曰：'辛中丞被旨推勘。'飛方懼，不敢告人，而公適至。公自諫官補外，他日必為獨坐。飛或不幸下獄，公救之。"次膺悚然不知所對。至是飛悟昨夢，乃新中丞也。【此據洪邁《夷堅志》，然邁以新中丞為何鑄。】

（十二月）中丞万俟卨、大理卿周三畏同勘岳飛等，獄成，飛坐金人侵南，受親札凡十五，逗遛不赴援，及指斥乘輿；又因罷兵權，令右朝散郎孫革作書與憲，令措置擘畫，看畢焚之；又令憲虛申探得四太子兵犯上流；雲又與憲咨目，稱"可與得心腹兵官商議"；憲為收飛及雲書，遂謀反。僧澤一向憲言，宜先以兵兩隊守總領轉運司。癸巳，詔賜飛死，斬憲、雲於市，令殿前都指揮使楊沂中蒞其刑。家屬並遷廣南，且籍其家資而配澤一。初，秦檜之居永嘉也，今秘閣修撰主管王隆觀薛弼嘗遊其門。又卨為湖北提刑，弼時經撫本路，除劇盜伍俊，歸功於卨。至是治飛獄，弼雖嘗為飛參謀官，無一辭累及。先是，獄之成也，太傅韓世忠嘗以問秦檜，檜曰："飛子雲與張憲書不明，其事體莫須有。"世忠曰："相公言'莫須有'，此三字何以使人甘心?"因爭之，檜不聽。飛知書而待士，且濟人之貧。用兵秋毫無犯，民皆安堵，不知有軍。先計後戰，屢勝強敵，號為良將。其死也，天下冤之。後謚曰"武穆"。【此據野史。】

同上書卷三十

紹興十二年……

春正月癸卯，樞密使張俊措置江淮戰守回，參議官以下分三等推恩，行府結局，俊乞罷樞務，不許。且薦其將定遠軍節度使田師中掌故岳飛之兵，又薦清遠軍節度使王德往金陵。於是，並詔為御前都統制。師中於鄂州，德於建康駐劄。【此據《野記》修入。】

戊申，言者論敷文閣待制、知徽州朱芾，秘閣修撰、知宣州李若虛皆嘗為岳飛謀議官，主帥有異志而不能諫，望黜以示戒。詔並落職。

（八月）言者論端明殿學士、僉書樞密院何鑄首董岳飛之獄，閱日滋久，初無一言敘陳，既而以樞臣使金，乃謂以讞獄不合，遂致遠行。又言飛之獄，本其徒所告，反狀甚明，而鑄所遷延，乃在黨惡。遂罷鑄以本職提舉太平觀。尋詔落職，責徽州居住。既又論殿中侍御史胡汝明及察官歸安施鉅、長洲李溢皆鑄所薦，詔悉與外任。

（十一月）右諫議大夫歙縣羅汝楫言："陛下近因臣寮之奏，以前日異論者明正典刑，此誠今之先務。然初定議和，而謗議紛然，往往出於愚而無知，不足深責。惟趙鼎、王庶、曾開、李彌遜四人者，同心併力，鼓率其黨，必欲沮害此事。賴皇明洞照，不惑浮言。今開與彌遜尚以美職而食祠祿，失刑已甚。望賜貶黜。鼎、庶見在謫籍，近赦恐合量移，乞令有司勿復舉行，亦足少懲。"丙午，詔從之。於是開、彌遜並落職。汝楫又言："前殿中侍御史張戒最與鼎厚，引居言路。凡鼎之風旨，奉承不暇，故助鼎以沮和議。鼎罷相，戒失所賴，復請留之。既被黜，則往依岳飛於江夏，其趨操可知。"庚戌，詔停戒官。

同上書卷六十一

紹興十三年……（六月）詔以故岳飛宅葺為太學。

王自中

［清］邁柱等編：《湖廣通志》卷一百十二，《岳武穆廟碑記》

予浮九江，逾大別，循漢水而上，父老往往能道武穆事，至有垂涕者曰："微岳公吾屬無孑遺矣。"當是時，偽齊方張，安陸以北盡為齊守，公引兵而來也，實始破郢。齊兵薄郢，馮壘自豪，公一麾之，衆皆累肩而升，殺卒七千九百，積其屍與天王樓相高，還故民之離散。余過郢，郢父老又指余言所破城處，而訪公祠無之，以問太守張侯孝曾。侯於郢，日夜條理葺敝，營新不翅，如治生業，顧獨無岳祠，何耶？孝曾曰："鳩木矣，余至鄭未更月，迺以書來告祠成，以記屬自中。武穆事，世所稱説者多不悉而中所詳知，其目有八：一曰忠，臨敵誓衆，言及國家之事，仰天横泗，士皆欷歔而聽命，聞大駕所幸，未嘗背其方而坐；二曰虚心，食客所至，座常滿，商論古今，相究詰切，直無所違忤；三曰整兵，所經夜宿民戶外，民開門納之，莫敢先入，晨起去，草莑無亂者；四曰廉，一錢不入私藏；五曰公，小善必賞，小過必罰，待數千萬人如待一人；六曰定，卒遇敵，不為摇動，敵以為撼山易撼岳家軍難；七曰選能，士卒所向，一皆當百；八曰不貪功，功率推與人，不自有。是八者，人鮮一有，而公兼之。"舉入郢之師以臨襄沔，定南陽，無敢攖其鋒者。其後一出而平虢，略下商，遂再出，取許昌以瞰陳晉，敵人畏避，遠遁中原。百姓牛酒日至，謂旦夕天下可定，不幸謀未及展，事忽中變。聖上嗣服，首旌其功，立廟賜謚，録用其後昆之賢者，賜廟號曰"精忠"，而江湖之民至私繪其像，家奉祀之。今張侯又能卒民之志，使奠食於郢，則忠勞之報，豈不厚哉？余故曆叙其所以為將者八條，俾來者有則，是亦侯之心也。公河朔人，官至少保、定國軍節度使、開府儀同三司，謚曰武穆。是為記。

周應合

撰：《景定建康志》卷十九，《山川志一·山阜》

牛頭山，狀如牛頭，一名天闕山，又名仙窟山，在城南三十里。周迴四十七里，高一百四十丈……建炎四年，岳飛敗金人於清水亭。烏珠復趨建康，飛設伏於牛頭山上待之。飛又以騎三百、步卒二千人，自牛頭山馳至南門新城為營，遂大破烏珠之衆。

同上書卷二十二，《城闕志三·亭軒》

清水亭，去府城三十里。考證：建炎四年四月二十五日，岳飛敗敵於此。

李心傳

撰:《建炎以來係年要錄》卷八

建炎元年八月【按是月戊午朔】……乙亥,尚書左僕射兼門下侍郎兼御營使李綱罷。先是河北招撫使張所纔至京師,河北轉運副使、權北京留守張益謙附黄潛善意,奏所置司北京不當,且言所欲起北京戍兵給用器甲為非是,又言"自置招撫司,河北盗賊愈熾,不若罷之,專以其事付帥司"。同知樞密院事張慤素善益謙,每與之相表裏。綱言:"所今留京師以招集將佐,故尚未行,不知益謙何以知其騷擾。朝廷以河北民無所歸,聚而為盗,故置司招撫,因其力而用之,豈由置司乃有盗賊?今京東、西群盗公行,攻掠郡縣,亦豈招撫司過邪?方時艱危,朝廷欲有所經略,益謙小臣,乃敢非理沮抑,此必有使之者。"上乃令益謙分析。是月甲子,命既下,知樞密院事汪伯彦猶用其奏詰責招撫司。綱與伯彦、慤爭於上前,言其不當沮抑之以害大計,伯彦語塞而止。所方招來豪傑,以忠翊郎王彦為都統制,效用人岳飛為準備將。彦,河内人,世為高平大姓,後徙居覃、懷。豪縱不事生產,讀韜略,習騎射。其父奇之,使詣京師,隸弓馬子弟所。稍遷清河尉,能與敵角。二聖北狩,彦慨然棄家奔京師,求自試。所奇其才,故擢為都統制。飛,安陽人。嘗為人庸耕,去為市游徼,使酒不檢。上之在相州也,飛以效用從軍,至北京,論事罷廢。【飛建炎初論事坐罪,他書皆無之。《紹興日曆》十年九月二日辛酉,岳飛奏:"臣昨建炎初因論事罷廢,偶幸免死,實出聖造。因投招撫使張所,一見與言及兩河利害。臣自白身借補修武郎、閤門宣贊舍人,充中軍統領,又陞充統制。"八年六月十三日丁卯,飛又奏:"臣始從陛下至北京,留妻劉氏侍臣老母"云云。以此知飛嘗在元帥府軍中,但不知所論何事耳,今併附見。】至是,投所軍中。

同上書卷九

建炎元年九月【按是月戊子朔】……戊申……河北招撫司都統制王彦率裨將張翼、白安民、岳飛等十一將,以所部七千人渡河,與金人戰,破之。是日,遂復新興縣。

乙卯……河北招撫司都統制王彦及金人戰於新鄉縣,敗績,兵潰。彦奔太行山聚衆,準備將岳飛引其部曲去,自為一軍。初,彦既得新鄉,傳檄諸郡。金人以為大軍之至也，率衆數萬，薄彥壘，圍之數重，矢注如雨。彥兵寡，且器甲疏略，疾戰輒不利，乃決圍以出，其衆遂潰。敵盡鋭追擊，彥與麾下數十人馳赴之，所向披靡，轉戰十數里，弓矢且盡，會日暮得免。他將復渡河以還。彥收散亡，得七百餘人，保龔城縣西山。常慮變生不測，夜即徙其寢所。部曲感其義，乃皆刺其面，曰“赤心報國”，以示其誠。彥益自感勵，與士卒同甘苦。未幾，兩河響應，忠義民兵首領傅選、孟德、劉澤、焦文通等皆附之，綿亙數百里，俱受彥約束。金人患之，列戍相望，間遣勁兵撓彥糧道。彥每勒兵待之，斬獲甚衆。岳飛聞彥軍復振，單騎扣壁門請罪。左右勸彥斬之，彥壯其勇而惜其才，賜飛卮酒而罷，自是兩人始有隙。

同上書卷十八

建炎二年十有一月【按是月辛巳朔】……己酉……初，河北制置使王彥既渡河，其前軍準備將岳飛無所屬，遂以其衆千人降于東京留守杜充。時种師道小校桑仲為潰卒所推，亦降於充。充皆以為將。

同上書卷十九

建炎三年春正月【按是月庚辰朔】……乙未，京城留守杜充襲其統制官張用于城南，不克。用，湯陰人。初見元年九月丁未。用與曹成、李宏、馬友為義兄弟，有衆數萬，分為六軍。成，外黃人，因殺人投拱聖指揮為兵，有膂力，善戰，軍中服其勇。友，大名農家，始以巡社結甲夾河守禦。此據紹興元年五月辛亥友自陳功狀。用與王善皆受宗澤招安，澤薨乃去，及充為留守，又受招安。用屯于京城之南南御園，善屯于京城之東劉家寺，又有別將岳飛、桑仲、李寶，皆屯于京城之西。充以用軍最盛，忌之，乃有圖之之意。前一日，衆入城負糧。詰旦，充掩不備，出兵攻用，令城西諸軍皆發。用覺之，勒兵拒戰。會善引兵來援，官軍大敗，李寶為所執。

同上書卷二十八

建炎三年十月【按是月丙子朔】……辛丑……江淮宣撫使杜充聞李成叛，命神武前軍統制王瓊以所部赴滁州。瓊留輜重於長蘆，屯其軍於瓦梁，不敢進。成遣輕騎五百，劫其輜重，不克。會充遣宣撫司統制官岳飛為瓊援，遇賊於九里壥，盡殪之。既而聞金人大入，瓊不至滁州而還。

同上書卷二十九

建炎三年十有一月【按是月乙巳朔】……壬戌，金人自馬家渡濟江。初，完顏宗弼既破和州，與叛將李成同至烏江縣。尚書右僕射、江淮宣撫使杜充在建康，諜言成師老可擊，充遽遣兵。而金師已大入，充聞敵且至，以其兵六萬人列戍江南岸，而閉門不出，師無統一。會將官張超失守，敵遂過江。充急遣都統制陳淬督統制官岳飛、劉綱等十七人，將兵三萬人與戰，又命御前前軍統制王瓔以所部萬三千人往援。敵破溧水，縣尉潘振死之。【吕中《大事記》：方其幸維揚也，使經理兩河之計行，則敵豈能越三關四鎮而擣淮。及其渡江也，使防淮之議不格，則敵豈能越大江重湖而攻我哉。朝廷棄三路如棄土梗，棄兩淮如棄敝屣，使敵入數千里，如蹈無人之境，不戰而敗，不守而陷。二百年之天下，不因民之怨叛，而直失其太半，可勝惜哉。】

丙寅，從官入見，慮敵騎不測馳突。時殿前副都指揮使郭仲荀方自臨安來，乃請以仲荀輕兵三千人從駕往平江府，倚周望、韓世忠兵為重，仍令張俊兵以次進發。上以俊重兵不可留，遂決議皆行。退命汪藻草詔書，諭中外以將往浙西迎敵。是日，杜充聞軍潰，欲乘舟出奔，方開水門，士民爭門不能出。充使人諭之曰：“相公欲迎敵金人耳!”衆皆呼曰：“我亦往迎敵。”竟不能行而止，於是市井喧言“杜相公枉殺幾許人，及其警急，乃欲先遁”。充懼，命軍士人犒銀絹十匹兩。時陳淬已戰死，夜，岳飛等皆引去。上元縣丞、宣教郎趙壘之統鄉兵迎敵，死之。【紹興三年四月壬子，贈壘之奉議郎，與恩澤一資。】

同上書卷三十

建炎三年十有二【按是月乙亥朔】……初，杜充之衆既潰，其統制官岳飛、劉經自芳山引衆入廣德軍，後軍扈成駐于金壇縣，為戚方所殺。

同上書卷三十一

建炎四年春正月【按是月甲辰朔】……丙辰……江淮宣撫司右軍統制岳飛自廣德軍移屯宜興縣。杜充之敗也，其將士潰去，多行剽掠，獨飛嚴戢所部，不擾居民。士大夫避寇者，皆賴以免，故時譽翕然歸之。

同上書卷三十三

建炎四年五月【按是月壬寅朔】……壬子……是日，金人焚建康府，掠人民，擄財物，執李棁、陳邦光，自靜安渡宣化而去。時完顏宗弼屯六合縣，敵之輜重，自瓜步口舳艫相銜，至六合不絕。建康城中，悉為煨燼。棁道死，宗弼以邦光歸於劉豫。淮南宣撫司右軍統制岳飛聞敵去，以所部邀擊於靜安，勝之。飛還屯溧陽，後軍統制劉經欲殺飛而併其軍，飛誘經殺之。初，金人既渡江，淮東猶無警，安撫使、直寶文閣張縝尚守杨州，節制濠州軍馬劉位領衆在横山軍中，惟飲博而已。逮金人據六合，於是真州為群賊所擾，不可居。守臣王冠率軍民渡江，駐於溧水、溧陽之間。敵又入真州，而揚州亦不可守，張縝乃棄揚州。敵在建康凡半年，自采石至和州，道路往來不絕。宗弼既犯浙西，和州粗留兵戍守，然無一官軍乘虛至城下者。水軍統制邵青屯竹篠港，諜知建康敵騎絶少，欲引兵入之。會青為牛所傷，瘡甚，遂不能行。有都團陳德結衆欲殺金人，部勒已定，前期為其徒所告，德舉家被害，兵馬都監金沔死之。岳飛之擊敵於靜安也，通直郎、權通判建康府錢需糾率鄉兵邀敵之後，遂從飛入城，因權府事。【此時建康守臣諸書皆不見。《日曆》：紹興五年三月二十六日己亥，右奉議郎、主管江州太平觀錢需狀，朝廷委在建康，首尾四年，糾率鄉兵，掩殺敵衆，随岳飛收復本府。而需權府實及三月任滿已替之後，不期與李光不足，遂蒙奏劾，送提刑司體究。大理寺看詳，係蕃人退後入城約法，作上書詐不實，該恩原免，奉聖旨與改正。以《建康知府題名》考之，趙八月四日到任，需所稱“權府實及三月”，當是五月初間，故係於此。《日曆》紹興二年六月十日，李光申：“通判錢需，七月十一日成資。”逆數其到官，當在今年七月，未知此時為何官，故且云“權通判”，俟考。】

甲寅，金人陷定遠縣。龍神衛四廂都指揮使、保寧軍承宣使、節制淮南軍馬閻勍為所執。初，山東盜起，濮州人史康民因迎神會有繖扇儀從之物，藉以為資，遂擁衆作亂，轉至淮南，往來於淮、泗間。有張文孝者，在其軍中，後畔康民，殺康民父母，自為一軍。勍之節制淮南也，自山陽渡淮至泗州，文孝出城迎拜。勍甚喜，與文孝偕至招信縣，節制軍馬劉位禦之。文孝戰不勝，與勍往濠州，屯於黃連阜。文孝名為迎勍，實挾勍也。是時康民屯於韭山，文孝往攻濠州。康民乘虛掩黃連阜，破其寨，邀勍以歸，屯於定遠縣。勍猶以節制之職，傳檄河南諸郡。敵將周企在壽春，偽知濠州孫興以告，企遣其將趙壽統兵自渦口渡淮。是日，入西門。康民出兵迎敵，大敗而歸。壽已自北門入，執勍而去。是役也，康民幾死，使臣趙宏救之得免。宏，湯陰射士也。初為岳飛部曲，勍從飛假之。勍至南京，金人欲降之，不可；欲以為京東安撫使，又不可。敵怒，敲殺之。訃聞，贈檢校少保、昭化軍節度使，謚壯節。【此據趙甡之《遺史》增修。《遺史》但云"金人周太師"，據《日曆》今年十二月癸未壽春府所奏，即漢兒周企也。奏稱："四月内濠州告急。"而《遺史》勍之死在五月十三日甲寅，相去不遠，今從《遺史》。又云："執勍者，亳州大太師。"而奏稱："北人趙壽到定遠縣見陣。"壽即大太師，亦未可知，疑不能明也。】

戊辰，統制官岳飛獻靜安金人之俘。上呼入，譯問得女真八人，磔之，餘漢兒分隸諸軍。上因謂大臣曰："金人頗能言二聖動靜。"云："今在韓州，及皇后宮人皆無恙。"上感動不懌久之。

同上書卷三十四

建炎四年六月【按是月辛未朔】……丁丑……是日，戚方犯湖州安吉縣。統制官巨師古與戰，亡其卒千餘人。詔浙西江東制置使張俊往捕之，仍命統制官岳飛聽俊節制。

戊子，詔遣使撫諭邵青、戚方以所部赴行在。時方引兵犯安吉縣之上鄉，浙西江東制置使張俊以兵討之。或言上鄉路狹，不可行兵，俊乃遣其將王再興招之。會統制官岳飛追襲其後，方無路進退，始詣俊乞降。方上兵簿，有馬六百匹，所獻金玉珠珍不可計。至行在日，與中貴人蒱博不勝，取黑漆如馬蹄者，用火熁去，皆黃金也，以償博負，每博不下數枚。詔遷方武翼大夫，以其軍六千人隸王□軍。後因以方為裨將，時人為之語曰："要高官，受招安。"

丁酉，郭仲威遣兵犯鎮江，詔統制官岳飛以所部擊之。

同上書卷三十六

建炎四年八月【按是月辛未朔】……己丑，詔通泰鎮撫使岳飛以所部救楚州。時揚、承二鎮已陷，楚勢亦危，趙立遣人告急，簽書樞密院事趙鼎欲遣神武右軍都統制張俊往救之。俊曰："敵方濟師，達蘭善兵，其鋒不可當。立孤壘危在旦夕，若以兵委之，譬徒手搏虎，併亡無益。"鼎曰："楚當敵衝，所以蔽兩淮。若委而不救，則失諸鎮之心。"俊曰："救之誠是，但南渡以來，根本未固，而宿衛寡弱，人心易摇，此行失利，何以善後？"鼎見上曰："江東新造，全藉兩淮。若失楚，則大事去矣。是舉也，不惟救垂亡之城，且使諸將殫力，不為養寇自討之計。若俊憚行，臣願與之偕往。”俊復力辭。乃命飛、立腹背掩擊，仍令劉光世遣兵往援，毋失事機。

同上書卷三十七

建炎四年九月【按是月庚子朔】庚子朔，滁濠鎮撫使劉綱言：“本軍闕食，事屬危急。”詔建康府賜米二千斛，仍毋得渡江。時綱已率所部自采石濟江，屯於溧陽。其徒乏食，往往抄掠以自給。

壬寅，劉光世奏：“淮南諸鎮，郭仲威潰散，薛慶身亡，趙立不知存亡，岳飛見在江陰軍，不見赴鎮，劉綱以所部渡江赴行在，散在南北岸作過。金人見留承州，臣遣王德渡江過邵伯埭，擒敵軍四百餘人。”詔光世以所俘赴行在。既而德自天長引兵趨承州，不得入，斬所部左軍統領官劉鎮而還。【此據光世奏云：“德[①]九月八日申到。”在此後五日，不知以何日斬鎮也。】

癸卯，通泰鎮撫使岳飛以所部入泰州。

乙巳，詔劉光世、岳飛、趙立、王林犄角逼逐金兵渡淮。時左監軍完顏昌兵圍楚州已百餘日，鎮撫使趙立一日擁六騎出城呼曰：“我，鎮撫也，首領驍將其來接戰。”南寨有二騎襲其背，立手奮二槍，俱墜地，奪双騎，將還。俄北寨中遣五十餘騎追立，立瞋目大呼，人馬俱辟易。明日，立三幟邀戰，立以三騎應之。伏發，立中飛矢，奮身突圍以出，敵益攻之。

戊辰，金左監軍昌急攻楚州，破之。初，趙立之入城也，有徐州軍民老弱僅數千，而勝兵居半，又有楚州將兵二千，四縣民兵約五千，共不滿萬人。圍城初，有野豆、野麥可以為糧，後皆無生物。有鳧茨、蘆根，男女無貴賤斸之。後為水所沒，城中絶糧，至食草木，有屑榆皮而食者。徐州將士殘暴，席勢凌楚軍，二州衆不相能，立善弾壓，使各效其所長，無敢校私隙。其後忿閱日聞，敵諜知之，然猶深忌立，疑其詐死，不敢動。無何，守者稍怠，徐人多潰圍而去。敵用降人衛進言，專攻北壁。凡四十餘日，至是乃陷。始立走人詣朝廷告急，上命浙西安撫大使劉光世督淮南諸鎮往援之。東海李彥先首以兵至淮河，扼敵不得進；高郵薛慶至揚州，轉戰被執死；光世前軍將王德至承州，其下不用命；維揚郭仲威按兵天長，陰懷顧望；獨海陵岳飛屯三墪，僅能為援，而亦衆寡不敵。[②] 敵知外援絶，攻圍益急。立家

① 德原作得。此處按上文當指王德。

② 自“始立走人詣朝廷告急”，同見《資治通鑒後編》卷一百八。

屬先死於徐。其赴鎮以單騎入楚，後得女子習書者，使侍左右，讀軍中書記，城陷俱沒。立為人木強，不知書，其忠義蓋出天性，善騎射，容貌甚壯，不喜聲色財貨，月俸給皆取其半，與士卒同甘苦。每戰，擐甲冑先登，有退卻者，必大呼疾馳至其側，捽而斬之。衆畏服，亦樂為用。其視金人如仇，每言及，必嚙齒而怒，常戒士卒，惟以“殺金人”為言，且曰：“若不幸城陷，必當備巷戰。”及城陷，州人扶傷巷戰，惟民兵奪門而出，首領萬五、石琦、蔚亨，號千人敵，皆得全。自金犯中國，所過名城大都，多以虛聲脅降，如探囊取之。如冀州堅守踰二年，濮州城破巷戰，殺傷略相當，皆為敵所憚，而立威名戰多，咸出其上。是役也，敵鋭意深入，會張俊出師關、陝，完顏宗弼往援之，又立以其軍蔽遮江、淮，故敵師亦困弊而止，議者謂：“立之功，雖張巡、許遠，不能過云。”

同上書卷三十八

建炎四年冬十月【按是月庚午朔】……丙申……浙西安撫大使劉光世言：“臣準御筆，令督諸鎮，速解山陽之圍。若使岳飛等即時恭聽朝廷指揮，克期前來，則承州之賊可破，楚州之圍可解。乘機投隙，間不容髮。飛等遷延五十餘日，遂失機會，臣實不勝憤懣。今臣已將沿江應係來路，嚴為把守，必不使南渡。”詔光世節制諸鎮，戮力保守通、泰，仍伺便襲敵過淮，毋失機會。

己亥……通泰鎮撫使岳飛在泰州，持法嚴，衆不敢犯。前軍統制官傅慶，衛州窯戶也，有勇力，善戰，飛愛之。慶恃其才，視飛為平交，飛亦無忤色。及飛為鎮撫使，待之頗異，慶覺之，不悦。會劉光世遣王德來承州，飛命慶以兵會。慶與德交馬而語云：“願事劉公。”德許之。統領官王憲聞其語，以告。飛憾之，戒憲勿泄。至是飛令諸將射遠，慶獨至百七十步。既而飛取上所賜戰袍金帶遺統制官王貴，慶醉，謂飛曰：“當賞有功者。”飛問：“有功者誰?”慶曰：“慶在清水亭有功。”飛大怒，焚袍毀帶曰：“不斬傅慶，何以示衆。”遂斬之。

同上書卷三十九

建炎四年十有一月【按是月庚子朔】……丙午，秦檜入見。初，檜發漣水軍寨，權軍事丁禩令參議王安道、馮由義轉行。前二日至行在，檜自言殺監己者，奔舟來歸。朝士多疑之者，而宰相范宗尹、同知樞密院李回與檜善，力薦其忠。乃命先見宰執於政事堂，翊日引對。檜言：“如欲天下無事，須是南自南，北自北。”遂建議講和，且乞上致書左監軍昌求好。【按《宋史》，係乙巳日。】是日，通泰鎮撫使岳飛自柴墟鎮渡江。金左監軍昌既得楚州，有經營南渡之意，乃攻張榮鼉潭湖水寨。【榮初見五月乙丑。】金人屢攻榮，阻湖淖不得進。及是天寒水深，遂併力攻其茭城。榮不能當，焚其積聚而去。金人進犯泰州，飛以泰州不可守，棄城去，率衆渡江，屯江陰軍沙上。【飛棄泰州，據趙甡之《遺史》，在此月癸卯。《日曆》，飛奏：“十一月七日，自柴墟鎮渡江。”七日，丙午也，故係於此。】

庚申……通泰鎮撫使岳飛以失守待罪，詔飛赴江陰就糧，極力捍禦金人，毋得透漏。

同上書卷四十

建炎四年十有二月【按是月乙巳朔】……乙未，神武右軍都統制張俊為江南路招討使，進解江州之圍，且平群盜事急速者許便宜。時李成乘金人殘亂之餘，據江、淮六七州，連兵數萬，有席卷東南之意，使其徒多為文書符讖，幻惑中外。朝廷患之，至是聞金不渡江，上乃止饒、信之行。范宗尹因請遣大將討成，故有是命。仍令前軍統制王𤫉、後軍統制陳思恭、通泰鎮撫使岳飛皆屬俊。詔招討使位宣撫使下，制置使之上，著為令。

同上書卷四十一

紹興元年春正月【按是月己亥朔】……乙酉，岳飛自江陰軍引兵之洪州。飛行至徽州，有訴其舅姚某騷擾者，飛責之。他日，舅因馳馬射飛，不中，飛擒而殺之。

同上書卷四十二

紹興元年二月【按是月戊辰朔】……癸巳，詔侍從臺諫條具保民弭盜、遏敵患、生國財之策。翰林學士汪藻【熊克《小曆》作“兵部侍郎、兼權直學士院”，蓋誤，藻去年十二月已除學士。】上《馭將三說》，一曰示之以法，二曰運之以權，三曰別之以分。大略謂：“諸將過失，不可不治。今陛下對大臣不過數刻，而諸將皆得出入禁中，是大臣見陛下有時，而諸將無時也。道路流傳，遂謂陛下進退人材，諸將與焉。又廟堂者具瞻之地，大臣為天子立政事以令四方者也。今諸將率驟謁徑至，便衣密坐，視大臣如僚友，百端營求，期於必得，朝廷豈不自卑哉？祖宗時，三衙見大臣，必執梃趨庭，肅揖而退，蓋等威之嚴，乃足相制；又遣將出師，詔侍從集議者，所以博衆人之見。今則諸將在焉，且諸將聽命者也，乃使之預謀，彼既各售其說，則利於公不利於私者，必不以為可行，便於己不便於國者，必不以為可罷，欲其冒鋒鏑，趨死地，難矣。自今諸將當律以朝儀，毋數燕見；其至政事堂，亦有祖宗故事；且無使參論之餘，則分既正，可責其功。是三說果行，則足以馭諸將矣，何難乎弭盜，何憂乎遏敵哉。若夫理財則民窮至骨，臣願陛下毋以生財為言也。今國家所有，不過數十州，所謂生者，必生於此，數十州之民，何以堪之？惟痛加裁損，庶乎其可耳。外之可損者，軍中之冒請；内之可損者，禁中之泛取。今軍中非戰士者，率三分之二，有詭名而請者，則挾數人之名；有使臣而請者，則一使臣之俸，兼十戰士之費；有借補而請者，則便支廩祿，與命官一同。聞岳飛軍中如此者數百人，州縣懼於憑陵，莫敢詰责，其盜支之物，可勝計哉。臣竊觀禁中，有時須索，而戶部銀絹以萬計，禮部度牒以百計者，月有進焉。人主用財，須要有名，而使有司與聞。至於度牒，則以虛名而權實利，以濟軍興之用，誠非小補，幸無以方寸之紙，捐以與人而不知惜也。然臣復有私憂過計者，自古以兵權屬人，久未有不為患者，蓋與之至易，收之至難，不早圖之，後悔無及。國家以三衙管軍，而出一兵必待密院之符，祖宗於茲，蓋有深意。今諸將之驕，樞密院已不能制。臣恐賊平之後，方勞聖慮。自古偏霸之國，提兵者未嘗乏人，豈以四海之大，而寥寥如此。意偏裨之中必有英雄，特為二三大將抑之而不得伸爾。謂宜精擇偏裨十餘人，各授以兵數千，直屬御前，而不隸諸將，合為數萬，以漸消諸將之權，此萬世計也。①”

同上書卷四十三

紹興元年三月【按是月戊戌朔】……庚戌，江淮招討使張俊復筠州。初，俊引兵至豫章，而李成在江州，其將馬進在筠州，皆不進。俊喜曰：“我已得洪州，破賊必矣。”乃復斂兵若無人者，金鼓不動，令將士登城者斬。居月餘，進以大書文牒使來索戰。俊復細書答狀以驕之，又命神武前軍統制王𤫉閱水軍於江中。賊勢方強，謂俊為怯戰。俊諜知賊稍怠，乃議行。諸將請分道擊賊，中部統制官楊沂中曰：“兵分則力弱。”通泰鎮撫使岳飛請自為先鋒。沂中由上流径絶生米渡，出賊不意，遇其先鋒，擊破之，乘勝追奔。前一日至筠州，進出軍背筠河，先守要地。沂中語俊曰：“彼衆我寡，當以奇勝。願以騎見屬，公率步兵當其前。”沂中乃將騎數千，與神武

① 此疏同見《資治通鑒後編》卷一百八。

後軍統制陳思恭分為兩道，同出山後，俊嚴陣以出。鏖擊至午，精騎自山馳下。賊駭亂退走，大敗之，俘獲八千。明日又戰，俊疑其復叛，令思恭夜殪之。【熊克《小曆》云："俘獲數萬。俊以其太衆，且疑復叛，是夕令思恭殺之。"此蓋因《林泉野記》所書也。按《日曆》載上語云："殺降卒八千。"趙甡之《遺史》亦云："賊退走，死者數萬人，俘八千人。"《野記》恐誤，今不取。】進力不支，乃遁，俊遂復筠州，臨江軍。馬進至南康，遇統制官巨師古，失利。進復還江州，與成會。俊整兵追之。【熊克《小曆》書此事，皆無本日，但於三月己未捷奏至日，並書之。按趙甡之《遺史》及俊所申，俊實以三月七日甲辰自洪州渡江，十二日己酉與進戰，二十八日乙丑乃復江州。《日曆》二十二日己未，進呈張俊捷報，不言其詳，當是復筠州捷報。而克於此遂書復江州，乃追李成於蘄州，皆誤也。今各附見本日。】

同上書卷四十五

紹興元年六月【按是月丙寅朔】……癸未，江淮招討使張俊以大軍至瑞昌縣之丁家洲。【《日曆》十一月六日，張俊奏："臣於六月十八日已到丁家洲下寨，候分遣張用人馬軍往洪州。"癸未，十八日也，故係於此日。】初，俊被密旨，并收李允文，恐其拒命，乃與神武後軍統制陳思恭謀之，思恭言："允文兵尚衆，須以計取。"會英州編管人汪若海自江東赴貶，【若海被謫事，見建炎四年八月戊子。】行至撫州，允文以書招之。招討司參議官湯東野因引若海謁俊，俊曰："君與李節制善，盍往說之與俱來，免盛夏提師至鄂。"若海曰："與來而少保誅之，則若海為賣友。"俊曰："以百口保之。"若海先以書與允文曰："張少保既破李成，欲移兵指武昌，若海言君無反狀。"其屬曰："節制非朝命，且救袁植與留四川綱運，非反而何？惟少保言以百口相保，今有三說。劉豫新立，君能引張用之衆，擒豫以取重賞，一也；或引衆西投宣撫司張樞密，既相辟，必為君白於朝，二也；信少保百口相保之言，三也。君勿恃張用之徒為強，彼見李成既破，皆已喪魄，若知朝廷怒君，必囬戈相逐矣。"允文感悟，乃舉其軍東下。俊因檄若海，招新除舒蘄鎮撫使張用。時用自咸寧縣引兵趨分寧，為通泰鎮撫使岳飛所逼，遂會俊於丁家洲。俊并將二軍，遣統制王偉會允文及參謀官滕膺赴行在。【趙甡之《遺史》：張俊移文允文曰："恭奉聖旨，率大兵前來掩殺賊徒李成，請照會。"時鄂州糧且盡，而孔彥舟在漢陽，允文得牒，遂將其軍往江州丁家洲見俊。俊分其軍，留三百人與允文囬鄂州。允文怒俊奪其軍，有言侵俊。俊怒，具允文在鄂州事，差人押赴行在所。《日曆》七月十六日，張俊奏："鄂州李允文人馬作過，臣數十次差人前去，追呼到臣軍前，收管訖。"據此則似俊初未嘗被旨也。今且從熊克《小曆》書之，更當詳考。】

同上書卷四十六

紹興元年秋七月【按是月乙未朔】……庚子……詔通泰鎮撫使岳飛一軍權留洪州，彈壓盜賊。以江淮招討使張俊將班師也，遂以飛為神武右副軍統制。

丙寅，利州觀察使、湖東馬步軍副總管孔彥舟為蘄黃鎮撫使，兼知黃州，用張俊奏也。時彥舟在鄂州，舟多糧富，俊恐其盤據要地，故奏用之。拱衛大夫、相州防禦使、新除舒蘄鎮撫使張用有衆五萬在瑞昌，後數日，俊親揀其軍，精鋭者留之，老弱者許自便，有投曹成者，有投岳飛者，有投韓世忠者，有自去而為民者。俊既并其兵，遂以用為本軍統制。【趙甡之《遺史》云："俊以八月壬申親揀用軍。"今並書之。按《宋史》，係丁卯日。】

同上書卷五十

紹興元年十有二月【按是月甲子朔】……丁丑……親衛大夫、建州觀察使、神武右副軍統制岳飛為神武副軍都統制，仍以所部屯洪州。時飛遣本軍主管文字、秉義郎高澤民至紹興，而澤民其甥壻也，乃詐為飛狀，乞都統制或總管職事，故有是命。飛皇恐自辯，詔諭以出自上意，仍鑄印賜之。

同上書卷五十一

紹興二年春正月【按是月癸巳朔】……壬寅……是日，湖東安撫使向子諲自曹成軍中歸藍山縣。初，成既入道州，會樞密院遣幹辦官左鼎持詔書諭成，俾散遣江、淮等路民兵，獨與堪出戰人赴行在，聽張俊節制。其徒為盜久，憚俊嚴明，不聽命。湖廣宣撫使吳敏時在桂州，以兵力微，未能進。新中書舍人胡安國遺書於敏，以謂"帥臣見執，而方伯不能治，此方伯之耻，不知策將安出。願速遣前軍，進由昭、賀，以通春陵；北檄韓京，自衡移永；東檄吳錫，嚴兵宜章；而親總中軍，急渡嶺而北，下臨清湘，據三湖上流之地。然後詰問曹成擅移屯所與執帥臣之罪，就檄子諲赴軍前議事。若其悔罪自新，則與之招安，不然，斷而討之，勝負可決。若復延久，必生内變，矧迫東作之期，民失耕種，不待接刃，已投於溝壑矣"。敏然其言而不能用。先是宣撫司都統制兼參議馬擴嘗駐軍大名，為成所服，乃遣小校張佈持敏檄諭成。成許受招，始釋子諲，且令準備將魏憲遺擴書，略云："欲得相公指差一處。"參謀官范直方曰："成不必招，可促之，使赴行在。"擴曰："彼既不願遠出，萬一促之，是使散而為亂也，不若藉以為用。"敏不能決，擴獻書於敏："請提軍親至道州，入成軍中。撫定分撥，選強壯以隸五軍。進兵長沙，制服馬友，正二月中可以就緒。不然，失此機會，不惟湖湘重困，師老財殫，無以善後矣。"敏弗聽。後數日，擴為詩獻敏曰："未敢此時非趙括，已愁他日類田豐。"遂辭職，徑歸融州。敏遣騎追之，弗及。成聞擴去，又數日，敏祠命亦至，成遂復為亂。朝廷聞子諲為成所執，詔子諲提舉江州太平觀便居，以神武副軍都統制岳飛權湖東安撫使，將所部往潭州，而子諲已出矣。【子諲得祠，在正月乙卯。飛權帥事，《日曆》不書。今以三月甲午江西安撫大使司奏狀所云增入。】

紹興二年二月【按是月癸亥朔】……庚午，資政殿大學士、提舉臨安府洞霄宮李綱為觀文殿學士、荆湖廣南路宣撫使，兼知潭州。前五日，直秘閣、知道州向子忞奏曹成犯道、賀二州。宰相吕頤浩、秦檜因陳天下大計："當用二廣財力，葺荆、湖兩路，使通京西，接陝右，此天下右臂。如京東諸州，為叛臣所據，正如國初河東，且留以蔽敵，諸路先定，他時併力圖之，似為未晚。檜請身至湖外，自當一面，效羊祜襄陽之體。"上曰："卿等當居中運裁，不可授人以柄。"至是命綱，仍令福建等路宣撫副使韓世忠以所部統制官任仕安一軍三千人授綱，由汀、道州之任；又命權湖東安撫使岳飛率湖東副總管馬友及諸將李宏、韓京、吳錫等共擊之。新除中書舍人胡安國避地湖東，亦以書遺檜，言："吳敏兵寡，宜就遣世忠以為之副，俾殲殄群寇，收拾遺民。人言向子諲忠節，在今日可以扶持綱常，願憐其無救而陷於賊，復加任用，俾收後效。"

同上書卷五十二

紹興二年三月【按是月壬辰朔】……乙未，江西安撫大使李囘言："湖東名賊曹成在道州，馬友潭州，李宏岳州，劉忠處潭、岳之間。雖時相攻擊，其實聞二宣撫之來，陰相交結，分佈一路，為互援之計。馬友據潭州踰半年，漕臣錢糧不得移用。今朝廷以岳飛知潭州，友安得不疑。飛亦安能引兵直赴潭州，與友共處？若使飛先往道州捕曹成，友必懷疑阻，害糧饋，則飛有腹背受敵之患。不若且置成不問，先引兵往袁州，約友、宏，云討劉忠，以俟二宣撫之來，庶使成不便過嶺，最為長策。"飛之將行也，囘既諭以此意，復言於朝。吕頤浩、秦檜進呈，因言"湖、廣大寇，曹成為首，馬友、劉忠次之，此數人相與交結，為輔車相依之勢”。上曰：“宣撫司兵到，必能平湖南諸寇。續次令轉往湖北襄、漢間，以通川、陜。譬如漢高祖先遣韓信破趙，復破齊，然後擒項籍。”乃詔飛斟量賊勢，如未可進，且駐袁州，以俟世忠會兵。時成已進犯嶺南，飛亦移兵茶陵，而朝廷未知也。

同上書卷五十三

紹興二年夏四月【按是月壬戌朔】……丙申……是日，神武副軍都統制岳飛引兵擊曹成于賀州境上，大破之。初，成既得賀州，聞飛至，以兵守莫邪關。飛遣前軍統制張憲攻關，軍士郭進與旗頭二人先登。進揮槍而出，殺其旗頭。賊兵亂，官軍齊進，遂入關。【《日曆》：飛申以閏月十二日奪關口。今併附此。】飛喜，補進秉義郎，解金束帶以賜。官軍既入關，賊兵散亂。第五將韓順夫解鞍脱甲，以所擄婦人佐酒。賊黨楊再興率衆直犯順夫之營，官軍退卻，順夫為再興斫臂而死。飛怒，盡誅親隨兵，責其副將王某擒再興以贖罪。會張憲與後軍統制王經皆至，再興屢戰，又殺飛之弟翻。官軍追擊不已，成屢敗，賊衆死者萬數，成率餘兵屯桂嶺縣。【楊再興，初見建炎二年六月，不知即是此人否。】

丙午……是日，神武副軍都統制岳飛敗曹成於桂嶺縣，拔寨遁去。賊將楊再興為追騎所及，跳入深澗中，軍士欲就殺之。再興曰：“勿殺，當與我見岳飛。”遂受縛。飛見之，解其縛曰：“汝壯士，吾不殺汝，當以忠義報國家。”再興謝之，飛留以為將。時成既為飛所破，遂走連州，飛命前軍統制張憲追之。成窮蹙，又走郴州，守臣趙不群乘城固守，成轉入邵州。會福建江西荆湖宣撫使韓世忠既平閩盜，乃旋師永嘉，若將就休息者，而道處、信，徑至豫章江濱，連營數十里。群賊不虞其至，大驚以為神。世忠聞成屢北，遣神武左軍提舉事務官、拱衛大夫、貴州刺史董旼往招之，成以其衆就招。有郝晸獨不從，率衆走沅州，戴白巾，稱“為成報仇”，晸後歸于張憲。【曹成受韓世忠招安，諸書不見日月。按世忠以六月五日奏到，則必在五月半已前，去此蓋閲月。今併附此，當考。】

己酉……初，武功大夫、榮州刺史、樞密院將領韓京以所部屯茶陵縣，而湖南安撫司統制軍馬吳錫在郴州，二人皆起於群盜，所將多湖東士人。京本王以寧部曲，兵皆精鋭，聞以寧之廢，心常不平。會有前河東經略司幹辦公事王久中者，遺錫書，論京專權擅命。錫聞於朝，事下韓世忠，未達，神武副軍都統制岳飛并京、錫軍自將之，至是以聞。

同上書卷五十四

紹興二年五月【按是月庚申朔】……庚午，岳飛奏破曹成于賀州。詔飛不以遠近襲逐，如成肯自新，一面從長措置。

丙子……初，朝廷以福建江西荆湖宣撫使孟庾自温州趨湖南，故命湖廣宣撫使李綱由汀、道州之鎮，至是綱言："祖宗朝，宣撫使以執政為之。近張浚、孟庾為宣撫，皆見執政，如臣起廢典藩，亦冒使名，兼庾已領湖南北，韓世忠副之。今又除臣湖南，借使諸處盜賊，一司欲令招納，一司欲令討捕，不知何所適從，諸州錢糧，一司欲令支用，一司欲令樁留，不知如何遵稟，以至節制諸將，辟差官吏，行移措置，皆有所妨，望詳酌事宜，明降處分，使有遵守。"綱又言："自建昌、虔、吉至衡、潭，約一月程，自汀、道州三倍。今曹成在連、賀，非重兵不可行。又福建等路宣撫司經由江西及荆湖路分，逐路州縣錢米先次刬刷拘收，理當通融應副。所有朝廷支降，并他路所輸錢糧銀帛、官告度牒，餘剩之數，乞並樁留，撥付本司。"詔綱先往廣東置司捍寇，俟庾、世忠撫定盜賊畢，赴潭州，仍令庾等班師曰："度量合用錢糧數外，並留與綱。"綱請取撥所至州縣錢四十萬緡、米二千斛，為一歲之用，又請移行所部帥臣監司州縣並用劄子，皆從之。於是曹成已為岳飛所破，遂就韓世忠招安，而朝廷未知也。

同上書卷五十五

紹興二年六月【按是月庚寅朔】……癸巳……初，命廣西經略司即韶州撥内帑錢三十萬緡市戰馬，至是經略司言："比歲不逞之徒，多以金銀市馬，鬻於群盜，故馬直踴貴，望於大觀格遞增二分。"許之。舊格八等，馬高四尺七寸者，直四十五千；最下高四尺一寸者，直十有三千；其餘以是為差。於是神武諸軍皆缺馬，乃命經略司以三百騎賜岳飛，二百騎賜張俊，又選千騎赴行在。【賜岳飛馬在是日，賜張俊馬在癸丑，買千匹赴行在，在七月癸亥，今並書之。熊克《小曆》云："取馬嶺表，以資軍用，自古未有，今乃得之。"按：邕州買馬格，乃大觀中所定，建炎亦屢置官。克謂始於紹興，非也。】然蠻馬尤駔駿者，在其地或博黄金二十兩，日行四百里，但官價有定數，故不能致此等焉。【此據范成大《桂海虞衡志》。】

戊戌，詔神武副軍都統制岳飛以韓京、吳錫、吳全之衆戍江州。朝廷聞曹成為飛所破，乃命孟庾班師，李綱徑如潭州，而飛以所部之江州屯駐，時綱甫自邵武引兵三千之江西也。【熊克《小曆》六月甲午書："曹成自賀州至郴州，李綱遣使臣賫榜招之，成與其徒赴司參。於是綱奏成已招，乃詔成自榮州團練加防禦使。"《日曆》：綱五月十七日所奏，云："本司已定六月五日進發，往邵武、建昌軍等處，就近措置。"甲午即初六日，綱在福州，安得有此事也。詳克所書，曹成已至郴州，及遣使臣賫榜說諭，乃是江西福建荊湖宣撫使司奏狀中語，其實孟庾、韓世忠所奏，以甲午至行在，而克誤以為綱奏耳。是時曹成亦未赴宣司，成三年五月丁丑始進榮防，克誤也。】

庚子，起復寧武軍節度使、開府儀同三司、浙西安撫大使、兼知鎮江府、兼淮東宣撫使劉光世起復寧武、寧國軍節度使，録收淮楚之功也。檢校少師、武成感德軍節度使、神武左軍都統制、福建江西荊湖宣撫副使韓世忠以平閩、湘群盜功，遷太尉，移屯建康府，恩數視執政仍詔世忠以親兵赴行在。親衛大夫、建州觀察使、神武副軍都統制岳飛以破曹成功，遷中衛大夫、武安軍承宣使。

同上書卷五十六

紹興二年秋七月【按是月己未朔】……庚申，直寶文閣、知桂州許中令再任。曹成之犯廣西也，中嘗率兵與岳飛會，詔録其功，進職二等，至是又任之。【中進職，在六月丁巳。】

己巳……江西安撫大使司奏孔彦舟北遁，詔趣岳飛移屯江州。左司諫吳表臣言："風聞偽齊於京東路每戶科麻七斤，或者恐其以繩維舟，謀濟江之計。今沿江津渡，皆當為備，就中采石江稍狹而水緩，鑒之往事，備禦尤當嚴密。"樞密院勘會，已令韓世忠屯建康府，岳飛屯江州，防托江道。詔送沿江諸帥。

辛未，左宣教郎、湖南提點刑獄公事吕祉加直秘閣。直顯謨閣、知郴州趙不群進職一等。先是湖南盜胡元奭作亂，祉檄統制官韓京、吳錫破之。及曹成為岳飛所破，進犯郴州，不群堅守不下。秦檜言："湖南寇盜以來，州郡多至失守，請褒賞二人，而劾賀州守禦官之罪。"時知賀州、直秘閣劉全已罷去，【全六月甲午以許仲劾罷。】言者謂："賀州當湖、廣要衝，乃賊所必攻之地，而憲臣未嘗臨按，守禦豈不失職。況偏遠小州，以數百殘弊之卒，當豺虎百倍之師，岳飛鋭旅，猶墮其計，而簽判已下，皆責以不能守禦，豈不過乎。望下漕司究實，然後施行，庶幾賞罰當而軍政修。"於是提點刑獄宋孝先已從辟為孟庾參謀官，事竟寢。

同上書卷五十九

紹興二年冬十月【按是月戊子朔】……壬寅，詔江南西路兵馬副鈐轄張中彦以所部充都督府統制官，仍遣右通直郎、都督府幹辦公事楊揆往吉州濟其軍食。初，中彦以討捕駐軍廣州，脅制州縣，供億以萬計，一路為之震擾。朝廷撥隸楊惟忠、李回、岳飛、孟庾、韓世忠、李綱，皆不稟命。綱察中彦意樂為郡，檄令權知岳州。中彦果至，即械送獄，遂并其軍。揆，仁和人也。【中彦初見建炎三年十二月末，其令聽李綱節制在今年十月壬辰，被誅在十二月庚子。而熊克《小曆》於九月乙酉李綱止帶湖南安撫使已前書之，實甚誤也，今移附本日。綱《行狀》作“張忠彦”，亦誤。】

同上書卷六十

紹興二年十有一月【按是月戊午朔】……己巳……尚書左僕射吕頤浩屢請因夏月舉兵北向，以復中原，且謂：“人事天時，今皆可為，何者？昨自維揚之變，兵械十亡八九。未幾，敵分三路進兵，江、浙兵皆散而為盗。自陛下專意軍政，揀汰其冗，修飭器甲，今張俊軍三萬，有全裝甲萬副，刀槍弓箭皆備；韓世忠軍四萬，岳飛軍二萬三千，王瓔軍一萬三千，雖不如俊之軍，亦皆精鋭；劉光世軍四萬，老弱頗衆，然選之亦可得其半；又神武中軍楊沂中、後軍巨師古，皆不下萬人；而御前忠鋭，如崔增、姚端、張守忠等軍亦二萬。臣上考太祖之取天下，正兵不過十萬，況今有兵十六七萬，何憚不為。且向者邵清擾通、泰，張琪劫徽、饒，李成破江、筠，范汝為據建、劍，孔彦舟、馬友、曹成等為亂於江湖，朝廷枝梧不暇，今悉已定。又自敵之南牧，莫敢嬰其鋒者，近歲張俊獲捷於四明，韓世忠扼於鎮江，陳思恭擊于長橋，而張榮又大捷於淮甸，良由敵貪殘太甚，天意殆將悔禍。又敵以中原付之劉豫，而豫煩碎，不知國體。三尺童子，知其不能立國，事固可料。觀宇文虚中密奏，雖未可盡信，然敵騎連年不至淮甸，必有牽制，則天意蓋可見矣。今韓世忠已到行在，臣願睿斷早定，命世忠、張俊與臣等共議，決策北向。令世忠由宿、泗，劉光世由徐漕以入，又於明州留海船三百隻，令范溫、閻皋乘四月南風北去，徑取東萊，此數路皆有糧可因，不必調民饋運。大兵既集，豫必北走，所得諸郡，就擇土豪為守。敵舉兵來爭其地，則彼出我入，彼入我出，擾之數年，中原可復。況今之戰兵，其精鋭者皆中原之人。恐久而銷磨，異時勢必難舉，此可為深惜者也。”【頤浩此疏在今年，而不得其月，熊克《小曆》係之二月末間，恐誤。疏稱“韓世忠已到行在”，當是此時。若二月，則世忠尚在湖南，不應云爾也。疏又稱“後軍陳思恭”，疑傳寫之誤。思恭去年九月已死矣，今改作巨師古，庶不抵牾。】

同上書卷六十二

紹興三年春正月【按是月丁巳朔】……乙丑……初，神武副軍都統制岳飛在江州軍中糧乏，江西安撫大使李回分其軍之半萬二千，屯于江、筠州、臨江、興國軍，而命飛以餘軍即吉州屯駐，言於朝。丁卯，詔飛即以兵赴行在。

同上書卷六十三

紹興三年二月【按是月丁亥朔】……丙申，虔化縣土兵作亂。先是閤門祗候劉瑾以禦寇之勞，就知縣事。瑾日縱土兵剽掠，人甚苦之。會瑾改除江西兵馬副都監，安撫大使司以右承事郎黃象先為代。象先與瑾不協，每裁抑之。是日，象先出郊飲酒，土兵有盜民園蔬者，象先執以屬吏，其徒簒取以去。象先怒，後八日，密遣土豪鄧密等以兵掩土兵寨，盡殺其孥，焚其居而去。時岳飛討虔寇，朝廷命瑾以所部六百人為鄉導，在虔、吉間。守臣侯延慶以象先屬吏，言於朝，象先坐罷去。

庚子……吏部員外郎、權監察御史、江南東西路宣諭劉大中言：“昨岳飛提兵洪州，頗有紀律，人情恃以為安業。今盜賊未息，而飛既去，則民不安，農務失時。欲望速賜選兵前來，免致盜賊滋蔓。”詔以湖南安撫司統制官韓京為江西安撫大使司統制官，將所部千五百人，自衡州移吉州屯駐。

紹興三年三月【按是月丙辰朔】……辛未……初，命神武副軍都統制岳飛督捕虔寇，而飛言軍無春衣，乃出戶部帛萬五千賜之，仍令吉州榷貨務就賜錢三萬緡為行軍費。於是飛有衆二萬四千餘人，詔江西、廣東、湖南三漕臣濟其軍食。

同上書卷六十四

紹興三年夏四月【按是月丙戌朔】……壬辰……是日，神武副軍都統制岳飛以大軍次虔州。

丁未……神武副軍都統制岳飛遣統領官張憲、王貴分道，擊虔寇彭友、李滿，獲之。飛自至虔州，日破一寨，賊徒震恐。友等先據龍泉，至是乃敗。

紹興三年五月【按是月乙卯朔】……庚辰，江西安撫大使趙鼎言："岳、鄂為沿江上流控扼要害，鄂州雖有帥臣及軍萬餘，其間大半皆烏合之衆，以至器械未備，萬一有警，難以枝梧，欲俟虔賊既平，令岳飛以全軍往岳、鄂屯駐。不惟江西藉其聲援，可保無虞，而湖南、二廣亦獲安妥。"詔俟飛平江西、湖廣賊畢聽旨。時朝廷聞李橫失利，乃詔橫等逐鎮屯駐，非奉朝旨，毋得進兵。【趙鼎奏李橫事宜，或可移附此日。】

同上書卷六十六

紹興三年六月【按是月甲申朔】……己酉，神武副軍都統制岳飛自虔州班師。【此以紹興四年四月二十五日大理寺劄子修入。】

同上書卷六十七

紹興三年秋七月【按是月甲寅朔】……乙亥……詔神武副軍都統制岳飛選兵三千人，移戍廣州。

己丑，命神武副軍都統制岳飛赴行在，仍命飛以精卒萬人留戍江州。輔臣因論分屯軍馬遠近輕重，吕頤浩曰："但恐無糧。"上曰："撫國家，給饋餉，自古亦須運糧，豈有無糧之理。"乃命出撫州椿管錢九萬餘緡、江西折帛錢，易糧萬斛，以餉飛軍。

同上書卷六十八

紹興三年九月【按是月壬子朔】……庚申……神武副軍都統制岳飛自江州來朝，賜飛金帶器甲。飛養子雲，年尚少，上亦以戰袍戎器賜之。【賜甲帶在此月甲子。今併書之。】

丙寅……端明殿學士、江南西路安撫大使兼知洪州趙鼎為江南西路安撫制置大使，兼知洪州。中衛大夫、武安軍承宣使、神武副軍都統制岳飛落階官，為鎮南軍承宣使、江西沿江制置使，戍江州，尋詔飛落"沿江"二字。樞密院言："欲令飛於江州、興國、南康軍一帶駐軍。其江西見管諸頭項軍馬，雖隸帥司，如遇緩急，許飛抽差使喚。鼎發遣應副，務要内外相應，共濟國事。若江上有軍期急速，會議不及，許飛一面隨宜措置施行訖，報鼎照應。江北對岸，係舒、蘄兩州，可令岳飛節制。合用錢糧，令鼎督所屬監司州縣應辦。"從之。飛言："本路兵久不訓習，乞留五千人屯洪州，二千人屯虔州、西安軍[1]，餘並隨軍訓習。”詔飛、鼎同議。先是飛在洪州，與江南兵馬鈐轄趙秉淵飲，大醉，擊秉淵幾死，帥臣李回奏劾之。及是上戒飛止酒，飛遂不飲。始統制官傅選屯江州，李山知蘄州，皆受回節度。飛受命，奏乞選、山皆為本司統制，於是飛始能成軍。江東宣撫使劉光世與秉淵素厚，奏秉淵還建康以避之。時飛軍月費錢十二萬二千餘緡，米萬四千五百餘斛，【此據十月十八日趙鼎所奏。】詔漕臣曾紆津致錢糧，為軍中五月之費，而鼎督趣之。回與飛不協，至鼎推誠待之，飛亦心服。【飛節制舒、蘄州，及隨宜措置，在此月己巳。落“沿江”字，在壬申。光世奏秉淵部轄歸附人，在癸酉。飛乞分兵，在甲戌。詔李山兵馬令飛收管，在戊寅。令曾紆樁管五月錢糧，在十月己亥。選、山充統制，在十二月乙未。今牽聯書之。】

甲戌……江南東西路宣諭官劉大中言：“左奉議郎、知寧國縣李椿年練習民事，稽考稅額，各有條理。左宣教郎湯鵬舉悉心撫字，百姓服其恩信。”詔並進一官，俟任滿赴行在。椿年，浮梁人。鵬舉，金壇人也。大中又言：“秘閣修撰、權知虔州侯延慶守正特立，近岳飛平寇，賴其協濟，得以成功。直龍圖閣、知建昌軍朱芾節制軍馬，擒殺石陂軍賊盡淨，其學問淵源，殆近時所謂老成人者。直秘閣、知江州孫佑諳練民事，招集流亡，人多歸業。三郡之政，實有可觀，緣已經朝廷擢用，乞更不轉官，特降優詔褒寵，以為奉法愛民者之勸。”從之。時已詔延慶為修注，而徙芾知虔州，大中蓋未知也。【芾徙虔州，在此月癸酉。】詔神武副軍統領官武功郎、閤門宣贊舍人張憲，武顯大夫、閤門宣贊舍人王貴，正將武功郎姚政，副將承節郎楊再興等二十四人並陞帶陝西諸路副將至準備，差使有差。憲尋以捕虔寇功，遷武略大夫、吉州刺史，而貴亦進階官遙郡二官。【二人進官，在此月庚辰。】

乙亥，江東宣撫使劉光世為江東、淮西宣撫使，置司池州；淮南東路宣撫使韓世忠為建康鎮江府、淮南東路宣撫使，置司鎮江府；神武前軍統制、荊南府、潭、鼎、澧、岳、鄂等州制置使王𤫉為荊南府、岳、鄂、潭、鼎、澧、黃州、漢陽軍制置使，置司鄂州；神武副軍都統制、江西制置使岳飛為江南西路、舒、蘄州制置使，置司江州。賜光世錢十萬緡，為營壘費。仍命世忠措置所部沿江至平江府、江陰軍沿海地分。侍衛親軍步軍都指揮使、武泰軍節度使、主管殿前司公事郭仲荀為檢校少保，知明州，兼沿海制置使。神武中軍統制、提舉宿衛親兵楊沂中兼權殿前司公事。仍詔仲荀以紹興府

---

① 西安軍，疑為南安軍之訛。

温、台、明州為地分，自帥府外應統兵官，並得節制。始諸將雖擁重兵而無分定路分，故無所任責。朱勝非再相，始議分遣諸帥，各據要會，某帥當某路，一定不復易。已而江西制置大使趙鼎言："舒、蘄、黄三州先得旨，分隸大路；後有旨，軍期事聽江州沿江安撫司約束；又令遇盜賊竊發，聽淮西帥司約束；最後令舒、蘄二州聽岳飛節制。三州殘破之餘，事力單弱，凡受四司節制，不知號令何所適從。"乃詔舒、蘄州隸岳飛，黄州隸王瓊節制。【十一月丙寅降旨："仲荀至明，正當風汛賊舟南來之時，即遣小舟入海為斥堠，屯兵港口，據要會以待之。"】

庚辰……詔神武副軍都統制、江西制置使岳飛所部改稱神武後軍，以飛為統制。

同上書卷七十

紹興三年十有一月【按是月壬子朔】……乙亥……命荆潭制置司統制官吳全、湖南制置司統制官吳錫以所部屯武昌。時江北屢有警報，知黄州鮑貽遜徙治樊口，權知漢陽軍呼延虎渡江走鄂州，知興國軍徐璋亦以捍寇為辭，棄城而去，至是乃命二將移屯，受岳飛節度，而全已死矣，於是虎、璋皆坐貶。【二人貶秩，在四年二月乙未。】

同上書卷七十一

紹興三年十有二月【按是月辛巳朔】……甲午，詔李横、翟琮、董先、李道、牛皋並聽岳飛節制，以圖後效，仍令横等即江州屯駐。初，横之在襄陽也，岳飛遣統領官張憲招之，不從。及横自黄州渡江，飛聞之，疾馳往洪州，後横一日至，横已參趙鼎矣。飛責横不相從之意，横引罪而已。於是道、皋已在江州，飛皆用為統制，就將其軍，惟横等留南昌如故。【熊克《小曆》於今年七月，書"詔横駐洪州"。按《日曆》，"十一月庚午，詔横等江北擇地為寨。十二月壬午，詔横權於舒、蘄州界屯駐。"至此，始命移屯江州。不知克何所據而云爾也。】

戊申……初，江西統制官傅樞赴行在，而所部在虔州，制置使岳飛移其軍往江州屯駐。樞與飛故有隙，其弟統領官機與飛軍統領官王貴亦不平。機單騎赴洪州軍，行至長步，其右軍部將元通率其徒千餘人遁去，進犯英州，掠范瓊女而去，又圍南雄州。事聞，詔本路帥司招捕，趙鼎奏戮機。詔貸死，送飛軍前自效。【四年四月乙巳。】既而通受廣東經略使季陵招安。【通，明年三月丁卯可參考。】

同上書卷七十五

紹興四年夏四月【按是月庚辰朔】……乙酉，江西制置使岳飛奏川、陜戰捷事，飛奏中頗有輕敵之意。上謂朱勝非曰：“用兵當持重，宜深戒飛。”先是勝非居母喪，既祥，引疾在告。上賜親劄，略曰：“今乃何時，而卿謁告，使朕憂思。廟堂之政，蓋非特岳、鄂、襄、鄧之間，緩急不測，機務隨即應辦，豈容留滯，是宜來早扶疾之朝。兼朕別有所欲道者，非可托於毫楮也。”勝非惶恐入見。【御劄據勝非《行述》附入。按勝非母小祥在四月二日，而《日曆》四月一日至五日，並無聖語及勝非所奏事，至此日始有之，故且附本日。】

戊子，神武左副軍統制李横以襄陽失守，於國門待罪，詔放罪。横與蔡唐州信陽軍鎮撫使牛皋，商虢陜州鎮撫使董先自南昌隨趙鼎赴行在，詔以其軍萬五千人屬神武右軍都統制張俊，尋以錢萬五千緡、絹萬匹賜之。上念横等遠歸，各賜白金千兩。皋見上，因陳僞齊必滅之理，中原可復之計，乃命皋復往江州，聽岳飛節制。【李横等賜銀，在五月甲寅，賜絹在五月乙丑。】

乙未，右中奉大夫、直顯謨閣、江西轉運副使曾紆貶秩一等。初，命紆以錢米六萬貫石，餉江西制置使岳飛軍，為三月之費。至是飛言：“芻粟皆竭，綱運未到，深恐有誤事機。”故責之。左朝請郎万俟卨為湖北轉運判官。

丁酉……初，趙鼎之為江西制置大使也，制置使岳飛行移用申状。至是，徽猷閣直學士胡世將為制置使，飛審於朝。尚書省言：“世將無許節制指揮。”乃詔用公牒。

庚子，詔江東宣撫使劉光世遣兵巡邊。初，襄陽既為僞齊將李成所據，川、陜路絶，湖、湘之民，亦不奠居。一日，宰執奏事，朱勝非言：“襄陽上流，襟帶吴、蜀。我若得之，則進可以蹙賊，退可以保境。今陷於寇，所當先取。”上曰：“今便可議，就委岳飛如何?”参知政事趙鼎曰：“知上流利害，無如飛者。”簽書樞密院事徐俯獨以為不然，上不聽。鼎因奏令淮東宣撫使韓世忠以萬人屯泗上為疑兵，令光世選精兵出陳、蔡，庶幾兵勢相接。勝非乞遣中使持劄子付光世，庶恭稟無留滯。上曰：“内侍至軍中，多買馬、市方物。不欲遣，止欲急置可也。”會光世乞奏事，鼎曰：“方議出師，而大將遠離本軍，非便。”俯欲許之。鼎力爭，以為不可。言者以鼎為是，俯乃求去，上許之。

丙午……召龍圖閣直學士、知廬州陳規，直秘閣、知德安府韓之美赴行在，命淮西提點刑獄公事李健權廬州，仍令江西制置使岳飛選官權德安府。規引疾不置，乃以規提舉江州太平。【規得祠，在七月乙丑。】

同上書卷七十六

紹興四年五月庚戌朔……鎮南軍承宣使、江南西路舒蘄州制置使岳飛兼黃、復州、漢陽軍、德安府制置使，以飛出師也。

甲寅……是日，江西制置使岳飛復郢州。初，飛既出師，詔淮西宣撫使劉光世發精兵萬餘人援之。飛率統制官王萬等自鄂渚趨襄陽，右僕射朱勝非許飛訖事建節，且命戶部員外郎沈昭遠往總軍餉。參知政事趙鼎請上親筆，詔監司帥守餉飛軍無闕，庶幾必濟。飛將發，命軍士毋得踐民禾稼，皆秋毫不敢犯。至郢州，諭僞守荆超令降，超不從。有僞知長壽縣劉某者，登城發言不順。飛怒，令軍士曰："城即破，必生致之。"城陷，超投崖而死，獲劉某，磔之，遂引兵攻襄陽，軍聲大振。【熊克《小曆》、徐夢莘《北盟會編》稱"命司農少卿沈昭遠總其糧餉"，皆承誤也。昭遠此時實以郎總餉，此月乙亥，方有旨復置司農、太府二少卿，克等不詳考耳。】

甲戌……詔神武右軍選精鋭軍馬三千人戍虔州，專一措置虔、吉一帶盜賊，權聽江西帥司節制。先是岳飛出師，已破賊首鍾十四等十餘寨，至是其徒周十隆等出沒未已，遂命將官趙祥、李昇以所部往討之。

戊寅……是月，江南西路、舒、蘄、黃、復州、漢陽軍、德安府制置使岳飛引兵復襄陽府。初，僞齊將李成聞郢州失守，乃棄襄陽去，飛進軍據守，遂復唐州。

同上書卷七十七

紹興四年六月【按是月己卯朔】……丙午，執政奏事。上謂曰："岳飛已復襄、郢，尼瑪哈聞之必怒。況今正是六月下旬，便可講究防秋。儻敵人尚敢南來，朕當親率諸軍迎敵，使之無遺類，即中原可復也。若復遠避為泛海計，何以立國耶?"

是月，江西制置使岳飛復隨州。初，飛令前軍統制張憲引兵攻之，月餘不能下。神武後軍中部統領、兼制置司中軍統制牛臯請行，乃裹三日糧往，衆皆笑之。糧未盡而城拔，生執僞知州王嵩，送襄陽府，磔於市。飛之復、襄郢也，選鋒軍統制董先頗有功。先、臯皆久在京西，故飛以為將。

同上書卷七十八

紹興四年秋七月【按是月戊申朔】……乙卯，祠部員外郎范同言：“師克在和。大抵剛果豪健之士，以氣相高，始由小嫌，寖成大釁。然古之賢將，急公家，棄私讎，捨怨忘憤，終成令名者，蓋不乏人。陛下拔用才傑，禮遇勛賢，備極榮寵，固將憑藉忠力，掃除氛祲，一清寰宇，恢復祖宗之業。而道塗竊議，以為將帥忘輯睦之義，記纖介之怨，或享高位，而忌嫉軋已，或恃勛勞，而排抑新進。審如是，他日必有重貽聖慮者，欲望明示，至意及其細微，易於改圖。使之視春秋諸卿以為戒，追漢、唐名將而踵其跡。豈惟社稷是賴，而勛名寵位，尤享始終，亦陛下保全之德也。”詔劄與諸將帥。先是，劉光世、韓世忠久不協，而岳飛自列校拔起，頗為世忠與張俊所忌，故同及之。

甲子……江西安、復等州制置使岳飛復鄧州。時李成既遁去，與金、偽合兵，屯鄧州之西北。飛遣統制官王貴出光化，張憲出橫林。前二日，至城下，賊兵來戰，統制官董先出奇要擊，大敗之。賊將高仲入城據守，將士蟻附而上，遂克之，飛移屯德安府。

戊辰，詔“御史中丞辛炳稱疾既久，亦屢抗章，顧柏臺非養痾之地，可遂其請，除顯謨閣直學士，知漳州”。先是樞府全闕官，炳欲遷，乃數論胡松年、綦密禮之失，捃摭細故，毫髮必聞。未幾，炳疾踰月，松年執政，而密禮補外。會炳疾小愈，未能造朝，乞不妨本職，先赴本臺治事，許之。議者紛然，謂：“從官治事而不赴朝參為不恭，中司如此，何以掌朝議?”語聞，故有是命。【此以朱勝非《閑居錄》參修。炳乞先赴本臺管幹職事，在十七日甲子，蓋未罷前四日也。】初，江西制置使岳飛之入覲也，以泰州軍事判官朱夢說偕行。夢說，宣和間以佈衣上書切直，故飛辟之。夢說嘗遺炳書，言“時尚禽色之荒，多無用之物。二聖播遷未還，中原陷沒未復。上無賢相，朝乏賢臣”，因責其不諫。炳攜書以奏，飛乃厚贐夢說而謝遣之。【此據《中興姓氏錄》附入，夢說已見建炎元年二月。《姓氏錄》又云：炳攜書以奏，上不喜，諭飛罷之。趙甡之《遺史》云：炳亦請外補，除知漳州。按飛入朝在今春，去此已久，又炳亦久病，恐非緣此求去也。《日曆》今年八月二十七日甲辰，韓世忠狀：“泰州軍事判官朱夢說體究到知承州劉唐不法。”則夢說還任，必在春夏之間。今且附此，更求他書參考。】

癸酉……詔撫州、建昌軍依舊隸江西路，南康軍依舊隸江東路。先是置沿江三大帥，因移易其屬郡，至是建昌軍亂，朝廷及江西帥司皆已遣兵討捕，而江東帥司獨未知，故兩歸之。是日，淮西宣撫司統制官酈瓊以所部至襄陽府。初，岳飛之出師也，上命光世遣兵五千為之援，及是始至焉。【此據岳飛九月十一日所奏。】

丁丑……武功大夫、神武後軍幹辦官張旦為左武大夫、唐鄧郢州襄陽府安撫使，知襄陽府；親衛大夫、安州觀察使、神武後軍中部統領牛皋為安撫副使；武義大夫、榮州團練使李道充四川都統制；承信郎、神武後軍準備差遣周識為右承奉郎，知郢州；承信郎、神武後軍準備差遣孫革為右承務郎、簽書襄陽府判官廳公事，皆用江西、荆南等州制置使岳飛奏也。初，偽齊劉豫聞岳飛復襄陽，遣使乞師於金主晟，以求入寇。金主以方遣韓肖胄、章誼來聘，未可起兵。偽奉議郎羅誘上《南征議》於豫，曰："皇天厭亂，所以開聖人。陛下據全齊之地，豪傑之士，雲屯霧集，而趙氏兵窮力促，國勢顛隮，此天亡之秋，所以假手於陛下，隱忍不發者。毋乃惑於四議乎，臣請為陛下決之。其一曰：宜以卑辭通舊主，告以大金敦迫不得已之意，陰結猛援，速求剪伐，成即為君，敗即不失為忠臣。陛下獨不畏張邦昌之禍乎？北面奉符璽，退而復辟，猶且為齏粉，況又有甚焉者哉？此可決者一也。其二曰：彼有強敵難塞之賂，加以冗兵坐食之費，俟其凶荒，兵老財匱，然後可擊，此又不然。今宋之所保，不下百郡，西有三川之饒，南有二廣之富，增摘山之算，倍煮海之利。其賂大金者，不過歲時聘問講禮之幣而已。若不乘其弊而擊，待其羽翮之成，提兵北向，則我齊一敗塗地，此可決者二也。其三曰：陛下所以王山東者，以其得民心也，若簽而從軍，定失民望。夫趙氏奄有神器，已二百年，其於生靈，德至渥也，一旦猶且忘之，況大齊姑息之恩哉。且民心日夜望故主之來，所賴大金威惠，固無異心。使彼和間稍行，將不我援則豪傑四起，不待趙氏之兵而齊已誅矣，此可決者三也。其四曰：陛下臨戎，國事孰委，而元子亦不宜輕動。臣謂陛下一傳之後，大臣皆宋之舊臣，誰肯竭力以輔少主，宜遣元子親行，成此戡定之功，以結民心，以服大臣，庶幾齊祚得永，此可決者四也。四議既決，而臣復有六擊之便，今備陳之。且兩淮膏腴千里，表護江浙而不可失者也，金陵重地，得人守之，則窮年皓首而不可拔，彼退保吳越，略無意乎，此天所以遺陛下。若遣兵先據兩淮，振威滁泗，摇蕩江浙，乘隙進拔，金陵縱不能全圖，則山東為内地矣，此地利失其守，可擊者一也。且國步多艱，必資賢相，趙氏自播遷之後，所與謀事者，不過六七輩。吕頤浩横議狂直，失大臣風，兼有私門之僻，常為利所移；朱勝非雖老臣，然守法具位，怯於圖大事；秦檜智小而謀大；翟汝文才有餘而量不足；趙鼎雖大器，然孤立在外，進不容於朝；至於范宗尹，口尚乳臭，言不顧行，又無足道者。是數子者，皆闒茸士，非宰相才也。況復互為朋黨，此入彼出，視相府如傳舍，一旦倉卒，其君惸惸於上，百官泛泛於下，無有任其責者，此宰相非其人，可擊者二也。且國家危亂，注意在將。彼所用者，第皆庸瑣。劉光世雖持重，而偏裨不良；韓世忠有京西、圮上之役，不可以言勇【世忠嘗敗於永安，又潰於沭陽。】；至於張俊，尸祿素餐，坐與卒伍爭利，徒能費太倉米。是三子者，曾無毫髮功，而又挾不賞之疑，懷藏弓之忌，驕侈淫泆，權勢相尚，結怨連隙，未始少和，此將驕而不和，可擊者三也。彼自敗績之後，士卒殆盡，不過降烏合之衆，收飢悴之夫，驕縱不治，間有邊事，覬賞而後行，此兵縱而不戢，可擊者四也。太子天下之本，彼既無宗室，又失儲位，設有軍事，孰與為謀，此主孤而内危，可擊者五也。夫用兵之道，財用為先，彼自挈兵以來，藏無信宿之錢，倉無間日之米，兩浙之間，賦斂横出，官吏生姦，民人怨望，諸軍僥求之心，猶且不已，稍有警急，不亡何待，此民窮而財匱，可擊者六也。且我無四議之惑，彼有六擊之便，是乃萬全之師，取天下如反掌。臣謹上議。”豫覽之，大悅，賜誘帛百匹，乘傳赴闕，以誘為行軍謀主。【此據《偽齊錄》附見。叛臣之策本不宜書，書之以見誘所謂四可決者，皆劉豫所忌，朝廷所當知也。】

同上書卷七十九

紹興四年八月【按是月戊寅朔】……癸未，左朝請大夫、知江州陳子卿報岳飛已復鄧州。上曰：“朕素聞飛行軍極有紀律，未知能破敵如此。”胡松年曰：“惟其有紀律，所以能破賊。若號令不明，士卒不整，方自治不暇，緩急豈能成功邪。”後二日，飛捷奏至。上大喜，遣中使持詔書獎諭，促令第賞將士，且賜銀合茶藥。【捷奏自鄧州二十二日至行在。】

丙申……荆南鎮撫司統制官辛太貸死除名，令本鎮自效。岳飛之復襄、郢也，上命荆南鎮撫使解潛遣兵助之，潛令太將鄉兵千二百人赴襄陽。飛命太駐清水河以掩賊，太不聽命，自鄧城擅歸宜都。潛不即遣，反妄申太先復襄陽。飛怒，乞押太赴軍前，與免罪責以自效。詔太罪當誅戮，特貸死，令潛分析。言者論曲直未判，刑罰無章，乞令潛押太赴行在聽區處，庶幾軍律稍振，且免二人更有論辯，漸成仇隙。潛坐降横行一官。【潛降官在九月癸丑。熊克《小曆》稱“湖北制置使岳飛劾辛太”，又云“太擅歸荆南”，皆誤也。飛此月壬寅始除湖北制置，此時但為江西安復等州制置耳。潛自建炎末寓治宜都，至今未歸荆南。蓋飛按章有云“太擅往荆南鎮撫使解潛處”，

克遂誤也。】

壬寅，鎮南軍承宣使，神武後軍統制，充江南西路舒、蘄州兼荆南鄂、岳、黄、復州、漢陽軍、德安府制置使岳飛為清遠軍節度使，湖北路荆、襄、潭州制置使。先是神武前軍統制王𤫉在湖北，連年不能討賊。會飛襄陽賞功，樞密院因言：“楊太等作過日久，先因張浚奏乞招安，特與放罪，許令出首，而遷延累月，終無悛心，理難容貸。𤫉出師踰歲，不能成功，與潭、鼎帥守每事忿爭，不務協心，致一方受弊。”乃詔專委飛措畫討捕，仍令知鼎州程昌寓自上流進兵，湖南制置大使司遣馬準、步諒兩軍聽昌寓節制，荆南鎮撫使解潛亦遣兵船約期進討，命𤫉將所部還江州。飛時年三十二，自中興後，諸將建節，未有如飛之年少者。【《朱勝非行述》云：岳飛復襄、郢之地，朝廷欲行獻捷之禮。勝非謂：“本吾家堂奥，不足言，俟中原盡復，大駕還汴，乃可。”今附此，更須詳之也。】

癸卯……樞密院奏以襄陽府、隨、郢、唐、鄧州、信陽軍為襄陽府路，本府置帥司，緣收復之初，事務不多，未置監司，止委制置使岳飛措置。仍隸都督府。從之。

甲辰……右朝請大夫、權荆南制置司參議官盧宗訓知德安府，武翼郎、閤門宣贊舍人張應知鄧州，修武郎高青知唐州，承節郎舒繼明為成忠郎、閤門祇侯，知信陽軍，左文林郎李尚義為左承事郎，通判襄陽府，右承直郎党尚友為右宣教郎，通判鄧州，皆用制置使岳飛奏也。繼明，羅山人，身長七尺，善騎射，矢不虛發，故飛薦用之。既而侍御史魏矼言：“飛新立功，朝廷當成就其美，不宜使輕儇之徒，為其屬郡。昔郭子儀以奏請不行，為人主所厚，願以臣章示諸將，因事機以善其後。”宗訓之命遂寢。【尚義奏辟，在九月辛亥。今並書之。】

同上書卷八十

紹興四年九月丁未朔，直徽猷閣、主管臨安府洞霄宫李謨為江南西路轉運副使，應副岳飛大軍錢糧。先是轉運副使曾紆除司農少卿，而殿中侍御史張致遠論紆媚附中人，自絶清議，遂罷去，乃改命謨。【紆以八月己亥除少農，壬寅別與差遣。】

辛酉，合祀天地于明堂……言者請如祖宗故事，權御臺門肆赦。【七月戊辰。】議裁省者以為“宫門地隘，儀衛不能容”，乃止，宣赦於常御殿前。三衛、班直、宿衛、忠佐、忠鋭將兵，神武右軍、中軍，七萬二千八百餘人，共支錢二百三十一萬餘緡。劉光世、韓世忠、岳飛、王𤫉四軍，十二萬一千六百餘人，共支錢二十八萬餘緡。合内外諸軍，共二百五十九萬餘緡。視元年明堂，增支九十四萬餘緡。而宰執百官諸司給賜，以軍興故權住，於是省部禮寺官、告院事務所行文書吏三百餘人，增給或數月所費，僅萬緡。言者以為冗費，乃命例支一月，餘悉追剋焉。【此月庚午行遣。】

乙丑……是日，吏部員外郎魏良臣、閤門宣贊舍人王繪辭，往金國軍前通問。上曰："卿等此行，不須與金人計較言語。卑辭厚禮，朕且不憚。如歲幣歲貢之類，不須較。致見尼瑪哈，為言宇文虛中久在金國，其父母老，日望其歸，令早放還。"又言："襄陽諸郡皆故地，因李成侵犯不已，遂命岳飛收復。"良臣曰："臣等近聞有探報，朝廷秘不言，乞聖慈宣諭。"上曰："止是淮陽有舟船來運麥，此不足慮。"良臣等退至都堂，朱勝非已不入，趙鼎、孟庾、胡松年聚堂同坐，良臣等起白上指。鼎曰："事涉機密，少時閤子中言之。"松年離席曰："乞就此共議如何?"鼎不答。繪退，謂良臣曰："趙樞密嘗以不預始議，不肯預此事矣。"及再見，鼎遣直省吏致意曰："督府事不暇，請與參政胡樞密議之。"良臣等出，遇神武右軍都統制張俊來白事。俊為二人言："有探報，金人大舉，今過南京。"良臣等乞再對，不報。【已上並據王繪《甲辰通和錄》。】初，偽齊劉豫既納其臣羅誘《南征議》，乃遣知樞密院事盧偉卿見金主晟，具言："國家自大梁五遷，皆失其土，若假兵五萬下兩淮，南逐五百里，則吳越又將棄而失之，貨財子女，不求而得。然後擇金國賢王，或有德者，立為淮王，王盱眙，使山東唇齒之勢成，晏然無南顧之憂，則兩河自定矣。青、冀之地，古稱上土，耕桑以時，富庶可待，則宋之微賂，又何足較其得失。"金主晟命諸將議之，左副元帥宗維、左監軍希尹以為難，右副元帥宗輔以為可，於是以宗輔權左副元帥，右監軍昌權右副元帥，調渤海、漢兒軍五萬人以應豫，宗維、希尹繇是失兵柄。又以左都監宗弼嘗過江，知地險易，使將前軍。宗輔下令，燕、雲諸路漢軍，並令親行，毋得募人充役。豫遂命其子偽諸路大總管、尚書左丞相、梁國公麟領東南道行臺尚書令，合兵來寇。始議自順昌取合淝，犯曆陽，由采石以濟。簽軍都制置使李成謂："所簽民兵盡除山東，餉道遼遠，又慮岳飛之軍自襄陽出攻其背，不如沿汴直犯泗州，渡淮，以大軍扼盱眙，據其津要，分兵下滁、和、揚州。大治舟楫，西自采石以攻金陵，南自瓜洲以攻京口。仍分兵東下，掠海、楚之糧，庶幾大利。"先是偽尚書右丞相張孝純既告老，豫復起之。孝純知豫必不能久，欲自托於朝廷。麟嘗養俠士蒯挺等二十餘，待以殊禮。孝純與挺厚，得其陰謀。又金人於沿海州縣，置通貨场，以市金漆、皮革、羽毛之可為戎器者，以厚直償之，所積甚衆。孝純言於豫曰："聞南人治舟久矣，旦暮乘風北濟，而所在岸口，視之恬然。苟利於吾，彼寧不為之禁。"豫大懼，遽罷通貨场。至是豫將舉兵，乃下偽詔，略曰："朕受命數年，治頗有叙，永惟吳、蜀、江、湖，皆定議一統之地。重念生民久困，不忍用兵，故為請於大金，欲割地封之，使保趙氏之祀。大金以元議絶滅，但欲終其伐功，力請逾堅。方見聽許，豈期蔑棄大德，乃敢偽遣使聘，密期吞噬。是用遣皇子麟，會大金元帥大兵，直擣僭壘，務使六合混一。"【以上據《偽齊錄》及張孝純所上書，並熊克《小曆》。】於是騎兵自泗攻滁，步兵自楚攻承。諜報至，舉朝震恐，或勸上它幸，議散百司。趙鼎獨曰："戰而不捷，去未晚也。"上用鼎計。侍御史魏矼嘗言："陛下宵衣旰食，將大有為，而所任一相，未聞有所施設，惟知今日勘當，明日看詳，今日進呈一二細事，明日啓擬一二故令，政務山積於上，賢能陸沉於下。方且月一求去，徒為紛擾。宜亟從所請，以慰公議。"先是右僕射朱勝非因久雨，乞行策免故事，以消天變，又以餘服為請，章十二上。上許以俟總章禮畢如所請，且有保全舊臣之論。至是祀明堂已畢，勝非復求去，且論當罷者十一事。矼亦疏勝非五罪，由是得請。鼎之為參預也，常與諸將論防秋大計，獨張俊曰："避將何之，惟向前一步，庶可脱。當聚天下兵守平江，俟賊退，徐為之計。"鼎曰："公言避非策，是也；以天下之兵守一州之地，非也。公但堅向前之議，足矣。"鼎蓋陰有所處，故每日留身，必陳用兵大計。上意已悟，又使俊密為之助，至是決意親征，留鼎不遣入蜀。鼎奏用十月七日西行，許之。然上方向鼎，已有命相之意矣。

同上書卷八十一

紹興四年冬十月【按是月丙子朔】……戊子……是日，淮東宣撫使韓世忠邀擊金人于大儀鎮，敗之。初，奉使魏良臣、王繪在鎮江，被旨趣行，乃以是月丙戌渡江。丁亥，至楊子橋，遇世忠遣使臣督令出界。繪顧良臣曰："幸免'管押'二字，亦是光華。"時朝廷已知承、楚路絶，乃連偽界引伴官牒付良臣等，令賫執於阻節處照驗，又令淮東帥司召募使臣説諭承、楚州令，放過奉使。良臣等至揚州東門外，遇選鋒軍自城中還，問之，云："相公令往江頭把隘。"入城，見世忠坐譙門上。頃之，流星庚牌沓至，世忠出示良臣等，乃得旨令移屯守江。世忠留食，良臣等辭以欲見參議官陳桷、提舉官董旼，遂過桷等共飯。【熊克《小曆》稱"世忠置酒與良臣別，杯一再行，流星庚牌沓至"。蓋承墓碑之詞，今從王繪《甲寅錄》。】世忠遣人傳刺字謝良臣、繪，且速桷等還。桷、旼送二人出北門，繪與桷有舊，駐馬久之，以老幼為托，泣數行下，左右皆傷怛。晚宿大儀鎮。翌旦行數里，遇敵騎百十控弦而來。良臣命其徒下馬，大呼曰："勿射，此來講和。"敵乃引騎還天長。問："皇帝何在?"良臣對曰："在杭州。"又問："韓家何在，有士馬幾何?"繪曰："在揚州，來時已還鎮江矣。"又曰："得無用計，復還掩我否?"繪曰："此兵家事，使人安得知。"去城六七里，遇金將聶呼貝勒，同入城。問講和事，且言："自泗州來，所在州縣，多見恤刑手詔及戒石銘，皇帝恤民如此。"又問："秦中丞何在?"繪答以"今帶職奉祠，居温州"。又言："嘗聞作相，今罷去，得非恐為軍前所取故邪?"繪曰："頃實居相位踰年，堅欲求去，無他也。"又問："韓家何在?"良臣曰："來時親見人馬出東門望瓜洲去矣。"繪曰："侍郎未可為此言。用兵、講和，自是二事。雖得旨抽囬，將在軍，君命有所不受，還與未還，使人不可得而知。"又云："元帥已到高郵，三太子已到泗州，是行皆劉齊間諜所致。劉總管謂韓家有幾萬，岳家有幾萬，俱在淮南，自入境來，何嘗見一人一騎。"初，世忠度良臣已遠，乃上馬，令軍中曰："視吾鞭所嚮。"於是引軍次大儀鎮，勒兵為五陣，設伏二十餘處，戒之曰："聞鼓聲則起而擊敵。"聶呼貝勒聞世忠退軍，喜甚，引騎數百趨江口，距大儀鎮五里。其將托卜嘉擁鐵騎過五陣之東，世忠與戰，不利，統制官呼延通救之得免。世忠傳小麾鳴鼓，伏者四起，五軍旗與敵旗雜出，敵軍亂，弓刀無所施而我師迭進。背嵬軍各持長斧，上揕人胸，下揖馬足，敵全裝陷泥淖，人馬俱斃，遂擒托卜嘉。通，贊遠孫也。

己丑……初，聶呼貝勒既敗歸，召奉使魏良臣等至天長南門外。良臣等下馬，敵騎擁之而前。貝勒憤甚，脫所服貂帽，按劍瞋目，謂曰："汝等來講和，且謂韓家人馬已還，乃陰來害我。"諸將舉刃示之。良臣等指天號呼曰："使人講和，止為國家。韓世忠既以兩使人為餌，安得令知其計?"往返良久。乃曰："汝往見元帥。"遂由寶應縣用黃河渡船以濟。右副元帥昌遣接伴官團練使蕭吉嚕、少監李聿興來迓。聿興見良臣，問所議何事。良臣曰："此來為江南欲守見存之地，每歲貢銀絹二十五萬匹兩。"繪云："見存之地，謂章誼囬日所存之地。"聿興又云："兵事先論曲直，師直為壯。淮南州縣，已是大國曾經略定交與大齊，後來江南擅自佔據。及大兵到來，又令韓世忠掩不備。"良臣等云："經略州縣事，前此書中初未嘗言及，止言淮南不得屯兵，本朝一如大國所教。"聿興云："襄、漢州縣，皆大齊已有之地，何為乃令岳飛侵奪?"良臣云："襄、漢之地，王倫囬日係屬江南。後李成為劉齊所用，遂來侵擾，又結楊幺，欲裂地而王之。江南恐其包藏禍心，難以立國，遂遣岳飛收復，即非生事。”聿興云：“元帥欲見國書。”遂以議事迎請二聖二書授之。【吕中《大事記》：建炎元年，遣傅雱使金，二年，遣宇文虚中使金，此汪、黄為之也。三年，遣洪皓、崔縱、張卲、杜時亮四人，亦汪、黄為之乎。紹興八年，再遣王倫，此秦檜為之也。十一年，遣魏良臣、何蘚之徒，亦檜為之乎。胡寅有言：“今納賂則孰富於京室，納質則孰重於二帝，飾子女則孰多於中原之佳麗，遣大臣則孰加於異意之宰輔。以使命之幣，為養兵之費，此乃晋人征繕立圉之策，漢祖迎太公、吕后之謀也，不得已則如李綱所‘奉表兩宫，致思慕之意’可也。今尋諸仇讎而請之，何義乎。”】吉嚕又問：“秦中丞安否？此人原在此軍中，煞是好人。”良臣等對如初。聿興再云：“奈何更求復故地。”繪云：“以中間丞相惠書有云‘既欲不絶祭祀，豈肯過為吝愛，使不成國’，是以江南敢再三懇告。若或不從，卻是使不成國。”聿興云：“大齊雖號皇帝，然止是本朝一附庸，指揮使令，無不如意。”又云：“此去杭州，幾日可以往回？”繪等云：“星夜兼程，往來不過半月。”聿興曰：“昨日書元帥已令譯作番字，一二日可得見矣。”吉嚕，契丹人。聿興，宣和三年進士高第，金用為樞密院令史，至是從軍。

丁酉，執政進呈車駕進發宿頓次序。上曰：“朕奉己至薄，况此行本以安民，豈可過為煩擾。又恐州縣以調夫修治道路為名，並緣為弊。”趙鼎曰：“朝廷累行約束，丁寧備至。”沈與求曰：“諸將之兵，分屯江岸，而敵騎逡巡淮甸之間，恐久或生變。當遣岳飛自上流取間道，乘虛擊之，敵騎必有反顧之患。”上曰：“當如此措置，兵貴拙速，不宜巧遲。機事一失，恐成後悔，宜速諭之。”右宣義郎裴祖德除名。祖德以濫賞改官，居憂中冒覃轉及章服，又妄稱職名，為言者所論，下大理，祖德具伏。又嘗從統制官王進、岳飛、王民，得空名告身，給賣富民入己，刑寺當徒三年，特責之。

戊戌……湖北制置使岳飛遣屬官孔戊來奏事，詔特改京官。

癸卯……淮東宣撫使韓世忠奏“準金部員外郎張成憲公文，支給本軍大禮賞，本司未敢幫請，乞依張俊下官兵體例支給”，許之。舊例，俊與楊沂中内二軍，賞給人三十千；世忠與劉光世、王瓊、岳飛外四軍，人給二千有奇而已。至是俊出為宣撫使，故世忠援以為言。初，朝廷命成憲應副世忠軍錢糧，成憲言：“職事别無相干，乞用公牒往來。”奏可，自是總領錢糧官率用此例。【《日曆》此月二十八日癸卯，復置宗正丞等指揮，非本年事，蓋重疊差誤。】

同上書卷八十二

紹興四年十一月【按是月丙午朔】……壬子，手詔書："朕以兩宫萬里，一别九年。覬迎鑾輅之還，期遂庭闈之奉。故暴虎憑河之怒，敵雖逞於凶殘，而投鼠忌器之嫌，朕寧甘於屈辱。是以卑辭遣使，屈己通和。仰懷故國之廟祧，至於霣涕；俯見中原之父老，寧不汗顔。比得強敵之情，稍有休兵之議。而叛臣劉豫，懼禍及身。造為事端，間諜和好。簽我赤子，脅使征行。涉地稱兵，操戈犯順。大逆不道，一至於斯。警奏既聞，神人共憤。皆願挺身而效死，不忍與賊以俱生。今朕此行，士氣百倍。雖自纂承之後，每乖舉錯之方，尚念祖宗在天之靈，共刷國家累歲之耻。殪彼逆黨，成此雋功。載惟夙宵跋履之勤，仍蹈鋒鏑戰爭之苦。興言及此，無所措躬。然而能建非常之功，必有不次之賞。初詔具在，朕不食言。咨爾六師，咸體朕意。"【熊克《小曆》載此詔在十月己卯，今從《日曆》繫於此日。】自豫僭立，朝廷以金故，至以"大齊"名之，至是始下詔聲其逆罪焉。【此據熊克《小曆》。】是日，川陝宣撫司統制官楊從儀敗敵于臘家城。岳飛之取襄陽也，朝廷命宣撫副使吴玠乘機牽制。玠遣從儀以兵入僞地，遇敵勝之。

己未，資政殿學士、提舉萬壽觀、兼侍讀張浚知樞密院事。浚之未至也，左宣教郎喻樗説趙鼎除浚閩浙江淮宣撫使，以為後圖，鼎大以為然。及入奏，上曰："且在經筵，亦可。"浚請遣岳飛渡江入淮西，以牽制金兵之在淮東者，上從之。及入見，上問鼎："浚方略如何?"鼎曰："浚鋭於功名，而得衆心，可以獨任。"於是上復用之。

乙丑，湖北荆襄潭州制置使岳飛言："襄陽等六州歸業人戶，全闕牛種。乞量借官錢，俟起税日分四科隨税送納。又乞支降錢米，養贍官兵，修葺城壁樓櫓。應官私欠負，並行蠲放。州縣官到罷各轉一官，選人改合入官，仍以招集流亡多寡為殿最。"詔賜飛度牒二百道，為贍軍修城之費，其餘皆從之。

丙寅，遣内侍李肖往劉光世、岳飛軍，汪浩往韓世忠、張俊、王瓔軍，撫問將士家屬，仍賜錢有差。【三宣撫軍各萬緡，岳飛三千緡，王瓔二千緡。】初，河東忠義軍將趙雲嘗出兵與敵戰，至是敵執其父福及母張氏以招之，且許雲平陽府路副總管。雲不顧，遂殺福，囚張氏於絳州。久之，雲間道奔岳飛軍中。既而飛遣雲渡河，雲因擊曲垣縣，復取其母。飛以為小將。【此據紹興十二年六月丁丑雲自叙狀增入，蓋今年十一月二十一日事，故附于此。】

庚午，詔岳飛母太恭人姚氏特封榮國太夫人，廬山東林寺僧慧海賜號“佛心禪師”。初，飛遣本軍提舉事務、武功大夫劉康年來陳，乞襄、漢功賞，而康年用飛備紙，乞奏子雷文資等三事。朝論以奏文資為不可，餘皆許之。其後飛言：“臣近蒙恩，以收襄、漢功，寵加旌節，臣具懇辭不敢为。康年於國家多事之際，輒以私門猥瑣，希求恩寵。望寢前命，仍將康年正朝典詔。”飛母封號係特恩，餘令改正。康年依衝替人例，其所得襄、漢功賞仍奪之。【飛奏至，在明年正月壬子。】

同上書卷八十三

紹興四年十有二月【按是月乙亥朔】……尚書吏部員外郎魏良臣、閤門宣贊舍人王繪自金國軍前還，入見。良臣等至平江，見輔臣已。金部員外郎吳并問金兵衆寡，繪曰：“據所見，不及二萬人。而諜報及金人自言，以謂四路各十萬人，然未嘗見也。”日午，對於内殿，上問勞甚渥，且詢敵勢。繪舉冒頓匿壯士健馬故事為對，且言“願勿輕此敵”。翌日，繪即乞致仕，許之。既而趙鼎召良臣，問四路之數。良臣曰：“此副使為吳郎中言之，若所聞審的，則必奏陳。”時良臣等既為張浚所斥，而侍御史魏矼亦言：“朝廷前此三遣和使，而大金纔有報聘，禮意周旋，信言可考，頃復專使尋好，未有釁隙。茲乃偽劉父子造兵端，本謀窺江，初無和意，使人未見，國相報書，來自近甸，此而可信，覆轍未遠。今大兵坐扼天險，援師艤舟上流，精鋭無慮十萬。彼偽劉挾金為重，簽軍本吾赤子，人心向背，久當自攜。持重以待之，輕兵以擾之。吾計得矣。昔曹操降劉琮，得其水軍人船合八十萬，徑下江陵。吳之議者咸曰‘曹公豺虎也，然托名漢相，挾天子以征四方。今日拒之，事更不順。且將軍大勢可以拒操者，長江也。今操得荆州，水陸俱下。此為長江之險，已與我共之矣，而勢力衆寡，又不可論，不如迎之’。獨周瑜引兵與劉備并力以逆操，敗之赤壁。今劉豫挾金以叛，視操孰順？敵衆深入澤國，視操孰強？而岳飛在江西，吳玠在秦隴，形勢又孰得？更欲聽其詭計，惰喪士氣，拱手以受其弊，非臣所喻也。昔新垣衍説趙帝秦，魯仲連折之，有曰‘是使三晉之大臣，不如鄒、魯之僕妾’。秦軍聞之，為卻五十里。臣久誦斯語，不勝憤懣。惟陛下為宗社生靈之重，仰順天意，俯從人欲，飭勵諸將，力圖攻守。”上甚納其言。

丁丑，左朝請大夫、知江州陳子卿為湖北制置使司參議官，用岳飛奏也。後二日，執政進呈韓世忠辟官屬。上曰：“諸將所辟官屬，稍正當則能裨益其軍政。儻非其人，往往生事。雖朝廷用人亦然，《書》稱‘侍御僕從，罔非正人'，況其他乎？”沈與求曰：“致治之道，在積賢耳。左右前後，皆薛居州，則邪枉之徒，自然遠矣，天下安得不治？”

壬辰，湖北制置司統制官牛皋、徐慶敗敵於廬州。時敵增兵復犯淮右，仇悆盡發戍軍千人拒之，既而敗北，無一還者，遂求救於湖北制置使岳飛，遣皋、慶率二千人往援。慶，飛愛將也。是日，皋、慶以從騎數十人先至，坐未定，斥堠報金人五千騎將逼城。皋即與慶出城，謂敵衆曰：“牛皋在此，爾輩胡為見犯。”乃展幟示之，敵兵失色。皋舞槊徑前，敵疑有伏，即奔潰。皋率騎追之，敵自相踐死，餘皆遁去。時淮西宣撫使劉光世亦遣統制官張琦至廬州城下，又遣統制官靳賽至慎縣而還。悆歎皋之功，以書謝飛，盛稱其勇。飛不悅，移其功以畀慶。後慶以奇功自武功郎徑遷武功大夫、開州刺史，而皋止進二官。【此以徐夢莘《北盟會編》、熊克《小曆》參修。但夢莘所云“皋以十三騎，襲敵軍五十里”，又云“番偽大軍十餘萬，去廬州百餘里而屯，一夕皆遁”，此則未足據也。番偽軍退，自是糧乏不支，非因廬州之敗。據岳飛奏功狀，稱“實接戰立功官兵五百四十六人”，雖未免泛濫在其中，然亦不止於十三騎明矣。狀又稱“追逐敵兵三十餘里”，今但云“率騎追之”，庶得其實。皋、慶，明年二月推恩。】

同上書卷八十四

紹興五年春正月【按是月乙巳朔】……乙丑，罷淮南茶鹽提刑司，置提點兩路公事官一員，兼領刑獄、茶鹽、漕運、市易等事，應合行事，如發運使例。以直秘閣、江南西路轉運副使張澄提點淮南東西兩路公事，填創置闕，仍命赴都堂稟議訖之任。尋以澄應副岳飛軍儲之勞，進職一等。直顯謨閣曾紆陞職一等，尚書戶部員外郎沈昭遠再進一官。岳飛之復襄鄧也，二人以餽餉愆期貶秩。上手詔二人：“若應辦足備飛成功，當不次除擢。如依前違慢，有誤軍期，邦有常刑，朕不汝赦。”二人惶恐受命。暨飛奏功，乃復其秩，又例進一官。中書門下省言：“賞未酬勞。”故有是命。

癸酉……中書門下省檢正諸房公事兼權給事中晏敦復言：“比者陛下親總六師，遂訖卻敵之功，則天意固助順矣。乃今歲正月朔，日有食之。《漢策》宣帝有言曰：'今日蝕於三始，誠可畏懼。小民正月朔日，尚恐毀濫器物。何況于日虧乎？'是則正旦之食，災異尤甚。然以今日之事言之，臣知天之仁愛人君，欲扶持而安全之也。天意若曰'敵兵遠遁，行朝粗安，正宜儆戒之時'，陛下遇災而懼，側身修行，固無所不至矣。臣願益加聖心，日慎一日，雖休勿休。凡可以仰答天戒、俯慰民情者，必力行之；違於天、咈於民者，必力去之。期於保固洪圖，紹隆丕緒，以為萬世無疆之福。”時淮西宣撫使劉光世乞以所置淮東田于淮西對換，上許之。敦復言：“淮西累經兵火，正要安集存撫。稍有騷擾，則百姓不得奠居，依前不得成藩籬矣。光世為一路大帥，未聞為朝廷措置毫髮利便事，先乞換易私土，似為未便。且淮西州縣，皆光世所部。摽撥田土，光世必遣人揀擇，州縣必惟命是從，豈復更問是空閑不是空閑也。光世先在淮東置田之時，其所遣幹當使臣等，惟擇利便膏腴者取之，致民間多失舊業，此衆所共知，不審光世知與不知也。今又欲易淮西田，則其所遣幹當之人，及州縣之吏，夤緣為奸，豈止取民三百頃而已耶。使兩路瘡痍之民，皆重罹殘害，豈不失人心乎。今光世以為私田，即不復招誘人民歸業也。且敵兵方退，遽有此請，豈非謂朝廷不敢不從邪。恐非光世自為之，必其屬官有誤光世者。比岳飛以其屬官輒以私事干請於朝，旋請加罪，中外翕然稱美，謂有古賢將之風。光世平日自處，必不在岳飛下。望以臣所言示光世，且令為朝廷經理淮南，收撫百姓，以為定都建康之計。中興有期，何患富貴之不足，私計之未便邪。今所降指揮，於朝廷之紀綱、大將之舉措，皆為未得，恐非所以愛光世也。”【劉光世乞換田事，《日曆》不見。岳飛劾劉康年，在此月八日，故附月末。】

同上書卷八十五

紹興五年二月【按是月乙亥朔】……丙子，清遠軍節度使、神武後軍統制、充湖北路荆襄潭州制置使岳飛為鎮寧崇信軍節度使。岳飛自池州入朝。前一日，御筆賜岳飛銀帛二千匹兩，封其母榮國太夫人姚氏為福國太夫人，親屬為承信郎者一人，封孺人者二人，賜冠帔三道，賞淮西之功也。既而飛言母見係太恭人，乃詔福國告令吏部修洗改正，榮國告拘收申省毀抹。【改正告身，在此月癸巳。】

丙戌……神武後軍統制、湖北路荆襄潭州制置使岳飛為荆湖南北襄陽府路制置使，充神武後軍都統制，將所部平湖賊楊么。賜錢十萬緡，帛五千匹，為犒軍之費。以湖北轉運判官劉延年充隨軍轉運，及令湖南、江西漕臣薛弼、范振應副隨軍錢糧。

戊子……詔黄誠、楊太等如率衆出首，當議與湖南、北路知州差遣。先是張浚以湖寇為腹心害，欲招來之。會誠之黨周倫，自稱統管鄉社水陸兵馬，以狀抵岳州乞保奏，且以鍾相作亂事歸罪於孔彦舟。詔以黄榜放罪，令誠等一行人船趁此春水，順流赴張浚行府，或劉光世軍前，當議優與轉官，仍舊專充水軍；若有願乞外任之人，許乞本鄉或鄰近州軍鈐轄都監差遣；願歸農人，於鼎、澧州支撥閑田養贍，仍免五年稅役。倫又言："劉豫遣來招誘使臣，前後十人，已行斬首，乞下邊界幾察。"詔誠等忠節顯著，深可嘉尚。制置使岳飛又乞以荆、湖一郡授二人，故有是命。

壬辰……侍御史張致遠言："天下之勢，猶一人之身，庶民處心腹之中，外國在皮膚之外。故外國侵侮，是謂皮膚不仁，儻善用藥石，其去甚易。庶民稔亂，是謂心腹蓄毒。若養而不治，其愈實難。今之洞庭、郴、虔、廣東，嘯脅者仍在，此心腹之疾也。洞庭阻固，累年於茲。招安之人屢遣，而大半不還；水陸之師每進，而無敢深入。臣嘗究訪曲折，蓋其巢穴綿亙甚廣，軍民嘯聚甚衆，抄掠儲積甚富。伏聞廟算已定，臣不多言。至如郴、虔、廣東，乍起乍息，略無寧歲。往者岳飛至，所遣徐慶，日破一寨。群賊假息村落，殄滅可期，慶遽追還，餘黨遂復熾矣。吳錫至郴襲賊，入韶州，朱廣、鄧晏等頗見窮促。未幾而錫亦徑歸長沙，責任不專，無益於事。韶、連、南雄，近為郴寇所擾。雖韓京屢小捷，而軍威不振。循、梅、潮、惠又苦虔寇出沒，重以土豪殘暴，人不聊生。廣東州府十四，惟西江四郡，粗得安堵。其他蓋無日不聞賊報，十百為群，所至焚劫。而惠州河源縣凌竦、曾袞二項，人數最多。袞嘗就招安，補官為歸善巡檢，頃復歸河源。其徒居於水上，自惠至廣相屬也。帥守監司幸其不入州縣，各僥倖罷去，無肯任其責者，故憚於上聞，一方閔閔，無所告訴，臣嘗為陛下言之矣。繼以江淮有警，度朝廷未有餘力，今適可為之時，更緩而不圖，是養心腹之疾。然帥守監司所以憚於任責者，亦有一說。諸郡素不儲糧，大兵難以持久。以臣愚慮，宜以此事付之諸帥，仍令委江、湖、閩、廣諸漕使，各應副糧草。韓京一軍，並元通、黃進之黨，各四千餘人，見駐韶州。令湖南帥司遣任士安等入郴州、宜章，與京相應，以經營郴與北江數州。令江西帥司遣趙詳等由虔州安遠入循、梅，令福建帥司遣申世景由漳州入潮、惠，相為犄角，以經營虔與東江數州。視賊所向，不以路分遠近，或分或合，且招且捕。招者刺其壯健，捕者釋其老弱。若委任得人，信賞必罰，不過歲月之間，可以平定。"詔逐路提刑司體究有無上件賊火，申尚書省。又詔郴、虔、廣東諸盜，限兩月出首，內有材武之人，願赴都督府使喚，令帥司津遣前來，當議不次任使。

丙申……賜荆襄制置使岳飛金字牌旗榜十副，充招安使用，從飛請也。

甲辰……僞齊將商元率衆千餘襲信陽軍，成忠郎、閤門祗侯、知軍事舒繼明率麾下十三人轉戰，登師陽門，矢盡被擒。賊誘以美官，繼明罵曰："吾寧為大宋鬼，豈汙逆耶？汝速殺我。"驅行至軍北史陂，竟不降，遂遇害。後贈修武郎，官其家一人。荊襄制置使岳飛聞敵退，乃以忠訓郎、閤門祇侯、權隨州兵馬都監李迪知軍事，就戍之。【舒繼明事，以《信陽圖經》修入。《日曆》：繼明四月己巳贈官，李迪三月乙未正差。】

同上書卷八十七

紹興五年三月【按是月甲辰朔】……乙未……尚書右僕射張浚言："臣被旨，暫往江上措置邊防。臣近到鎮江、建康府，以相去行在所地理未遠，即不敢一面施行。節次關報，動經旬月，竊慮誤事。臣將來到上江日，如有似此事件，欲並依先降指揮，施行訖具奏。"從之。初，浚既定招來湖寇之計，乃命荊湖制置使岳飛先以兵往。浚又慮諸將未諭此意，或逞兵殺戮，則失勝算、傷國體，遂具奏請行。上許焉。【徐夢莘《北盟會編》云："張浚以都督收楊幺，先遣飛屯於鼎州，吳錫軍於橋口。浚即欲進兵，或說浚曰：'不可，進而勝則捕一漁人耳，如其不勝，則都督為諸將輕矣。'浚曰：'奈何？'或曰：'不如先揚聲言，諸軍人馬，各已差官犒設矣。唯岳制置之軍，當躬詣軍中，是以犒設而進也。或不勝，猶有說焉。'浚從之。未幾，以輔逵軍橋口，浚駐潭州。"】

癸卯……初，詔問宰執以戰守方略，鎮南軍節度使、開府儀同三司、提舉臨安府洞霄宮呂頤浩言："謹析為十事。一論用兵之策。大略以為敵性貪婪，吞噬不已。若不用兵，則二聖必不得還，中原必不可復，偽齊資糧必不可焚，和議之計必不可諧，大江之南必不可保。宜間遣使臣，再貽書以驕之，復示弱以紿之。而我急為備，出其不意，乘時北伐。二論彼此形勢。大略謂尼瑪哈之性，好殺喜戰，用兵不已，昧於不戢自焚之禍。部曲離心已久，將士厭苦從軍，謳吟思鄉，勢必潰散。又劉彥宗、斡里雅佈伊都、楝摩國王、羅索貝勒皆已死，所存者材氣皆在數人下。子女玉帛，充滿於室。志驕意滿，有將亡之兆。而我之形勢，比之數年前則不同，何以言之？數年以前，金人所向，我之戰兵，未及交鋒，悉已遁走。今二三大將下，兵已精矣，器械已略備矣。臣竊料劉光世、韓世忠、張俊、楊沂中、岳飛、王瓊下兵數，得二十萬人，除輜重火頭外，戰士不下十五萬。夫太祖、太宗有兵十四萬，而平定諸國，遂取天下。今有兵十五萬，若不用兵，則必有後時之悔。三論舉兵之時。大略謂金人風俗，每於四月盡括官私戰馬，逐水草放牧，號曰'入濼'，禁人乘騎。八月末，各令取馬出濼，準備戰鬥。又金人所長，在弧矢之利，而暑月弓力怯弱，射不能及遠。今若以夏月發兵，出其意外，一舉無遺矣。四論分道進兵之策。大略謂京東之民，企望王師日久。

宜分兵二萬人，由泗上擣汴京，二萬人由海上攻沂、密，又二萬人駐濠為援，不可深入，俟八月班師，明年復出。五論軍糧供軍事。大略謂海道之兵，至山東則有糧可因；濠上軍糧，由江、淮可運；惟趨汴之軍，當持十萬糧，過南京則糧亦可因矣。乞於明州支米一萬二千斛，為海道諸軍一月之糧，及委江、浙漕臣揀選精米五萬斛，前期運至泗州，準備趨汴諸軍附帶入界。六論大兵進發日，乞聖駕駐蹕鎮江。七論經理淮甸。大略謂淮南天下沃壤，今焚蕩一空。除濠、泗州、壽春府差武臣外，其餘並差文臣，使之大講經理之政，仍勸率鄉村，於三月間多種早禾，六七月間成熟，可濟艱食，比至防秋，場圃事畢矣。臣嘗考泰州鹽息，歲產千四五百緡，倍於二浙，尤宜選任能吏。八論機會不可失。今戶部月支百一十萬緡，若不用兵，無息肩之期，則東南民力重困。九論舟楫之利。大略謂北方之木，與水不相宜，海水鹹苦，能害木性，故舟船入海，不得耐久，而又不能禦風濤，往往有覆溺之患。今當聚集福建等路海船於明州岸，以擾偽齊京東、河北及平、營諸郡。如范温、崔邦弼、王進等，可令北去。【王進，本登州界遞鋪兵士。】金人雖有鐵騎百萬，必不能禦。十論並謀獨斷。大略謂古之帝王，舉大事，決大義，謀不可不廣，而斷不可不必。今陛下以善後之計，下詢於前宰執。臣料六人者，或以為當用兵，或欲且保江南，或欲料理淮甸，或欲堅守和議，或以為上策莫如自治，或以為來則拒之，去則勿追，乃禦戎之道。所見不同，在聖主獨斷而已。自建炎以來，所遣使命，前後祈請，非不切至。竊料金人必無果決之言，亦有難從之請，姑以款我爾。如和議果成，則臣舉兵之策，置而不用，可也。如和議決不可成，則臣愚言，或可以備收錄。”

資政殿學士、提舉臨安府洞霄宮李邴條上戰陣守備、措畫綏懷各五事：“所謂戰陣之利有五，曰出輕兵、務遠略、儲將帥、責成功、重賞格。大略謂關陝為進取之地，淮南為保固之地。關、陝雖利於進取，然不用師於京東以牽制其勢，則彼得以一力而拒我。今大將統兵者數人，皆所恃以為根本，萬一失利，將不可復用。偏將中如牛皋、王進、楊珪、史康民，皆京東土人，知地險易，可各配以部曲三五千人，或出淮陽，或出徐、泗。彼將奔命之不暇，此不動而分陝西重兵之一端也。關、陝今雖有二宣撫，其體尚輕，非遣大臣不可。吕頤浩氣節高亮，李綱識量宏遠，威名素著。願擇其一而用之，必有以報陛下。”又言：“陛下即位之初，韓世忠、劉光世、張俊威名，隱然為大將，今又有吳玠、岳飛者出矣。願詔大將，於所部舉智謀忠勇、可以馭衆統師，各兩三名，朝廷籍記，遇有事宜，使當一隊，毋隸大將，則諸人競奮才智，皆飛、玠之儔矣。大將爵位已崇，難相統一，自今用兵，第可授以成算，使自為戰而已，謹勿遣重臣臨之，以輕其權而分其功也。今卻敵退師之後，必論功行賞，願因此詔有司預定賞格，謂如得城邑及近上首領之類，自一命至節度使，皆差次，使足相當。所謂守備之宜有五，曰固根本、習舟師、防他道、講遺策、列長戍。大略謂江浙為今日根本，欲保守則失進取之利，欲進取則慮根本之傷。古之名將，内必屯田以自足，外必因糧於敵，誠能得以功名自任。如祖逖者，舉淮南而付之，使自為進取，而不至虛内以事外。苟未有斯人，則前日輕兵之說為不可廢。臣聞朝廷下福建造海船七百隻，必如期而辦。乞仿古制，建伏波、下瀨、樓船之官，以教習水戰，俾近上將佐領之，自成一軍，而專隸於朝廷，無事則散之緣江州郡，緩急則聚而用之。臣度金人他年入犯，懲創今日之敗，必先以一軍來淮甸，為築室反耕之計，以緩我師，然後由登、萊泛海，窺吳越，以出吾左，由武昌渡江，窺江、池，以出吾右。一處不支，則大事去矣，願預講左枝右梧之策。夫兵之形無窮，願詔臨江守臣，凡可設奇以誘敵者，如吳人疑城之類，皆預為措畫。今長江之險，綿數千里，守備非一，苟制得其要，則用力少而見功多。願差次其最緊處，屯軍若干人，一將領之，聽其郡守節制，次緊稍緩處，差降焉。有事宜則以大將兼統之，既久，則諳熟土風，緩急可用，與旋發之師不侔矣。所謂措畫之方有五，曰親大閲、補禁衛、講軍制、訂使事、降敕榜。大略謂宜因秋冬之交，闢廣場，會諸將，取士卒才藝絶特者而爵賞之。建炎以來，禁衛軍寡，乃藉五軍以為重。臣常寒心，願擇忠實嚴重之將，以為殿帥，稍補禁衛之闕，使隱然自成一軍，則其馭諸將也，若臂之使指矣。今諸郡廂軍，冗佔私役者，大郡二三千人，小郡亦數百人。臣願講求除郡守兵將官，自有禁軍給使外，餘以傔從衣糧畀之，使自僦人以役，大抵殺廂軍三分之二，而以其衣糧之數，盡募禁軍。金人自用兵以來，未嘗不以和好為言，此決不可恃。然二聖在彼，不可遂已，姑以餘力行之耳。臣謂宜專命一官，如古所謂行人者，或止左右司領之，當遣使人，舉成法而授之，庶免臨時斟酌之勞，而朝廷得以專意治兵矣。劉豫僭叛，理必滅之，謂宜降敕榜，明著豫僭逆之罪，曉諭江北士民，此亦兵家所謂‘伐謀伐交’者。所謂綏懷之略有五，曰通德意、先賑恤、通關津、選材能、務寬貸。大略謂山東大姓，結為山寨以自保，今雖累年，勢必有未下者，願募有心力之人，密往招諭。應淮北遺民來歸者，令淮南州郡給以行，由差船津，濟量差地，分人護送，毋得邀阻。有官人，先次注授差遣；無官而貧乏者，令沿江州郡以官屋居之，仍量給錢米三兩月，其能自營為乃止。内有才智可用之人，随宜任使，勿但縻以爵秩而已。凡諸將行師入境，敢拒抗者，固在剿戮。其有良善老弱之人，皆寬貸，俾灑然有更生之望。”又上四事，曰事天、感民、任臣、擇才。

同上書卷八十八

紹興五年夏四月【按是月甲辰朔】……庚申，詔韓世忠紀律嚴明，岳飛治軍有法，並令學士院降詔獎諭。①時世忠移屯淮甸，軍行整肅，秋毫無犯。飛移軍潭州，所過不擾，鄉民私遺士卒酒食，即時償直。上聞，故有是詔。

同上書卷八十九

紹興五年五月【按是月甲戌朔】……甲申……是日，張浚至潭州。初，浚自建康西上，而樞密副都承旨沿江制置副使馬擴自武昌召歸，乃以為都督行府都統制。浚行至醴陵，獄犴數百人，盡楊太遣為間探者，安撫使席益傳致遠縣囚之。浚召問，盡釋其縛，給以文書，俾分示諸寨曰：“今既不得保田畝，秋冬必乏食，且餧死矣。不若早降，即赦爾死。”百人驩呼而往。浚至長沙，賊首黃誠、周倫先請受約束。然誠等屢嘗殺招安吏士，猶自疑不安。浚遣制置使岳飛分兵屯鼎、澧、益陽，壓以兵勢。賊大驚，遂定出降之計。

丁酉，尚書右僕射張浚提舉詳定一司敕令，參知政事沈與求同提舉，初置提舉官也。左中大夫、知潭州、充荆湖南路安撫使席益為端明殿學士、荆湖南路制置大使，兼知潭州。益既以罪黜，至是岳飛為荆湖制置使。中書乃言湖南見屯大軍，全賴帥臣協濟，理宜增重事權，故有是命。

戊戌，殿中侍御史張絢言：“伏見今年正月指揮，應沿江諸帥捍禦戰敵金人大軍立到奇功及統制官等，内有未曾給到料錢文曆之人，並令戶部特行出給。今後因戰敵金人立到奇功人，亦依此。然比來諸軍保明到奇功之人，止是開姓列名，不曾詳具立功之狀。雖朝廷依所申，出給文曆，往往輿議不平，多謂冒濫，甚非陛下激勸戰士之本意。謂宜依仿古制，凡將士立功，有卓然奇偉者，並令逐軍着實申奏朝廷，指其出戰之處，叙其鬥捷之功，所獲俘馘之數實有多寡，所獲器甲鎧仗實有幾何，大小輕重，纖悉圖狀。先經聖覽，即下有司，或差密院檢詳，或委檢正都司，各令親加參考，而吏輩勿預其事。差別高下，等第優劣，拔其尤異者，具名申於三省，取旨付之戶部，

① 同見《資治通鑒後編》卷一百十。

然後出給文曆，以寵其勞，則賞當其功，人人知所激勸矣。臣取會太府寺給過奇功文曆，除劉光世下靳賽等七人，岳飛下徐慶等二十一人，係已給曆外，見有光世下再保明到劉琪等六十三人，張俊下保明到張宏等四十人，見到本寺出曆，未曾給付。欲望俯采臣言，立為定制。仍將光世、俊見出曆人未得放行，乞自日下便令逐軍子細着實開坐所立之功，申上朝廷，以俟參驗明白，一併出給。庶幾有功者益知所勸，惰怯者自知激昂。人皆務立奇功，則敵人雖強，不足畏矣。”疏奏，詔三省委都司檢正，樞密院委檢詳，如絢請。

是日，岳飛至鼎州之城外，置寨列艦。飛素有威望，而軍律甚嚴，乃先遣潭州兵馬鈐轄楊華入賊招安。華未降時，為賊魁，以寬厚得衆，遂與故部曲潛結楊太黨，謀殺太以降。時大旱，湖水涸如深冬，賊益懼。

同上書卷九十

紹興五年六月【按是月癸卯朔】……甲辰……是日，洞庭賊楊欽將所部三千人詣岳飛降。初，張浚至長沙，親臨湖以觀賊勢，疑未可攻。會有急詔，召浚還朝，謀防秋之計。飛至潭州，出圖示攻討出入之要，且曰：“擒之易耳。”浚曰：“恐誤防秋之期，俟明年再來討之，如何?”飛請除往來之程，限八日破賊，請浚曲留以俟之。浚然之。先是湖南統制官任士安、王俊、郝最等領兵二萬餘，不稟王𤫉號令，遂至於敗。及飛始至，鞭士安以折其氣，使為賊餌，令曰：“三日不能平賊，皆斬。”先扬言“岳太尉兵二十萬至矣”，及是止見士安等軍，賊併力拒之。三日，飛乃以大兵四合，一戰破賊衆殆盡，乘其舟，以入水寨，欽等迎降。欽在賊中最悍，所至常先諸賊，楊太恃以為強。飛厚待之，賊愈喪氣。於是浚承制，授欽武略大夫。【熊克《小曆》載浚欲歸防秋，在欽降之後，蓋誤，今依《林泉野記》附在其前。《日曆》載浚奏狀有云“臣比欲便依聖訓起發，恐將士懷疑，欲俟六月上旬，見得水賊未下，即兼程前去行在”，又云“飛約程今月二十五日可到鼎州”，而欽以六月二日降，足見克所書差誤也。《野記》又云：“飛杖欽等各一百，遣還水寨。”恐未必然，今不取。】

癸丑……是日，荆湖制置使岳飛破湖賊夏誠。飛既降楊欽，率統制官牛皋、傅選、王剛乘勝急攻水寨。賊將陳瑫内變，劫偽太子鍾子儀舡，獲金龍交床與龍鳳簟等，詣飛降。楊太窮蹙，赴水死，餘黨劉衡等相繼皆降。飛入水寨，殺賊衆殆盡，惟夏誠寨固守。寨三面臨大江，背倚峻山。官軍陸攻則入湖，水攻則登岸。至是飛親往測其淺處，乃擇善罵者二十人，夜往罵之，且悉衆運草木放之上流。賊聞罵聲，爭擲瓦石擊之，草木為瓦石所壓，一旦填滿。飛長驅入寨遂執誠，湖寇悉平。黄誠斬太首，挾子儀奔都督行府。【此以《林泉野記》、熊克《小曆》並《岳侯傳》參修。《傳》又云：楊欽領兵到金橋山，遇伏敗降。欽獻計曰："楊太可擒，容欽令人報楊太'今任士安敗走，又聞後有救兵至。吾兄急將士卒，速來助欽擒捉士安等，以除禍根'。楊太聞之，必自領兵前來。多用伏兵，截楊太不為難也。"侯遣牛臯、傅選、王剛等各領兵伏於道側。楊太果自領兵應援。臯等伏發，太得脱，乘舟走入水寨。侯將兵入寨，擒楊太、夏誠、鍾子儀等，並斬之。此所云，與諸書不同。按《日曆》，太乃其徒所殺，誠、子儀亦不死。《傳》所云差誤，今且附此，更俟詳考。《中興聖政》、何俌《龜鑑》曰：竹籖之題，卒誤鍾相。相既擒矣，幺猶相也。然而昌寓致討而不能平，王𤩽招安而不能伏。及張浚至醴陵，召間諜之囚，釋其縛而縱之，歸使諭寇，於是幺之將楊欽降，卒有喪膽之嘆。岳飛至鼎城，取偏裨之慢令者，鞭之以折其氣，使為賊餌，於是幺死而誠擒，果應"飛來"之讖。此平楊幺之功烈也。吕中《大事記》嘗謂："宣王中興，平外侮耳；光武中興，平内寇耳。而高宗欲攘外，則内寇轉迫，欲除盜，則外敵復張。而降張遇等，殺杜用、丁順等則有王淵；擊李昱、平趙方，則有劉光世；卻丁進，則有守臣康允之；破戚方，則有守臣周杞；誅葉儂、討李成，則有張俊；平范汝為、平曹成，則有韓世忠。而楊幺據上流，僭號紀年，尤為腹心之害。岳飛一至，八日而應'飛來'之讖，湖寇盡平，而内寇始息矣。使當時諸盜不作，諸臣得以併力中原，豈不足以建立事功哉?"】

同上書卷九十一

紹興五年秋七月【按是月壬申朔】……丙子……都督行府奏移鼎州龍陽縣于黄誠寨地建立，仍陞為軍，以持服人黄與權起復左奉議郎，充龍陽軍使，兼知縣事，又言"潭、鼎諸縣，因水賊侵擾，多有移治去處，並令移歸舊治。如係選人知縣，俟任滿與改合入官，京官與轉一官。應水寨出首之人，令制置司量事體輕重，擬定合補官資申行府，願歸業及充水軍者聽"。又請免澧州上供錢三年，皆從之。既而制置使岳飛言："水寨願歸業者二萬七千餘家。"詔州郡存恤之，無得騷擾。【七月戊子行下。】然黄誠寨地低而迫湖，土人不以為便，仍命如舊焉。【岳飛奏歸業人數，在戊子。龍陽軍還舊治，在八月丙辰。今牽連書之。】

戊寅，詔趣張浚赴行在，遣内侍迎勞，賜以銀合茶藥。又遣内侍往軍中勞荆湖制置使岳飛，亦以茶藥賜之。

丙戌……左朝散大夫、荆湖南路轉運判官薛弼，左朝散郎、荆湖北路轉運判官劉延年，並直秘閣；起復右朝散郎、秘閣修撰、新知岳州程千秋，左朝請郎、荆湖南路轉運判官徐與可，左奉議郎、通判鼎州張運，並進一官，以都督行府言與平湖寇有勞也。既而荆襄制置使岳飛言弼、延年賞薄，乃又進一官。制曰："爾等分使兩湖，軍興不乏。列職中秘，亦既疏恩。載閱將臣之章，以是為未足也。維慶賞予奪，皆自朕出。進官一等，益務靖共。"【弼等再遷官，在八月辛亥。】

同上書卷九十三

紹興五年九月【按是月辛未朔】……壬午，張浚奏江上諸軍事藝精強，非前日之比。趙鼎曰："承平時陝西並邊人馬，亦未必如此，皆陛下累年葺治之力。"沈與求曰："去歲敵人奄至淮甸，賴陛下英斷，決策向前，遂使敵計盡廢。然亦恃此事力，可以扞敵故也。"上曰："此皆卿等協贊。向使朱勝非尚為相，必勸朕退避，今已無江、浙矣。"鎮寧崇信軍節度使、神武後軍都統制、荆湖南北襄陽府路蘄黃州制置使岳飛檢校少保，賞功也。

同上書卷九十六

紹興五年十有二月己亥朔，檢校少保、鎮寧鎮信等軍節度使、神武後軍都統制、荆湖南北襄陽府路蘄黃州制置使岳飛遷招討使。

庚子……詔神武係北齊軍號，久欲釐正，【按神武乃高歡謚號，此云北齊軍號，未詳，宜以行營護軍為名。】宜以行營護軍為名，神武前軍改稱中護軍，左軍稱前護軍，後軍稱後護軍，劉光世所部人馬稱左護軍，吳玠所部人馬稱右護軍，並聽本路宣撫招討司節制【熊克《小曆》稱"並聽本路宣撫司節制"，此時湖北未置宣撫也。克云："川陝右軍，後亦謂之右護軍。"此亦鹵莽，今不取。】；王彥所部人馬稱前護副軍，聽荆南安撫司節制。應統制官已下，請給資任軍分如舊。中護軍者，本張俊所將信德府部曲，後以忠鋭諸將及張俊親兵，與張用、李横、閻皋之衆隸之。前護軍者，本韓世忠所將慶源府部曲，後以張遇、曹成、馬友、李宏、巨師古、王瓊、崔增之衆隸之。後護軍者，本岳飛所將河北部曲，後以韓京、吳錫、李山、趙秉淵、任士安之衆隸之。左護軍者，本劉光世鄜延部曲，其後王德、酈瓊、靳賽自以其衆隸之。右護軍者，本吳玠涇原部曲，後得秦鳳散卒及劉子羽、關師古之衆隸之。前護副軍者，本王彥河北所招部曲，其後稍以金州禁卒隸之。至是俊與世忠、光世軍最多，玠次之，飛又次之，彥兵視諸將最少。自渡江以後，三衙名存實亡。逮趙鼎、張浚並相，乃以楊沂中所將隸殿前司，解潛部曲隸馬軍司，統制官顏漸部曲隸步軍司。沂中之軍，本辛永宗部曲，後又益以他兵，故其衆特盛。潛之軍，纔二千餘。漸所統，烏合之兵而已。【顏漸今月乙巳差充湖南安撫司使喚，其兵以壬寅日隸步軍司，今併附此。】

同上書卷九十七

紹興六年春正月【按是月己巳朔】……癸酉……荆襄招討使岳飛言："太行山忠義社梁青百餘人，欲徑渡河自襄陽來歸。"時金人併力攻青，故青以精騎突而至飛軍前。上曰："果爾，當優與官，以勸來者。諜言固未可信，若此等人來歸，方見敵情。"沈與求曰："若敵誠衰，來者衆則敵情審矣。"【紹興十二年六月十一日，親衛大夫、忠州刺史梁興狀："四年十月，與烏瑪喇太師接戰。次年，奪路渡大河，歸本朝。"則興至飛軍前，當在去冬。今因奏到附此。】

丙戌，尚書右僕射張浚辭往荆、襄視師。浚以敵勢未衰，而劉豫復據中原，為謀叵測，奏請親行邊塞，部分諸將，以觀機會。上許焉，浚即張榜聲豫叛逆之罪。時淮東宣撫使韓世忠駐軍承、楚，淮西宣撫使劉光世屯太平州，江東宣撫使張俊屯建康府，而湖北、京西招討使岳飛在鄂州。朝論以為邊防未備，空闕之處尚多。浚獨謂："楚、漢交兵之際，漢駐兵殽、澠間，則楚不敢越境而西，蓋大軍在前，雖有他岐捷徑，敵人畏我之議其後，不敢踰越深入。故太原未陷，則尼瑪哈之兵不復濟河，亦以此耳。論者多以前後空闊為疑，曾不議其糧食所自來，師徒所自歸。不然，必環數千里之地，盡以兵守之，然後可安乎？"浚既白於上，又以告之同列，惟上深以為然。於是參知政事沈與求言："都督府關取空名告敕宣劄以萬數，臣疑其有所為，以問趙鼎、張浚而不以告臣。今又見浚言有川陜、荆襄之行，此固用兵之謀。臣初不以為非，第欲審而後行。況遣宰臣之出，乃大議論，臣實參機務而不與聞，是智不足謀國也。"乞罷政，不允。是日，詔百官出城送浚行。宗正丞孫緯向浚自言沂人："丞相此行，恢復中原，望以緯守本郡。"浚大喜，對衆稱善而許之。【熊克《小曆》稱"詔百官出城班送浚行"，誤也。《日曆》正月十五日癸未，"三省奏勘會張浚視師荆襄，已免班送，有旨，令百官並出城餞送。"今從之。】

同上書卷九十八

紹興六年二月己亥朔……詔江西轉運司於去年上供米内，共撥二萬石，付帥司為賑濟之用，即不得有妨應副岳飛一軍米數。

庚子，江西制置大使李綱、湖南制置大使吕頤浩並兼本路營田大使。翌日，詔淮西宣撫使劉光世、淮東宣撫使韓世忠、江東宣撫使張俊、湖北襄陽府路招討使岳飛、川陝宣撫副使吴玠亦如之。飛、玠惟不帶大字。

戊申，湖北襄陽府路招討使岳飛請復以襄陽府路為京西南路，唐、鄧、隨、郢、均、房州、信陽軍並為所隸。從之。

庚戌……荆湖南路轉運判官、權安撫司公事薛弼言："近以朝廷催趣應副岳飛月椿錢九萬貫，并撥上供米十萬石往鄂州，又撥四等折錢餘米應副岳飛，又撥二萬石應副荆南王彦，又撥一萬石應副鼎州。臣愚兼管潭州，備見帥漕兩司虚實。本路因旱甚民流，檢放之餘，通不及三分。稅米内仍有五等下戶折錢之數，委無可以支給。本路大軍並將兵，自十一月折半支錢，尚自拖欠一月及口食等米，無可指準。逐旋守等諸縣催趣殘零，放不盡稅，斗升支散，惴惴有旦暮之憂。今來十二月，積陰雨雪不止。自下旬雪霰交作，間有雷電，冰凝不解，深厚及尺，州城内外，飢凍僵仆，不可勝數。除用度牒招募僧行，隨即瘗埋，旬日之間，閱實剃度僧行不少。自中冬闕食，城内白晝剽劫，城外十室九空。盜賊迫於飢窮，十數為羣，持杖剽奪行旅舟船，道路幾於阻絶。除散遣緝捕官，晝夜巡察，遇有發露，隨即擒獲，斬決流配，殆無虚日。近方少戢，流移漸歸，墾治田畝，遭此凍雪，寒餓死損，枕籍道路。雖自席益在任，分置三場給粥以濟，日近數目加增。至市里居民、逐軍營婦，不憚愧耻，與乞丐隨逐仰給。觀此災沴，正宜倍加賑恤，以副陛下仁民愛物之意。況本路州縣，累經敵馬，殘壞尤甚。遺黎九死之餘，去歲一年，備兼五大，大兵、大火、大旱、大飢，今復大雪。若通融一路所有，極力救濟，或恐不能延及秋熟，蓋去麥熟尚四月，禾熟尚七月。若更撥錢九萬，及撥米應副四處，非唯上供已無可支移，其錢亦何由辦足，定見州縣剝膚椎髓，百姓愈不聊生。臣昨嘗以帥司激賞有備，屢乞責辦相，兼應副湖南軍馬，及席益移鎮，罄竭所有，秖了迎新送故之費。今帥漕兩司，空虚無一月之儲，而大軍諸兵，有拖欠之積。萬一雨雪不止，移運不繼，飢寒併至，或生他虞，雖誅責臣身，無救於事。亦知朝廷費廣，不敢別覬支降，唯望特降睿旨，將應副諸處錢米，速賜蠲免。"詔弼將節次降到米斛，疾速措置賑濟。仍具去年上供苗米正色及折錢實數，申尚書省。【著此以見湖南事宜，

兼自來監司所奏災傷，未有如此之詳者，故全載之。】

辛亥，詔張浚暫赴行在所奏事。浚遂命京東宣撫使韓世忠自承、楚以圖淮陽，命淮西宣撫使劉光世也合肥以招北軍，命江東宣撫使張俊練兵建康，進屯盱眙，又請權主管殿前司公事楊沂中領中軍為後翼，命湖北京西招討使岳飛屯襄陽，以圖中原。於是國威大振，上自書《裴度传》賜浚。右宣義郎、湖北京西招討使司參議官李若虛提舉京西南路常平茶鹽公事，兼權轉運提刑司公事，以招討使岳飛言"自收復後來，未曾差置監司，慮無以檢察州縣"故也。

丙辰，右武大夫、達州團練使、知襄陽府張旦復舊官，充荆湖北路兵馬鈐轄，用湖北京西招討使岳飛請也。先是飛赴都督行府計事，遂自鎮江入朝。上召對于内殿，賜飛金酒器遣還。【岳飛入朝，《日曆》不載，但於二月丁未，書"張俊乞令内殿引見"，及於此日，書"有旨，左藏庫進金二百兩，賜岳飛酒器使用，不知何日引見也"。】

丁巳……詔湖北、京西帥司，於招討使岳飛並用申狀。

壬戌……湖北京西招討使岳飛言："兩路州縣官，有蠹政害民、贓汙不法之人。乞許本司一面對移，事重者放罷，具事聞奏。"從之。

同上書卷九十九

紹興六年三月戊辰朔……右通直郎、知撫州劉子翼特遷一官，以江西諸司言："子翼自到任後，發過岳飛軍糧五萬餘斛，錢二十四萬餘緡。又勸誘人戶樁備賑糴米三萬餘斛。"故有是命。子翼，子羽弟也。

己巳，少保、武成感德軍節度使、淮南東路兼鎮江府宣撫使韓世忠為京東淮東宣撫處置使，兼節制鎮江府，徙鎮武寧安化，楚州置司。檢校少保、鎮寧崇信軍節度使、湖北京西南路招討使岳飛為湖北京西宣撫副使，徙鎮武勝定國，襄陽府置司。時朝廷鋭意大舉，都督張浚於諸將中每稱世忠之忠勇，飛之沉鷙，可以倚辦大事，故並用之。①

是日，李綱入辭。退，上疏言："今日主兵者之失，大略有四，兵貴精不貴多，多而不精，反以為累；將貴謀不貴勇，勇而不謀，適為敗擒；陣貴分合，合而不能分，分而不能合，皆非善置陣者；戰貴設伏，而直前使敵無中斷邀擊之虞，皆非善戰者。【按原本四條，止載其二，今據奏議補入。】願明詔之，使知古人用兵之深意，非小補也。朝廷近

① 同見《資治通鑒後編》卷一百十一。

來措置恢復，有未盡善者五，有宜預備者三，有當善後者二。今降官告給度牒，賣戶帖，理積欠，以至折帛、博糴、預借、和買，名雖不同，其取於民則一，而不能生財節用，覈實懋遷，一也；議者欲因糧於敵，【去年春吕頤浩嘗有此奏。】而不知官軍抄掠，甚於寇盜，恐失民心，二也；金人專以鐵騎勝中國，而吾不務求所以制之，三也；今朝廷與諸路之兵，盡付諸將，外重内輕，四也；兵家之事行詭道，今以韓世忠、岳飛為京東、京西宣撫使，未有其實，而以先聲臨之，五也。且中軍既行，宿衛單弱，肘腋之變，不可不虞，則行在當預備；江南、荆湖之衆盡出，敵或乘間擣虚，則上流當預備；海道去京東不遠，乘風而來，一日千里，而蘇、秀、明、越全無水軍，則海道當預備。假使異時王師能復京東、西地，則當屯以何兵，守以何將；金人來援，何以待之；萬一不能保，則兩路生靈，虚就屠戮，而兩河之民，絶望於本朝。勝猶如此，當益思善後之計。”綱又言：“今日之事，莫利營田。然淮南兵革、江湖旱災之餘，民力必不給。謂宜令淮南、襄漢宣撫諸使，各置招納司，以招納京東、西河北流移之民。明出文榜，厚加撫諭，撥田土，給牛具，貸種糧，使之耕鑿。許江湖諸路，於地狭人稠地分，自行招誘。而軍中人兵，願耕者聽，則人力可用矣。初年租課，盡畀佃戶，方耕種時，仍以錢糧給之，秋成之後，官為糴買。次年始收其三分之一，二年之後，乃收其半，罷給錢糧，此其大概也。不然，徒有營田之名，初無營田之實，何補於事。”詔都督行府措置。其後，頗施行之。【綱《營田議》以是月戊辰行下。今後附此。其奏恢復未善等事，必在到洪州之後，今且因除二宣撫，遂書之。】

同上書卷一百

紹興六年夏四月【按是月戊戌朔】……壬寅，遣帶御器械韓世良往楚州軍前撫問，以淮陽之捷故也。仍以兩鎮節度使印賜世忠，且賜張浚手書曰：“世忠既捷，整軍還屯。進退合宜，不失事機，亦卿指授之方。卿更審虚實，徐為後圖，或遣岳飛一窺陳、蔡，使敵枝梧之不暇也。”

乙巳，詔“湖北京西宣撫使岳飛丁母憂，已擇日降制起復。緣見措置進兵渡江，不可等待，令飛日下主管軍馬，措置邊事，不得辭免”。先是飛母慶國太夫人姚氏卒於軍，飛不俟報，乃解官而去。上聞之，詔飛起復，遣東頭供奉官鄧琮持告撫諭，賜銀帛千匹兩，令官屬將佐、本路監司、本州守臣日下敦請治事，翌日降制。已而琮見飛於廬山寺，飛欲以衰服謝恩，琮不聽。飛再辭，上不許，詔飛速往措置調發，毋得少失機會。飛奉詔歸屯。①【《日曆》："飛奏以四月六日扶護來廬山卜葬，十二日至江州瑞昌縣，被受密劄起復，二十七日甲子，降詔不允。五月壬申，再降詔。"今併附書之。諸書稱"飛與張浚議不合，乞持服"，乃紹興七年事。詳見本年四月丁未並註。】

己未……寶文閣直學士、新知揚州劉洪道為寶文閣學士，知襄陽府，賜銀帛三百匹兩。先是新除保康軍承宣使、知襄陽王彥以岳飛嫌，辭不赴。都督行府奏令彥以前護副軍都統制兼本府參議軍事，遂命洪道代行。張浚因奏洪道兼行府參謀軍事，仍以江東戶帖錢十萬緡、通泰鹽三千袋為回易本。【二事並在是月丙寅。】

丙寅……詔岳飛仍舊兼節制蘄、黃州。

同上書卷一百二

紹興六年六月【按是月丁酉朔】……乙巳……直徽猷閣、知荊南府薛弼為湖北京西宣撫司參謀官，武顯大夫、湖北京西宣撫司幹辦公事于鵬知鄧州，皆用岳飛奏也。

戊午……遣金部員外郎霍蠡往岳飛軍前催督錢糧，以飛言"本軍糧乏"故也。忠翊郎、湖南制置大使司親兵左部統領軍馬裴鐸遷一官，兼閤門祗侯，用呂頤浩奏也。先是郴、衡、桂陽，草盜紛起，頤浩遣鐸與統制官步諒招捕，悉平之。吉川盜王權既受岳飛招安，復自軍中亡命，聚衆數百人為寇。鐸擊破之，權棄仗遁去。鐸本馬擴部曲，以勞板授，至是正命之。【鐸十二月乙未補正。】

同上書卷一百三

紹興六年秋七月【按是月丁卯朔】……辛巳……是日，行營前護副軍都統制王彥發荊南，以所部八字軍萬人赴行在，統制官焦文通、準備將趙樽等偕從焉。彥未至鄂州，湖北京西宣撫副使岳飛使人邀請艤舟相見。彥許之，而俟風順即解纜張帆下鄂渚，其疾如飛。飛岸觀其過舟，歎伏久之而去。【熊克《小曆》："六月壬子，詔荊南府依例帶湖北安撫使。時已召襄陽帥、保康軍承宣使王彥為行營前護軍都統制，以湖南漕臣權帥事薛弼代之。弼入境，彥遣親兵七千人來速。其將言'王太尉未有去意'。弼徑趨入境，

① 同見《資治通鑒後編》卷一百十一。

晨未起，已報新帥入府，乃出交政。仍起彥所部八字兵一萬赴行在，人頗不樂。弼竭帑犒師，彥遂統之以行。”按荆南先除薛弼，六月乙巳改用王庶。所謂“帶經略使”者，乃庶也，但此時庶未到，而弼先至荆南交割耳。所云“彥未有去意”及“八字軍不樂赴行在”，他書皆無，此說更當考詳。】

同上書卷一百四

紹興六年八月【按是月丙申朔】……甲辰，手詔曰：“迺者強敵紊常，阻兵軼界。兩宫北狩，六馭南巡。霜雪十年，關河萬里。朕為人之子，而雞鳴之問不至；為人之弟，而鴒原之難不聞。眷言臣子之心，誰無父兄之念。而又干戈未息，疆埸多虞。遣戍經時，不離甲冑；飛芻越險，久棄室家。爾則效忠，朕寧不愧。是用當饋投匕，未明求衣。弗辭馬上之勞，以便軍中之務。諒彼同舟之衆，知兹發軔之情。咨爾有官，各揚其職。佈告中外，悉使聞知。”時張浚自江上歸，【浚到行在，未見本日日曆。八月九日甲辰，張浚放告謝，蓋浚以内引，故修注官不書也。】力陳建康之行為不可緩，朝論不同，上獨從其計。先是三大帥既移屯，而湖北京西宣撫副使岳飛亦遣兵入偽地。偽知鎮汝軍薛亨素號驍勇，飛命統制官牛皋擊之，擒亨以獻，引兵至蔡州，焚其積聚。眉州佈衣師維藩治《春秋》學，累舉不第，至是赴行在，上《中興十策》，請車駕視師。上下其議於朝。浚以為可用。會諜報劉豫有南窺之意，趙鼎乃議進幸平江。① 【趙鼎《事實》曰：是秋探報實有南窺之意，乃議前期幸平江，就近應接。張浚先在江上，已令張俊城盱眙，移軍居之。鼎謂非便，浚堅欲為之。鼎以其行府措置，不欲力爭，每為上陳其利害云。】

同上書卷一百五

紹興六年九月丙寅朔，上發臨安府，先詣上天竺寺焚香。道遇執黄旗報捷者，乃湖北京西宣撫副使岳飛所遣武翼郎李遇。先是飛遣統制官王貴、郝政、董先引兵攻虢州盧氏縣，下之，獲糧十五萬斛。上已登舟，召守臣李謨即舟中奏事，遂宿北郭之税亭。

丁卯，御舟宿臨平鎮。上於舟中與宰執論：“岳飛之捷固可喜。淮上諸將，各據要害。雖為必守計，然兵家不慮勝，惟慮敗爾，萬一小跌，不知如何，更宜熟慮。”趙鼎等奉命而退。

---

① 同見《資治通鑒後編》卷一百十一。

己巳，次皂林。上謂宰執曰：“岳飛之捷，兵家不無緣飾，宜通書細問，非吝賞典，欲得措置之方爾。”張浚曰：“飛措置甚大，今已至伊、洛，則太行一帶山寨，必有通謀者。自梁青之來，彼意甚堅。”趙鼎曰：“河東山寨，如韋銓輩，雖力屈就金人招，而據險自保如舊，亦無如之何，羈縻而已。一旦王師渡河，此輩必為我用。”上曰：“斯民不忘祖宗之德，吾料之必非金人所能有。”鼎等曰：“願陛下修德，孜孜經營，常如今日也。”

壬午……岳飛以孤軍無援，復次鄂州。

戊子，命戶部員外郎霍蠡就鄂州置司，專一總領岳飛一軍錢糧。

己丑，徽猷閣直學士、江南西路都轉運使趙子淔陞寶文閣直學士，以中書言“子淔應副岳飛大軍及行府官兵錢糧無闕”故也。轉運判官逄汝霖令再任。

庚寅……是日，張浚復往鎮江視師。初，偽齊劉豫因金領三省事晉國王宗維、尚書左丞參知政事高慶裔，在兵間而得立，故每歲皆有厚賂，而蔑視其他諸帥。左副元帥魯王昌初在山東，圃易屯田，遍於諸郡，每認山東為已有。及宗維以封豫，昌不能平，屢言於金太宗晟，以為割膏腴之地以予人非計，晟不從。及是豫聞上將親征，遣人告急於金主亶，求兵為援，且乞先寇江上。亶使諸將相議之，領三省事、宋國王宗磐言曰：“先帝所以立豫者，欲豫闢疆保境，我得安民息兵也。今豫進不能取，又不能守，兵連禍結，愈無休息，從之則豫受其利，敗則我受其弊。況前年因豫乞兵，嘗不利於江上矣，奈何許之？”金主乃聽豫自行，遣右副元帥、瀋王宗弼提兵黎陽以觀釁。於是豫以其子偽尚書左丞相、梁國公麟領東南道行臺尚書令，改封淮西王，又以主管殿前司公事、兼開封尹許清臣權諸路兵馬大總管，尚書右丞李鄴為行臺右丞、講議軍事，戶部侍郎馮長寧為行臺戶部侍郎，兼行軍參議；又以故叛將李成、【據李大諒《征蒙記》，成此時為偽中侍大夫、安化軍承宣使，知鄭州。】孔彥舟、關師古為將，簽鄉兵三十萬，號七十萬，分三路入寇。中路由壽春犯合肥，麟統之；東路由紫荊山出渦口，犯定遠縣，以趨宣、徽，姪猊統之；西路由光州犯六安，彥舟統之。偽詔榜示，指斥鑾輿，尤甚於五年淮泗之役。諜報豫挾金兵來寇，主管殿前司公事楊存中在淮壖，先以二百騎馳至盱眙，觀形勢。還奏事，留宿內殿三日，條上禦寇之策。於是分遣諸將，以備要害。時江東宣撫使張俊軍盱眙，沂中軍泗上，京東淮東宣撫處置使韓世忠在楚，湖北京西宣撫副使岳飛在鄂，聲勢了不相及，獨淮西宣撫使劉光世在當塗，光世遣輕騎據廬，而沿江一帶，皆無車馬，左僕射趙鼎甚憂之。浚乞先往江上視師，至是發行在。①

同上書卷一百六

紹興六年冬十月【按是月乙未朔】……丙申……於是淮東宣撫使韓世忠統兵過淮，遇敵騎，與阿哩雅貝勒等力戰，既而亦還楚州。或請上囘臨安，且追諸將守江防海。浚奏："若諸將渡江，則無淮南，而長江之險與敵共。淮南之屯，正所以屏蔽大江。使賊得淮南，因糧就運，以為家計，江南其可保乎？今淮西之寇，正當合兵掩擊，況士氣甚振，可保必勝。若一有退意，則大事去矣。又岳飛一動，則襄、漢有警，復何所制。願朝廷勿專制於中，使諸將不敢觀望。"上乃手書報浚："近以邊防所疑事咨卿，今覽所奏甚明，俾朕釋然無憂。非卿識高慮遠，出人意表，何以臻此?"祉亦言："士氣當振，賊鋒可挫。"榻前力爭，至於再四。彦質密奏："異時誤國，雖斬晁錯以謝天下，亦將何及?"上不聽，乃命祉馳往光世軍中督師。時劉猊將東路兵至淮東，阻世忠承、楚之兵，不敢進，復還順昌。麟乃從淮西係三浮橋而渡，於是賊衆十萬已次於濠、壽之間，江東宣撫使張俊拒之。即詔併以淮西屬俊，主管殿前司楊沂中為浚統制官。浚遣沂中至泗州與俊合，且使謂之曰："上待統制厚，宜及時立大功，取節鉞。或有差跌，浚不敢私。"諸將皆聽命。戊戌，沂中至濠州，會劉光世已舍廬州而退。【趙甡之《遺史》云："劉光世軍廬州，聞劉麟入寇，其勢甚熾，密申宰相趙鼎，乞降樞密院指揮，退保太平州。簽書樞密院事折彦質助為之請，遂檄光世退軍。張浚大怒，遣向子諲等督光世復還廬州。"《林泉野記》所書亦同。按光世但私請于鼎，無緣便降密劄，許其退保，此所云恐誤。然張浚《行狀》稱"鼎欲退合肥之戍，召岳飛之軍東下"，而《日曆》十一月九日癸酉，岳飛奏"依奉處分，往江州屯駐"，則是果嘗降此指揮也。甡之或有所据，姑附著之，更俟參考。】

丁未，左宣教郎、江西制置大使司幹辦公事羅薦可進秩一等。先是觀文殿大學士、江西制置大使李綱聞上巡幸，遣薦可奉表問起居，且言："自古用兵，相持既久，則非出奇，不足以取勝，願速遣得力兵將，自淮南前來蕲、黄閒，約岳飛兵相為犄角，以夾擊之，大功可成。"繼而王師屢捷，綱又奏陳利害，大略以謂："竊見閒探所報，偽齊乞兵於金人，頭項頗多，未聞有渡淮而南者。其侵犯淮、肥及光山、六安等處作過，只是李成、孔彦舟

① 同見《資治通鑒後編》卷一百十一。

叛將簽軍。深慮賊情狡獪，匿重兵於後，而以簽軍來嘗我師。若一勝之後，兵驕氣墮，則為患有不可勝言者。伏望降詔諸將，益務淬礪，以待大敵。仍命朝廷按圖以視諸路，某路固寔，當設疑以款賊兵，某路空虛，當增兵以禦侵掠，使江、淮之閒，表裏相資，首尾相應。”上以綱所陳利害，切中事機，賜詔獎諭。綱再奏：“願降哀痛之詔，憫將士罹兵革之苦。凡死於戰陣，先加封爵，厚給賻贈，收恤其家，死者褒則生者勸矣。然後明詔統帥，審定功狀，俟防冬解嚴，慶賜併行，其誰曰不然。”

紹興六年十一月【按是月乙丑朔】……癸酉，湖北京西宣撫副使岳飛奏依奉處分，往江州屯駐。上曰：“淮西既無事，飛自不須臾來。”趙鼎曰：“此有以見諸將知尊朝廷，凡所命令，不敢不從。”上曰：“劉麟敗北，朕不足喜，而諸將知尊朝廷，為可喜也。”【熊克《小曆》：“先是詔湖北、京西招討使岳飛駐江州。癸酉，飛奏已至。”按此止是飛起發，未至江州也。上語云：“飛自不須臾來。”則必止其行矣。當考。】

同上書卷一百七

紹興六年十有二月【按是月甲午朔】……乙未……右宣義郎、通判鄧州党尚友充湖北京西宣撫司幹辦公事，用岳飛奏也。

己亥，賜劉光世、岳飛詔曰：“國家以叛逆不道，狂狡亂常，遂至行師，本非得已，並用威懷之略，不專誅伐之圖，蓋念中原之民，皆吾赤子，迫於暴虐之故，來犯王師，自非交鋒，何忍輕戮。庶幾廣列聖好生之德，開皇天悔禍之衷。卿其明體朕懷，深戒將士，務恢遠馭，不專尚威。凡有俘擒，悉加存撫，將使戴商之舊，益堅思漢之心。蚤致中興，是為偉績。毋或貪殺，負朕訓言。”樞密院奏“光世之將馬欽、飛之將寇成等捕掠各五百人，並行處斬，已詰問欽、成”，故有是詔。

癸卯，詔岳飛行軍襄、漢，正當雪寒，令學士院降詔撫諭。

丙午……崇信奉寧軍節度使、開府儀同三司、江南東路宣撫使張俊加少保、鎮洮崇信奉寧軍節度使，仍舊宣撫使。龍神衛四廂都指揮使、密州觀察使、權主管殿前司公事楊沂中為保城軍節度使、殿前都虞候，主管殿前司公事。先是右司諫陳公輔言：“前日賊犯淮西，諸將用命，捷音屢上，邊土稍寧。蓋廟社之靈，而陛下威德所至。然行賞當不踰時，廟堂必有定議。臣聞濠梁之急，浚遣楊沂中來援，遂破賊兵，此功固不可掩。劉光世不守廬州，而濠梁戍兵，輒便抽回，如渦口要地，更無人防守。若非沂中兵至，淮西焉可保哉。光世豈得無罪，此昭然無可疑者。又沂中之勝，以吳錫先登，光世追賊，王德尤為有力，是二人當有崇獎，以為諸軍之勸。若韓世忠屯淮東，賊不敢犯。岳飛進破商、虢，擾賊腹脅。二人雖無淮西之功，宜特優寵，使有功見知，則終能為陛下建中興之業。”朝廷以俊、沂中功尤著，遂優賞之。沂中時年三十五也。

同上書卷一百八

紹興七年春正月【按是月癸卯朔】……己巳……詔京東、陝西來歸之民，已命湖北京西宣撫司授田給種，其令岳飛以軍儲米萬斛付諸州賑給之。

同上書卷一百九

紹興七年二月【按是月癸巳朔】……庚子……起復湖北京西宣撫副使岳飛以親兵赴行在。翌日，内殿引對。飛密奏請正建國公皇子之位，人無知者。及對，風動紙摇，飛聲戰不能句。上諭曰：“卿言雖忠，然握重兵於外，此事非卿所當預也。”飛色落而退。諜官薛弼繼進，上語之故，且曰：“飛意似不悦，卿自以意開諭之。”【此以熊克《小曆》、張戒《默記》及薛季宣所錄參修。《默記》又曰：“薛弼以甲子正月道由建康，謂戒曰：‘弼之免于禍，天也。往者丁巳歲，被旨從鵬舉入覲，與鵬舉遇于九江之舟中。鵬舉說曰：‘某此行，將陳大計。’弼請之，鵬舉云：‘近諜報，敵人以丙午元子入京闕，為朝廷計，莫若正資宗名，則敵謀沮矣。’弼不敢應。抵建康，與弼同日對，鵬舉第一班，弼次之。鵬舉下殿，面如死灰。弼造膝，上曰：‘飛適奏，乞正資宗之名。朕諭以卿雖忠，然握重兵于外，此事非卿所當與也。’弼曰：‘臣雖在其幕中，然不與聞。昨到九江，但見飛習小楷，況密奏皆飛自書耳。’上曰：‘飛意似不悦，卿自以意開諭之。’弼受旨而退。嗟夫！鵬舉為大將，而越職及此，其取死宜哉。弼又云：‘不知若個書生教之耳。’”鵬舉，飛字也。但克記此事，係於今年四月丁未，飛求解師事，時則恐誤。飛與弼此時同入對，四月間未嘗再至行在也。《日曆》二月庚子，“勘會岳飛已到行在，奉聖旨令入内，内侍省引對，自後更無對班。而當月二十八日乙卯，降出弼劄子，乞為靖康以來死節之臣立廟，故知弼與飛繼對，在此日也。飛三月乙亥已朝辭。弼三月丙子除京西帥，替張旦過滿闕，便當赴任，安得四月半間，尚與飛對乎？克考不詳，是以差誤。然亦以《日曆》不載，内引之故，難以稽考，須反覆參究，乃見本末耳。餘見今年四月丁未並注。】

己酉，上與輔臣論兵器，因曰：“前日岳飛入對，朕問有良馬否。飛奏，舊有兩馬，已而亡之，今所乘不過馳百餘里，力便乏。此乃未識馬故也，大抵馴而易乘者，乃駑馬，故不耐騎而易乏。若就鞍之初，不可制御，此乃馬之逸群者，馳驟既遠，則馬力始生。”張浚曰：“人材亦猶是也，但當駕御用之耳。”上曰：“人材若只取庸常易悅者，何以濟天下之事。”浚曰：“既知其可用，則當不責近效，以待有成。苟為不然，則其材終無以自見。”上又曰：“飛今見之，所進論議，皆可取。朕當諭之，國家禍變非常，唯賴將相協力，以圖大業，不可時時規取小利，遂以奏功，徒費朝廷爵賞，須各任方面之責，期於恢復中原，乃副朕委寄之意。昨張俊來覲，亦以此戒之。”

丁巳，起復檢校少保、武勝定國軍節度使、湖北京西宣撫副使岳飛為太尉，賞商、虢之功也。翌日，陞宣撫使。飛威名日著，淮西宣撫使張俊益忌之。參謀官薛弼每勸飛調護，而幕中之輕鋭者，復教飛勿苦降意，於是飛與俊隙始深矣。飛時留行在未去，遂衛上如建康。武功大夫、忠州團練使、知黃州杜湛降一官，放罷。初，湛與通判州事葉介不協，介率其僚七人，走鄂州，訴湛語言不順。朝廷聞之，命岳飛究實。飛奏湛忠勞，今來止是語言疑似，別無跡狀，乃兩罷之。介乃鐫二秩。

紹興七年三月【按是月癸亥朔】……乙亥，中書言：“湖北京西宣撫使岳飛已朝辭，所降立功將佐告命，乞免進入。”詔趣行給付。時中原遺民有自汴京來者，言劉豫自猊、麟敗後，意沮氣喪，其黨與皆携貳，金國謂豫必不能立國，而民心日望王師之來。朝廷因是遂謀北伐。飛謂豫不足平，要當以十萬衆横截金境，使敵不能援，勢孤自敗，則中原可復。張浚不以為然。會劉光世乞奉祠。飛乃見上，請由商、虢取關陝，欲併統淮右之兵而行。上問何時可畢，飛言：“期以三年。”上曰：“朕駐蹕於此，以淮甸為屏蔽。若輟淮甸之兵，便能平定中原，朕亦何惜，第恐中原未復，而淮甸失守，則行朝未得奠枕而卧也。”飛無以對。【飛朝辭不見本日，今因中書所奏附此，當即是其辭日也。奏乞取陝右等語，見日里今年四月丁未。】

丙子……偽成忠郎、閤門祇侯李清詣岳飛降。詔補正，仍進二官。

庚辰……武功大夫、辰州刺史、兼閤門宣贊舍人于鵬令後省策試，降等換文資，用岳飛薦也。【明年二月庚辰，換右朝散大夫。】

庚寅，詔京西帥臣薛弼措置荆襄屯田。時已賜錢五萬緡為營田本，又市蜀牛三千賦之。言者謂：“凡兵火所過，地廣人稀，皆可徙新附之民，授以遺地。”故以命弼。偽武義郎、監盧氏縣酒稅楊茂特補正。岳飛之出師也，茂挺身歸附，故録之。

同上書卷一百十

紹興七年夏四月【按是月壬辰朔】……丁未，起復太尉、湖北京西宣撫使岳飛乞解官持餘服。飛與宰相張浚異論，歸過江州，上疏自言與宰相議不合，求解帥事，遂棄軍而廬墓。上不許。【《日曆》止書“進呈岳飛求解帥事”，更無他語，今以諸書參考增入。熊克《小曆》稱：“張浚與飛議不合。飛喪母，乞持服，乃棄軍去，居江州廬山。”誤也。飛丁憂在去年四月，此行蓋自建康西上，道過江州，因入廬山耳。《岳侯傳》云：“秦檜當國，方主和議。侯申奏乞持母服，棄軍權居廬山。檜遂舉張宗元為宣撫判官，監軍事。詔侯赴行在。”此益誤，檜明年冬方獨相，十一年夏飛方赴行在，今不取。】

庚戌，命權兵部侍郎、兼都督府參議軍事張宗元權湖北京西宣撫判官，往鄂州監岳飛軍。【宗元為宣判，《日曆》無一字及之，但於四月十九日書“兵部侍郎張宗元朝辭進對”，八月四日甲午書“張宗元先次引見”，初六日丙申書宗元《薦士劄子》帶權宣撫判官銜，而云“臣出使湖北所過郡縣”云云，則使還時所上也。今依《林泉野記》、《岳侯傳》、朱勝非《閑居錄》修入，以補史闕，餘見今年七月丁卯、八月乙未並注。】

壬子，張浚辭往太平州、淮西視師。浚因論劉光世以八千人為囲易。沈與求奏：“臣聞光世之去，嘗語人以陶朱公自比，是誠可以致富矣。浚等論范蠡之賢，人所難及。”上曰：“蠡固賢，朕謂於君臣之義，猶有所未盡也。”【熊克《小曆》載浚出行淮上撫諭諸軍，在今年三月劉光世未罷之前，蓋誤。】先是左司諫陳公輔請對，上因語及岳飛事。公輔退，上疏言：“昨親奉聖語，說及岳飛。前此採諸人言，皆謂飛忠義可用，不應近日便敢如此，恐別無他意，只是所見有異，望陛下加察。然飛本麤人，凡事終少委曲。臣度其心，往往謂其餘大將，或以兵為樂，坐延歲月，我必欲勝之。又以劉豫不足平，要當以十萬橫截敵境，使敵不能援，勢孤自敗，則中原必得，此亦是一說。陛下且當示以不疑，與之反復詰難，俟其無辭，然後令之曰：‘朝廷但欲先取河南，今淮東、淮西已有措置，而京西一面，緩急賴卿。’飛豈敢拒命。前此朝綱不振，諸將皆有易心，習以為常，此飛所以敢言與宰相議不合也。今日正宜思所以制之，如劉光世雖罷，而更寵以少師，坐享富貴，諸將皆謂朝廷賞罰不明。臣乞俟張浚自淮西歸，若見得光世怯懦不法，當明著其罪，使天下知之，亦可以警諸將也。”【公輔此疏，不得其日。按此疏首云“昨親奉聖語”，而其末云“乞候張浚淮西視師歸”，則必浚未還時所上。《日曆》十月十八日己酉，左司諫陳公輔本職進對，在此前三日。自後至浚還朝，公輔更無對班，則知所云“親奉聖語”，即己酉之日也。熊克《小曆》係之此月丁未，岳飛乞解帥之後。按是時公輔未對，浚亦未往淮西，今宜附浚行之後，庶不牴牾。克又於此月末書“浚欲以劉子羽領光世軍，子羽不可，乃詔子羽知泉州”，尤誤。子羽知泉州，在去年八月癸卯，已併附本日。蓋浚欲易光世之意已久，不在今年也。】

同上書卷一百十二

紹興七年秋七月【按是月辛酉朔】……丁卯，起復太尉、湖北京西宣撫使岳飛遣屬官王敏求來奏事。初，飛請解官，未報，乃以本軍事務官張憲攝軍事。憲在告而權宣撫判官張宗元命下，軍中籍籍曰：“張侍郎來，我公不復還矣。”直寶文閣、新知襄陽府薛弼在武昌未上，請憲強出臨軍。憲諭群校曰：“我公心事，參議必知，盍往問之。”群校至，曰：“張侍郎來，由宣撫請也。宣撫解軍政未久，汝輩乃如此，宣撫聞之且不樂。今朝廷已遣敕使起復宣撫矣，張非久留者。”衆遂安。【此段熊克《小曆》係之于今年四月丁未以前，蓋誤，是時張宗元未權宣判，今移附此。又薛弼今年三月已除襄陽，今稍修潤其文，令不抵牾。】上命參議官李若虛、統制官王貴詣江州，敦請飛依舊管軍，如違並行軍法。若虛等至東林寺見飛，具道朝廷之意，飛堅執不肯出。若虛曰：“相公欲反耶？且相公河北一農夫耳，受天子之委任，付以兵柄，相公謂可與朝廷相抗乎？公若堅執不從，若虛等受刑而死，何負於公？”凡六日，飛乃受詔，【此段並據徐夢莘《北盟會編》修入，但《日曆》所載降旨參佐、將校敦請，乃去年四月事，今年全不見指揮，且係此，更當求他書參考。】赴行在。張浚見飛，具道上所以眷遇之意，且責其不俟報棄軍而廬墓。飛詞窮，曰：“奈何？”浚曰：“待罪可也。”飛然之，遂具表待罪。【此亦據徐夢莘所記修入。據《林泉野記》、《中興遺史》、《岳侯傳》，皆稱上詔飛赴行在，諭遣還軍，而《日曆》全無之。按此月戊辰，上宣諭輔臣有云“飛臨行時，朕明諭之”云云，則飛嘗入朝審矣。據陳公輔四月間所奏，亦云“陛下且當與飛反復詰難”，又云“俟張浚自淮西歸，當明著劉光世之罪，以警諸將”，以事考之，則詔飛赴行在，當在張浚未往淮西之前，飛還武昌，當在張浚既回建康之後，但未見本日耳。今因王敏求奏事，遂並書之，當求他書參考。】上慰遣之。將行，上謂飛曰：“卿前日奏陳輕率，朕實不怒卿。若怒卿，則必有行遣，太祖所謂‘犯吾法者，惟有劍耳’。所以復令卿典軍，任卿以恢復之事者，可以知朕無怒卿之意也。”飛得上語意乃安。【《中興聖政》史臣曰：人主平時馭下，不過恩與威而已。至於馭將，又非平時思威之所能盡也。是必有不貲之恩，出於望外；不測之威，出於物表。然後可以折其力，服其心而得其死力也。太祖遣王全斌伐蜀，一日念其寒，脫所服裘帽賜之；其伐江南也，曹彬等入辭，以匣劍授彬曰：“副將而下，不用命者，斬之。”此無他，駕馭英雄之術當然也。高宗亦嘗自言：“朕拊楊沂中，過於子弟。”及淮西有警，則親筆戒之，若不便進，當行軍法，沂中承命皇恐。至於岳飛奏陳輕率，自知必抵罪，而乃開示胸腹，略無留難，飛深極感激。二人者，卒皆成功。此其術豈在太祖下？若乃濫賞以褻其恩，姑息以玩其威，其欲諸將之為用，難哉。】至是遣敏求來奏事，委曲感恩，云：“非官家保全，何以有今日。”翌日，上以其語諭輔臣。秦檜見飛舉止，已有忿忿之意矣。

同上書卷一百十三

紹興七年八月【按是月辛卯朔】……乙未……權尚書兵部侍郎、兼都督府參議軍事、權湖北京西路宣撫判官張宗元為徽猷閣待制、樞密都承旨。岳飛復任，宗元乃還，既對，遂有是命。

丙申，尚書戶部員外郎霍蠡轉一官，用權湖北京西宣撫判官張宗元奏也。【《日曆》惟此日宗元係宣判銜。】蠡在鄂州，應副岳飛軍錢糧。宗元言其奉公守正，故特遷焉。先是飛數言軍中糧乏，乃命蠡按視，至是蠡言：“飛軍中，每歲統制、統領將官、使臣三百五十餘員，多請過錢十四萬餘緡。軍兵八千餘人，多請過一千三百餘緡。總計一十五萬餘緡。”於是右正言李誼言：“蠡職在出納，理當究心。然慮點檢苛細，若行改正，卻合支券錢六萬餘貫，才省九萬緡而已，望令依舊勘支，務存大體，以副陛下優恤將士之意。”【蠡奏不得其日，今因其轉官，遂書之。熊克《小曆》係去年八月戊子，蠡初受命時，誤矣，是時李誼止為監察御史，今年七月方除正言。此段或可移附今年十月戊戌，蠡入對之日，但是時乃淮西軍變後，恐不應議裁減，更須詳考。】

同上書卷一百十四

紹興七年九月【按是月庚申朔】……辛酉……起復太尉、湖北京西宣撫使岳飛之為效用也，張所為河北招撫使，見而奇之，用為中軍將。所以斥死，飛欲厚報之，至是請以明堂任子恩官其子宗本，仍依近例補文資，從之。

辛未……初，以旱故求直言，而太學生有應詔上書論兵事者，且言："以淮西一事論之，去歲劉豫以羅誘三不救之說，力攻淮西，劉光世遂欲南渡為退保之計。苟非張浚親至江上，使楊沂中絶賊之後，一舉而大破之，則江南之民，亦危甚矣。如光世之罪，天下欲共誅之，尚賴陛下不加刑戮，而以善罷。惜乎朝廷以光世部曲，付之吕祉。臣在淮東，聞有識無識，皆稱祉必敗事。臣嘗謂酈瓊等所統軍馬，其來久矣，而光世遇之甚厚，非其他大帥之比。及光世既罷，當且令諸軍人馬，各自為一頭項，仍數加存恤，使之不疑。俟諸軍稍寧，朝廷或別作措置，然亦未晚。夫何吕祉天資驕傲，以尚書自居，至於檢察冒請之類，欲為之一新。如瓊等驟見窘迫，日生猜忌，疑似之間，朝廷又除張俊為淮西宣撫，楊沂中為制置，以瓊等屬焉，其叛必矣。如瓊等軍馬，平日驕惰，終不為用。陛下勿以瓊等上勞聖慮。天下之事，有大於此者，臣請為陛下言之。自古中興之世，則必有中興之臣。臣觀張浚區區之心，實有是念。惜乎浚才力有限，舉非其人。且如泗州之兵，事無大小，則知有張俊；楚州一軍，則知有韓世忠；襄陽一軍，則知有岳飛；殿前一司，則知有楊沂中。一旦緩急之際，人皆各為其主，誰復知有陛下者乎？陛下即位以來，所任宰執，至於十八九，惟張浚庶幾，吕頤浩次之。趙鼎雖有大臣之才，而無大臣之器，至於尚僻學而臨事失措，視頤浩又其次也。浚器識深遠，所患者才不足也。向使浚才術兼濟，如囚曲端、罷劉光世，不為人詆罵而更相短之也。浚之孤立，無一介為助者，為陛下自任以天下之責，此亦今日之所難矣。臣願陛下應諸軍馬，各置都督一員，如吕頤浩乃張俊所畏服，淮西一路，願除頤浩為都督，以俊副之，楊沂中屬焉；孟庾與韓世忠有湖南、福建之舊，淮東一路願除庾為都督，世忠副之；秦檜現任樞密，寬而有器，襄陽一路除檜為都督，以岳飛副之；趙鼎、劉光世皆西人，願陛下除鼎為川陝都督，以光世副之，詔折彦質為參贊軍事，以王瓔、馬擴為參謀議官，仍以王德為都統，將光世見存軍馬，泝流而上。願假鼎重權，令措置四川財賦，任便駐劄，間遣吳玠軍馬，出沒偽境，亦措置關中之一端也。臣切見明堂大禮在即，陛下當乘此機會，召諸大臣盡赴行在，拜張浚為大都督。陛下親御戰馬，往來問勞，庶使蕃偽之情，不能探伺陛下之神策也。臣聞張俊一軍，號曰'自在軍'，平居無事，未嘗閱習，甚至於白晝殺人而圖其財者。惟韓世忠、岳飛兩軍，人馬整肅，其失又傷於太嚴。願陛下速置諸路都督，以通上下之情，無使諸軍復有淮西之禍也。"【此疏据徐夢莘《北盟會編》修入而不得其名，夢莘係之今年十月貶浚之後，恐誤。按此書乞以張浚為大都督，又乞趙鼎川陝都督，當在浚未去、鼎未相之前，今且附

此，俟考。】

癸酉……湖北京西宣撫使岳飛言："伏睹陛下移蹕建康，將遂恢圖之計。近忽传淮西軍馬潰叛，酈瓊等迫脅軍民，事出倉卒，實非士衆本心。亦聞半道逃歸人數不少，於國計未有所損，不足上軫淵衷。然度今日事勢，恐未能便有舉動。襄陽上流，即日未有敵馬侵犯。臣願提全軍進屯淮甸，萬一蕃僞窺伺，臣當竭力奮擊，期於破滅。"詔獎之。

同上書卷一百十六

紹興七年閏十月【按是月己未朔】……癸未，復漢陽縣為軍，用湖北京西宣撫使岳飛奏也。尋以右奉議郎、通判鄂州孔戊知軍事。【戊之除，在是月丁亥。】

同上書卷一百十七

紹興七年十有一月【按是月己丑朔】……是月……僞知臨汝軍崔虎詣湖北京西宣撫使岳飛降。[①]【此據徐夢莘《北盟會編》增入，《日曆》無之。按岳飛今年十一月八日申，"先次到歸正人崔虎、劉永壽、孟皋、華旺等將帶官兵，已供申朝廷外"云云，則知果有此事，但《日曆》脫落耳。】先是劉豫建新蔡縣為軍，後使虎守之。

紹興七年十有二月……庚午……樞密院進呈，先得旨，令京東宣撫處置使韓世忠移司鎮江府，留兵以守楚州。秦檜奏曰："諸軍老小既處置得宜，萬一警急，諸師當盡力捍寇。"時已命張俊、岳飛皆留屯江内，故檜奏及之。世忠上奏，極論"敵情叵測，其將以計緩我師。乞獨留此軍，蔽遮江淮，誓與敵人決於一戰"。上賜札曰："朕迫於強敵，越在海隅，每慨然有恢復中原之志，顧以頻年事力未振，姑鬱鬱於此。前日恐小或有未便，委卿相度，今得所奏，益見忠誠，雖古名將，亦何以過？使朕悚然興歎，以謂有臣如此，禍難不足平也。古人有言，'閫外之事，將軍制之'。今既營屯安便，控制得宜，卿當施置自便，勿復拘執。至於軍餉等事，已令三省施行。"

同上書卷一百十八

紹興八年春正月【按是月戊子朔】……辛丑……是日，僞知蔡州劉永

① 同見《資治通鑒後編》卷一百十二。

壽殺烏嚕貝勒，率城中遺民來降。永壽為淮西安撫使，烏嚕副之。永壽以小隙劾其罪，金人移烏嚕同知德州。未幾，忽報烏嚕以女真兵三千來蔡者。提轄白安時請永壽南歸，永壽不從，曰："朝廷若賜我死，當死之。"安時恐其謀泄，即拘永壽，勒兵以待之。烏嚕引衆入城，不為備。安時乘勢盡殺之，遂驅城中軍民來歸。湖北京西宣撫使岳飛遣統制官張憲等往接納之，城中人往往有還北者。【此據徐夢莘所編。夢莘又云："安時授武功大夫、高州刺史。"《日曆》未見，且闕之。今年八月戊辰，張節夫以招誘永壽之故改京官。】

戊午，右武大夫、開州團練使、知廬州、主管淮西安撫司公事劉錡對於内殿。錡言："淮北兵歸正者不絶，今歲合肥度可得四五萬衆。"翌日，上謂趙鼎等曰："朕每慮江上諸將控扼之勢未備，若上流有警，岳飛不可下，則江、池數百里，邊面空虚。得錡一軍，遂可補此闕矣。"鼎曰："更須措置荆南，事若就緒，則沿流上下，形勢相接，不同前日矣。"上曰："如此經營，人事既盡，若功有不成，則天也。"①

壬戌，湖北京西宣撫使岳飛乞增兵。上曰："上流地分誠闊遠，寧與減地分，不可添兵。今日諸將之兵，已患難於分合。'末大必折，尾大不掉'，古人所戒。今之事勢，雖未至此，然與其添與大將，不若别置數項軍馬，庶幾緩急之際，易為分合也。"飛又奏為荆湖北路轉運判官夏珙陞職，鄂州守臣趙士瑗、鄧州守將韓適、均州守將格禧進官。上曰："可作直旨行下，監司守臣，朝廷所用，不當令盡歸大將。"乃詔珙、士瑗職事修舉，珙陞副使再任，士瑗直秘閣，適、禧措置宣力，皆進一官。【徐夢莘《北盟會編》八年三月："韓世忠、岳飛來朝。"《日曆》全不見，恐此即飛來朝所請，當求他書參考。】……是日，六宫先發。上召淮西宣撫使張俊至宫中，從容與論邊事。俊曰："臣當與岳飛、楊沂中大合軍勢，期於破敵，以報國家。"上諭之曰："卿能如此，甚副朕意。然此乃卿之所職，朕更有一二事戒卿。朕來日東去，卿在此無與民爭利，勿興土木之功。"俊悚息承命。俊見地無磚面，再三歎息。上曰："此事非難，但艱難之際，一切從儉，庶幾少紓民力。朕為人主，雖以金玉為飾，亦無不可。若如此，非特一時士大夫之論不以為然，後世以朕為何如人主也？"

① 同見《資治通鑒後編》卷一百十二。

同上書卷一百十九

紹興八年夏四月【按是月丙辰朔】……是月，徽猷閣直學士王倫見金左副元帥魯王昌於祁州。時韓世忠、岳飛、吳玠軍各遣間招誘中原民，金得其蠟彈旗榜，出以語倫曰："議和之使既來，而暗遣姦諜如此。君相紿，且不測進兵耳?"倫言："所議靖民，乃主上之意。邊臣見久而無成，或乘時希尺寸為己勞，則不可保，主上决不之知。若上國孚其誠意，確許之平，則朝廷一言戒之，誰敢爾者?"諸帥相視無語。【熊克《小曆》附此事於今年春末，又云："達蘭、烏珠皆在祁州。"按張匯《節要》："紹興八年夏，達蘭自東京北歸祁州，留烏珠、大托平嘉守東京。"克所云差不同，今移附四月，仍去"烏珠"字，更當求它書參考。】

紹興八年五月【按是月乙酉朔】……丁未……湖北京西宣撫使岳飛聞庶行邊，遺庶書曰："今歲若不出師，當納節請閑。"庶稱其壯節。【熊克《小曆》於此即書分移張宗顔、劉錡軍事，恐太早。今依《日曆》，附六月乙亥。】

同上書卷一百二十

紹興八年六月【按是月乙卯朔】……丙寅……初，湖北京西宣撫使岳飛之在京師也，其妻劉氏與飛母留居相州。及飛母渡河，而劉改適，至是在淮東宣撫處置使韓世忠軍中，世忠諭飛復取之，飛遺劉錢三百千。丁卯，以其事聞，且奏："臣不自言，恐有棄妻之謗。"詔答之。

丙子……左奉議郎馮時行特轉一官。時行知丹陵縣，以楊晨薦，得召對。時行見上，言："金人議和，何足深信。必緣初廢偽齊，人心未固，深恐陛下乘其機會，殄滅有期。如奉迎梓宫，在陛下之心，至切至痛，故以為辭，延引歲月。待其撫循既定，狡計既生，然後牽其醜類，送死未遠。陛下可否逆熠其情，深為之備。臣切見以前備禦，尚為疏闊。自建康以屬海道，臣非親見，不敢妄陳，自西蜀以至江東，臣請論之。吳玠一軍，在梁、洋之間，凡五千餘里，至鄂州，始有岳飛，又三千餘里，至建康，始有張俊。陛下雖以淮為屏障，然東南形勝，實在長江。今岳飛屯鄂渚，實欲兼備江、池。襄陽有警，比岳飛得聞，往返三千里，束裝辦嚴，非一月不至荆、襄。而敵騎近在京西，輕軍疾馳，不數日而遂涉江、漢。萬一舉偏師向江、池，連綴岳飛，而以大軍向襄陽，中斷吳、蜀。當是時，吳玠不能捨梁、洋而下，岳飛不能捨江、池而上。敵騎盤泊荆南，可以控據上流，震驚吳會。或徑趨潭、鼎，横涉饒、信，可以直乘空虛，擾我心腹。備禦如此，似亦疏矣。臣願陛下先事制勝，選知兵大臣，分重兵以鎮荆、襄。倉卒有警，荆、襄事力，足當一面，而岳飛得專力於江、池之間。若兵有統，不可遽分，亦宜嚴戒岳飛，及茲無事，預思方略。”上諭以為親屈己之意，時行引漢祖故事言之。上慘然曰：“杯羹之語，朕不忍聞。”因顰蹙而起，乃命進秩，擢時行知萬州。【時行除郡，在八月乙卯。】

同上書卷一百二十二

紹興八年九月【按是月甲申朔】……庚子，武經大夫、閤門宣贊舍人、知襄陽府武糾進秩一等，用岳飛請也。

紹興八年冬十月【按是月甲寅朔】……辛酉，湖北京西宣撫使岳飛言：“續收到偽知鎮淮軍胡清等官兵千一百八人。”詔歸正官並補正。

同上書卷一百二十四

紹興八年十有二月【按是月甲申朔】……己巳……湖北京西宣撫使岳飛乞差胡邦用知靖州。上曰：“郡守牧民之官，亦藩屏所寄，當自朝廷選差。若皆由將帥辟置，非臂指之勢也。”

同上書卷一百二十五

紹興九年春正月【按是月壬午朔】……丙戌……端明殿學士、提舉臨安府洞霄宫徐俯上表賀曰：“禍福倚伏，情偽多端。恐未盡於事幾，當復勞於聖慮。”湖北京西宣撫使岳飛表曰：“救暫急而解倒垂，猶之可也；欲長慮而尊中國，豈其然乎？”又曰：“謂無事而請和者謀，恐卑辭而益幣者進。願定謀於全勝，期收地於兩河。唾手燕、雲，終欲復讎而報國；誓心天地，尚令稽首以稱藩。”飛幕客左承務郎張節夫之文也。秦檜讀之，大怒。行營右護軍都統制吳璘時兼知熙州，其幕客擬為表以賀，璘愀然曰：“在朝廷休兵息民，誠天下慶。璘等叨竊，不能宣國威靈，亦可愧矣，但當待罪稱謝則可。”客謝不及。

己丑，詔以黄金一千兩附北使張通古進納兩宫。時通古與報謝使韓肖胄先行，而京東淮東宣撫處置使韓世忠伏兵洪澤鎮，詐令為紅巾，俟通古過則劫之，以壞和議。肖胄至揚州，世忠將郝抃密以告直秘閣、淮東轉運副使胡紡。紡白之肖胄，故通古自真、和由淮西以去。世忠怒，追抃欲殺之。抃棄家，依岳飛軍中。世忠奏，知鄂州范濴縱之。濴坐奪官，編管汀州。仍命鄂州拘滐，俟獲抃訖赴貶所。【《日曆》無此，今以紹興十一年五月二十九日世忠《乞放范滐状》修入。】通古性聰敏，秦檜以胡銓封事示之，通古一覽即能誦。

壬辰，太尉、武勝定國軍節度使、湖北京西宣撫使岳飛，保平靜難軍節度使、川陝宣撫副使吳玠，並開府儀同三司。殿前都虞候、保成軍節度、主管殿前司公事楊沂中為太尉、殿前副都指揮使、主管都指揮使公事。飛以議和非計，累表辭所進官，不從。

同上書卷一百二十六

紹興九年二月【按是月壬子朔】……己巳，詔韓世忠、張俊、岳飛所部統制統領將官八百十三員，各進秩一等，【淮東：統制十一，統領十三，正、副準備將一百八十九。淮西：統制十，統領十四，正、副準備將二百九十七。京湖：統制二十二，統領五，正、副準備將二百五十二。】用講和赦書推恩也。其四川宣撫司將佐，令本司具名，給降付身……是日，光山軍節度使、開府儀同三司、判大宗正事士㒟、兵部侍郎張燾辭往西京，朝謁陵寢。上命士㒟修奉諸陵，令京西湖北宣撫使岳飛濟其工費。士㒟遂自武昌、信陽由蔡、穎以往。

是月，日中見黑子，月餘乃没。吉州免解進士周南仲上書言："臣於去年奏陳十事，陛下既赦其狂，又賜召命，而免終身文解，又取十事而行其一二矣。臣不避斧鉞，採取天下輿論，有五不可、三急務，以為今日獻。所謂五不可者，欲雪前羞，不可主和議；欲務萬全，不可失機會；欲復中原，不可居東南；欲馭諸軍，不可不將將；欲得賢才，不可廢公論。所謂三急務者，一曰重國柄，二曰蓄邊略，三曰擇守令。陛下即位十有三年，卑辭重幣、甘心屈辱者，為父兄故也。徽宗北征而不復，用是痛心疾首，舉六師而並進可也，何事蠹耗財用，區區為梓宮之求哉。臣聞我有三可勝，金人有五可敗，何者？漢戰而有天下，曆世猶四百年；唐戰而有天下，曆世猶三百年；藝祖不戰而有天下，曆世宜過於漢、唐，此為一可胜；桀、紂虐則失天下，秦、隋虐則失天下，陛下仁聖孝悌之至，必不失天下，此為二可；昔也兵、民或叛，今中原之民，懷祖宗之德，日望王師之來，此為三可勝。若金人，反恩則敗，背盟則敗，樂殺則敗，擅廢立則敗，據中原則敗。大抵機會之來，間不容髮，親征之初，可進不進，一失也；凶訃來聞，可進不進，再失也。萬一遲之又久，使兩河姦雄競起，東南可安枕而卧乎？臣恐社稷實不血食，悔之已無及矣。陛下復幸浙西，臣知陛下甘心於東南。東南之地，其土脆，其民怯，風俗薄而不厚，非帝王必爭之地。陛下若選形勝，進居上流，且攻且守，一舉而前，兩河傳檄而定矣。今之諸軍，相視若冰炭，相疾如仇讎，假使一軍深入，其誰為繼，一軍陷失，其誰為援。劉光世竊琳館之清名，張俊負跋扈之大惡，岳飛、吳玠、韓世忠之流，裹糧坐甲，首鼠兩端，所以然者，無主帥故也。太祖馭將之方，章聖親征之行，成憲具在，陛下何憚而不為乎？陛下親賢，急於堯、舜，艱難以來，無一人卓然有見於世者，以三弊之未除也。人弊於黨與，士弊於時學，官弊於資格，何者？昔趙鼎、張浚之交攻，浚在則鼎去，鼎之門人亦去；鼎入則浚去，浚之門人亦去，豈鼎之黨，今皆可用，而浚之黨，今皆不賢，此其弊一也；宣和之學，弊於王氏，紹興病於伊川，大臣唱之，學者嚮應，陛下用尹焞，召劉勉之，厚風俗可也，若曰得人如寇準，如富弼，臣未知其可，此二弊也。今之仕進，無非科舉之流，招來無非高蹈之士，英豪奇特，可用以取天下者，困於選調，困於草萊，困於庸伍，困於祠廟，此三弊也。大臣擅權，陛下不斷，御史章疏每上，陛下收視穆清，依奏而已。又諸將握重兵，子弟典禁衛，倒持太阿，授人以柄。此重國柄，臣所以為陛下謀也。祖宗時，天下常費有三，曰郊禮，曰黃河，曰北敵，而養兵不與焉，何者？西北分屯，且耕且守，賞賚有節，衣糧有準，而歲之入亦嘗有餘。今日天下既失其半，又四川財賦，不歸朝廷，計朝廷歲用數千萬，皆取於東南，刻骨槌髓，民不聊生。養兵之外，又有奉使無益之費，不識國家何所辦哉？此蓄邊備，臣所以為陛下謀也。今日州縣之弊極矣，且以臣桑梓親所聞見者條其一二。安福令陳庭，廉而愛民之吏也。前年因民艱食，以坑冶事緩於奉行，當路劾之，遂至奪官，以無援故也。廬陵令王昌，贓而虐民之吏也，交結虔寇，專事貪殘。百姓訴之，有司解之，蓋秦檜之親黨故也。臣恭讀去年明堂赦書，有禁止虔、吉教訟，以脅持州縣為慮。臣意廟堂之上，有黨護虔、吉贓吏者，故以此請為張本也。州縣賢明，頑民畏之，良民愛之，何訟之有？若其贓汙，則吏長其惡，民受其毒，不訴於有司，何以伸不平之氣哉？此擇守令，臣所以為陛下謀也。”書凡數千言，其大指如此。

同上書卷一百二十九

紹興九年六月【按是月乙酉朔】……辛亥……湖北京西宣撫使岳飛言：“已復河南故地，其兩路並是腹心州縣。所有知、通已下官屬，今後欲望朝廷差注。”奏可，仍賜詔獎諭。

同上書卷一百三十二

紹興九年九月【按是月戊寅朔】……是月，湖北京西宣撫使岳飛來朝。初，乘氏人李寶少無賴，尚節氣，鄉人號為“潑李三”。山東陷，寶聚衆數百人，謀殺濮州守，不克，脫身南歸。朝廷以方議和，不之用。會飛入朝，寶以鄉曲之故，願歸軍中。飛以為馬軍，未之奇也。寶怏怏，乃與其徒四十餘人，約日渡江北歸。事露，飛盡斬之。寶抗言：“欲歸者寶也，衆皆不預。”飛奇之，係於獄，凡三十九日。會得邊報，飛釋寶，問以北事。寶願歸山東，會合忠義人立功，飛許之。寶還偽地，募得八百人赴飛軍。飛乃假寶閤門宣贊舍人，統領忠義軍馬，屯龔城。

同上書卷一百三十三

紹興九年十有一月【按是月戊寅朔】……己丑……故追復左通直郎、直龍圖閣張所特與一子官，仍賜其家銀絹百匹兩。先是湖北京西宣撫使岳飛言所忠義，上命復舊官。[①] 【《日曆》不見此，據飛奏劄修入。】飛又言：“好生惡死，人之常情，所以忠許國，義不顧身，雖斧鉞在前，凜然不易其色。乞與旌加褒異，使天下忠義之士，皆知所勸。”故有是命。

同上書卷一百三十五

紹興十年夏四月【按是月乙巳朔】……辛卯……是日，統領忠義軍馬李寶與金人戰於興仁府境上，殺數百人，獲其馬甚衆。[②] 寶，岳飛所遣也。【飛遣寶事，見九年十月。】

同上書卷一百三十六

紹興十年六月甲辰朔，宰臣秦檜言：“臣聞德無常師，主善為師；善無常主，協于克一。此伊尹相湯，咸有一德之言也。臣昨見達蘭有割地講和之議，故贊陛下取河南故疆。既而烏珠戕其叔達蘭，藍公佐之歸，和議已變，故贊陛下定弔民伐罪之計。今烏珠變和議果矣，臣願先至江上，諸路師同力招討，陛下相次勞軍，諭如漢高祖以馬上治天下，不寧厥居，為社稷宗廟，決策于今日。如臣言不可行，即乞罷免，以明孔聖‘陳力就列，不能者止’

① 同見《資治通鑒後編》卷十三。

② 同見《資治通鑒後編》卷十四。

之義。”從之。少師、京東淮東宣撫制置使韓世忠為太保，封英國公。少傅、淮西宣撫使張俊為少師，封英國公。武勝定國公節度使、開府儀同三司、湖北京西宣撫使岳飛為少保，並兼河南北兩路招討使。①【《日曆》獨不載岳飛除命，蓋秦熺削之也。今以《會要》及《玉堂制草》增入。】

乙丑……直秘閣、荆湖北路提点刑獄公事向子忞罷。先是江西漕司負月椿錢，詔總領官曾慥劾罪。子忞行部，取漕吏釋之，慥言於朝，故罷。既而子忞上疏，訟慥與新除左司郎官薛弼表裏中傷。子忞坐奪職。【子忞奪職，在七月己未。】子忞再使湖北，先聲入境，姦吏望風解印綬者數十人。湖北營田，舊以抑配百姓，人不聊生。有破產不能償者，日號訴於馬前。子忞為訊，究其便利可行者，使遵守之，罷一切抑置者，遠近鼓舞。時岳飛兼營田大使，無敢忤其意者。至是飛亦喜，以為當然。子忞按部所至，立大榜於前云：“久負抑屈，州縣不理者，立其下。”於是積年無告之冤，咸得伸雪。平生好論人物，無所忌諱。嘗與胡安國談當世士，安國頗稱秦檜靖康時事，子忞曰：“與檜同時被執軍前，鮮有生者。獨檜数年之後，盡室航海以歸，非大姦者，有是乎?”安國子寅，初猶以為過，後乃信服。子忞再以毀去，自是閒居十九年。初，命司農少卿李若虛往湖北京西宣撫使岳飛軍前計議，至是若虛見岳飛於德安府，以面得上旨，兵不可輕動，宜且班師。飛不聽，若虛曰：“事既爾，勢不可還。矯詔之罪，若虛當任之。”飛許諾，遂進兵。②

丙申，張憲復淮寧府。先是韓常既敗走，宣撫使岳飛遣統制官牛皋、徐慶等與憲會。憲等與常戰於淮寧府，又敗之。常引去，飛以勝捷軍統制趙秉淵知府事。

同上書卷一百三十七

紹興十年秋七月【按是月壬寅朔】癸卯……是日，湖北京西宣撫使司將官張應、韓清入西京。初，河南府兵馬鈐轄李興既聚兵，先復伊陽等八縣，又復汝州，為河南尹李成棄城遁走，河南宣撫使岳飛遣應、清與之會，遂復永興軍。③

丁未，司農少卿李若虛自岳飛軍前計議還，入見。戊申，上曰：“朕常

① 自“少師、京東淮東宣撫制置使韓世忠”，同見《資治通鑒後編》卷十四。

② 自“至是若虛見岳飛於德安府”，同見《資治通鑒後編》卷一百十四。

③ 自“河南府兵馬鈐轄”，同見《資治通鑒後編》卷一百十四。

與諸將論兵，諸將皆謂敵人鐵騎馳突，若在平原，勢不可當，須據險以扼之。朕謂不然，孟子曰：‘天時不如地利，地利不如人和。’兵之勝負，顧人心如何耳。苟人心協和，則彼雖在平原，亦可取勝，諸將皆不以為然。今諸將奏捷，皆在平原，以步兵勝鐵騎，乃信朕前日之語。”秦檜曰：“陛下天資神武，以人心論勝負，非諸將之所能及也。”

己酉，敕令所刪定官施鉅為尚書都官員外郎，用從官應詔所舉也。是日，湖北京西宣撫使岳飛自與越國王宗弼戰於郾城縣，敗之，殺其裨將。是役也，統判官楊再興單騎入敵陣，欲擒宗弼，不獲，身被數十創，猶殺數百人而退。

乙卯，左宣議郎王之道降一官，送吏部，與遠小監當差遣。先是之道見河南用兵，投匭上書，言：“敵有五敗，陛下有五勝。雖敵強且衆，固無能為矣，而我有未必勝者勝三，又不可不知也。且敵專事攘竊，而陛下一本仁義，此道勝也。敵專務姦詐，而陛下一本忠信，此德勝也。敵起兵三十年，用人如牛羊，殺人如草菅，而陛下視民如傷，不憚屈己增幣、俯約講和之請，冀與天下休息，此仁勝也。敵自烏珠用事，上則欺幼主以擅權，下則殺親族以播虐，而陛下夙興夜寐，不忘父兄播遷之難，此義勝也。敵前後專以和親欺罔國家，陛下頃緣王倫為地，復與之和。當是時，下而樵夫牧子，皆以敵為得計，而陛下失計。然和必至於變，無可疑者，但變速則禍小，變遲則禍大。今敵曾不二年，無故敗盟，引兵入犯，臣然後知敵人今為失計，而陛下今為得計，此計勝也。陛下有此五勝，固可以勝矣。然以臣觀之，未見其必勝之理，何則？今諸軍大會境上，而不置統師，一也；國家用兵十有六年矣，士卒之隸諸將者，不為不親附，而罰終不行，二也；今日之兵隸張俊者，則曰張家軍，隸岳飛者，則曰岳家軍，隸韓世忠者，則曰韓家軍，相視如仇讎，相防如盜賊，自不能奉公，惴惴然惟恐它人之奉公，而名譽賢於己也，自不能立功，惴惴然惟恐它人之立功，而官爵軋於己也。且其平日猶或矛盾若此，使其臨大利害，安能保其不能為敵國邪？此其三也。臣願陛下自謀諸心，選擇耆德素負天下之望者，謀及龜筮，謀及士庶，授以斧鉞，俾統六師，自閫以外，咸得專之。臣見一戎衣而天下定，不得專為有周美矣，願陛下斷自宸衷而必行之。”疏入，詔之道降官依衝替人例。言者論：“之道恣睢妄行，全無忌憚。既薦舉大臣，復擬制詞並上。小人狂率，一至於此。乞盡奪見所有官，編置遠方，以懲不恪。”故有是命。湖北京西宣撫司都統制王貴、統制官姚政及金人戰於潁昌府，敗之。初，岳飛以重兵駐潁昌，欲為久駐之計。會張俊自亳州南歸，金人謀知飛孤軍無援，於是併兵以禦飛，飛不能支，告急於淮北宣撫判官劉錡。錡遣統制雷仲出兵牽制，抵至太康縣。是役也，飛將官楊再興、王蘭、高林皆戰死。獲再興之屍，焚之，得箭鏃二升。會天大雨，溪澗皆溢，敵騎不得前，官軍乃退。【此以趙甡之《遺史》、《岳侯傳》、《淮西從軍記》參修。】

壬午……是日，湖北京西宣撫使岳飛自郾城班師。飛既得京西諸郡，會詔書不許深入，其下請還，飛亦以為不可留。然恐金人邀其後，乃宣言進兵深入，逮敵已遠，始傳令回軍。軍士應時皆南鄉，旗靡轍亂。飛望之，口呿而不能合，良久曰："豈非天乎？"金人聞飛棄穎昌去，遣騎追之。時飛之將梁興渡河趨絳州，統制官趙秉淵知淮寧府，飛還至蔡州，命統制官李山、史貴以兵授之。遂遣諸將還武昌，飛以親兵二千，自順昌渡淮赴行在，於是穎昌、淮寧、蔡、鄭諸州，皆復為金人所取，議者惜之。【《岳侯傳》云：侯在郾城，聞烏珠並韓將軍等人馬退去汴京。侯欲乘勢追擊，奏曰："臣聞漢有韓信，項羽投首；蜀有諸葛，二主復興。臣雖不才，所望比此。乞與陛下深入敵境，復取舊疆，報前日之恥。伏望陛下察臣肝膽，表臣精忠。"表到，秦檜大怒，忌侯功高，常用間諜於上，又與張俊、楊沂中謀，乃遣臺官羅振奏"兵微將少，民困國乏。岳某若深入，豈不危也。願陛下降旨，且令班師，將來兵強將衆，糧食得濟，興師北征，一舉可定，雪恥未晚，此萬全之計"。時侯屯軍於穎昌府、陳、蔡、汝州、西京、永安，前不能進，後不能退。忽一日，詔書十三道，令班師赴闕奏事。按羅汝楫此時為殿中侍御史，《傳》所為臺官，乃汝楫也。】

乙丑……是日，金人遣翟將軍圍趙秉淵於淮寧府，李山、史貴及劉錡軍統制官韓直共擊追之。秉淵聞岳飛已去，遂棄城南歸。

紹興十年八月【按是月壬申朔】……壬辰……直徽猷、秦、鳳等路提點刑獄公事宋萬年陞直顯謨閣，知慶陽府。金人之犯慶陽也，帥臣范綜未赴，而萬年攝守事，率厲軍民為固守計，宣撫副使胡世將言於朝，故有是命。時直秘閣、潼川府路轉運副使喻汝礪以書遺世將，言："金人貪戾猜禍之國屬者。竊聞敵積粟於鞏，又積粟於岐，其所以為此者，蓋欲以謀蜀也。今敵已窺慶臺之疆，兼雍州之地，則蜀之於敵壤近而患急矣。望急遣一介之使，請於朝廷，詔岳少保與蜀相首尾，萬一敵騎陵忽，則使荊鄂走精銳，出襄漢，薄金洋，以壓敵後，彼敵雖悍，又安敢睨蜀？"世將以為然。

九月壬寅朔，遣起居舍人李易赴韓世忠軍前議事。宰相秦檜主罷兵，召湖北京西宣撫使岳飛赴行在，遂命易見世忠諭旨。時淮西宣撫副使楊沂中還師鎮江府，三京招撫處置使劉光世還池州，淮北宣撫判官劉錡還太平州，自是不復出師矣。

己酉，上諭大臣曰：“朕昨面諭岳飛，凡為大將者，當以天下安危自任，不當較功賞。彼以功賞存心者，乃士卒所為，至於朝廷待大將，亦自有禮。如前日邊報之初，除諸將便加師、保，豈少待有功乎？若必待有功而後進官，所以待士卒輩也。”時飛已至行在，故上訓及之。

乙卯，尚書工部員外郎高穎試司農少卿，兼湖北京西宣撫司參議官，岳飛請之也。【《日曆》不書“兼參議”，此據本寺題名。】

同上書卷一百三十八

紹興十年十有一月【按是月丁丑朔】……乙卯，川陝宣撫副使胡世將奏已遣兵解慶陽之圍，乞詔湖北京西宣撫使岳飛出兵牽制。上曰：“此未易輕議，凡事有緩急先後，必思而後動，乃可以成功也。”先是慶陽圍急，帥臣宋萬年乘城拒守，會世將以檄書招建寧軍承宣使、河東經略使王忠植以所部赴陝西會合。行至延安，叛將趙惟清執忠植，使拜詔。忠植曰：“若本朝詔書則受，若金國詔書，則不拜也。”惟清械之，以詣右副元帥薩里罕，不能屈，使甲士引詣慶陽城下，諭使出降。忠植大呼曰：“我河東步佛山忠義人也，為金所執，使來招降。願將士勿負朝廷，堅守城壁，忠植即死城下。”薩里干怒詰之。忠植披襟大呼曰：“當速殺我。”遂遇害。

甲子……詔淮北宣撫判官劉錡募兵效萬人。時錡軍及韓世忠、岳飛皆造軍器，所乞牛皮至十餘萬張，郡邑往往殺牛以應命。言者請蠲其數目，詔工部措置。

同上書卷一百三十九

紹興十有一年二月【按是月庚午朔】……丙子，上謂大臣曰：“中外議論紛然，以敵逼江為憂，殊不知今日之勢，與建炎不同。建炎之間，我軍皆退保江南。杜充書生，遣偏將輕與敵戰，故敵得乘閒猖獗。今韓世忠屯淮東，劉錡屯淮西，岳飛屯上流，張俊方自建康進兵前渡，敵窺江，則我兵皆乘其後。今虛鎮江一路，以檄呼敵渡江，亦不敢來。”

乙未，賜劉光世、韓世忠、張俊、岳飛、楊沂中、劉錡詔書，以“捷書累至，軍聲大張，蓋自軍興以來，未有今日之盛”，仍戒以“尚思困獸之鬥，務保全功”，其詞給事中、兼直學士院林待聘所草也。上又遣入内内侍省都知陳永錫乘傳往淮西勞軍，曆視戰地，宣勞甚渥。《中興聖政》、何俌《龜鑑》曰：“敵之戰於柘皋也，十萬鐵騎，夾道而陳，其勢豈可當哉，張俊、楊沂中等主之。觀其晝夜疾馳，聲援相接，民兵團結，分據江津，或守馬家渡，以示吾之有備，或據和州，以遏敵之要衝，卒使諸將捷書繼至，而軍聲大振矣。是役也，蓋自兵興以來未有，今日之盛，又豈偶然之故哉。”

紹興十有一年三月【按是月庚子朔】……庚戌，秦檜奏：“近報韓世忠距濠三十里，張俊等亦至濠州五十里，又岳飛已離池州，渡江去會師矣。”上曰：“首禍者惟烏珠，戒諸將無務多殺，惟取烏珠可也。澶淵之役，達蘭既死，真宗詔諸將按兵縱契丹，勿邀其歸路，此朕家法也。朕兼愛南北之民，豈忍以多殺為意乎？”初，敵之入犯也，上命飛以兵來援。飛念前此每勝，復被詔還，乃以乏糧為詞。最後上御劄付飛云：“社稷存亡，在卿此舉。”飛奉詔移兵三十里而止，及濠州已破，飛始以兵至舒、蘄境上，故張俊與秦檜皆恨之。

丁卯，右宣教郎宗汝為添差通判處州。先是汝為自北境間行，投岳飛軍中。飛遣赴行在，汝為具言金人情偽，且曰：“今和好雖定，計必背盟，不可遽弛武備。”秦檜聞之不樂，至是權禮部尚書蘇符力言於上，乃有是命。既而上憐其忠，遷右通直郎。

同上書卷一百四十

紹興十有一年夏四月【按是月己巳朔】……庚寅……右文殿修撰、湖北京西宣撫司參謀官朱芾充敷文閣待制，知鎮江府，司農卿李若虛充秘閣修撰，知宣州。二人皆岳飛幕客也，自軍中隨飛赴行在。上將罷飛兵柄，故先出之。

辛卯，詔給事中直學士院范同令入對。初，張浚在相位，以諸大將久握重兵難制，欲漸取其兵屬督府，而以儒臣將之。會淮西軍叛，浚坐謫去，趙鼎繼相，王庶在樞府，復議用偏裨以分其勢。張俊覺之，然亦終不能得其柄，至是同獻計於秦檜，請皆除樞府，而罷其兵權。檜納之，乃密奏於上，以柘臯之捷，召韓世忠、張俊、岳飛並赴行在，論功行賞。時世忠、俊已至，而飛獨後，檜與參知政事王次翁憂之，謀以明日率三大將置酒湖上，欲出則語直省官曰：“姑待岳少保來。”益令堂厨豐其燕具，如此展期以待，至六七日。及是飛乃至，上即召同入對，諭旨令其與給事中、兼直學士院林待聘分草三制，是夕鎖院。

壬辰，揚武翊運功臣、太保、京東淮東宣撫處置使兼河南北諸路招討使、節制鎮江府、英國公韓世忠，安民靜難功臣、少師、淮南西路宣撫使兼河南北諸路招討使、濟國公張俊，並為樞密使，少保、湖北京西路宣撫使兼河南北諸路招討使岳飛為樞密副使，並宣押赴本院治事。世忠既拜，乃製一字巾，入都堂則裹之，出則以親兵自衛。檜頗不喜。飛披襟作雍容狀，檜亦忌之。【《中興聖政》、何俌《龜鑑》曰：謬哉！范同之為檜畫計也。同之議曰："諸將俱握重兵，必甚難制，莫若皆除樞密而罷其兵權。"此范同但求以助和議而然也。檜乃用之，詔罷宣撫兵，隸樞院，附和則保富貴。是故張俊先至，則除美官，韓世忠、劉錡不言和則傷於讒，岳飛最後至，被禍最慘矣。】

癸巳，詔參知政事王次翁序位在岳飛之下，以飛階官為少保故也。飛請班次翁之下，不許。上謂大臣曰："昔三宣撫之兵，分為三軍，故有此軍作過，而往投彼軍者。今合為一，則前日之弊革矣。"

乙未，樞密使張俊言："臣已到院治事，見管軍馬伏望撥屬御前使喚。"時俊與秦檜意合，故力贊議和，且覺朝廷欲罷兵權，即首納所統兵。上從其請，復召范同入對，命林待聘草詔書獎諭，詔詞略曰："李、郭在唐，俱稱名將，有大功於王室。然光弼負不釋位之釁，陷於嫌隙；而子儀聞命就道，以勛名福祿自終。是則功臣去就趨舍之際，是非利害之端，豈不較然著明，意蓋有所指也。"上謂韓世忠、張俊、岳飛曰："朕昔付卿等以一路宣撫之權尚小，今付卿等以樞府本兵之權甚大。卿等宜各為一心，勿分彼此，則兵力全而莫之能禦。顧如烏珠，何足掃除乎？"是曰詔宣撫司並罷，遇出師臨時取旨。逐司統制官已下，各帶御前字入銜，令有司鑄印給付，且依舊駐劄。將來調發，並三省、樞密院取旨施行。仍令統制官等，各以職次高下，輪替入見。【王伯庠撰《王次翁叙記》云："紹興辛酉，敵人有飲馬大江之謀。大將張俊、韓世忠皆欲先事深入，惟岳飛駐兵淮西，不肯動，上始有誅飛意。又世忠軍中親校温濟者，以世忠陰事來告。朝廷置濟於湖南，世忠連上章，乞遣濟至軍中，語甚不遜。是時三大將皆握重兵，輕視朝廷。其年柘皋之捷，有旨，令大將入朝論功行賞。俊、世忠已到，而飛獨未來。秦檜為相，先臣參知政事，大臣止二人。檜憂之甚。先臣為之謀，以明日率三大將，置酒湖上，欲出則語直省官曰：'姑待岳少保來。'益令堂厨豐其燕具，如此展期以待者六七日。飛既到，以明日鎖院，皆除樞密，使趣命入院供職，罷其兵柄。晡時有旨，鎖院明日宣麻。是夜半，復以制分命三大帥軍中列校，使各統所部，自為一軍，更其銜曰'統制御前軍馬'，凡其所統陞黜賞罰，得專達之。諸校喜於自便，莫不欣然受命。明日，三大帥入授元樞之制。既出，則其所部皆已散去，導從盡以密院之人上之。此謀惟先臣與秦檜預之，天下歎服。三帥既罷兵柄，先臣語伯庠曰：'吾與秦相謀之久矣，雖外示閒暇，而終夕未嘗交睫，脫致紛紜。滅族非所憂，所憂宗社而已。事幸而成，上之英斷，與天合也，吾何力之有?'" 按此所云"夜半，以制分命列校""更其銜為'統制御前軍馬'"一節，與《日曆》所書不同。《日曆》鎖院在辛卯，降制在壬辰，張俊歸部曲及諸將帶御前字在乙未，前後凡五日，不知伯庠何以云然，姑附此，更須詳考。】於是禮部侍郎鄭剛中言於檜曰："前所共憂者，一旦變為平安之道。廟堂不動聲色，而三大將惟恐奉上兵籍之不先。彼曲士不通世務，挾口舌以議政者，已皆言塞意順，謂此非常之舉。"因為檜陳善後之策，凡七事，大概以"沿邊倚兵為重，今大帥去則人心懼。昔日三帥兵律不同，今合而用之，固有以更易為便，亦有念舊而不能忘者。又三帥分地而守，各任其責，今統制官在外，有如塵蒿，使誰糾合。又諸軍係宣司按月勘請，今既罷，合漸立法，庶無冒請之弊。傳曰：'平亂責武臣。'望以數事悉付右府，俾經畫之而酌其可否。他日攻守進退，彼不得為言矣"。

紹興十有一年五月【按是月戊戌朔】……壬寅，右文殿修撰陳桷充敷文閣待制，知池州。蘄州防禦使辛永宗為明州觀察使，提舉亳州明道宮。右武大夫、欽州刺史王敏求為左武大夫，添差兩浙西路兵馬鈐轄，仍釐務。桷，韓世忠幕客。永宗、敏求，張俊、岳飛親校也，以罷從軍故遷之。

丁未，詔韓世忠聽候御前委使，張俊、岳飛帶本職，前去按閱御前軍馬，專一措置戰守。時秦檜將議和，故遣俊、飛往楚州，總淮東一全軍，還駐鎮江府。【二樞密出使，未見降旨之日。今年六月二十日，耿著款狀云："五月上旬，有指揮，韓世忠聽候御前，委使張俊、岳飛出外按閱軍馬。"丁未，初十日也，故附於此日。又按《日曆》此月十一日戊申，韓世忠獻錢粮之在楚州者，宜與此相關，權附此，須求他書，參考本日。】

戊申，樞密使韓世忠言："自提兵以來，有回易利息及收簇趲積軍須見在錢一百萬貫，排垛楚州。前軍軍中耕種並椿管米九十萬石，見在楚州封椿，及鎮江府、揚、楚、真州、高郵縣、江口、瓜州鎮正賜公使、回易激賞等，酒庫一十五，合行進納，望下所屬交收。"詔嘉獎。尚書右司員外郎沈昭遠權戶部侍郎。時命昭遠措置津發般運楚州錢米，故有是命。後三日，昭遠辭行。太常少卿陳桷權尚書禮部侍郎。尚書左司郎中施坰守太常少卿。左武大夫、忠州刺史王剛，武功大夫、果州團練使、知襄陽府、御前遊奕軍統制武糾，並進橫行一官，二人皆岳飛部曲也。

紹興十有一年六月【按是月戊辰朔】……癸未……是日，張俊、岳飛至楚州，飛居城中，俊居於城外。中軍統制王勝引甲軍而來，或告俊曰：

“王勝有害樞使意。”【俊父名密，四月甲午得旨，以樞使稱呼。】俊亦懼，問何故擐甲。勝曰：“樞使來点軍，不敢不貫甲耳。”俊乃命卸甲，然終憾之。飛視兵籍，始知韓世忠止有衆三萬，而在楚州十餘年，金人不敢犯，猶有餘力，以侵山東，可謂奇特之士也。時統制河北軍馬李寶戍海外，飛呼至山陽，慰勞甚悉，使下海往山東牽制，寶焚登州及文登縣而還。俊以海州在淮北，恐為金人所得，因命毀其城，遷其民於鎮江府。人不樂遷，莫不垂涕。俊遂總世忠之軍還鎮江，惟背嵬一軍赴行在。

同上書卷一百四十一

紹興十有一年秋七月【按是月丁酉朔】……壬子，右諫議大夫萬俟卨言：“伏見樞密副使岳飛，爵高祿厚，志滿意得，平昔功名之念，日以頹墮。今春敵寇大入，疆埸騷然。陛下趣飛出師，以為犄角，璽書絡繹，使者相繼於道，而乃稽違詔旨，不以時發，久之，一至舒、蘄，匆卒復還。所幸諸帥兵力自能卻敵，不然則其敗撓國事，可勝言哉。比與同列按兵淮上，公對將佐謂山陽為不可守，沮喪士氣，動搖民心。遠近聞之，無不失望。伏望免飛副樞職事，出之於外，以伸邦憲。”

癸丑，上謂大臣曰：“山陽要地，屏蔽淮東，無山陽則通、泰不能固。敵來徑趨蘇、常，豈不搖動，其事甚明。比遣張俊、岳飛往彼措置戰守，二人登城行視，飛於衆中倡言‘楚不可守，城安用修’。蓋將士戍山陽厭久，欲弃而之他，飛意在附下以要譽，故其言如此，朕何賴焉?”秦檜曰：“飛對人之言乃至是，中外或未知也。”先是飛數言和議非計，檜大惡之。【《岳侯傳》云：紹興十一年，大金約和。上令議和事便與不便，侯奏曰：“金人無故約和，必探我國之虛實。如年前正約和間，併兵盡舉。張俊不能迎遏，其軍大潰，失陷川陜。烏珠、韓常重兵攻淮西，是時韓世忠在楚州，亦無所措，遂求救於朝廷，後無旬日，盡失淮楚，退兵囬住鎮江，以拒江為險，更無前進之意。大概行兵無方略，料敵無智勝，賞罰不明，信令不行，兵無鬥志，是以戰之不克，攻之不拔，則敗之由也。如臣提兵深入敵境，潁昌之戰，我兵大捷，敵衆奔潰，前入汴京。當時戮力齊心，上下相副，併兵一舉，大事可成。今日烏珠見我班師，有何懼，而來約和，豈不為詐。據臣所見，為害不為利也。”此奏不見於他書。按飛自郾城歸後，烏珠未嘗求和，又其詞拙樸，疑亦未真。姑附著於此，存其意可也。】飛自楚州歸，乃令卨論其罪，始有殺飛意矣。【熊克《小曆》稱：“卨言飛倡言棄兩淮，以動朝廷，此不臣之漸也。”蓋孫覿撰卨墓誌云耳。今日曆載卨三章，乃無此語，

克又不考而遂因之。今仍載其本文，庶不失實。】

甲寅，侍衛親軍馬軍都虞候、武泰軍節度使劉錡知荆南府，罷其兵。張俊深忌錡與岳飛，每言飛赴援遲，而錡戰不力也。飛請留錡掌兵，不許。時有處士孫元濟者，聞除錡荆南，竊謂："比之弈棋，此最高着也。"人問其故，元濟曰："陝、蜀諸軍，但知吳氏，襄、漢諸軍，尚思岳家。江陵在蜀、漢之間，而錡有威名，為諸將所服。且聞有詔，或遇緩急，旁郡之兵，許之調發，銷患未形，此廟算也，非吾君大聖，其孰能與此。"元濟，江陰人也。

是月，樞密使張俊復往鎮江措置事務，副使岳飛留行在，以二人議事不和故也。俊因奏事，乞趣淮西之賞。上曰："功賞後時，在將帥，不在朝廷。"俊問所以然，上曰："軍士有出戰者，有輜重及守營者。凡所謂戰功，皆戰士也。今更不分，全軍皆要推賞，動數萬人，朝廷何以行之。"俊曰："誠如聖諭，初因一軍如此，故諸軍效之。臣今蒙專任，當誡諸統制官，只保明實出戰者，庶可漸革前弊。"

紹興十有一年八月【按是月丙寅朔】……己卯，右朝議大夫、直秘閣于鵬為廣南東路安撫司參議官，右奉議郎黨尚友為廣南西路安撫司參議官，右朝奉郎孔成為江南西路安撫司參議官，左朝散郎孫革通判興化軍，左宣教郎張節夫通判南劍州。岳飛之罷也，鵬等十一人皆奉祠居行在。及臺諫以劾疏遺飛，鵬等聞之，一夕散去。事聞，詔並添差江、湖、閩、廣諸州，趣令之任。言者論湖南米斗百錢，請令漕司廣行收糴。時已令度支員外郎李椿年拘收岳飛軍中錢物，乃詔"以上供經制錢收糴，俟椿年拘到撥還"。

紹興十有一年九月【按是月丙申朔】……癸卯，命軍器少監鮑琚往鄂州根括宣撫司錢物。先是湖北轉運判官汪叙詹以書白秦檜，言"岳飛頃於鄂渚置酒庫，日售數百緡，襄陽置通貨場，利復不貲。自飛罷，未有所付，乞令副都統制張憲主之，庶杜欺弊"。前二日，詔都統制王貴與憲同掌。上謂檜："聞飛軍中有錢二千萬緡，昨遣人問之，飛對所有之數，蓋十之九，人言固不妄也。今遣琚往，縱不能盡，若得其半，亦不少矣。又歲計所入，供軍之餘，小約亦數百萬緡。比之頭會箕斂，不知幾多，民力何以辦此?"檜曰："軍興以來，間有取於民者，皆非得已。今無橫賦，而上朝夕軫念。蓋務稍廣諸蓄，以備緩急，不待取於民而自足耳。"叙詹，婺源人也。【熊克《小曆》：時有上殿官鮑琚，頗疏通，上因命琚往軍前根括前物，歲入幾何，諸路月椿，以贍本軍，有名無實而斂於民者幾何，當議省之。按琚紹興九年十二月除軍器監丞，去年四月遷少監。克謂之"上殿官"，蓋不審也。

考之《日曆》，琚是行事為根括岳飛軍中現在錢物，詳見十二年三月庚戌。】是日，鄂州前軍副都統制王俊詣都統制王貴，告副都統張憲謀據襄陽為變。先是朝廷命諸將更朝行在。憲懼不得還，乃妄用金人侵犯上流，冀朝廷還岳飛復掌兵，而己為之副。會憲詣樞密行府白事，俊具所謀告之，以統制官傅選為證。貴即日以聞，張俊在行府聞之，遂收憲屬吏。俊，東平人，初為雄威卒，後從范瓊為右軍統制者是也。【王俊首狀全文，見今年十二月癸巳注，此不別出。趙甡之《遺史》云："張憲以軍前統制為提舉一行事務，得岳飛之子雲書，遂欲劫諸軍為辭，且日率諸軍徑赴行在，乞岳少保復統軍。或曰不若渡江往京西，朝廷必遣岳少保來撫諭，得岳少保復統軍則無事。語漸漏露，百姓皆晝夜不安，官司亦無所措置，惟憂懼而已。都統制王貴赴鎮江府，詣樞密行府稟議，方回到鄂州，前軍副統制王俊以其事告之，貴大驚。諸統制入謁貴，貴遂就執憲，送於行府。張俊令就行府取劾，獄成，送大理寺。俊，濟南人。范瓊領兵在京東，俊為劊子。"此所云差不同。按俊首狀，稱"九月初一日，張太尉起發赴樞密行府"，則憲此時固不在鄂州，甡之小誤也。王明清《揮麈後錄》云："榮茂世嶷為湖北漕，置司鄂州。有都統司統制官王俊，以其舊主帥岳飛不軌狀，詣茂世陳首。茂世云：'我職掌漕計，他無所預。'卻之。俊遂從總領汪叔詹陳其事，汪即日上聞。秦檜得之，藉以興羅織之獄，殺岳飛父子。知世茂不受理，深怨之，而高宗於世茂有霸府之舊，秦屢加害而不從。秦死，榮竟登從班。汪訐岳之後，獄方竟而殂，豈非命歟。"按叔詹此時與嶷同為湖北漕，或是新除總領林大聲未到而暫權也，姑附此當考。】

同上書卷一百四十二

紹興十有一年冬十月【按是月丙寅朔】戊寅……少保、醴泉觀使岳飛下大理寺。先是樞密使張俊言："張憲供通為收岳飛處文字後謀反，行府已有供到文狀。"左僕射秦檜乘此欲誅飛，乃送飛父子於大理獄，命御史中丞何鑄、大理卿周三畏鞫之。【《岳侯傳》云：秦檜密遣王俊同王貴前去，謀陷侯。王俊、王貴等觀望，奏張憲、岳雲欲謀反等事，俄將憲、岳雲俱杻械送大理寺根勘。上聞，驚駭，秦檜奏乞將張憲、岳雲與飛同白其事。是時，侯尚不知。良久，秦檜密遣左右傳宣，請相公略到朝廷，別聽聖旨。侯既聞宣詔，即時前去，卻引到大理寺。侯駭然曰："吾何到此?"纔入門，到廳下轎，不見一人，止見四面垂簾。纔坐少時，忽見官吏數人向前，云："這裹不是相公坐處，後面有中丞，請相公略來照對數事。"相公點頭云："吾與國家宣力，今日到此，何也?”道罷，隨獄吏行至一處，見張憲、岳雲露頭赤體，各人杻械，渾身盡皆血染，痛苦呻吟。又見羅振等將王俊、王貴首張憲、岳雲并俟反狀罪文前來，云：“國家有何虧負你三人，卻要反背。”俟向万俟卨、羅振曰：“對天盟誓，吾無所負國家。汝等既掌正法，且不可陷忠臣。吾到冥司，與汝等面對不休。”衆聞其說。羅振并御史中丞万俟卨等曰：“相公既不反，記得遊天竺日，壁上留題曰‘寒門何載富貴’乎?”衆人曰：“既出此題，豈不是反也。”俟知衆人皆是秦檜門下，既見不容理訴，長吁一聲，云：“吾方知已落秦檜國賊之手。使吾為國忠心，一旦都休。”道罷合眼，任其考掠。按此時羅汝楫已不為御史，万俟卨亦未為中丞。其後卨遷中司，汝楫遷諫議。然汝楫不與此獄，傳所云恐誤。姑附此，更須詳之。】

紹興十有一年十一月【按是月乙未朔】……丁未……光山軍節度使、開府儀同三司、判大宗正事、齊安郡王士㒟提舉西京嵩山崇福宮，放謝辭。士㒟數言事，秦檜忌之。岳飛之下吏也，士㒟草奏，欲救之，語泄。檜乃使言者論：“頃岳飛進兵於陳、蔡之間，乃密通書士㒟。㒟叙其悃愊，蹤跡詭秘。范同頃為浙東憲，與士㒟通家往還。或以他故數日不克見，則必遣其屬卲大受往傳導言語，窺伺國事。士㒟身為近屬，在外則交結將帥，在内則交結執政。事有切於聖躬，望罷其宗司職事，庶幾助成中興之業。”故有是命。仍令刑部檢會宗室戚里不得出謁接見賓客條法，申嚴行下。士㒟將行，上賜手札勞問，且以白金千兩賜之。

辛酉，特進、觀文殿大學士、福建安撫大使、兼知福州張浚為檢校少傅、崇信軍節度使，充萬壽觀使，免奉朝請。秦檜將議和，遣工部員外郎蓋諒因事至閩中風浚，使附其議，當引為樞密使。浚答書言：“敵不可縱，和不可成。”檜不悦。會浚以母老乞祠，乃有是命。先是責授清遠軍節度副使趙鼎在會稽，嘗語其客方疇曰：“張德遠建炎復辟之功，豈可忘也。上待臣下有恩，想必講求矣。”疇曰：“今日擔子極重，秦相欲獨負之，恐難也，不知故相中誰可辦者?”時李綱、朱勝非皆在，鼎曰：“伯紀、藏一，皆不濟事，惟德遠可爾，第恐不容復來。”至是卒如所料。左承議郎、新福建安撫大使司參議官高穎除名，象州編管，以言者論“春間敵騎犯邊，穎自軍前造朝，反為張皇之說，以惑流俗”故也。穎陷僞十年，固窮守節，故驟用之，及是以從岳飛被斥。

壬戌，左朝奉大夫、荆湖北路轉運判官汪叔詹直秘閣，知鄂州。右朝請大夫、知韶州卲相為荆湖北路轉運判官，兼京西路轉運提刑，提舉茶鹽公事。王俊之告變也，叔詹與聞之。【此據王明清《揮麈後錄》。相嘗為岳飛所劾，此據洪邁《夷堅志》。】謫嶺南，至是復起。

同上書卷一百四十三

紹興十有一年十有二月【按是月乙丑朔】……丁卯，徽猷閣待制、提舉江州太平觀劉洪道責授濠州團練副使，柳州安置。御史丞万俟卨論："洪道汙穢貪墨，岳飛初為制置使，洪道足恭以媚之。飛罷宣撫使，命下之日，洪道聞之失色，頓足抵掌，淚闇眼眶，倡為浮言，簧鼓將士，幾至變生。"故有是命。於是洪道得罪，而終身不復。

癸巳，岳飛賜死於大理寺。飛既屬吏，何鑄以中執法與大理卿周三畏同鞫之。飛久不伏，因不食求死，命其子閤門祗候雷視之。至是万俟卨入臺月餘，獄遂上。及聚斷，大理寺丞李若樸、何彥猷言飛不應死，衆不從。於是飛以衆證，坐嘗自言己與太祖俱以三十歲除節度使，為指斥乘輿，情理切害，及敵犯淮西，前後親受札十三次，不即策應，為擁兵逗遛，當斬；閬州觀察使、御前前軍統制、權副都統張憲坐收飛、雲書，謀以襄陽叛，當絞；飛長子、左武大夫、忠州防禦使、提舉醴泉觀雲坐與憲書，稱可與得心腹兵官商議，為傳報朝廷機密事，當追一官，罰金。詔飛賜死，命領殿前都指揮使職事楊沂中蒞其刑，誅憲、雲於都市；參議官直秘閣于鵬除名送萬安軍，右朝散郎孫革送尋州，並編管；仍藉其貲，流家屬於嶺南。天下冤之，飛死年三十九。初，獄之成也。太傅、醴泉觀使韓世忠不能平，以問秦檜。檜曰："飛子雲與張憲書雖不明，其事體莫須有。"世忠怫然曰："相公'莫須有'三字，何以報天下乎?"飛知書，善待士，且濟人之貧，用兵秋毫無犯，民皆安堵，不知有軍，至今號為賢將。【何鑄紹興十二年八月丙寅，周三畏三十年三月庚子，李若樸、何彥猷十二年正月戊申，皆得罪。飛二十二年十月戊申，追復元官，謚忠愍，又改武穆。嘉泰四年五月癸未，追封鄂王，並各見本年月。王俊首狀，大理寺案款，今具載之。左武大夫、果州防禦使、差充京東東路兵馬鈐轄、御前前軍副統制王俊，有俊於八月二十二日夜二更以來，張太尉使奴廝兒慶童來，請俊去說話。俊到張太尉衙，令虞候報覆，請俊入宅。在蓮花池東面一亭子上，張大尉先與一和尚澤一，點著燭，對面坐地說話。俊到時，澤一更不與俊相揖，便起向燈影黑處潛去。俊於張太尉面前唱喏。坐間，張太尉不作聲，良久，問道："你早睡也，那你睡得著。"俊道："太尉有甚事睡不著?"張太尉道："你不知自家相公得出也。"俊道："相公得出，那裏去?"張太尉道："得衢、婺州。"俊道："既得衢州，則無事也，有甚煩惱?”張太尉道：“恐有後命。”俊道：“有後命如何?”張太尉道：“你理會不得。我與相公，從微相隨，朝廷必疑我也。朝廷交更番朝見，我去則必不來也。”俊道：“向日范將軍被朝廷賜死，俊與范將軍從微相隨，俊元是雄威副都頭，轉至正使，皆是范將軍。兼係右軍統制，同提舉一行事務，心懷忠義，到今朝廷何曾賜罪，太尉不須別生疑慮。”張太尉道：“更說與你，我相公處有人來交我救他。”俊道：“如何救他?”張太尉道：“我這人馬動，則便是救他也。”俊道：“動後甚意思?”張太尉道：“這裏將人馬老小，盡底移去襄陽府不動，只在那駐劄。朝廷知，必使我相公來彈壓撫諭。”俊道：“太尉不可動人馬。若太尉動人馬，朝廷必疑，岳相公越被罪也。”張太尉道：“你理會不得。若朝廷使岳相公來時，便是我救他也。若朝廷不肯交相公來時，我將人馬分佈，自據襄陽府。”俊道：“諸軍人馬如何起發得?”張太尉道：“我刼掠舟船，盡裝載步人老小，令馬軍便陸路前付。”俊道：“且看國家患難之際，且更消停。”張太尉道：“我待做，你安排著。待我交你下手做時，你便聽我言語。”俊道：“恐軍不伏者多。”張太尉道：“誰敢不伏，傅選道我不後。”俊道：“傅統制慷慨之人，大夫剛氣，必有肯伏。”張太尉道：“有不伏者，剿殺。”俊道：“這軍馬做甚名目起發?”張太尉道：“你問得我是。假做一件朝廷文字起發，我須交人不疑。”俊道：“太尉去襄陽府後面，張相公遣人馬來追襲如何。”張太尉道：“必不敢來趕我。設他人馬來到這裏時，我已到襄陽了也。”俊道：“且如致襄陽府，張相公必不肯休。繼續前來收捕如何?”張太尉道：“我有何懼。”俊道：“若蕃人探得知，必來夾攻。太尉南面有張相公人馬，北面有蕃人，太尉如何處置。”張太尉冷笑：“我則有道理。待我這裏兵才動，先使人將文字去與蕃人。萬一枝梧不前，交蕃人發人馬助我。”俊道：“諸軍人馬老小數十萬，襄陽糧少如何?”張太尉道：“這裏糧盡數著船裝載前去。鄂州也有糧，襄陽也有糧，可喫得一年。”俊道：“如何這裏數路應副錢糧，尚有不前?那裏此少糧，一年以後無糧如何。”張太尉道：“我那裏一年已外，不別做轉動。我那裏不一年，交蕃人必退。我遲則遲動，疾則疾動，你安排著。”張太尉又道：“我如今動後，背嵬、遊奕伏我不伏。”俊道：“不伏底多。”又道：“遊奕姚觀察，背嵬王剛、張應、李璋，伏不伏?”俊道：“不知如何。”張太尉道：“明日聚廳時，你請姚觀察、王剛、張應、李璋去你衙裏喫飯，說與我這言語，說道‘張太尉一夜不曾得睡，知得相公得出，恐有後命。今自家懣都出岳相公門下，若諸軍人馬有語言，交我怎生制御。我東西隨人，我又不是都統制，朝廷又不曾有文字交我管他們，有事都不能管’得知。”三更後，俊歸來本家。次日天曉，二十三日早，衆統制官至張太尉衙前。張太尉未坐衙，俊叫起姚觀察，於教場亭子西邊坐地。姚觀察道：“有甚事，大哥。”俊道：“張太尉一夜不睡，知得相公得出。太尉煩惱，道破言語，交俊來問觀察如何。”姚觀察道：“既相公不來時，張太尉管軍事，節都在張太尉也。”俊問：“觀察道將來諸軍亂後，如何。”姚觀察道：“與他彈壓，不可交亂，恐壞了這軍人馬。你做我覆知太尉，緩緩地，且看國家患難面。”道罷，各散去，更不曾說張太尉所言事節。俊去見張太尉，唱喏，張太尉道：“夜來所言事如何。”俊道：“不曾去請王剛等，只與姚觀察說話。交來覆太尉道，‘恐兵亂後不可不彈壓，我遊奕一軍鈐束得整齊，必不致得生事。’”張太尉道：“既姚觀察賣弄，道他人馬整齊，我做得尤穩也。你安排著。”俊便唱喏出來，自後不曾說話。九月初一日，張太尉起發，赴樞密行府。俊去辭，張太尉道：“王統制，你後面庵重物事轉換了著，我去後，將來必共將這灦一處。你收拾，等我叫你。”重念俊元係東平府雄威第八長。行日本府闕糧，諸營軍兵呼千等結連俊，欲劫東平府作過。當時俊食祿本營，不敢負於國家，又不忍棄老母，遂經安撫司告首，奉聖旨補本營副都頭。後來即遇金人侵犯中原，俊自靖康元年，首從軍旅於京城下，與金人相敵斬首。及俊口内中箭，射落二齒，奉聖旨特換成忠郎。後來並係立戰功，轉今來官資，俊盡節仰報朝廷。今來張太尉結連俊別起事，俊不敢負於國家，欲伺候將來赴樞密行府日，面詣張相公前告，又恐都統王太尉別有出入，張太尉後面別起事背叛，臨時力所不及，使俊陷於不義。俊已於初七日面覆都統王太尉訖，今月初八日納狀告首，如有一事一件分毫不實，乞依軍法施行。兼俊自出官以來，立戰功，轉至今來官資，即不曾有分毫過犯。所有俊應干告敕宣劄在家收存外，有告首、呼千等補副都宣繳申外，庶俊忠義，不曾作過，不敢負於國家。謹具狀披告，伏候指揮。】

【刑部大理寺狀：準尚書省劄子：“張俊奏：‘張憲供通，為收兵飛處文字後謀反，行府已有供到文狀。’奉聖旨，就大理寺置司根勘，聞奏。”今勘到龍神衛四廂都指揮使、閬州觀察使、高陽關路馬步軍副都總管、御前前軍統制、權副都統、節制鄂州軍馬張憲，僧澤一，右朝議大夫、直秘閣、添差廣南東路安撫司參議官于鵬，右朝散郎、添差通判興化軍孫革，左武大夫、忠州防禦使、提舉醴泉觀岳雲，有蔭人智浹，承節郎、進奏官王處仁，從議郎、授福州專管巡捉私鹽蔣世雄，及勘證得前少保、武勝定國軍節度使、充萬壽觀使岳飛所犯。内：岳飛——為因探報得金人侵擾淮南，前後一十五次受親札指揮，令策應指置，坐觀勝負，逗遛不進。及因董先、張憲問張俊軍馬怎生地，言道：“都敗了囬去。”便指斥乘輿。及向張憲、董先道：“張家、韓家人馬，你將一萬人蹉踏了。”及因罷兵權後令孫革寫書與張憲，令“措置別作擘畫”，令“看訖焚之”。及令張憲、虛中探得四太子大兵前來侵犯上流，自後張憲商議，待反背據守襄陽，及把截江兩頭，盡劫官私舟船。又累次令孫革奏報不實，及制勘虛妄等罪。除罪輕外，法寺稱：“《律》：‘臨軍征討，稽期三日，斬。’及‘指斥乘輿，情理切害者，斬。’係罪重。其岳飛，坐擁重兵私罪上定斷：合決重杖處死。”看詳：岳飛坐擁重兵於兩軍未解之間，十五次被受御筆，並遣中使督兵，逗遛不進；及於此時輒對張憲、董先指斥乘輿，情理切害；又說與張憲、董先，要蹉踏張俊、韓世忠人馬；及移書張憲，令“指置別作擘畫”，致張憲意待謀反，據守襄陽等處作過，委是情理深重。——《敕》：“罪人情重法輕，奏裁。”張憲——為收岳雲書，令憲“別作擘畫”，因此張憲謀反，要提兵僭據襄陽，投拜金人，因王俊不允順，方有“無意作過”言；並知岳飛指斥切害，不敢陳首，并依隨岳飛虛申無糧，進兵不得；及依于鵬書申岳飛之意，令妄申探報不實；及制勘虛妄。除罪輕外，法寺稱：“《律》：‘謀叛，絞。’其張憲，合依絞刑私罪上定斷：合決重杖處死，仍合依例追毀出身以來告敕文字，除名。”本人犯私罪，絞。舉官見行取會，候到，別具施行。岳雲——為寫《諮目》與張憲，稱：“可與得心腹兵官商議擘畫。”因此，致張憲叛。除罪輕及等外，法寺稱：“《敕》：‘傳報朝廷機密事，流二千五百里，配千里，不以蔭論。’《赦》：‘刺配比徒三年，本罪徒以上通比，滿六年比加役流。’《律》：‘官五品，犯流以下，減一等。’其岳雲，合比加役流私罪斷：官減外，徒三年，追一官，罰銅二十斤入官，勒停。”看詳：岳雲因父罷兵權，輒敢交通主兵官張憲，節次催令得腹心兵官擘畫，致張憲因此要提兵謀叛；又傳報朝廷機密，惑亂軍衆，情重奏裁。岳雲犯私罪，徒。舉官見行會問，候到，別具施行。于鵬——為犯虛妄，並依隨岳飛寫《諮目》與張憲等，妄說岳飛出使事。并令張憲妄供探報。除罪輕外，法寺稱：“《敕》：‘為從配。’《律》：‘五品犯流罪，減一等。’其于鵬，合徒三年，私罪官減外，徒二年半，追一官，罰銅十斤入官，勒停，情重奏裁。”于鵬犯私罪，徒。舉官見行取會，候到，別其施行。孫革——為依隨岳飛寫諮目與張憲，稱“指置擘盡”等語言，並節次依隨岳飛申奏朝廷不實。除罪輕外，法寺稱：“《律》：‘奏事不實，以違制論，徒二年。’《律》：‘供犯罪徒，減一等。’其孫革合徒一年，合追見任朝散郎一官官告文字，當徒一年，勒停，情重奏裁。”孫革犯私罪，徒。舉官見行會問，候到，別具施行。王處仁——為知王貴申朝廷張憲背叛，漏泄供中岳飛，並說與蔣世雄，法寺稱："《敕》：'傳報漏泄朝廷機密事，流二千五百里，配千里，應比罪，敕配比徒三年，本罪徒以上通比滿六年，比加役流，官當準六年。'王處仁合於比加役流私罪上斷，合追見任承節郎並歷任承信郎共兩官官告文字，當徒二年。據按別無官當，更合罰銅八十斤入官，勒停，情重奏裁。"王處仁犯私罪流。舉官見行會問，候到，別具施行。蔣世雄——為見王處仁，說王貴申朝廷張憲背叛事，於岳飛處覆。除罪輕外，法寺稱："傳報漏泄朝廷機密事，流二千五百里，從減一等。其蔣世雄，合徒三年私罪上斷：官減外，徒二年半，合追從義郎、秉義郎兩官官告文字，當徒二年，餘徒二年，更罰銅十斤入官，勒停，情重奏裁。"蔣世雄犯私罪從。舉官見行會問，候到，別具施行。僧澤一——為制勘虛妄，並見張憲等待背叛，向張憲言："不如先差兩隊申軍防守總領軍使衙。"并欲為張憲詐作樞密院劄子，發兵過江；及要摹搨樞密奏印文。除罪輕外，法寺稱："《律》：'謀叛者，絞，從減一等。'其僧澤一，合流三千里私罪斷：合決脊杖二十，本處居作一年，役滿日仍合下本處，照《僧人犯私罪流還俗條》施行。情重奏裁。"智浹——為承岳雲使令，要將書與張憲等，並受岳雲金、茶、馬，令智浹將書與張憲等，共估錢三百二貫足。除罪輕外，法寺稱："《律》：'坐贓致罪十匹加一等，罪止徒三年。為非監臨主司，因事受財，七品官子孫犯流罪以下，聽贖。'其智浹，合徒三年，贓罪贖銅六十斤，情重奏裁。"小貼子：據《貼黃》稱："契勘岳飛次男岳雷係同岳飛一處送下，今來照證得岳雷別無干涉罪犯，緣為岳飛故節飲食成病，合依條召家人入侍，就令岳雷入侍看覷，候斷下案內人目，所有岳雷亦乞一就處分降下。"小貼子稱：所有僧澤一，合下本處依條施行。又小貼子稱：契勘數內于鵬，見行下湖北轉運司根究銀絹等四百萬，合下所屬照會，候根究見歸著日，即乞依今來所斷指揮施行。又小貼子稱：看詳：岳飛、張憲所犯情重，逐人家業並家屬，合取自朝廷指揮，拘籍施行。看詳：岳飛等所犯，內岳飛私罪斬，張憲私罪絞，並係情重；王處仁私罪流，岳雲私罪徒，並係情重；蔣世雄、孫革、于鵬並私罪徒，並係情理稍重，無一般例。兼奉聖旨根勘，合取旨裁斷。有旨：岳飛特賜死，張憲、岳雲並依軍法施行，令楊沂中監斬，仍多差將兵防護，餘並依斷。于鵬、孫革、王處仁、蔣世雄除名，內：于鵬、孫革永不收叙，于鵬送萬安軍，孫革送潯州，王處仁送達州，蔣世雄送梧州，並編管。僧澤一決脊杖二十，刺面，配二千里外州軍牢城，小心收管。知浹決臀杖二十，送二千里外州軍編管。岳飛、張憲家屬，分送廣南、福建路州軍拘管，月具存亡聞奏。編配人並岳飛家屬，并令楊沂中、俞俟，其張憲家屬令王貴、汪叔詹，多差得力人兵防送前去，不得一並上路。岳飛、張憲家業籍沒入官，委俞俟、汪叔詹遲一抄劄，具數申尚書省。餘依大理寺所申並小貼子内事理施行。出榜曉諭：應緣上件公事干涉之人，一切不問，亦不許人陳告，官司不得受理。】

【王明清《揮麈錄餘話》云：明清壬子歲任寧國，得王俊所首岳侯狀於其家。次年，明清入朝，始得詔獄全案觀之。岳侯之坐死，迺嘗以自言與太祖俱以三十歲為節度使，以為指斥乘輿，情理切害；及握兵之日，受庚牌不即出師者凡十五次，以為抗拒詔命，初不究"將在軍，君命有所不受"之義；又云"岳飛與張憲書，通謀為亂"。所供雖嘗移緘，即不曾達，繼復焚之，亦不知其詞云何，且與原首狀子無干涉。鍛鍊雖極，而不得實情，的見誣罔，孰所為據，而遽皆處極典，覽之拂膺。倘非後來詔書，湔洗追褒，則沒地銜冤於無窮。所可恨者，使當時推鞫酷吏漏網，不正典刑耳。王俊者，初以小兵途中告反而轉資，晚以裨將而妄訐主帥，遂饕富貴。驛卒疑奴，一時傾險，不足比數。考其終始之間，可謂怪矣。首狀雖甚為鄙俚之言，然不可更一字也。】

【趙甡之《遺史》云：先是飛自襄城回軍也，在一寺中，與王貴、張憲、董先、王俊夜坐，移時不語，忽作聲曰："天下事，竟如何。"衆皆不敢應。憲徐言曰："在相公處置耳。"既退，俊握先及貴手，曰："太尉，太尉，適來聞相公之言及張太尉之對否。"先與貴曰："然。"及俊告飛使子雲通軍事，因言郾地路中之語，追先赴行在，時雲與憲已伏誅矣。秦檜語先曰："止有一句言語，要爾為證了，只今月使可出。"仍差大理官二人，送先赴大理寺，并命"證畢，就今日摘出"。繇是先下大理寺，對吏即伏。吏問飛，飛猶不伏。獄吏稍侵之。飛感動仰天者移時，索筆著押。癸巳，飛死於獄中，梟其首。市人聞之，悽愴有墮淚者。初，獄成，丞李若樸、何彦猷謂飛罪當徒二年，白於卿周三畏，三畏逐白於中丞万俟卨，卨不應。三畏曰："當依法，三畏豈惜大理卿耶?"有王輔者，投書於秦檜，具言飛反狀已明。檜以書付獄，卨卒致飛于死。既而卨彈若樸，以其兄若虛昔為幕中參議，故欲黨庇之耳，彦猷傳會若樸，由是二人皆罷。此云郾城路中之語，據俊元首狀，乃無之，不知何故。又云雲、憲已伏誅，董先方下大理寺，與飛對辯，恐亦誤。今併附此，更須參考也。】

【何俌《龜鑑》：飛起于效用，平居憂國，無所不為，征討出師，慷慨勇往。隆冬按邊，上有"非我忠臣，莫雪大恥"之諭；盛夏出師，上有"暑行勞動，朕念之不安"之語；東下赴援，而上有"委身徇國，竭節事君”之歎；力疾先馳，而上有“國爾忘身，誰如卿者”之褒。帥襄陽而克復襄陽，鎮湖北而坐制湖、湘。焚蔡州之積，奪虢州之糧，而又倡率三軍，指示方略。自李寶曹州之戰，以至張憲臨潁之戰，凡五十戰，每戰必捷。敵人相告，謂：“撼岳飛兵，難吁！”當時有如飛者數十輩，佈置邊庭，是直所謂萬里長城者，而檜乃屏棄之，曾不甚惜，何耶？綸昔趣覲，彼之所以逗遛不進者，蓋亦事機垂成，為可惜也。“莫須有”三字，強以傅會，欲加之罪，其無辭乎。千載而下，每念岳武穆之冤，直欲籲天而無從也。鷙鳥盡，良弓藏，狡兔死，良狗烹，此為不能保全功臣者說也，況鷙鳥猶未盡，而狡兔猶未死者哉。】

【吕中《大事記》：飛之死，尤不厭衆心。飛忠孝出於天性，自結髮從戎，凡曆數百戰，内平劇盜，外抗強敵。其用兵也，尤善以寡勝衆。其從杜充也，以八百人破群盜五十萬衆于南薰門外；其破曹晟也，以八千破其十萬衆於桂嶺；其戰烏珠也，於潁昌則以背嵬八百，於朱仙鎮則以背嵬五百，皆破其衆十餘萬。敵人所畏服，不敢以名稱，至以父呼之。自烏珠有“必殺飛，而後可和”之言，檜之心與敵合，而張俊之心又與檜合，媒孽横生，不置之死地不止。万俟卨以願備鍛鍊，自諫議而得中丞。王俊以希旨誣告，自遙防而得廉車。姚政、龐榮、傅選之徒，亦以阿附，並沐累遷之故，傅會其事，無所不至。而“莫須有”三字，世忠終以為無以服天下。飛死，世忠罷，中外大權盡歸於檜。於是，盡逐君子，用小人矣。】

同上書卷一百四十四

紹興十有二年春正月【按是月乙未朔】……戊申，御史中丞万俟卨、大理卿周三畏同班入對，以鞫岳飛獄畢故也。尚書省乞以飛獄案令刑部鏤板，遍牒諸路。有進士智浹者，汾州人，知書，通《春秋左氏傳》，好直言，飛以賓客待之。飛初下吏，浹上書訟其冤。秦檜怒，併送大理。獄成，浹坐決杖，送袁州編管云。[①]【此以趙甡之《遺史》參修，但甡之稱“飛死，浹上書訟飛之冤”，則恐誤，蓋浹與飛同結案也。今略修潤，令不牴牾。浹降旨編管，在去年十二月晦日，其行遣當在此時。今日頒降獄案，附書之。】敷文閣待制、知徽州朱芾，秘閣修撰李若虛並落職，芾仍罷郡。右諫議大夫羅汝楫論“二人頃嘗為岳飛謀議官，主帥有異志而不能諫。至於若虛，則又公肆欺罔。昨飛方用師於京西，若虛遽自軍前還朝，謂敵人不日

① 同見《資治通鑒後編》卷一百十五。

授首矣，而所憂者，他將不相為授。伏望並賜黜責。”故有是命。先是秘閣修撰、提舉洪州玉隆觀薛弼為飛參謀官，與飛厚。秦檜之閑居永嘉也，弼舊遊其門。万俟卨又善之，繇是無一詞累及。飛之在鄂也，有左朝奉大夫王輔者，嘗知彭山縣，以贓敗，遂依飛軍中，飛亦厚待。至是輔遣其子孝忠上書，指飛為姦凶，陰合檜意。檜喜，由是脫罪籍，尋擢知普州。[①] 輔，上蔡人也。大理寺丞何彥猷、李若樸並罷。右諫議大夫羅汝楫論：“比聞岳飛之獄已具，朝廷召寺官聚斷，咸以飛之罪死有餘責，獨二人喧然，力以衆議為非，務於從輕。”故黜之。【趙甡之《遺史》稱“何彥猷、李若樸謂飛罪當徒二年”，已見去年十二月癸巳注。甡之又稱“周三畏有‘豈惜大理卿’之語”，然獄成之後，少卿薛仁輔罷去而三畏遷刑部侍郎，後八九年，乃始被論，則此語未必有也，更須詳考。】

庚申……資政殿學士、提舉臨安府洞霄宮孫近落職。御史中丞万俟卨論：“近頃帥紹興，與士？交通甚密。及近執政，或得禁中密語，往往漏之。方諸帥還朝，並寘右府，近遂唱為議論不合之詞，欲深結將帥之私恩。及聞烏珠屯泗之始，岳飛就鞫之初，則每對賓客，喜生面顏。”故有是命。

紹興十有二年二月【按是月乙丑朔】……二月乙丑朔，直徽猷閣、添差夔州路安撫司參議官王良存先次放罷，以嘗為岳飛隨軍漕故也。軍器少監鮑琚檢察拘收前湖北京西宣撫司錢物，還行在。後六日，擢琚為尚書右司員外郎。

庚午……入内西頭供奉官黄彥節除名枷項，送容州編管。彥節嘗為岳飛軍中承受，後轉歸吏部。飛憐其貧，遺錢三千緡，且薦為睿思殿祗候，上不許。飛死，乃抵罪。

紹興十有二年三月【按是月甲午朔】……丁未，龍神衛四廂都指揮使、定江軍節度使、御前統制田師中陞充殿前都虞候，鄂州駐劄。御前諸軍都統制張俊力薦師中代掌岳飛軍。先數日，上諭輔臣曰：“朕欲面委師中營田之事，儻區處得宜，地無遺利，便可使就糴以充軍賦。軍賦既足，取不及民，則免催科之擾，輸送之費，可以少寬民力。若乃規其入，以供公上，非朕所欲也。”既又賜師中銀帛萬匹兩，為犒軍之費，至是特降制命之。師中至武昌，軍中初不伏。統制官傅選、李山、郭青輩往往乞罷去。撫諭久之稍定。【上諭輔臣語，在是月壬寅，賜激賞銀絹，在甲辰，今並附此。徐夢莘《北盟會編》云：“師中專務結托内侍以為助，故能久其權。”】

---

① 自“先是”起，同見《資治通鑒後編》卷一百十五。

庚戌……尚書右司員外郎鮑琚總領鄂州大軍錢糧。先是，琚奏岳飛軍中利源，鄂州并公使激賞備邊回易十四庫，歲收息錢一百十六萬五千餘緡，鄂州關引、典庫房錢、營田雜收錢、襄陽府酒庫房錢、博易場，共收錢四十一萬五千餘緡，營田稻穀十八萬餘石。詔以鄂州七酒庫隸田師中為軍須。【每年收息錢，共五十八萬餘緡。】餘令總領所樁收，準備朝廷不時支遣，其屯田仍委師中措置應副。

紹興十有二年五月【按是月癸巳朔】……甲辰……左中大夫朱芾責授左朝奉郎、軍器少監，邵武軍居住，左奉議郎李若虛勒停，徽州羈管，以御史中丞万俟卨言“二人偃居近地，竊議時政”故也。直徽猷閣王良存、直秘閣夏珙、右奉議郎廣西安撫司參議官黨尚友、左宣教郎通判南劍州張節夫等十人並勒停，送見居州軍鄰州羈管，內白身補授及因從軍換文資人，皆追奪之。

同上書卷一百四十五

紹興十有二年六月【按是月壬戌朔】……乙酉，邵武軍羈管人張節夫移送建昌軍。時責授軍器少監朱芾先至武陽。都省言：“二人皆岳飛官屬，難以同在一處居住。”故徙焉。

同上書卷一百四十六

紹興十有二年八月【按是月辛酉朔】……丙寅……端明殿學士、簽書樞密院事何鑄依舊職提舉江州太平觀。時御史中丞万俟卨、右諫議大夫羅汝楫交章論鑄之罪，謂：“鑄，胥吏之子，素無聞望。初以廖剛薦為臺屬，與孫近、范同締交。逮近、同之敗，自是跡不遑安，乃蓋令黨與傾搖國是。去春淮甸警報，日與儇薄之徒張皇敵勢，以為朝廷自當遷避。岳飛反狀敗露，鑄首董其獄，亦無一言敘陳。偶因報聘乏人，陛下寘之樞庭，命之出疆。臨行，反視親舊騰播，以謂議獄不合，遂致遠行，廣坐語人，以脫此自幸。飛之負國，天下所同嫉者，鑄長御史，乃黨惡如此，罪將安逃？”章五上，鑄亦累章求去，乃有是命。

戊子，上服黃袍，乘輦詣臨平奉迎梓宮。登舟，易緦服。百官皆如之。己丑，徽宗皇帝、顯肅皇后及懿節皇后梓宮皆至行在，寓于龍德別宮，以故待漏院為之，在行宮南門外之東，帝后異殿。始議奉安梓宮之禮，或請姑寓僧坊，太常少卿王賞曰：“孝子之事親，思其居處。宣和內禪，退居龍德。今宜綿蕝仿行殿，以治喪儀。”又議百官制服，賞曰：“訃告始至，已成服矣。復服之，非是特上與執事者，常服改葬緦而已。”朝廷用之。時梓宫既入境，即承之以槨。命有司預製衮冕翬衣以往，及是納槨中不改斂，用安陵故事也。史臣秦熺等曰【按：此係秦熺史論，持議偏謬，疑為後人攙入，今姑存之】：“上孝悌絶人，前古帝王所不能及。以二聖母后之在遠也，憂思感傷，戚戚無一日舒容，舉足出言，宸念未嘗少忘。衣不重帛，食不二味，居處惟茅茨之陋，自奉悉簡素。有旨，有能還二聖母后者，王侯節鉞，盡以充賞。問安之使，奔走道路，殆無虛月，終莫得金人要約。建炎四年冬十月，御史中丞秦檜歸自金，蓋扈從北狩者累年，朝夕侍二聖旁。方靖康之變，金人立張邦昌，咸北面以事異姓，檜獨冒白刃不從，抗辭乞存趙氏，臨大節而不奪。金人敬奉之，故知彼之事宜為詳，因曲折為上言之。且念兵威未振，知和好之未可通也。既擢檜與政，未幾為右相，方圖維事機，以濟大業，時左相吕頤浩嫉之，力加沮抑。檜既去位，悠悠積歲，用事者趣辦目前，無有任其責者。紹興三年冬十月，金遣李永壽來，徒多端須求，矯詐無誠意。春正月，遣張諠等往北返，事亦弗濟。七年春正月，何蘚自金中來，報太上皇帝之訃，上哀慟號哭，遣王倫迎奉梓宫，不遂而歸。八年春正月，復往，亦弗從。上哀毀過制，居三年喪如一日。每出薦奠，號哭失聲，涕泗揮灑。凡侍奉贊導之臣，皆弗能禁止。聖孝之美，未易殫舉。上悼國步之多艱，治功之未效，且厭凡才不足倚也，求助益切。三月辛卯，復拜檜右相，久益知檜忠誠，而謀謨可大有為也，故議和之計決矣。而左相趙鼎抑沮甚力，因修史加恩制，密諭直學士院吕本中為制詞曰：‘謂合晉、楚之成，不如尊王而賤伯。’蓋豫為後日姦圖。鼎為首相，不復留意國事，用兵則徒擅都督之名，略無措畫，及議和，則陰懷首鼠，於進對之際，未嘗有可否，陰結黨與，肆為詆欺，其負眷意如此。迨秋遣通和之使，而王倫等遂行。後自金中還，將及境矣，和議之成否未能知。鼎知不復任責，亟為脱身自全之計，力求解政，又令其死黨張戒乞復留鼎，設為詭辭，誑惑天聽，沮敗善類。賴上睿明，不得肆其姦。是年冬十二月，達賚遣張通古至，欲先盡還河南故地，徐議餘事。金誠意若是，蓋前此未有也。自使者入境以及，行朝士大夫議論洶洶，皆以為不可信。樞密院編修官胡銓上書力詆大臣，冀必置之死地。執政如王庶，侍從如曾開、李彌遜，臺官方廷實，館職范如圭等，尤唱異論，蠱惑群聽。其他不能遍舉，蓋懷姦飾詐者，但欲取一時市井虛名，而利害不切于身，初無體國親上之意，故趨向如此。既而輿地果復，亟遣官省治陵寢，撫循民庶，且經畫數路急切之政，故陷身異域者，有更生之幸。亹亹來歸，亟命韓肖胄報謝，繼令王倫、藍公佐迎梓宫及奉大母之歸。既而金之次帥烏珠恚功之不由己出，遂渝前日之盟，拘留王倫，但令藍公佐歸，因引兵犯汴都，而留守孟庾等率衆投降。先是命劉錡以兵北戍，以備不虞，偶與敵遇於順昌。錡于諸將中素號有謀，與戰至十數，捷音相繼以聞。敵敗衄而退，朝廷度必再入犯，於是大修兵備。十一年，果竭衆以犯淮，必欲以全取勝。時遣三大將領兵進擊，而岳飛陰有異謀，遷延顧望，拒命不進。韓世忠、張俊皆屢與之戰，殺獲不勝計。敵知我不易攻也，率衆退走。既班師，主上聖明，察見兵柄之分，無所統一，凡有號召，多托故不至，於出師之際，又不能協力徇國家，恐有緩急，必致誤國大事，乃密與檜謀，削尾大之勢，以革積歲倒持之患。一日，大廷宣制除張俊、韓世忠、岳飛三帥為樞密副使，由是天下兵柄，盡歸朝廷矣。然是舉也，孰不以為善。前此獨無敢聊睨者，有識之士方懼金人之平，四方底定，而此輩跋扈自肆，意外事有叵測者，今一旦悉屏聽命，如玩嬰兒於掌股之上，銷禍於未然。既已協諸軍之公願，謂自此願盡死力。遠近歡呼，切歎睿斷英果，措意宏遠，知敵不足憂，而太平可指日待也。上既日新厥德，内修政事，專任一德之臣，以為腹心。益練甲兵，治財賦，悉豫為之圖。敵勢數不利，又知我之有備，設施措畫，赫然驚人。規模出其意表，而戰勝攻取，兵威勝強，非前日比。且虞後悔之及，遂縱莫將、韓恕以歸。二人者使敵中，被留閱歲且半，無故聽歸，其意蓋必有在。冬十一月，果遣蕭毅、邢具瞻為審議使、副，必欲連和。時衆議紛紛，莫以為然，謂當墮其計中矣。上以宗廟社稷之重，下愛惜生靈，且念梓宫未還，母后兄弟久隔，亦灼見敵情，保其無他，奮然獨斷。檜力贊上，以為‘圖謀和議，今踰十年矣。前此烏珠爭功，故敗成事。今兹之來，乃自為盟主，敵善意也。機會不可失，無可疑者’，遂斥浮言，排異議，從其所約，一意迎奉之圖。既遣何鑄報謝，逮至敵庭，默然無一言而返。梓宫及母后之還，亦弗知也。鑄自御史中丞遷簽書樞密院事，固宜與聞國論之餘，而猶持異意，且疑貳而亟圖歸，則今日之舉，非君相合德，深見事情，曷克有濟。初，岳飛擁重兵，據上流者累年，稔成罪釁，日圖反叛，至是皆暴章首告繼踵，逮核實于天獄，悉得其情。逆狀顯著，審讞無異，飛與子雲及其黨張憲皆賜死。於是天討有罪，故桀傲者懔懔知畏，咸奔走承命之不暇，而政刑修明，國勢益尊強矣。臣等竊惟金人為中國患，今十八年矣，唯修好通和，實今日至計。前後用事之臣，費日窮年，未有以為意者。淵衷監觀利害既審，任兹大事，實難其人，爰出獨斷，復命檜而相之。其大節孤忠，奇謀遠識，蓋察之有素矣。檜亦感不世之遇，自任天下之重。精白以承休德，不退縮以避事，不猜忌以妒功，不疑貳以敗謀，不矯激以沽譽。其圖事撲策，料敵制勝，咸仰契聖心。用能夙夜自竭，以符特達委任之意。敵亦知所畏服，無復敢肆。有請必從，不愆於素。故上以安宗廟，下以保黎庶，送往事居，又足以副天子寧親之孝。一舉而衆美具焉，無不悉如其意，成效章章若此。向之拱手以幸失、騰口以興訕者，皆歎服聖謨之不暇，赧然羞汗，悔前非之無及矣。然是舉也，危疑險阻，蓋備嘗之。非獨檜翊贊之難，任檜之為難也。書曰：'惟尹躬暨湯，咸有一德。克享天心，受天明命。以有九有之師。'又曰：'德惟一，動罔不吉。'故臣等於今日之事亦云。"【吕中《大事記》曰：紹興十年，金人渝盟，軍民皆歸咎於秦檜，而檜傲然不動。順昌既捷之後，先竄趙鼎而人無敢言矣。柘皋既捷之後，盡罷諸將而兵隸御前矣。向者戰敗而求和，今則戰勝而求和矣。向者戰敗而棄地，今則戰勝而棄地矣。向者使命之費，猶有限；今歲幣銀帛，各三十五萬匹兩，而賀禮又有金器千兩，銀器萬兩，錦綺千匹矣。岳飛復唐、鄧，張俊、吳璘復商、秦，吳玠復方山、和尚原，皆間關百戰而後得。今吾不能有其地，反盡割入于敵，聽其分畫矣。世忠田金陵，岳飛田鄂，王之奇田兩淮，吳玠田梁、洋，樊賓、宗綱田荆州，皆累年經理而後成。今吾不能屯田，反使敵創屯田軍于河南矣。吾國之民，不肯入敵，殺之猶不從，而朝廷必以與敵，使遺黎飲泣内恨，而中原之人心失矣。李世輔不顧其親來歸，烏珠引避其忠，今乃置之謫籍，而中原豪傑之心失矣。士大夫陷没敵中，家屬有在中國者，徇敵人之情而悉還之，方其去時，如赴井阱，而吾國衣冠之氣沮矣。張俊深忌劉錡、岳飛，每言飛赴援遲而錡戰不力，遂與檜謀斥錡而殺飛，而天下忠憤之氣皆沮矣。何俌《龜鑑》曰：我高宗皇帝所以徇奉春之拙謀，壞祖生之壯志，蓋仁孝之心，有所感觸而不能不爾也。故寧忍嫚書之恥，而不忍廢務在養民之事，寧割鴻溝之半，而毋寧輟未央稱壽之儀。敬觀聖訓，有曰："朕兼愛南北之民，屈於講和，非怯於用兵也。若敵國交惡，天下受弊，朕實念之。"知此則可以知吾君之仁。又曰："北望庭闈，踰十五年。幾于無淚可揮，無腸可斷。所以頻遣使指屈已奉幣者，皆以此也。"知此則可以知吾君之孝。】

同上書卷一百四十七

紹興十有二年冬十月……庚辰，左朝奉大夫、提舉江州太平觀何鑄責授左朝奉郎秘書少監，徽州居住。時殿中侍御史、兼權侍御史江邈論鑄之罪，謂："鑄日延過客，密議朝政，以欲緩岳飛之死。上誣聖政，以破和議為能，以孫近、李光、范同之論為是，而又以已在言路，未嘗論列數人之罪為賢。嗚呼！岳飛反狀，中外共知，而可緩其死乎？和議為今日明效，大驗如此。嚮使陛下持論不堅，無一德之臣可以倚仗，而為鑄等數人之所搖，則和議決不復講，而陛下豈復有色養之歡乎？伏望將鑄遠竄遐荒，使與同惡之人，均其廢放。”故有是命。起官舍人、權中書舍人程敦厚草責詞，極其醜詆，至有“家本書佐，行同穿窬”之語云。

紹興十有二年十有一月【按是月己丑朔】……庚戌……左承事郎張戒時勒停，右諫議大夫羅汝楫論：“異議之人，尚有偶逃憲網者，張戒是也。按戒最為趙鼎所厚，鼎既深詆和議，戒巧相迎奉，苟可以沮是事者，無不為也。未幾，鼎罷相，陛下灼見其姦，亟行罷黜，遂往依岳飛於江夏，則其趨操可知。”故黜之。

同上書卷一百四十八

紹興十有三年春正月【按是月己丑朔】……癸卯……詔以錢塘縣西岳飛宅為國子監太學。舊太學七十七齋，今為齋十有二，曰：禔身、服膺、守約、習是、允蹈、存心、持志、養正、誠意、率履、循理、時中。

丁未……武功大夫、吉州刺史、閤門宣贊舍人、鄂州駐劄御前捷勝軍副將楊浩除名，昭州編管。浩，岳飛部曲，坐謗訕朝政，及私令人上書，詐不實也。

同上書卷一百五十二

紹興十有四年九月【按是月己酉朔】……甲子……左武大夫、欽州刺史、浙東兵馬鈐轄王敏求勒停，南劍州編管。敏求，岳飛親校也。秦檜追論黃彥節事，【事見十二年。】以敏求為彥節計，囑飛私求財物，法寺鞫實，乃有是命。

同上書卷一百五十八

紹興十有八年十有一月【按是月乙酉朔】……丁未，龍神衛四廂都指揮使、邕州觀察使董先添差兩浙西路馬步軍副都總管，平江府駐劄。初，岳飛既死，先自武昌召還，為步軍司統制，先與管軍趙密不協，於是離軍，領殿前都指揮使職事。楊沂中憐其才，賾遺甚厚，具奏乞奴本司。朝廷以三衙不許互換，陳乞不許。

同上書卷一百六十一

紹興二十年三月……庚子……詔巫伋兼權參知政事，徽猷閣直學士、知平江府周三畏落職，與宮觀差遣。初，常同既卒，三畏遣通判府事蘇師德越境往祭，且賻錢二千緡。祭文有云："姦人在位，公棄而死。"師德，同女婿。祭文，其子新遂安尉玭所草也。侍御史曹筠因奏："三畏頃為大理卿，鞫勘岳飛公事，猶豫半年不決。朝廷特加拔拭，終不懷安，乃與師德陰相交結。若不亟去，有害治道。"於是師德送汀州編管，而玭勒停。【玭勒停，在四月癸亥。】

同上書卷一百六十二

紹興二十有一年閏四月【按是月辛未朔】……乙酉，右通直郎李若樸知德安府。若樸與何彥猷並為大理寺丞，坐議岳飛獄不合斥去。至是十年，始守邊郡。彥猷通判洪州而卒。【彥猷五月丙辰除洪倅，未知卒在何年。隆興元年正月，以右奉郎特贈二官。】

同上書卷一百六十三

紹興二十有二年夏四月【按是月丙寅朔】……壬辰，秦檜奏："廬州觀察使王俊往在岳飛軍中，弹壓有勞，以為浙東馬步軍副都總管。"上曰："飛當時欲具舟船入川，有統制官說諭諸軍乃止。"

同上書卷一百六十七

紹興二十有四年秋七月【按是月壬子朔】……癸丑，右正言鄭仲熊言："前知雷州王趯頃在任日，每有被罪南竄者，則厚賂津置，為之橐囊，結成死黨。今聞在全州，遂與海外罪人為地。或有擅離受責之地，逃匿趯家，方命亂法，莫此為甚。切慮有司或致弛慢縱逸，其禍有不可勝言者。欲望特降睿旨下全州，差得力人，管押王趯前來大理寺究治。仍令日下押還元責地方，庶絕後患。"詔依所請，仍令逐路提刑躬親遵奉施行，先具知禀状聞奏。先是責受建寧軍節度副使李光譎，居昌化軍，因趯寓書秦檜，以求內徙。有小校李某者，坐岳飛累，編置全州，與趯居相近。趯俾校募人轉致之，檜見書自全來，疑光擅離貶所，大怒，故有是命。【此事詳見今年十二月丁亥，王趯編管辰州注。】

同上書卷一百六十八

紹興二十有五年六月……癸卯，詔改岳州為純州，岳陽軍為華容軍。先是左朝散郎姚岳獻言秦檜，謂："亂臣賊子，侵叛王略，州郡不幸，汙染其間，則當與之惟新。今夫岳飛躬為叛亂，以干天誅。雖訖伏其辜，然湖、湘、漢、沔皆其生時提封之内，而巴陵郡猶為岳州，以叛臣故地，又與其姓同，顧莫之或改。"事下本路諸司。於是直秘閣、知荆南府孫汝翼等言："按《水經》，汨水西逕羅縣，與純水合羅淵，即今巴陵郡是也。純之為字，有純臣之義焉。其言純粹、純白、純常，皆静一不雜之義，足以洗叛臣之汙。"故有是命。岳嘗為飛幕屬，至是自謂非飛之客，且乞改州名。士論鄙之。[①]【岳州改州名，《日曆》不書獻言者為誰，紹今以趙甡之《遺史》考之，則姚岳也。】

同上書卷一百六十九

紹興二十有五年冬十月【按是月乙亥朔】……丙申，太師、尚書左僕射、同中書門下平章事、兼樞密使、益國公秦檜，進封建康郡王，少傅、觀文殿大學士、充萬壽觀使、兼侍讀、提舉秘書省秦熺為少師，並致仕。詔檜、熺已降制。其孫試尚書禮部侍郎、兼實錄院修撰塤，敷文閣待制、提舉佑神觀堪，並提舉江州太平興國宫，塤仍充敷文閣直學士。初，檜病篤，招參知政事董德元、簽書樞密院事湯思退至卧内，以後事囑之，且贈黄金各千兩。德元以為若不受，則他時病愈，疑我二心矣，乃受之。思退以為檜多疑心，他時病愈，必曰："我以金試之，便待我以必死邪。"乃不敢受。上聞之，以思退為非檜之黨。是日，以思退兼權參知政事。【臣嘗見故武學諭范子該，言秦檜當國執政官，不敢獨奏事。湯思退初入樞府，一日檜擬除局務官二人，上偶不付出。檜疑之，諭思退令留身請其故。思退連稱不敢。檜曰："此是檜意，無傷也。"明日，思退留身如所戒，上見已驚曰："有何事，乃不與秦檜同奏耶。"思退具白云云。上曰："此細事，朕偶忘記，非有他也。"思退將下殿，奏曰："臣自此恐不復望清光。"上曰："何故?"思退曰："臣今日留身，雖出檜意，但其人多疑，必謂臣更及他事，且諭言路擠排，臣去無日矣。"上曰："無慮，朕當保全。"思退因略言檜專權蒙蔽之狀，上頷之。退至殿廬，告以上意，未至省，已批出依奏，檜甚喜。其後臺

① 该段同見《資治通鑑後編》卷一百十七。

諫數劾思退黨附秦檜之罪，乞罷相。上曰："他人言檜擅權，皆言於其死後，獨思退於檜在日，為朕言之，非黨也。"子該所言，必有據，故具載之。】夜，檜薨，年六十六。遺表略曰："願陛下益固鄰國之歡盟，深思宗社之大計。謹國是之搖動，杜邪黨之窺覦。"【《林泉野記》云：熺尤恣橫不學，聞檜死，置酒大喜。】初，靖康末，檜在中司，以抗議請存趙氏，為金所執而去，天下高之。及歸，驟用為相，檜力引一時仁賢，如胡安國、程瑀、張燾之徒，佈在臺省，士大夫亟稱之。未幾，為吕頤浩、朱勝非所排，遂不復用檜。張浚與趙鼎有隙，因薦為樞密使。浚罷，鼎復相，諸執政盡逐而檜獨留。既而與鼎並居宰席，卒傾鼎去之。金人渝盟，軍民皆歸咎於檜。檜傲然不肯退，又使王次翁奏留之。韓世忠、張俊、岳飛方擅兵，檜與俊密約議和，而以兵權歸俊。飛既誅，世忠亦罷，俊居位不去，檜乃使江邈論罷之。由是中外大權，盡歸於檜，非檜親黨及昏庸諛佞者，則不得仕宦。忠正之士，多避山林間。紹興十二年科舉，諭考試官以其子熺為狀元。二十四年科舉，又令考試官以其孫塤為狀元，上覺。彗星見，檜不乞退，頻使臣僚及州縣奏祥瑞，以為檜秉政所致。上見江左小安，以為檜力，任之不疑。檜陰結內侍及醫師王繼先伺微旨，動靜必具知之，日進珍寶、珠玉、書畫、奇玩、羨餘。帝寵眷無比，命中使陳腆、續瑾賜珍玩酒食無虛日。兩居相位，凡十九年，薦執政，必選世無名譽、柔佞易制者，不使預事，備員書姓名而已。其任將帥，必選奴才。初見財用不足，密諭江、浙監司，暗增民稅七八，故民力重困，餓死者衆。又命察事卒數百游市間，聞言其姦者，即捕送大理寺獄殺之。上書言朝政者，例貶萬里外。日使士人歌誦太平，中興聖政之美，故言路絶矣。士人稍有政聲名譽者，必斥逐之，固寵市權，諫官厞人，略無敢言其非者。自劉光世薨，其家建康園第，並以賜檜。及張俊薨，其房地宅緡日二百千，其家獻於國，檜盡得之。性陰險，如崖阱深阻，世不可測。喜贓吏，惡廉士，略不用祖宗法。每入省，已漏即出，文案壅滯皆不省。貪墨無厭，監司帥守到闕，例要珍寶，必數萬貫，乃得差遣，及其脏汙不法，為民所訟，檜復力保之，故脏吏恣横，百姓愈困。臘月生日，州縣獻香送物為壽，歲數十萬，其家富於左藏數倍。士大夫投書啓者，皋、夔、稷、契為不足比擬，必曰"元聖"，或曰"聖相"，至有請加檜九錫，及置益國官屬者。【自"非檜親黨"以下，至"富於左藏數倍"，以《林泉野記》本文。自"士大夫投書啓"以下，並據趙甡之《遺史》刪附。"聖相"事，詳具紹興十四年六月，"益國官屬"事詳具十七年三月，"九錫"事詳具二十三年正月，王循友知建康府注。】然自渡江後，諸大將皆握重兵難制。張浚、趙鼎為相，屢欲有所更張，而終不得其柄。檜用范同策，悉留之樞府，而收其部曲，以為御前諸軍。息兵以來，諸郡守臣，有至十年不易者。又以僧道太冗，乃不鬻度牒，暗消其弊，使民知務本，由是中外少安。至於忘讎逆理，陷害忠良，陰阻宗資之議，又其罪之大者。上久知檜跋扈，秘之未發，至是首勒熺致仕，餘黨以竄逐，天下咸仰英斷焉。

同上書卷一百七十一

紹興二十有六年二月【按是月癸酉朔】……甲午……左朝請大夫、直秘閣辛次膺知婺州。北使張通古之議和也，次膺提点荆湖南路刑獄，上疏言："父之讎不與共天，兄弟之讎不反兵，豈有降萬乘之尊，屈己稱藩者乎？"書奏，不報，即奉祠。及金人敗盟，次膺有故人將漕湖北者，擬寄居鄂渚而依焉。岳飛時為宣撫使，待遇甚厚。既而延入小閣，盡出所被宸翰，具言上眷之渥，且執次膺手曰："前日夢為棘寺逮對獄，獄吏曰：'辛中丞被旨推勘。'飛方懼，不敢告人，而公適至。公自諫官補外，他日必為獨坐。飛或不幸下獄，愿公救之。"次膺悚然，不知所對。既歸，語兄弟曰："飛握重兵，昧保身之策，禍將作矣。"飛厚贐其行，次膺不受，遂入鄱陽，寓居宮祠。歲滿，不復再請，閱十一年，忍窮如鐵石。上始親政，即除知紹興府。未上，會魏良臣出鎮，於是改命。【次膺奉祠，及過鄂州，當在紹興十年九年之間，不得其本月日，且附此，當求他書參考。】

同上書卷一百七十三

紹興二十有六年秋七月……丁未，殿中侍御史周方崇言："知撫州張子華目不識字，初以玩好結托時相，遂遷福建、廣南兩路市舶，貪汙之聲，傳於化外。知武岡軍李若樸交通王會，其丞大理也，岳飛之獄既具，若樸獨以為非，務於從輕。今復令守湖外，其異議如是，得不為之慮乎？"若樸貪汙刻剝，通判方疇欲裁正之，若樸求疇之過，言於監司，疇遂坐深文貶責。詔並罷。

同上書卷一百七十五

紹興二十有六年十有一月【按是月己巳朔】……辛巳……左朝散大夫、知江州范漴罷，以右正言凌哲論其嘗諂事岳飛也。

同上書卷一百八十一

紹興二十有九年春正月【按是月丙辰朔】……丙寅，右武大夫、容州觀察使、荆湖南路馬步軍副總管傅選責靖州團練副使，惠州安置，以帥臣魏良臣劾其貪暴也。選初以證岳飛得進，及是始斥。

同上書卷一百八十四

紹興三十年三月【按是月庚辰朔】……辛巳……兵部尚書楊椿奉詔，舉利州西路駐劄、御前左部統制楊從儀，右部統制李師顔可備將帥，而左朝散郎、利州路提点刑獄公事富元衡薦師顔忠節尤力，詔進從儀一階，令樞密院籍記，召師顔赴行在。自岳飛得罪，而湖北轉運司拘收前宣撫司庫務金幣物料，計置六百九十餘萬緡，有未輸者八十九萬緡，至是踰二十年，拘催不已。轉運判官王趯言："此皆出軍支使，及囬易逃亡之數，即非欺盜，無所追償，望悉除放。"從之。

同上書卷一百九十

紹興三十有一年五月【按是月癸酉朔】……戊戌……太學生程宏圖等上書，言："今日之事，國家所以應之者，其先務有四，一曰，留使者以款敵人之謀；一曰，下詔書以感南北之士；一曰，先舉事以決進取之策；一曰，用人望以激忠義之心。蓋金人憑陵之計甚久，前日二使殿上之對，軍民士夫，恨不寢其皮而食其肉。臣等願朝廷姑善留之，為之詞曰：'前日所請，皆汝等口語，非國書所載。吾將遣使，以實汝言。'非獨使其未知所請之可否，吾且得以措置為前進之策，亦可以挫彼之鋭，而示吾之未弱也。國家自和議之後，為故相秦檜所誤，沮天下忠臣義士之氣，三十餘年矣。一旦思所以得其戮力，必有以感動其心而奮起之可也。故哀痛之詔，不可不亟下。然詔不可徒下也，要當首正秦檜之罪，追奪其官爵，而籍其家財，追賜宇文虚中之爵，而為之立祠，雪趙鼎、岳飛之冤，而又下親征之詔，移蹕建康，則其氣固足以呑強敵矣。今敵重兵已臨汝潁，使吾不先發，則敵直窺襄陽，突至淮泗。襄陽失利，則可以控蜀，且有順流東下之勢。兩淮失守，則唇亡齒寒，江非所恃，而環海而東，又有不可以不早計者。夫所謂人望，雖不可遍舉，如張浚、張燾、胡銓、辛次膺，皆其人也。浚尤天下所屬望者，夫豈可以一失而遽棄之哉？銓以直言得罪於秦檜，不死於檜手，亦天意有所待也。陛下若能付一臺諫之任，則說陛下為苟安之計者，皆屏息而不敢為也。今日之事，勢已急矣，然臣恐朝廷之上，猶以強弱不敵之為憂，財用不足之為慮。臣謂兵之強弱，不以多寡，曲直所在，勝負係焉。國家自休兵以來，凡百冗費，豈無可減罷者？願俾有司，枚舉條具，凡非係軍民之急者，不以大小，一切罷去，則民可不加斂，調發有餘。中興之功，指日可冀矣。”宏圖，瑀弟子也。太學生宋芑《上葉義問書》，言：“今使者在廷，口傳敵意，欲需我漢東、江北之地，及邀我二三用事之臣，而其意豈在於其地與其人哉？挾難塞之請，以釁我也。地不可割，人不可遣，則彼長驅而來耳。為今之計，不若誅其正使一人，尸諸通衢，以聲其叛盟之罪。此不惟可以挫彼之強，亦足以激吾之弱。乃釋其副使一人，使歸告其主曰：‘吾與汝約和以來，吾攻苦食淡，傾内帑之儲以賂汝者，三十年矣，吾於汝無負矣。汝欲戰，吾率三軍之士，與汝周旋。若無厭之求，吾不能聽。’亦使之知東南有人，而示吾之不弱也。然後下責躬之詔，以播告中外，誓與天下，上報父兄之讎，下雪生民之恥。凡前日中外之臣，誤我國以和議者，無問存没，悉正典刑。於是斲秦檜之棺，而戮其尸，貶竄其子孫，而籍其資產以助軍，以正其首唱和議、欺君誤國之罪。復岳飛之爵邑，而錄用其子孫，以謝三軍之士，以激忠義之氣。詔下之日，使東南之民聞之，莫不怒髮衝冠，而西北之民聞之，莫不感激流涕。如此則師出之日，吾之民將見人自為戰，彼之民必有倒戈者矣。願朝廷決意行之無疑，自今日以往，由宰執以及臺諫侍從之臣，則當日造於便朝。由郎曹而下以及百職事之臣，則當日會於都堂。凡防守江、淮之策，圖取中原之計，朝夕相與討論，次第而施行之。規模籌畫，必定於浹旬之間，以解東南倒懸之急，以慰西北來蘇之望，則天下幸甚。”

同上書卷一百九十三

紹興三十有一年冬十月【按是月庚子朔】……丁卯……詔蔡京、童貫、岳飛、張憲子孫家屬，令見拘管州軍並放令逐便，用中書門下省請也。於是飛妻李氏與其子霖等，皆得生還焉。

同上書卷一百九十五

紹興三十有一年十有二月【按是月己亥朔】……癸卯……御史中丞汪澈言：“紹興二十五年，臣僚白劄子，謂岳飛既已伏誅，岳州與其姓同，本路諸司乞改岳州為純。臣竊謂岳飛之叛，固自有公論，以姓名而改州名，尤悖於理。又光州、光化軍以避金人之名，易光為蔣，光化為通化，尤可切齒。乞改岳州、光州、光化軍名額，一依舊制。”從之。

同上書卷二百

紹興三十有二年秋七月……戊申，詔追復岳飛元官，以禮改葬，訪求其後，特與錄用。是日，地震，大風拔木。

紹興三十有二年十二月……辛巳……上曰：“昨聞臣僚言，秦檜誣岳飛，舉世莫敢言，李若樸為獄官，獨白其非罪。吕忱中發王晌，所司皆迎合，林待問為勘官，獨直其冤狀。卓傑捕趙鼎，送葬酒，又搜其家私書，欲傅致士大夫之罪，翁蒙之為縣尉，毅然拒之。沈昭遠為王鐵家治盜，欲煅煉富民，多取其陪償，王正已為司理，卒平反之。此皆不畏強禦，節概可稱，三省詳加訪問，其人如在，可與甄錄。”①【臣留正等曰：天下之公論，有根于人心而不可易者，然而公論在上則治，在下則否。君子之觀治，忽每于此佔焉。夫天下之枉直，朝廷皆知之，天下之忠邪，朝廷皆聞之，是謂公論在上，此治道之所從出也。如使天下自以為忠直，而朝廷莫之察也，則公論在下矣。雖欲治也，其可得乎。李若樸諸人，以鯁亮聞於當代，不為權勢所移，可謂難矣。而壽皇獨因臣僚之言而知之，至謂其節概可稱，温旨下頒，俾令甄錄，是聖主持公論於上，以風厲天下也。為群臣者，疇敢不踴躍自奮，以承休德乎。】

撰：《建炎以來朝野雜記・甲集》卷二，《今大内【壽慈宫、太學、三省、臨安府】》

今大内，舊杭州州治也。紹興初，高宗自越復還臨安，命有司裁為行宫，百楹而已。時内侍楊公弼董其事，欲增為三百楹，上不可而止，蓋上日所御殿茅屋才三楹。（紹興）九年，秦丞相用事，始作慈寧宫。十二年，和議成，因作戎政殿、垂拱殿。十八年，乃名皇城，南門曰“麗正”，北門曰“和寧”。二十四年，建天章等六閣。二十八年，增築皇城東門之外城。於是時禁中已復營祥曦、福寧等處殿，苑中有澄碧觀堂及凌虛閣等，而上又自作復古殿、損齋，實所常御也。孝宗乾道初，作選德殿。淳熙中，作翠寒堂。今壽慈宫，舊秦檜宅也，故為德壽宫。今太學，舊岳侯宅。今三省樞密院，舊顯寧寺。今臨安府，舊祥符寺。

---

① 同見《資治通鑒後編》卷一百二十。

同上書卷九，《渡江後改謚》

渡江後，公卿謚號，王仲言《揮麈錄》有之，但殊脫略，今不能盡記。記其更易者，韓師樸丞相初請謚，王剛中為博士，曰“文禮”，【《謚法》：奉議順則曰禮①。】取其為禮官時，不主王荊公坐講之議也。而韓氏子謂自來未有以禮為謚者，以白時相范覺民，覺民語剛中，剛中不為改。於是用吏部覆議，改為“文定”。【左選侍郎李長民。】京東帥曾季序之死，博士錢葉謚曰“剛愍”，執政嫌之，乃改“威”。韓都尉嘉彥之請謚也，博士華權定為“夷節”，而方庭實在考功，以“端節”易之。司馬侍郎樸之賜謚也，博士林彥宗定以“忠肅”，而張敬夫在吏部，以“忠潔”易之。四者，皆于謚未定之前更易者也。代州王忠植之死事也，太常謚為“義節”，而秦丞相以無“忠”字疑之，再令別議。太常謂若以“忠”為謚，則子孫誦之，非易名之義，遂已。孝宗初立，命有司為岳飛作謚，太常議：“危身奉上曰‘忠’，使民悲傷曰‘愍’。”孝宗以為用“愍”，則于上皇為失政，卻之，乃改為“武穆”。此二者皆于謚以定未下之前，有所退卻者也。劉萃老丞相初謚“正肅”，當矣，而“正”字犯丞相父名，改為“忠肅”。趙崇公叔寓初謚“敦簡”，美矣，而“敦”字與光宗御名同音，其曾孫德老請於朝，改謚“清簡”。此二者皆出于謚號已下之後，然迫於名諱，不容不避者也。蓋自紹興至淳熙六十餘年之間，改謚纔六七，皆有所為，非京丞相之比矣。張參政初謚“文定”，汪聖錫為吏部尚書，駁之，乃改“章簡”。後其孫貴，竟復謚“文定”焉。

同上書卷十，《樞密副使》

祖宗故事，樞府置使，則除副使，置知院，則除同知院。淳化二年，太宗既以張遜知密院，於是寇忠愍、温恭肅皆自副使改同知院事。康定元年，仁宗用晏元獻公為樞密院使，於是王鄧公、杜正獻、鄭天休皆自同知改除副使，自後皆然。元豐末，廢副使。渡江後，秦申王首復除樞密使，王敏節副之。既而張、韓二大將並除樞密使，岳武穆副之，合故典矣。近歲張魏公、汪明遠、虞並父、王公明、王季海、周洪道、王謙仲、趙子直繼除樞密使，而其副止稱同知，蓋相承之誤。

---

① 按蘇洵《謚法解》，奉義順則曰禮，此處闕一禮字，補。

同上書卷十一，《宣撫使》

宣撫使，祖宗時不常置，有軍旅大事則命執政大臣為之，累朝但除向文簡、范文正、富文忠、文忠烈、韓獻肅五人。仁宗征儂智高，以狄青為宣撫使，武臣為宣撫使自此始。熙寧末，神宗命郭逵討交趾。逵，前執政，然但以招討使為名，惜之也。建炎三年，張魏公以知樞密院事為宣撫處置使。其後杜丞相、周仲弼、孟富文、趙元鎮、虞並父、王公明、鄭仲一、沈得之輩，皆自二府出為之。虞公始以元樞除資政殿大學士矣，止恐未足為重，后二日，乃復帶知樞密院事焉。若前宰相為宣撫者，則自渡江以後，亦止除李伯紀、吕元直、朱藏一三人。紹興元年，劉光世以使相宣撫淮南，武臣非執政而為宣撫使自此始。二年，李大發以端明殿學士為壽州等宣撫使，文臣非執政而為宣撫使自此始。然紹興至嘉泰，武臣止劉光世、韓世忠、張俊、吳玠、岳飛、吳璘六人，從官止大發、王伯召二人，蓋重之也。紹興末，詔以楊存中為江淮宣撫使，劉恭父不書錄黄，遂寢其命。時又詔虞并甫以兵部尚書為湖北、京西宣撫副使，會存中命格，於是復改川陝宣諭使，而存中措置兩淮焉。

同上書同卷，《宣撫副使》

宣撫副使，舊時有之。建炎二年，周仲弼宣撫兩浙，以郭太尉仲荀副之，武臣為宣撫自此始。其後福建韓世忠、川陝吳玠皆有此授。紹興二年，張忠獻既被讒，將召歸，先為置副，命王伯召、盧立之為之，文臣為宣撫自此始。其後邵澤民踵為之，然但帶“權”字。紹興中，胡丞公、鄭亨仲在川陝，岳鵬舉在荊襄，楊存中在淮，此皆不置宣撫使而數人者第以副使為名，蓋靳之也。久之，鵬舉落“副”字，其餘則否。

同上書同卷，《招討使》

招討使，古官也。熙寧間，始命郭宣徽一人。建炎四年，李成圍江州，詔以張循王為招討使於江西，位在宣撫使下、制置使之上，著為令。紹興五年，以岳鵬舉為湖北襄陽招討使。鵬舉請州縣官不法害民者許移罷，從之。十年，烏珠犯三京，以韓、張、岳三帥兼河南河北招討使。三十一年，海陵南牧，以吳璘、劉錡、成閔、吳拱、李顯忠兼陝西、河東北、京東西招討使，蓋遙領其地，非張、岳之比也。隆興元年，以顯忠為淮南、京畿、京東、河北招討使，邵宏淵副之，未領職即罷。

同上書同卷，《制置使》

制置使，自熙、豐後多以武臣為之。建炎元年，郭太尉仲荀制置東南盜賊，請監、帥司並聽節制，許之。其後王襄閔淵、劉武僖光世、韓忠武世忠、張忠烈俊、岳武穆飛、吳武安玠、關毅勇師古、劉忠武錡皆為制置使，掌兵事。建炎末，議者令帥臣悉帶制置使，張達為江州帥，以便宜竭取屬郡之財。上聞之，詔除用兵，聽依便宜，餘悉禁止，其他刑獄財賦事，歸之監司焉。【三年八月辛亥，十一月辛亥詔旨。】四年遂罷制置使之名，惟統兵官如故。自休兵後，獨成都守臣帶四川安撫制置使，掌節制御前軍馬、官員陞改放散、類省試舉人、銓量郡守、舉避邊州守貳，其權略視宣撫司，惟財計茶馬不與。又有沿海制置使，以明州守領之。然其職止肅清海道，節制水軍，非四川之比也。

同上書同卷，《鎮撫使》

鎮撫使，舊無有。建炎四年，上自海道還會稽，時江、湖、荊、浙皆為金人所蹂，而群盜連衡以據州郡，大者至十餘萬，朝廷不能制。范覺民為參知政事，謂此皆烏合之衆，急之則併死以拒官軍，莫若析地以處之，盜有所歸，則可以漸制。乃言於上，請稍復藩鎮之制，少與之地，而專付以權，擇人久住，以屏王室。群臣多以為不可。覺民曰："今諸郡為盜據者已十數，曷若朝廷為之，使恩有所歸。"上亦決意行文。其五月，覺民為僕射。是月甲子，覺民請以淮南、京東西、湖南北諸路，並分為鎮，除茶、鹽之利仍歸朝廷置官提舉外，他監司並罷，上供財賦權免三年，餘聽帥臣移用，更不從朝廷應副，遇軍興，聽從便宜，仍許世襲。上曰："便令世襲恐太重，當俟其別立大功，然後許之。"時劇盜李成在舒、蘄，桑仲在襄、鄧，郭仲威在維揚，薛慶在高郵，皆即以為鎮撫使。其後河南翟興、山陽趙立、曆陽劉菘、東海李彥先與薛慶皆戰死，而淮寧馮長寧以地降劉豫。紹興初，諸鎮或亡或死，遂不復除。久之，但餘荊南解潛而已。五年，趙元鎮相，召潛主管馬軍，遂罷。鎮撫使之有聲者，文臣惟陳規，武臣惟岳飛、王彥、解潛、李橫耳。

同上書卷十八，《御前諸軍》

御前諸軍者，本高宗所收諸將部曲也。祖宗以來，内外諸軍，惟廂、禁二色而已。禁軍皆隸三衛，而更戍於外。廂軍者所在有之，以守臣節制。若禁軍在邊上，則文臣為經略使者統之，武臣但為總管。熙寧間，内外禁旅合五十九萬人。神宗將有事於四夷，乃置三百大將，其法甚備。崇、觀後，朝廷取其闕額之數以上供，故闕而不補者幾年。軍興以來，所存無幾。上在元帥府，始招潰卒、郡盜以為五軍，後又得王淵、楊惟忠等河北之兵。建炎元年五月，以為御營五軍，然猶未大盛也。三年四月，又更置御前五軍，而劉光世所領西軍，則謂之“巡衛軍”，在五軍之外。是歲，又改為神武五軍。紹興元年十二月，又改為行營四護軍，張浚稱前軍，韓世忠稱後軍，岳飛稱左軍，劉光世稱右軍，併楊沂中中軍右殿前所司，吳玠軍如故。七年八月，光世軍叛降於齊，於是川、陝軍更以右護軍為號。十一年四月，三宣撫司罷，乃改為部曲稱其州駐劄御前諸軍。十八年，川、陝軍亦如之。其軍皆不隸三衛，由是御前軍又在禁軍之外矣。御前軍者，雖帥臣不可得，自達於朝廷。禁兵但令供厮役，習為故常。廂軍將官雖存，而無職事，但以為武臣差遣而已。愚謂不若併禁軍於廂籍，而改御前軍為禁軍，所在以帥臣節制之，而都統官為之副，庶幾兵權出於一，而緩急皆可以責成，如此則合祖宗制兵之意矣。

同上書同卷，《紹興初内外大軍數》

紹興初，内外大軍凡十九萬四千餘，而川、陝不與宿衛，神武右軍、中軍七萬二千八百，【張浚將左軍，楊沂中中軍。】江東劉光世、淮東韓世忠、江襄岳飛、湖南王瓊四軍，共十二萬一千六百。是年冬，併神武中軍隸殿前司，而右軍如故。五年春，王瓊罷，遂以其軍一萬五千隸韓世忠。七年秋，劉光世之兵降偽齊，其將王德以所部八千人歸張浚，由是三衛之外，但有韓、張、岳三軍。今鎮江大軍，韓氏部曲也；建康大軍，張氏部曲也；鄂州大軍，岳氏部曲也。惟荆南、江、池皆紹興末新創。荆南則劉信叔所招效用，而頗以鄂軍益之。江、池軍則三衛之疲弱者，而江州一軍又雜以江西茶盜。近歲皇甫固為帥，始訓齊之，故東南惟以潤、昇、鄂三軍為根本。

同上書卷十九，《岳飛襄陽之勝》

襄陽據荆、楚上游，為蜀門戶。紹興三年夏，偽齊將李成攻陷之。鎮撫使李横以軍食不繼，率部曲奔豫章，時趙忠簡為帥也。四年，忠簡入秉政，議遣岳鵬舉自江西復襄陽，簽書樞密院事徐師川難之。上不從。師川由此罷政。其秋，遂復襄陽云。

同上書同卷，《韓世忠大儀之勝、楊存中藕塘之勝》

自金立僞齊，【建炎四年秋。】繼以余覩之叛，【紹興二年秋。】由是不復寇江淮。紹興四年秋，劉豫聞朝廷遣章尚書誼求湖南地，乃乞師入寇。金主晟命諸將議之，尼瑪哈、烏珠皆以為難，鄂爾坤以為可，遂命鄂爾坤及達蘭權左、右副元帥，提兵應豫，又以右都監烏珠嘗過江，知地險易，使為先鋒。於是騎兵自泗攻揚，步兵自楚攻高郵。朱藏一聞之，勸上避敵，趙忠簡獨曰："戰而不捷，去未晚也。"上遂命忠簡代為相，而忠簡奏起張忠獻代知樞密院事，即日赴江上視師。上自幸平江。冬十月，韓蘄王敗烏珠之前軍於大儀鎮，烏珠還泗上。會天大雨雪，軍糧乏絶，蕃、漢軍皆不願行，又聞金主病篤。十二月，烏珠用其愛將韓嘗計，夜引還，韓、劉二將追擊之，俘獲甚衆，劉麟僅以身免。明年，上還臨安，擢忠獻為相。是夏，忠獻既平楊幺，鋭意大舉動。六年春，遂以都督行邊，揭榜疏豫僭逆之罪，命韓蘄屯楚州以圖睢陽，劉安城屯合肥以招北軍，張魯王進屯盱眙，而楊和王領中軍為後翼，又命岳武穆屯襄陽，以謀中原。武穆遣兵入蔡州，焚其積聚，軍聲大振。秋九月，上復幸平江。劉豫聞，求救於金熙宗亶。其伯父領三省事、宋國王宗磐難之，乃聽豫行，遣烏珠提兵黎陽以觀釁。時豫以其子淮西王麟為行臺尚書令，遣叛將李成、孔彦舟、關師古領鄉兵三十萬逼合肥，又遣其姪猊東出渦口。左相趙忠簡聞之，懼，議移盱眙之戍，退合肥之師，召襄陽之兵東下，蓋欲專為操江。時因劉安城已棄合肥，張忠獻自馳至采石止之。冬十一月，楊和王與劉猊遇於藕塘，殺降無遺。麟拔寨遁而去，獲其糧舟四百艘。十一月，忠簡罷，忠獻獨相。明年春三月，上幸建康，自是金人不敢南而劉相則廢矣。

撰：《建炎以來朝野雜記·乙集》卷一，《壬午内禪志》（節錄）

（紹興八年十月）丁巳，大中免。甲戌，鼎罷。（紹興）九年三月，制授璩保大軍節度使、封國公。是月，金人歸河南地。十年五月，金人畔盟。京西湖北宣撫使岳鵬舉密奏："今日欲圖恢復，必先正國本以安人心，然後陛下不常厥居，以示不忘復讐之意。"【張戒《默記》以岳侯講建儲為紹興七年事，而岳侯監鎮江府大軍庫。珂作《岳侯行實》係之此年，且辨《默記》之誤甚悉，今移附此，更須詳考也。】先是岳侯入對，得於資善堂見國公英明俊偉，退語家人，遂上此奏。十一年，岳侯為檜所誣，以十二月晦賜死大理寺獄。【《日曆》】

同上書卷四，《高廟配享議》

洪景盧初建高廟配享之議，首採本朝故事，謂議者當出於翰苑。上亦嘗諭以文武欲各用兩人。景盧因即以吕、趙、韓、張四人為請，乞付侍從官詳議。從之，十五年三月庚戌也。後三日，從官議上。時韓子文彦質權工部尚書，以嫌不預議，而兵部尚書宇文子英為議首，遂言四人皆有名績，見稱於世，宜如明詔，配享廟廷。議者葛楚輔、葉叔羽、劉國瑞、【忘其字。】王誠之、陳安行、李獻之、謝昌國、吴子居、章德茂、林黄中、鄭惠叔，皆無議。奏上，報可，其日癸丑也。是時，識者多謂吕元直不壓人望，當以張、趙兩公同配。又謂張浚晚附秦檜，力主和議，誣殺岳飛，不宜在預享之列。而詔旨已下，莫敢有言。後三日丙辰，秘書少監楊廷秀獨上書爭其事，謂："今者建議之臣，曰欺、曰專、曰私而已，且列聖之廟有九，而廟之有配享者八，發配享之議者非一，而出於翰苑者止於三。今舉其三以見例，而不顧其餘之不然，非欺乎？申之以聖翰之所及，惟一已足以定其議，非專乎？終之以止令侍從數人之附其議，而廷臣皆不得議，非私乎？"又論："張公有社稷大功者五：建復辟之勛，一也；發儲嗣之議，二也；誅范瓊以立國基，三也；用吴玠以保全蜀，四也；卻劉麟以定江左，五也。若謂浚嘗相隆興，則趙普嘗相太宗，韓琦、曾公亮嘗相神宗，不害于配太祖、英宗之廟也。願酌李唐之制，令博士、禮官與臺諫、兩省、侍從及在朝之臣雜議其事，而陛下酌其中。"後二日戊午，輔臣進呈次，上諭以臣僚言："張浚有復辟之功，卿等可檢照文册，詢訪事實。"上因言魏公兩敗事，又昧於知人，卻是有志。蓋上意猶有以庭秀之言為未可也。而王、周二相略無開陳，但唯唯而已。後十八日【四月甲寅】，太常少卿尤袤等亦言："适祖宗典故，既祔廟，然後議配享。趙普、曹彬之配食太祖，乃定議於二十餘年之後。惟王曾、吕夷簡之配食於仁宗，乃在山林之前，然亦必先降詔，乃下兩制定議，當用何人，而王珪等始以曾、夷簡姓名上之，真不敢倉卒如此。今乃忽定於靈引一日之前，而不按典故，不集衆論，懼無以壓服諸勛臣子孫之心，而消弭衆多之口。乞俟祔廟畢，別擇日，下侍從、兩省、臺諫、禮官及秘書省官集議。苟惟不然，則王安石、蔡確之言不合衆心，雖定於紹聖、崇寧，而卒改政于紹興間。今亦宜反覆熟審，以待論定。"而後奏入，乃詔令未集議侍從、兩省、臺諫官及太常寺、秘書省依典禮詳議開奏，四月甲申也。【未集議侍從係吏部侍郎顔曾，兩省係起居郎胡晋臣，並奉使朱同，臺諫係殿中侍御史冷光世，左補闕薛叔似，右拾遺許及之，監察御史吴博、黄謙，太常寺少卿尤袤，寺丞黃甫，博士張休仁，主簿沈鑑，秘書省少監楊萬里，丞謝修郎、鄧驛，著作郎倪思、黃唐，佐郎莫叔光，正字衛涇，凡十八人。】後六日庚寅，有旨定用四人，更不須議論。以臺諫言配享之議，已有一定之論，見施行，今再令詳議，則二三之論又將紛紛而起，甲可乙否，重惑朝聽故也。【此乃冷光世之文字。】翌日辛卯，上諭大臣曰："吕頤浩等四人配享，正合公論。楊萬里乃謂洪邁專與私事，邁雖是輕率，萬里未免浮薄。"上又曰："'靖共爾位，好是正直'，惟其先能靖共，而後正直，乃可貴耳。"於是二人皆乞補外。後十一日，詔景盧以見官正奉大夫知鎮江府，庭秀以朝奉大夫知筠州，五月壬寅也。其後孝宗祔廟，議者復推陳魯公，而魏公終不得預。蓋但以富平、淮西、符離三敗之故，而不考曹彬岐溝之役，其喪師蹙國，亦不下於富平與符離。今以一眚掩其大德，蓋景盧兄弟皆湯思退舊客，夙有憾於魏公，故以復辟之勛，歸之吕元直也。昔司馬温公配食泰陵，乃在四朝之後，蓋公議必以久而後定也。今姑思其志而言其本末如此，後有識者，可以覽觀焉。

同上書卷十二，《將相四十以下建節者》

將相四十以下建節者，李君錫顯忠年三十，岳鵬舉飛三十二，楊正甫存中三十五，張魏公浚三十六，吳寶臣總三十七，吳唐卿璘三十八，吳晉卿玠三十九，韓世忠良臣及吳曦皆年四十。

同上書同卷，《中興異姓七王》

中興異姓七王自張俊始。先是韓世忠以咸安郡王奉朝請，其没也，追封通義郡王而已。久之，俊死，有司奏如前例，上謂其有和敵功，與世忠相去萬萬，遂特封循王。乾道初，楊存中死，追封蘄春郡王，其家意不滿，又封和王。明年，吳璘死，以為熟例，追封信王。世忠之子彦古令統制官張青訟其父功，乞追贈。孝宗觀之，陳宰相應求曰："張俊、楊存中已封王，則於世忠似有不足。前此失於無人建請，若聖意行之，亦足以勸有功而厲將士。"遂封蘄王。紹興初，吳拱為騎帥，始訴父玠有保蜀功而爵不稱，乃封涪王。開禧用兵，韓侂胄欲風厲諸將，因劉光世之孫伯震有請，封光世鄜王。既而又封岳鵬舉為鄂王，中興諸將止是畢為王矣。

同上書卷十三，《渡江後名將皆西北人》

渡江後將帥：韓世忠，綏德軍人；曲端，鎮戎軍人；吳玠、吳璘、郭浩，德順軍人；張俊、劉錡、王𤫊，秦州人；楊惟忠、李顯忠，環州人；王淵，階州人；馬廣，熙州人；楊政，涇州人，皆西人也。劉光世，保大軍人；楊存中，代州人；趙密，太原人；苗傅，隆德人；岳飛，相州人；王彥，懷州人，皆北人也。諸將中，惟張、韓、楊之官最貴，其諸子悉在行都。張之子子顏、子正，皆為次對雜學士。楊之子褉為列曹侍郎，倓至執政。韓之子彥直、彥質、彥古，皆為戶部尚書。岳之子霖，起於流落，亦為兵部侍郎，無復世將之風矣。惟吳、郭居近塞，尚餘將種云。

同上書卷十四，《岳少保誣證斷案》

岳武穆飛之死，王仲元《揮麈錄》載王俊告變狀甚詳，且云："嘗得其全案觀之。"仲貫父為尚書郎，問諸棘寺，則云："張俊、韓世忠二家爭配饗時，俊家具賂，取其原案藏之，今不存矣。"余嘗得當時行遣省劄，考其獄詞所坐，一時煅煉文致之詞，然猶不過如此，則飛之冤可見矣。今錄於後：（已見前文《建炎以來係年要錄》卷一百四十三，今略）。

劉時舉

撰：《續宋編年資治通鑒》卷二，《庚戌建炎四年》

（五月）烏珠屯六合，輜重自瓜步口舳艫相銜，至六合不絕。岳飛以所部邀擊，勝之。烏珠自六合歸，屯於楚州。

（九月）金人攻楚州，帥臣趙立走入詣朝廷告急。上命劉光世往援之。東海王彥先首以兵至淮河，扼敵不得進。高郵薛慶至揚州，轉戰被執死。光世畏敵騎衆，不敢前。岳飛雖能為援，而亦衆寡不敵。彥先中砲死而城陷。

同上書卷三，《壬子紹興二年》

（三月）盜曹成陷道州、賀州，岳飛擊敗之，降韓世忠。

（夏四月）時張浚軍三萬，韓世忠軍四萬，岳飛軍二萬四千，王𤫊軍一萬三千，劉光世軍四萬，又神武中軍楊沂中、後軍巨師古皆不下萬人，御前崔增、姚端、張守忠等軍亦二萬，合有兵十六七萬。

同上書同卷，《癸丑紹興三年》

（九月）諸將擁重兵而無分定路分，至是如儀。江東、淮南路，劉光世領之；鎮江、建康、淮東路，韓世忠領之；荆南，岳、鄂、潭、鼎、澧、黃州，漢陽軍，王瓊領之；江西路，舒、蘄州，岳飛領之；利州路，吳玠領之；明州兼沿海制置，郭仲荀領之。

同上書同卷，《甲寅紹興四年》

五月，岳飛復隨、郢、襄陽等州。

（十一月）以張浚知樞密院。先是，浚極言北方既無西顧憂，必并力窺東南。上思其言，遂召之。浚請遣岳飛渡江入淮，以牽制敵兵之在淮東者。從之。

同上書卷四，《乙卯紹興五年》

（二月）岳飛入見，以淮西功，加鎮寧崇信節度。上如臨安，詔臨安守臣，仍舊帶浙西安撫。

以岳飛為荆湖襄陽路制置使，討楊幺。①

偽齊犯信陽軍，守臣許繼明死之。岳飛至，賊退。

（六月）湖寇楊幺據洞庭，遂為劇寇。官軍陸襲之則入湖，水攻之則登岸，曰："有能害我，除是飛來。"浚為上疏，不先去幺，為腹心害，將無以立國，請自行。浚至湖南，會岳飛兵至，賊將楊欽以三千人降，飛乘勝急攻其水寨，幺窮蹙赴水死，遂平。

（冬十月）以岳飛河北京西招討使。

同上書同卷，《丙辰紹興六年》

（正月）張浚復出視師，命韓世忠自承、楚以圖淮陽；劉光世屯秀州以相北軍；張俊練兵建康為進屯盱眙之計；楊沂中鎮精兵為後翼；岳飛進屯襄陽以窺中原。於是國威大振。

（三月）以韓世忠為京東、淮東宣撫處置使，岳飛湖北、京西宣撫副使。張浚於諸大帥中獨稱世忠與飛可倚以大事，故並用之。

（九月）偽齊分道入寇。初，劉豫因尼瑪哈得立，知奉尼瑪哈而已，蔑視他帥。至是請兵於金，宗盤沮之，聽豫自行，而遣烏珠提兵黎陽以觀釁。劉光世時駐廬州，以為難守。張俊駐泗州，亦請益兵。衆情恟懼，張浚以書戒俊及光世曰："賊豫之兵，以逆犯順，若不剿除，何以立國，平日亦安用

① 同見《資治通鑒後編》卷一百十。

養兵？今日之事，有進擊，無退保。”趙鼎等請上親書付浚，大略欲退師還江南，為保江之計。浚奏：“若諸將渡江，則無淮南，而長江之險與敵共。淮南之屯，正所以屏蔽大江，使賊得淮南，因糧就運，以為家計，江南其可保乎？今淮西之寇，正當合兵掩擊。況士氣益振，可保必勝。若一有退意，則大事去矣。又岳飛一動，襄、漢有警，復何所制。願朝廷勿專制於中，使諸將不敢觀望。”上乃手書報浚曰：“非卿識高慮遠，何以臻此。”浚奉詔，異議稍息。

同上書同卷，《丁巳紹興七年》

（二月）以岳飛為湖北、京西宣撫使。時淮東宣撫使韓世忠、江東宣撫使張俊皆以立功，而飛少事張俊甚謹，與俊討李成，俊賴飛成功。及飛以列將拔起，世忠、俊皆不平。及飛破楊幺，而俊益忌之。於是飛與俊隙始深矣。

三月，上如建康，飛因扈駕以行。入見，疏論恢復。秦檜時為樞密副使，主和議。忌飛成功，沮之。

夏，岳飛奉詔詣督府議事。張浚曰：“淮西之兵，復以王德為都統，仍命吕祉以参謀領之，如何？”飛曰：“德與酈瓊故等夷不相下，吕尚書雖通才，不習軍旅，不足以服其衆。”浚曰：“張宣撫如何？”曰：“飛之舊帥也。然其人暴而寡謀，且酈瓊之素所不相服。”曰：“然則楊沂中爾？”飛曰：“沂中視德等耳，豈能御此軍哉？”浚艴然曰：“浚固知非太尉不可也。”飛曰：“都督以正問飛，飛不敢不以正對。豈以得軍為念耶？”屬以母喪奪情，既與浚忤，即日上章，乞解兵柄以終喪。步歸廬山，廬於墓側，以張憲權管軍事。浚怒，乃命参議官張宗元為宣撫判官，監其軍。上詔飛還軍凡數四，飛力辭，詔屬吏造其廬起之，乃入見。

同上書同卷，《戊午紹興八年》

夏四月，命王庶視師江淮。庶素有威嚴，庶坐壇上，自大將三衙以下，雖身任使相，悉以戎服，步由轅門，庭趨受命，拜賜而出。時岳飛與庶書曰：“今歲若不舉兵，當納節請閒。”庶稱其壯節。

同上書卷五，《己未紹興九年》

（春正月）岳飛表云：“聽無事而請和者謀，恐卑辭而益幣者進。願定謀於全勝，期收地於兩河。唾手燕雲，終欲復仇而報國。誓心天地，尚令稽首以稱藩。”

同上書同卷,《庚申紹興十年》

五月,金達蘭既廢偽齊,乃議以河南地歸我,烏珠力不能爭。及達蘭誅,烏珠始得政,以歸地非其本計,決欲敗盟,乃分兵四道南侵。命鼐爾實克出山東,薩里罕侵陝右,李成侵河南,烏珠與孔彥舟、酈瓊、趙榮抵東京,孟庾叛之。陷興仁、淮寧府及拱州;陷南京,以葛王裒知府事;西京、慶陽、亳州皆陷。薩里罕自河中渡河,陷長安、陝西州縣,所至降金。岳飛遣李寶敗敵於興仁。姚仲等敗敵於鳳翔。

(六月)詔飛援順昌,飛因手疏言儲貳事,略曰:“今欲恢復,必先正國本,以安人心。然後不常厥居,以示無忘復仇之志。”

閏月,張浚遣張憲、傅選復宿州;岳飛遣將復潁昌府;張憲復淮寧府;又郝政復鄭州;又張俊復亳州;而張應、韓清復西京,又復汝州,復永安軍。

秋七月,岳飛敗敵於郾城縣。烏珠合諸酋之兵以進,飛命憲領背嵬、遊奕馬軍直貫其陣。初,烏珠有勁軍鐵浮屠、拐子馬者,所至皆莫能當。是役以萬五千騎,飛命步人以大刀入其師,勿仰視,第斫馬足,馬躓則餘皆相蹈籍而斃。官軍奮擊之,僵死如山。烏珠大慟曰:“初起兵,皆以此取勝,今已矣。”拐子馬由是遂廢。

(九月)岳飛遣將梁興等率兵渡河,連破金人,復趙州及垣曲、王屋縣。飛等親提兵與烏珠戰,以背嵬五百破其衆十餘萬。背嵬之名,始於西蕃,飛度用之,皆一當百。軍至朱仙鎮,距東京四十五里,詔班師。於是潁昌、懷寧、蔡、鄭諸州皆復陷敵。

秦檜主罷兵,召飛赴行在。命起居舍人李易見韓世忠諭旨,楊沂中還師鎮江,劉光世還池州,劉錡還太平州,自是不復出師矣。

同上書同卷,《辛酉紹興十一年》

(夏四月)以韓世忠、張俊為樞密使,岳飛副使。罷三宣撫司,以其兵隸御前,遇出兵,臨時取旨。

(五月)命張俊、岳飛如楚州閱軍。

八月,岳飛罷。先是,岳飛言和議非計,檜惡之。敵之南侵也,上命飛以兵援淮西,即日就道。張俊貽飛書,以前途乏糧為言,飛不為止。及張俊自淮西歸朝反言飛逗遛不進,以糧之為辭,又言飛謂山陽不可守,沮喪士氣。與檜謀，令諫議大夫万俟卨等交章劾飛，遂罷兵柄。始有殺飛意矣。

（十一月）烏珠以書抵秦檜曰："爾朝夕以和請，而岳飛方以河北為圖。必殺飛而後可和。"於是檜與俊謀。俊知王貴、王俊於飛、憲有間，乃訹王俊告張憲謀還飛兵柄，執憲歸張俊行府。俊鞫之，使憲誣服，以為得雲手書，命己謀之。獄成，俊以告檜，下大理獄，逮係飛父子。万俟卨治獄，誣飛父子致書於憲，令憲措置，使飛還軍，且謂其書已焚，無可証者。又以淮西事詰飛，而所賜御札與往來道途日月皆可考，乃收其御札送官以滅跡。飛困於考掠，亦無辭服罪。飛賜死。檜一日手書小紙付獄，即報飛死矣。憲、雲戮於市。籍其貲產，徙家嶺南，官屬坐罪者六人。大理卿薛仁輔及李若樸、何彥猷等皆以飛為無罪，卨俱劾罷之。宗正寺士㒟請以百口保飛，卨劾之，死於建州。佈衣劉允升上書訟飛寃，下棘寺以死。洪皓在金國馳奏"金以父呼飛，所大畏服。聞其死，至酌酒相慶"。時韓世忠不平，以問秦檜。檜曰："飛子雲與張憲書雖不明，其事體莫須有。"世忠怫然曰："相公'莫須有'三字，何以服天下也？"岳飛忠孝，出於天性。初從駕渡河，留妻養母。河北陷没，飛遣人求訪，凡十八往還而獲迎歸。母痼病，藥餌必親嘗。遇出師，則戒家人謹侍養母。母喪既葬，廬於墓側，御札數四強之而後起。自有敵難，飛立志慷慨，以必取中原滅仇敵為念。自奉甚薄。少飲酒，能至數斗，上嘗戒之曰："卿異時到河朔，乃可飲酒。"遂絶口不飲。吳玠嘗盛飾名姝以遺之，卻而不受。上欲為營居第於行都，飛辭謝曰："金人未滅，何以家為？"其御軍以重蒐選、謹訓練、公賞罰、明號令、嚴紀律、同甘苦為要。飛知書而待士，且濟人之貧。行師秋毫無犯，有取民一縷以束芻者，立命斬之。尤善以寡敵衆，所至多收奇功，號為賢將。

同上書同卷，《壬戌紹興十二年》

春正月，督府結局，張俊入朝，時俊所部在建康，俊薦王德領之。又薦田師中掌故岳飛之兵於鄂州。

同上書同卷，《癸亥紹興十三年》

春正月，建國子監太學，以岳飛宅為之。①

① 同見《資治通鑒後編》卷一百十五。

同上書卷六，《乙亥紹興二十五年》

六月，朝奉郎姚岳以岳州乃叛臣岳飛故地，乞改之，乃改為純州。

（冬十月）秦檜死後贈申王，謚忠獻。初，靖康末，檜在中司，以抗議請存趙氏，為金所執而去，天下高之。及歸，驟用為相，檜力引一時仁賢，如胡安國、程瑀、張燾之徒，佈在臺省，士大夫亟稱之。未幾，為吕頤浩、朱勝非所排，遂不復用。會張浚與趙鼎有隙，因薦為樞密使。浚罷，鼎復相，諸執政盡逐，而檜獨留。既而與鼎並居相位，卒傾鼎去之。金人渝盟，軍民皆歸咎於檜，傲然不肯退，又使王次翁奏留之。韓世忠、張俊、岳飛方擅兵權，檜與張俊密約議和，而以兵歸俊。飛既誅，世忠亦罷，俊在位不去，檜乃使江邈論罷之。由是中外大權盡歸於檜。非檜親黨及昏庸諛佞者，則不得仕宦。忠正之士多避山林間。罷兵講和而使高宗不能成中興之業者，檜之罪可勝言哉。

同上書卷十，《戊申淳熙十五年》

夏四月，祔高宗，以吕頤浩、趙鼎、韓世忠、張俊配饗廟庭……吕中曰："此高廟配享之儀，從洪景盧之請也。然以公論觀之，當以韓、趙二公配享。而吕頤浩不厭人望，張俊附檜主和，誣殺岳飛，不當預配饗之列。……"

同上書卷十二，《丙戌慶元二年》

（十一月）吕中曰："治平以前，臺諫之所彈擊，出於議論之公。熙豐以後，臺諫之所彈擊，出於觀望之私……秦檜賣國，其所惡者，岳飛、張浚也。故万俟卨、何若為之鷹犬。今侂胄擅命，其所惡者，非道學之名儒乎……"

同上書卷十三，《甲子嘉泰四年》

（五月）追封岳飛為鄂王。

同上書同卷，《乙丑開禧元年》

（八月）侂胄欲風厲諸將，乃封贈劉光世為鄜王，謚文忠，少保岳飛為鄂王。中興諸將，至是畢王矣。

岳珂

［清］邁柱等編：《湖廣通志》卷一百十二，《鄂王碑記》[①]

鄂據上流為重地，宿師十萬，進足以虎噬京雒，退足以雄分吳蜀，得建瓴之勢，江左莫強焉。紹興初，天子考麒麟玉册之瑞，觀黄旂紫蓋之運，應天順動，化龍南翔。長沙湯湯，天設之險，金城千里，亶重分牧。先王析符授鉞，實膺專征之任，雖往來調戍，靡常厥居，而大抵鄂為根本，隱然有藜藿不採之威。珂常考論地勢，泛觀古今，自三國而下，代興南國者，所守不一。然負桐柏之陽，山陽、合肥、廣陵、濡須，重鎮錯立，帶之長、淮，包以南海，皆足以扼東西之衝。唯襄、沔舊疆，曼羨數千里，上通巴、蜀，下接舒、濮之郊，川平野曠，不設限塞，擊柝之聲相聞，朝馳而夕可至也。皇上臨御一紀，緬懷麟閣勛名之盛覽。珂所奏《籲天》書，思所以大慰乎九京相土，宜莫如鄂，遂荒全國，裂而王之。綸言申褒，溫厚灝噩，不惟足以煥萬世無窮之寵，其於辨論忠邪之蹟，蓋尤深著。珂一介蚍蜉之言，誠不知所以格天心、悟主聽者，謂天蓋高，珂誠死且不朽矣。載惟先王受命駐師之地，營墉陳石，至今巋然。而乾道中又嘗詔賜沔陽之廟，先王功烈，遂與鄂相終始。珂不肖，身不逮事，生二十有二年，而後得以鉛槧片言，追明地下之冤，成先大夫易簀之志。興念一及，兢慚夙宵，大懼馴媮閼襲，而使聖朝旌忠非常之典，不能宣詔方來。乃以制詞刻之琬琰，植於廟下，以對揚今天子休命。然則溯功名之所基，以迄於成，地以人重，人以地著，揆厥所原，夫豈偶然已哉。

陳振孫

撰：《直齋書錄解題》卷七，《傳記類》

《岳飛事實》六卷、《辨誣》五卷，飛之孫珂撰。

① 同見《河南通志》卷七十九，字詞稍有不同。

同上書卷十八，《別集類》

《岳武穆集》十卷，樞密副使鄴郡岳飛鵬舉撰。飛功業偉矣，不必以集著也。世所傳誦其《賀和議成》一表，當亦是幕客所為，而意則出於岳也。

李幼武

纂集：《宋名臣言行錄·續集》卷八，《吕祉》

夫京東，全盛之地，財賦所出，劉豫所恃，金所必援也。今世忠、俊、沂中三軍，列戍淮東，與之相拒，如物之有首也。大梁者，宋之京師，劉豫竊據，以為根本。光世屯淮西，岳飛屯京西，與之相拒，如物之有左右翼也。關中者，形勢之國，軍馬所聚，劉益僭稱留府，薩里罕貝勒兵所駐也。吳玠與之相拒，如物之有尾也。物有首，首動，左右翼隨之，然後尾應焉。善用兵者，無以異此。臣以為今日之計，當令諸將各張出兵聲勢以牽制，使備我者非一。其進討也，當令世忠、俊、沂中首先併力，以取京東。三軍之進，又有次第。世忠當先渡淮，與舟師泝清河，水陸並進。沂中次之，兩軍相繼，直趍淮陽、彭城，於三二十里內，擇利地，下連珠硬寨，不必攻城。俟其援至，更互出兵擊之，我數勝，彼數挫，則兩城不攻而自下，然後引兵襲之。張俊一軍卻自宿州進，與世忠、沂中連衡於沂、密、濟、鄆等郡，則山東自平矣。山東既平，大梁必震恐，光世、岳飛軍可進矣。光世自陳、潁進，飛自襄、鄧進，與世忠、俊、沂中會于京師，則京畿定矣。京畿既動，關中必摇動，吳玠之兵可出矣。山東既定，京畿既定，黄河一帶，分兵戍列，簡其精鋭，數路並進，以援吳玠，則五路可復。如是兩河之外，忠臣義士奮臂而呼，西北諸國，聞風而應，小小女真，烏合之衆，患起心腹，變生肘腋，必有倒戈而攻，開門而降者，吾之師不待渡河，而天下定矣。

纂集：《宋名臣言行錄·別集上》卷二，《范宗尹》

公言："張浚自浙西來，稱岳飛可用。"上曰："飛，杜充愛將。充於事君失節而能用飛，亦知人之明也。"

同上書卷十一，《向子忞》

公先提點荆湖北路刑獄，衡人思之，繪公像，見祠於城東青草寺。再使湖北，先聲入境，而姦吏望風解印綬者數十人。湖北營田，舊以抑配，百姓人不聊生，有破產不能償者，日號訴於馬前。公為詢究，其便利可行者，使遵守之，罷一切抑配者，遠近鼓舞。時岳飛以兩鎮節度使相兼營田大使，無敢忤其意者。至是飛亦喜，以為當然。公按部所至，立大榜於前，云久負抑屈、州縣不理者，立其下，於是積年無告之冤，咸得伸雪。

同上書卷十二，《李寶》

李寶，字【原闕】，乘氏人。初，從岳飛，為馬軍，後為統領。至紹興三十年，為淮西馬步軍副總管，兼知黄州。改添差兩浙西路副總管，平江府駐劄，兼副提督海船。三十一年，入奏事，請徙守江陰。從之。後以海州功，超授右武功大夫、静海軍節度使、京東招討使、浙西沿海制置使。公少無賴，尚氣節，鄉人號為“潑李三”。岳飛入朝，公願歸軍中，飛未之奇也。公怏怏，與其徒謀北歸。事露，飛盡斬之。公抗言：“欲歸者，寶也，衆皆不預。”飛奇而釋之。公願歸山東，會合忠義人立功。飛許之。募得八百人赴飛軍，飛乃以公統領軍馬，屯襄城。

纂集：《宋名臣言行錄·別集下》卷一，《李綱》

公……又上疏言：……朝廷近來措置恢復，有未盡善者五，有宜預備者三，有當善後者二。今降官告、給度牒、賣戶帖、理積欠，以至折帛、博糴、預借、和買，名雖不同，其取於民則一，而不能生財節用、覈實懋遷，一也；議者欲因糧於敵，而不知官軍抄掠，甚於寇盜，恐失民心，二也；金人專以鐵騎勝，而吾不務求以制之者，三也；今朝廷與諸路之兵，盡付諸將，外重内輕，四也；兵家之事行詭道，今以世忠、岳飛為京東西宣撫，未有其實而以先聲臨之，五也。……

同上書卷二，《吕頤浩》

先是，桑仲遣人告朝廷，專當協力恢復京師。公信之，屢嘗請因夏月，舉兵北嚮，以復中原。且謂：“人事、天時，今皆可為。何者？昨自維揚之變，兵械十忘八九。未幾，虜分三路入寇，江浙兵皆散而為盜。自陛下專意軍政，揀汰其冗，修飾器甲。今張浚軍三萬，有全裝甲萬副，刀鎗弓箭皆備。韓世忠軍四萬，岳飛軍二萬三千，王𤫉軍一萬三千，雖不能如俊之軍，亦皆精鋭。劉光世軍四萬，老弱頗衆，然選之亦可得其半。神武中軍楊沂中、後軍陳思恭【一作巨思古】皆不下萬人，而御前忠統如崔增、姚端、張守忠等軍，亦二萬。臣上考太祖之取天下，正兵不過十萬，況今有兵十六七萬，何憚不為？臣願睿斷早定……。”

同上書卷三，《張浚》

初，浚知金無西顧憂，必併力窺東南，朝廷已議講解，乃極言其狀。及劉麟引金兵入寇，上思浚前言之驗，而趙鼎亦乞召浚。既入見，遂命知樞密院。浚請遣岳飛渡江入淮西，以牽制金兵之在淮東者。從之。浚謂湖寇楊幺據洞庭，實為上流，不先去之，為腹心害，將無以立國，請自行。上許焉。初，席益得幺探者數百人，皆傳致遠縣。浚至醴陵，召囚問之，盡釋其縛，給以文書，俾分示諸寨，令早降，皆歡呼而往。會岳飛兵至，復令分屯鼎、澧、益陽，壓以兵勢，至是降賊將楊欽。乘勝急攻水寨，幺窮蹙，赴水死。湖寇悉平，得丁壯五六萬人，老弱十餘萬。浚一以誠信撫之，乃更易郡縣奸贓吏，宣佈寬恩。命岳飛進屯荊襄，以窺中原。浚率官屬泛洞庭而下。

浚以金勢未衰，而劉豫復據中原，為謀叵測，奏請親行邊塞，分命諸將，以觀機會。上乃令浚往視師。浚即張榜，聲豫僭逆之罪。時韓世忠駐軍承楚，劉光世屯太平州，張俊屯建康府，而岳飛在鄂州，朝論以為邊防未備，空缺之處尚多。浚獨謂楚、漢交兵之際，漢駐兵殽、澠間，則楚不越境而西，蓋大兵在前，雖有他岐捷徑，敵人畏我之議其後，不敢踰越而深入，故太原未陷則尼瑪哈之兵不復濟河，亦以此爾，不然環數千里之地，盡以兵守之，然後可安乎？上深以為然。公至江上，會諸大帥議事，乃命世忠自承楚以圖淮陽，命劉光世屯廬州，以招北軍，張俊練兵建康，為進屯盱眙之計，楊沂中領精兵為後翼，岳飛進屯襄陽，以窺中原，於是國威大振。上御書《裴度傳》，遣使賜公，以示至意。公於諸大帥中，獨稱世忠與飛可屬以大事。時劉豫頗於偽境聚衆，世忠自楚州引兵渡淮，擊敗之，直至淮陽而還。上賜公手書曰：“世忠既捷，整軍還屯，進退合宜，不失事機，亦卿指授之方。卿更審虛實，徐為後圖，或遣岳飛一窺陳、蔡，使賊支吾之不暇也。”

公謂東南形勢，莫重於建康，實為中興根本，且使人主居此，則北望中原，常懷憤惕，不敢自遐自逸。而臨安僻居一隅，內則易生安肆，外則不足以號召遠近，係中原之心，遂奏請聖駕以秋冬臨建康，撫三軍而圖恢復。時韓世忠自淮陽已還楚州，張俊既城盱眙，進屯泗州，岳飛亦遣兵至蔡州，焚其積聚。至是，公承詔入覲，力請上進臨建康，以為不可緩。然朝論者極鮮，惟上斷然不疑。會諜報豫有南窺之意，公復往江上視師。

劉豫聞上將親征，告急於金主，求兵為援，金主聽豫自行，至是分道入寇。先是劉麟令鄉兵偽胡服，於河南諸處十百為群，人皆疑之，以為金偽合兵而至。公奏金方疲於奔命，決不能悉大衆復來，此必皆豫兵。而邊報不一，劉光世奏禦賊事宜，謂廬州難守；張俊駐軍泗州，亦請益兵。衆情恂懼，議欲移盱眙之屯，退合淝之戍，召岳飛盡以兵東下。公獨以為不然，乃以書戒俊及光世曰："賊豫之兵，以逆犯順，若不剿除，何以立國？平日亦安，用養兵為？今日之事，有進擊，無退保。"而趙鼎、折彦質皆移書抵公，欲飛兵速下，且擬條畫項目，請上親書付公，大略欲退師還江南，為保江之計，不必守前議。於是世忠統兵過淮，遇敵騎，與額哩頁貝勒等力戰，既而亦還楚州。或請上回臨安，公奏："若諸將渡江，則無淮南，而長江之險，與敵共之。淮南之屯，正所以屏蔽大江，使賊得淮南，因糧就運，以為家計，江南其可保乎？今淮西之寇，正當合兵掩擊。況士氣甚振，可保必勝。若一有退意，大事去矣。又岳飛一動，則襄、漢有警，復何所制。願朝廷勿專制于中，使諸將不敢觀望。"上乃手書報公："近以邊防所疑事咨卿，今覽所奏甚明，俾朕釋然無憂，非卿識高慮遠，出人意表，何以臻此？"公奉此詔，異議乃息。

同上書卷四，《趙鼎》

金攻揚州，楚州勢亦危。鎮撫司趙立遣人告急樞密院，鼎欲遣張俊往救之。俊曰："虜方濟師，達蘭善兵，其鋒不可當。立孤壘，危在旦夕。若以兵委之，併亡無益。"鼎曰："楚當虜衝，所以蔽兩淮。若委而不救，則失諸鎮之心。"俊曰："救之誠是。但南渡以來，根本未固而宿衛寡，人心易摇。此行失利，何以善後？"鼎曰："江東新造，全藉兩浙。若失楚，則大事去矣。是舉也，不惟救垂亡之城，且使諸將殫力，不為養寇自封之計。若俊憚行，臣願與之偕往。"乃詔岳飛掩擊。

同上書卷六，《楊沂中》

李成叛，時江東大帥吕頤浩駐軍左蠡，以守其境。而江南招討使張俊方會諸將，議所以破賊，皆欲分道而進。王時為右軍都統制官，曰："兵分則力弱。"又諸將位均不相下，岳飛亦密為之定計。俊乃急趨南昌，與賊夾江而營，飛請自為先鋒擊之。

同上書卷七，《韓世忠》

詔韓世忠紀律嚴明，岳飛治軍有法，並令學士院降詔獎諭。時世忠移屯淮甸，軍行整肅，秋毫無犯；飛移軍潭州，所過不擾，鄉民私遺士卒酒食，即時償直。上聞之，故有是詔。

上謂世忠、張俊、岳飛曰：“朕昔付卿以一路宣撫之權尚小，今付卿等以樞府本兵之權甚大。卿等宜合為一心，勿分彼此，則兵力全而莫之能禦，顧如烏珠，何足掃除乎？”

上命俊、飛如楚州，撫定世忠之軍也。飛視兵籍，始知世忠止有衆三萬，而在楚州十餘年，金人不敢犯，猶有餘力以侵山東，可謂奇特之士也。

晦菴曰：“國家中興，張、韓、劉、岳突然而出，豈平時諸公所嘗識者，不過事期到此，斯拶出來耳。”

同上書同卷，《張俊》

宰執奏，近報韓世忠距濠州三十里，張俊亦至濠州五十里，又岳飛已離池州渡江，去會師矣。

上遣王與岳飛同往楚州，總淮東一全軍，還駐鎮江，謂宰執曰：“士大夫言恢復者，皆虛辭，非實用也。用兵自有次第，朕遣二將，使按閱兵馬，措置戰守。蓋按閱於先，則兵皆可戰；兵既可戰，則能守矣。待彼有釁，然後可進討，以圖恢復，此用兵之法也。”

同上書卷八，《岳飛》

岳飛，信國武穆王，字鵬舉，相州安陽人。靖康初，隸宗澤軍，轉武翼郎。建炎初，上即位，上書忤用事者，奪官。尋詣河北招討司效用，與王彥不協，復歸澤軍，為留守司統制，以奇功轉武功郎。三年，轉武經大夫，轉武略大夫，借英州刺史，轉武德大夫，授真州刺史，遷武功大夫、昌州防禦使、通泰州鎮撫使，兼知泰州。尋充神武副軍統制，權留洪州，授親衛大夫、建州觀察使。紹興二年，以本職權知潭州，兼權荆湖帥司都總管。六月，授中衛大夫、武安軍承宣使。三年，召。九月，至。引見，詔落階官，加鎮南軍承宣使、江西沿江制置使，又除江西、舒、蘄州制置使、神武後軍統制。四年，兼荆南、鄂、岳州制置使，又除黄、復州、漢陽軍、德安府制置使。辭，不許。移屯鄂州，加清遠軍節度使、湖北荆襄制置使。五年，入覲，加鎮寧、崇信軍節度使，加檢校少保，封公荆襄招討使。六年，兼營田使，易武勝、定國兩鎮之節，除宣撫副使，駐襄陽。丁母憂，即日起復命，職位中增河東路，節制河北路。召，七年正月入見。二月，起復太尉。三月，扈從至建康。又令節制光州。夏，詣督府，議事不合，上表乞解兵。歸廬山，上連詔還軍。力辭，不許。以和議成，進秩不受，三詔乃拜，加開府儀同三司。十年，加少保，兼河南、北、陝西諸路招討使。有詔班師，上章請罷致仕。不許，召。十一年，秦檜主和，召授樞密副使，請還兵，罷宣撫使，入覲。檜益憾之，力請解兵。万俟卨章再上，不報。羅汝楫六章，亦不報。八月，授萬壽觀使，奉朝請。檜譖之，囚於棘寺，賜死，年三十九，一家皆遠徙。孝宗即位，追復原官，改葬，錄其子孫，立廟鄂州。

天資敏悟，強記書傳，尤好《左氏春秋傳》及《孫吳兵法》。家貧，拾薪為燭。為文初不經意，人誦則剖是非、析義理，若精思者。

初見上於元帥府。從劉浩解東京圍，與金兵相持滑州南。敵兵至，王迎斬其將，金大敗，斬首數千級，得馬數百匹。

上即位，王上書數千言，請上還京，乘二聖蒙塵未久，敵穴未固，親率六軍，迤邐北渡，天威所臨，將士一心，則中原指期可復矣。大忤用事者，奪官歸田里。張所招撫河北，一見王，與語大悅，待以國士，補官裨將中軍。因問時事，王曰："本朝都汴，惟倚河北以為固。苟深溝高壘，峙列重鎮，使敵入吾境，一城之後，復困一城。一城受圍，諸城或撓或救，則敵不敢犯，而京師根本之地固矣。河南之有河北，猶燕雲之有金坡諸關。河北不歸，則河南未可守，諸關不獲，則燕雲未可有。童貫取燕雲，而不知爭關，是以虛名受實禍。今為招撫計，直有進取河北地，以為京師援爾。"

從王彥渡河，至衛州新鄉縣。王約彥出戰，不進。王獨引所部鏖戰，奪其纛舞而示諸軍。諸軍鼓譟爭奮，遂拔新鄉，擒千戶阿里侑，又戰敗之。明日，戰侯兆川，又破之，益北擊敵，戰於太行山，擒拓拔雅爾烏。居數日，與敵遇，王單騎持鐵鎗，刺殺金帥所謂黑風，而王其號者，走其衆三萬。

杜充棄京師，之建康，王說之曰："中原地尺寸不可棄。況社稷宗廟在京師，陵寢在河南，尤非他地比。"充不聽。金人與李成共寇烏江縣，充閉門不出。王扣寢閤諫之，因流涕被面，固請出視師。充竟不出。金由馬家渡渡江，充遣王迎敵。戰方酣，王瓊先遁，獨王力戰。其後士卒乏食，諸將皆欲叛去。王灑血厲衆曰："我輩荷國厚恩，當以忠義報國，立功名，書竹帛，死且不朽。今日之事，有死無二，輒出此門者，斬。"詞色慷慨，士皆感泣。

烏珠入臨安，王領所部邀擊之，六戰皆捷，俘諸路剃頭簽軍首領四十八人，察其可用者，結以恩信，遣還金營，令夜斫營，燒毀砲車器械，乘其亂交擊，大敗之。金之簽軍涉其地者，皆相謂曰："岳爺軍來也。"爭來降附。

金犯常州，王邀擊，四戰皆捷。戰於清水亭，金大敗，橫尸十五里。烏珠復趨建康，王設伏于牛頭山上待之。夜，令人混敵營，擾其營。敵驚，自相攻。烏珠次於龍灣，王自牛頭山馳至南門與戰，大破之。烏珠奔淮西，王入城撫定，獻俘行在所。上詢所俘人，得二聖音問，感動久之。王奏曰："建康為國家形勢要害之地，宜選兵固守，乞益兵守淮，拱護腹心。"上嘉納。

紹興初，上命張俊討李成，俊請以王軍同討。王至鄱陽，與俊合。三月，次洪州，俊召王，計之曰："某與李成數戰不利，為我計之。"王曰："敵貪而不慮後。若以騎兵三千自上流出生米渡，出其不意，破之必矣，飛願為先鋒。"俊大喜。王潛出賊軍之右，首突賊陣，所部從之，賊大敗。王以紅羅為幟，刺"岳"字其上。白之平明，選二百騎建旗而前。敵易其少，薄之。伏發，大敗走。賊將馬進走成所。成怒，引兵來。王遇之樓子莊，大破之，殺馬進。成走，降偽齊。

曹成亂，執向子諲據道州、賀州，命王捕之。王入賀州境，夜焚賊寨。成奔桂嶺，竄連州，嶺表悉平。三年，召至行在所，諭令係金帶上殿，賜御札，於旗曰"精忠岳飛"，令行師必建之。

金侵淮，圍廬州，上賜札曰："淮報緊急，朕非卿到，終不安心。"王遣牛皋渡江，自提兵趨廬州與皋會。偽齊五千騎逼城，皋以所從騎遙謂曰："牛皋在此，爾輩何為見犯?"敵衆愕視。及張岳字旗、精忠旗示之，敵衆自潰。王令皋追擊，敵相踐及殺死者相半，廬州平。

上賜札，令王具守禦策。公奏曰："金、豫皆有可取之理，攻討之謀，正不宜緩，如及此時，以精兵二十萬直擣中原，誠易為力。襄陽、隨、郢地皆膏腴，來春即可措置營田。陛下欲屯大兵於鄂州，則襄陽、隨、郢量留軍馬，又於安復、漢陽，亦量駐兵。六州之屯，且以正兵二萬為固守計，就撥湖南、江西糧斛，朝廷支降券錢，為一年支遣。候營田就緒，攻守皆利也。"襄陽重地，既為偽將李成所據，湖襄之民亦不奠枕，士大夫自蜀來者，茫然莫知所向。一日宰執奏事，朱勝非謂當先取之，上曰："今便可議，就委岳飛如何?"時飛為江西制置使，駐軍鄂、岳。趙鼎曰："知上流利害，無如飛者。"

上命飛收復襄陽，飛率王萬等自鄂渚趨襄陽。朱勝非許飛迄事建節，且命沈昭遠往總軍餉。趙鼎請上親筆詔監司帥守，餉飛軍無闕，庶幾必濟飛等進軍。於是劉豫求救於虜，虜偽之兵俱來，我師與遇，連戰，大破之，遂復襄陽及郢、隨諸州。飛分遣王貴、張憲連擊賊兵，又復鄧州，軍聲大振。上謂宰執曰："岳飛既收復襄、郢，尼瑪哈聞之必怒。況今已是六月，下旬便可講防秋事。倘敵人南來，朕當親統諸軍，分頭迎敵，使之無遺類，即中原可復。若依前遠避，為泛海計，何以立國也。"

初，飛遣張憲引兵攻隨州，月餘不能下，牛皋請行，乃裹三日糧往，衆皆笑之，糧未盡而城破。飛進復郢州，董先頗有功。先、皋皆久在京西，故飛以為將。李成聞郢州失守，乃棄襄陽遁去，與虜偽合兵，屯鄧之西北。飛遣王貴、張憲至城下，賊兵來戰。董先出奇邀擊，大破之。賊將高仲入城據守，將士蟻附而上，遂克之。飛移屯德安府，軍聲大振。捷奏至，上曰："朕素聞飛行軍極有紀律，未知能破敵如此。"

飛自池州來朝。召見，加鎮寧崇信節度，賞淮西之功也。

飛為荆湖、襄陽制置使，主兵八萬。至鼎州，討湖賊楊太。太為其下所殺，楊欽領其衆數十萬以拒命。先是，都督張浚親臨湖，以覘賊勢，疑未可攻，復欲還朝，為防秋之計。會飛來，以小圖白浚曰："此易擒爾。"浚曰："恐妨防秋之備。"飛請浚少留，限八日擒之，乃遣飛往。初任士安、王俊、郝政領兵二萬餘，慢王𤫉，不稟其令，以此無功。飛始至，鞭士安，以折其氣，使為賊餌，先揚言"岳太尉兵二十萬至矣"。及是，止見士安等軍，賊併力拒之。飛伏大兵四合。賊敗走，悉乘小舟入水寨。賊將陳瑫内變，劫偽太子鍾子儀船，獲金交床與龍鳳簟等，詣飛降。餘黨相繼皆降。飛入水寨，殺賊殆盡，惟夏誠寨恃險固守。飛擇善駡者二千餘人夜往駡之，且悉衆運草木流下填滿，乃長驅入營，遂擒誠，果應飛之讖。於是浚言："除楊太就戮外，招到黃誠、周倫等衆二十餘萬，湖寇盡平。"

李龜年記錄《楊幺本末》曰：初，賊自恃其險，官軍陸襲則入湖，水攻則登岸。賊中為之語曰："有能害我，須是飛來。"蓋言其險，非有羽翼，莫能近也。俄詔用岳飛。適值大旱，湖水涸，飛命軍士伐君山之木，為巨筏無數。賊不意以木筏塞諸港汊。賊戰敗，急趨舟，欲出湖，而港汊已滿，舟為所礙，不能遁，戮死外，盡招降之。"飛來"之讖，於是乎驗。

飛謂出軍每以發糧為患，京西、湖北平，即募民營田，給以牛、種，假之口食，分任官吏，責其成功。又為屯田之法，使戍伍兵戰之暇，盡力南畝。行之二三年，省漕運之半。上嘗書曹操、諸葛亮、羊祜三事賜之。

逆豫有南窺之意，韓世忠自淮陽已還楚州，張俊既城盱眙，遂進屯泗州，飛遣兵至蔡州，焚其積聚。張俊承詔入覲，力請上進臨建康。上發臨安，先詣上天竺寺燒香。道旁有執黃旗報捷，乃飛遣王貴、郝政、董先攻下虢州，寄治盧氏縣賊衆，獲糧十五萬石。上至臨平鎮，於舟中與宰執論飛之捷，上曰："飛捷固可喜，淮上諸將各據要害，雖為必勝計，然兵家不勝，惟慮敗耳，萬一小跌，不知如何，更宜熟慮。"

上詔公入覲，參謀官薛弼亦移書促公行。至是，飛偕弼入奏事。公以手疏，言儲貳事，衝風吹，紙動搖。飛聲戰，讀不能句。公退，弼進。上視之色動，弼曰："臣在道，常怪飛習寫細字，乃作此奏。雖其子弟，無知者。"此據《小曆》所載。按，飛家集乃云："詔飛援順昌。時將發，手書密奏，略曰：'今欲恢復，必先正國本以安人心。然後不常厥居，以示無忘復讎之意。'"張戒《嘿記》曰：弼以甲子正月，道由建昌，謂戒曰："弼之免於禍，天也。往者丁巳歲，被旨從鵬入覲。與鵬遇於九江之舟中，鵬曰：'某此行，將陳大計。'弼請之，鵬云：'近諜報虜酋以丙午元子入京闕，為朝廷莫若正資宗之名，則虜計沮矣。'弼不敢應。抵建康，與弼同日對。鵬第一班，弼次之。鵬下殿，面如死灰。弼造膝，上曰：'飛適奏乞正資宗之名，朕諭以卿雖忠，然握重兵於外，此事非卿所當與也。'弼曰：'臣雖在其幕中，然初不與聞。昨到九江，但見飛習小楷，凡密奏，皆飛自書耳。'上曰：'飛意似不悦，卿自以意開諭之。'弼受旨而退。"嗟夫！鵬為大將，而越職及此，其取死宜哉！弼又曰："不知若個書生教之耳。"飛字鵬舉，故隱語，但曰鵬云。

飛陞宣撫使，因扈駕至建康，以劉光世所統王德、酈瓊等兵五萬餘隸飛，且詔德曰："聽飛號令，如朕親行。"飛上疏論恢復，略曰："望陛下假臣日月，勿拘其淹速，使敵莫測臣之舉措。萬一得便可入，則擬兵直趨京洛，據河陽、陝府、潼關，以號召五路之叛將。叛將既還，王師前進，劉豫必棄汴京而走，河北、京畿、陝右可以悉復。至於東京諸郡，陛下付之韓世忠、張俊，亦可便下。臣然後分兵濬、滑，經略兩河，則劉豫父子斷必成擒。假令汝、穎、陳、蔡堅壁清野，商於、虢、略分屯要害，進或無糧可因，攻或難於餽運，臣須斂兵，退保上流，賊必襲而南。臣俟其來，當率諸將，或挫其鋭，或待其疲。賊利速戰，不得所欲，勢必復還。臣當設伏，邀其歸路。小入則小勝，大入則大勝。然後復圖再舉。設若賊見上流斂兵，併力侵淮上，或分兵攻犯四川，臣即長驅，搗其巢穴。惟願陛下戒敕有司，廣為儲備，俾臣得以一意靜慮，不以兵食亂其方寸，則謀定計密，必能濟此大事。"疏奏，御札答曰："有臣如此，朕復何憂？進止之機，朕不中制。"飛復奏，述前志。賜札報曰："覽卿近奏，鋭然以恢復為請，豈天實啓之，將以輔成朕志，行遂中興也。”方率厲將士，將合師大舉。會檜主和，忌其成功，沮之，議遂寢。

飛奉詔詣督府，與張浚議，而淮西之兵猶未有所付。浚意屬吕祉，乃謂飛曰：“王德為將，淮西軍之所服也，浚欲以為都統制，仍命吕祉以督府參謀領之，如何？”飛曰：“德與酈瓊等夷，素不相下。吕尚書雖通材，然書生不習軍旅，不足以服其衆。”浚曰：“張宣撫如何？”曰：“飛之舊帥也。然其人暴而寡謀，且酈瓊之素所不服。”曰：“然則楊沂中爾？”飛曰：“沂中視德等耳。”浚艴然曰：“浚固知非太尉不可也。”飛曰：“都督以正問飛，不敢不以正對，豈以得軍為念耶？”飛去夏以内艱奪情蒞職。既與浚忤，即日上章，乞解兵柄，以終喪。步歸廬山，廬於墓側，以張憲權管軍事。浚怒，乃命參議官張宗元為宣撫判官監其軍。上速詔飛還軍。飛力辭。詔屬吏造廬起之，飛不得已，乃趨朝。既見，猶請待罪。上優詔答之，俾復其位，而還宗元。浚竟用王德統淮西軍而以吕祉監之，果召變。

上與宰執言飛未解帥事。上曰：“飛頃入對，請由商、虢取關、陝，欲併統淮右之兵而行。朕問何時可畢。對曰期以三年。朕諭飛駐蹕於此，以淮甸為屏蔽，若輟淮甸之兵，雖能定中原，朕亦何惜，第恐中原未復，而淮甸失守，則行朝未得奠枕而卧也。飛無以對。”飛既復任，宗元乃還。

王庶出視師江淮，飛以書與之曰：“今歲若不舉兵，當納節請閑。”庶稱其壯節。

金人敗盟，公遣將李寶、孫彥與金人戰於曹州，屢敗之。大戰於宛亭縣，敗之。寶又及金人，戰于宛亭，敗之。又遣牛臯戰於京西，敗之。進戰於黄河上，又敗之。又遣統制張憲戰于穎昌府，敗之，復穎昌府。憲又戰陳州界，敗之，復陳州。又遣統制董先、姚政戰穎昌府，敗之。又遣將王成戰鄭州，敗之，復鄭州。又遣統制孟邦傑復永安軍。至夜，遣其將劉政劫之於中牟縣，敗之。又遣將張憲、韓青戰河南府，敗之。又遣將楊遇戰南城軍，敗之，復河南府南城軍。又遣將梁興、董榮戰絳州垣曲縣，敗之。興又戰孟州王屋、濟坦兩縣，敗之。公與烏珠戰偃城縣，敗之。再戰，又敗之，殺其將鄂爾多貝勒。張憲又戰臨穎縣，敗之。王貴、姚政與烏珠大戰於穎昌府，敗之。又命張憲、傅選、寇成戰臨穎縣，敗之。公屢獲捷，方欲深入，而宰相秦檜陰助金人，勸上累詔班師。公憤恨而還，所復州縣尋復失。

和議成，公上表云：“謂無事而請和者謀，恐卑詞而益幣者進。願定謀於全勝，期收地於兩河。唾手燕雲，終欲復讎而報國；誓心天地，尚令稽首以稱藩。”

達蘭、烏珠皆在祁州，奉使王倫行至祁，見之。時世忠、岳飛、吳玠、吳璘軍各遣間招誘中原民，金得其蠟彈旗榜，出以詰倫曰："議和之使既來，而暗遣姦諜如此。君相紿，且不測進兵耳。"倫言："所議靖民，乃主上誠意。邊臣見久而無成，或乘時，希尺寸為己勞，則不可保。主上決不之知。若上國孚其誠意，確許之平，則朝廷一言戒之，誰敢爾者?"二酋相視無語。

詔湖北京西招討使岳飛往駐江州，飛奏已至。上曰："淮西既無事，飛不須更來。"趙鼎曰："此有以見諸將知尊朝廷。"上曰："劉麟敗北，朕不足喜。而諸將知尊朝廷，為可喜也。"

公既為湖北京西宣撫副使，又詔為宣撫使。時淮東、江東宣撫使韓世忠、張俊皆以立功，而公以列將拔起，世忠、俊不平，公先皆屈己下之。書數通，俱不答。及公破楊幺，獻樓船各一，兵徒戰守之械畢備，世忠始大悅，而俊益忌之。公參謀官薛弼雖每勸公調護，而幕中之輕鋭者復教公勿苦降意，於是公與俊隙始深矣。

初，上詔公以兵援淮西，公念前此每勝，復被召還，乃以乏糧為辭。及濠州已破，而公始來援，故俊與檜皆恨之。

《小曆》載：飛先數言和議非計，秦檜大惡之。金之入寇，上命飛以兵援淮西。飛力疾，即日就道。上賜詔獎之。張俊貽飛書，以前途乏糧為言。飛不為止。時賜札有曰："卿聞命即往廬州，糧餉之艱，卿不復顧。"俊疑飛漏其言，歸朝乃倡言飛逗遛不進，以糧乏為辭。及同行楚州城，俊欲修城為守備。飛曰："當戮力以圖恢復，豈可為退保計。"俊歸，復反其言謂飛欲棄山陽。與檜謀，令万俟卨劾飛對將佐謂山陽不可守，沮喪士氣。始有殺飛意矣。

初，給事中范同力助和議。至是，又以諸大將久握重兵難制，獻計於檜，請皆除樞密而罷其兵權。檜用之。乃密奏上，以拓皋之捷召世忠、俊、飛並詣行在，論功行賞。時世忠、俊已至，而公獨後。檜與參政王次翁憂之，乃謀以明日率三大將置酒湖上，欲出，則語直省官曰："姑待岳少保來，益令堂厨豐其宴具。"如此展期以待，至六七日。及公至，即鎖院。壬辰，以世忠、俊為樞使，公為副使。惟俊與檜意合，故力贊和議也。

《王次翁敘記》曰："紹興辛酉，金人有飲馬大江之謀，大將張、韓，皆欲先事深入，唯飛駐軍淮西，不肯動。上以親札促其行者，凡十有七。飛偃蹇如故。最後又降親札曰：'社稷存亡，在卿此舉。'飛奉詔移軍，三十里而止。上始有誅飛意。又世忠軍中親校温濟者，以世忠陰事來告。朝廷置濟於湖南，世忠連上章乞遣濟至軍中，語甚不遜。是時三大帥皆握重兵，輕視朝廷。其年拓皋之捷，有旨，令大將入，論功行賞。俊、世忠已至，而飛獨未來。檜為相，先臣參政，大臣止二人，檜憂之甚。先臣為之謀，以明日率三大將置酒湖上，欲出則語直省官曰：'姑待岳少保來，益令堂厨豐其宴具。'如此展期以待六七日。飛既到，以明日鎖院，皆除樞密使，趣令入院供職，罷其兵柄。晡時有旨，鎖院，明日宣麻。是夜將半，以制分命三大帥軍中列校，使各統所部，自為一軍，更其銜曰統制御前軍馬。凡其所統，陞黜賞罰，得專達之。諸校喜於自便，莫不欣然受命。明日，三大帥入，受元樞之制。既出，其所部皆已散去。導從盡以密院之人上之。此謀惟先臣與檜預之，天下歎服。三帥既罷兵柄，先臣語伯庠等曰：'吾與秦檜謀之已久。雖外示閒暇，而終夕未嘗交睫，脫致紛紜，滅族非所憂，所憂宗社而已。事幸而成，上之英斷，與天合也，吾何力之有？'"

自烏珠復取河南，飛深入不已。烏珠以書抵檜曰："爾朝夕以和請，而飛方為河北圖。必殺飛，而後可和。"於是檜與俊謀置飛於死地矣。先以淮西、山陽之事罷之。右諫議万俟卨言飛議棄兩淮地，專守大江以南，且提重兵十餘萬，無橫草之勞，倡言棄兩淮，以動朝廷，此不臣之漸也。宰執奏事，上曰："山陽要地，屏蔽淮東。無山陽，則通、泰不能固。賊來，徑趨蘇常，豈不搖動。其事甚明，比遣張俊、岳飛往彼措置戰守，二人登城行事，飛於衆中倡言楚不可守，城安用修。蓋將士戍山陽厭久，欲棄而之他，飛意在附下以要譽。其言如此，朕何賴焉？"檜曰："飛對人之言乃至是，中外或未之知也。"

張憲、王貴、王俊，皆飛故部曲也。張俊知貴、俊於飛、憲有間，遂誘俊告憲謀還飛兵柄。於貴執憲，歸于張俊行府，院吏以為密院無訊囚法。俊不從，自鞫之，使憲誣服，以為得雲手書，命已謀之。獄成，俊以告檜，械送行在，下之棘寺，逮係飛父子。初命何鑄治其獄，鑄明其無辜。改命万俟卨，遂誣飛父子致書於憲、貴，令虛申警報，以動朝廷，及令憲措置使飛還軍，且謂其書皆已焚矣，無可証者。或教卨以臺評所措淮西事為言，遂以逗遛詰飛，而所賜飛之御札，與往來道途日月皆可考，乃命評事元龜年雜定之，以傅會其獄，而收其御札送官以滅跡。飛困於考掠，亦無服辭。檜一日手書小紙付獄，即報飛死矣。竟以衆證蔽罪，飛賜死，憲、雲戮于市。籍沒貲產，徙家嶺南，官屬坐罪者六人。洪皓在虜中蠟書馳奏，以為虜所大畏服，不敢以名稱者惟飛，至以父呼之，諸酋聞其死，皆酌酒相慶。

先是，張憲之獄未成，万俟卨為御史中丞，何鑄以除執政奉使，乃改命卨推勘，而飛與子雲皆係獄矣。初，公之在湖北也，辛次膺舟行過鄂，公燕待之。既而延入小閤，盡出所被宸翰，具言上眷之渥，且執次膺手曰：“前夕夢為棘寺逮對，獄吏曰：‘辛中丞被旨推勘。’飛方懼，不敢告人。而公適至，公自諫官補外，他日必為獨坐。飛或不幸下獄，願公救之。”次膺悚然，不知所對。至是，公悟昨夢乃新中丞也。

初，檜居永嘉，秘撰、主管玉隆觀薛弼嘗游其門。又卨為湖北提刑，弼時終撫本路，除劇盜伍俊，歸功於卨。至是治飛獄，弼雖為公參謀官，無一辭累及。先是，獄之成也，世忠嘗以問檜，檜曰：“飛子雲與憲書不明，其事體莫須有。”世忠曰：“‘莫須有’此三字，何足使人甘心？”因爭之，檜不聽。公知書而待士，且濟人之貧。用兵先計後戰，屢勝強虜，號為良將。其死，天下冤之。

詔鄂州建岳飛祠宇，以忠烈廟為額，從州人請也。

飛忠孝，出於天性。初，從駕渡河，留妻養母。河北陷沒，飛遣人求訪，凡十八往返，乃獲迎歸。母痼疾，藥餌必親嘗。遇出師，必戒家人謹侍養母。喪既葬，廬於墓側。御札數四強之而後起。自有敵難，飛立志慷慨，以必取中原滅讎虜為念。臨危誓衆，或至流涕，將士莫不感奮。聞車駕所在，未嘗背之而坐，自奉甚薄。少飲酒，能至數斗。上嘗戒之曰：“卿異時到河朔，乃可飲酒。”遂絶口不飲。吳玠嘗盛飾名姝以遺之，卻而不受。上欲為營兵第於行都，飛辭謝曰：“金人未滅，臣何以家為。”故起復制詞有“厲嫖姚辭第之志”之語。每與士卒最下者，絶甘分少。其馭軍以重蒐選、謹訓練、公賞罰、明號令、嚴紀律、同甘苦為要。張俊嘗問用兵之術，曰：“仁、信、智、勇、嚴，五者不可缺一。”問嚴，曰：“有功者重賞，無功者重罰。”止兵休舍，輒課士卒藝程，注坡跳濠，皆被重鎧習之。子雲嘗習注坡而馬躓，怒，欲斬之。諸將力祈，乃免，猶鞭之數百。約束必明簡而使人易從，行師秋毫不犯。有取民一縷以束芻者，立命斬之。尤善以寡勝衆。其從杜充也，以八百人破群盜王善等五十萬衆；其破曹成也，以八千人破其衆十萬；其戰烏珠也，於潁昌則以背嵬八百，於朱仙鎮之對壘則以背嵬五百，皆破其衆十餘萬。背嵬之名，起於西蕃。飛善用之，皆以一當百。郾城之役，烏珠合諸酋之兵以進。飛命雲領背嵬、遊奕、馬軍直貫其陣。初，烏珠有勁軍號“鐵浮屠”、“拐子馬”，所至莫當。是役，以萬五千騎來。飛命步人以巨斧入其陣，勿仰視，第斫馬足。一馬躓，則餘皆相躓藉而斃。官軍奮擊之，僵死如山。烏珠大慟曰：“自初起兵，皆以此勝，今已矣。”拐子馬由是遂廢。其出奇制勝多類此。自結髮從戎，十餘年間，大小百餘戰，未嘗敗北。其伐叛也，常以廣上德意為先，而釋其餘。好禮下士，恂恂如諸生。未嘗言功，伐襄漢之役，詔劉光世以五千人為牽制之師。六郡既復，光世師始至，飛奏乞先賞光世諸將。或有功多而賞薄者，必為之開陳，不當得則一級不妄予。子雲屢立奇功，匿不以聞。或自朝廷舉行，猶辭不已。初以上書失官，從張所補官。所以謗謫，行至長沙，盜劉忠欲劫以叛。所不從，遇害。飛訪求其子，鞠之，奏補以官，且為所申雪死難之由，人皆義之。

同上書卷十，《劉錡》

上以公知荊南府，充湖北路安撫使，罷其兵。張俊深忌公與岳飛，每言飛赴援遲而公戰不力也。飛請留公掌兵，不許。時有處士孫元濟聞除公荊南，竊與人云："譬之奕棋，此著最高也。"人問其故，元濟曰："陝蜀諸軍但知吳氏，襄漢諸軍尚思岳家，江陵在蜀漢之間而錡有威名，為諸將所服。且聞有詔，或遇緩急，旁郡之兵，許之調發，銷患未形，此廟算也。非吾君大聖，其孰能與此?"

祝穆

撰：《方輿勝覽》卷三十二，《京西路·襄陽府》

岳飛【《係年錄》：紹興五年，復郢州，遂引兵復襄陽。六年，為京西宣撫使，置司襄陽。】

同上書卷三十三，《郢州》

岳飛【為江西制置。復郢州，偽州荊超投崖而死。】

同上書卷四十一，《融州》

岳飛【清遠軍節度使。】

同上書同卷，《賀州》

岳飛【神武軍副都統。紹興初，曹成再入賀州，飛引兵擊成，大破之。】

同上書同卷，《通州》

岳飛【為通泰鎮撫使。】

同上書同卷，《泰州》

岳飛【建炎四年，為通泰鎮撫使。】

徐自明

撰：《宋宰輔編年錄》卷十四

建炎四年……二月乙未，杜充罷相……左僕射杜充在建康，金人大至，與巨盜李成併力入寇。敵由馬家渡過江，充急遣都統制陳淬同統制岳飛等領兵二萬，與敵死戰。兵敗，充領兵三千絶江而北。於是金入建康。

同上書卷十五

紹興四年……三月戊午，趙鼎參知政事……（紹興）三年九月丙寅，詔江西大帥趙鼎兼制置大使。既又詔江西制置使岳飛駐軍江州，而舒、蘄二州亦隸節制。初，飛與前帥李囬不協。至是，鼎至誠待之，飛亦心服。

紹興五年……二月丙戌，趙鼎左僕射，張浚右僕射……四月，都督張浚請自行，往平楊幺，浚謂："楊幺據洞庭湖，實佔上流，不先去之，為腹心害，將無以立國。雖已命湖南制置使岳飛往討，恐兵將或逞兵殺戮。"遂奏請自行。上許焉。後辟樞密都承旨馬擴為都督府都統制。浚令岳飛分屯鼎、澧、益陽，壓以兵勢。飛乃遣先出降人楊華入賊招安，遂與故部曲潛結幺黨，殺幺以降。後幺赴水死。浚言："楊幺就戮外，招到黃誠、周倫等衆二十餘萬，湖寇盡平。"八月己巳，右僕射張浚以平楊幺功，自宣奉加金紫光祿大夫，湖南北制置使岳飛亦除檢校少保……八月，浚承詔入覲，力請上幸建康。初，都督張浚至江上，會諸大帥議事。乃命韓世忠屯承、楚，以圖淮陽；命劉光世屯廬州，以招北軍；命張俊練兵建康，為進屯盱眙之計；命楊沂中領精兵，為俊後翼；命岳飛進屯襄陽，以窺中原。於是國威大振。上御書《裴度傳》，遣使賜浚，以示至意。浚於諸大帥中，獨稱世忠與飛可倚以大事。浚以為東南形勢，莫重於建康，實為中興根本，且使人主居此，則北望中原，常懷憤惕，不敢自暇自逸。

紹興七年……九月壬申，張浚罷右相……時議者謂："淮西安撫使劉光世昨退當塗，幾誤大事，不宜仍握兵柄。"遂除光世檢校少師、萬壽觀使，以其兵屬都督府。而浚與湖北、京西宣撫使岳飛議不合，且求解帥，尋遂復任。

紹興八年……三月庚寅，劉大中參知政事，王庶樞密副使……時詔遣王庶按行營壘，察州縣弛慢失職者。庶臨發行朝，請犒軍於殿前司都教場，從之。於是便服坐壇上。自大將五衛而下，雖身任使相，悉以戎服，步由轅門，庭趨受命，拜賜而出。軍容嚴整，莫敢仰視，聞者聳然。蓋自多事以來，未嘗行此禮也。翌日遂行，岳飛同庶視師淮上。

十月……甲戌，趙鼎罷左相……鼎罷相，戒失所賴，復請留之。既被黜，則往依岳飛於江夏，其趣操可知。詔停戒官。

同上書卷十六

高宗紹興十一年……四月……壬辰，韓世忠、張俊並樞密使，岳飛樞密副使……飛樞密副使制曰："朕躬履多虞，規恢大業。惟文武並用，有嚴宥密之司；必智勇兼全，克任本兵之寄。眷時人傑，久總戎昭。肆疇勛望之隆，俾贊樞機之要。誕揚渙號，敷告明廷。【具官岳飛】果毅而明，深沉以武。奇謀秘計，夙推韜略之高；英概雄姿，凛有威名之盛。自服勤於邊圉，寔修扞於我家。作鎮上流，屹若金湯之勢；宣威遐俗，震於貔虎之群。功屢紀於旂常，任寔同於柱石。念提軍百戰，已深料敵制勝之方；而授任一隅，未究折衝銷難之略。鬱雄圖而弗展，慨平世之何時。是用蔽自朕心，付以國柄；參畀事樞之重，仍班孤棘之崇。近資發蹤指示之奇，遠輯摧陷廓清之績。庶極用人之效，亟成戡難之圖。於戲！上下交而志同，朕方深於注意；將相和則士附，爾益務於協心。其懋壯猷，用服明訓。"【林待聘詞】初，給事中范同獻計於秦檜曰："諸將久握重兵難制，當以三大帥皆除樞密使、副，罷其兵。"檜喜，遂奏其事，上從之。世忠、俊皆除樞密使，賜俊玉帶，飛樞密副使。世忠既拜，乃製"一字巾"，入都堂則裹之出入，以親兵自衛，檜頗不喜。飛披襟，作雍容之狀，檜亦忌之。惟俊從其自然，故檜不深致疑。【遺史】初，范同力助和議。至是，又獻計於秦檜，請皆除樞密而罷其兵權。檜用之，乃密奏上，以柘皋之捷，太保、淮東安撫使韓世忠，少師、淮西宣撫使張俊，少保、湖北宣撫使岳飛，並詣行在，論功行賞。時世忠、俊已至，而飛獨後。秦檜與參知政事王次翁憂之，謀以明日，率三大將置酒湖上。欲出，則語直省官曰："姑待岳少保來，益令堂厨豐其燕具。"

如此展期，以待至六七日，及是飛至，即鎖院。壬辰，以世忠、俊為樞密使，飛為樞密副使。唯俊與檜意合，故力贊和議，且覺朝廷欲罷其兵權，首言："臣既備位樞府，不當復領宣撫司，乞納所統兵。"不報。然俊忌飛與劉錡，每以飛赴援遲而錡不力戰為言也。初，上詔湖北宣撫使岳飛以兵援淮西，飛念前此每勝復被詔還，乃以糧乏為辭。至是濠州已破，飛始以兵來援，故張俊與秦檜皆恨之。癸巳，上謂宰執曰："昔三宣撫之兵分為三軍，故有此軍作過而往投彼軍者，今合為一則前日之弊革矣。"乙未，上謂韓世忠、張俊、岳飛曰："朕昔付卿等以一路宣撫之權尚小，今付卿等以樞府本兵之權甚大，卿等宜合為一心，勿分彼此，則兵力全而莫之能禦，顧如烏珠者，何足掃除乎？"王次翁《叙紀》曰："【王伯庠撰】紹興辛酉，金人有飲馬大江之謀，大將張俊、韓世忠皆欲先事深入，惟岳飛駐兵淮西不肯動，上以親札促其行者凡十有七，飛偃蹇如故，最後又降親札曰：社稷存亡，在卿此舉。""飛奉詔移軍，三十里而止，上始有誅飛意。又世忠軍中親校溫濟者，以世忠陰事來告朝廷，置濟於湖南。世忠連上章，乞遣濟至軍中，語甚不遜。是時三大將皆握兵，輕視朝廷。其年柘皋之捷，有旨，令大將入論功行賞。俊、世忠已到，而飛獨未來。後飛既到，以明日鎖院，皆除樞密使，促令入院供職，罷其兵柄。晡時有旨，鎖院，明日宣麻。是夜將半，復以制命三大帥軍中列校，使各統所部，自為一軍，更其銜曰統制御前軍馬。凡其所統，陞黜賞罰，得專達之，諸校喜於自便，莫不欣然受命。明日，三大帥入授元樞之制，既出則其所部皆已散去，導從盡以密院之人。上之此謀惟先臣與秦檜預之，天下嘆服。三帥既罷兵柄，先臣語伯庠曰：'吾與秦相謀之久矣，雖外示閒暇，而終夕未嘗交睫，脫致紛紜，滅族非所憂，憂宗社而已。事幸而成，上之英斷與天合也，吾何力之有？'"是月辛亥，上遣樞密使張俊與副使岳飛同往楚州，總淮東全軍還駐鎮江府。壬子，上謂宰執曰："士大夫言恢復者，皆虛辭，非實用也。用兵自有次第，朕比遣二樞使按閱軍馬，措置戰守。蓋按閱於先，則兵皆可戰。兵既可戰，則能守矣。待彼有釁，然後可進討，以圖恢復。此用兵之序也。"十一年八月，岳飛罷樞密副使，而俊獨留鎮江為備。十月，金四太子烏珠復犯泗州，詔樞密使張俊于鎮江府置司，措置江淮戰守。俊不以兵渡江，恐妨和議。既而敵騎久不至。五月，韓世忠以錢一百萬貫、米九十萬石，鎮江、淮東諸酒庫，俱獻於朝廷。是月，張俊、岳飛往淮東，撫定韓世忠之兵。更軍制之初，諸軍未悉朝廷之意，將士不安。已命張俊、岳飛拊循之。俊與飛既到楚州，飛點兵簿，方知世忠止有三萬餘人，乃在楚州十餘年，金人不敢犯，猶有餘力，以侵山東，可謂奇特之士也。後命還楚州軍馬、錢糧於鎮江府。初，岳飛與張俊同至楚州，撫諭韓世忠軍，飛與俊議事不協。歸至行在，飛請獨留，不復掌兵，其寮屬皆乞宮祠而去。

八月甲戌，岳飛罷樞密副使。先是，右諫議大夫万俟卨論樞密副使岳飛，議棄兩淮地，專守大江以南，且飛提重兵十餘萬，無横草之勞，倡言棄兩淮，以動朝廷，此不臣之漸也。七月癸丑，宰執奏事，上曰："山陽要地，屏蔽淮東。無山陽，則通、泰不能固。賊來，徑趣蘇、常，豈不摇動，其事甚明。比遣張俊、岳飛往彼措置戰守，二人登城行視，飛於衆中倡言楚不可守，城安用修。蓋將士戍山陽厭，久欲棄而之他。飛意在附下以要譽，故其言如此。朕何賴焉。"檜曰："飛對人之言，乃至是。中外未之知也。"時樞密使張俊、副使岳飛皆在鎮江府，而右諫議大夫万俟卨等論飛罪，以為今春，敵騎犯淮西，張俊全師遇敵，趣飛來援，而飛故稽嚴詔，略至舒、蘄而不進。比與俊按兵淮上，又執偏見，欲棄山陽不守，致喧外議。所幸俊止其言，紛紜遂定。於是飛上章丐罷。甲戌，以為少保、武勝定國軍節度使，充萬壽觀使。飛既罷，而俊獨留鎮江為備。

十二月癸巳，少保、武勝定國軍節度充萬壽觀使岳飛賜死。【依前少保、武勝定國軍節度使、充萬壽觀使。】制曰："聯樞筦而賛廟謨，方重股肱之寄；擁節旄而奉朝請，蓋隆體貌之恩。乃眷勛臣，方居密席，遽瀝退身之懇，盍推從欲之仁。爰告大廷，用孚爾衆。【具官岳飛】稟資肅毅，挺質沉雄。方略得古良將之風，忠勇有烈丈夫之氣。奮身許國，彯趙士之曼纓；厲志圖功，撫臧宫之鳴劍。自總幹方之任，久顓制閫之權。惟績用之殊方，亦恩褒之備至。戎騂導節，既疊組於大邦；孤棘位朝，遂晋班於亞保。兹圖茂閥，俾翼鴻樞，庶資籌幄之奇，用輯平戎之略。欻煩言之荐至，摘深釁以交攻，有駭予聞，良乖衆望。朕方記功揜過，事將抑而不揚；爾乃引咎自言，章既卻而復上。諒忱誠之已確，雖敦諭其莫回。是用崇使秩於殊庭，畀齊壇於舊服。留以自近，示不遐遺，以全終始之宜，以盡君臣之契。於戲！寵以寬科全祿，光武所以保功臣之終；曾無貳色猜情，鄧公所以得君子之致。朕方監此以御下，爾尚念兹而事君。往哉惟欽，服我明訓。"【林待聘詞】先是，少保岳飛舊所部統制官、節制鄂州兵馬張憲陰謀，冀朝廷還飛復掌兵，而己為之副。未發間，為御前都統王貴所告。時樞密使張俊在鎮江府，亦奏其事。右丞相秦檜乘此治飛。詔委俊收憲大理寺，命中丞何鑄、大理卿周三畏鞫之。十一月，以右諫議大夫万俟卨為御史中丞。時張憲之獄未成，何鑄以除執政奉使，乃改命卨推勘，而少保岳飛與其子忠州防禦使雲皆係獄矣。十二月，中丞万俟卨、大理卿周三畏同勘岳飛等，獄成。飛坐金人侵淮南，受親札凡十五，逗遛不進及指斥乘輿；又罷兵權，令右朝散郎孫革作書與張憲，令措置擘畫，看畢焚之；又令憲虛申探得四太子兵犯上流。雲為與憲咨目，可與得心腹兵官商議。憲為收飛及雲書，遂謀反。僧澤一為向憲言，而先以兵兩隊守總領轉運司。癸巳，詔賜飛死，斬憲、雲於市，令殿前都指揮使楊沂中涖其刑。家屬並遷廣南，且籍其家貲，而配澤一。【《小曆》】初，獄成。大理丞李若樸、何彥猷謂飛罪當徒二年，白于大理卿周三畏。三畏是日白於中丞万俟卨，不應。三畏言："當依法，三畏豈惜大理卿邪。"有輔者投書于秦檜，言飛反狀已明。檜以書付獄，卨卽致飛於死。既而卨弹若樸、彥猷，並罷。遺史。初，秦檜之居永嘉也。今祕閣修撰、主管玉隆觀薛弼嘗游其門。又卨為湖北提刑，弼時經撫本路，除劇盜伍，俊歸功於卨。至是治獄，弼嘗為飛参謀官，無一辭累及。先是，獄之成也。太傅韓世忠嘗以問檜，檜曰："飛子雲與張憲書不明，其事體莫須有。"世忠曰："相公言'莫須有'，此三字何以使人甘心。"固爭之。檜不聽。飛知書而禮士，且濟人之貧。用兵秋毫無犯，民皆安堵，不知有軍。先計後戰，屡勝強敵，號為良將。其死也，天下冤之。十二年正月，言者論敷文閣待制朱芾，秘閣修撰、知宣州李若虛，皆嘗為岳飛謀議主帥，有異志而不能諫，望黜以示戒。詔並落職。孝宗卽位，紹興三十二年七月詔："岳飛起自行伍，不踰數年，位至將相。而能事上以忠，御衆有法，累立功效，不自矜誇，餘烈遺風，至今不泯。去冬出戍鄂、渚之衆，師行不擾，動有紀律，道路之人，歸功於飛。飛雖坐事以歿，而太上皇帝念之不忘。今可仰成聖意，與追復元官，以禮改葬，訪求其後，特與錄用。"於是追復岳飛，依前為少保、武勝定國軍節度使、武昌郡開國公。淳熙五年九月，賜追復少保、武勝軍節度使、萬壽觀使岳飛謚武穆。

紹興十二年……言者論鑄（編者按：指何鑄）首董岳飛之獄，□日滋久，初無一言叙陳。既而以樞臣使虜，乃謂以讞獄不合，遂致遠行。又言飛之獄，本其徒所告，反狀甚明，而鑄故遷延，意在黨惡。遂罷，以本職提舉太平觀。尋詔落職，責徽州居住。

同上書卷十七

隆興元年……公（編者按：指史浩）既相，首言前宰相趙鼎、參政李光之無罪，大將岳飛之久冤，宜復其官爵，錄其子孫。凡坐廢者，次第昭雪。

方冋

［宋］呂午編：《左史諫草》，《監簿呂公家傳》

岳鄂王飛金千兩，朝廷以鎮庫，前政以金質制司米餉軍，米歸制司而金不歸總所，前後紛競。公（編者按：指呂午）細閱舊牘，書擬制司，孟珙見之，謂敷析明白，歸金而奇。

羅濬

撰：《寶慶四明志》卷九，《郡志九・敘人中・先賢事跡下・史浩》

上語浩："中外臣僚，朕不能遍識。卿疏其所長，以待選用。"浩疏三十四人。後，上每有除授，皆於是乎取，多至宰相、執政、侍從。岳飛忤秦檜，死於棘寺，稿葬牆角。浩請追復元官，以禮改葬，錄用其後。又奏趙鼎、李光，前朝望臣，以無罪竄貶而卒，請盡復職名，且官厥後。上悉從之。

吳自牧

撰：《夢粱錄》卷十一，《嶺》

棲霞嶺又名劍門嶺，亦名劍門關，在錢塘門外，顯明院之北，舊多栽桃花，開時爛然如霞，故名之。嶺下岳鄂王墓。

同上書卷十五，《學校》

古者天子有學，謂之"成均"，又謂之"上庠"，亦謂之"壁水"，所以養育作成天下之士類，非州縣學比也。高宗自南渡以来，復建太、武、宗三學士。杭都太學在紀家橋東，以岳鄂王第為之，規模宏闊，金字壯麗。學之西偏建大成殿，殿門外立二十四戟……太學內東南隅設廟廷，奉后土氏神，即土地神。朝家敕封號曰"正顯昭德孚忠英濟侯"，按贊書，相傳為中興名將，其英靈未泯，而應響甚著，蓋其故居也。理或然歟？自是遂明指為岳忠武鄂王，況鄂國已極於隆名，宜廟食增崇於命祀，謹疏侯爵，未正王封，仍改廟額曰“忠顯”。神之父母妻子，下逮將佐，皆有命秩，華以徽號。

周密

撰：《武林舊事》卷五，《湖山勝概》

岳王墓，岳武穆王飛葬所，其子雲亦祔焉。葉靖逸詩云：“萬古知心只老天，英雄堪恨復堪憐。如公少緩須臾死，彼運安能八十年。漠漠凝塵空偃月，堂堂遺像在淩烟。早知埋骨西湖路，悔不鴟夷理釣船。”林弓寮詩云：“天意只如此，將軍足可傷。忠無身報主，冤有骨封王。苔雨樓墻暗，花風廟路香。沈思百年事，揮淚灑斜陽。”王修竹詩云：“埋骨西湖土一丘，殘陽荒草幾經秋。中原望斷因公死，北客猶能說舊愁。”

褒忠演福院，元係智果觀音院，後充岳鄂王香火。岳雲所用鐵槍猶存。①

文天祥

［宋］官修：《宋寶佑四年登科錄》卷四，《廷對策》

紹興間，楊幺寇洞庭，連跨数郡，大將王瓔不能制。時偽齊挾外，使李成寇襄漢，幺與交通。朝廷患之，始命岳飛措置上流。已而逐李成、擒楊幺，而荆湖平……然屯海道者，非無軍，控海道者，非無將，徒有王瓔數年之勞，未聞岳飛八日之捷，子太叔平苻澤之盜，恐不如是，長此不已，臣懼為李成開道地也。

宇文懋昭（託名）

撰：《欽定重訂大金國志》卷六

天會八年……烏珠欲自建康謀北歸，不得。或教于蘆場地開渠二十餘里，上接江口，在世忠之上流。遂傍冶城西南隅鑿渠，一夜渠成，次早出

① 同見《增補武林舊事》卷七。

舟，為世忠尾擊所敗，終不得濟。乃揭榜募人，獻所以破海舟之策。有教於其舟中載土，以平版鋪之，穴船版以櫂槳，俟風息則出江，有風則勿出，蓋以海舟無風，不可動也。又以火箭射海舟篛篷，則不攻自破矣。烏珠一夜造火箭，暨明，天霽無風，引舟出江，其疾如飛，而海舟皆不動，乃以火箭射海舟篛篷。世忠軍亂，焚溺而死者，不可勝數。世忠與餘軍至瓜步，棄舟而陸奔。烏珠輜重自瓜步口，舳艫相銜，至六合不絶，為宋岳飛所敗。

同上書卷八

天會十二年……劉豫得隨、郢、襄陽等州，宋岳飛復取之。先是，飛遣張憲攻隨州，月餘不下。牛皋裹三日糧往攻，糧未盡而城拔。飛進復郢州。李成聞郢失守，乃棄襄陽遁去，與豫合兵，屯鄧之西北，飛又克其城。

同上書卷十一

天眷三年[①]……北人使馬，惟以控縱便捷為主。若三馬聯絡，馬力既有參差，勢必此前彼卻。而三人相連，或勇怯不齊，勇者且為怯者所累。此理之易明者。拐子馬之說，《金史》《本紀》、《兵志》及《烏珠》等傳皆不載，惟見於《宋史》《岳飛》、《劉錡》傳，本不足為確據。況烏珠戰陣素嫻，必知得進則進、得退則退之道，豈肯羈絆已馬，以受制於人。此或彼時列隊齊進，所向披靡，宋人見其勢不可當，遂從而妄加之名目耳。即所云馬被重鎧，亦徒束縛，而不能騁其騰驤之力，尤理所必無。紀事家或狃於兵車駟介之說，強為附會，不足當有識者一哂。千載傳訛，耳食之徒，無能究其真偽，皆為史册無稽之説所訛，不得不明辨之。

秋，烏珠再提兵與宋將岳飛戰。烏珠連敗。飛兵至朱仙鎮，得宋朝班師詔而還。飛遣將梁興等率兵渡河，連破我師，復懷、衛州及垣曲、王屋縣。飛等親提兵繼進，與烏珠戰。我軍又敗，飛軍至朱仙鎮，距東京四十五里，詔班師。於是潁昌、淮寧、蔡、鄭諸州，皆復為我有。秦檜主罷兵，召飛赴行在。命起居舍人李易見韓世忠，諭旨楊沂中還師鎮江，劉光世還池州，劉錡還太平州，張俊自宣化歸建康。罷宣撫司，以其兵隸御前。遇出師，臨時取旨。

皇統元年……十二月，烏珠以書抵檜曰："爾朝夕以和請，而岳飛方為河北圖。必殺岳飛，而後可和。"由是秦檜遂奏害飛及張憲、岳雲。岳飛忠

---

① 按，此處原注"《御批通鑑輯覽》駁正，今敬錄於此，以訂從來耳食之訛云"。

孝，出於天性，初，從駕渡河，留妻養母。自河北既失，凡十八往返，乃歸迎母。母喪，廬墓，御札數四強之而後起。慷慨以必取中原為志。少飲酒，至數斗。宋帝嘗戒之曰："卿異時到河朔，乃可飲酒。"遂絶口不飲。吳玠嘗盛飾名姝以遺之，卻而不受。宋帝欲為營居第於行都，飛辭謝曰："金國未滅，臣何以家為?"平前後累年劇盜，復襄、漢六郡，功名出諸將右。張俊搆成飛罪，赴獄賜死。洪皓在金國，蠟書馳奏，以為金所大畏服者，惟飛，金聞其死，諸人皆酌酒相慶。

同上書卷十三

貞元三年……冬，宋相秦檜死。尼雅滿南來，時檜在中司，以抗議、請存趙氏，為尼雅滿所執而去。天下高之。然尼雅滿亦自喜其為人，置之軍中，試之以事，間語以利害，而檜終始言南自南、北自北，且說若許其著手時，只依舊規模分別。其後，南人貧薄，獨檜温實。一朝資以金帛，偽云挈舟走漣水軍，家屬、婢妾完備無恙。及至宋，果得權大用。其後宋使洪皓歸自漠北，與檜語及北事，因曰："憶實訥否?別時托寄聲。"檜色變而罷。蓋檜在達蘭軍中，時達蘭圍楚州，久不下，使檜草檄諭降。有實訥者，在軍知狀，故檜聞此言而怒也。順昌之敗，我欲捐燕以南棄之，而檜亟班師。岳飛至東京止四十五里，而檜亟召回，終於誅剪。罷逐一時名將，不遺餘力。

佚名

撰:《兩朝綱目備要》卷八,《寧宗》

（嘉泰四年）五月乙亥，詔舉將材。詔諸軍主帥，各舉部内三人，不如所舉者，坐之。追封岳飛為鄂王。

開禧用兵，韓侂胄欲風厲諸將。因光世之孫伯震有請，遂封王。既又封岳飛為鄂王。中興諸將，至是畢王矣。

撰:《京口耆舊傳》卷二,《許暘》

秦宰相置大將岳飛於理，必欲文致反狀。暘不可，出知南劍州。

同上書卷八,《湯鵬舉》

（湯鵬舉）因任以直秘閣，知江州。時朝廷囚大將岳飛於獄，其下反側不自安，有逆謀。【案：《宋史》岳飛及張浚、秦檜諸傳，於飛既下獄後，並不著飛部下更有逆謀事。《金陀粹編》與《宋史》同王明清《揮麈錄》載王俊誣首張憲反状，云憲使俊往，說飛麾下姚灤、王綱、張應、李璋諸人，而亦不言諸人與憲合謀。則即當時所誣為謀逆者，飛部下亦止張憲一人耳。且在飛初解兵柄之時，至於飛既下獄，未聞有他將謀逆也。此書云囚飛於獄，其下有逆謀，與史互異。】鵬舉知其將董先忠義，直入軍見先使搜軍中，得首謀者，戮之，餘悉按堵。董先亦率其下拜，且泣曰："生我者父母，全我者公也。"

撰：《昭忠錄》，《徐應鑣【太學生】》

徐應鑣，字巨翁，衢州人。德祐乙亥，兩宮赴北，瀛國公曁太學生百餘人皆從行。應鑣乃與其子琦崧、女元娘誓共焚，子女喜從之。太學，故岳飛第，有飛祠。應鑣具酒肉祀飛曰："天不祚宋，社稷為墟，應鑣誓不與諸生俱北。願死祠下，與王英靈永永無斁。"祭畢，以酒肉餉諸僕。俟其醉臥，乃與子女入梯雲樓，縱火自焚。一小僕未寢，聞火聲，穴牖視之，見其父子儼然坐立如塑像，走報諸僕，得不死。與其子女怏怏出戶，翌日得其屍祠前井中，皆僵立瞠目，面色如生。

元

馬端臨

撰:《文獻通考》卷七,《田賦考·屯田》

(紹興)六年,右僕射張浚奏改江淮屯田為營田,凡官田、逃田並拘籍,以五頃為一莊,募民承佃。命措置官樊賓、王弗行之。尋命五大將劉光世、韓世忠、張俊、岳飛、吳玠及江淮、荆襄、利路帥,悉領營田使。

同上書卷二十七,《國用考·蠲貸》

(紹興)三十年,臣僚言:"自岳飛得罪,湖北轉運司拘收前宣撫司庫務金幣物斛,計直六百九十餘萬緡。有未輸納者,八十九萬緡。至是一十年,拘催不已,此皆出軍支使及回易逃亡之數。即非侵盜,無所追償。望即除放。"從之

同上書卷五十八,《職官考·樞密院》

既而張、劉二將並除樞密使,岳飛副之。

同上書同卷,《職官考·知樞密院》

紹興以來,唯韓世忠、張浚為使,岳飛為副使。此後除使固多,而其貳只為同知,亦非故事也。

同上書卷五十九,《職官考·宣撫使》

紹興元年,劉光世以使相宣撫淮南。武臣非執政而為宣撫,自此始。二年,李光以端明殿學士,為壽春等州宣撫使。文臣非執政而為宣撫,自此始。然自紹興至嘉泰,武臣止劉光世、韓世忠、張浚、吳玠、岳飛、吳璘六人,從官止李光、王似二人,蓋重之也。

同上書同卷，《職官考·都統》

（紹興）十一年，韓世忠、張俊、岳飛除樞密使、副使，罷宣撫司。其統領將、副（將），並改充御前，隸樞密院，各帶“御前”字入銜。其兵馬就令所部統制官節制，而都統皆以屯駐名冠軍額之上，獨川陝如故。恩數略視三衙權任在帥臣之右。官卑者，稱副都統制。設屬有計議、機宜、幹辦公事、準遣。十九年，漢、沔兩大將改為御前諸軍。璘稱利州西路駐劄御前諸軍都統制；政稱利州東路駐劄御前諸軍都統制；郭浩時已死，故金州無都統制，但以知州兼節制。嘉定初，蜀叛。既平，安丙又奏，分興州十軍為沔、利三軍。沔州除都統制，利州除副都統制。天下有十都統矣。初，烏珠犯泗州。詔樞密使張俊於鎮江府置司，措置江淮守備。俊發張憲事，併岳飛死。俊遂薦其將定遠軍節度使田師中掌故岳飛之兵，又薦清遠軍節度使王德往金陵。於是並詔為御前都統制。師中於鄂州，德於建康府駐劄。

同上書卷六十二，《職官考·總領》

（紹興）七年，令戶部郎官霍蠡前往岳州置局，專一總領岳飛軍錢糧。其後大軍在江上，間遣版曹或太府司農卿少調其錢糧，皆暫以總領為名。

同上書同卷，《職官考·招討使》

紹興五年，岳飛為湖北襄陽招討。請州縣不法害民者，許一面對移，或放罷以聞。從之。十二年，烏珠犯三京。以韓世忠、岳飛、張俊並兼河南北招討使，以禦之。

同上書卷一百五十四，《兵考·兵制》

紹興元年十二月，又改為行營四護軍。張俊稱前軍，韓世忠稱後軍，岳飛稱左軍，劉光世稱右軍，併楊沂中（將）中軍入殿前司，而吳玠軍如故。

建炎之後，諸大將之兵浸增，遂各以精鋭，雄視海內，而因時制變，隨處立營，遷易靡定，駐劄未有常所。有如劉光世軍，或在鎮江、池州、太平；韓世忠軍，或屯江陰；岳飛一軍或戍宜興、蔣山。惟王彥八字軍，隨張俊入蜀，而吳玠之兵多屯鳳州、大散關、和尚原，大略可考矣。當是時，合內外大軍十九萬四千餘，而川陝不與。及楊沂中將中軍，專總宿衛。於是江東劉光世、淮東韓世忠、湖北岳飛、湖南王𤫊四軍，通十二萬一千六百。時亦未有常屯。

今張俊軍三萬，有全裝甲萬副，刀槍弓箭皆備。韓世忠軍四萬；岳飛軍二萬三千；王燮軍一萬三千。雖不如俊之軍，亦皆精鋭。劉光世軍四萬，老弱頗衆，然選之，可得其半。又神武中軍楊沂中、後軍吕師古，皆不下萬人。而御前忠鋭，如崔增、姚端、張守忠軍，亦二萬。

十一年四月，給事中范同以諸將握兵難制，獻策於秦檜。且以柘皋之捷言於上，召張俊、韓世忠、岳飛入覲，論功行賞，皆除樞密、副使。張俊首納所部兵，乃分命三大帥副校，各統所部，自為一軍，更其銜曰“統制御前軍馬”。罷宣撫司，遇有出師，取旨。兵皆隸樞密院，依舊駐劄。而四川大將兵，亦分屯就糧，曰：興、成、堦、鳳、文、龍、利、閬、金、洋、綿、房、西和州，太安軍，興元、隆慶、潼川府，凡十四郡焉。故今鎮江大軍，則韓世忠之舊部；建康大軍，則張俊之舊部；鄂州大軍，則岳飛之舊部。

自靖康破壞維楊，倉卒海道，艱難杭、越，草創天下，遠者命令不通，近者横潰莫制。國家無威信以驅使強悍，而諸將自誇雄豪，劉光世、張俊、吳玠兄弟、韓世忠、岳飛各以成軍，雄視海内。

同上書卷一百五十五，《兵考·禁衛兵》

紹興元年，又改為行營四護軍。張俊稱前軍，韓世忠稱後軍，岳飛稱左軍，劉光世稱右軍，楊沂中（稱）中軍，以隸殿前司，而吳玠軍如故。

同上書卷一百六十七，《刑考·刑制》

秦檜自得政以來，動興大獄，脅制天下。岳飛獄死，檜勢焰愈熾。

同上書卷一百九十九，《經籍考·史》

《岳飛事實》六卷，《辯誣》五卷。陳氏曰：“飛之孫珂撰。”

同上書卷二百三十九，《經籍考·集》

《岳武穆集》十卷。陳氏曰：“樞副鄴郡岳飛鵬舉撰。飛功業偉矣，不必以集著也，世所傳誦。其賀和議成一表，當亦是幕客所為，而意則出於岳也。”

同上書卷二百九十，《象緯考·月犯五緯》

（紹興七年五月）癸酉，月犯牛南星，佔下有憂，將軍死厥，應在九年吳玠薨，十年岳飛被譖死也……九月壬戌，月犯天高，佔將死臣誅。十二月丁巳，復犯天高。次年趙鼎再貶，岳飛下獄死……十一年十一月乙卯，月入微垣，佔大臣有憂，將相有免者，若期三年，有為天子所誅。於是岳飛下獄死，韓世忠罷。

同上書卷二百九十二，《象緯考·流星星隕》

紹興元年……十一月丁巳，流星出天槍北，佔“兵大起，斧鉞用”。於是命韓世忠提兵入建州，討范汝為，平之。明年，岳飛大破曹成……八年十一月乙巳，流星出天囷東北，佔有賑發事。於是以米二萬石付岳飛，賑京西、湖北饑民。又以錢五千萬付吳玠犒軍。

同上書卷二百九十三下，《象緯考·五星聚舍》

紹興……四年三月乙亥，辰星與太白合於畢，佔為兵憂。又曰：西方有兵不戰。是秋，岳飛敗敵於襄、鄧，張憲破之於唐州，襄漢悉平……紹興……九年……十月壬申，金木合於氐，佔同。次年，岳飛死於獄。

同上書卷三百九，《物異考·詩異》

高宗紹興中，鼎、澧劇盜夏誠、劉衡二寨，據險不可破。二盜有口佔，末云：“除是飛過洞庭湖。”後卒為岳飛所破。

同上書卷三百十五，《唐氏周九服唐五服異同説見封建考》

（紹興）十年，敵分四道入寇，劉琦敗之於順昌。是秋，岳飛兵至朱仙鎮，距東京四十五里。詔班師，於是潁昌、懷寧、鄭、祭諸州皆復陷金。

陳櫟

撰：《曆代通略》卷四，《南宋》

汴都之亡，原於在朝皆小人而無君子；汴都之不復，係於用君子而沮之以小人。高宗名為中興，而不能雪父兄之深讎，恢祖宗之全業者。始焉，用李綱、宗澤，而沮之以黄潛善、汪伯彦；中焉，用張浚、趙鼎、韓世忠、劉錡、岳飛，而沮之以秦檜也。其所以然者，又在於不明復讎之大義，欲遂其畏懦苟偷之私心而已。然猶能植立東南半壁之天下於數世者，則以二三名相、名將之功，與夫祖宗之深仁未泯，天命人心之未變也……張浚復視師江上，命韓世忠自楚州圖淮陽，劉光世屯廬州招北軍，張浚進屯盱眙，楊沂中為後翼，岳飛進屯襄陽以窺中原，國威大振。浚於諸將中獨稱世忠、飛可倚以大事……上如建康，岳飛入見，【飛起列將，嘗復襄陽、隨、郢等州，又平大盜楊幺，至是為湖北京西宣撫使，張浚尤忌之。】因扈駕抗疏，毅然以直趨京洛、恢復故疆為己任。御筆優答，許以不從中制。飛方率厲，合師大舉。會檜復入，主和沮之矣。時劉光世罷，浚用呂祉領淮西軍，飛謂："祉書生，非將帥才。"不聽。祉奏罷酈瓊，瓊殺祉，以衆降偽齊……既而王師屢捷……岳飛捷於偃城……功之尤者，劉錡順昌一戰，以五千堪戰之卒，敗烏珠十萬之師；岳飛敗烏珠於王屋縣，至朱仙鎮，距汴京僅四十五里耳。錡、飛方俱欲乘勝進兵，而班師之詔下矣，召飛赴行在，楊沂中還鎮江，劉光世還池，劉錡還太平，南兵自是不復出矣。洪皓旹在燕山，密奏順昌之役，北方震懼，燕之珍寶，悉取而北，欲捐燕以南棄之，王師亟還，自失機會，可惜也。外有能恢復之將帥，而内無主恢復之君相，垂成而壞，可恨深矣。烏珠又入寇，劉錡、楊沂中大敗之於柘皋。望錡軍曰："順昌旗幟也。"即敗走。復詔班師，於是除世忠、俊樞密使，飛副使，罷宣撫司，以兵隸密院。俊阿檜意，首納所統兵。俊深忌錡、飛。飛數非和議，檜惡之。俊譺構飛，檜令万俟卨【諫議】、羅汝楫【侍御】論飛罪，罷副樞。烏珠縱莫將歸，以書求和，遣劉光遠、何鑄繼使，議割唐、鄧州，以淮水為界。烏珠與檜書："爾朝多請和，而岳飛方為河北圖。必殺飛，而後可和。"檜遂與俊謀，俊誣飛罪，下棘寺賜死。金人聞其死，酌酒相慶。嗚呼！檜、俊之罪，可勝誅哉。【十一年】……呂中曰："建炎之初，内有綱，外有澤，此可為之一機也，而汪、黃以主和失之；紹興之間，内有浚、鼎，外有世忠、錡、飛、玠、璘，又大可為之一機也，檜復以主和失之。失此二機，天地之大義不立，國家之大讎不雪，惜哉。"

潛說友

脩：《咸淳臨安志》卷八

國子監，在紀家橋。紹興三年六月，奉詔即駐蹕所在學置監，仍置博士二員，以太學生隨駕者三十六人為監生。十三年，臨安守臣王㬇請即錢塘縣西岳飛宅造國子監。從之。繪《魯國圖》，東西為丞簿位，後為書庫官位。

中為堂，繪三禮圖於壁，用至道故事也。【餘見《續修太學志》。】

同上書卷十一

太學，在前洋街，理宗皇帝御書二字為扁。紹興十二年，詔禮部討論太學養士法。仍令臨安府權於府學措置增廣，遂置祭酒、司業、博士、正錄，定養士額。十三年六月，臨安守臣王喚即岳飛宅建學，成。【互見國子監。】

同上書卷二十八

棲霞嶺【一名劍門嶺，一曰劍門關】，在錢塘門外，顯明院之北。舊多桃花，開時爛然如霞，故以名嶺。下有岳鄂王飛墓。

同上書卷八十七

岳鄂王飛墓，在棲霞嶺下。題詠【葉靖逸紹翁詩云：“萬古知心只老天，英雄堪恨復堪憐。如公更緩須臾死，此敵安能八十年？漠漠凝塵空掩月，堂堂遺像在凌烟。早知埋骨西湖路，學取鴟夷理釣船。”劉龍洲過《六州歌頭》詞云：“中興諸將，誰是萬人英？身草莽，人雖死，氣填膺，尚如生。年少起河北，劍三尺，弓兩石，定襄漢，開虢洛，洗洞庭。北望帝京，狡兔依然在，良犬先烹。過舊時營壘，荆鄂有遺民，憶故將軍，淚如傾。說當年事，知恨苦；不奉詔，偽耶真？臣有罪，陛下聖，可鑒臨，一片心。萬古任分茅土，終不到，舊奸臣。人世夜，白日照，忽開明，衮佩冕圭百拜，九原下，榮感君恩。看年年二月，滿地野花春，鹵簿迎神。”】

陳德武

［清］嵇曾筠等編：《浙江通志》卷二百七十八，《水龍吟・西湖懷古》

東南第一名州，西湖自古多佳麗。臨堤臺榭，畫船樓閣，遊人歌吹。十里荷花，三秋桂子，四山晴翠。使百年南渡，一時豪傑，都忘却，平生志。

可惜天旋時異，藉何人雪當年耻。登臨形勝，感傷今古，發揮英氣。力士推山，天吳移水，作農桑地。藉錢塘潮，少為君，洗盡岳將軍淚。

袁桷

撰:《延祐四明志》卷五,《人物考·趙粹中》

粹中嘗上疏,罷王安石父子從祀,乞正雪岳飛冤狀。

李泂

[清] 謝旻等編:《江西通志》卷一百二十八,《遊廬山記》

延祐己卯二月九日,予還自江右,遇門人萬子方。於潯陽別數年,一旦出不意,相得歡甚,遂同遊匡廬。北出郭,日已銜山……明日出西林,登天池山……徙倚白雲亭,觀宋將岳飛詩,謂其當朝廷多事,猶能抵隙,而為是遊。

張天英

[清] 翟均廉編:《海塘錄》卷二十四,《錢塘懷古次高則誠韻》

錢塘潮上海門深,千古靈胥恨未平。北斗文星常黯黯,内園宮樹尚陰陰。承華殿冷西人語,太乙壇空上帝臨。月黑鄂王祠下路,風吹青火出山林。

托克托(又作脫脫)等

撰:《宋史》卷二十四,《本紀第二十四·高宗一》

(建炎元年九月)乙卯,王彥及金人戰,敗績,奔太行山聚衆。其裨將岳飛引其部曲,自為一軍。

同上書卷二十五,《本紀第二十五·高宗二》

(建炎三年春正月)乙未,杜充遣岳飛、桑仲討其叛將張用于城南,其徒王善救之，官軍敗績。①

（十一月）甲子，杜充遣都統制陳淬、岳飛等及金人戰於馬家渡，王種□以軍先遁，淬敗績死之。②

同上書卷二十六，《本紀第二十六·高宗三》

（建炎四年五月）壬子，金人焚建康府，執李棁、陳邦光而去；淮南宣撫司統制岳飛邀擊於靜安鎮，敗之。（六月）甲申，岳飛破戚方於廣德軍。乙未，郭仲威犯鎮江府，遣岳飛擊之。③（秋七月）庚申，以岳飛為通、泰州鎮撫使。（八月）己丑，詔岳飛救楚州，仍命劉光世遣兵往援。（冬十月）乙未，岳飛破金人於承州。（十一月）丙午，岳飛棄泰州渡江。丁未，金人犯泰州，飛退保江陰軍沙上。④

（紹興元年春正月）己酉，岳飛引兵之洪州。（三月）丙午，張俊、楊沂中、岳飛渡江擊馬進，大敗之。（五月）張用復叛，寇江西，岳飛招降之。（秋七月）庚子，以岳飛為神武右副軍統制，留軍洪州，彈壓盜賊。（十二月丁丑）以岳飛為神武副軍都統制，部兵屯洪州。

同上書卷二十七，《本紀第二十七·高宗四》

（紹興二年二月庚午）仍命岳飛率馬友、李宏、韓京、吳錫等共討曹成諸盜。⑤（閏四月）丙申，岳飛擊破曹成於賀州，置都督府隨軍轉運司。丙午，岳飛敗曹成於桂嶺縣，成走連州，遣統制張憲追擊，破之，又走郴州，入邵州。（六月戊戌）岳飛屯駐江州。⑥（十二月）丁酉，岳飛遣統領徐慶、王貴討禽萍鄉賊高聚。

（紹興三年）三月己未，詔岳飛捕賊。（四月壬辰）岳飛軍次虔州。丁未，岳飛遣統領張憲、王貴擊彭友，禽斬之。（六月）己酉，岳飛自虔州班師。八月己丑，詔岳飛赴行在，留精兵萬人戍江州。（九月）庚申，岳飛自江州來朝。乙亥，以…岳飛為江南西路舒、蘄州制置使，置司江州。

（紹興四年）五月庚戌朔，以岳飛兼黃、復二州、漢陽軍、德安府制置

① 此段同見《資治通鑒後編》卷一百六。

② 此段同見《資治通鑒後編》卷一百七，惟“淬敗績死之”作“淬力戰死之”。

③ 此段同見《資治通鑒後編》卷一百八。

④ 同見《資治通鑒後編》卷一百八。

⑤ 同見《資治通鑒後編》卷一百九。

⑥ 同見《資治通鑒後編》卷一百九

使。（甲寅）岳飛復郢州，斬偽齊守荆超。丙寅，李成棄襄陽去，岳飛復取之。（癸酉）偽齊收李成餘衆，益兵駐新野。岳飛與别將王萬夾擊，復大敗之。（六月）岳飛將牛皋復隨州，執偽齊守王嵩磔之。（秋七月壬戌）岳飛遣統制王貴、張憲擊敗李成及金兵於鄧州之西，復鄧州，禽其將高仲。[①]（八月壬寅）以岳飛為清遠軍節度使，湖北荆、襄、潭州制置使，代王𤫩討湖賊。（十二月）壬辰，金、齊兵逼廬州，仇悆嬰城固守，岳飛所遣統制徐慶、牛皋援兵適至，敗走之。

同上書卷二十八，《本紀第二十八·高宗五》

（紹興五年春正月）岳飛自池州入朝。二月丙子，以飛為鎮寧、崇信軍節度使。[②]（丙戌）岳飛為荆湖南北、襄陽府路制置使，將兵平湖賊楊太。（五月）己亥，岳飛軍次鼎州。（六月甲辰）湖賊楊欽、全琮、劉詵相繼率衆詣岳飛降。癸丑……岳飛急攻湖賊水砦，賊將陳瑫降，楊太赴水死，餘黨劉衡等皆降。飛急擊夏誠，斬之。丁巳，湖賊黄誠斬楊太首，挾鍾子儀、周倫詣都督府降，湖湘悉平，得戶二萬七千，悉遣歸業。（秋七月）戊寅，獎諭岳飛，撫勞將士。（九月）壬午，加岳飛檢校少保。十二月己亥朔，以岳飛為荆湖南北、襄陽府路蘄、黄州招討使。

（紹興六年二月）戊申，岳飛入見。[③]（三月）己巳，以……岳飛為京西、湖北路宣撫副使。己卯，趣岳飛如鄂州措置軍事。（夏四月甲辰）岳飛以母喪去官。丙午，詔飛起復。（六月甲寅）命……岳飛自九江進屯襄陽。[④]（八月）甲辰，岳飛遣統制牛皋破偽齊鎮汝軍，禽其守薛亨。戊申，岳飛遣將楊再興復西京長水縣。是月……岳飛及偽齊李成、孔彦舟連戰至蔡州，克之，偽守劉永壽舉城降。[⑤]（九月丙寅朔）岳飛遣統制王貴、郝晸、董先復虢州盧氏縣。壬午，岳飛以孤軍無援，復還鄂州。戊子，以戶部郎官霍蠡總領岳飛軍錢粮。

（紹興七年二月庚子）岳飛入見。丁巳，以岳飛為太尉、湖北京西宣撫使。三月癸亥朔，次丹陽，韓世忠入見，命世忠扈從，岳飛次之。（癸酉）岳飛乞併統淮西兵以復京畿、陝右，許之，命飛盡護王德等諸將軍。既而秦

---

① 同見《資治通鑒後編》卷一百十。

② 同見《資治通鑒後編》卷一百十，並云“賜銀絹二千匹兩”。

③ 自“十二月己亥朔”始，同見《資治通鑒後編》卷一百十一。

④ 同見《資治通鑒後編》卷一百十一。

⑤ 同見《資治通鑒後編》卷一百十一。

檜等以合兵為疑，事遂寢。[①]（夏四月）丁未，岳飛乞解官持餘服，遂棄軍去，詔不許。庚戌，以張浚累陳岳飛積慮，專在併兵，奏牘求去，意在要君，遂命兵部侍郎兼都督府參議軍事張宗元權湖北京西宣撫判官，實監其軍。（六月辛卯朔）岳飛入見。丁酉，岳飛引過自劾，詔放罪，慰諭之。（丙辰）岳飛復職。（八月）乙卯，賜岳飛軍錢十萬緡。[②]（十一月）偽齊知臨汝軍崔虎詣岳飛降。

同上書卷二十九，《本紀第二十九・高宗六》

（紹興八年二月）壬戌，岳飛乞增兵，不許。

（紹興九年春正月）壬辰，加岳飛、吳玠並開府儀同三司。（冬十月）岳飛入見。[③]

（紹興十年）六月甲辰朔，以韓世忠太保，張俊少師，岳飛少保並兼河南北諸路招討使。丙辰，岳飛將牛皋及金人戰於京西，敗之。（甲子）遣司農少卿李若虛詣岳飛軍諭指班師，飛不聽。（是月）岳飛領兵援劉錡，與金人戰於蔡州，敗之，復蔡州。[④]（閏月）壬辰，岳飛遣統制張憲擊金將韓常於潁昌府，敗之，復潁昌。丙申，張憲復淮寧府。（丁酉）岳飛遣統制郝晸等與金人戰於鄭州北，復鄭州。秋七月癸卯，岳飛遣將張應、韓清入西京會李興，復永安軍。[⑤] 己酉，岳飛及兀朮戰於郾城縣，敗之。甲寅，岳飛遣統制楊再興、王蘭等擊金人于小商橋，皆戰死。乙卯，金人攻潁昌，岳飛遣將王貴、姚政合兵力戰，敗之。壬戌，飛以累奉詔班師，遂自郾城還，軍皆潰。金人追之不及，潁昌、蔡、鄭諸州皆復為金有。

（紹興十一年春正月己巳）命岳飛進兵江州。[⑥]（二月）丙子，趣岳飛會兵蘄、黃。庚辰，岳飛發鄂州。（三月癸卯）岳飛發舒州。辛亥，岳飛次定遠縣，聞金兵退，還屯舒州。（夏四月辛巳）韓世忠、張浚、岳飛相繼入覲。壬辰，以世忠、俊並為樞密使，飛樞密副使，命三省樞密院官復分班奏事。（五月）丁未，遣張俊、岳飛于楚州巡視邊防。（六月）癸未，張俊、岳飛至楚州。（秋七月）留岳飛行在。（八月）甲戌，罷岳飛。（冬十月戊

---

① 同見《資治通鑑後編》卷一百十二，惟云岳飛乞併兵事在辛未日。

② 同見《資治通鑑後編》卷一百十二，并云："招歸正復業人，耕湖北、京西閒田。"

③ 同見《資治通鑑後編》卷一百十三。

④ 自"丙辰"，同見《資治通鑑後編》卷一百十四。

⑤ 自"壬辰"，同見《資治通鑑後編》卷一百十四。

⑥ 自"壬辰"，同見《資治通鑑後編》卷一百十四。

寅）下岳飛、張憲大理獄，命御史中丞何鑄、大理卿周三畏鞫之。（十二月）癸巳，賜岳飛死於大理寺，斬其子雲及張憲於市，家屬徙廣南，官屬于鵬等論罪有差。

同上書卷三十，《本紀第三十・高宗七》

（紹興十二年三月）辛亥，以士㒟嘗營護岳飛為朋比，責建州居住。

同上書卷三十二，《本紀第三十二・高宗九》

贊曰："昔夏后氏傳五世而后羿簒，少康復立而祀夏；周傳九世而厲王死於彘，宣王復立而繼周；漢傳十有一世而新莽竊位，光武復立而興漢；晉傳四世有懷、愍之禍，元帝正位於建鄴；唐傳六世有安史之難，肅宗即位於靈武；宋傳九世而徽、欽陷於金，高宗纘圖于南京；六君者，史皆稱為中興而有異同焉。夏經羿、浞，周曆共和，漢間新室、更始，晉、唐、宋則歲月相續者也。蕭王、琅琊皆出疏屬，少康、宣王、肅宗、高宗則父子相承者也。至於克復舊物，則晉元與宋高宗視四君者，有餘責焉。高宗恭儉仁厚，以之繼體守文則有餘，以之撥亂反正則非其才也。況時危勢逼，兵弱財匱，而事之難處又有甚於數君者乎？君子於此，蓋亦有憫高宗之心，而重傷其所遭之不幸也。然當其初立，因四方勤王之師，內相李綱，外任宗澤，天下之事，宜無不可為者。顧乃播遷窮僻，重以苗、劉群盜之亂，權宜立國，确虖艱哉。其始惑於汪、黃，其終制於姦檜，恬墮猥懦，坐失事機。甚而趙鼎、張浚相繼竄斥，岳飛父子竟死於大功垂成之秋。一時有志之士，為之扼腕切齒。帝方偷安忍耻，匿怨忘親，卒不免於來世之誚，悲夫！"①

同上書卷三十三，《本紀第三十三・孝宗一》

（紹興三十二年秋七月戊申）追復岳飛元官，以禮改葬。（冬十月）壬午，官岳飛孫六人。②

（隆興元年秋七月）戊午，給還岳飛田宅。③

同上書卷三十四，《本紀第三十四・孝宗二》

（乾道五年十一月）丙寅，為岳飛立廟于鄂州。

---

① 自"高宗恭儉仁厚"起，同見《資治通鑒後編》卷一百二十。

② 同見《資治通鑒後編》卷一百二十。

③ 同見《資治通鑒後編》卷一百二十一。

（乾道六年秋七月辛丑）賜岳飛廟曰："忠烈。"①

同上書卷三十五，《本紀第三十五・孝宗三》

（淳熙五年九月）戊寅，賜岳飛謚曰："武穆"。

（淳熙六年三月）丙寅，錄趙鼎、岳飛子孫，賜以京秩。②

（淳熙十五年三月）癸丑，用洪邁議，以吕頤浩、趙鼎、韓世忠、張俊配饗高宗廟庭。吏部侍郎章森乞用張浚、岳飛，秘書少監楊萬里乞用浚，皆不報。

同上書卷三十八，《本紀第三十八・寧宗二》

（嘉泰四年五月）癸未，追封岳飛為鄂王。

同上書卷四十一，《本紀第四十一・理宗一》

（寶慶元年）二月甲午，詔故太師、武勝定國軍節度使、鄂王岳飛謚忠武。

同上書卷一百五十，《輿服志第一百三・輿服二》

旌節……紹興三年，表岳飛之旗曰："精忠。"

同上書卷一百六十七，《職官志第一百二十・職官七》

宣撫使……紹興元年，詔以淮南守臣多闕，百姓未能復業，分命吕頤浩、朱勝非、劉光世皆以安撫大使兼宣撫使。武臣非執政而為宣撫使，實自光世始。二年，李光又以吏部尚書加端明殿學士，為壽春等州宣撫使。自是，韓世忠、張俊③、吳玠、岳飛、吳璘皆以武臣充使。

宣撫副使……紹興間，張浚宣撫川、陝，將召歸，命從臣王似、盧法原為之副。王似除使，盧法原仍副之。亦有不置使而置副，如胡世將之於川、陝，岳飛之於荊、襄，楊沂中之於淮北，皆止以"副使"為名。飛後以功始落"副"字。

招討使……紹興五年，岳飛為湖北、襄陽招討使，請州縣不法害民者，

---

① 同見《資治通鑒後編》卷一百二十三。

② 同見《資治通鑒後編》卷一百二十五。

③ 俊原作浚。按张浚实为文臣，此处当指武將张俊。

許一面對移，或放罷以聞。從之。十年，金人犯三京，以韓世忠、岳飛、張俊並兼河南、北招討使以禦之。

同上書卷一百七十六，《食貨志第一百二十九·食貨上四》

屯田……（紹興）六年都督張浚奏改江、淮屯田為營田，凡官田逃田並拘籍，以五頃為一莊，募民承佃。其法五家為保，共佃一莊，以一人為長，每莊給牛五具，耒耜及種副之，別給十畝為蔬圃，貸錢七十千，分五年償。命樊賓、王弗行之。尋命五大將劉光世、韓世忠、張俊、岳飛、吳玠及江、淮、荆、襄、利路帥悉領營田使。

同上書卷一百八十七，《兵志第一百四十·兵一》

諸屯駐大軍則皆諸將之部曲，高宗開元帥府，諸將兵悉隸焉。建炎後，諸大將兵寖盛，因時制變，屯無常所。如劉光世軍或在鎮江、池州、太平；韓世忠軍或屯江州、江陰；岳飛一軍或屯宜興、蔣山；王彦八字軍隨張浚入蜀；吳玠兵多屯鳳州、大散關、和尚原。是時合内外大軍十九萬四千餘，川、陝不與焉。及楊沂中將中軍總宿衛，江東劉光世、淮東韓世忠、湖北岳飛、湖南王𤫉四軍共十九萬一千六百，亦未嘗有屯。

紹興十一年，范同以諸將握兵難制，獻謀秦檜且以柘皋之捷言於上，召張俊、韓世忠、岳飛入覲，張俊首納所部兵。分命三帥副校各統其所部，自為一軍，更銜曰統制御前軍馬。罷宣撫司，遇出師，取旨，兵皆隸樞密院，屯駐仍舊。

同上書卷一百九十六，《兵志第一百四十九·兵十》

屯戍之制……紹興之初，群盜四起，有若岳飛、劉光世諸大將領兵，尤重随宜調發，屯泊要害，控制捍蔽，是亦權宜之利矣。

同上書卷二百，《刑法志第一百五十三·刑法二》

詔獄……（紹興）十一年，樞密使張俊使人誣張憲，謂收岳飛文字謀為變。秦檜欲乘此誅飛，命万俟卨鍛鍊成之。飛賜死，誅其子雲及憲于市。汾州進士智浹上書訟飛冤，決杖編管袁州。廣西帥胡舜陟與轉運使吕源有隙，源奏舜陟贓汙僭擬，又以書抵檜，言舜陟訕笑朝政。檜素惡舜陟，遣大理官往治之。十三年六月，舜陟不服，死於獄。飛與舜陟死，檜權愈熾，屢興大獄以中異己者，名曰詔獄，實非詔旨也。其後所謂詔獄，紛紛類此，故不備錄云。

同上書卷二百四十七，《列傳第六·宗室四·士㒟、不群、不尤》

士㒟數言事，忤秦檜。及岳飛被誣，士㒟力辨曰："中原未靖，禍及忠義，是忘二聖，不欲復中原也。臣以百口保飛無他。"檜大怒，諷言者論士㒟交通飛，蹤跡詭秘，事切聖躬，遂奪官。中丞万俟卨復希旨連擊之，謫居于建。

……既而朝廷慮郴失守，復留不群於郴。會岳飛破曹成，成遁，因犯郴，不群乘城固守，拒卻之。

……不尤……從岳飛平湖寇。飛死，檜奪其兵，遣守横州而卒。

同上書卷三百五十九，《列傳第一百十八·李綱下》

時宋師與金人、偽齊相持於淮泗者半年，綱奏："兩兵相持，非出奇不足以取勝。願速遣驍將，自淮南約岳飛為掎角，夾擊之，大功可成。"

同上書卷三百六十，《列傳第一百十九·宗澤、趙鼎》

秉義郎岳飛犯法將刑，澤一見奇之，曰："此將材也。"會金人攻汜水，澤以五百騎授飛，使立功贖罪。飛大敗金人而還，遂陞飛為統制，飛由是知名。

……上問："岳飛可使否？"鼎曰："知上流利害，無如飛者。"簽樞徐俯不以為然。飛出師竟復襄陽。

劉豫遣子麟、猊分路入寇，時張俊屯盱眙，楊沂中屯泗，韓世忠屯楚，岳飛駐鄂，劉光世駐廬，沿江上下無兵，上與鼎以為憂。

同上書卷三百六十一，《列傳第一百二十·張浚》

（紹興五年）上賜浚書，謂："上流既定，則川陝、荊襄形勢接連，事力增倍，天其以中興之功付卿乎。"浚遂奏遣岳飛屯荊、襄，以圖中原。

浚以敵勢未衰，而叛臣劉豫復據中原，六年，會諸將議事江上，榜豫僭逆之罪。命韓世忠據承、楚以圖淮陽；命劉光世屯合肥以招北軍；命張俊練兵建康，進屯盱眙；命楊沂中領精兵為後翼以佐俊；命岳飛進屯襄陽以窺中原。浚渡江，遍撫淮上諸戍。時張俊軍進屯盱眙，岳飛遣兵入至蔡州，浚入覲，力請幸建康。車駕進發，浚先往江上，諜報劉豫與子猊挾金人入攻，浚奏："金人不敢悉衆而來，此必豫兵也。"邊遽不一，俊、光世皆張大敵勢，浚謂："賊豫以逆犯順，不剿除，何以為國？今日之事，有進無退。"且命楊沂中往屯濠州。劉麟逼合肥，張俊請益兵，劉光世欲退師，趙鼎及簽書折彦質欲召岳飛兵東下。御書付浚，令俊、光世、沂中等還保江。浚奏："俊等渡江，則無淮南，而長江之險與敵共矣。且岳飛一動，襄、漢有警，復何所恃乎？"詔書從之。

同上書卷三百六十三，《列傳第一百二十二·張所》

所方招來豪傑，以王彦為都統制，岳飛為準備將。而李綱已罷相。朝廷以王圭代之，所落直龍圖閣，嶺南安置。卒於貶所。子宗本，以岳飛奏補官。

同上書卷三百六十四，《列傳第一百二十三·韓世忠、子彦直》

岳飛冤獄，舉朝無敢出一語，世忠獨攖檜怒，語在《檜傳》。

……時朝廷還岳飛家貲產多在九江，歲久業數易主，吏緣為姦。彦直搜剔隱匿，盡還岳氏。……（乾道八年）進對言："頃自岳飛為帥，身居鄂渚，遙領荆襄，田師中繼之，始分鄂渚為二軍，乞復舊。"又乞追貶部曲曾誣陷岳飛者，以慰忠魂。

……論曰："……（世忠）暮年退居行都，口不言兵，部曲舊將，不與相見，蓋懲岳飛之事也。"

同上書卷三百六十五，《列傳一百二十四·岳飛、子雲》

岳飛字鵬舉，相州湯陰人。世力農。父和，能節食以濟饑者。有耕侵其地，割而與之；貰其財者不責償。飛生時，有大禽若鵠，飛鳴室上，因以為名。未彌月，河決内黄，水暴至，母姚抱飛坐甕中，衝濤及岸得免，人異之。

少負氣節，沈厚寡言，家貧力學，尤好《左氏春秋》、孫吴兵法。生有神力，未冠，挽弓三百斤，弩八石。學射於周同，盡其術，能左右射。同死，朔望設祭於其冢。父義之，曰："汝為時用，其徇國死義乎。"

宣和四年，真定宣撫劉韐募敢戰士，飛應募。相有劇賊陶俊、賈進和，飛請百騎滅之。遣卒偽為商入賊境，賊掠以充部伍。飛遣百人伏山下，自領數十騎逼賊壘。賊出戰，飛陽北，賊來追之，伏兵起，先所遣卒擒俊及進和以歸。

康王至相，飛因劉浩見，命招賊吉倩。倩以衆三百八十人降，補承信郎。以鐵騎三百往李固渡嘗敵，敗之。從浩解東京圍，與敵相持於滑南，領百騎習兵河上。敵猝至，飛麾其徒曰："敵雖衆，未知吾虚實，當及其未定擊之。"乃獨馳迎敵。有梟將舞刀而前，飛斬之，敵大敗。遷秉義郎，隸留守宗澤。戰開德、曹州皆有功。澤大奇之，曰："爾勇智才藝，古良將不能過。然好野戰，非萬全計。"因授以陣圖。飛曰："陣而後戰，兵法之常；運用之妙，存乎一心。"澤是其言。

康王即位，飛上書數千言，大略謂："陛下已登大寶，社稷有主，已足伐敵之謀，而勤王之師日集，彼方謂吾素弱，宜乘其怠擊之。黄潛善、汪伯彦輩，不能承聖意恢復，奉車駕日益南，恐不足係中原之望。臣願陛下乘敵穴未固，親率六軍北渡，則將士作氣，中原可復。"書聞，以越職奪官歸。

詣河北招討使張所，所待以國士，藉補修武郎，充中軍統領。所問曰："汝能敵幾何？"飛曰："勇不足恃，用兵在先定謀。欒枝曳柴以敗荊，莫敖採樵以致絞，皆謀定也。"所矍然曰："君殆非行伍中人。"飛因説之曰："國家都汴，恃河北以為固。苟馮據要衝，峙列重鎮，一城受圍，則諸城或撓或救，金人不能窺河南，而京師根本之地固矣。招撫誠能提兵壓境，飛唯命是從。"所大喜，借補武經郎。

命從王彦渡河，至新鄉，金兵盛，彦不敢進。飛獨引所部鏖戰，奪其纛而舞，諸軍爭奮，遂拔新鄉。翌日，戰侯兆川，身被十餘創，士皆死戰，又敗之。夜屯石門山下，或傳金兵復至，一軍皆驚。飛堅臥不動，金兵卒不來。食盡，走彦壁乞糧，彦不許。飛引兵益北，戰于太行山，擒金將拓跋耶烏。居數日，復遇敵。飛單騎持丈八鐵槍，刺殺黑風大王，敵衆敗走。飛自知與彦有隙，復歸宗澤，為留守司統制。澤卒，杜充代之，飛居故職。

二年，戰胙城，又戰黑龍潭，皆大捷。從閭勍保護陵寢，大戰汜水關，射殪金將，大破其衆。駐軍竹蘆渡，與敵相持。選精鋭三百伏前山下，令各以薪芻交縛兩束。夜半，爇四端而舉之。金人疑援兵至，驚潰。①

三年，賊黄善、曹成、孔彦舟等合衆五十萬，薄南薰門。飛所部僅八百，衆懼不敵。飛曰："吾為諸君破之。"左挾弓，右運矛，横衝其陣。賊亂，大敗之。② 又擒賊杜叔五、孫海於東明。藉補英州刺史。黄善圍陳州，飛戰于清河，擒其將孫勝、孫清，授真刺史。

杜充將還建康，飛曰："中原地尺寸不可棄，今一舉足，此地非我有，

① 同見《資治通鑒後編》卷一百六。
② 同見《資治通鑒後編》卷一百六。

他日欲復取之，非數十萬衆不可。”充不聽，遂與俱歸。師次鐵路步，遇賊張用，至六合，遇李成，與戰，皆敗之。成遣輕騎劫憲臣犒軍銀帛，飛進兵掩擊之，成奔江西。時命充守建康，金人與成合寇烏江，充閉門不出。飛泣諫請視師，充竟不出。金人遂由馬家渡渡江，充遣飛等迎戰。王瓔先遁，諸將皆潰，獨飛力戰。

會充已降金，諸將多行剽掠，惟飛軍秋毫無所犯。兀朮趨杭州，飛要擊至廣德境中，六戰皆捷。擒其將王權，俘簽軍首領四十餘。察其可用者，結以恩遣還，令夜斫營縱火。飛乘亂縱擊，大敗之。駐軍鍾村，軍無見糧，將士忍饑，不敢擾民。金所籍兵相謂曰：“此岳爺爺軍。”爭來降附。

四年，兀朮攻常州，宜興令迎飛移屯焉。盜郭吉聞飛來，遁入湖。飛遣王貴、傅慶追破之，又遣辯士馬皋、林聚盡降其衆。有張威武者不從，飛單騎入其營，斬之。避地者賴以免，圖飛像祠之。

金人再攻常州，飛四戰皆捷；尾襲於鎮江東，又捷；戰于清水亭，又大捷，橫屍十五里。兀朮趨建康，飛設伏牛頭山待之。夜，令百人黑衣混金營中擾之。金兵驚，自相攻擊。兀朮次龍灣，飛以騎三百、步兵二千馳至新城，大破之。兀朮奔淮西，遂復建康。飛奏：“建康為要害之地，宜選兵固守，仍益兵守淮，拱護腹心。”帝嘉納。兀朮歸，飛邀擊于靜安，敗之。

詔討戚方，飛以三千人營於苦嶺。方遁，俄益兵來。飛自領兵千人，戰數十合，皆捷。會張俊兵至，方遂降。范宗尹言張俊自浙西來，盛稱飛可用。遷通、泰鎮撫使兼知泰州。飛辭，乞淮南東路一重難任使，收復本路州郡，乘機漸進，使山東、河北、河東、京畿等路次第而復。

會金攻楚急，詔張俊援之。俊辭，乃遣飛行，而命劉光世出兵援飛。飛屯三墪為楚援，尋抵承州，三戰三捷，殺高太保，俘酋長七十餘人。光世等皆不敢前，飛師孤力寡，楚遂陷。詔飛還守通、泰。有旨可守即守，如不可，但於沙洲保護百姓，伺便掩擊。飛以泰無險可恃，退保柴墟，戰于南霸橋，金大敗。渡百姓於沙上①，飛以精騎二百殿，金兵不敢近。飛以泰州失守待罪。

紹興元年，張俊請飛同討李成。時成將馬進犯洪州，連營西山。飛曰：“賊貪而不慮後，若以騎兵自上流絕生米渡，出其不意，破之必矣。”飛請自為先鋒，俊大喜。飛重鎧躍馬，潛出賊右，突其陣，所部從之。進大敗，走筠州。飛抵城東，賊出城，佈陣十五里，飛設伏，以紅羅為幟，上刺

① 自“三战三捷”同見《资治通鉴后编》卷一百八。

"岳"字，選騎二百隨幟而前。賊易其少，薄之，伏發，賊敗走。飛使人呼曰："不從賊者坐，吾不汝殺。"坐而降者八萬餘人。進以餘卒奔成於南康。飛夜引兵至朱家山，又斬其將趙萬。成聞進敗，自引兵十餘萬來。飛與遇於樓子莊，大破成軍，追斬進。成走蘄州，降僞齊。

張用寇江西，用亦相人。飛以書諭之曰："吾與汝同里，南薰門、鐵路步之戰，皆汝所悉。今吾在此，欲戰則出，不戰則降。"用得書曰："果吾父也。"遂降。

江、淮平，俊奏飛功第一，加神武右軍副統制，留洪州，彈壓盜賊，授親衛大夫、建州觀察使。建寇范汝為陷邵武，江西安撫李回檄飛分兵保建昌軍及撫州，飛遣人以"岳"字幟植城門，賊望見，相戒勿犯。賊黨姚達、饒青逼建昌，飛遣王萬、徐慶討擒之。升神武副軍都統制。

二年，賊曹成擁衆十餘萬，由江西歷湖湘，據道、賀二州。命飛權知潭州，兼權荊湖東路安撫都總管，付金字牌、黄旗招成。成聞飛將至，驚曰："岳家軍來矣。"即分道而遁。飛至茶陵，奉詔招之，成不從。飛奏："比年多命招安，故盜力強則肆暴，力屈則就招，苟不略加剿除，蠭起之衆未可遽殄。"許之。飛入賀州境，得成諜者，縛之帳下。飛出帳調兵食，吏曰："糧盡矣，奈何?"飛陽曰："姑反茶陵。"已而顧諜若失意狀，頓足而入，陰令逸之。諜歸告成，成大喜，期翌日來追。飛命士蓐食，潛趨遶嶺，未明，已至太平場，破其砦。成據險拒飛，飛麾兵掩擊，賊大潰。成走據北藏嶺、上梧關，遣將迎戰，飛不陣而鼓，士爭奮，奪二隘據之。成又自桂嶺置砦至北藏嶺，連控隘道，親以衆十餘萬守蓬頭嶺。飛部才八千，一鼓登嶺，破其衆，成奔連州。飛謂張憲等曰："成黨散去，追而殺之，則脅從者可憫，縱之則復聚為盜。今遣若等誅其酋而撫其衆，慎勿妄殺，累主上保民之仁。"於是憲自賀、連，徐慶自邵、道，王貴自郴、桂，招降者二萬，與飛會連州。進兵追成，成走宣撫司降。時以盛夏行師瘴地，撫循有方，士無一人死癘者，嶺表平。授武安軍承宣使，屯江州。甫入境，安撫李回檄飛捕劇賊馬友、郝通、劉忠、李通、李宗亮、張式，皆平之。

三年春，召赴行在。江西宣諭劉大中奏："飛兵有紀律，人恃以安，今赴行在，恐盜復起。"不果行。時虔、吉盜連兵寇掠循、梅、廣、惠、英、韶、南雄、南安、建昌、汀、邵武諸郡，帝乃專命飛平之。飛至虔州，固石洞賊彭友悉衆至雩都迎戰，躍馬馳突。飛麾兵即馬上擒之。餘酋退保固石洞。洞高峻環水，止一徑可入。飛列騎山下，令皆持滿。黎明，遣死士疾馳登山，賊衆亂，棄山而下。騎兵圍之。賊呼丐命，飛令勿殺，受其降。授徐慶等方略，捕諸郡餘賊，皆破降之。初，以隆祐震驚之故，密旨令飛屠虔城。飛請誅首惡而赦脅從，不許。請至三四，帝乃曲赦。人感其德，繪像祠之。餘寇高聚、張成犯袁州，飛遣王貴平之。

秋，入見，帝手書“精忠岳飛”字，製旗以賜之。授鎮南軍承宣使、江南西路沿江制置使，又改神武後軍都統制，仍制置使，李山、吳全、吳錫、李横、牛皋皆隸焉。

偽齊遣李成挾金人入侵，破襄陽、唐、鄧、隨、郢諸州及信陽軍。湖寇楊幺亦與偽齊通，欲順流而下，李成又欲自江西陸行，趨兩浙與幺會。帝命飛為之備。

四年，除兼荊南、鄂岳州制置使。飛奏：“襄陽等六郡為恢復中原基本，今當先取六郡，以除心膂之病。李成遠遁，然後加兵湖湘，以殄群盜。”帝以諭趙鼎，鼎曰：“知上流利害，無如飛者。”遂授黄、復州、漢陽軍、德安府制置使。飛渡江中流，顧幕屬曰：“飛不擒賊，不涉此江。”抵郢州城下，偽將京超號“萬人敵”，乘城拒飛。飛鼓衆而登，超投崖死，復郢州。遣張憲、徐慶復隨州。飛趣襄陽，李成迎戰，左臨襄江，飛笑曰：“步兵利險阻，騎兵利平曠。成左列騎江岸，右列步平地，雖衆十萬何能為。”舉鞭指王貴曰：“爾以長槍步卒擊其騎兵。”指牛皋曰：“爾以騎兵擊其步卒。”合戰，馬應槍而斃，後騎皆擁入江，步卒死者無數。成夜遁，復襄陽。劉豫益成兵屯新野，飛與王萬夾擊之，連破其衆。

飛奏：“金賊所愛惟子女金帛，志已驕惰；劉豫僭偽，人心終不忘宋。如以精兵二十萬，直擣中原，恢復故疆，誠易為力。襄陽、隨、郢地皆膏腴，苟行營田，其利為厚。臣候糧足，即過江北剿戮敵兵。”時方重深入之舉，而營田之議自是興矣。

進兵鄧州，成與金將劉合孛堇列砦拒飛。飛遣王貴、張憲掩擊，賊衆大潰，劉合孛堇僅以身免。賊黨高仲退保鄧城。飛引兵一鼓拔之，擒高仲，復鄧州。帝聞之，喜曰：“朕素聞岳飛行軍有紀律，未知能破敵如此。”又復唐州、信陽軍。

襄漢平，飛辭制置使，乞委重臣經畫荊襄，不許。趙鼎奏：“湖北鄂、岳，最為上流要害，乞令飛屯鄂、岳，不惟江西藉其聲勢，湖、廣、江、浙亦獲安妥。”乃以隨、郢、唐、鄧、信陽並為襄陽府路隸飛，飛移屯鄂，授清遠軍節度使、湖北路荊、襄、潭州制置使，封武昌縣開國子。

兀朮、劉豫合兵圍廬州，帝手札命飛解圍，提兵趨廬，偽齊已驅甲騎五千逼城。飛張“岳”字旗與“精忠”旗，金兵一戰而潰，廬州平。飛奏：

“襄陽等六郡人戶闕牛、糧，乞量給官錢，免官私逋負，州縣官以招集流亡為殿最。”

五年，入覲，封母國夫人，授飛鎮寧、崇信軍節度使，湖北路、荆、襄、潭州制置使，進封武昌郡開國侯，又除荆湖南、北、襄陽路制置使，神武後軍都統制，命招捕楊幺。飛所部皆西北人，不習水戰，飛曰：“兵何常，顧用之何如耳。”先遣使招諭之。賊黨黄佐曰：“岳節使號令如山，若與之敵，萬無生理，不如往降。節使誠信，必善遇我。”遂降。飛表授佐武義大夫，單騎按其部，拊佐背曰：“子知逆順者。果能立功，封侯豈足道？欲復遣子至湖中，視其可乘者擒之，可勸者招之，如何？”佐感泣，誓以死報。時張浚以都督軍事至潭，參政席益與浚語，疑飛玩寇，欲以聞。浚曰：“岳侯，忠孝人也，兵有深機，胡可易言？”益慚而止。黄佐襲周倫砦，殺倫，擒其統制陳貴等。飛上其功，遷武功大夫。統制任士安不稟王𤫊令，軍以此無功。飛鞭士安使餌賊，曰：“三日賊不平，斬汝。”士安宣言：“岳太尉兵二十萬至矣。”賊見止士安軍，併力攻之。飛設伏，士安戰急，伏四起擊賊，賊走。會召浚還防秋，飛袖小圖示浚，浚欲俟來年議之。飛曰：“已有定畫，都督能少留，不八日可破賊。”浚曰：“何言之易？”飛曰：“王四廂以王師攻水寇則難，飛以水寇攻水寇則易。水戰我短彼長，以所短攻所長，所以難。若因敵將用敵兵，奪其手足之助，離其腹心之托，使孤立，而後以王師乘之，八日之內，當俘諸酋。”浚許之。飛遂如鼎州。黄佐招楊欽來降，飛喜曰：“楊欽驍悍，既降，賊腹心潰矣。”表授欽武義大夫，禮遇甚厚，乃復遣歸湖中。兩日，欽說余端、劉詵來降，飛詭罵欽曰：“賊不盡降，何來也？”杖之，復令入湖。是夜，掩賊營，降其衆數萬。幺負固不服，方浮舟湖中，以輪激水，其行如飛，旁置撞竿，官舟迎之輒碎。飛伐君山木為巨筏，塞諸港汊，又以腐木亂草浮上流而下，擇水淺處，遣善罵者挑之，且行且罵。賊怒來追，則草木壅積，舟輪礙不行。飛亟遣兵擊之，賊奔港中，為筏所拒。官軍乘筏，張牛革以蔽矢石，舉巨木撞其舟，盡壞。幺投水，牛皋擒斬之。飛入賊壘，餘酋驚曰：“何神也！”俱降。飛親行諸砦慰撫之，縱老弱歸田，籍少壯為軍，果八日而賊平。浚嘆曰：“岳侯神算也。”初，賊恃其險曰：“欲犯我者，除是飛來。”至是，人以其言為讖。① 獲賊舟千餘，鄂渚水軍為沿江之冠。詔兼蘄、黄制置使，飛以目疾乞辭軍事，不許，加檢校少保，進封公。還軍鄂州，除荊湖南北、襄陽路招討使。

---

① 同見《資治通鑒後編》卷一百十。

六年，太行山忠義社梁興等百餘人，慕飛義率衆來歸。飛入覲，面陳："襄陽自收復後未置監司，州縣無以按察。"帝從之，以李若虛為京西南路提舉兼轉運、提刑，又令湖北、襄陽府路自知州、通判以下賢否，許飛得自黜陟。

張浚至江上會諸大帥，獨稱飛與韓世忠可倚大事，命飛屯襄陽，以窺中原，曰："此君素志也。"飛移軍京西，改武勝、定國軍節度使，除宣撫副使，置司襄陽。命往武昌調軍。居母憂，降制起復，飛扶櫬還廬山，連表乞終喪，不許，累詔趣起，乃就軍。又命宣撫河東，節制河北路。首遣王貴等攻虢州，下之，獲糧十五萬石，降其衆數萬。張浚曰："飛措畫甚大，令已至伊、洛，則太行一帶山砦，必有應者。"飛遣楊再興進兵至長水縣，再戰皆捷，中原響應。又遣人焚蔡州糧。

九月，劉豫遣子麟、姪猊分道寇淮西，劉光世欲舍廬州，張俊欲棄盱眙，同奏召飛以兵東下，欲使飛當其鋒，而己得退保。張浚謂："岳飛一動，則襄漢何所制？"力沮其議。帝慮俊、光世不足任，命飛東下。飛自破曹成、平楊幺，凡六年，皆盛夏行師，致目疾，至是，甚；聞詔即日啓行，未至，麟敗。飛奏至，帝語趙鼎曰："劉麟敗北不足喜，諸將知尊朝廷為可喜。"遂賜札，言："敵兵已去淮，卿不須進發。其或襄、鄧、陳、蔡有機可乘，從長措置。"飛乃還軍。[①] 時僞齊屯兵窺唐州，飛遣王貴、董先等攻破之，焚其營。奏圖蔡以取中原，不許。飛召貴等還。

七年，入見，帝從容問曰："卿得良馬否？"飛曰："臣有二馬，日啖芻豆數斗，飲泉一斛，然非精潔則不受。介而馳，初不甚疾，比行百里始奮迅。自午至酉，猶可二百里。褫鞍甲而不息不汗，若無事然。此其受大而不苟取，力裕而不求逞，致遠之材也。不幸相繼以死。今所乘者，日不過數升，而秣不擇粟，飲不擇泉，攬轡未安，踊躍疾驅，甫百里，力竭汗喘，殆欲斃然。此其寡取易盈，好逞易窮，駑鈍之材也。"帝稱善，曰："卿今議論極進。"拜太尉，繼除宣撫使，兼營田大使。從幸建康，以王德、酈瓊兵隸飛，詔諭德等曰："聽飛號令，如朕親行。"

飛數見帝，論恢復之略。又手疏言："金人所以立劉豫於河南[②]，蓋欲荼毒中原，以中國攻中國，粘罕因得休兵觀釁。臣欲陛下假臣月日，便則提兵趨京、洛，據河陽、陝府、潼關，以號召五路叛將。叛將既還，遣王師前

---

① 自"飛自破曹成、平楊幺"，同見《資治通鑒後編》卷一百十一。

② 河南原作江南。刘豫伪齐都汴梁，河南为是。

進，彼必棄汴而走河北，京畿、陜右可以盡復。然後分兵濬、滑，經略兩河，如此則劉豫成擒，金人可滅。社稷長久之計，實在此舉。”帝答曰：“有臣如此，顧復何憂，進止之機，朕不中制。”又召至寢閣，命之曰：“中興之事，一以委卿。”命節制光州。

飛方圖大舉，會秦檜主和，遂不以德、瓊兵隸飛。詔詣都督府與張浚議事，浚謂飛曰：“王德淮西軍所服，浚欲以為都統，而命吕祉以督府參謀領之，如何？”飛曰：“德與瓊素不相下，一旦握之在上，則必爭。吕尚書不習軍旅，恐不足服衆。”浚曰：“張宣撫如何？”飛曰：“暴而寡謀，尤瓊所不服。”浚曰：“然則楊沂中爾？”飛曰：“沂中視德等爾，豈能馭此軍？”浚艴然曰：“浚固知非太尉不可。”飛曰：“都督以正問飛，不敢不盡其愚，豈以得兵為念耶？”即日上章，乞解兵柄，終喪服。以張憲攝軍事，步歸，廬母墓側。浚怒，奏以張宗元為宣撫判官，監其軍。

帝累詔趣飛還職，飛力辭。詔幕屬造廬以死請，凡六日。飛趨朝待罪，帝慰遣之。宗元還言：“將和士鋭，人懷忠孝，皆飛訓養所致。”帝大悦。飛奏：“比者寢閣之命，咸謂聖斷已堅，何至今尚未決？臣願提兵進討，順天道，因人心，以曲直為老壯，以逆順為強弱，萬全之效可必。”又奏：“錢塘僻在海隅，非用武地。願陛下建都上游，用漢光武故事，親率六軍，往來督戰。庶將士知聖意所向，人人用命。”未報而酈瓊叛，浚始悔。飛復奏：“願進屯淮甸，伺便擊瓊，期於破滅。”不許，詔駐師江州，為淮、浙援。

飛知劉豫結粘罕，而兀朮惡劉豫，可以間而動。會軍中得兀朮諜者，飛陽責之曰：“汝非吾軍中人張斌耶？吾向遣汝至齊，約誘至四太子。汝往不復來。吾繼遣人問，齊已許我，今冬以會合寇江為名，致四太子于清河。汝所持書竟不至，何背我耶？”諜冀緩死，即詭服。乃作蠟書，言與劉豫同謀誅兀朮事，因謂諜曰：“吾今貸汝。”復遣至齊，問舉兵期，刲股納書，戒勿泄。諜歸，以書示兀朮，兀朮大驚，馳白其主，遂廢豫。飛奏：“宜乘廢豫之際，擣其不備，長驅以取中原。”不報。

八年，還軍鄂州。王庶視師江、淮，飛與庶書：“今歲若不舉兵，當納節請閑。”庶甚壯之。秋，召赴行在，命詣資善堂見皇太子。飛退而喜曰：“社稷得人矣，中興基業，其在是乎？”會金遣使將歸河南地，飛言：“金人不可信，和好不可恃，相臣謀國不臧，恐貽後世譏。”檜銜之。

九年，以復河南，大赦。飛表謝，寓和議不便之意，有“唾手燕雲，復讎報國”之語。授開府儀同三司，飛力辭，謂：“今日之事，可危而不可安，可憂而不可賀，可訓兵飭士，謹備不虞，而不可論功行賞，取笑敵人。”三詔不受。帝溫言獎諭，乃受。會遣士㒟謁諸陵，飛請以輕騎從灑埽，實欲觀釁以伐謀。又奏：“金人無事請和，此必有肘腋之虞，名以地歸我，實寄之也。”檜白帝，止其行。

十年，金人攻拱、亳，劉錡告急，命飛馳援，飛遣張憲、姚政赴之。帝賜札曰：“設施之方，一以委卿，朕不遙度。”飛乃遣王貴、牛皋、董先、楊再興、孟邦傑、李寶等，分佈經略西京、汝、鄭、潁昌、陳、曹、光、蔡諸郡，又命梁興渡河，糾合忠義社，取河東、北州縣。又遣兵東援劉錡，西援郭浩，自以其軍長驅以闞中原。將發，密奏言：“先正國本以安人心，然後不常厥居，以示無忘復讎之意。”帝得奏，大褒其忠，授少保，河南府路、陝西、河東北路招討使，尋改河南、北諸路招討使。① 未幾，所遣諸將相繼奏捷。大軍在潁昌，諸將分道出戰，飛自以輕騎駐郾城，兵勢甚銳。兀朮大懼，會龍虎大王議，以為諸帥易與，獨飛不可當，欲誘致其師，併力一戰。中外聞之，大懼，詔飛審處自固。飛曰：“金人伎窮矣。”乃日出挑戰，且罵之。兀朮怒，合龍虎大王、蓋天大王與韓常之兵逼郾城。飛遣子雲領騎兵直貫其陣，戒之曰：“不勝，先斬汝！”鏖戰數十合，賊屍佈野。初，兀朮有勁軍，皆重鎧，貫以韋索，三人為聯，號“拐子馬”，官軍不能當。是役也，以萬五千騎來，飛戒步卒以麻札刀入陣，勿仰視，第斫馬足。拐子馬相連，一馬仆，二馬不能行，官軍奮擊，遂大敗之。兀朮大慟曰：“自海上起兵，皆以此勝，今已矣！”兀朮益兵來，部將王剛以五十騎覘敵，遇之，奮斬其將。飛時出視戰地，望見黃塵蔽天，自以四十騎突戰，敗之。②

方郾城再捷，飛謂雲曰：“賊屢敗，必還攻潁昌，汝宜速援王貴。”既而兀朮果至，貴將遊奕，雲將背嵬，戰于城西。雲以騎兵八百挺前決戰，步軍張左右翼繼之，殺兀朮婿夏金吾、副統軍粘罕索堇，兀朮遁去。

梁興會太行忠義及兩河豪傑等，累戰皆捷，中原大震。飛奏：“興等過河，人心願歸朝廷。金兵累敗，兀朮等皆令老少北去，正中興之機。”飛進軍朱仙鎮，距汴京四十五里，與兀朮對壘而陣，遣驍將以背嵬騎五百奮擊，大破之，兀朮遁還汴京。飛檄陵臺令行視諸陵，葺治之。

先是，紹興五年，飛遣梁興等佈德意，招結兩河豪傑，山砦韋銓、孫謀等斂兵固堡，以待王師，李通、胡清、李寶、李興、張恩、孫琪等舉衆來

① 同見《資治通鑒後編》卷一百十四。

② 自“大軍在潁昌”，同見《資治通鑒後編》卷一百十四。

歸。金人動息，山川險要，一時皆得其實。盡磁、相、開、德、澤、潞、晉、絳、汾、隰之境，皆期日興兵，與官軍會。其所揭旗以“岳”為號，父老百姓爭挽車牽牛，載糗糧以餽義軍。頂盆焚香迎候者，充滿道路。自燕以南，金號令不行，兀朮欲簽軍以抗飛，河北無一人從者，乃嘆曰：“自我起北方以來，未有如今日之挫衂。”金帥烏陵思謀素號桀黠，亦不能制其下，但諭之曰：“毋輕動，俟岳家軍來即降。”金統制王鎮，統領崔慶，將官李覬、崔虎、華旺等皆率所部降，以至禁衛龍虎大王下忔查千戶高勇之屬，皆密受飛旗榜，自北方來降。金將軍韓常欲以五萬衆內附。飛大喜，語其下曰：“直抵黃龍府，與諸君痛飲爾！”方指日渡河，而檜欲畫淮以北棄之，風臺臣請班師。飛奏：“金人鋭氣沮喪，盡棄輜重，疾走渡河，豪傑向風，士卒用命，時不再來，機難輕失。”檜知飛志鋭不可回，乃先請張俊、楊沂中等歸，而後言飛孤軍不可久留，乞令班師。一日奉十二金字牌，飛憤惋泣下，東向再拜，曰：“十年之力，廢於一旦。”飛班師，民遮馬慟哭，訴曰：“我等戴香盆、運糧草以迎官軍，金人悉知之。相公去，我輩無噍類矣。”飛亦悲泣，取詔示之曰：“吾不得擅留。”哭聲震野，飛留五日以待其徙。從而南者如市，亟奏以漢上六郡閒田處之。方兀朮棄汴去，有書生叩馬曰：“太子毋走，岳少保且退矣。”兀朮曰：“岳少保以五百騎破吾十萬，京城日夜望其來，何謂可守？”生曰：“自古未有權臣在內，而大將能立功於外者，岳少保且不免，況欲成功乎？”兀朮悟，遂留。飛既歸，所得州縣，旋復失之。飛力請解兵柄，不許，自廬入覲，帝問之，飛拜謝而已。[①]

十一年，諜報金分道渡淮，飛請合諸帥之兵破敵。兀朮、韓常與龍虎大王疾驅至廬，帝趣飛應援，凡十七札。飛策金人舉國南來，巢穴必虛，若長驅京、洛以擣之，彼必奔命，可坐而敝。時飛方苦寒嗽，力疾而行。又恐帝急於退敵，乃奏：“臣如擣虛，勢必得利，若以為敵方在近，未暇遠圖，欲乞親至蘄、黃，以議攻卻。”帝得奏大喜，賜札曰：“卿苦寒疾，乃為朕行，國爾忘身，誰如卿者？”師至廬州，金兵望風而遁。飛還兵于舒以俟命。[②]帝又賜札，以飛小心恭謹、不專進退為得體。兀朮破濠州，張俊駐軍黃連鎮，不敢進，楊沂中遇伏而敗，帝命飛救之。金人聞飛至，又遁。

時和議既決，檜患飛異己，乃密奏召三大將論功行賞。韓世忠、張俊已至，飛獨後，檜又用參政王次翁計，俟之六七日。既至，授樞密副使，位參

---

① 同見《資治通鑒後編》卷一百十四。

② 同見《資治通鑒後編》卷一百十四，並云是时“三月辛亥”。

知政事上。飛固請還兵柄。五月，詔同俊往楚州措置邊防，總韓世忠軍還駐鎮江。

初，飛在諸將中年最少，以列校拔起，累立顯功，世忠、俊不能平，飛屈己下之，幕中輕鋭教飛勿苦降意。金人攻淮西，俊分地也，俊始不敢行，師卒無功。飛聞命即行，遂解廬州圍。帝授飛兩鎮節，俊益恥。楊幺平，飛獻俊、世忠樓船各一，兵械畢備。世忠大悦，俊反忌之。淮西之役，俊以前途糧乏訹飛，飛不為止，帝賜札褒諭，有曰："轉餉艱阻，卿不復顧。"俊疑飛漏言，還朝，反倡言飛逗遛不進，以乏餉為辭。至視世忠軍，俊知世忠忤檜，欲與飛分其背嵬軍，飛義不肯，俊大不悦。及同行楚州城，俊欲修城為備，飛曰："當戮力以圖恢復，豈可為退保計?"俊變色。會世忠軍吏景著與總領胡紡言："二樞密若分世忠軍，恐至生事。"紡上之朝，檜捕著下大理寺，將以扇搖誣世忠。飛馳書告以檜意，世忠見帝自明。俊於是大憾飛，遂倡言飛議棄山陽，且密以飛報世忠事告檜，檜大怒。①

初，檜逐趙鼎，飛每對客嘆息，又以恢復為己任，不肯附和議。讀檜奏，至"德無常師，主善為師"之語，惡其欺罔，恚曰："君臣大倫，根於天性，大臣而忍面謾其主耶!"兀朮遺檜書曰："汝朝夕以和請，而岳飛方為河北圖。必殺飛，始可和。"檜亦以飛不死，終梗和議，己必及禍，故力謀殺之。以諫議大夫万俟卨與飛有怨，風卨劾飛，又風中丞何鑄、侍御史羅汝楫交章彈論，大率謂："今春金人攻淮西，飛略至舒、蘄而不進，比與俊按兵淮上，又欲棄山陽而不守。"飛累章請罷樞柄，尋還兩鎮節，充萬壽觀使、奉朝請。檜志未伸也，又諭張俊令劫王貴，誘王俊誣告張憲謀還飛兵。②

檜遣使捕飛父子證張憲事。使者至，飛笑曰："皇天后土，可表此心。"初命何鑄鞫之，飛裂裳以背示鑄，有"盡忠報國"四大字，深入膚理。既而閲實無左驗，鑄明其無辜。改命万俟卨。卨誣：飛與憲書，令虛申探報以動朝廷。雲與憲書，令措置使飛還軍。且言其書已焚。

飛坐係兩月，無可證者。或教卨以臺章所指淮西事為言，卨喜白檜，簿錄飛家，取當時御札藏之以滅跡。又逼孫革等證飛受詔逗遛，命評事元龜年取行軍時日雜定之，傅會其獄。歲暮，獄不成，檜手書小紙付獄，即報飛死，時年三十九。雲棄市。籍家貲，徙家嶺南。幕屬于鵬等從坐者六人。

---

① 同見《资治通鉴后编》卷一百十四。

② 自"又以恢復為己任"始，同見《資治通鑒後編》卷一百十四。

初，飛在獄，大理寺丞李若樸、何彥猷，大理卿薛仁輔並言飛無罪，卨俱劾去。宗正卿士？請以百口保飛，卨亦劾之，竄死建州。佈衣劉允升上書訟飛冤，下棘寺以死。凡傅成其獄者，皆遷轉有差。

獄之將上也，韓世忠不平，詣檜詰其實，檜曰："飛子雲與張憲書雖不明，其事體莫須有。"世忠曰："'莫須有'三字，何以服天下？"時洪皓在金國中，蠟書馳奏，以為金人所畏服者惟飛，至以父呼之，諸酋聞其死，酌酒相賀。

飛至孝，母留河北，遣人求訪，迎歸。母有痼疾，藥餌必親。母卒，水漿不入口者三日。家無姬侍。吳玠素服飛，願與交驩，飾名姝遺之。飛曰："主上宵旰，豈大將安樂時？"卻不受，玠益敬服。少豪飲，帝戒之曰："卿異時到河朔，乃可飲。"遂絕不飲。帝初為飛營第，飛辭曰："敵未滅，何以家為？"或問天下何時太平，飛曰："文臣不愛錢，武臣不惜死，天下太平矣。"

師每休舍，課將士注坡跳壕，皆重鎧習之。子雲嘗習注坡，馬躓，怒而鞭之。卒有取民麻一縷以束芻者，立斬以徇。卒夜宿，民開門願納，無敢入者。軍號"凍死不拆屋，餓死不虜掠"。卒有疾，躬為調藥；諸將遠戍，遣妻問勞其家；死事者哭之而育其孤，或以子婚其女。凡有頒犒，均給軍吏，秋毫不私。

善以少擊衆。欲有所舉，盡召諸統制與謀，謀定而後戰，故有勝無敗。猝遇敵不動，故敵為之語曰："撼山易，撼岳家軍難。"張俊嘗問用兵之術，曰："仁、智、信、勇、嚴，闕一不可。"調軍食，必蹙額曰："東南民力，耗敝極矣。"荊湖平，募民營田，又為屯田，歲省漕運之半。帝手書曹操、諸葛亮、羊祜三事賜之。飛跋其後，獨指操為姦賊而鄙之，尤檜所惡也。

張所死，飛感舊恩，鞠其子宗本，奏以官。李寶自楚來歸，韓世忠留之，寶痛哭願歸飛，世忠以書來諗，飛復曰："均為國家，何分彼此？"世忠嘆服。襄陽之役，詔光世為援，六郡既復，光世始至，飛奏先賞光世軍。好賢禮士，覽經史，雅歌投壺，恂恂如書生。每辭官，必曰："將士效力，飛何功之有？"然忠憤激烈，議論持正，不挫於人，卒以此得禍。

檜死，議復飛官。万俟卨謂金方願和，一旦錄故將，疑天下心，不可。及紹興末，金益猖獗，太學生程宏圖上書訟飛冤，詔飛家自便。初，檜惡岳州同飛姓，改為純州，至是仍舊。中丞汪澈宣撫荊、襄，故部曲合辭訟之，哭聲雷震。孝宗詔復飛官，以禮改葬，賜錢百萬，求其後悉官之。建廟於鄂，號忠烈。淳熙六年，謚武穆。嘉定四年，追封鄂王。

五子：雲、雷、霖、震、霆。

雲，飛養子。年十二，從張憲戰，多得其力，軍中呼曰“贏官人”。飛征伐，未嘗不與。數立奇功，飛輒隱之。每戰，以手握兩鐵椎，重八十斤，先諸軍登城。攻下隨州，又攻破鄧州，襄漢平，功在第一，飛不言。逾年，銓曹辯之，始遷武翼郎。楊幺平，功亦第一，又不上。張浚廉得其實，曰：“岳侯避寵榮，廉則廉矣，未得為公也。”奏乞推異數，飛力辭不受。嘗以特旨遷三資，飛辭曰：“士卒冒矢石立奇功，始沾一級，男雲遽躐崇資，何以服衆？”累表不受。潁昌大戰，無慮十數，出入行陣，體被百餘創，甲裳為赤。以功遷忠州防禦使，飛又辭；命帶御器械，飛又力辭之。終左武大夫、提舉醴泉觀。死年二十三。孝宗初，與飛同復元官，以禮祔葬，贈安遠軍承宣使。

雷，忠訓郎、閤門祇候，贈武略郎。霖，朝散大夫、敷文閣待制，贈太中大夫。初，飛下獄，檜令親黨王會搜其家，得御札數篋，束之左藏南庫。霖請於孝宗，還之。霖子珂，以淮西十五御札辯驗彙次，凡出師應援之先後皆可考。嘉定間，為《籲天辯誣集》五卷、《天定錄》二卷上之。震，朝奉大夫、提舉江南東路茶鹽公事。霆，修武郎、閤門祇候。

論曰：西漢而下，若韓、彭、絳、灌之為將，代不乏人，求其文武全器、仁智並施，如宋岳飛者，一代豈多見哉。史稱關雲長通《春秋左氏》學，然未嘗見其文章。飛北伐，軍至汴梁之朱仙鎮，有詔班師。飛自為表答詔，忠義之言，流出肺腑，真有諸葛孔明之風，而卒死於秦檜之手。蓋飛與檜勢不兩立，使飛得志，則金讎可復，宋恥可雪；檜得志，則飛有死而已。昔劉宋殺檀道濟，道濟下獄，嗔目曰：“自壞汝萬里長城！”高宗忍自棄其中原，故忍殺飛，嗚呼冤哉！嗚呼冤哉！

同上書卷三百六十六，《列傳第一百二十五・劉錡》

（紹興十年）時洪皓在燕密奏：“順昌之捷，金人震恐喪魄。燕之重寶珍器，悉徙而北，意欲捐燕以南棄之。”故議者謂是時諸將協心，分路追討，則兀朮可擒，汴京可復；而王師亟還，自失機會，良可惜也……七月，命為淮北宣撫判官，副楊沂中，破敵兵於太康縣。未幾，秦檜請令沂中還師鎮江，錡還太平州，岳飛以兵赴行在，出師之謀寢矣。

已皆班師，俊、沂中還朝，每言岳飛不赴援，而錡戰不力。秦檜主其說，遂罷宣撫判官，命知荊南府。岳飛奏留錡掌兵，不許。

同上書卷三百六十八，《列傳一百二十七・王彥、張憲、楊再興、牛皋、胡閎休》

金人攻汴京，彥慨然棄家赴闕，求自試討賊。時張所為河北招撫使，異其才，擢為都統制。使率裨將張翼、白安民、岳飛等十一將，部七千人渡河，與金人戰，敗之，復衛州新鄉縣，傳檄諸郡。（紹興）六年二月，知襄陽府、京西南路安撫使，彥以岳飛嫌辭。

……

張憲，飛愛將也。飛破曹成，憲與徐慶、王貴招降其黨二萬。

飛遣憲復隨州，敵將王嵩不戰而遁。

會秦檜主和，命飛班師，憲亦還。未幾，檜與張俊謀殺飛，密誘飛部曲，以能告飛事者，寵以優賞，卒無人應。聞飛嘗欲斬王貴，又杖之，誘貴告飛。貴不肯，曰："為大將寧免以賞罰用人，苟以為怨，將不勝其怨。"檜、俊不能屈，俊劫貴以私事，貴懼而從。時又有王俊者，善告訐，號"鵰兒"，以姦貪屢為憲所裁。檜使人諭之，俊輒從。檜、俊謀以憲、貴、俊皆飛將，使其徒自相攻發，因及飛父子，庶主上不疑。俊自為狀付王俊，妄言憲謀還飛兵，令告王貴，使貴執憲。憲未至，俊預為獄以待之。屬吏王應求白張俊，以為密院無推勘法。俊不聽，親行鞫煉，使憲自誣，謂得雲書，命憲營還兵計。憲被掠無全膚，竟不伏。俊手自具獄成，告檜械憲至行在，下大理寺。①

檜奏召飛父子證憲事。帝曰："刑所以止亂，勿妄追證，動揺人心。"檜矯詔召飛父子至。万俟卨誣飛使于鵬、孫革致書憲、貴，令虛申警報以動朝廷，雲與憲書規還飛軍。其書皆無有，乃妄稱憲、貴已焚之矣，但以衆證具獄。語在《飛傳》。

……

楊再興，賊曹成將也。紹興二年，岳飛破成，入莫邪關。第五將韓順夫解鞍脱甲，以所虜婦人佐酒。再興率衆直入其營，官軍卻，殺順夫，又殺飛弟翻。成敗，再興走躍入澗，張憲欲殺之。再興曰："願執我見岳公。"遂受縛。飛見再興，奇其貌，釋之，曰："吾不汝殺，汝當以忠義報國。"再興拜謝。

飛屯襄陽以圖中原，遣再興至西京長水縣之業陽，殺孫都統及統制滿

① 同見《資治通鑒後編》卷一百十四，且云"九月，秦檜以岳飛屢言和議失計，且嘗奏請定國本，俱與檜大異，必欲殺之"。

在，斬五百餘人，俘將吏百人，餘黨奔潰。明日，再戰於孫洪澗，破其衆二千，復長水，得糧二萬石以給軍民，盡復西京險要。又得偽齊所留馬萬匹、芻粟數十萬。中原響應。復至蔡州，焚賊糧。

飛敗金人於郾城。兀朮怒，合龍虎大王、蓋天大王及韓常兵逼之。飛遣子雲當敵，鏖戰數十合，敵不支。再興以單騎入其軍，擒兀朮不獲，手殺數百人而還。兀朮憤甚，併力復來，頓兵十二萬於臨穎。再興以三百騎遇敵於小商橋，驟與之戰，殺二千餘人，及萬戶撒八孛堇、千戶百人。再興戰死，後獲其屍，焚之，得箭鏃二升。

……

會岳飛制置江西、湖北，將由襄、漢規中原，命皋隸飛軍。飛喜甚，即辟為唐、鄧、襄、郢州安撫使，尋改神武後軍中部統領。偽齊使李成合金人入寇，破襄陽六郡。敵將王嵩在随州，飛遣皋行，裹三日糧。糧未盡，城已拔，執嵩斬之，得卒五千，遂復随州。李成在襄陽，飛遣皋以騎兵擊破之，復襄陽。

金人攻淮西，飛遣皋渡江，自提兵與皋會。時偽齊驅甲騎五千薄廬州，皋遙謂金將曰："牛皋在此，爾輩胡為見犯?"衆皆愕然，不戰而潰。飛謂皋曰："必追之，去而復來，無益也。"皋追擊三十餘里，金人相踐及殺死者相半，斬其副都統及千戶五人，百戶數十人，軍聲大振。廬州平，進中侍大夫。從平楊幺，破之。幺技窮，舉鍾子儀投於水，繼乃自仆。皋投水擒幺，飛斬首，函送都督行府。除武泰軍承宣使，改行營護聖中軍統制，尋充湖北、京西宣撫司左軍統制，加龍神衛四廂都指揮使。

金人渝盟，飛命皋出師戰汴、許間。以功最，除捧日天武四廂都指揮使、成德軍承宣使，樞密行府以皋兼提舉一行事務。宣撫司罷，改鄂州駐劄御前左軍統制，升真定府路馬步軍副統總管，轉寧國軍承宣使、荆湖南路馬步軍副總管。

初，檜主和。未幾，金渝盟入侵，帝手札賜飛從便措置。飛乃命皋及王貴、董先、楊再興、孟邦傑、李寶等經略東西京、汝、鄭、潁、陳、曹、光蔡諸郡；又遣梁興渡河，糾合忠義社取河東、北州縣。未幾，李寶捷於曹州，捷於宛亭，捷於渤海廟；董先、姚政捷於穎昌；劉政捷於中牟。張憲復穎昌、淮寧府；王貴之將楊成復鄭州；張應、韓清復西京。皋及傅選捷於京西，捷於黃河上。孟邦傑復永安軍，其將楊遇復南城軍，又與劉政捷於西京。梁興捷太行忠義及兩河豪傑趙雲、李進、董榮、牛顯、張峪等，破金人於垣曲，又捷於心水，追至孟州之邵原，金張太保、成太保等以所部降，又破金高太尉兵於濟源。喬握堅等復趙州，李興捷於河南府，捷於永安軍。梁興在河北，取懷、衛二州，大破兀朮軍，斷山東、河北金帛馬綱之路，金人大擾。未幾，岳飛還朝，下獄死，世以為恨云。

……

湖湘盜起，或曰招之便，或曰討之便。閎休作《致寇》、《禦寇》二篇，言天地之氣，先春後秋，招之不伏則討之。於是以岳飛為招討使。飛辟閎休為主管機宜文字。以誅鍾子儀功，進成忠郎。

飛被誣死，閎休發憤杜門，佯疾十年，卒。

……

論曰……張憲等五人皆岳飛部將，為敵所畏，亦一時之傑也。然或以戰沒，或以憤卒，而憲以不證飛獄冤死，悲夫！

同上書卷三百六十九，《列傳一百二十八・張俊、劉光世》

居月餘，進以大書牒來索戰，俊以細書狀報之，賊以俊為怯。俊諜知賊怠，乃議戰。岳飛為先鋒……

南渡後，俊握兵最早，屢立戰功，與韓世忠、劉錡、岳飛並為名將，世稱張、韓、劉、岳。然濠、壽之役，俊與錡有隙，獨以楊沂中為腹心，故有濠梁之劫。岳飛冤獄，韓世忠救之，俊獨助檜成其事，心術之殊也，遠哉！

……

論曰：南渡諸將，以張、韓、劉、岳並稱，而俊為之冠。然夷考其行事，則有不然者。俊受心膂爪牙之寄，其平苗、劉，雖有勤王之績，然既不能守越，又棄四明，負亦不少。矧其附檜主和，謀殺岳飛，保全富貴，取媚人主，其負戾又如何哉？光世自恃宿將，選沮卻畏，不用上命，師律不嚴，卒致酈瓊之叛。迎合檜意，首納軍權，雖得善終牖下，君子不貴也。二人方之韓、岳，益遠矣。

同上書卷三百七十二，《列傳一百三十一・徐俯、沈與求、王庶》

宰相朱勝非言："襄陽上流，所當先取。"帝曰："盍就委岳飛？"參政趙鼎曰："知上流利害，無如飛者。"俯獨持不可，帝不聽。……（紹興四年）金人將入寇……與求曰："和親乃金人屢試之策，不足信也。"因奏："諸將分屯江岸，而敵人往來淮甸。當遣岳飛自上流取間道乘虛擊之，彼必有反顧之憂。"上曰："當如此措置。"

……

京、湖宣撫使岳飛聞庶行邊，遺書曰："今歲若不出師，當納節請間。"庶壯之。庶還朝，論金人變詐，自渝海上之盟，因及飛納節之語。

……

論曰……徐俯未與趙鼎爭辨，沮抑岳飛，異哉。

同上書卷三百七十五，《列傳第一百三十四·李邴》

紹興五年，詔問宰執方略，邴條上戰陣……各五事。戰陣之利五……又言："陛下即位之初，韓世忠、劉光世、張俊威名隱然為大將，今又有吳玠、岳飛者出矣。願詔大將，於所部舉智謀忠勇可以馭衆統師各兩三人，朝廷籍記。遇有事宜，使當一隊，毋隸大將，則諸人競奮才智，皆飛、玠之儔矣。"

同上書卷三百七十六，《列傳第一百三十五·常同》

（紹興七年秋）車駕自建康回臨安，同奏……又言："國家養兵，不為不多，患在於偏聚而不同力，自用而不同心。今韓世忠在楚，張俊在建康，岳飛在江州，吳玠在蜀，相去隔遠，情不相通。今陛下遣樞臣王庶措置邊防，宜令庶會集將帥，諭以國體，協心共議禦敵，常令諸軍相接以常山蛇勢，一意國家，無分彼此，緩急應援，皆有素定之術。"詔付王庶出示諸將。

同上書卷三百七十九，《列傳第一百三十八·胡松年》

岳飛收復襄、漢，令松年籌度守禦事。松年奏："乞飛班師，徐窺劉豫意向。若豫置不問，其情叵測，當飭將士謹疆埸可也。"

同上書卷三百八十，《列傳第一百三十九·何鑄、王次翁、薛弼、羅汝楫、子願附》

先是，秦檜力主和議，大將岳飛有戰功，金人所深忌，檜惡其異己，欲除之，脅飛故將王貴上變，逮飛係大理獄，先命鑄鞫之。鑄引飛至庭，詰其反狀。飛袒而示之背，背有舊涅"盡忠報國"四大字，深入膚理。既而閱實俱無驗，鑄察其冤，白之檜。檜不悅曰："此上意也。"鑄曰："鑄豈區區為一岳飛者，強敵未滅，無故戮一大將，失士卒心，非社稷之長計。"檜語塞，改命万俟卨。飛死獄中，子雲斬於市。既返命，檜諷万俟卨使論鑄私岳飛為不反，欲竄諸嶺表，帝不從，止謫徽州。

鑄孝友廉儉。既貴，無屋可居，止寓佛寺。其辨岳飛之冤，亦人所難。

先是，金諸將皆已厭兵欲和，難自已發，故使檜盡室航海而歸，密有成約。紹興以後，我師屢捷，金欲和益堅。至是，遣鑄銜命，蓋檜之陰謀，以鑄嘗爭岳飛之獄，而飛竟死，使金知之而其議速諧也。

……

檜召三大將論功行賞，岳飛未至。檜與次翁謀，以明日率世忠、俊置酒湖上，欲出，則語直省官曰："姑待岳少保來。"益令堂厨豊其燕具，如此展期以待者六七日。飛既至，皆除樞密使，罷兵柄。次翁歸語其子伯庠曰："吾與秦相謀之久矣。"

……

楊幺據洞庭，寇鼎州，王𤫊久不能平，更命岳飛討之。幺陸耕水戰，樓船十餘丈，官軍徒仰視不得近。飛謀益造大舟，弼曰："若是，則未可以歲月勝矣。且彼之所長，可避而不可鬥也。今大旱，湖水落洪，若重購舟首，勿與戰，逐筏斷江路，稿其上流，使彼之長坐廢，而精騎直擣其壘，則破壞在目前矣。"飛曰："善。"兼旬，積寇盡平。

……（薛弼）除岳飛參謀官。飛母死，遁於廬山，張宗元攝飛事。飛將張憲移疾，部曲洶洶，生異語。弼謂諸將曰："太尉力乞張公，而詔使隨至。岳軍素整，今而譁閧，是汝曹累太尉也。"諸將以諗憲，憲佯悟曰："相公腹心，惟參謀知之。"衆乃定。

初秦檜居永嘉，弼游其門。弼在湖北除盜，歸功於万俟卨。檜誣岳飛下吏，卨以中司鞫獄，飛父子及憲皆死。朱芾、李若虛亦坐嘗為飛謀議，奪職，惟弼得免，且為檜用，屢更事任，通籍從官，世以此少之。

……

（羅汝楫）遷殿中侍御史。與中丞何鑄交章論岳飛，罷其樞筦。朱芾、李若虛嘗謂飛議曹，主帥有異意而不能諫；又言，飛獄具，寺官聚斷，咸謂死有餘罪，寺丞何彦猷、李若樸獨喧然以衆議為非，欲從輕典。皆坐黜。

……（羅願）知鄂州，有治績，以父故不敢入岳飛廟。一日，自念吾政善，姑往祠之，甫拜，遽卒於像前。人疑飛之憾不釋云。

……

論曰：何鑄、王次翁以下數人者，附麗秦檜，斥逐忠良，以饕富貴，而次翁尤為柔媚，故檜獨憐之，其在位最久。孔子所謂鄙夫患得患失，無所不至者，此輩是已。鑄能伸岳飛之枉，雖為可尚，然又為之使金而通問焉，蓋墮其術而不悟者，檜之計深哉。

同上書卷三百八十一，《列傳第一百四十・晏敦復》

淮西宣撫使劉光世請以淮東私田易淮西田，帝許之。敦復言："光世帥一道，未聞為朝廷措置毫髪，乃先易私畝。比者岳飛屬官以私事干朝廷，飛請加罪，中外稱美，謂有古賢將風。光世自處必不在飛下，乞以臣言示光世，且令經理淮南，收撫百姓，以為定都建康計，中興有期，何患私計之未便。"

同上書卷三百八十二，《列傳第一百四十一・張燾》

和議成，范如圭請遣使朝八陵，遂命判大宗正士□與燾偕行，且命修奉，令荆湖帥臣岳飛濟其役。

同上書卷三百九十六，《列傳第一百五十五・史浩》

隆興元年，拜尚書右僕射，首言趙鼎、李光之無罪，岳飛之久冤，宜復其官爵，祿其子孫。悉從之。

同上書卷四百二，《列傳第一百六十一・畢再遇》

父進，建炎間從岳飛護衛八陵，轉戰江、淮間。

同上書卷四百三，《列傳第一百六十二・孟宗政》

父林，從岳飛至隨州，因家焉。

同上書卷四百四，《列傳第一百六十三・張運》

紹興五年，通判鼎州。賊楊幺、黃誠擁衆數萬，殘破城邑，跳梁湖北。高宗遣張浚以都督董師，岳飛以招討舉兵擊之。

同上書卷四百十二，《列傳第一百七十一・孟珙》

四世祖安，嘗從岳飛軍中有功。

同上書卷四百十七，《列傳第一百七十六・趙范》

屬南北軍將交爭，范失於撫御。於是北軍王旻内叛，李伯淵繼之，焚襄陽北去；南軍大將李虎不救焚，不定變，乃因之劫掠。城中官民尚四萬七千有奇，錢糧在倉庫者無慮三十萬，弓矢器械二十有四庫，皆為敵有。蓋自岳飛收復百三十年，生聚繁庶，城高池深，甲於西陲，一旦灰燼，禍至慘也。

同上書卷四百三十三，《列傳第一百九十二·儒林三·楊萬里》

淳熙十二年五月，以地震應詔上書曰："……異時名相如趙鼎、張浚，名將如岳飛、韓世忠此金人所憚也。"①

同上書卷四百四十五，《列傳第二百四·文苑七·張嵲》

論王德收復宿、亳兩郡，乃擅退軍，使岳飛勢孤，金人猖獗，授承宣、防禦使，何應罰而反賞？

同上書卷四百四十七，《列傳第二百六·忠義二·楊邦乂》

建炎三年，金人至江上，高宗如浙西，留右僕射杜充為御營使，駐劄建康，命劉光世、韓世忠、王瓊諸將悉聽充節制。充性酷而無謀，士心不附。渡礀沙，充遣陳淬、岳飛等及金人戰于馬家渡。自辰至未，戰數合，勝負未決。瓊擁兵弗救，淬被擒，瓊兵遁，充率麾下數千人降。

同上書卷四百四十八，《列傳第二百七·忠義三·趙立》

承州既陷，楚勢益孤，立遣人詣朝廷告急。簽書樞密院事趙鼎欲遣張俊救之，俊不肯行……乃命劉光世督淮南諸鎮救楚。東海李彥先首以兵至淮河，扼不得進；高郵薛慶至揚州，轉戰被執死；光世將王德至承州，下不用命；揚州郭仲威按兵天長，陰懷觀望；獨海陵岳飛僅能為援，而衆寡不敵。

同上書卷四百五十一，《列傳第二百十·忠義六·徐應鑣》

徐應鑣，字巨翁，衢之江山人，世為衢望族。咸淳末，試補太學生。德祐二年，宋亡，瀛國公入燕，三學生百餘人皆從行。應鑣不欲從，乃與其子琦、崧、女元娘誓共焚，子女皆喜從之。

太學故岳飛第，有飛祠，應鑣具酒肉祀飛曰："天不祐宋，社稷為墟，應鑣死以報國，誓不與諸生俱北。死已，將魂魄累王，作配神主，與王英靈，永永無斁。"

---

① 同見《資治通鑒後編》卷一百二十六。

同上書卷四百五十三，《列傳第二百十二·忠義八·李靚、張玘》

李靚字彦和，吉州龍泉人。幼孤，母督之學，不肯卒業，母詰之，辭曰："國家遭女真之變，寓縣雲擾，士當捐軀為國戡大憝，安能呫囁章句間，效淺丈夫哉?"岳飛督師平虔寇，挺身從之。未行，奔母喪。

……玘從岳飛復京西六州，平湖賊鍾子義等。

同上書卷四百六十五，《列傳二百二十四·外戚下·李道》

會李成入寇，鎮撫使李橫棄襄陽去，道亦棄隨南歸。至江州，詔道屬岳飛為選鋒軍統制，入唐州，擒僞將，除唐鄧郢州、襄陽都統制。從飛收復襄陽等郡。

同上書卷四百七十三，《列傳第二百三十二·姦臣三·秦檜》

（紹興九年）徐俯守上饒，連南夫帥廣東，岳飛宣撫淮西，皆因賀表寓諷。……飛曰："救暫急而解倒懸，猶之可也；欲長慮而尊中國，豈其然乎?"

（紹興十年）時張浚克亳州，魏勝克海州，岳飛克郾城，幾獲烏珠。張浚戰勝於長安，韓世忠勝於泇口鎮，諸將所向皆奏捷，而檜力主班師。九月，詔飛還行在，沂中還鎮江，光世還池州，錡還太平。飛軍聞詔，旗靡轍亂，飛口呿不能合。於是淮寧、蔡、鄭復為金人有。

（紹興十一年）四月，檜欲盡收諸將兵權，給事中范同獻策，檜納之。密奏召三大將論功行賞，韓世忠、張俊並為樞密使，岳飛為副使，以宣撫司軍隸樞密院。

十月，興岳飛之獄。檜使諫官万俟卨論其罪，張俊又誣飛舊將張憲謀反，於是飛及子雲俱送大理寺，命御史中丞何鑄、大理卿周三畏鞫之。十二月，殺岳飛。檜以飛屢言和議失計，且嘗奏請定國本，俱與檜大異，必欲殺之。鑄、三畏初鞫，久不伏；卨入臺，獄遂上。誣飛嘗自言"已與太祖皆三十歲建節"為指斥乘輿，受詔不救淮西罪，賜死獄中。子雲及張憲殺于都市。天下冤之，聞者流涕。飛之死，張俊有力焉，語在《飛傳》。

同上書卷四百七十四，《列傳第二百三十三·姦臣四·万俟卨》

岳飛宣撫荆湖，遇卨不以禮，卨憾之。卨入覲，調湖南轉運判官，陛辭，希秦檜意，譖飛於朝。

時檜謀收諸將兵權，卨力助之，言諸大將起行伍，知利不知義，畏死不畏法，高官大職，子女玉帛，已極其欲，盍示以逗遛之罰，敗亡之誅，不用命之戮，使知所懼。

張俊歸自楚州，與檜合謀擠飛，令卨劾飛對將佐言山陽不可守。命中丞何鑄治飛獄，鑄明其無辜。檜怒，以卨代治，遂誣飛與其子雲致書張憲令虛申警報以動朝廷，及令憲措置使還飛軍。獄不成，又誣以淮西逗遛之事。飛父子與憲俱死，天下冤之。大理卿薛仁輔、寺丞李若樸、何彥猷言飛無罪，卨劾之，知宗正寺士㒟請以百口保飛，卨又劾之，士㒟竄死建州。劉洪道與飛有舊，卨劾其足恭媚飛，聞飛罷宣撫，抵掌流涕。於是洪道抵罪，終身不復。

同上書卷四百七十五，《列傳第二百三十四・叛臣上・劉豫、杜充》

（紹興四年）五月……舒、蘄等州制置使岳飛復襄陽，李成遁；尋復唐州。六月，復隨州，磔僞守王嵩於襄陽。七月，復鄧州。語在《飛傳》。豫聞岳飛取襄、鄧，遂乞師於金人。十二月壬辰，岳飛遣將牛皋、徐慶敗金人於廬州。

……

金人寇江……充亟命統制官陳淬盡領岳飛諸裨校合二萬人邀擊於馬家渡，約王瓔俱進，敵氣鋭甚，淬戰没，瓔引兵遁，充軍潰。

撰：《金史》卷四，《本紀第四・熙宗》

（天眷三年）十二月乙亥，都元帥宗弼上言宋將岳飛、張俊、韓世忠率衆渡江，詔命擊之。

同上書卷六十六，《列傳第四・宗秀》

宋將岳飛軍於亳、宿之間，宗秀率步騎三千扼其衝要，遂與諸軍逆擊敗之。

同上書卷六十八，《列傳第六・阿里㑀》

宋兵來取河南地，宗弼召阿里㑀，與許州韓常、潁州大臭、陳州赤盞暉，皆會於汴。阿里㑀以敵在近，獨不赴。而宋將岳飛、劉光世等，果乘間襲取許、潁、陳三州，旁郡皆響應。其兵犯歸德者，阿里㑀連擊敗之，復取亳、宿等州。河南平，阿里㑀功最。

同上書卷七十七，《列傳第十五·宗弼》

宗弼由黎陽趨汴，右監軍撒离喝出河中趨陝西。宋岳飛、韓世忠分據河南州郡要害，復出兵涉河東，駐嵐、石、保德之境，以相牽制。宗弼遣孔彥舟下汴、鄭兩州，王伯龍取陳州，李成取洛陽，自率衆取亳州及順昌府，嵩、汝等州相次皆下。時暑，宗弼還軍于汴，岳飛等軍皆退去，河南平，時天眷三年也。

同上書八十一，《列傳第十九·王伯龍》

軍渡采石，擊敗岳飛、劉立、路尚等兵，獲芻糧數百萬計。

同上書卷八十二，《列傳第二十·佈薩歡塔》

天眷二年，與宋岳飛相拒。歡塔領六十騎，深入覘伺，至鄢陵，敗宋護糧餉軍七百餘人，多所俘獲。

同上書卷八十四，《列傳第二十二·昂》

天眷元年，授鎮國上將軍，除東平尹。明年夏，宋將岳飛以兵十萬，號稱百萬，來攻東平。東平有兵五千，倉卒出禦之。時桑柘方茂，昂使多張旗幟於林間，以為疑兵，自以精兵陣於前。飛不敢動，相持數日而退。昂勒兵襲之，至清口，飛衆泛舟逆水而去。時霖雨晝夜不止，昂乃附水屯營。夜將半，忽促衆北行。諸將諫曰："軍士遠涉泥淖，饑憊未食，恐難遽行。"昂怒不應，鳴鼓督之，下令曰："鼓聲絕而敢後者斬。"遂棄營去，幾二十里而止。是夜，宋人來劫營，無所得而去。諸將入賀，且問其故。昂曰："沿流而下者，走也。泝流而上者，誘我必追也。今大雨泥淖，彼舟行安，我陸行勞。士卒饑乏，弓矢敗弱，我軍居其下流，勢不便利，其襲我必矣。"衆皆稱善。岳飛以兵十萬圍邳州甚急，城中兵才千餘。守將懼，遣人求救。昂曰："為我語守將，我嘗至下邳，城中西南隅有塹深丈餘，可速實之。"守將如其教，填之。岳飛果自此穴地以入，知有備，遂止。昂舉兵以為聲援，飛乃退。

同上書卷九十八，《列傳第三十六·完顔綱》

上聞韓侂胄忌曦（編者按：指吳曦）威名，可以間誘致之……詔綱經略之。

其賜曦詔曰：宋自佶、桓失守，構竄江表，僭稱位號，偷生吳會。時則乃祖武安公玠捍禦兩川，洎武順王璘嗣有大業，固宜世胙大帥，遂荒西土，長為藩輔，誓以河山。後裔縱有欒黶之汰，猶當十世宥之。然威略震主者身危，功蓋天下者不賞，自古如此，非止於今。

卿家專制蜀漢，積有歲年，猜嫌既萌，進退維谷，代之而不受，召之而不赴。君臣之義已同路人，譬之破桐之葉不可以復合，騎虎之勢不可以中下矣。此事流傳，稔於朕聽。每一思之未嘗不當饋歎息，而卿猶偃然自安。且卿自視翼贊之功，孰與岳飛？飛之威名戰功暴於南北，一旦見忌，遂被叁夷之誅，可不畏哉。

劉一清

撰：《錢塘遺事》卷一，《高宗定都》

高宗自建炎元年五月即位於南京。岳飛解東京圍，宗澤留守東京，勸上還京。高宗雖下詔修京城，而還京之意終未決，車駕行幸，未有定向。李綱諫曰："今岳飛縱未入關，當適鄧、襄，以示不忘中原之意。近聞一二執政勸陛下遷幸東南，果爾，則中原非我有矣。"

同上書卷二，《東窗事發》

秦檜欲殺岳飛，於東窗下謀。其妻王夫人曰："擒虎易，放虎難。"其意遂決。後檜遊西湖，舟中得疾，見一人披髮厲聲曰："汝誤國害民，我已訴於天，得請於帝矣。"檜遂死。夫人思之，未幾，秦熺亦死。方士伏章見熺荷鐵枷，因問秦太師所在，熺曰："吾父見在酆都。"方士如其言而往，果見檜與万俟卨俱荷鐵枷，備受諸苦。檜曰："可煩傳語夫人，東窗事發矣。"

張鉉

撰：《至大金陵新志》卷十三上之上，《人物志・宋》

遊宦……岳飛。

佚名

撰:《宋史全文》卷十六上,《宋高宗一》

丁未建炎元年……（八月乙亥）所方招來豪傑，以忠翊郎王彥為都統制，效用人岳飛為準備將。彥，河內人，後徙居覃懷，讀韜略，習騎射，其父奇之，使詣京師，隸弓馬子弟所，稍遷清河尉，能與敵角，所奇其才，故擢為都統制。飛，安陽人，嘗為人傭耕，去為市遊徼，使酒不檢。上之在相州也，飛以效用從軍至北京，坐論事罪廢，至是投所軍中。

（九月）戊申，河北招撫司都統制王彥率裨將張翼、白安民、岳飛等以所部渡河與金人戰，破之，遂復新興縣。（乙卯）河北招撫司都統制王彥及金人戰於新鄉縣，敗績，彥奔太行山聚衆，準備將岳飛引其部曲去，自為一軍。未幾彥軍復振，岳飛單騎扣壁門請罪，左右勸彥斬之，彥壯其勇而惜其才，賜飛卮酒而罷，自是兩人始有隙。

同上書卷十六下,《宋高宗二》

戊申建炎二年……（十有一月甲辰）初，河北制置使王彥既渡河，其前軍準備將岳飛無所屬，遂以其衆千人降於東京留守杜充。時种師道小校桑仲為潰卒所推，亦降於充，充皆以為將。

同上書卷十七下,《宋高宗四》

庚戌建炎四年……（春正月）丙辰，江淮宣撫司右軍統制岳飛自廣德軍移屯宜興縣。杜充之敗也，其將士潰去，多行剽掠，獨飛嚴戢所部，不擾居民，士大夫避兵者皆賴以免，故時譽翕然歸之。

（五月）壬子，金人焚建康府，掠人民，擄財物，自靜安渡宣化而去。時宗弼屯六合縣，金之輜重自瓜步口舳艫相銜，至六合不絶。淮南宣撫司右軍統制岳飛聞敵去，以所部邀擊於靜安，勝之。①

（六月）丁丑，戚方犯安吉縣，詔浙西、江東制置使張俊往捕之，仍命統制官岳飛聽俊節制。② 戊子，詔遣使撫諭邵青、戚方以所部赴行在。時方

① 同見《資治通鑒後編》卷一百八。
② 同見《資治通鑒後編》卷一百八。

引兵犯安吉縣之上鄉，浙西、江東制置使張俊以兵討之，會統制官岳飛追襲其後，方無路進退，始詣俊乞降。丁酉，郭仲威犯鎮江，詔統制官岳飛以所部擊之。

（秋七月）庚申，昌州團練使岳飛為通、泰鎮撫使兼知泰州，用張俊薦也。

（八月）己丑，詔通、泰鎮撫使岳飛以所部救楚州。時揚、承二鎮已陷，楚勢亦危，趙立遣人告急，簽書樞密院事趙鼎欲遣神武右軍都統制張俊往救之，俊曰："立孤壘危在旦夕，若以兵委之，譬徒手搏虎，併亡無益。"鼎見上，曰："江東新造，全藉兩淮。若失楚，則大事去矣！若俊憚行，臣願與之偕往。"俊復力辭，乃命飛與立腹背掩擊，仍令劉光世遣兵往援，毋失事機。

九月乙巳，詔劉光世、岳飛、趙立、王林犄角逼逐北兵渡淮。時完顏昌圍楚州已百餘日，鎮撫使趙立一日擁六騎出城，呼曰："我鎮撫也！首領驍騎，其來接戰！"南寨有二騎襲其背，立手奮二槍，賊俱墜地。奪雙騎將還，俄北寨中遣五十餘騎追立，立瞋目大呼，人馬俱辟易。明日，立三幟邀戰，立以三騎應之。敵伏發，立中飛矢，奮身突圍以出，敵益攻之。

同上書卷十八上，《宋高宗五》

辛亥紹興元年……（三月）庚戌，江淮招討使張俊復筠州。初，俊引兵至豫章，而李成在江州，其將馬進在筠州，皆不進。俊喜曰："我已得洪州，破賊必矣。"斂兵若無人者，金鼓不動，令將士登城者斬。居月餘，進以大書文牒使來索戰，俊復細書答狀以驕之，賊謂俊為怯戰。俊牒知賊稍怠，乃議行，岳飛請自為先鋒，楊沂中由上流徑絶生米渡出，賊不意遇其先鋒，擊破之，乘勝追奔，前一日至筠州。

（十二月丁丑）以岳飛為神武副軍都統制，仍以所部屯洪州。時飛遣其甥壻高澤民至紹興，乃詐為飛狀，乞都統制或總管職事。飛惶恐自辨。詔諭以出自上意，仍鑄印賜之。

壬子紹興二年……（閏四月）丙申，神武副軍都統制岳飛引兵擊曹成于賀州境上，大敗之。成率餘兵屯桂嶺縣。丙午，神武副軍都統制岳飛敗曹成於桂嶺縣，成拔寨遁去。韓世忠遣董旼往招之，成以其衆就招。

（五月丙子）於是曹成已為岳飛所破，遂就韓世忠招安，而朝廷未知也。

（六月）戊戌，朝廷聞曹成為岳飛所破，乃命孟庾班師，李綱徑如潭州，而飛以所部之江州屯駐。

同上書卷十八下，《宋高宗六》

癸丑紹興三年……（夏四月壬辰）岳飛以大軍次虔州。丁未，神武副軍都統制岳飛遣統領官張憲、王貴分道擊虔寇彭友等，獲之。友先據龍泉，至是乃敗。

（九月）乙亥，江東宣撫使劉光世為江東淮西宣撫使，置司池州；淮南東路宣撫使韓世忠為建康、鎮江府、淮南東路宣撫使，置司鎮江府；神武前軍統制王𤫉為荆南府、岳、鄂、潭、鼎、澧、黄州、漢陽軍制置使，置司鄂州；神武副軍都統制岳飛為江南西路、舒、蘄州制置使，置司江州；侍衛親軍步軍都指揮使郭仲荀知明州兼沿海制置使；神武中軍統制楊沂中兼權殿前司公事。仍詔仲荀以紹興府、温、台、明州為地分。始諸將雖擁重兵，而無分定路分，故無所任責。朱勝非再相，始議分遣諸帥各據要會，某帥當某路一定不復易。

同上書卷十九上，《宋高宗七》

甲寅紹興四年……五月庚戌朔，先是，朱勝非言："襄陽上流，襟帶吳蜀。今陷於寇，所當先取。"上曰："就委岳飛，何如?"參知政事趙鼎曰："知上流利害，無如飛者。"至是，命飛兼黄、復州、漢陽軍、德安府制置使，以飛出師也。（甲寅）江西制置使岳飛復郢州，遂引兵攻襄陽，軍聲大振。（丁丑）岳飛引兵復襄陽府。初，偽齊將李成聞郢州失守，乃棄襄陽去。飛進軍據守，遂復唐州。

（六月）丙午，執政奏事，上顧謂曰："岳飛已復襄、郢，尼雅滿聞之必怒。況今正是六月下旬，便可講究防秋。儻敵人尚敢南來，朕當親率諸軍迎敵，使之無遺類，即中原可復也。"江西制置使岳飛復隨州。

（秋七月）乙卯，祠部員外郎范同言："師克在和。大抵剛果豪健之士以氣相高，始由小嫌，寖成大釁。陛下拔用才傑，禮遇勛賢，備極榮寵，固將馮籍忠力，掃除塵氛，一清寰宇，恢復祖宗之業。而道塗竊議，以謂將帥忘輯睦之義，記纖芥之怨，或享高位而忌嫉軋已，或恃勛勞而排抑新進。審如是也，日必有重貽聖慮者。欲望明示至意，使之視《春秋》諸卿以為戒，追漢、唐名將而踵其跡，豈惟社稷是賴，而勛名寵位克享終始，亦陛下保全之德也。"詔劄與諸將帥。先是，劉光世、韓世忠久不叶，而岳飛自列校拔起，頗為張俊所忌。故同及之。甲子，岳飛復鄧州。

（八月）癸未，知江州陳子卿報岳飛已復鄧州。上曰："朕素聞飛軍極有紀律，未知能破敵如此。"胡松年曰："惟其有紀律，所以能破賊。若號令不明，士卒不整，方自治不暇，緩急豈能成功耶?"壬寅，神武後軍統制岳飛為清遠軍節度使、湖北路荆、襄、潭州制置使。樞密院言："楊太等作過日久，理難容貸。王瓕出師踰歲，不能成功，致一方受弊"乃詔專委飛措畫討捕。飛時年三十二，自中興後，諸將建節，未有如飛之年少者。

（十有一月壬子）川陝宣撫司統制官楊從儀敗敵於臘家城。岳飛之取襄陽也，朝廷命宣撫副使吳玠乘機牽制，玠遣從儀以兵入偽地，遇敵，勝之。己未，提舉萬壽觀兼侍讀張浚知樞密院事。浚請遣岳飛渡江入淮西，以牽制敵兵之在淮東者，上從之。

同上書卷十九中，《宋高宗八》

乙卯紹興五年……（二月丙戌）神武後軍統制岳飛為荆湖南、北、襄陽府路制置使，將所部平湖賊楊幺，賜錢十萬緡。帛五千匹為犒軍之費。

（夏四月）庚申，詔韓世忠紀律嚴明，岳飛治軍有法，並令學士院降詔獎諭。時世忠移屯淮甸，軍行整肅，秋毫無犯；飛移軍潭州，所過不擾，鄉民私遺士卒酒食，即時價償。值上聞之，故有是詔。

（五月）戊戌，岳飛至鼎州之城外，先遣兵馬鈐轄楊華入賊招安，華未降時為賊魁以寬厚得衆，遂與故部曲潛結楊太黨，謀殺太以降。時大旱，湖水涸如深冬，賊益懼。

（六月）甲辰，洞庭賊楊欽將所部三千人詣岳飛降。初，張浚至長沙，親臨湖以觀賊勢，疑未可攻。會有急詔召浚還朝，謀防秋之計。岳飛至潭州，出圖示攻討出入之要，且曰："擒之易耳。"浚曰："恐誤防秋之期，俟明年再來討之，如何?"飛請除往來之程，限八日破賊，請浚曲留以俟。浚然之。飛以統制任士安為賊餌，賊併力拒之，凡三日，飛乃以大兵四合，一戰破賊衆殆盡，乘其舟以入水寨，欽等迎降。欽在賊中最悍，楊太恃以為強。飛厚待之，賊愈喪氣。（癸丑）荆湖制置使岳飛破湖賊夏誠，楊太赴水死，餘黨相繼皆降。飛入水寨，殺賊衆殆盡，惟夏誠寨固守。寨三面臨大江，背倚峻山，官軍陸攻則入湖，水攻則登岸。至是，飛測其淺處，乃擇善罵者二十人夜往罵之，且悉衆運草木放之上流。賊聞罵聲，爭擲瓦石，草木為瓦石所壓，一旦填滿，飛長驅入寨，遂執誠，湖寇悉平。【《龜鑑》曰："竹籤之題，卒誤鍾相。相既擒矣，幺猶相也。然而昌寓致討而不能平，王□□招安而不能伏。及張浚至醴陵，召間諜之囚，釋其縛而縱之歸，使諭寇。於是幺之將楊欽降，卒有膽喪之嘆。岳飛至鼎城，取偏裨之慢令者，鞭之，以折其氣。吏為虜餌，於是幺斃而誠擒，果應‘飛來’之讖，此平楊幺之功烈也。”】【《大事記》曰：“嘗謂宣王中興，平外夷耳；光武中興，平內寇耳。而高宗欲攘夷則內寇轉迫，欲除盜則外戎復張。然而降張遇等、殺杜用、丁順等則有王淵；擊李昱、平趙方則有劉光世；卻丁進則有守臣康允之；破戚方則有守臣周杞；誅葉儂、討李成則有張俊；平范汝為、平曹成則有韓世忠。而楊幺據上流，僭號紀年，尤為心腹之害。岳飛一至，八日而應‘飛來’之讖，湖寇盡平而外寇始息矣。使當時諸盜不作，諸臣得以併力中原，豈不足以建立事功哉?”】（丁巳）湖寇既平，張浚乃更易郡縣姦贓吏，宣佈寬恩。命岳飛進軍屯荊襄，以圖中原，浚率官屬泛洞庭而下。時淮東宣撫使韓世忠、江東宣撫使張俊皆已立功，而飛以列校拔起，世忠、俊不能平。先是，飛皆屈已下之，數通書，俱不答。及飛破楊幺，獻樓船各一，兵徒戰守之械畢備，世忠始大悅而俊益忌之。

同上書卷十九下，《宋高宗十》

丙辰紹興六年……（二月）辛亥，詔張浚暫赴行在所奏事。浚遂命京東宣撫使韓世忠自承、楚以圖睢，陽命淮西宣撫使劉光世屯合肥以招北軍，命江東宣撫使張俊進屯盱眙，又請權主管殿前司公事楊沂中領中軍為後翼，命湖北京西招討使岳飛屯襄陽以圖中原，於是國威大振。上自書《裴度傳》賜浚。

（三月）己巳，淮南東路兼鎮江府宣撫使韓世忠為京東、淮東宣撫處置使兼節制鎮江府，徙鎮武寧、安化，楚州置司；湖北、京西南路招討使岳飛為湖北、京西宣撫副使，徙鎮武勝、定國，襄陽府置司。時朝廷銳意大舉，都督張浚於諸將中每稱世忠之忠勇、飛之沉鷙，可以倚辦大事，故並用之。李綱入辭，退，上疏言：“……兵家之事行詭道，今以韓世忠、岳飛為京東、京西宣撫，未有其實，而以先聲臨之，五也。”

（夏四月）乙巳，詔湖北、京西宣撫使岳飛丁母憂，已擇日降制起復。緣見措置進兵渡江不可等待，令飛日下主管軍馬，措置邊事，不得辭免。飛再辭，上不許。詔飛速往措置調發，毋得少失機會。飛奉詔歸屯。

（八月甲辰）先是，三大帥既移屯，而湖北、京西宣撫副使岳飛亦遣兵入偽地，偽知鎮汝軍薛亨素號驍勇，飛命統制官牛皋擊之，擒亨以獻。引兵至蔡州，焚其積聚。

九月丙寅朔，上發臨安府，先詣上天竺寺焚香，道遇執黃旗報捷者，乃湖北、京西宣撫使岳飛所遣武翼郎李遇。先是，飛遣統制官王貴、郝晸、董先引兵攻虢州盧氏縣，下之，獲糧十五萬斛。（庚寅）諜報豫挾虜兵來寇，於是分遣諸將，以備要害。時江東宣撫使張俊軍盱眙，楊沂中軍泗上，京東淮東宣撫處置使韓世忠在楚，湖北京西宣撫副使岳飛在鄂，聲勢了不相及。

冬十月丁酉，先是，劉麟等令鄉兵偽敵服於河南諸處，十百為群，人皆疑之，以為敵偽合兵而至。劉光世奏禦敵事宜，謂廬州難守，且密於趙鼎欲還太平州。張俊方駐軍泗州，都督張浚奏："敵方疲於奔命，決不能悉大衆復來，此必皆豫兵。"而邊報不一，俊、光世皆請益兵，衆情恟懼，議欲移盱眙之屯，退合淝之戍，召岳飛盡以兵東下，浚獨以為不然，乃以書戒俊及光世曰："賊豫之兵以逆犯順，若不剿除，何以立國，平日亦安用養兵為？今日之事，有進擊，無退保。"而鼎及簽書折彦質皆移書抵浚，欲飛軍速下，且擬條畫項目，請上親書付浚，大略欲退師還江南，為保江之計，不必守前議。於是韓世忠統兵過淮，遇敵騎，與額哩頁貝勒等力戰，既而亦還楚州。或請上回臨安，且追諸將守江防海。浚奏："若諸將渡江則無淮南，而長江之險與敵共。淮南之屯，正所以屏蔽大江。使賊得淮南，因糧就運，以為家計，江南其可保乎？今淮西之寇，正當合兵掩擊，況士氣甚振，可保必勝。若一有退意，則大事去矣。又岳飛一動，則襄陽有警，復何所制？願朝廷勿專制手中，使諸將不敢觀望。"上乃手書報浚："近以邊防所疑事咨卿，今覽所奏甚明，俾朕釋然無憂。非卿識高慮遠，出人意表，何以臻此？"

（十有一月）癸酉，湖北、京西宣撫副使岳飛奏："依奉處分往江州屯駐。"上曰："淮北既無事，飛自不須更來。"趙鼎曰："此有以見諸將尊朝廷，為可喜也。"

同上書卷二十上，《宋高宗十》

丁巳紹興七年……（二月己亥）河南京西宣撫副使岳飛赴行在，翌日，内殿引對，飛密奏，請正建國公皇子之位。上諭曰："卿言雖忠，然握重兵於外，此事非卿所當預也。"飛色落而退。己酉，上與輔臣論共器，因曰："前日岳飛入對，朕問有良馬否，飛奏：舊有兩馬，已而亡之，今所乘，不過馳百餘里力便乏，此乃未識馬故也。大抵馴而易乘者乃駑馬，故不耐騎而易乏。若就鞍之初不可制御，此乃馬之逸群者，馳驟既遠，則馬力始生。"張浚曰："人材亦猶是也，但當駕御用之耳。"上曰："人材若只取庸常易悦者，何以濟天下之事？"浚曰："既知其可用，則當不責近效，以待有成。"上曰："飛今見識極進，論議皆可取。朕嘗諭之：國家禍變，惟賴將相協力，以圖大業，不可時時規取小利，遂以奏功，徒費朝廷爵賞。須各任方面之責，期以恢復中原，乃副朕委寄之意。昨張俊來覲，亦以此戒之。”丁巳，湖北、京西宣撫副使岳飛為太尉，賞商、虢之功。翌日，陞宣撫使。飛威名日著，淮西宣撫使張俊益忌之，參謀官薛弼每勸飛調護，而幕中之輕銳者復教飛勿苦降意，於是飛與俊隙始深矣。飛時留行在，遂衛上如建康。

（三月）甲戌，岳飛朝辭。

（夏四月）丁未，起復湖北、京西宣撫使岳飛乞解官持餘服。飛與宰相張浚異論，歸過江州，上疏自言與宰相議不合，求解帥事，遂棄軍而廬墓。上不許。

（七月）丁卯，起復湖北、京西宣撫使岳飛遣屬官王敏求來奏事。初，飛請解官，上命參議官李若虛、統制官王貴詣江州敦請飛依舊管軍，如違，並行軍法。若虛等至東林寺見飛，具道朝廷之意，飛堅執不肯出。若虛曰：“相公欲反邪？相公河北一農夫耳，受天子之委任，付以兵柄，相公謂可與朝廷相抗乎？公若堅執不從，若虛等受刑而死，何負於公？”凡六日，飛乃受詔赴行在。張浚見飛，具道上所以眷遇之意，且責其不俟報，棄軍而廬墓。飛詞窮，曰：“奈何？”浚曰：“待罪可也。”飛然之，遂具表待罪。上慰遣之。[①] 將行，上謂飛曰：“卿前日奏陳輕率，朕實不怒卿，若怒卿則必有行遣。太祖所謂‘犯吾法者，惟有劍耳’，所以復令卿典軍，任卿以恢復之事者，可以知朕無怒卿之意也。”飛得上語，意乃安。至是，遣敏求奏事，委曲感恩云：“非官家保全，何以有今日？”翌日，上以其語諭輔臣。秦檜見飛舉趾，已有忿忿之意矣。

（九月）初，以旱故求直言，而太學生有應詔上書論兵事者，且言：“以淮西一事論之，去歲劉豫力攻淮西，劉光世遂欲南渡，為退保之計。光世之罪，天下共欲誅之。酈瓊等兵馬平日驕墮，終不為用，天下之事，有大於此者乎？古中興之世，則必有中興之臣。臣觀張浚區區之心，實有是念，惜乎才力有限，舉非其人。浚之孤立，無一介為助者，為陛下自任以天下之責，此亦今日之所難矣。臣願陛下召諸大臣盡赴行在，拜張浚為大都督，陛下親御戰馬往來問勞，庶使蕃偽之情不能探伺。臣聞張俊一軍號曰‘自在軍’，平居無事，未嘗閱習，惟韓世忠、岳飛兩軍人馬整肅。願陛下速置諸路都督，以通上下之情，無使諸軍復有淮西之禍也。”癸酉，湖北、京西宣

---

① 同見《資治通鑑後編》卷一百十二，并云：“丁酉，具表自劾，詔放罪慰遣之，飛遂復領職。”

撫使岳飛言："近傳淮西軍馬潰叛，於國計未有所損，不足上軫淵衷。臣願提全軍進屯淮甸，萬一蕃僞窺伺，臣當竭力奮擊，期於破滅。"詔獎之。

同上書卷二十中，《宋高宗十一》

戊午紹興八年……二月戊午，知廬州、主管淮西安撫司公事劉錡對於内殿。錡言："淮北兵歸正者不絶，今歲合肥度可得四五萬衆。"翌日，上謂趙鼎等曰："朕每慮江上諸將控扼之勢未備，若上流有警，岳飛不可下，則江、池數百里邊面空虚。得錡一軍，遂可補此門矣！"壬戌，湖北京西宣撫使岳飛乞增兵。上曰："上流地分誠闊遠，寧與減地分，不可添兵。今日諸將之兵，已患難於分合。與其添與大將，不若別置數項軍馬，庶幾緩急之際，易為分合也。"飛又奏為湖北轉運判官夏珙等陞職進官。上曰："可作直旨行下監司、守臣，朝廷所用不當，令盡歸大將。"上召淮西宣撫使張俊至宫中，從容與論邊事。俊曰："臣當與岳飛、楊沂中大合軍勢，期於破敵，以報國家。"

（五月丁未）湖北、京西宣撫使岳飛聞庶行邊，遺庶書曰："今歲若不出師，當納節請閒。"庶稱其壯節。

（十二月）戊辰，湖北京西宣撫使岳飛乞差胡邦用知靖州。上曰："郡守牧民之官，亦藩屏所寄，當自朝廷選差。若皆由將帥辟置，非臂指之勢也。"

同上書卷二十下，《宋高宗十二》

己未紹興九年……（春正月）丙戌，以金人來和，大赦天下。……湖北、京西宣撫使岳飛表曰："救暫急而解倒垂，猶之可也；欲長慮而尊中國，豈其然乎？"又曰："謂無事而請和者謀，恐卑辭而益幣者進。願定謀於全勝，期收地於兩河。唾手燕雲，終欲復讎而報國。誓心天地，尚令稽首以稱藩。"飛幕客張節夫之文也。秦檜讀之大怒。

（冬十月己亥）湖北、京西宣撫使岳飛來朝。初，乘氏人李寶少無賴，尚節氣，鄉人號為潑李三。飛入朝，寶願歸軍中，飛以為馬軍，未之奇也。寶怏怏，與其徒謀北歸。事露，飛盡斬之。寶抗言："欲歸者寶也，衆皆不預。"飛奇而釋之。寶願歸山東，會合忠義人立功。飛許之。寶募得八百人赴飛軍，飛乃以寶統領軍馬，屯冀城。

十一月己丑，故追復左通直郎、直龍圖閣張所特與一子官，仍賜其家銀、絹百匹兩。先是，湖北、京西宣撫使岳飛言所忠義。上命復舊官。飛又言："好生惡死，人之常情。所以忠許國，義不顧身，雖斧鉞在前，凛然不易其色。乞與旌加褒異，使天下忠義之士皆知所勸。"故有是命。

庚申紹興十年……（五月辛卯）是日，統領軍馬李寶與金人戰于興仁府境上，殺數百人，獲其馬甚衆。寶，岳飛所遣也。

六月甲辰，京東、淮東宣撫處置使韓世忠為太保封英國公；淮西宣撫使張俊為少師，封濟國公；湖北京西宣撫使岳飛為少保並兼河南北諸路招討使。乙丑，荊湖北路提點刑獄公事向子忞罷。先是，江西漕司負月樁錢，詔總領官曾慥劾罪。子忞行部，取漕吏釋之。慥言於朝，故罷子忞。再使湖北，先聲入境，奸吏望風解印綬者數十人。湖北營田舊以抑配百姓，人不聊生，有破產不能償者，日號訴於馬前。子忞為詢究其便利可行者使遵守之，罷一切抑配者，遠近鼓舞。時岳飛兼營田大使，無敢忤其意者。至是飛亦喜，以為當然。……初，命司農少卿李若虛往湖北、京西宣撫使岳飛軍前計事，至是，若虛見飛于德安府，諭以面得上旨：兵不可輕動，宜且班師。飛不聽，若虛曰："事既爾，勢不可還。矯詔之罪，若虛當任之。"飛許諾，遂進兵。（閏六月）丙申，張憲復淮寧府。先是，韓常既敗走，宣撫使岳飛遣統制官牛皋、徐慶等與憲會，憲等與常戰于淮寧府，又敗之，常引去。飛以勝捷軍統制趙秉淵知府事。

【《龜鑑》曰："敵至宿、亳，王德得以破其營。敵至潁昌，岳飛得以殺其將。或捷於鳳翔；或捷於寶雞；或捷於扶風，又皆吳璘、楊政保蜀守蜀之功。而敵之田軍直趨濠州，我諸將得以聯兵制之。當是時也，無一人不勇，無一戰不勝，蓋不止有一月三捷之告。非敵前此不善戰也，直以我師正鋭，所向無前，吾觀金將告烏珠曰：'今者南兵非昔日比。'而敵兵望見王師且曰：'此順昌旗幟也，亟退避之。'除凶雪耻，此蓋可乘之機也，撫機不發何為也耶！"】

秋七月癸卯，湖北、京西宣撫使司將官張應、韓清入西京。初，河南府兵馬鈐轄李興既聚兵先復伊陽等八縣，又復汝州，偽河南尹李成弃城遁走河陽，宣撫使岳飛遣應、清與之會，遂復永安軍。己酉，湖北、京西宣撫使岳飛自與宗弼戰于郾城縣，敗之，殺其裨將。是役也，統制官楊再興單騎入敵陣，欲擒宗弼不獲，被數十創，猶殺數百人而退。壬戌，湖北、京西宣撫使岳飛自郾城班師。飛既得京西諸郡，會詔書不許深入，始傳令田軍。軍士應時皆南嚮，旗靡轍亂。飛望之，口呿而不能合。良久，曰："豈非天乎！"飛以親兵二千自順昌渡淮赴行在，於是潁昌、淮寧、蔡、鄭諸州皆復為金人所取，議者惜之。

九月壬寅朔，遣起居舍人李易赴韓世忠軍前議事。宰相秦檜主罷兵，召湖北、京西宣撫使岳飛赴行在，遂命易見世忠諭旨。時淮西宣撫副使楊沂中還師鎮江府，三京招撫處置使劉光世還池州，淮北宣撫判官劉錡還太平州，自是不復出師矣。己酉，上諭大臣曰："朕昨面諭岳飛：凡為大將者，當以天下安危自任，不當較功賞。彼以功賞存心者，乃士卒所為。至於朝廷待大將，亦自有禮。如前日邊報之初除諸將，便加師、保，豈必待有功乎？"時飛已至行在，故上訓及之。

同上書卷二十一上，《宋高宗十三》

辛酉紹興十一年……（二月）丙子，上謂大臣曰："中外議論紛然，以敵逼江為憂。殊不知今日之勢與建炎不同：建炎之間，我兵皆退保東南。杜充書生，遣偏將輕與敵戰，故彼得以乘間猖獗。今韓世忠屯淮東，劉錡屯淮西，岳飛屯上流，張俊方自建康進兵前渡。彼窺江則我兵乘其後。今雖虛鎮江一路，以檄呼彼渡江，亦不敢來。"其後卒如上所料。乙未，賜劉光世、韓世忠、張俊、岳飛、楊沂中、劉錡詔書，以"捷書累至，軍聲大張。蓋自軍興以來，未有今日之盛。"仍戒以"尚思困獸之鬥，務保全功。"

（三月）庚戌，秦檜奏："近報韓世忠、張俊等至濠州，岳飛已渡江去會師矣。上曰："首禍者惟烏珠。戒諸將無務多殺，惟取烏珠可也。澶淵之役，達蘭既死，真宗詔諸將按兵縱契丹，勿邀其歸路，此朕家法也。朕兼愛南北之民，豈忍以多殺為意乎？"初，金之入寇也，上命飛以兵來援。飛念前此每勝，復被詔還，乃以乏糧為詞。最後上御劄付飛云："社稷存亡，在卿此舉！"飛奉詔移兵三十里而止。及濠州已破，飛始以兵至舒、蘄境上，故張俊與秦檜皆恨之。

（夏四月）辛卯，詔給事中范同令入對。初，張浚在相位，以諸大將久握重兵難制，欲漸取其兵屬督府，而以儒臣將之。會淮西軍叛，浚坐謫去。趙鼎繼相，王庶在樞府，復議用偏裨以分其勢。張浚覺之，然亦終不能得其柄。至是，同獻計於秦檜，請皆除樞府而罷其兵權。檜納之，乃密奏於上。以柘皋之捷召韓世忠、張俊、岳飛並赴行在論功行賞。壬辰，太保、京東、淮東宣撫處置使、英國公韓世忠、少師、淮南西路宣撫使、濟國公張俊並為樞密使，少保、湖北京西路宣撫使岳飛為樞密副使，並宣押赴本院治事。世忠既拜，乃製一字巾，入都堂則裹之，出則以親兵自衛，檜頗不喜。飛披襟作雍容狀，檜亦忌之。【《龜鑑》曰："謬哉范同之為檜畫計也。同之議曰：'諸將俱握重兵，必甚難制。莫若皆除樞密而罷其兵權。'此范同但求以助和議而然也。檜乃用之，詔罷宣撫兵隸樞院，附和則保富貴。是故張俊先至則除美官，韓世忠、劉錡不言宣則傷讒。岳飛最後至，被禍最慘矣。】乙未，樞密使張俊言：“臣已到院治事。見管軍馬，伏望撥入御前使喚。”時俊與秦檜意合，故力贊議和。且覺朝廷欲罷兵權，即首納所統兵。上從其請，復詔范同入對，命林待聘草詔書獎諭。上謂韓世忠、張俊、岳飛曰：“朕昔付卿等以一路宣撫之權尚小，今付卿等以樞府本兵之權甚大。卿等宜各為一心，勿分彼此，則兵力全而莫之能禦。顧如烏珠，何足掃除乎！”禮部侍郎鄭剛中言於秦檜曰：“前日所共憂者，一旦變為安平之道。”因為檜陳善後之策凡七事。

（五月）丁未，詔韓世忠聽候御前委用，張俊、岳飛帶本職前去按閱御前軍馬，專一措置戰守。時秦檜將議和，故遣俊、飛往楚州，總淮東一全軍還駐鎮江府。

（六月）癸未，張俊、岳飛至楚州。飛視兵籍，始知韓世忠止有衆三萬，而在楚州十餘年，金人不敢犯，猶有餘力以侵山東，可謂奇特之士也。俊以海州在淮北，恐為金人所得，因命毀其城，遷其民於鎮江府，俊遂總世忠之軍還鎮江府，惟背嵬一軍赴行在。

（秋七月）壬子，右諫議大夫万俟卨言：“伏見樞密副使岳飛爵高祿厚，志滿意得，平昔功名之念日以頽墮。今春敵寇大入，疆埸騷然，陛下趣飛出師以為犄角，璽書絡繹，使者相繼於道，而乃稽違詔旨，不以時發，久之一至舒、蘄，忽卒復還。比與同列按兵淮上，公對將佐謂山陽為不可守，沮喪士氣，動搖民心。伏望免飛副樞職事，出之於外，以伸邦憲。”先是，飛數言和議非計，秦檜大惡之。及是飛自楚州歸，乃令卨論其罪，始有殺飛意矣。甲寅，侍衛親軍馬軍都虞候劉錡知荊南府，罷其兵。張浚深忌錡與岳飛，每言飛赴援遲而錡戰不力也。飛請留錡掌兵，不許。時有處士孫元濟者，聞除錡荊南，竊謂比之奕棋，此最高着也。人問其故，元濟曰：“陝、蜀諸軍但知吳氏，襄、漢諸軍尚思岳家。江陵在蜀、漢之間，而錡有威名，為諸將所服。且聞有詔：或遇緩急，旁郡之兵許之調發，銷患未形。此廟算也，非吾君大聖，其孰能與此?”是月，樞密使張俊復往鎮江措置事務，副使岳飛留行在。以二人議事不协故也。

（八月）甲戌，樞密副使岳飛充萬壽觀使。右諫議大夫万俟卨既劾飛罪，未報，御史中丞何鑄、殿中侍御史羅汝楫復交疏論之。卨章四上，又錄其副示飛，乃丐免，故有是命。

九月癸卯，命軍器少監鮑琚往鄂州根括宣撫司錢物。先是湖北轉運判官汪叙詹以書白奏檜，言岳飛頃於鄂渚置酒庫，日售數百緡；襄陽置通貨場，利復不貲。自飛罷，未有所付，乞令副都統制張憲主之，庶杜欺弊。前二日，詔都統制王貴與憲同掌。上謂檜曰："聞飛軍中有錢二千萬緡，昨遣人問之，飛對所有之數，蓋十之九，人言固不妄也。今遣琚往，縱不能盡，若得其半，亦不少矣。又歲計所入，供軍之餘，小約亦數百萬緡，比之頭會箕斂，不知幾民力可以辦此？"鄂州前軍副都統制王俊詣都統制王貴，告副都統張憲謀據襄陽為變。先是朝廷命諸將更朝行在，憲懼不得還，乃妄用金人侵犯上流，冀朝廷還岳飛復掌兵而己為之副。會憲詣樞密行府白事，俊具所謀告之，以統制官傅選為證，貴即日以聞。張俊在行府聞之，遂收憲屬吏。

（冬十月乙亥）少保、醴泉觀使岳飛下大理寺。先是，樞密使張浚言張憲供通為收岳飛處文字，後謀反，行府已有供到文狀。秦檜乘此欲誅飛，乃送飛父子於大理獄，命御史中丞何鑄、大理卿周三畏鞫之。

（十一月）丁未，判大宗正事士㒟提舉西京嵩山崇福宫。士㒟數言事，秦檜患之。岳飛之下吏也，士㒟草奏欲救之，語泄，檜乃使言者論之，故有是命。

（十二月）癸巳，岳飛賜死於大理寺。飛既屬吏，何鑄以中執法與大理卿周三畏同鞫之。飛久不伏，因不食求死。至是，万俟卨入臺月餘，獄遂上，於是飛以衆證，坐嘗自言己與太祖俱以三十歲除節度使，為指斥乘輿，情理切害，及敵犯淮西，前後親受札十三次，不即策應，為擁兵逗遛，當斬。御前前軍統制權副都統張憲坐收飛子雲書，謀以襄陽叛，當絞。飛長子雲坐與憲書，稱可與得心腹兵官商議為傳報朝廷機密事，當追一官罰金。詔飛賜死，命揚沂中莅其刑。誅憲、雲於都市。參議官于鵬除名，送萬安軍，孫革送尋州，並編管。仍藉其貲，流家屬於嶺南。天下冤之。飛死年三十九。初，獄之成也。太傅醴泉觀使韓世忠不能平，以問秦檜。檜曰："飛子雲與張憲書雖不明，其事體莫須有。"世忠怫然曰："相公'莫須有'三字，何以報天下乎？"飛知書而善待士，且濟人之貧。用兵秋毫無犯，民皆安堵。不知有軍，至今號為賢將。【《龜鑑》曰："岳飛之將略，亦嘗聞其大略乎。飛起於效用者也，平居憂國，無所不為。征討出師，慷慨勇往。隆冬按邊，上有'非我忠臣，莫翊大趾'之諭；盛夏出師，上有'暑行勞勤，朕念之不忘'之語；東下赴援，而上有'委身徇國，竭節事君'之嘆；力疾先馳，而上有'國爾亡身，誰如卿者'之褒。帥襄陽而克復襄陽，鎮湖北而坐制湖湘。焚蔡州之積，奪虢州之糧，而又倡率三軍，指授方略。自李寶曹州之戰，以至張憲臨潁之戰，凡十五戰，每戰必捷。金帥相告，謂'撼山易，撼岳飛兵難’。吁！當時有如飛者數十輩佈置邊面，是真所謂萬里長城者。而檜乃屏棄之，曾不甚惜。何耶？綸音趣覲彼之所以逗遛不進者，蓋亦以事機乘成為可閔也。‘莫須有’三字，強以傅會，欲加之罪，其無辭乎？千載而下，每念岳武穆之冤，直欲籲天而無從也。鷙鳥盡，良弓藏；狡兔死，走狗烹。此為不能保全功臣者說也。況鷙鳥猶未盡，而狡兔猶未死者也。”】【《大事記》曰：“飛之死，尤不厭衆心。飛忠孝出於天性，自結髮從戎，凡曆數百戰，内平劇盜，外抗強胡。其用兵也，尤善以寡勝衆。其從杜充也，以八百人破群盜五十萬衆於南薫門外；其破曹成也，以八千人破其十萬衆於桂嶺；其戰烏珠也，於潁昌則以背嵬八百，於朱仙鎮則以背嵬五百，皆破其衆十餘萬。金人所畏服，不敢以名稱，至以父呼之。自烏珠有‘必殺飛而後可和’之言，檜之心與金合，而張俊之心又與檜合。媒孽横生，不置之死地不止。万俟卨以願備鍛鍊，自諫議而得中丞；王俊以希旨誣告，自御防而得輔車；姚政、龐术、傅選之徒，亦以阿附，並沐累遷之寵。附會其事，無所不至，而‘莫須有’三字，世忠終以為無以服天下。飛死，世忠罷，中外大權盡歸於檜，於是盡逐君子，盡用小人矣。”

壬戌紹興十二年……（春正月）戊申，御史中丞万俟卨、大理卿周三畏同班入對，以鞫岳飛獄畢故也。尚書省乞以飛獄案令刑部鐫板，遍牒諸路。有進士知浹者好直言，飛以賓客待之。飛初下吏，浹上書訟其冤，秦檜怒，併送大理。獄成，浹坐決杖，送袁州編管云。先是，提舉洪州玉隆觀薛弼為飛參謀官，與飛厚。秦檜之閑居永嘉也，弼舊遊其門，万俟卨又善之，繇是無一辭累及。飛之在鄂也，有王輔者嘗知彭山縣，以臟敗，遂依飛軍中，飛亦厚待之。至是，輔遣其子孝忠上書指飛為姦凶，陰合檜意，檜喜，由是脱罪籍，尋擢知普州。

同上書卷二十一中，《宋高宗十四》

癸亥紹興十三年……（春正月）癸卯，詔以錢塘縣西岳飛宅為國子監太學。

同上書卷二十二上，《宋高宗十六》

乙亥紹興二十五年……（六月庚辰）詔改岳州為純州，岳陽軍為華容軍。先是左朝散郎姚岳獻言秦檜，謂：“岳飛躬為叛亂，以干天誅，然湖、湘、漢、沔，皆其生時提封之内。而巴陵郡猶為岳州，以叛臣故地，又與其姓同，顧莫之或改。”事下本路諸司，於是直秘閣知荆南府孫汝翼等言：

“按《水經》，汨水與純水合羅淵，即今巴陵郡是也。純之為字，有純臣之義焉。其言純粹、純白、純常，皆靜一不雜之義，足以洗叛臣之汙。”故有是命。岳嘗為飛幕屬，至是，自謂非飛之客，且乞改州名，士論鄙之。

（冬十月丙申）夜，檜薨，年六十六……初……韓世忠、張俊、岳飛方擅兵，檜與俊密約議和，而以兵權歸俊。飛既誅，世忠亦罷，俊居位不去，檜乃使江邈論罷之，由是中外大權盡歸於檜。非檜親黨及昏庸諛佞者則不得仕宦。

同上書卷二十三下，《宋高宗十九》

壬子紹興三十二年……（秋七月）戊申，詔追復岳飛元官，以禮改葬。訪求其後，特與錄用。

（十二月辛巳）上曰：“昨聞臣僚言，秦檜誣岳飛，舉世莫敢言。李若樸為獄官，獨白其非罪。……此皆不畏強禦，節概可稱。三省詳加訪問，其人如在，可與甄錄。”

同上書卷二十五上，《宋孝宗三》

庚寅乾道六年……秋七月癸巳，詔鄂州建岳飛祠宇，以“忠烈”為額，從州人之請也。

同上書卷二十九下，《宋寧宗二》

甲子嘉泰四年……（五月）癸未，追封岳飛為鄂王。①

同上書卷三十一，《宋理宗一》

乙酉寶慶元年……（二月）甲午，詔故太師、武勝、定國軍節度使、鄂王岳飛謚忠穆，尋改忠武。②

---

① 同見《資治通鑒後編》卷一百三十二。

② 同見《資治通鑒後編》卷一百三十七。

明

顧禄

［清］王士俊等編：《河南通志》卷七十四，《過崔橋閘題岳武穆屯兵處》

拂衣初出大梁城，此是南歸第一程。官閘乍開河水急，古橋斜斷石欄傾。幾家小市留人醉，百尺高樓散客情。武穆當年曾駐馬，皇天不祚宋中興。

楊士奇 等

撰：《曆代名臣奏議》卷四十七，《治道·宋高宗時》

宋高宗時，中書舍人胡安國上《時政論》……曹成反覆，直犯帥司。劉忠殘虐，塗炭數郡，固無可赦之理。宜專委岳飛掩捕曹成，及早進師，勿令越逸。

殿中侍御史章誼應詔上言曰……自趙立被圍，朝廷不能遣兵應援，以致陷沒。於是薛慶、李彦先相繼喪亡，岳飛、郭仲威迤邐失守。

同上書卷六十四，《治道·宋理宗時》

文天祥對策曰："……紹興間，楊幺寇洞庭，連跨數郡。大將王瓔不能制。時僞齊挾敵使李成寇襄、漢，幺與交通，朝廷患之。始命岳飛措置上流。已而逐李成，擒楊幺，而荆湖平……然屯海道者，非無軍；控海道者，非無將；徒有王瓔數年之勞，未聞岳飛八日之捷。"

同上書卷八十五，《經國·宋高宗時》

綱復論車駕不宜輕動，疏曰："……自固之策，遣張俊全軍進屯廬、壽，而存其家屬於建康，以便糧餉，命韓世忠兼保盱眙，而留楊沂中以衛行在，詔岳飛分兵江池，以保上流。”

綱論襄陽形勝，劄子曰：“……既逼僭偽巢穴，賊有忌憚，必不敢窺伺東南。將來王師大舉，收京東西及陝西五路，又不敢出兵應援，則是以一路之兵，禁其四出，因利乘便，進取京師，乃扼其喉，拊其背，制其死命之策也。朝廷近拜岳飛為荆襄招討使，其計得矣……臣觀自古有意於為國家立功名之人，如劉琨、祖逖之徒，未嘗不據形勝，廣招納，披荆榛，立官府，履艱險，攻苦淡，積日累月，葺理家計，然後能成功者。若欲坐待其事成，必無此理，願詔岳飛先遣將佐、軍馬及幕府官，徑趨襄陽，随宜料理。”

同上書卷八十八，《經國・宋高宗時》

時詔問宰執方略，資政殿學士李邴條上戰陣、守備、措畫、綏懷各五事……又言陛下即位之初，韓世忠、劉光世、張俊威名隱然為大將。今又有吳玠、岳飛者出矣。願詔大將於所部，舉智謀忠勇、可以馭衆統師各兩三人。朝廷籍記，遇有事宜，使當一隊，毋隸大將，則諸人競奮，才智皆飛、玠之儔矣。

同上書卷八十九，《經國・宋高宗時》

岳飛為太尉，從幸建康。以王德、酈瓊兵隸飛，詔諭德等曰：“聽飛號令，如朕親行。”飛數見帝，論恢復之略，又手疏言：“金人所以立劉豫於江南，蓋欲荼毒中原，以中國攻中國。金人因得休兵觀釁。臣欲陛下假臣月日，便則提兵趨京、洛，據河陽、陝府、潼關，以號召五路叛將。”

同上書卷九十一，《經國・宋高宗時》

（章）誼又上奏曰……張用已降指揮，鎮撫舒、蘄，而未能就職；孔彦舟雖罷鎮撫，而所領部曲，實在湖南；岳飛留老幼於徽州；劉綱寓次舍於溧水。四人者，將來軍兵賜予之物，其誰辦之。此其可慮者二也。

同上書卷九十六，《經國・宋孝宗時》

（葉）適又論紀綱……浚雖狂疏，竟失關陝，然節制諸將，保有全蜀。張俊、韓世忠、岳飛，亦次第平殄群寇。江左所以粗定，而敵肯和者，亦任人之效也。

司農卿李椿上奏曰……昔年岳飛一軍紀律最嚴，隱然如長城。

同上書卷一百四十三，《用人·宋高宗時》

（章）誼又論劉綱合還鎮，或隸一將帥，上奏曰……伏望聖慈略鑒前事，特賜睿斷，發遣劉綱還鎮。或如岳飛體例，領其部曲，隸一將帥，使不失職。不勝天下之幸。

同上書卷一百八十二，《去邪》

紹興元年，大宗丞常同乞郡，得柳州。三年，召還，首論朋黨之禍……其人汙穢苟賤，不為士人所齒。得淮西提舉，為臺章言罷。勝非必欲主持之，遂送與岳飛，使辟為官屬。

同上書卷二百十八，《赦宥》

知洪州趙元鎮乞曲赦虔寇，疏曰……一旦姦心不能自懲，則投兵剸刃，勢有必然者。因而聚衆阻險，無由自新。昨遣岳飛再已平定，而前日怨仇之訟，紛紛猶未已也。

同上書卷二百二十二，《兵制·高宗時》

元鎮於紹興間知洪州。又上奏曰："臣契勘本路江州、興國、南康軍，邊臨大江，地接光、黃，咫尺偽境，沿流曲折，控扼千里。萬一有警，須藉水軍防捍，唯是闕少戰船，緩急無以措手。近據探報，上流賊馬侵寇襄、隨，包藏不測，沿江制置使岳飛屯駐大軍列戍江上，亦以戰船闕少為慮。"

同上書卷二百二十三，《兵制·孝宗時》

淳熙十四年，知桂陽軍陳傅良《擬進劄子》："岳家軍者，今為鄂渚江陵人矣。"

適又奏曰："……自靖康破壞，維揚倉卒，海道艱難，杭越草創天下。遠者命令不通，近者横潰莫制。國家無明具之威信，以驅使強悍，而諸將自誇豪雄，劉光世、張俊、吳玠兄弟、韓世忠、岳飛各以成軍，雄視海内。"

同上書卷二百三十二，《征伐·宋高宗時》

浚奏楊沂中破劉猊，疏曰："……上寬顧慮。臣竊惟用兵之道，譬諸奕棋。方兩家爭戰，思慮必惑，立志不專，自須疑貳。一着苟失，勝負遂分。方其急時，要以靜應。寧當持子未下，不宜數有更易。今岳飛之軍，控制上流，利害至大。儻使之全軍而來，萬一敵人出沒此處，何以支梧？其為患害，與淮西同。非惟川、陝隔絶，大江之南，無日奠居矣。”

（胡）銓又上奏曰：“……顧張俊一軍，士卒最為簡練，器甲最為整飭，猶可敺而用之。韓世忠驍勇無前，蓋嘗抗敵於江上。今復屢勝群盜，度其果敢，亦必不肯辭難。其下如岳飛，皆可賴以為用。第不知士卒果能齊力一心，無所畏避，以當金人否？”

（紹興）四年，提舉西京崇福宫李綱上言曰：“……今偽齊悉兵南下，其境内必虚。而岳飛新立功於襄、漢，其威名已振。亦既班師，屯于武昌，偽齊必不虞其再至也。陛下儻降明詔，遣岳飛以全軍間道疾趨襄陽，更摘湖南北驍將、鋭兵，為之繼援，命信臣總統。乘此機會，擣潁昌，以臨畿甸。電發霆擊，出其不意，則偽齊必大震懼，呼還醜類，以自營救。王師追躡，必有可勝之理。此舉非惟牽制南牧之兵，亦有恢復中原之兆，此上策也。朝廷或以兹事體大，饋餉之費，調發之煩，倉卒未能辦集，則鑾輿駐蹕江上，勢須號召上流之兵。如岳飛、王𤫉，及湖南、北諸將部曲，除留屯外，各摘精鋭軍馬，盡集官私舟船，逐路應副錢糧，命將統率順流而下，旌旗金鼓，千里相望，以助聲勢，則敵人雖衆，豈敢南渡？仍詔韓世忠、劉光世，帥其全師，進屯淮南要害之地，設奇邀擊，絶其糧道，賊必退遁，保全東南，徐議攻討，此中策也。”

綱為江西安撫制置大使時，上言曰：“臣竊觀自古用兵者，相持既久，則非出奇，不足以取勝，曹操、袁紹官渡之事是也。王師與敵兵相持於淮泗間，幾半年矣。前日岳飛之舉，我出奇也。惜乎以錢糧不繼而勾田幹事軍馬，未能成功。今日賊馬渡淮，彼出奇也。若能設策破之，則奇反在我。臣願陛下速遣得力兵將，自淮南前來蘄、黄間，約岳飛兵，相為掎角，以夾擊之期於必勝，以復陳、蔡，則淮、泗之師，亦自當解，大功可成。”

綱又上言曰：“……今朝廷與諸路之兵，悉付諸將，外重内輕，指大臂小。平居已不能運掉，則緩急何以使之捍患而卻敵哉？兵猶博也，本多乃勝。善博者，徐出以待時。今乃罄所有，以事一擲，其可乎？此未盡善者四也。臣於陛辭日，竊聞麻制，以韓世忠、岳飛為京東、京西路宣撫使。聖意可謂斷矣。然兵家之事，多行詭道，鷙鳥之搏，必戢其翼，猛獸之攫，必匿其爪，藏殺機也……夫山東，天下之陸海也。賊豫賴之，以為根本之地，與吾淮南境土相接，河渠相通，士馬易行，粮餉易致。宜令韓世忠率師先臨，繼遣劉光世為之策應。張俊分兵以防江，岳飛重兵且屯襄陽，勿輕動以牽制其師，使不得應援。

同上書卷二百三十三，《征伐·宋高宗時》

（章）誼又上奏曰："六曰：遠設伏兵，而禦其奔衝之患。伏望聖慈留神聽察。臣謂，要結四鄰之援，以破其輔車之勢者。今淮西有趙霖、史康民，淮東有岳飛、劉綱、王林、郭仲威。"

（葉）夢得論漢高帝破秦、項三策，劄子曰……自淮而東，韓世忠主之；自淮而西，張俊主之。劉錡、王德、李世輔、雷仲之徒，擇形勢便利，往來游擊於兩間。敵兵分，則不能並立，合則我四面俱至。即使岳飛出漢上，以擣陳、蔡之虛。

同上書卷二百三十五，《征伐·宋理宗時》

理宗時，翰林學士知制誥真德秀上奏曰："……紹興之初，國勢非不弱也。惟我高宗崎嶇跋履之餘，熟知敵情，非懾怯請和之可以弭患也。淬厲軍政，蒐拔將材。宰臣如吕頤浩、趙鼎、張俊，更迭用事，皆以整戎經武為己任；而諸將若韓世忠、岳飛、吳玠、張俊、楊沂中、劉錡之徒，分控要衝，敵至輒破，不惟憤敵，且欲吞敵，故能轉弱而為強。"

同上書卷二百三十九，《任將·宋高宗時》

李光進《高祖與韓信論將故事論任將狀》，曰："……今陛下所與圖中興，摧大敵者，不在張、韓、劉、岳、吳玠等數大將乎？陛下欲盡駕御之術，則於此數人者，當使恩威並行，其心悅服。然後可以制其死命，其死力也。臣觀諸將，各有所長，不可偏任。如張、劉之持重，韓、岳之驍勇，政在陛下區處駕御之耳。韓世忠、岳飛，其實未立尺寸之功，寵任之專，恩數之隆，錫賚之厚，莫與為比。"

喻汝礪上奏曰："……今則一軍之出，四方游手者，無不竄名。軍中既得主帥，借補便悉。支行祿廩，與命官一同，無有限極。訪聞岳飛軍中，如此類者，幾數百人。"

同上書卷二百四十一，《任將·宋理宗時》

理宗時，監察御史吳昌裔論趙范失襄陽，疏曰："……漢水峴城，金湯堅壯，軍儲守具，根本富強。蓋自紹興名將岳飛營屯，至嘉定帥臣趙方徙治，雖金人屢寇，而江面不搖，險以人守故也。"

同上書卷二百八十二，《謚號・宋孝宗時》

衛涇上繳《裴良士乞父謚奏》，曰："……比年以來，褒表忠義，如岳飛、劉光世等，追贈王爵，中外有志功名之士，聞風興起。誠以理義人心之所同，固易於感發也。"

同上書卷二百八十四，《褒贈・宋光宗時》

光宗時，起居舍人兼中書舍人陳傅良上奏曰："……望聖慈以所以褒賞岳飛子孫之意，推及三家，以廣恩惠，以勸忠力。"

同上書卷三百六，《災祥・宋高宗時》

江西安撫制置大使李綱以地震應詔條陳八事，狀曰："……臣聞兵法欲致人，而不致於人，此猶棋家之爭先法耳。故善棋者之置子，必能制於數路，善兵者之禦敵，必能禁其四出。今諸將大兵，列屯淮、泗，又以宰相督之，可謂重矣。敵人之勢，亦必聚其士卒，以抗王師，則京西一帶，必有力不暇及之處。願詔劉光世專事陳、蔡，岳飛專事唐、潁，使敵人分兵以拒我，則淮泗之力紓，使不能分兵則乘間擣虛，吾無遺策矣。今劉光世軍已進合肥，而岳飛大軍尚留武昌未進，誠恐緩不及事，坐困錢糧，未見其可。伏望聖慈特降詔旨，督促其行，庶幾不失機會，今冬可無衝突之虞，願加睿察。"

同上書卷三百七，《災祥・宋孝宗時》

（淳熙）十二年，地震，尚書吏部員外郎楊萬里應詔上奏曰："……臣聞善為備者，備兵不若備糧，備糧不若備人。古者立國，必有可畏。非畏其國也，畏其人也。故苻堅欲圖晉，而王猛以為不可，謂：'謝安、桓沖，江左之望。是存晉者，二人而已矣。'異時名相，如趙鼎、張俊，名將如岳飛、韓世忠，此金人所憚也。"

同上書卷三百三十四，《禦邊・宋高宗時》

紹興間，綱為江西安撫制置大使，乞沿淮漢修築城壘，劄子曰……今大將既已移屯矣，營田既已施行矣，楚、泗既已修築城壘矣。惟是沿淮如廬、壽，沿漢江如襄、鄧等處，尚未措畫。臣願陛下降詔劉光世、岳飛，乘士卒之暇，以漸修築，如韓世忠之於楚，張俊之於盱眙，楊沂中之於泗。

紹興間，元鎮又上奏曰……況己酉冬，敵騎已嘗出武昌岸，徑趨興國。緣山疾馳數日，傳洪州城下。前車之戒未遠，則江西今日利害安危，豈不重且急乎？臣計本司見管軍馬，共一萬六千餘人，皆是招收烏合之衆。除輜重火頭等外，可使出戰，僅及萬人，才足以屯防近裏州縣，隄備盜賊，豈堪前當大敵。近奉聖旨，留岳飛全軍，先分萬兵駐九江，士馬精勁，似可倚仗。臣愚見尚有二患，邊面闊而僞境近，則師不可不益；師旅增而贍給廣，則財不可不聚。謂如江州、興國軍，西抵岳、鄂，皆據大江上游，曲折千里，控扼要害，受敵處多。自湓浦以上，江漸狹隘，至霜降水落，則一箭可及，一葦可航，非若下流深闊多阻，未易侵越也。今計岳飛兵數，二萬一千有餘，除火頭、輜重、守寨、疾病人外，實得戰士一萬五六千人。忽有警急，迎敵保城，臨時應機，猶恐分佈不給。兼岳、鄂人馬無多，安能使犄角應援？臣欲乞朝廷更摘那數頭項堪任出入將兵，時暫付臣相兼使用。又本路州縣，屢經兵火殘毀，繼以連歲討賊大兵往來，民力彫弊，官用空虛。今既留岳飛全軍，復丐益師，則軍儲愈窘，若止仰漕計，必致闕誤。

元鎮又乞下湖北帥司隄備賊馬，上奏曰："臣昨據本路制置使岳飛申諸處探報，李成、劉麟會合金人，有直趨蘄、黄渡江之計。臣以本路正當衝要，控扼江、浙，實係行朝利害，不敢隱默，節次具奏。庶幾中外預得為備，不至倉卒失措。自十一月二十日已後，探報少緩，而臣不即以聞者，以敵情不測，萬一所傳不審，有失隄防，或致衝突之患。當料其有，不料其無，勿恃其不來，恃吾有以待之也。今李成尚留漢上，雖未聞追襲之耗，而經營襄、鄧，用意不淺。蓋輕兵追襲，為患速而小，佔據上流，為患緩而大。計朝廷已有措置，非臣愚慮所及。緣上流既失，即自漢陽而下，沿江諸郡，皆順流可至之地，不可一日弛備，非特防秋而已。臣已奏稟，乞支降錢物，打造戰船。不唯本路合行計置，竊恐沿江諸路，亦當如此。兼聞光州、順昌府各儲糧十數萬，今則未見動息。觀其意向，必有所用。臣除不住移文制置使岳飛及本司所遣兵馬，遠佈耳目，益嚴防守，並召募硬探，直往襄陽已來，伺察敵情外，所有漢陽、沌口係漢江下流，湖北帥司所隸，更望聖慈特降睿旨，嚴切戒約，過為隄備，庶免意外不虞之患。

（章）誼又乞令張浚措置防秋，然後班師，上奏曰："臣聞江淮招討使張浚之師，自破李成，斬孫建、馬進之後，盜賊震恐，知尊朝廷，如張用、孔彦舟之徒，皆願聽節制。乘此機會，可以措置江、湖、淮甸之間，使兵皆隸將帥，使將皆有職任，分佈要害之地，委以戰守之事，各令漕臣給其糧餉，嚴罰重賞，責以來效。如此，則防秋之事，大概略舉矣。然後張浚可以班師，別聽陛下之指授。今聞朝廷許之入覲，徑自淮西循江而下。竊恐奉詔遄歸，其於江、湖、淮甸之間，有合措置事務，不暇經略，則數路之廣，盜賊復得屯聚，軍兵無以彈壓。雖留岳飛一軍，以為聲援，終恐兵少望輕，緩急難濟。伏望睿明更賜裁酌，不勝幸甚。

（葉）夢得又奏“金人敗盟，乞下三大將措置捍禦”，劄子曰：“……今大兵所恃，惟韓世忠、張俊、岳飛三將。臣欲乞朝廷先定大計，更命三將。”

（葉）夢得又奏《措畫防江八事狀》，奏曰：“……今來張俊雖屯太平州，近者又聞岳飛分兵下守池州，略有舊制。然逐人既領三京、河南北兩路招討，將來進師中原，逐旋起發前去，即沿江諸州，並皆空虛，都無指準。”

同上書卷三百三十五，《禦邊·宋高宗時》

宋高宗紹興十二年，廣西漕臣胡庭直上言：“邕州之左江、永年、太平等砦，在祖宗時，以其與交阯鄰壤，實南邊藩籬重地，故置州縣，籍其丁壯，以備一旦之用，規模宏遠矣。比年邊民率通交阯，以其地所產鹽，雜官鹽貨之。及減易馬鹽，以易銀，忽而不防，恐生邊釁，所宜禁戢。”高宗時，馮當可上劄子曰：“臣竊聞敵使往來，講修和好，即其往事，何足信憑？此必緣廢偽齊，人心未固，深恐陛下乘其機會，則殄滅有期。知奉迎梓宮，在陛下之心，至切、至痛，以是為辭，延引歲月，待其撫循既定，狡計既立，然後率其卒徒，送死遠來。陛下可不逆照其情，深為之備。臣竊見江前備禦，尚或闊疏。自建康以屬海，臣非親見，不敢妄陳。自西蜀以至江東，臣請論之。吳玠一軍，在梁、洋之間，凡五千餘里。至鄂州，始有岳飛。又三千餘里，至建康，始有張浚。陛下雖以玠為屏幛，然東南形勝，實有長江。今岳飛屯鄂、渚，實欲兼備江、池。襄陽有警，比岳飛得聞，往返三千里，束裝辦嚴，非一月不至襄陽。而敵兵近在京師，輕軍疾馳，不數日，遂涉江、漢。萬一舉偏師向江、池，連綴岳飛，而以大軍向襄陽，中斷吳、蜀。當是時，吳玠不能離梁、洋而下，岳飛不能捨江、池而上。敵兵盤泊荆南，可以指顧上流，震驚吳會。或徑趨潭、鼎，横涉饒、信，可以直乘空虛，擾我心腹。備禦如此，似亦疏矣。臣愚願陛下先事制勝，選知兵大臣，分重兵以鎮荆、襄。使倉卒有警，荆、襄併力，足當一面。岳飛得專於江、池間，若兵有統屬，不可遽分。亦宜嚴戒岳飛及茲無事，預思方略，審度事宜，重益荆、襄之戍。

卓敬

［明］李維樾、林增志編：《忠貞錄》卷一，《明贈奉政大夫、脩正庶尹、禮部郎中繼道先生葉公墓志銘》

（葉葵）序紀銘跋雜著若干篇什，忠義如宋文丞相、鄂武穆王，各序其事而系之以贊。

李賢　彭時

撰：《明一統志》卷十，《常州府・名宦》

岳飛【建炎中，金烏珠攻常州，飛移屯宜興。盜郭吉遁入湖，飛遣兵追破之，又遣辯士，盡降其衆。避地者賴以免，圖飛像祀之。後金人再攻常州，飛四戰皆捷。金人大敗，横尸十五里。】

同上書卷十二，《揚州府・名宦》

岳飛【建炎中，通泰鎮撫使，兼知泰州。會金攻楚州，急詔飛往援。飛抵承州，三戰三捷，殺金高太保，俘酋長七十餘人。又還守通、泰，戰於南霸橋，金人大敗。】

同上書卷二十八，《彰德府・祠廟》

岳飛廟【在湯陰縣治西南。飛，宋將。本朝建，賜額“精忠”，敕有司春秋致祭。】

同上書同卷，《彰德府・人物》

岳飛【湯陰人，少負氣節，好《左氏春秋》、《孫吳兵法》，誓以忠義報國。初授河南、河北諸州招討使，轉少保，志圖恢復用兵。能以寡敵衆，屢破強敵，未嘗一敗。大業垂成，為秦檜所害。後追封鄂王，謚武穆。五子，雲、雷、霖、震、霆。雲，左武大夫，隨飛征戰，數立奇功。雷、霆，俱閤門祗候。霖，敷文閣待制。震，茶鹽提舉。霖子珂，知嘉興府。】

同上書卷三十八，《杭州府·祠廟》

岳武穆王廟【在岳飛墓側。武穆，飛諡，本朝命有司歲時致祭。】

同上書同卷，《杭州府·陵墓》

岳飛墓【在棲霞嶺下。飛，宋高宗時，慨然有恢復中原之志，卒為秦檜所中死，葬於此。今其墓上古木枝皆南向，識者謂其忠義所感云。元趙孟頫詩："岳王墳上草離離，秋色荒凉石獸危。南渡君臣輕社稷，中原父老望旌旗。英雄一死嗟何及，天下中分遂不支。莫向西湖歌此曲，水光山色不勝悲。"】

同上書同卷，《杭州府·古蹟》

岳飛宅【在府治北。郡人即其地立廟祀之。廟有井，相傳飛被害時，有女尚幼，挾銀瓶投井而死。故廟並祀焉。】

同上書卷五十二，《九江府·山川》

岳飛池【在府治東南。宋岳飛守鎮時鑿，久湮。今按察分司衙，是其處。】

同上書同卷，《九江府·陵墓》

岳飛母墓【在府城南五十里。飛鎮江州時，母卒葬於此。】

同上書同卷，《九江府·名宦》

岳飛【高宗時，鎮江州。子孫因世居德化縣。】

同上書卷五十七，《瑞州府·祠廟》

岳王廟【在新昌縣東門內，正德三年，邑令熊紀以王有功兹邑，立廟以祀。】

同上書卷五十九，《武昌府·名宦》

岳飛【荆湖北路制置使。嘗屯兵鄂、岳，討平寇賊，以功封武昌郡開國侯。】

同上書卷六十，《武昌府・祠廟》

岳飛廟【在府城南。舊在東門外，宋淳熙中建。飛，宋名將，今稱忠烈。】

同上書同卷，《武昌府・名宦》

岳飛【建炎末，德安府制置使。賊將荆超據郢州，號“萬人敵”。飛提兵至郢，超敗，投崖死，遂復郢州。】

同上書同卷，《襄陽府・名宦》

岳飛【荆襄招討使。有戰功，尋鎮襄陽。措置屯田，以圖恢復中原，威聲大振，金人甚惧。】

同上書卷六十二，《岳州府・名宦》

岳飛【建炎初，為荆湖南北制置使。時楊幺據洞庭為亂，飛捕斬之。】

同上書卷六十三，《長沙府・名宦》

岳飛【權知潭州，兼荆湖安撫都總管。招劇盜曹成。成聞飛將至，驚曰：“岳家軍來矣。”即分道而遁。飛至茶陵招之，不從。乃掩擊大破之，成走宣撫司降。】

同上書卷六十四，《常德府・名宦》

岳飛【湖南北制置使。討賊楊幺於鼎州，降其衆数萬。幺負固不服，方浮舟湖中，飛敗之。幺投水，為牛皋擒，斬之。初，賊恃其險，曰：“欲犯我者，除是飛來。”至是，人以其言為讖。】

同上書卷八十四，《平樂府・名宦》

岳飛【紹興初，賊曹成據賀州。飛以神武右軍副統制引兵擊成，大破之。時以盛夏，行師瘴地，撫循有方，士無一人死癘者。】

丘濬

［明］黃訓編：《名臣經濟錄》卷二十九，《内外群祀之禮》

又詔以曆代名臣從祀帝王廟，乃以風后、力牧、皋陶、夔、龍、伯夷、伯益、伊尹、傅說、周公旦、召公奭、太公望、方叔、召虎、張良、蕭何、曹參、陳平、周勃、鄧禹、馮異、諸葛亮、房玄齡、杜如晦、李靖、郭子儀、李晟、曹彬、潘美、韓世忠、岳飛、張浚、穆呼哩、博勒呼、博爾濟、齊拉衮、巴延，凡三十有七人，是皆前代之君臣同德，始終一心者。

沈周

［清］王士俊等編：《河南通志》卷七十四，《滿江紅·題宋高宗賜岳飛手敕》

汴鼎南遷，湧流寓，錢塘如客。堪涕泣，傷痍凋瘵，倩誰醫國。好個忠飛天下將，奈他逆檜舟中賊。把英雄，頓挫莫成功，反冤殛。

飛不死，宋之得，飛不死，金之失。痛飛之一死，檜之全策。萬里長城麞足折，西京歸路烏頭白。笑昏夫，亦有小聰明，看遺敕。

文徵明

［清］王士俊等編：《河南通志》卷七十四，《滿江紅·題宋高宗賜岳飛手敕》

拂拭殘碑，敕飛字，依稀堪讀。慨當初，倚飛何重，後來何酷。果是功成身合死，可憐事去言難贖。罪無辜，堪恨更堪悲，風波獄。

豈不念，中原蹙，豈不念，徽、欽辱。念徽、欽既返，此身何屬。千載休談南渡錯，當時自怕中原復。笑區區，一檜亦何能，逢其欲。

徐溥 等

撰：《明會典》卷八十四，《禮部四十三·祭祀五》

曆代帝王廟……從祀名臣……東廡……第二壇……岳飛。

同上書卷八十五，《各處廟祠·河南》

湯陰岳王廟【祀宋武穆王飛，又杭州亦有墳墓。】

王鏊

撰：《姑蘇志》卷二十八，《吳江縣》

三忠祠，在長橋。洪武元年，知州孔克中立，以奉吳伍子胥、唐張巡、宋岳飛。

同上書卷四十二，《宦蹟·張俊》

南渡後，俊握兵最早，屢立戰功。與韓世忠、劉奇、岳飛並為名將，世稱“張、韓、劉、岳”云。

同上書卷五十二，《人物·吳訥》

永樂間以醫士舉至京，懇辭仁廟。時監國聞其名，命教功臣子弟。俄遷監察御史，出巡浙江，削秦檜碑，表陸贄里，修岳飛墓，動皆扶植綱常。

吳鼎

［清］嵇曾筠等編：《浙江通志》卷二百六十二，《重建忠節祠記》

初，弘治十載，巡鹺部使者舒城姚公建忠節坊於杭，以表吳行人伍公、唐僕射褚公、宋岳武穆王、我朝于肅愍公，語具《上蔡李相國記》中。坊左為記石亭，亭外壖垣縣官地也。比歲垣圮亭毀，地没鞠為茂圃，僅存記石，漫漶而風聲微矣。岳氏、于氏及郡縣諸生以白按使吉水周公，事下杜倅炳，徵諸往牒暨故老，良然已反正其地。周公曰："國家以忠義勸士，而士節不立，其諸宣揚導化者之責乎？余實忝竊其官，滅賢大夫之烈不述，墮先正所建，余甚懼焉，乃營作忠節祠於故侵地。"會令毀淫祠，則撤其材為堂。像設四公於中，前重門、東序、西序、後寢各四，楹中門左右各為亭一，以覆李公記石，暨今記石。他庖、湢、周垣率如儀。經始嘉靖十有六年冬十月，越明年夏且落成，周公去。又明年，滇府高公來按鹺政，歎是義激揚甚大而未有紀述，告郡太守陳侯曰："侵地復歸，賴前記足徵也，今已祠而無記，後將何考焉？"相與問於鼎，或曰何祠乎忠節？曰祠人臣以忠而反被禍者也，伍公可謂竭忠所事矣，褚公可謂正言不諱者矣，岳公可謂主辱臣死者矣，于公可謂安社稷為悅者矣，舍四公無死忠者乎？曰有。有則何祠乎四公？或生於斯，或没於斯者也。然四祠載在令甲，復祠不近黷乎？曰秩祀古今同德合義，益廣風勸。春秋與賢者，不一而足意也，惡乎黷？矧曰："有其舉之，莫之敢廢者哉，是所謂崇國典、修舊章，紹聞前人之懿也，而或疑未經建白於朝，亦過矣。爰為辭四章，俾歌以祀四公。其辭曰：騁余望兮海東，靈何為兮水中。靈之來兮潮生，化鴟夷兮長虹。駕素馬兮朱旗，撫長劍兮忡忡。臺有麋兮墓有櫝，嗟太息兮焉終。伍行人展吳歌兮越歈，魂不歸兮焉如。狐死必首丘兮，胡不反葬於故都。靈修化兮媒勞，綠衣粲兮愁余。奠桂漿兮椒醑，招魂歸來兮南方不可以居。褚僕射鼓鼙兮鐃歌，君不樂兮奈何。有酒兮如澠，君不飲兮獨醒。鐵甲如雲兮蔽日而來下，蚩尤為旗兮元豹為馬。攝天矢兮執天槍，落旄頭兮殪天狼。歲既宴兮壯士驚，杳冥冥兮懷北征。岳少保吉日兮出狩，獻公兮椒酒。陳鏤簋兮緪朱絃，奏黃鐘兮破瓦缶。死從彭咸之居兮，生與仲父為友。敵何為兮四裔，吾何為兮中原。思公功兮未敢言于太傅。"

邵寶

撰：《學史》卷三，《辰・岳武穆被班師之詔》

日格子曰："岳武穆被班師之詔，或謂可以無受。將在軍，君命有所不受，古之道也。惟明主在上，可以行之，庸主則否。武穆之還，豈得已哉？吾觀李牧之事，於是益悲之。"

王廷相

[明] 黃訓編:《名臣經濟錄》卷四十二,《修舉團營事宜疏》

訓練。古語云:“教士三萬,橫行天下。”故齊桓有節制之兵,秦之銳士不敢當;岳飛五百背嵬之軍,烏珠巨萬不能敵。由是觀之,兵必教成,而後可以勝敵矣。

夏言

[清] 梁詩正、沈德潛編:《西湖志纂》卷十二,《滿江紅·岳武穆祠》

南渡偏安,瞻王氣,中原消歇。嘆諸公,經綸顛倒,可憐忠烈。曾見凄凉亡國事,而今惟有西湖月。覩祠宫,宰木尚南枝,傷心切。

人生易,頭如雪,竹簡汗,青難滅。拄乾坤,要使金甌無缺,后土漫藏遺臭骨,龍泉恥飲奸臣血。恨當時,無奈小人朋,盈朝闕。

黃弘綱

[清] 謝旻等編:《江西通志》卷一百三十,《重修羅田巖濂溪閣記》

雩都羅田巖濂溪閣者,祠濂溪、明道、伊川三先生,暨武穆岳公、陽明先師也。創始於宋邑令周公頌,續建於明太府邢公珣,至督學蔡公克廉,乃檄有司並五先生列之祀典。因其半燬而增闢之,視其未備而加飭之者,僉憲沈公謐、今邑令羊公修也。慶曆間,濂溪先生通判虔州,嘗有《遊羅田巖》詩。於時太中程公令興國,遣明道、伊川見周茂叔,疑即其時。按巖列嘉熙庚子,濂溪閣成,勒先生詩,聞其風則思過化之所鍾,而況親炙之者與。巖亦為黃龍禪師經行地,武穆提兵平賊至固石洞,訪黃龍於巖下,見而作詩。宫寀羅公洪先為書而刻之石,督學公首三先生及武穆矣,並述陽明倡學虔臺,及門諸生,雩獨多於他邑。合五先生而祀於一堂,且曰道、德、忠、貞其揆一也。闢為三室,中妥三先生,左武穆,右陽明,及門袁子慶麟、何子春、何子廷仁、管子登四子侍坐於陽明先生之室,春秋率邑之同志舉釋菜合享焉。嗟夫！一隅之地而寓五賢，道本人存，地由人勝，後之登兹巖者，景慕嚮往之私，抑又可知矣。蓋洙泗之傳至孟氏，而息千五百餘年，周、程始復追尋其緒，而有“無極而太極”，定之以“中正仁義而主静”之說，“動亦定，静亦定，無將迎，無内外”之論，庶幾精一之旨，自是而後，析心與理而為二。至陽明獨揭良知以開群迷，其言曰：“世儒之支離，外索於形名器數之末，以求明其所謂物理者，而不知吾心即物理，無假於外也。佛老之空虚，遺棄其人倫物理之常，而明其所謂吾心者，不知物理即吾心，不可得而遺也。”昭然孔孟之宗矣，後之景慕嚮往者其亦有感於斯乎。昔太府建閣時，置堅石，將樹碑記興廢以傳諸後，恐泯於無聞，文未就而石存。予感太府之意，且曆覩諸公相繼之盛，心追而紀之，而終之以斯道之攸係以諗。夫邑之同志，相與無忘，且有懼焉，則兹閣寧泯於無聞已哉。

李濂

撰：《汴京遺蹟志》卷十一，《祠廟庵院·岳武穆祠》

岳武穆祠在朱仙鎮，武穆舊班師地也。居民追思其功，立祠祀之。成化二十一年，河南佈政使呉節、開封知府張岫始建議恢拓祠宇焉。

［清］王士俊等編：《河南通志》卷七十四，《水調歌頭·岳忠武廟》

立馬古名鎮，指點鄂王宫。宋家陵闕何在？鴉噪晚林空。當日兩招討，獨帥孤軍轉戰，血濺鐵衣紅。誓死報天子，旗字織精忠。

嗤權奸，飛鳥在，自藏弓。金牌詔退，虎旅撫劍泣英雄。肯念二龍沙漠，絶愛六橋煙靄，歌舞且江東。誰雪靖康恥，千載恨無窮。

周怡

撰：《訥谿奏疏》，《内外大臣不和，乞賜天語嚴責，以敦國體，共濟時艱》

韓淮陰無蕭相國國士之知，終於遁去；岳武穆不有内制，其禽烏珠，强宋室當無難也。今誠有韓、岳之將，寧肯低眉俛首，受制於文墨刀筆之吏耶？

田汝成

撰:《西湖遊覽志》卷九,《北山勝蹟》

葛嶺之西為……棲霞嶺……牛皋墓、妙智庵。

棲霞嶺上,桃花爛燦,色如凝霞。其北有古劍關,蓋左寶雲、右仙姑兩山夾峙,若劍門然,宋立巡司於此。有水一道名桃溪,經岳墳前入湖。嶺西,為烏石塢。

牛皋墓,在劍門關畔。皋,字伯遠,汝州魯山人,為岳武穆部將。累立戰功,轉寧國軍承宣使。紹興十七年上巳日,都統制田師中大會諸將。皋遇毒,亟歸,語所親曰:"皋年六十一,官至侍從,即死無恨。所恨者,南北通和,不以馬革裹屍,顧死牖下耳。"明日卒,或言秦檜使師中毒皋云。景定初,追封輔文侯。

妙智庵,即牛皋香火院。

嶺下為岳武穆王墓、翊忠祠、分屍檜、流芳亭。

岳武穆王墓。王名飛,字鵬舉,相州湯陰人。少負氣節,沉毅寡言。有神力,未冠,挽弓三百觔,弩八石。宋高宗時,以戰伐功,曆官都統。屢陳恢復大計,高宗慮欽宗之返而攘己也,陽獎而陰憾之。丞相秦檜,揣知帝旨,遂力主和議。會烏珠寇拱、亳,詔飛往援,金人大敗,追及朱仙鎮,中原響應。謂其部下曰:"直抵黃龍,與諸君痛飲耳。"方指日渡河,而檜欲割淮以北棄之。乃召張俊、楊沂中先歸,言飛孤軍不可久留,以金牌十二召之班師。飛憤惋泣,東向拜曰:"十年之力,壞於一旦矣。"明年,烏珠寇淮西,張俊畏敵不敢進,詔飛往援,烏珠遁。俊忌之,飛遂力請解兵柄。會烏珠遺檜書,言飛不死,和議終不成。檜乃諷臺臣何鑄、羅汝楫等,交章論飛,言金人攻淮西,飛至舒、蘄而不進,與張俊按兵淮上,又欲棄山陽而不守。張俊又劫王俊,誣飛令張憲、岳雲通書協謀,冀以兵柄還飛。檜遣使捕飛父子下獄,令諫議大夫万俟卨鞫成之。會歲暮,獄無佐證。檜一日獨居書室,食柑玩皮,若有思者。其妻王氏窺咲曰:"老漢一何無決,擒虎易,縱虎難也。"檜犂然當心,致片紙獄中,即日報飛死矣。蓋摺殺之,年三十九。雲、憲皆棄市。獄卒隗順,負飛屍踰城,至九曲叢祠,瘤瘞之,以玉環殉,樹雙橘識焉。紹興末,金人益猖獗,太學生程宏圖訟飛冤,詔還飛宗屬徙邊者。孝宗詔復飛官,謚武穆,改葬於棲霞嶺,雲祔其旁。廢智果院為祠，賜額曰“褒忠衍福寺”。墓上之木皆南向，蓋英靈之感也。嘉定四年，封鄂王。宋亡，寺廢。王之六世孫在江州者，名士迪，與宜興岳氏通譜，合力起之。未幾，復廢。至元間，天台僧可觀者，訴於官，鄭明德為作疏語云：“竊念故宋贈太師武穆岳鄂王，忠孝絶人，功名蓋世。方略如霍嫖姚，不逢漢武，徒結志於忘家；意氣如祖豫州，乃遇晉元，空誓言於擊楫。賜墓田棲霞嶺下，建祀祠秋水觀西。落日鼓鐘，長為聲冤於草木；空山香火，猶將薦爽於淵泉。豈期破蕩子孫，盡壞久長規制。典補田，隳佛宇，春秋無所烝嘗；塞墓道，毁神棲，風雨遂頹廟貌。鵂鶹夜啼拱木，躑躅春開斷垣。淚落路人，事關世教。蓋忠臣烈士，每詔條有致祭之文；豈狂子野僧，攙國典出募緣之疏。望明有司，告之臺省。冀聖天子，錫之珪璋。褒忠義在天之靈，激死生為臣之勸。周武封比干墓，事著遺經；唐宗建白起祠，恩覃異代。”疏成，杭州經曆李全，慨然重興之。廟塑王像，以其子雲、雷、震、霖、霆袝焉。後作燕寢，像王父母及王夫人，與王之女號銀瓶娘子者，尋燬。雲，飛養子也，每立奇功，飛輒隱之。能握鐵椎重八十斤，死年二十三。霖子珂，嘉定間作《籲天辯誣錄》、《天定錄》、《桯史》、《金陁粹編》，飛事愈白。廟中有石刻飛詩詞二首，《送紫岩張先生北伐》詩云：“號令風霆迅，天聲動北陬。長驅渡河洛，直擣向燕幽。馬蹀閼氏血，旗梟可汗頭。歸來報明主，恢復舊神州。”其詞云：“怒髮衝冠，凭欄處，瀟瀟雨歇。擡望眼，仰天長嘯，壯懷激烈。三十功名塵與土，八千里路雲和月。莫等閒，白了少年頭，空悲切。靖康恥，猶未雪。臣子恨，何時滅？駕長車，踏破賀蘭山缺。壯志饑飡狼虎肉，笑談渴飲匈奴血。待從頭、收拾舊山河，朝天闕。”皇明初，敕建其祠，有司春秋致祭。弘治間，參政周木得其裔孫於衢州，召令世守之。太監麥秀重建殿寢，雲所用鐵鎗猶存。正德八年，都指揮李隆鑄銅為秦檜、王氏、万俟卨三像，反接，跪露臺。十二年，太監王堂塑王父母妻子女諸像，扁曰“一門忠孝”。古今弔其墓者，詩已成集，略掇其著者。葉紹翁詩：“萬古知心只老天，英雄堪恨復堪憐。如公少緩須臾死，此敵安能八十年？漠漠凝塵空偃月，堂堂遺像在凌煙。早知埋骨西湖路，悔不鴟夷理釣船。”林弓寮詩：“天意只如此，將軍足可傷。忠無身報主，冤有骨封王。苔雨樓墻暗，花風廟路香。沉思百年事，揮淚對斜陽。”趙子昂詩：“岳王墳上草離離，秋日荒凉石獸危。南渡君臣輕社稷，中原父老望旌旗。英雄已死嗟何及，天下中分遂不支。莫向西湖歌此曲，水光山色不勝悲。”高則誠詩：“莫向中原嘆黍離，英雄生死係安危。内庭忽下班師詔，絶漠全收大將旗。父子一門甘伏節，山河萬里竟分支。孤臣尚有埋身地，二帝遊魂更可悲。”潘子素詩：“海門寒日澹無輝，偃月堂深晝漏遲。萬竈貔貅江上老，兩宫環珮夢中歸。内園羯鼓催花發，小殿珠簾看雪飛。不道帳前胡旋舞，有人行酒著青衣。”林清源詩：“誰收將骨葬西湖？已卜他年必沼吳。孤冢有人來下馬，六陵無樹可棲烏。廟堂短計慚嫠婦，宇宙惟公是丈夫。往事重觀如敗局，一龕燈火屬浮屠。”徐孟岳詩：“童大王歸事已離，岳將軍死勢尤危。直教萬歲山頭雀，去遶黄龍塞上旗。飲馬徒聞腥鞏洛，洗兵無復望條支。湖邊一把摧殘骨，蓋世功名百世悲。”高季迪詩：“大樹無枝向北風，千年遺恨泣英雄。班師詔已成三殿，射敵書猶說兩宫。每憶尚方誰請劍，空嗟高廟自藏弓。棲霞嶺上今回首，不見諸陵白露中。”陶九成詩：“精忠祠宇西湖上，再拜荒墳感昔遊。斷碣草深蒙贔屭，空山日落叫鉤輈。運移宋祚難恢復，帝幸燕雲困擄囚。逆檜陰圖傾大業，昭陵無意問神州。偷安甫遂邦家志，飲痛甘忘父母讎。信使北和憐屈膝，策文南駐忍含羞。兩宫五國瞻征幟，丹詔班師下節樓。萬里長城直自壞，中興武績遂云休。嗚乎竟死姦邪手，顛沛誰為社稷憂。黯黯冤魂遊狴犴，紛紛雨淚泣貔貅。唯餘滿地萇弘血，不見中流祖逖舟。氛□已塵金匼匝，冕旒終換鐵兜鍪。姓名竹帛書千載，父子英雄土一丘。老樹尚知朝禹穴，遺黎總解說王猷。復田起廢憐僧寺，移檄褒嘉賴省侯。聖世即今崇祀典，佇看寵渥到松楸。”

翊忠祠，以祀劉允升、施全者。允升，建州佈衣士也，聞岳武穆王被逮，詣闕上書，訟其冤。秦檜大怒，下棘寺論死。全，殿前司小校也，憤秦檜主和議誤國，挾刃刺之，不中，被擒，磔於市。弘治二年，工部主事莆田林沂建祠祀之。四年，按察使楊俊、副使吳伯通等，重拓大之，題其祠曰“翊忠”。

分屍檜，在墓前。天順間，杭州同知馬偉鋸而植之，首尾異處，以示磔屍狀，至今猶活。前有石壁，書“盡忠報國”四字，每字方五尺餘。

流芳亭，在墓西，有石刻王像存焉。其贊曰：“惟武穆王，天錫勇智。氣吞強胡，力扶宋季。桓桓師旅，元戎是寄。行將恢復，遭讒所忌。生既無怍，死亦何愧？萬古長存，惟忠與義。”

履泰山之西為仙姑山張憲墓。

張憲墓。憲，岳武穆愛將也，累立戰功。紹興十年，烏珠頓兵臨穎，憲破其兵，追奔十五里，中原大震。會秦檜主和，班師，憲還。未幾，檜與張俊謀殺岳飛，誘飛部曲能告飛事者，卒無人應。張俊乃自為狀，付奸人王俊，妄言憲與岳雲通書，謀還飛兵權。張俊親行鞫煉，憲被掠無全膚，竟不伏。張俊乃手具獄詞，告成於檜。憲坐死，葬於此。景定二年，追封烈文侯。元總管夏思忠為立石，表其墓，尋廢。皇明正德十二年，佈衣王天祐發地，得碣石，乃崇封焉。知府梁材為建廟宇，修撰唐皋為之記。

同上書卷十五，《南山分脈·城内勝蹟·官署》

昌文侯祠，本學土神也，侯為徐文慶，宋岳武穆王飛部將，有戰功。飛死，侯遂不禄。孝宗理飛冤，褒崇及其部將，遂賜侯為昌文侯，牒充太學土神，今仍奉祀焉。

同上書卷十六，《南山分脈·城内勝蹟·祠廟》

忠烈祠在衆安橋南，以祀宋封繼忠侯岳雲、烈文侯張憲者。雲乃武穆之子，憲為武穆部將，或云其壻也。此橋為二侯就戮之所，里人憐其冤，立祠祀之。正德十五年，巡鹽御史劉樂拓大其基，參政鄒虞為記。

同上書卷二十一，《北山分脈·城内勝蹟·官署》

提刑按察司，故宋岳武穆王宅也。紹興三十一年，以王宅為太學。宋亡，學燬。元改為肅政廉訪司。國初改浙江提刑按察司，設按察使副使僉事。洪武十七年重建公廨，而東近岳王祠，西迫北察院，基故卑隘門外居民叢障。成化二年，按察使戴珙等盡徙民居，開道南出，抵長生街，建坊東，曰“端本”，又東睦親街曰“弼教”，西曰“澄源”，西過長生橋，抵城下白龜池上，曰“肅政”，内有一清樓梅閣，其經曆司、照磨所、司獄司皆在司内。

同上書同卷，《北山分脈·城内勝蹟·祠廟》

忠佑廟，在按察司左。宋紹興十三年，以岳飛故宅改為太學。學中時時相驚以岳將軍見。孝宗朝，詔復其官，追諡武穆。建廟學左，曰“忠佑”。淳祐六年，改諡忠武。已而學中復驚岳將軍降為土神。景定二年，從監學之請，立為土神，封鄂王，改諡忠文，廟曰忠顯。王之父母妻子，下逮將佐，皆有命秩。祠後有銀瓶娘子井。銀瓶娘子者，王季女也。聞王下獄，哀憤骨立，欲叩闕上書，而邏卒嬰門，不能自達，遂抱銀瓶投井死。王原吉詩云：“碧梧月落烏號霜，寒泉幽凝金井床。綺疏光流大星墜，夢驚萬里長城亡。女郎報父收囹圄，匍匐將身贖無所。官家聖明如漢主，妾心愧死緹縈女。井臨交衢下通海，海枯衢遷井不改。銀瓶同沈意有在，萬歲千春露神采。魂今歸來風泠然，思陵無樹容啼鵑。先生墓木西湖邊。”

撰：《西湖遊覽志餘》卷二，《帝王都會》

高宗以府治為行宮，嘗題中和堂詩云：“六龍轉淮海，萬騎臨吳津。王者本無外，駕言蘇遠民。瞻彼草木秀，感此瘡痍新。登堂望稽山，懷哉夏禹勤。神功既盛大，後世蒙其仁。願同越句踐，焦思先吾身。艱難務遵養，聖賢有屈伸。高風動君子，屬意種蠡臣。”嗟乎！有一岳武穆而不能用，乃顧思材于異代耶？

同上書卷四，《佞倖盤荒》

秦檜，會之，江寧人。靖康初，金兵陷汴，二帝北遷。檜以御史中丞從，與其帥達蘭善倡割地之議。達蘭乃縱之，使與其妻王氏航海奔行在。高宗召見，與議國事，大奇之，馴加褒用。力主和議，廷臣異已者輒逐之。樞密副使岳飛屢言和議誤國，檜殊憾之，竟以誣死，而趙鼎、張浚、胡銓，皆貶錮終身。檜之欲殺岳飛也，於東窗下與妻王氏謀之，王氏曰：“擒虎易，縱虎難。”其意遂決。後檜遊西湖，舟中得疾，見一人披髮厲聲曰：“汝誤國害民，吾已訴天，得請矣。”檜歸，無何而死。未幾，子熺亦死。王氏設醮，方士伏章，見熺荷鐵枷，問：“太師何在?”熺曰：“在酆都。”方士如其言而往，見檜與万俟卨俱荷鐵枷，備受諸苦，檜曰：“可煩傳語夫人，東窗事發矣”。

同上書卷六，《板蕩凄涼》

興化陳文龍志忠者，度宗時狀元及第，德祐末歸守本州。北兵入閩，不屈，生縛至杭。初，文龍在太學累試不入格，一日夢太學土神岳侯請交代，自謂必死於學，恒悒悒不樂。既而廷對第一，仕宦顯達，前夢不復記矣。及守鄉郡，又夢神通，詩首言交代後著年月曰至元，心甚駭愕。未幾，國亡家陷，身俘至杭，拘縶於太學，病將絶，以前夢語故人趙有得，因嘆曰：“社稷人民，一旦易主，此天數也。皇宋未亡之前，鬼神已奉其正朔矣，吾今病且死，而適囚太學，得無為太學土神乎。”果卒。

元時有傅按察者，嘗作《鴨頭綠》一詞悼宋，云：“靜中看，記昔日淮山隱隱，宛若虎踞龍盤。下樊襄，指揮湘漢，鞭雲騎，圍繞江干。勢不成三，時當混一，過唐之數不為難。陳橋驛，孤兒寡婦，久假當還。掛征帆，龍舟催發，紫宸初卷朝班。禁庭空，土花暈碧，輦路悄，訶喝聲乾。縱餘得西湖風景，花柳亦凋殘。去國三千，游仙一夢，依然天淡夕陽間。昨宵也，一輪明月，還照臨安。”又有越僧作《錢唐懷古詩》云：“天定終難恃武功，不堪雙淚濕東風。百年南渡斜陽外，十里西湖片雨中。燕子來時龍輦去，楊花飛徹鳳樓空。倚笻曾向高峰望，山掩江城霧氣籠。”瞿宗吉《宋故宮嘆》云：“金輪夜半北方起，炎精未陞光先死。青衣去作行酒人，泥馬來為失鄉鬼。江頭宮殿列巑岏，湖上笙歌樂燕安。魚羹自從五嫂乞，殘酒却笑儒生酸。格天閣上燒銀燭，申王計就蘄王逐。累世内禪諱言兵，中興之功罪難贖。開邊釁動終倒戈，師臣函首去求和。木綿庵下新鬼哭，誤國重逢賈八哥。琉璃作花禁珠翠，上馬裙輕淚粧媚。朔風吹塵笳鼓鳴，天目山崩海潮避。興亡往事與誰論，亭亭白塔鎮愁魂。惟有栖霞嶺頭樹，至今人說岳王墳。”

同上書卷七，《賢達高風》

岳飛，字鵬舉，相州湯陰人。生時有大禽若鵠，飛鳴室上，因以為名。未彌月，河決内黃，水暴至，母姚抱飛坐甕中，衝濤及岸得免，人異之。少負氣節，沈厚寡言。家貧力學，尤好《左氏春秋》、《孫吳兵法》。生有神力，未冠，挽弓三百斤，弩八石。學射於周同，盡其術，能左右射。同死，朔望設祭於其冢，父義之，曰：“汝為時用，其徇國死義乎？”飛至孝，及為大將，母留河北，遣人求訪迎歸。母有痼疾，藥餌必親。母卒，水漿不入口者三日。家無姬侍，吳玠素服飛，願與交驩，飾名姝遺之。飛曰：“主上宵旰，豈大將安樂時耶？”卻不受，玠益敬服。少豪飲，高宗戒之曰：“卿異時到河朔，乃可飲。”遂絶不飲。帝初為飛營第，飛辭曰：“敵未滅，何以家為？”或問天下何時太平，飛曰：“文臣不愛錢，武臣不惜死，天下平矣。”師每休舍，課將士注坡跳壕，皆重鎧習之。中子雲嘗習注坡，馬躓，怒而鞭之。卒有取民麻一縷以束芻者，立斬以徇。卒夜宿，民開門願納，無敢入者。軍號“凍死不拆屋，餓死不虜掠”。卒有疾，躬為調藥。諸將遠戍，遣妻問勞。其家死事者，哭之，而育其孤，或以子婚其女。凡有頒犒，均給軍吏，秋毫不私。善以少擊衆。欲有所舉，盡召諸統制與謀，謀定而後戰，故有勝無敗。猝遇敵不動，故敵為之語曰：“撼山易，撼岳家軍難。”張浚嘗問用兵之術，曰：“仁、智、信、勇、嚴，闕一不可。”調軍食，必蹙額曰：“東南民力竭矣。”杜充之駐建康也，岳飛置寨於宜興，命親將守之。飛兵出不利，夫人密諭親將選精鋭，具餱糧，潛為策應。未幾，飛兵還，即入教場，呼親將問之曰："汝欲何為?"曰："聞太尉軍小不利，故擇敢戰士備策應。此男女孝順耳。"飛曰："吾命汝堅守根本，天不能移，地不能動。汝今不待吾令，擅自動摇，違吾師律也。"立命責短狀。將大懼，哀祈吐實，謂："此非某所為，夫人有命耳。"飛愈怒，竟斬之。紹興和議初成，金以河南歸我，判宗正事士㒟銜命，道荊襄，過南鄧。飛止之曰："金人無信，君宜少駐。"士㒟以上命有程，辭去。不數舍，煙塵四起，軍聲囂然，失色南奔。忽遇大軍，望之，"岳"幟也，遂馳就之。飛笑曰："固謂君勿行，正恐此耳。然已遣董御帶、牛觀察在前，與之交鋒矣。兵勝敗無常。君，王人且近屬，吾當以親兵衛送君。"行數里，兩將捷書至，蓋士㒟未行前一日出師也。其後飛得罪下獄，士㒟極辯其無辜，且以百口保之，非惟感恩，蓋親見其用兵神速故耳。朝臣併論士㒟身為宗室，不應交結將帥，因指為黨，遂罷宗司，與祠云。

岳墳詩集，無慮千首，絶唱者亦少，擇其佳者，已收前志矣。趙子昂有"英雄已死嗟何及，天下中分遂不支"，支韻難和，徐孟岳和"飲馬徒聞腥鞏洛，洗兵無復望條支"，高則誠和"父子一門甘伏節，山河千里竟分支"。近閱壁間，有和"山前有客祠彭越，塞上無人斬郅支"，亦頗奇穩。鳳皇山故宫詩，楊廉夫倡兜字，蓋元建佛寺，西僧皆戴紅兜也。瞿士衡和云"歌舞樓臺擬汴州，可憐蠻觸戰蝸牛。臨書玉几雕簷靜，行酒青衣罽帳愁。卷土自應從亶父，滔天誰復放驩兜。臺空老樹寒鴉集，落日滄波江上秋。"廉夫深喜之。

徐應鑣，字巨翁，衢之江山人。咸淳末，補太學生。德祐二年，巴延次師皋亭山，少帝率三宫庶僚、三學諸生皆北行。應鑣與其子鄉貢士曰琦、曰崧，女元娘誓不從。太學，故岳飛第，有飛祠。應鑣具酒殽，祀飛祠曰："天不佑宋，社稷為墟。應鑣以死報國，誓不與諸生降元。有魂魄累王，作配神主，與王英靈，永永無斁。"作詩云："二男併一女，隨我上梯雲。"琦亦賦詩以自誓。祭畢，以酒肉餉諸僕。俟其酣醉，乃率子女入經德齋，登梯雲樓，積諸房書册，四周縱火自焚。一小僕不醉，聞火起，至樓下穴牖視之，見鑣父子儼坐如塑，驚報諸僕，壞壁撲滅之。鑣不得死，與子女怏怏出户去，倉卒莫知所之。翌日，得其尸於祠前井中，皆僵立，瞪目如生。諸僕為具棺殮，殯之西湖金牛僧舍。

方希直孝孺之從學於太史宋景濂也，相得甚歡，嘗從景濂宿南屏山。晨起對雪浩飲高歌，意氣慷慨。後數年，景濂薨，而鄉人有王生者，偶寫南屏對雪圖，索詩於希直。希直閱之，感嘆陳跡，遂題詩云："昔年歲暮京國還，艤舟夜宿南屏山。山風吹雪天欲壓，夜半大雪埋江關。清晨倚樓望吳越，六合玉花飄未絕。恍疑江水駕山來，萬頃銀濤湧城闕。山僧好事喜客留，置酒開筵樓上頭。玉堂仙人宋夫子，紅顏白髮青貂裘。坐讀古今如指掌，共看雲收月華上。寒輝素彩相蕩摩，碧海瑤臺迭蕭爽。酒酣擊節心目開，慷慨吊古思英才。荒祠古栢岳王墓，廢湖殘柳蘇公臺。一時佳會難再得，仙人上天塵世窄。王子何年繪此圖，正貌南屏舊遊跡。吾知王子奇崫人，新詩妙筆俱絕倫。偶然揮灑豈無意，神授髣髴存天真。世間今古同飛電，回首人豪都不見。空有羅山石室書，夜夜虹光射霄漢。"蓋其時景濂已謝病還山，而希直自海上來迓，邂逅於南屏。師生道義之情，湖山增重矣，其曰"羅山石室"乃景濂公精舍也。

同上書卷十一，《才情雅致》

楊廉夫《湖上嬉春》體，五首其一："今朝立春好天氣，況是太平朝野時。走向南隣覓酒伴，還從西墅買花枝。陶令久辭彭澤縣，山公只愛習家池。宜春帖子題贈爾，日日春遊日日宜。"其二："西子湖頭春色濃，望湖樓下水連空。柳條千樹僧眼碧，桃花一枝人面紅。天氣渾如曲江節，野客却似杜陵翁。得錢酤酒勿復較，如此好懷誰與同。"其三："何處被春惱不徹，好春最好是湖邊。不須東家借騎馬，自可西津買蹋船。鶯子遶林紅葉亂，凫雛銜浪碧花圓。段家橋頭猩色酒，重點春衣沽十千。"其四："入山十里清涼國，三百樓臺迤邐開。岳王墳前弔南渡，隱君寺裏話西來。接果黃猿呼一箇，探花白鹿走千回。風流文采湖山主，蘇白應須屬有才。"其五："長城小姬殊可憐，紅絲新上琵琶絃。可人坐上三珠樹，美酒沙頭雙玉船。小洞桃花落香雪，大堤楊柳掃晴烟。明朝紗帽青藜杖，更訪東林十八仙。"秋日，班恕齋招飲湖上，詩："七月六日流火驕，故人重有濠梁招。洗車快借雙星雨，打鼓如迎八月潮。下馬題詩岳王寺，解貂沽酒段家橋。西湖顏面晚更好，水晶宮中吹玉簫。"

楊仲弘和詞："西子湖邊楊柳花，隨風飄泊到天涯。青春遇着歸來燕，銜入當年王謝家。一種腰肢分外妍，雙眉畫作月娟娟。春風吹破襄王夢，行雨行雲若箇邊。"宋誠夫和詞："舊時家住黑橋街，二十餘年不往來。憑仗使君一問訊，楊梅銀杏幾回開。"薩天錫和詞："湖上美人彈玉筝，小鶯飛度緑窗櫺。沈郎雖病多情在，倦倚屏山不厭聽。"鄭明德和詞："岳王墳西是妾家，望郎不見見棲鴉。孤山若有奢華日，不種梅花種杏花。"張伯雨和詞:“光尭内禪罷言兵，幾番御舟湖上行。東京隣舍宋大嫂，就船猶得進奐羹。”貢泰父和詞:“葛嶺東家是相門，當年甲第入青雲。樓船車入裏湖去，可曾望見岳王墳。”宇文子貞和詞:“蘇小門前騎馬過，相逢白髮老宫娥。自言記得前朝事，只說當年賈八哥。”賈治安和詞:“郎身輕似江上蓬，昨日南風今北風。妾身重似七寶塔，南高峰對北高峰。”鄭慶父和詞:“北高峰頭儂望夫，望見西子下姑蘇。脂塘水腥吳作沼，莫將西子比西湖。”黄子久和詞:“水仙祠前湖水深，岳王墳上有猿吟。湖船女子唱歌去，月落滄波無處尋。”唐子華和詞:“門前楊柳亂吹花，第一橋頭第一家。馬上郎君休挾舞，柳枝深處有慈鴉。”陳子平和詞:“樓下攤錢還上樓，花前夜醉曉扶頭。不知命犯何星宿，一日猖狂百日愁。”楊謹思和詞:“大船撾鼓銀酒缸，小船吹笛紅繡牕。鴛鴦觸櫂忽驚散，荷花深處又成雙。燕子來春鴈來秋，曾見錢王衣錦游。英雄漫說八百里，只管東西十四州。獅子峰頭插將旗，鳳凰山下草離離。三宫去後宫門閉，恰似錢王納土時。”朱仲文和詞:“南北高峰作鏡臺，十里湖光如鏡開。行人有心都照見，勸郎肝膽莫相猜。”歐陽彦珍和詞:“第一橋邊第一家，派皮船子送琵琶。妾身自是良家女，不是當年蘇小家。”

同上書卷十三，《才情雅致》

西湖題詠見於古今者，裒之無慮千首，而短章孤詠，散載冗籍者往往可誦，試舉其佳者……開州王崇慶為南京戶部尚書慕西湖而未至也，作四絶句:“杭州原說西湖景，今望杭州却在吳。臣妾萬方稱久化，太平天子握眞符。青山碧水來盤古，霽月光風屬賞音。千古繁華何足道，且思雲鳥一論心。畫船簫鼓未須聞，先問忠貞武穆墳。草木有枝仍向主，錯教美貌說昭君。江山好景幾巡遊，尚慮逃亡百姓愁。但願萬年明主壽，會當四海永歌謳。”

同上書卷二十三，《委巷叢談》

岳武穆既薨，臨安西溪寨一將官子弟因降紫姑仙，忽武穆下壇，大書其名，衆皆驚拜，請其僉押，則宛然平昔真蹟也。復書一絶云:“經略中原三十秋，功名過眼未全酬。丹心似石今誰訴，空有遊魂遍九州。”秦丞相聞而惡之，擒治其徒，流竄死者數百人。

胡宗憲

撰：《籌海圖編》卷十一，《集衆謀》(節選)

舉人王文錄云："如至一縣，必諭知縣，曰爾為知縣，必知一縣人才有謀者，不拘縉紳士庶，請之來，吾當詢之。詢之一縣，則一縣之謀集矣；詢之一府，則一府之謀集矣。府縣積而為省，省積而為天下，則天下之謀集矣。然集衆謀，必先虚己，略去勢分，屈降咨詢，邇言不遺，寸長必錄，懽然如家人父子，手足腹心之相與，唯求靖寇為急，則庶乎其可也。宋岳武穆，謀勇之全者也，將出兵也，猶且盡召諸統制環坐而飲食之，先謀敵之所以敗我者，至於六七，竭智共攻，必無敗也，乃行。故每戰而無敗，況其下者而可不集衆謀乎？是故用兵者必以集衆謀為先也。

陳桱

撰：《通鑒續編》卷十三

靖康二年……五月……詔陝西、河北、京東西路募兵入衛。以張所為河北西路招撫使。所以王彦為都統制，岳飛為統領。【時岳飛上書言："勤王之師日集，宜乘敵怠而擊之。黄潛善、汪伯彦輩不能承聖意恢復，奉車駕日益南，恐不足係中原之望。願陛下乘敵勢未固，親率六軍北渡，則將士作氣，中原可復。"坐越職言事奪官，歸詣所。所以飛充中軍統領，問之曰："爾能敵幾何？"飛曰："勇不足恃，用兵在先定謀。欒枝曳柴以敗荆，莫敖采樵以致絞，皆謀定也。"所矍然曰："君殆非行伍中人。"飛因說所曰："國家都汴，恃河北以為固。苟馮據要衝，峙列重鎮，一城受圍，則諸城或撓或救，金人不能窺河南而京師根本之地固矣。招撫誠能提兵壓境，飛唯命是從。"所大喜，藉補飛武經郎。】

同上書卷十四

建炎三年……十二月……岳飛敗金人於廣德。【飛率所部自建康躡金人於廣德境中，六戰皆捷，擒金將王權，俘首領四十。除察其可用者，結以恩義遣還，令斫營縱火。飛乘亂縱擊，大破之。駐軍鍾村，軍無見糧，將士忍

饑，秋毫無扼。金所籍兵相謂曰："此岳爺爺軍也。"爭降附之。】

建炎四年……五月，以范宗尹為尚書右僕射，兼御營使。金人焚建康而去，岳飛敗之于靜安。【烏珠既濟江，金人在建康者焚掠，執李梲、陳邦光等自靜安渡宣化而去，岳飛邀擊於靜安鎮，大敗之。】

秋七月……以岳飛為通泰州鎮撫使。【詔諸將討戚方，飛與戰數十合，方窮，乃降於張俊。俊還，盛言飛可用，乃以為通泰鎮撫，知泰州。飛辭，乞淮東一重難任，使收復本路州郡，乘機漸進，使山東、河北、河東、京畿等路次第而復，不聽。】①

同上書卷十五

紹興元年……五月……張俊大敗李成於黃梅縣，成奔劉豫。【張俊引兵渡江，追成至蘄州黃梅縣。及之，成大敗，其衆數萬皆潰，馬進為追兵所殺。成北走，降於劉豫，江淮諸郡悉平，岳飛功第一。】……李忠、譚究，降於張浚。張用復叛，寇江西。岳飛招降之。【用寇江西，岳飛與用同郡人，乃以書諭之曰："吾與汝同里，欲戰則出，不戰則降。"用得書曰："果吾父也。"遂帥衆降於飛。】

七月，以岳飛為右軍副統制，帥師次于洪州，彈壓盜賊。封太祖後令話為安定郡王。

紹興二年……夏四月……岳飛追曹成，大敗之。成走邵州。【成擁衆十餘萬，由江西曆湖湘，據賀、邵、郴、連，命岳飛權荆湖東路安撫都總管，付金字牌、黃旂招成。成聞飛將至，驚曰："岳家軍來矣。"即分道而遁。飛追至賀州，力戰大破之。成乃自桂嶺置砦至北藏嶺，連控隘道，親以衆十餘萬守蓬頭嶺。飛部下八千人，一鼓登嶺，破其衆，成奔連州。飛謂部將張憲、徐慶、王貴等曰："成黨散去，追而殺之，則脅從者可憫，縱之則復聚為盜。今遣若等誅其首而撫其衆，慎勿妄殺，累上保民之仁。"於是憲自賀、連，慶自邵、道，貴自郴、桂，招降者二萬，與飛會連州進討。成走入邵州。】②

六月，詔岳飛屯江州。

紹興三年……六月……岳飛大敗盜彭友于雩都，虔、吉平。【時虔、吉盜連兵寇掠循、梅、廣、惠、英、韶、南雄、南安、建昌、邵武、汀諸州，

① 同見《資治通鑒後編》卷一百八，且云是日庚申。

② 小注同见《资治通鉴后编》卷一百九。

帝乃專命飛平之。飛至虔州固石洞，賊彭友悉衆至雩都迎戰，躍馬馳突。飛麾兵即馬上擒之，餘黨退保固石洞。洞高峻環水，止一徑可入。飛列騎山下，令皆持滿。黎明，遣死士疾馳登山，賊衆亂，棄山而下，騎兵圍之。賊呼丐命，飛令勿殺，受其降。因授徐慶等方略，捕諸郡餘賊，皆破降之。初，帝以隆祐太后震驚之故，密喻飛屠虔城，飛請誅首惡而赦脅從，帝許焉。虔人感其德，繪像祠之。及入見，帝手書"精忠岳飛"字，製旂以賜之。】①

九月……以劉光世為江東、淮西宣撫使，次池州；韓世忠為淮東宣撫使，次鎮江府；王𤫊為荊南府岳、鄂、潭、鼎、澧、黃州、漢陽軍制置使，次鄂州；岳飛為江南西路、舒、蘄州制置使，次江州。【時諸將擁重兵而無分地，劉光世在鎮江，月費至二千萬緡，每聞易鎮，則設辭不奉詔，有急復遷延以避之。朝廷無如之何，故命四人易鎮。】②

紹興四年……五月，以岳飛兼黃、復州、漢陽軍、德安府制置使。【時楊幺與劉豫通，欲順流而下。李成既陷襄陽等六郡，又欲自江西陸行趨浙，與幺會。帝命飛為之備。及朱勝非言："襄陽，國之上流，不可不急取。"飛亦奏襄陽等六郡為恢復中原基本，今當先取六郡，以除心膂之病，李成遠遁，然後加兵湖湘，以殄群盜。帝以語趙鼎，鼎曰："知上流利害，無如飛者。"遂有是命。飛渡江中流，顧幕屬曰："飛不擒賊，不涉此江矣。"】岳飛復襄陽。【飛至郢，偽齊守京超號萬人敵，乘城拒飛。飛鼓衆而登，超投崖死。飛復郢州，遂趨襄陽。李成迎戰，左臨襄江。飛笑曰："步兵利險阻，騎兵利平曠。成左列騎江岸，右列步平地，雖衆十萬，何能為。"舉鞭指王貴曰："爾以長槍步卒擊其騎兵。"指牛皋曰："爾以騎兵擊其步卒。"合戰，馬應槍而斃，後騎皆擁入江，步卒死者無數。成夜棄襄陽遁去，飛遂復襄陽。齊人收成餘衆，益兵駐新野。飛與別將王萬夾擊，大敗之。③ 飛因奏："金賊所愛，惟子女玉帛，志已驕惰。劉豫僭偽，人心終不忘宋，如以精兵二十萬直擣中原，恢復故疆，誠易為力。襄陽、隨、郢，地皆膏腴，苟行營田，其利甚厚。臣候糧足，即過江北，剿戮敵兵。"時方重深入之舉，而營田之議自是興矣。】……岳飛使牛皋復隨州。

秋七月，以胡松年僉書樞密院事。岳飛使王貴、張憲復鄧、唐州、信陽

① 小注同见《资治通鉴后编》卷一百九。
② 同见《资治通鉴后编》卷一百九。
③ 同见《资治通鉴后编》卷一百十。

軍，襄、漢悉平。飛移師，次于德安。【於是襄、漢悉平，飛移屯德安，軍聲大振。捷聞，帝喜曰：“朕素聞飛行軍有紀律，未知其能破敵如此。”】

八月……以岳飛為湖北荆、襄、潭州制置使，次于鄂州。【趙鼎上言：“湖北鄂、岳，最為上流要害，乞令飛屯鄂、岳，不惟江西藉其聲勢，湖、廣、江、浙亦獲安妥。於是授飛清遠軍節度使，充制置使。飛時年三十二，自中興諸將建節，未有如飛之年少者。】

十二月，金人圍廬州，岳飛使牛皋救之。金師引去，皋追敗之。【金、齊合兵圍廬州，守臣仇悆嬰城固守，求援於岳飛。飛遣牛皋、徐慶援之，皋至，遥語金將曰：“牛皋在此，爾輩胡為見犯。”衆皆愕然，不戰而潰。飛謂皋曰：“必追之，去而復來，無益也。”皋乃追擊三十餘里，金人相踐及殺死者不可勝計。】①

紹興五年……春正月……以岳飛為荆湖南北、襄陽府路制置使，帥師討楊太於洞庭湖。【王𤫉討幺，連年不克，朝議以為招之便。胡閎休獻《致寇》、《禦戎》二策，言：“天地之氣，先春後秋，招之不伏則討之。”會飛入朝，遂以命之。飛以閎休為機宜文字。】

六月，岳飛大破楊太於洞庭。太死，湖、湘平。【飛受命討幺，而所部皆西北人，不習水戰。飛曰：“兵何常，顧用之何如爾。”乃先遣使招諭之，其黨黄佐曰：“岳節使號令如山，若與之戰，萬無生理，不如往降。節使誠信，必善遇我。”遂降。飛表授佐武義大夫，單騎按其部，拊佐背曰：“子知逆順者，果能立功，封侯豈足道哉。欲復遣子至湖中，視其可乘者擒之，可勸者招之，如何?”佐感泣，誓以死報。會張浚至潭州，席益疑飛玩寇，欲以上聞。浚曰：“岳侯忠孝人也，兵有深機，胡可易言。”益慚乃止。黄佐襲周倫砦，殺之。飛上其功，遷武功大夫。飛以王𤫉無功，皆其統制任士安不受𤫉節度故也，鞭之，使餌賊曰：“三日賊不平，斬汝矣。”士安宣言：“岳太尉兵二十萬至矣。”賊見止士安軍，併力攻之。飛設伏，士安戰急，伏四起擊之，賊走。會朝旨召張浚還防秋，飛袖小圖示浚，浚欲俟來年議之，飛曰：“已有定畫，都督能少留，不八日可破賊。”浚曰：“何言之易。”飛曰：“王四廂以王師攻水寇則難，飛以水寇攻水寇則易。水戰我短彼長，以所短攻所長，所以難。若因敵將，用敵兵，奪其手足之助，離其腹心之托，使孤立而後以王師乘之，八日之内，當俘諸酋。”浚許之，飛遂如鼎州。黄佐招楊欽來降，飛喜曰：“楊欽驍悍，既降，賊腹心潰矣。”表授欽

① 同见《资治通鉴后编》卷一百十。

武義大夫，禮遇甚厚，乃復遣歸湖中。兩日，欽說全琮、劉詵來降，飛詭罵欽曰："賊不盡降，何來也？"杖之，復令入湖。是夜掩賊營，降其衆數萬。幺負固不服，方浮舟湖中，以輪激水，其行如飛，旁置撞竿，官舟迎之輒碎。飛伐君山木為巨筏，塞諸港汊，又以腐木亂草浮上流，而下擇水淺處遣善罵者挑之，且行且罵。賊怒來追，則草木壅積，舟輪礙不行。飛急擊之，賊奔港中，為筏所拒。官軍乘筏，張牛革以蔽矢石，舉巨木撞其舟盡壞。幺技窮，赴水死。飛入賊壘，餘酋驚曰："何神也？"俱請降。衆凡二十餘萬，巨舟千艘，飛親行諸砦慰撫之，縱老弱歸田里，少壯為軍。果八日而捷書至潭，張浚歎曰："岳侯神算也。"黃誠斬楊幺首，挾鐘子儀、周倫詣浚降，湖湘悉平。初，幺恃其險，官軍自陸襲則入湖，水攻之則登岸，因曰："欲犯我者，除是飛來。"至是人以其言為讖云。】

紹興六年……二月，以韓世忠為京東、淮東路宣撫處置使，屯楚州；岳飛為京西湖北路宣撫副使，屯鄂州。

夏四月，劉豫陷唐州。京湖宣撫副使岳飛以母喪去官，詔起復之。

六月，張浚撫師淮上。命劉光世進屯廬州，岳飛進屯襄陽，楊沂中進屯泗州。【浚命光世屯合肥以招北軍，沂中領精騎以佐張俊，飛屯襄陽以窺中原，且謂飛曰："此君素志也。"飛扶母櫬還廬山，累表乞終喪，詔不許。】

八月……岳飛使牛皋復鎮汝軍……張浚進屯泗州，岳飛復蔡州。【飛累戰皆捷，遣楊再興復河南長水縣。張浚曰："飛措畫甚大，今已至伊、洛，則太行一帶山砦必有嚮應者。"已而忠義社梁興等果歸之，飛復及偽齊李成、孔彥舟，連戰至蔡州，克其城。】

九月，帝如平江府。岳飛使王貴敗劉豫之衆於唐州，上疏進師，恢復中原。帝不許，飛乃還鄂。【飛遣王貴、郝晸、董先復虢州盧氏縣，獲糧十五萬石，中原響應。會劉豫屯兵窺唐州，飛遣王貴等攻破之，焚其營。飛因奏進兵以取中原，不許，於是孤軍無援，引還鄂州。】①

紹興七年……二月……以岳飛為湖北、京西宣撫使。【飛自鄂入見，帝從容問曰："卿得良馬否？"飛曰："臣有二馬，日啖芻豆數斗，飲泉一斛，然非精潔則不受，介而馳，初不甚疾，比行百里，始奮迅。自午至酉，猶可二百里，褫鞍甲而不息不汗，若無事然。此其受大而不苟，取力裕而不求，逞致遠之材也，不幸相繼而死。今所乘者，日不過數升，而秣不擇粟，飲不擇泉，攬轡未安，踴躍疾驅，甫百里力竭汗喘，殆欲斃然，此其寡取易盈，

① 小注同見《資治通鑒後編》卷一百十一。

好逞易窮，駑鈍之材也。”帝稱善，進拜太尉、宣撫，以王德、酈瓊兵隸之。帝復詔德、瓊曰：“聽飛節制，如朕親行。”時韓世忠、張俊皆久貴立功，而飛少事俊為列將，一旦拔起，爵位與齊。俊深忌之，始與之有隙矣。】①

夏四月，作太廟於建康。京湖宣撫使岳飛乞終喪制，遂還廬山。張浚以張宗元監其軍。【飛留建康，見帝數論恢復之略，且上疏言：“金人所以立劉豫於河南，蓋欲荼毒中原，以中國攻中國，彼得以休兵觀釁。臣欲陛下假臣月日，便則提兵趨京、洛，據河陽、陝府、潼關以號召五路叛將。叛將既還，遣王師前進，彼必棄汴而走，河北、京畿、陝右可以盡復。然後分兵濬、滑，經略兩河，如此則劉豫成擒，金人可滅，社稷長久之計實在此舉。”帝曰：“有臣如此，顧復何憂。進止之機，朕不中制。”復召至寢閣，命之曰：“中興之事，一以委卿。”飛遂圖大舉。會秦檜主和議，忌之，言於帝，請詔飛詣都督張浚議事。浚謂飛曰：“王德淮西軍所服，浚欲以為都統而命呂祉以督府參謀領之，如何?”飛曰：“德與酈瓊素不相下，一旦握之在上則必爭。呂尚書不習軍旅，恐不足服衆。”浚曰：“張俊、楊沂中如何?”飛曰：“張宣撫，飛之舊帥也，然其人暴而寡謀。沂中視德等耳，豈能御此軍哉?”浚艴然曰：“浚固知非太尉不可也。”飛曰：“都督以正問飛，飛不敢不盡其愚，豈以得軍為念哉?”時飛母喪未終，屢請持服而不見許。及與浚忤，即日上章，乞解兵柄終母喪服，以張憲攝軍事，步歸廬山，廬於墓側。浚怒，奏飛積慮在於併兵，奏牘求去，意在要君，遂以都督府參議軍事張宗元權其判官，實監其軍。】②

六月，沈與求卒。詔岳飛入朝，遂遣還鎮。【累詔起，飛不得已趍朝待罪。帝慰遣之，飛遂復職。及張宗元還，言將和士鋭，人懷忠孝，皆飛訓養所致，帝大悦。飛至鎮，上奏言：“比者寢閣之命咸謂聖斷已堅，何至今尚未決。臣願提兵進討，順天道，因人心，以曲直為老壯，以逆順為強弱。萬全之效可必，錢塘僻在海隅，非用武地。願建都上游，用漢光武故事，親率六軍往來督戰，庶將士知聖意所向，人人用命。”不報。】③

九月，詔張俊屯廬州，岳飛屯江州。【酈瓊叛，張浚始悔不用飛言。飛乞進討瓊，不許，詔駐師江州為淮浙援。飛知劉豫結尼瑪哈，而烏珠惡豫，

① 同見《資治通鑒後編》卷一百十二。
② 小注同見《資治通鑒後編》卷一百十二。
③ 小注自“及張宗元還”，同見《資治通鑒後編》卷一百十二。

可以間而動。會軍中得烏珠諜者，飛陽責之曰："汝非吾軍人張斌耶？吾向遣汝至齊約誘至四太子，汝往，不復來。吾繼遣人問，齊已許我今冬以會合寇江為名，致四太子於清河。汝所持書竟不至，何背我耶？"諜冀，緩死即詭服。乃作蠟書，言與劉豫同謀誅烏珠事。因謂諜曰："吾今貸汝，復遣至齊，問舉兵期。"刲股納書，戒勿泄。諜還，以書示烏珠。烏珠大驚，馳白金主，於是廢豫之意益決。】①

閏十月……張俊棄盱眙，還建康。金襲汴，執劉豫以歸，廢為蜀王，立行臺尚書省於汴。韓世忠、岳飛請伐金，以復舊壤。不報。【岳飛奏："乘廢豫之際，擣其不備，長驅以取中原。"韓世忠亦上疏，言機不可失，請全師北討。皆不報。】②

同上書卷十六

紹興九年……春正月……加岳飛開府儀同三司，飛固辭不許。【和議成，例加爵賞。飛力辭，言："今日之事，可危而不可安，可憂而不可賀，可訓兵飭士，謹備不虞，而不可論功行賞，取笑敵人。"三詔不受，帝溫言獎諭之，飛乃受命。】

紹興十年……六月……岳飛將牛皋敗金人於京西。郭浩使鄭建充敗金人於醴州，拔之。樓炤以父喪去位。王彥敗金薩里罕於青谿嶺，薩里罕走還鳳翔。詔齊安郡王士？主奉濮王祠事。使李若虛諭岳飛班師。【飛遣將分佈經略，而自率軍長驅，以闞中原。將發，密奏曰："今欲恢復，必先正國本，以安人心。然復不常厥居，以示無忘復讎之志。"因遣兵東援劉錡，西援郭浩，而秦檜力主和議，奏遣司農少卿李若虛詣飛軍，諭指班師。飛奏："金人銳氣沮喪，而我豪傑向風，士卒用命，時不再來，機難輕失。"不可。】韓世忠使王勝、成閔大敗金人於淮陽軍。岳飛及金人戰於蔡州，敗之，復其城。閏月，張俊使宋超敗金人於朱家村。胡世將使田晟大敗金人於涇州。岳飛使張憲敗金韓常於潁昌，復潁昌及淮寧府。岳飛使郝晸敗金人於鄭州，復其城。

秋七月，岳飛使張應會李興，復永興軍……岳飛大敗金烏珠於郾城。【飛留大軍於潁昌，命諸將分道出戰，自以輕騎駐郾城，兵勢甚銳。烏珠大

---

① 小注自"飛知劉豫結尼瑪哈"，同見《資治通鑒後編》卷一百十二。

② 小注同見《資治通鑒後編》卷一百十二，並附考異云："按金人廢豫本因岳飛之間，今乃以附會於浚。"

懼，會諸帥欲併力一戰。飛聞之曰：“金人伎窮矣。”乃日出挑戰，且罵之。烏珠怒，合龍虎大王、蓋天大王及韓常之兵逼郾城，飛遣子雲領騎兵直貫其陣，戒之曰：“不勝，先斬汝。”雲與金人戰，凡數十合，金屍佈野。烏珠以拐子馬萬五千來，飛戒步卒以麻札刀入陣，勿仰視，第斫馬足。柺子馬相連，一馬仆，二馬不能行。飛軍奮擊，遂大破之。烏珠大慟曰：“自海上起兵，皆以此勝，今已矣。”因復益兵而前，飛自以四十騎突戰，敗之。】以楊沂中為淮北宣撫副使，劉錡為判官。金烏珠侵潁昌，岳飛使王貴敗之。【烏珠既敗於郾城，憤甚，合師十二萬次於臨潁。楊再興以三百騎遇之於小商橋，驟與之戰，殺二千餘人及萬戶薩巴、千戶百人。再興死之，獲其尸焚焉，得箭鏃二升，飛痛惜之。張憲繼至，復戰。烏珠夜遁，追奔十五里，中原大振。飛謂子雲曰：“賊屢敗，必還攻潁昌，汝宜速援王貴。”既而烏珠果至，貴將游奕，雲將背嵬，戰於城西。雲以騎兵八百挺前，決戰步卒，張左右翼繼之，殺烏珠壻夏金吾，烏珠引兵還汴。】飛使梁興渡河，會太行忠義兩河豪傑，敗金人於垣曲，又敗之於沁水，遂復懷、衛州，太行道絕。【斷金人山東、河北之道，金人大恐。】飛大敗金烏珠於朱仙鎮，烏珠走還汴。飛遣使修治諸陵。【飛進軍朱仙，距汴京四十五里，與烏珠對壘而陣。遣背嵬騎五百奮擊，大破之。烏珠還汴，飛檄陵臺令行視諸陵，葺治之而還。】① 飛奉詔班師，遂自郾城還鄂州。金復取潁昌、淮寧府，蔡、鄭州。飛固辭職，不許。【梁興會太行忠義社及兩河豪傑等，帥衆歸岳飛，由是金人動息、山川險要，飛皆得其實。中原盡磁、相、澤、潞、晉、汾、隰、衛之境，皆期日興兵與官軍會。其所揭旗，以“岳”為號，父老百姓爭挽車牽牛，載糗糧以饋義軍，頂盆焚香迎候者，充滿道路。自燕以南，金人號令不行。烏珠欲僉軍以抗飛，河北無一人應者，乃嘆曰：“自我起北方以來，未有如今日之挫衄。”金烏凌阿思謀素驍勇桀黠，亦不能制其下，但諭之曰：“毋輕動，俟岳家軍來即降。”金將王鎮、崔慶、李覬、崔虎、華旺等皆率所部降飛。金龍虎大王之將奇徹等亦密受飛旗榜，自其國來降。金韓常亦欲以衆五萬内附，飛大喜，語其下曰：“直抵黄龍府，與諸君痛飲爾。”因上奏：“興等過河，人心願歸朝廷。金兵累敗，烏珠等皆令老少北去，正中興之機。”而秦檜方欲畫淮以北，與金為和，諷臺臣請諸將班師，且知飛志鋭不可回，上言飛孤軍不可久留，乞速召還。於是飛一日奉十二金字牌，飛憤惋泣下，東面再拜，曰：“十年之力，廢於一旦。”乃自郾城引兵還，

① 自小注“烏珠既敗於郾城”，同見《資治通鑒後編》卷一百十四。，

民遮馬慟哭，訴曰："我等戴香盆，運糧草以迎官軍。金人皆知之，相公去，我輩無噍類矣。"飛亦悲泣，取詔示之曰："吾不得擅留。"哭聲震野，飛留五日以待民，徙從而南者如市。飛亟奏以漢上六郡閒田處之。初，烏珠敗於朱仙，欲棄汴而去，有書生叩馬曰："太子毋走，岳少保且退矣。"烏珠曰："岳少保以五百騎破吾十萬，京城日夜望其來，何謂可守？"生曰："自古未有權臣在內，而大將能立功於外者。岳少保且不免，況欲成功乎？"烏珠悟，遂留不去。及飛還，烏珠遣兵追之不及，而河南新復府州皆復為金有。飛至鄂，力請解兵柄，不許。已而入覲，帝問之，飛拜謝而已。】

紹興十一年……春正月……詔楊沂中帥師赴淮西，岳飛進師江州。

三月……岳飛帥師救廬州，不及，遂還舒州。【飛奏："金人舉國南來，巢穴必虛。若長驅京、洛以擣之，彼必奔命，可坐而弊。"帝不從。飛復恐帝怠於退敵，乃奏："臣如擣虛，勢必得利。若以敵方在邇，未暇遠圖，欲乞親至蘄、黃，以議攻卻。"帝乃詔飛會師蘄、黃，飛至廬而城已陷，遂還兵舒州以俟命。】

夏四月，孫近罷，以韓世忠、張俊為樞密使，岳飛為副使。【秦檜力主和議，恐諸將難制，欲盡收其兵。權給事中范同獻計於檜，請除韓世忠、張俊、岳飛樞府，則兵柄自解。檜喜，乃密奏柘皋之捷，召三將赴行在論功行賞。於是世忠、俊皆入朝，飛至獨後。檜用王次翁計，俟之七日。既至，遂拜世忠、俊樞密使，飛為副使，並宣押赴樞府治事，而進范同為翰林學士。世忠在楚州十餘年，兵僅三萬，金人不敢犯，檜至是以其軍儲錢米百萬緡石歸於國。】罷三宣撫司，以其兵隸御前。【張俊知秦檜欲罷兵，首請以所部隸御前，且力贊和議。秦檜深喜之，遂罷三宣撫司，以其兵隸御前，遇出師臨時取旨。】

五月，置兩淮、江東西、湖廣、京西四道總領軍馬錢糧官。詔張俊、岳飛如楚州，巡視邊防。【俊至楚州，以海州城不可守，毀之，遷其民，統韓世忠軍還鎮江，惟背嵬一軍赴行在。】①

六月……張俊、岳飛還自楚州。

秋七月……岳飛罷。【初，飛在諸將中年最少，以列校拔起，累立顯功。張俊不能平，飛屈已下之。幕中輕鋭教飛勿苦降意，飛不聽。及同如楚州，俊以韓世忠屢抗論和議，忤秦檜意，欲與飛分背嵬軍。飛義不肯，俊弗

① 小注同見《資治通鑒後編》卷一百十四，惟云時為六月癸未，"張俊、岳飛並至楚州"，且云"飛還，不復出掌兵，其僚屬多乞祠去，俊每獨出視師"。

悦。俊又欲修楚州城為備，飛曰："當戮力以圖恢復，豈可為退保計?"俊變色。會世忠軍吏景著與總領胡紡言："二樞密若分世忠軍，恐至生事。"紡上之朝，檜捕著下大理。將以扇搖誣世忠，飛馳書告以檜意。世忠見帝自明，俊於是大憾飛，遂倡言飛議棄山陽，且密以飛報世忠事告檜，檜大怒。先是飛以恢復為己任，不肯附和議。嘗讀檜奏至"德無常師，主善為師"之語，恚曰："君臣大倫，根於天性，大臣而忍面欺其主耶。"烏珠遺檜書曰："汝朝夕以和請，而岳飛方為河北圖，必殺飛始可和。"檜亦以飛不死，終梗和議，己必及禍，故力謀殺之。遂諷中丞何鑄、侍御史羅汝楫、諫議大夫万俟卨等交章論飛奉旨援淮西，至舒、蘄而不進，及與張俊按兵淮上，又欲棄山陽而不守，遂罷為萬壽觀使，奉朝請。】

冬十月……下萬壽觀使岳飛於大理獄。【秦檜必欲殺飛，乃與張俊謀，密誘飛部曲能告飛事者，優以重賞，卒無應者。俊聞飛嘗欲斬統制王貴，又嘗杖之，乃誘貴告飛。貴不肯曰："為大將，寧免以賞罰用人，苟以為怨，將不勝其怨。"俊因劫以私事，貴懼而從之。檜又聞飛統制王俊善告訐，號"鵰兒"，以姦貪屢為張憲所抑，使人諭之，王俊即許諾。於是檜、俊謀以張憲、王貴、王俊皆飛部將，使其徒自相攻發，因以及飛父子，庶帝不疑。俊時在鎮江，乃自為狀付王俊，妄言副都統制張憲謀據襄陽，還飛兵柄，令告王貴，使貴執憲赴鎮江行樞密府鞫之。憲未至，俊預為獄以待之。屬吏王應求白俊，以為樞院無推勘法，俊不聽，親行鞫鍊，使憲自誣謂得飛子雲手書，命憲營還兵計。憲被掠無完膚，竟不伏。俊手自具獄成，告檜，械憲至行在，下大理寺獄。檜奏召飛父子證憲事，帝曰："刑所以止亂，勿妄追證，動搖人心。"檜矯詔，遣使召飛父子。使者至飛第，飛笑曰："皇天后土，可表此心。"遂與雲就大理獄。檜命中丞何鑄、大理卿周三畏鞫之。鑄引飛至庭，詰其反狀。飛裂裳，以背示鑄，有舊涅"盡忠報國"四大字，深入膚理。既而閱實，俱無驗。鑄察其冤，白之檜。檜曰："此上意也。"鑄曰："鑄豈區區為一岳飛者?強敵未滅，無故戮一大將，失士卒心，非社稷之長計。"檜語塞，乃改命諫議大夫万俟卨。卨素與飛有怨，遂誣飛令于鵬、孫革致書張憲、王貴，令虛申探報，以動朝廷，雲與憲書，令措置使飛還軍，且云"其書已焚"。飛坐係兩月，無可證者。或教卨以臺章所指淮西逗遛事為言，卨喜白檜，簿錄飛家，取所賜御札與往來道塗日月皆可考，乃收其御札送官藏之以滅跡。卨又使于鵬、孫革等證飛受詔逗遛，命評事元龜年取行軍時日雜定之，傅會其獄。大理卿薛仁輔、寺丞李若樸、何彥猷皆言飛無辜，判宗正寺士㒟請以百口保飛無它，且曰："中原未靖，禍及忠義，是忘二聖，不欲復中原也。”皆不聽。韓世忠心不平，詣檜，詰其實，檜曰：“飛子雲與張憲書雖不明，其事體莫須有。”世忠曰：“‘莫須有’三字，何以服天下？”】① ……檜殺萬壽觀使岳飛於大理寺獄。【歲已暮而飛獄不成，一日秦檜手書小紙付獄，即報飛死矣，年三十九。雲與張憲皆棄於市，于鵬等從坐者六人，籍飛家貲，徙之嶺南。於是薛仁輔、李若樸、何彥猷皆被黜，佈衣劉元升上書訟飛冤，下大理獄死。凡傅成其獄者，皆進秩。洪皓在金，以蠟書奏言：“金人所畏服者惟飛，至以父呼之。及聞其死，諸將酌酒相賀云。”飛事親孝，家無姬侍。吳玠素服飛，願與交驩，乃飾名姝遺之。飛曰：“主上宵旰，豈大將安樂時耶？”卻不受，玠益敬服。帝欲為飛營第，飛辭曰：“金人未滅，何以家為。”或問天下何時太平，飛曰：“文臣不愛錢，武臣不惜死，天下太平矣。”卒有取民麻一縷以束芻者，立斬以徇。卒夜宿，民開門願納，無敢入者。軍號“凍死不折屋，餓死不虜掠”。卒有疾，飛躬為調藥。諸將遠戍，飛遣妻問勞，其家死事者哭之而育其孤，或以子婚其女。凡有頒犒，均給軍吏，秋毫不私。善以少擊衆，欲有所舉，盡召諸統制與謀，謀定而後戰，故有勝無敗。猝遇敵不動，故敵為之語曰：“撼山易，撼岳家軍難。”張俊嘗問用兵之術。飛曰：“仁、信、智、勇、嚴，闕一不可。”飛好賢禮士，覽經史，雅歌投壺，恂恂如書生。每辭官，必曰：“將士效力，飛何功之有？”然忠憤激烈，議論持正，不挫於人，卒以此得禍，蓋飛與檜勢不並存者也。】

紹興十二年……三月，放判大宗正寺、齊安郡王士㒟於建州。【以其救岳飛，秦檜惡之也。】②

八月，何鑄罷。【秦檜以鑄不傅會岳飛之獄，怨之，諷万俟卨論其過，欲竄諸嶺表。帝不許，遂出知徽州。】③

十一月，貶何鑄為秘書少監。【以其援岳飛也。】張俊有罪免。【初，俊贊秦檜成和議，約盡罷諸將，獨以兵權歸俊。及諸將已罷，和議已定，而俊居位，無求去之意，檜諷臺臣江邈論之。俊乃求去，遂以靜江寧武靜海軍節度使充醴泉觀使，進封清河郡王，奉朝請，十餘年而卒。俊握兵最早，屢立戰功。帝於諸將中眷注特厚，然忌劉錡，附秦檜殺岳

① 同見《資治通鑒後編》卷一百十五，時為“紹興十一年冬十月戊寅”，後附考異云：“必須有”，史作“莫須有”，“何以使人甘心”，史作“何以服天下”，今從《中興紀事本末》。

② 同見《資治通鑒後編》卷一百十五。

③ 同見《資治通鑒後編》卷一百十五。

飛，為世所鄙薄。】

同上書卷十七

紹興三十二年……秋七月……追復岳飛官，以禮改葬。【官其孫六人。】

同上書卷十八

淳熙六年……春三月，錄趙鼎、岳飛子孫，賜以京秩。

同上書卷十九

嘉泰四年……五月，追封岳飛為鄂王。

同上書卷二十一

寶慶元年……二月，賜鄂王岳飛謚忠穆。

王宗沐

[清] 謝旻等編:《江西通志》卷一百四十一,《江西大志論》

難者曰百里之邑雖狹而必有邊，一圍之山雖卑而必有趾，邊與趾即險也。子之論設險其於平承無庸且置也，即擇而後守，則變不可預圖，若必皆守，是安得兵悉給也。且如往事，贛石灘虔州之峻阻也，李遷事終於敗亡。生米渡，南昌之坦途也，岳武穆藉以破賊十四地之形。

王世貞

撰:《弇山堂別集》卷十七,《三鄂公》

唐開府儀同三司、鄂國公尉遲敬德，宋少保、萬壽觀使、鄂國公岳飛，明太子少保、中書平章軍國重事、鄂國公常遇春，三公皆封鄂，皆驍勇善戰，稱萬人敵，而勛位亦相類。常公與尉遲公俱謚忠武，岳公初謚武穆，後改謚亦忠武，又與常公俱贈王爵。

李維楨

［清］邁柱等編：湖廣通志，卷一百十三，《重建岳武穆祠碑記》

承天府故為安陸州，獻皇帝封國也。獻皇帝負龍德而炳虎文，封内外山川之勝，古昔忠義賢豪遺蹟，靡不表章而咏歌之，具載《恩紀集》中。郢城十有八景，而岳武穆祠居一焉。肅皇帝入踐大統，升州為府，改邑改井，而岳祠廢，莫知所在矣。陝西咸陽杜公歷任司理，得獻皇帝集，每誦表揚武穆一詩，忠義相感，輒咨嗟酸鼻。歲甲午，適承天守鎮員缺，上簡命任之。甫至地方，諸務未遑修舉，即求遺祠故址，而惜其泯泯也。卜地府市之西為祠而勒獻皇帝詩，昭示永久。於是藩伯四明薛公、郡守臨朐常公，後先撫按楚者廣德李公、崑山支公、任縣趙公、臨清曹公及臬廉襄城馮公，皆捐資來助。既發土為基，下有沙石如許，以供垣墉之用，衆詫異為神相。不數月而祠遂成，屬不佞楨記之。蓋岳武穆廟貌血食，所在而有，而楚為最勝。考武穆自紹興四年除荆南鄂州制置使，至六年改武勝定國軍節度使，除宣撫副使，置司襄陽，往武昌調軍，前後十任楚。自封子以至侯，若公皆食邑楚。自討李成走蘄州，至死僞將京超，復郢州，平襄、漢，降王佐、楊欽、余端、劉铣而斬楊幺，大戰功數十，皆在楚。按祭濾所謂以死勤事、以勞定國、能捍大患者，武穆胥有焉。吾郡之祠武穆，禮也。雖然禮時為大，今非宋時矣，有其廢之，莫之或舉，祠何以復興？天地定位，則有君臣，臣事君以忠，無有二心，古今寧有二道哉？獻皇帝詠歌表章之，蓋嘉武穆之忠耳。故其詩若曰："精誠光百代。"大哉！王言所以論忠潔净精微矣。世不乏忠臣，而本原其衷，或迫於見功，或亟於殉名，遒骨勁挺，盛氣勃發；或抑而為忿戾，少有拂鬱，中不自忍；或流而為懟怨，其精誠不足故也。世人誇詡武穆戰功，而悲其以冤死，以此為忠，忠固小道耳。武穆之功以戰著，而忠不以戰功盡，身以冤死受憐，而忠不以死蓋。夫敢戰之將率取俘獲斬馘為上，若武穆之破李成、張用也，秋毫無所犯；其破馬進也，使人呼不從賊者坐，坐而降者八萬餘人；其破虔、吉諸賊也，高宗以隆佑震驚，故令屠虔城，獨數四力請誅首惡而赦脅從；張用、王佐皆以降人推心置腹，得其牙距之用。故諸没於寇若盜者，其民望岳家軍若大旱之望雨，而困於寇若盜者，感泣思宋家仁厚之德，先聲所至，不戰而屈，是之謂忠。廉、藺、寇、賈之賢，不能無修隙，而武穆於王彦則避之，於韓世忠、張浚則下之，不以小嫌妨大義，不以私忿先公事，同心僇力，以庇王室，是之為忠。功高不賞，震主身危，則有美田宅以自污，飲醇酒，近婦人以自廣耳。高宗初為武穆營第，則曰："敵未滅，何以家為?"授開府儀同三司，則曰："今日之事，宜訓兵士戒不虞，不宜論功行賞，取笑敵人。"少豪飲無量，高宗戒之"異時到河朔，乃可飲"，遂絶不御杯勺。子雲數有奇功而秘不以聞。家無姬侍，吳玠遺美姝結驩，則曰："主上宵旰，豈大將安樂時?"常言"文臣不愛錢，武臣不愛死，即天下太平"。其下化之，提數十萬師，枕席上過，雞犬不擾。民開門延納，卒無敢入者，所漸染素矣，是之謂忠。閫外之事，將軍主之，大夫出疆，苟可以安社稷，耑之可也，而矯命横行者託焉。朱仙鎮之役，十二金牌趨召班師矣，以彼跳盪摧拉之雄，假命慷慨奮激不受詔，當奈何?武穆不敢抗第，東向再拜，泣下霑襟，十年之功，廢此一旦耳！而留五日以待諸民内徙者，疏以漢上六郡閒田處之。已疏，乞解兵柄，而敵分道渡淮，召之應援，方苦寒嗽，力疾而行，師至廬州，敵兵遁。乃還次舒待命，高宗謂其小心謹慎，不專進退。會濠州破，復敕救之，輒赴，敵兵輒又遁。和議誤國，固所日夜痛心疾首者，然讀其《謝講和赦表》與他封事，意壯而語巽，未嘗與廟議爭訟。秦檜、万俟卨、何鑄、羅汝楫輩之交搆文致也，從容就獄，惟曰"皇天后土，可表此心"而已，竟無一言自鳴，以章主聽之不聰，是之謂忠。其鏤背文"盡忠報國"，而獻皇帝目之精誠功名之念融，而不有忿戾懟怨，不少芥蒂於懷，必如是而後忠可盡，必如是而後可言精誠。誠之為道也，貫金石，移三光，終始萬物，迄於今，而廟貌血食，所在不衰，良有以也。楨雖不識獻皇帝微言，而為繹其大義如此，俾後之評忠臣者，要以精誠為極焉。

鄒元標

[清] 李衛等編:《畿輔通志》卷一百四,《石星傳》

公自為諸生，時夢入一廟，禮之甚恭，問之，曰："岳武穆也。"命公卜，不當，叱責六十，後禮公如初。覺猶慄慄汗下。

馮琦　陈邦瞻

撰：《宋史紀事本末》卷十四，《高宗嗣統》

欽宗靖康元年冬十月戊辰，詔馮澥副康王使金斡里雅佈軍。先是，王雲至真定斡里雅佈軍，遣從吏先還，言金人須康王至軍，乃議和。會金使王汭等亦來，帝乃命澥副康王往。會雲還，復詔雲以資政殿學士副王。王由滑、濬至磁州，守臣宗澤迎謁曰："肅王一去不返，今敵又詭辭以致大王，其兵已迫，復去何益！願勿行。"王出謁嘉應神祠，雲在後，民遮道諫王勿北去，厲聲指雲曰："真姦賊也！"因執雲殺之。時斡里雅佈濟河，遊兵日至磁城下，跡王所在。知相州汪伯彥亟以帛書請王如相，服櫜鞬，部兵以迎于河北。王至相，勞伯彥曰："他日見上，當首以京兆薦公。"伯彥由此受知。相人岳飛亦因劉韐見王，王令招賊吉倩，倩降，以飛為承信郎。議者謂，是役王雲不死，王必至金，無還理。

同上書同卷，《李綱輔政》

所招來豪傑，擢王彥為都統制。時岳飛上書言："陛下已登大寶，社稷有主，已足伐敵之謀，而勤王之師日集。彼方謂吾素弱，宜乘其怠而擊之。黃潛善、汪伯彥不能承聖意恢復，日謀南幸，恐不足係中原之望。願陛下乘敵穴未固，親率六軍北渡，則將士作氣，中原可復。"坐飛越職言事，奪官。歸河北，詣所。所以飛為中軍統領，問之曰："爾能敵幾何?"飛曰："勇不足恃，用兵在先定謀。欒枝曳柴以敗荆，莫敖采樵以致絞，皆謀定也。"所矍然曰："君殆非行伍中人。"飛因說所曰："國家都汴，恃河北以為固。苟馮據要衝，峙列重鎮，一城圍，則諸城或撓或救，金人不能窺河南，而京師根本之地固矣。招撫誠能提兵壓境，飛惟命是從。"所大喜，借補飛武經郎。

同上書同卷，《宗澤守汴》

秉義郎岳飛犯法將刑，宗澤一見奇之，曰："將材也。"會金人攻汜水，以五百騎授飛，使立功贖罪，飛大敗金人而還。升飛為統制而謂之曰："爾智勇材藝，古良將不能過。然好野戰，非萬全計。"因授飛陣圖。飛曰：

"陣而後戰，兵法之常；運用之妙，存乎一心。"澤是其言，飛由此知名。[①]

宗澤召王彦兵還汴，使屯滑州。先是，彦率岳飛等一十將部七千人，渡河至新鄉，金兵盛，彦不敢進。飛獨引所部鏖戰，奪其纛而舞。諸軍爭奮，遂復新鄉，明日，戰於兆川，飛身被十餘創，士皆死戰，又敗之。會食盡，詣彦壁乞糧。彦不許，飛乃引兵益北，與金人戰於太行山，擒其將圖卜烏。居數日，又與敵遇，飛單騎持丈八鐵鎗，刺殺其將黑風大王，金人退走。飛知彦不悦己，遂率所部復歸宗澤，澤復以為留守司統制。[②]

同上書同卷，《兩河中原之陷》

（建炎三年）秋七月，留守杜充棄東京，歸行在。充將發汴，岳飛諫曰："中原地尺寸不可棄，今一舉足，此地非我有，他日取之，非數十萬衆不可。"充不聽，遂與俱歸。朝廷命郭仲荀、程昌寓相繼代充，然留守司亦名存而已。[③]

同上書卷十五，《金人渡江南侵》

（建炎三年十一月）辛未，烏珠渡江，入建康。杜充叛，降金。時江、浙倚重於充，充日事誅殺，且無制敵之方。烏珠與李成合兵攻烏江，充閉門不出。統制岳飛泣諫，請視師，充不從。烏珠遂乘充無備，由馬家渡渡江，陷太平，長驅至建康。[④]

（十二月）辛巳，金人攻常州，守臣周杞遣赤心隊官劉晏擊之，迎岳飛移屯宜興。盜郭吉聞飛來，遁入湖，飛遣王貴等追破之，盡降其衆。時烏珠將趨杭州，遂進攻廣德軍。飛聞之，邀擊至廣德境中，六戰皆捷，擒其將王權。駐軍鐘村，將士無糧，忍饑不敢擾民。會金復遣兵攻常州，飛復追至，四戰皆捷。於是廣德無援，金人殺守臣張烈。

（建炎四年）三月岳飛設伏牛頭山待之，夜令百人黑衣混金營中擾之，金兵驚，自相攻擊。烏珠次龍灣，飛以騎兵三百、步兵三千，邀擊於新成，大破之，烏珠奔竄。

九月，金人攻楚州，趙立遣人告急。朝廷欲遣張俊救之，俊辭不行，乃

---

① 同見《資治通鑒後編》卷一百五。

② 自"先是"起，與《資治通鑒後編》卷一百五大段相似，其中"圖卜烏"作"拓跋耶烏"。

③ 同見《資治通鑒後編》卷一百七。

④ 自"時江、浙倚重於充"，同見《資治通鑒後編》卷一百七。

命劉光世督淮南諸鎮救楚。海州李彦先首以兵至淮河，扼不得進，光世諸將王德、酈瓊多不用命，惟岳飛僅能為援，而衆寡不敵。帝覽立奏，以書趣光世會者五，光世迄不行。金人知外援絶，進攻東城。立登磴道以觀，飛居中其首，左右馳救之，立曰："我終不能為國殄賊矣！"言訖而絶。金人疑立詐死，不敢動，越旬餘，城始陷。岳飛亦自泰州引還。

同上書同卷，《平群盜》

（建炎四年）六月甲申，岳飛破戚方于廣德。

紹興元年春正月，孔彦舟據武陵；張用據襄、漢；李成據江、淮、湖、湘十餘郡，連兵數萬，有席卷東南之意，多造符讖，幻惑中外，久圍江州。朝廷患之，以張俊為招討使，岳飛副之。三月，張俊聞李成將馬進在筠州，以豫章介江、湖之間，遂急趨之。既入城，喜曰："我已得洪，破賊決矣。"及進犯洪州，連營西山，俊斂兵若無人者。居月餘，進以大書牒索戰，俊以細書狀報之，進以俊為怯。俊諜知賊怠，乃議戰。岳飛曰："賊貪而不慮後，若以騎兵自上流絶生米渡，出其不意，破之必矣。"因請自為先鋒。俊大喜，乃令楊沂中絶生米渡。飛重鎧躍馬，潛出賊右，突其陣，所部從之。進大敗，走筠州。飛抵東城，進出城佈陣。飛設伏，以紅羅為幟，上刺"岳"字，選騎二百，隨幟而前。賊易其少，薄之，伏發，進大敗走。飛使人呼曰："不從賊者坐，吾不汝殺！"坐而降者八萬人。俊與沂中復前後夾擊，賊大潰，進以餘卒奔南康。飛夜引兵至朱家山，又斬其將趙萬。成聞進敗，自引兵十餘萬來，飛遇於樓子莊，大破之，追斬進，遂復筠州。

五月……張用復寇江西。岳飛與用俱相人，以書諭之曰："吾與汝同里，欲戰則出，不戰則降。"用得書，遂帥衆降。江、淮悉平，張俊奏飛功第一。詔進飛右軍都統制，屯洪州，彈壓盜賊。

（紹興二年）二月庚午，以李綱為湖廣宣撫使，仍命岳飛等共討曹成。

閏四月，曹成擁衆十餘萬，由江西曆湖、湘，據道、賀二州。命岳飛權知潭州，兼權荆湖東路安撫都總管，付金字牌、黄旗招成。成聞飛至，驚曰："岳家軍來矣！"即遁。飛追至賀州，力戰，大破之。成乃自桂嶺置砦，至北藏嶺，連控隘道，以衆十餘萬守蓬頭嶺。丙午，岳飛八千人登桂嶺，破曹成，成奔連州。飛謂部將張憲、徐慶、王貴曰："成黨散去，追而殺之，則脅從者可憫，縱之則復聚為盜。今遣若等誅其酋而撫其衆，慎勿妄殺，累上保民之仁。"於是憲自賀、連，慶自邵、道，貴自郴、桂招降者二萬，與飛會連州，進兵追成。成走入邵州。

五月，韓世忠招曹成，降之。世忠既平范汝為，旋師永嘉，若將休息者，忽由處、信徑至豫章，連營江邊數十里。群賊不虞其至，大驚。世忠因使董㱠招成，成方為岳飛所追，乃率衆降，得戰士八萬，遣詣行在。①

（紹興三年）六月己酉，岳飛自虔州班師。時虔、吉盜連兵寇掠循、梅、廣、惠、英、韶、南雄、南安、建昌、邵武、汀諸州，帝專命飛平之。飛至虔，固石洞賊彭友悉衆至雩都迎戰，躍馬馳突，飛揮兵即馬上擒之，餘黨退保固石洞。洞高峻環水，止一徑可入。飛列騎山下，令皆持滿，黎明，遣死士疾馳登山。賊衆亂，棄山而下。騎兵圍之，賊呼丐命。飛令勿殺，受其降。因授徐慶等方略，捕諸郡餘賊，皆破降之。初，帝以隆祐太后震驚之故，密令飛屠虔城，飛請誅首惡而赦脅從，帝許焉。虔人感其德，繪像祠之。及入見，帝手書"精忠岳飛"字，製旗以賜之。

（紹興）四年五月庚戌朔，以岳飛兼荆南制置使。時，楊太與劉豫通，欲順流而下。李成既據襄陽，又欲自江西陸行趨浙與太會。帝命飛為之備。朱勝非言："襄陽，國之上流，不可不急取。"飛亦奏："襄陽等六郡為恢復中原基本，今當先取六郡，以除心膂之病。李成遠遁，然後加兵湖、湘，以殄群盜。"帝以語趙鼎，鼎曰："知上流利害無如飛者。"遂有是除。飛渡江中流，顧幕屬曰："飛不擒賊，不涉此江！"

八月，王𤫉遣忠鋭統制崔增等討楊太於鼎江，師敗皆没。太乘大水出兵，攻破鼎州社木寨。守將許筌戰没，官軍死者甚衆。於是授岳飛清遠軍節度使，代𤫉討太。飛時年三十二，中興諸將建節未有如飛之年少者。②

（紹興）五年六月，岳飛大破楊太於洞庭。初，飛奉命討太，而所部皆西北人，不習水戰。飛曰："兵何常，顧用之何如耳。"乃先遣使招諭之。賊黨黄佐曰："岳節使號令如山，若與之戰，萬無生理，不如往降。節使誠信，必善遇我。"遂降。飛表授佐武義大夫，單騎按其部，拊佐背曰："子，知逆順者，果能立功，封侯豈足道。欲復遣子歸湖中，視其可勝者擒之，可勸者招之，如何？"佐感泣，誓以死報。時，張浚以都督軍事至潭州，參政席益疑飛玩寇，欲以聞。浚曰："岳侯，忠孝人也。兵有深機，胡可易言。"益慚而止。黄佐襲周倫砦，殺倫。飛上其功，遷武功大夫。

統制任士安不稟王𤫉令，軍以此無功。飛鞭士安，使餌賊，曰："三日賊不平，斬爾！"士安出，宣言："岳太尉兵二十萬至矣！"賊見止士安軍，

---

① 自"世忠既平范汝為"同见《资治通鉴后编》卷一百九。

② 同見《資治通鑒後編》卷一百十。

併力攻之。飛設伏，士安戰急，伏四起擊賊，賊走。會朝旨召張浚還防秋，飛袖小圖示浚，浚欲俟來年議之。飛曰："已有定畫，都督能少留，不八日可破賊。"浚曰："何言之易？"飛曰："王四廂以王師攻水寇則難；飛以水寇攻水寇則易。水戰我短彼長，以所短攻所長，是以難。若因敵將用敵兵，奪其手足之助，離其腹心之托，使孤立，而後以王師乘之，八日之内，當俘諸酋。"浚許之，飛遂如鼎州。

黄佐招楊欽來降，飛喜曰："楊欽驍悍，既降，賊腹心潰矣。"表授欽武義大夫，禮遇甚厚，乃復遣歸湖中。兩日，欽說全琮、劉詵來降，飛詭罵欽曰："賊不盡降，何來也！"杖之，復令入湖。是夜，掩賊營，降其衆數萬。太負固不服，方浮舟湖中，以輪激水，其行如飛，旁置撞竿，官舟迎之輒碎。飛伐君山木為巨筏，塞諸港湍，又以腐木亂草浮上流而下。擇水淺處，遣善罵者挑之，且行且罵，賊怒來追，則草木壅積，舟輪礙不行。飛急擊之，賊奔港中，為筏所拒，官軍乘筏，張牛革以蔽矢石，舉巨木撞其舟盡壞。太技窮赴水，牛皋擒斬之。飛入賊壘，餘酋驚曰："何神也！"俱請降，衆凡二十餘萬。飛親行諸砦慰撫之，縱老弱歸田，籍少壯為軍。果八日而捷書至潭，浚嘆曰："岳侯神算也。"黄誠取楊太首，挾鍾子儀、周倫詣浚降，湖、湘悉平。

同上書同卷，《金人立劉豫》

（紹興四年）九月，劉豫使其子麟以金兵入寇。先是，金主晟與尼瑪哈議南侵，會烏珠還，力言不可，曰："江南卑濕，今士馬困憊，糧儲未豐足，恐無成功。"尼瑪哈曰："都監務偷安耳！"金主以議不合，乃止。至是，豫聞岳飛復襄、鄧，懼，遂乞師於金，晟乃命鄂爾多、達蘭調渤海、漢軍五萬以應豫，謂烏珠知地險易，使將前軍。豫遣其子麟、姪猊，各將兵分道南侵，騎兵自泗攻滁，步兵自楚攻承州。①

十二月壬辰，金、齊合兵圍廬州，守臣仇悆嬰城固守，求援於岳飛。飛遣牛皋、徐慶援之。皋至，遙語金將曰："牛皋在此，爾輩胡為見犯！"衆愕然，不戰而潰。飛謂皋曰："必追之！去而復來，無益也。"皋乃追擊三十餘里，金人相踐及殺死者，不可勝計。

（紹興六年）九月，岳飛遣將敗劉豫兵於唐州。

冬十月丁酉，劉麟、劉猊分道寇淮西。先是，劉豫聞張浚會諸將於江

① 同見《資治通鑒後編》卷一百十。

上，榜其罪逆，將進兵討之，告急於金，請先出師南侵，而乞師救援。金主亶召諸將相議之，富勒呼曰：“先帝所以立豫者，欲以開疆保境，我得安民息兵也。今豫進不能取，又不能守，兵連禍結，愈無休期。從其請，勝則豫收其利，敗則我受其弊。況前年因豫出師，嘗不利於江上矣，奈何許之!”金主遂不許豫，而遣烏珠提兵黎陽以觀釁。於是豫僉鄉兵三十萬，分三道入寇。麟率中路兵，由壽春以犯合肥；猊率東路兵，由紫荆山出渦口，以犯定遠；孔彦舟率西路兵，由光州以犯六安。時，張俊、劉光世、楊沂中、韓世忠、岳飛分屯諸州，而沿江上下無兵，趙鼎深以為憂，移書張浚，欲令俊與沂中同保合肥。浚以為然，乃遣沂中、張宗顔等分道禦之，且令沂中趨濠州，以與張俊合。因謂沂中曰：“上待統制厚，宜及時立功。”會邊報日急，張俊欲棄盱眙，劉光世欲舍廬州，皆張大賊勢以聞。浚以書戒二將曰：“賊豫之兵，以逆犯順。若不剿除，何以立國，平日亦安用養兵為哉！今日之事，有進戰，無退保。”及劉麟進逼合肥，趙鼎曰：“今賊渡淮，當急遣張俊，合光世之軍，盡掃淮南之寇，然後議去留。”帝善之，然慮俊、光世不足任，因命岳飛盡以兵東下，而手札付浚，令俊、光世、沂中等還保江。浚上言：“諸將渡江則無淮南，而長江之險與賊共有，淮南之屯正所以屏蔽大江。使賊得淮南，因糧就運，以為家計，江南其可保乎？今正當合兵掩擊，可保必勝。一有退意，則大事去矣！且岳飛一動，襄、漢有警，何所恃乎？願朝廷勿專制于中，使諸將有所觀望也。”帝手書報浚曰：“非卿識高慮遠，何以及此。”由是異議乃息。①

（紹興）七年閏十月，金人襲汴，執劉豫廢之。初，豫由尼瑪哈、高慶裔得立，故奉二人特厚，烏珠及諸將多憾之。豫兵敗藕塘，金人欲廢豫。及尼瑪哈死，岳飛因遣間齎蠟書與豫，約同誅烏珠。烏珠得書，大驚，馳白金主，於是廢豫之意益決。

岳飛奏：“乘廢劉豫之際，擣其不備，長驅以取中原。”韓世忠亦上疏言：“機不可失，請全師北討。”皆不報。

同上書卷十六，《岳飛規復中原、秦檜害飛附》

高宗紹興六年六月，岳飛進屯襄陽。時張浚視師江上，會諸大帥，獨稱韓世忠與飛可倚大事。命飛屯襄陽以窺中原，曰：”此君素志也。”飛遂移軍京西，除宣撫副使，置司襄陽，命往武昌調軍。

---

① 同見《資治通鑑後編》卷一百十。

秋七月，岳飛遣王貴等攻虢州，下之，獲糧十五萬石，降者數萬人。張浚曰:”飛措置甚大. 今已至伊、洛，則太行一帶山砦必有應者。”已而忠義社梁興等果歸之。飛遣楊再興進兵，至長水，及偽齊李成、孔彥舟，連戰皆捷；至蔡州，克其城。

時，偽齊屯唐州，岳飛遣王貴、董先等攻破之。飛因奏進取中原，不許。飛召貴等還。

（紹興）七年夏四月，岳飛乞終喪，遂還廬山。張浚使張宗元監其軍。先是，飛自鄂入見，拜太尉，繼除宣撫使，以王德、酈瓊兵隸之。帝詔德、瓊曰：“聽飛號令，如朕親行。”飛見帝，數論恢復之略，疏言：“金人所以立劉豫於河南，蓋欲荼毒中原，以中國攻中國，彼得以休兵觀釁耳。臣願陛下假臣月日，提兵趨京、洛，據河陽、陝府、潼關，以號召五路叛將。叛將既還，遣王師先進，豫必棄汴而走，河北、京畿、陝右可以盡復，然後分兵濬、滑，經略兩河。如此則逆豫成擒，偽齊可滅，社稷長久之計，實在此舉。”帝曰：“有臣如此，朕復何憂！進止之機，朕不中制。”復召至寢閣，命之曰：“中興之事，一以委卿。”飛方圖大舉，會秦檜主和議，忌之，遂不以德、瓊軍隸飛，詔飛詣張浚議事。時，浚奏罷劉光世兵柄，以其軍隸都督府，因分為六軍，謀置帥，謂飛曰：“王德，淮西軍所服，浚欲以為都統，而命吕祉以督府參謀領之。”飛曰：“德與酈瓊素不相下，一日握之在上，則必爭；吕尚書不習軍旅，恐不足服衆。”浚曰：“張俊、楊沂中何如?”飛曰：“張宣撫，飛之舊帥也，其人暴而寡謀，尤瓊所不服。沂中視德等耳，亦豈能御此軍哉。”浚艴然曰：“固知非太尉不可。”飛曰：“都督以正問飛，飛不敢不盡其愚，豈以得軍為念哉!”飛既與浚忤，即日上章，乞解兵柄終喪服，以張憲攝軍事，步歸廬山。浚怒，奏言飛積慮專在併兵，遂命張宗元權宣撫判官，監其軍。

六月，岳飛入朝，復還鎮。帝累詔趣飛還，飛不得已，趨朝待罪，帝慰遣之。及張宗元還，言將和士鋭，人懷忠孝，皆飛訓養所致。帝大悦。飛至鎮，奏言：“比者寢閣之命，咸謂聖斷已堅，何至今尚未決? 臣願提兵進討，順天道，因人心，以曲直為老壯，以逆順為強弱，萬全之效可必。錢塘僻在海隅，非用武地，願速都上游，用漢光武故事，親率六軍，往來督戰。庶將士知聖意所向，人人用命。”不報。

八月，以王德為淮西都統制，酈瓊副之。瓊與德素等夷，不相下。吕祉還朝，德、瓊列狀，交訴於都督府及御史臺。乃詔德還建康，仍命吕祉往廬州節制之。祉至廬州，瓊又訟德。祉諭曰：“若以君等為是，則大相詿，然張丞相喜人向前，倘能立功，雖大過亦闊略，況小嫌耶。當為諸公辨之，保無他虞。”瓊等感泣。事小定，祉乃密奏，乞罷瓊及統制靳賽兵權。書吏漏語於瓊，瓊令人遮祉所遣郵置，盡得祉所言，大怨怒。會聞朝廷命楊沂中為淮西制置使，劉錡為副，召瓊赴行在。瓊大懼，遂謀叛。諸將晨謁祉，瓊袖出文書，示中軍張璟曰：“諸兵官有何罪，張統制乃以如許事聞之朝廷耶!”祉大驚，欲走不及，為瓊所執，璟及兵馬鈐轄喬仲福、統制劉永衡皆死。瓊遂率全軍四萬人，渡淮降劉豫，擁祉北去。距淮三十里，祉下馬立，謂瓊曰：“劉豫逆賊，我豈可見之!”衆逼祉上馬，祉罵曰：“死則死於此!”又諭其衆曰：“劉豫，逆臣爾！軍中豈無英雄，乃隨酈瓊去乎!”衆頗感動，凡千餘人環立不行。瓊恐摇動心，急策馬先渡，祉遂遇害。事聞，張浚始悔不用岳飛之言。飛乞進討瓊，不許。詔駐師江州，為淮、浙援。

八年二月，岳飛乞增兵。不許。①

九年春正月，岳飛在鄂州，聞金將歸河南地，上言：“金人不可信，和好不可恃。相臣謀國不臧，恐貽後世譏。”秦檜銜之。及赦書至鄂，飛表謝，寓“和議不便”之意，有“願定謀於全勝，期收地於兩河，唾手燕、雲，終欲復仇而報國，矢心天地，尚令稽首以稱藩”之語。檜益怒，遂成仇隙。和議成，例加爵賞，飛加開封儀同三司，力辭，言：“今日之事，可危而不可安，可憂而不可賀，可訓兵飭士謹備不虞，而不可論功行賞取笑敵人。”三詔不受，帝溫言奬諭之，飛乃受命。會遣士㒕謁諸陵，飛請以輕騎從灑掃，實欲觀釁以伐謀。又奏：“金人無事請和，此必有肘腋之虞名以地歸我，實寄之也。”檜白帝，止其行。②

十年五月，岳飛敗金人于京西。時，金人攻拱、亳，劉錡告急，命飛馳援。飛遣張憲、姚政赴之。帝賜札曰：“設施之方，一以委卿，朕不遙度。”飛乃遣王貴、牛皋、董先、楊再興、孟邦傑、李寶等分佈經略西京、汝、鄭、穎昌、陳、曹、光、蔡諸郡；又命梁興渡河，糾合忠義社，取河東、北州縣；又遣兵東援劉錡，西援郭浩，自以其軍長驅以闞中原。將發，密奏言：“先正國本，以安人心，然後不常厥居，以示無忘復讎之意。”帝得奏，大褒其忠，授少保、河南府路、陝西、河北路招討使，尋改河南、北諸路招討使。未幾，所遣諸將李寶、牛皋等相繼敗金人於京西。

閏月，岳飛遣統制張憲擊金韓常於穎昌，又復淮寧府，郝晸復鄭州，張

---

① 同見《資治通鑒後編》卷一百十二，並云是日壬戌。

② 同見《資治通鑒後編》卷一百十三。

應、韓清復西京，楊遇復南城軍，喬握堅復趙州，他將所至皆捷，中原大振。河南兵馬鈐轄李興聚兵應飛，收復伊陽等八縣及汝州。金河南尹李成棄城遁走，詔興知河南府。飛又使張應會興復永安軍

秋七月，岳飛大軍在穎昌，諸將分道出戰，自以輕騎駐郾城，兵勢甚銳。烏珠大懼，會龍虎大王議，以為諸帥易與，獨飛不可當，欲誘致其師，併力一戰。中外聞之皆懼，詔飛審處自固。飛曰："金人技窮矣。"乃日出挑戰，且罵之。烏珠怒，合龍虎大王、蓋天大王及韓常之兵，逼郾城，飛遣子雲領騎兵直貫其陣，戒之曰："不勝，先斬汝！"鏖戰數十合，賊屍佈野。初，烏珠有勁軍，皆重鎧，貫以韋索，三人為聯，號"拐子馬"，官軍不能當。是役也，以萬五千騎來，飛戒步卒以麻札刀入陣，勿仰視，第斫馬足。拐子馬相連，一馬仆，二馬不能行。官軍奮擊，遂大破之。烏珠大慟，曰："自海上起兵，皆以此勝，今已矣！"因復益兵而前，飛自以四十騎突戰，敗之。烏珠憤甚，合師十二萬，次於臨潁。楊再興以三百騎遇之於小商橋，驟與之戰，殺二千人及萬戶撒八、千戶百人；再興死，獲其屍，得箭鏃二升，飛痛惜之。張憲繼至，復戰。烏珠夜遁，追奔十五里。飛謂子雲曰："賊屢敗，必還攻穎昌，汝宜速援王貴。"既而烏珠果至，貴將遊奕，雲將背嵬，戰於城西。雲以騎兵八百挺前決戰，步兵張左右翼繼之，殺烏珠婿夏金吾、副統軍尼瑪哈索貝勒，烏珠遁去。

梁興以飛命，會太行忠義及兩河豪傑，敗金人於垣曲，又敗之於沁水，遂復懷、衛州，斷金人山東、河北之道，金人大恐。飛奏："興等過河，人心願歸朝廷。金兵屢敗，烏珠等皆令老少北去，正中興之機。"飛進軍，距汴京四十五里，與烏珠對壘而陣，遣驍將以背嵬五百奮擊，大破之，烏珠遁還汴京。飛檄陵臺，令行視諸陵，葺治之。

先是，飛遣梁興等佈德意，招結兩河豪傑，山砦韋銓、孫謀等斂兵固堡，以待王師，李通、胡清、李寶、李興、張恩、孫琪等舉衆來歸。金人動息，山川險要，一時皆得其實。盡磁、相、開德、澤、潞、晉、絳、汾、隰之境，皆期日興兵與官軍會，其所揭旗，以"岳"為號。父老百姓爭挽車牽牛，載糗糧以饋義軍，頂盆焚香，迎候者充滿道路。自燕以南，金號令不行，烏珠欲簽軍以抗飛，河北無一人從者，乃嘆曰："自我起北方以來，未有如今日之挫衄！"金帥烏凌阿思謀素號桀黠，亦不能制其下，但諭之曰："毋輕動，俟岳家軍來即降。"金統制王鎮、統領崔慶、將官李覬、崔虎、華旺等皆率所部降，以至禁衛龍虎大王下奇徹千戶高勇之屬，皆密受飛旗榜，自北方來降。金將軍韓常欲以五萬衆內附。飛大喜，語其下曰："直抵

黃龍府，與諸公痛飲耳！”方指日渡河，而秦檜方欲畫淮以北棄之，風臺臣請班師。飛奏：“金人銳氣沮喪，盡棄輜重，疾走渡河，而我豪傑向風，士卒用命。時不再來，機難輕失。”檜知飛志銳不可回，乃先請張俊、楊沂中等歸，而後言：“飛孤軍不可久留，乞令班師。”一日奉十二金字牌，飛憤惋泣下，東向再拜，曰：“十年之力，廢於一旦！”飛班師，民遮馬慟哭，訴曰：“我等戴香盆，運糧草，以迎官軍，金人悉知之。相公去，我輩無噍類矣！”飛亦悲泣，取詔示之，曰：“吾不得擅留。”哭聲震野。飛留五日，以待其徙，從而南者如市，亟奏以漢上六郡閒田處之。

方烏珠棄汴去，有書生叩馬曰：“太子毋走，岳少保且退矣。”烏珠曰：“岳少保以五百騎破吾十萬，京城日夜望其來，何謂可守？”書生曰：“自古未有權臣在内而大將能立功於外者。岳少保且不免，況欲成功乎！”烏珠悟，遂留。飛既歸，所得州縣旋復失之。飛力請解兵柄，不許。既而自廬入覲，帝問之，飛拜謝而已。

十一年三月，金烏珠、韓常與龍虎大王合兵逼廬州，帝趣岳飛應援，凡十七札。飛奏：“金人傾國南來，巢穴必虛。若長驅京、洛以擣之，彼必奔命，可坐而敝。”時飛方苦寒嗽，力疾而行，又恐帝急於退敵，乃奏：“臣如擣虛，勢必得利。若以敵方在邇，未暇遠圖，欲乞親至蘄、黃，以議攻卻。”帝大喜。師至廬州，金兵望風而遁。飛還兵於舒以俟命。烏珠破濠州，張俊駐軍黃連鎮，不敢進。楊沂中遇伏而敗，帝命飛救之。金人聞飛至，又遁。

時和議已決，秦檜患飛異己，乃密奏召三大將，論功行賞。韓世忠、張俊既至，飛獨後。檜又用參政王次翁計，俟之六七日。既至，授樞密副使。飛固請還兵柄。詔同俊往楚州措置邊防，總韓世忠軍還駐鎮江。初，飛在諸將中年最少，以列校拔起，屢立顯功，世忠、俊不能平，飛屈己下之，而俊益忌飛。淮西之役，俊以前途糧乏沭飛，飛不為止。帝賜札褒諭，有曰：“轉餉艱阻，卿不復顧。”俊疑飛漏言，還朝，反倡言飛逗遛不進，以乏餉為辭。至視世忠軍，俊知世忠忤檜，欲與飛分其背嵬軍，飛義不肯，俊大不悅。及同行楚州城，俊欲修城為備，飛曰：“當戮力以圖恢復，豈可為退保計！”俊變色。會世忠軍吏景著言：“二樞密若分世忠軍，恐至生事。”檜捕著，下大理獄，將以扇摇誣世忠，飛馳書告以檜意，世忠見帝自明。俊於是大憾飛，倡言飛議棄山陽，且密以飛報世忠事告檜，檜大怒。初，檜逐趙鼎，飛每對客歎息；又以恢復為己任，不肯附和議。讀檜奏至“德無常師，主善為師”之語，惡其欺罔，恚曰：“君臣大倫，根於天性，大臣而忍面謾其主耶！”烏珠遺檜書曰：“爾朝夕以和請，而岳飛方為河北圖。必殺飛，始可和。”檜亦以飛不死終梗和議，己必及禍，力謀殺之。以諫議大夫万俟卨與飛有怨，諷卨劾飛；又諷中丞何鑄、侍御史羅汝楫交章彈論，大率謂：“今春金人攻淮西，飛略至舒、蘄而不進。比與俊按兵淮上，又欲棄山陽而不守。”飛累請罷樞柄，尋還兩鎮節，充萬壽觀使，奉朝請。

檜志未伸，又誘張俊令劫王貴，誘王俊誣告張憲謀還飛兵柄。檜遣人捕飛父子證張憲事，使者至，飛笑曰：“皇天后土，可表此心！”初命何鑄鞫之，飛裂裳，以背示鑄有“盡忠報國”四大字，深入膚理。既而閱實，無左驗，鑄明其無辜。既命万俟卨，卨誣飛與憲書，令虛申探報，以動朝廷；雲與憲書，令措置使飛還軍，言其書已焚。飛坐繫兩月，無可證者。或教卨以臺章所指淮西事為言，卨喜白檜，簿錄飛家，取當時御札藏之以滅跡，取行軍時日雜定之，傅會其獄。歲暮，獄不成，檜手書小紙付獄，即報飛死，時年三十九。雲棄市。籍家資，徙家嶺南。幕屬于鵬等從坐者六人。

初，飛在獄，大理寺丞李若樸、何彥猷，大理卿薛仁輔並言飛無罪，卨俱劾去。宗正卿士㒟請以百口保飛，卨亦劾之，竄死建州。佈衣劉允升上書訟飛冤，下棘寺以死。凡傅成其獄者，皆遷轉有差。獄之將上也，韓世忠不平，詣檜詰其實，檜曰：“飛子雲與張憲書莫須有。”世忠曰：“‘莫須有’三字，何以服天下！”時洪皓在金國中，蠟書馳奏，以為“金人所畏服惟飛，至以父呼之。金人聞其死，酌酒相賀。”

飛事母至孝，母卒，水漿不入口者三日。家無姬侍，吳玠素服飛，飾名姝遺之。飛曰：“主上宵旰，豈大將安樂時耶！”卻不受。少豪飲，帝戒之曰：“卿異時到河朔乃可飲。”遂絶不飲。帝初為飛營第，飛辭曰：“敵未滅，何以家為！”或問：“天下何時太平？”飛曰：“文臣不愛錢，武臣不惜死，天下太平矣。”師每休舍，課將士，注坡、跳壕，皆重鎧習之。子雲嘗注坡馬躓，怒而鞭之，曰：“前臨大敵，亦如是耶！”卒有取民麻一縷以束芻者，立斬以徇。卒夜宿，民間開門願納，無敢入者。軍號“凍死不拆屋，餓死不虜掠”。卒有疾，躬為調藥；諸將遠戍，遣妻問勞其家；死事者哭之，而育其孤，或以子婚其女。凡有犒賞，均給軍吏，秋毫不私。善以少擊衆。欲有所舉，盡召諸統制與謀，謀定而後戰，故有勝無敗。猝遇敵，不動，故敵為之語曰：“撼山易，撼岳家軍難。”張俊問用兵之術，曰：“智、仁、信、勇、嚴，闕一不可。”調軍食，必蹙額，曰：“東南民力竭矣！”好賢禮士，覽經史，雅歌投壺，恂恂如書生，然忠憤激烈，議論持正，不挫於人，卒以此得禍。

史臣曰："西漢而下，若韓、彭、絳、灌之為將，代不乏人，求其文武全器，仁智並施，如宋岳飛者，一代豈多見哉！史稱關雲長通《春秋左氏》學，然未嘗見其文章。飛北伐，軍至汴梁之朱仙鎮，自為表答詔，忠義之言流出肺腑，真有諸葛孔明之風，而卒死於秦檜之手。蓋飛與檜勢不兩立，使飛得志，則金讎可復，宋恥可雪；檜得志，則飛有死而已。昔劉宋殺檀道濟，下獄，嗔目曰：自壞爾萬里長城！高宗忍自棄其中原，故忍殺飛。嗚乎，冤哉！"

同上書卷十七，《秦檜主和、檜死附》

（紹興十一年三月）時，秦檜力主和議，恐諸將難制，欲盡收其兵權。給事中范同獻計于檜，請除韓世忠、張俊、岳飛樞府，則兵柄自解。檜喜，密奏："召三大將赴行在，論功行賞。"於是世忠、俊皆入朝，飛亦後至，遂拜世忠、俊樞密使，飛為副使，並宣押至樞府治事。俊知檜欲罷兵，首請以所部隸御前，且力贊和議。檜大喜，遂罷三宣撫司，以其兵隸御前，遇出師，取旨。

同上書卷十九，《孝宗之立》

高宗紹興二年春正月辛未，育太祖後子偁之子伯琮於宮中。元懿太子卒，帝未有嗣。范宗尹嘗造膝請建太子，帝曰："太祖以神武定天下，子孫不得享之，遭時多艱，零落可憫。朕若不法仁宗，為天下計，何以慰在天之靈！"於是詔知南外宗正事，令廣選太祖後，將育宮中。會上虞縣丞婁寅亮上書曰："先正有言，太祖舍其子而立弟，此天下之大公。周王薨，章聖取宗室子育宮中，此天下之大慮。仁宗感悟其說，召英宗入繼大統。文子文孫，宜君宜王，遭罹變故，不斷如帶，今有天下者，陛下一人而已。屬者，椒寢未繁，前星不耀，孤立無助，有識寒心。天其或者深戒陛下，追念祖宗公心長慮之所及乎！崇寧以來，諛臣進說，獨推濮王子孫以為近屬，餘皆謂之同姓。遂使昌陵之後，寂寥無聞，僅同民庶；藝祖在上，莫肯顧歆。此金人所以未悔禍也。望陛下於伯字行內，選太祖諸孫有賢德者，視秩親王，俾牧九州，以待皇嗣之生，退處藩服。庶幾上慰在天之靈，下係人心之望！"書奏，帝讀之，大感嘆。至是，選秦王德芳五世孫左朝奉大夫子偁之子伯琮入宮，命張婕妤鞠之，生六年矣。其後吳才人亦請於帝，乃復取秉義郎子彥之子伯玖，命吳才人鞠之，皆太祖後也。尋以伯琮為和州防禦使，改名瑗。

五年夏四月，封和州防禦使瑗為建國公，就學資善堂。趙鼎請以行宮新作書院為資善堂，命建國公聽讀，且薦徽猷閣待制范冲兼翊善，起居郎朱震兼贊讀。朝論二人極天下之選。帝命瑗見之，皆設拜。尋以伯玖為和州防禦使，賜名璩。時，岳飛詣資善堂見瑗，退而喜曰：“社稷得人矣，中興基業，其在是乎！”飛前此亦疏請建儲云。

陳邦瞻曰：余觀岳少保請高宗建儲事，未嘗不悲其忠而惜其智也。夫造膝密謀，為宗社計慮根本，此誠忠臣事，然惟腹心大臣得為之，非將帥任也。智名勇略蓋一世，挾震主之威，而居不賞之功，斯已危矣，猶欲與人父子間事乎？矧苗、劉之變，實立明受，帝庸主也，豈能遽忘諸將？而飛乃觸其深忌，安知讒人不以此為中傷地也！史稱趙鼎請正建國皇子之號，秦檜曰：“鼎欲立太子，是謂陛下終無子也。”鼎由此获罪。然則飛之不免，蓋可見矣。

同上書卷二十二，《北伐更盟》

（寧宗嘉泰四年）五月癸未，追封岳飛為鄂王。飛先已賜謚武穆，至是，韓侂胄欲風勵諸將，故追封之。

同上書同卷，《吳曦之叛》

開禧二年，金人聞曦叛求封，大喜，與曦詔曰：“卿家專制蜀漢，積有歲年，猜嫌既萌，進退維谷。且卿自視翼贊之功孰與岳飛？飛之威名戰功暴於南北，一朝見忌，遂被誅夷之慘，可不畏哉！……因命完顏綱經略之。

同上書卷二十五，《蒙古连兵》

（理宗端平三年）三月，襄陽北軍主將王旻等作亂。時制置使趙范在襄陽，以王旻、李伯淵、樊文彬、黃國弼等為腹心，朝夕酣狎，了無上下之序，民訟、邊防，一切廢弛。既而南、北軍交爭，范失於撫馭，於是旻、伯淵焚襄陽城郭倉庫，相繼降於蒙古。時城中官民尚四萬七千有奇，財粟在倉庫者，無慮三十萬，軍器二十四庫，皆為蒙古所有，金銀鹽鈔不與焉。南軍將李虎乘勝劫掠，城中為之一空。襄陽自岳飛收復以來，百三十年，生聚繁庶，城高池深，甲於兩陲，一旦灰燼。詔以趙范失於撫御，削三官，仍舊職任。

胡我琨

撰:《錢通》卷二十八,《詞話》

或謂:“天下何時太平?”岳飛曰:“文臣不愛錢,武臣不惜死,天下太平矣。”【《宋史》】

俞汝楫

修:《禮部志稿》卷二十九,《祠祭司職掌·群祀·曆代帝王》

第二壇,周勃、馮異、房玄齡、李靖、李晟、潘美、岳飛、穆呼哩、博勒、呼巴延。

同上書卷八十五上,《群祀備考·曆代帝王祀·定帝王廟祀及名臣從祀》

東廡第二壇十人,周勃、馮異、房玄齡、李靖、李晟、潘美、岳飛、穆呼哩、博勒、呼巴延。

楊時偉

編:《諸葛忠武書》卷十,《雜述》

是書既竣,客有卒業而笑云:“忠武盡於此哉!文中子曰:‘諸葛亮而無死,禮樂其有興乎。’子亦遺之,何也?”時偉蹶然而起曰:“吾誤矣!”遂因而思宋儒諸先生評論,無一載焉者,即微客言,自知其善忘而多遺也。客曰:“夫一人之見不足以盡一書,一書之紀不足以備千古,又奚疑焉?”時偉曰:“竊觀宋儒諸先生,咸不以文中子之言許孔明,敢問何說也?”客曰:“名不正則言不順,言不順則事不成,而禮樂不興。孔明之言曰‘漢賊不兩立’,名正言順,何事不成?揖讓征誅,何所不備?而刑罰之中,至有感泣而發病者,唐虞三代之規模,高、光二祖之締構,蓋至孔明而略無遺憾焉。舍此而別求所謂禮樂,此則後世之禮樂而決非堯、舜、周、孔之禮樂也。且孔明正名於蜀,亦猶夫子正名於衛,其雍容禮樂亡論，已即身死敵庭，子若孫死戰地，慷慨從容，竟與天地同其和節。彼南渡之宋，迺至不可名言，而禮固已壞矣，而樂固已崩矣，而方且釋干戈以譚禮樂，又且外干戈以求禮樂。然則蜀未嘗亡，而宋未嘗存也。為宋計者，唯有君死苫塊，臣死金革，如岳武穆之壯心怒髮，直擣黃龍府而後已，即不幸而斬焉滅亡，不猶愈於奄然靦然徧安百年之為多辱乎哉!”曰:“孔明、鵬舉必能殲魏、擣金乎?”曰:“未可知也。司馬懿之善守，宗弼之善謀，非一時足制其死命者。而孔明、鵬舉皆孤忠獨運，協贊者少，若夫營星告墜，誣獄沈冤，雖天不助順，而要亦未必非所以善二侯之終也。”客退而憶其言，若有可思者，併錄之，以自志遺忘之儆。時己未六月望，酷暑日，羸孫記於瓜牛廬中。

楊漣

［清］王士俊等編:《河南通志》卷七十九，《過朱仙鎮告岳廟文》

惟神萬古精忠，兩間正氣。高山仰止，凡士而識字、將而枕戈者，莫不凛“愛死要錢”之明訓，以刻礪其心;烈日當空，或忠而被謗、直而蒙誣，亦莫不引“皇天后土”之忠言，以陰祈一鑒。如漣屋漏内省，信知無足比數於前賢，而忠愛獨盟，則不敢自同於末俗。萬曆四十八年，當神祖賓天之後，先帝不豫之時，今上未册立。及初登極之際，一倡議鄭貴妃之當移宮與當辭封后，一力爭悍妃之不可以托付少主與不可抗拒乾清，總之非杜漸防微之公心，則尊主消釁之獨念也，此一點血忱。如為官為名，可以逃人耳目，必不可欺神明鑒。天啓四年，見司禮太監魏忠賢與乳母客氏，表裏為奸，太阿竊弄，即帝子帝妃可以生死任情，天語天憲可以喜怒惟意，目已無君，漸豈可長。此漣義不能忍，聲罪糾參，明知彼虎不可撩，漣禍不可試，衹以當日憑几惓惓，安可今日同人默默，庶幾博浪一擊。萬一宗社有靈，令忠賢稍知主僕之分，不至謂外廷無人，漣亦可以盡此臣子忠心，無但騙朝廷官做也。不意微誠不足濟世，孤直反為厲階，播惡同氣同鄉，削籍空國空署。今且横誣以烏有贓私，並指前移宮事為通王安罪案，父子長途，赤炎蒸背，聞者見者，不免傷情。漣則謂自古忠臣受禍者，何獨漣一人，即如武穆王，何等功勛而“莫須有”竟殺忠良，何況么麽直言如漣?此行定知不測，自受已是甘心，但所恨者，人借漣以結内外之歡，因藉忠賢以快恩仇之報，如劉一璟、周嘉謨等之削籍，如左光斗、魏大中等之鋃鐺，徒傷明主手滑之威，益亂祖宗干政之制。漣一身一家，其何足道？而國家大體大勢，所傷實多，且恐積威所刼，臣僚媚竈如趨，而積勢所成，權奸騎虎不下。九閽既已雲深，舉國盡為舌結，氣運攸關，有不忍言者，惟是仰干神聖，大顯威靈，默牖帝心，少戢兇焰，無枉陷無辜於羅織，猶少迴片照於蒙雺。雖“八千女鬼亂朝綱”之讖，若氣數有司而一轉冰霜，成雨露之仁，則惟神造化，千秋廟食，知不妄憂國之心，一寸蟻衷，定俯鑒愛君之血。至於漣之受誣，原以甘心不辨，但事在追贓，無論名節，資斧已為衆凑，罄産不滿千餘，何以成不疑之長者，將無累叔敖之子孫。興言及此，不免痛心，不敢不實訴與神也。說者又謂，此行已觸兇焰，當更發揮一番。漣恐纍臣一疏，想不能上聞，而天網四張，亦難以理論，徒取明旨之褻，更傷英斷之明，似不如聽之公道為妥。無已則漣有三閭大夫初念，極言票擬當歸閣臣，用舍當聽銓部，刑罰當付法司，中官必不可干預外政，庶幾古人尸諫之意，少動時人忠義之心，又未知有當于人臣之義，有濟于天下之事否也，俱望尊神，明賜一夢，以決行止。瑣瑣冒瀆，敢言附于忠義之下風而亟亟呼搶，實切于疾痛之上籲。惟神宥其褻冒，有以啓之，漣不勝滌心惶仄待命之至。

曹學佺

撰：《蜀中廣記》卷四十二，《人物記第二·張浚》

張浚，字德遠，綿竹人……時湖南巨寇據洞庭，屢攻不克。浚恐滋蔓為害，請以兵事盡付岳飛。行至醴陵，因釋死囚數百，給以文書，使招諸砦。囚皆驩呼而往。遂降賊衆二十餘萬，湖、湘悉平。浚遂奏遣岳飛屯荆襄，以圖中原……先是，嘗用岳飛計，以蠟丸入偽齊地，間劉豫，豫果為金人所疑而廢。

董斯張

撰：《吴興備志》卷十一，《人物徵·沈與求》

上曰：“朕以二聖在遠，屈己通和。今豫逆亂如此，安可復忍？”與求曰："和親，乃金人屢試之策，不足信也。"因奏諸將分屯江岸，而敵人往來淮甸，當遣岳飛自上流取間道，乘虛擊之，彼必有反顧之憂。

同上書卷十四，《建置徵·城郭》

穆王城，在鳳亭鄉。昔岳飛於此壘土結營。後封鄂王，謚武穆。遂以穆王城呼之，其將壇猶在。【《安吉志》】

同上書卷二十八，《璅徵第二十四之二·為岳侯作謝表》

秦會之主和議，大帥皆罷兵權，賜田宅，予為岳侯作謝表有云："功狀蔑聞，敢遂良田之請；謗書狎至，猶存息壤之盟。"會之讀之不樂。【沈明遠《寓簡》】

吴之鯨

撰：《武林梵志》卷五，《北山分脉·上天竺寺》

岳飛過上竺寺，偶題："強胡犯京闕，駐驆大江南。二帝雙魂杳，孤臣百戰酣。兵威空朔漠，法力仗瞿曇。恢復山河日，捐軀分亦甘。"

同上書卷八，《宰官護持》

岳飛，字鵬舉。南宋恢復之功幾成，而阻於檜，至今俎豆湖上。生平著作有集，其《滿江紅詞》及"潭水寒生月，松風夜帶秋"之句，膾炙人口。游上天竺，與李綱俱有詩，忠肝義魄，激烈千古。

劉理順

［清］覺羅石麟等編：《山西通志》卷二百十，《答孫白谷督師書》

治愚不知兵事，兹數日内連讀台臺籌畫，知賊可計日而平，如武穆之殪楊幺也。

朱廷煥

撰：增補《武林舊事》[1] 卷七，《湖山勝槩下》

武穆王墓自國初以來，壙漸傾圮，江州岳士迪於王為六世孫，與宜興州岳氏通譜合力以起廢，廟與寺復完美。久之，王諸孫有為僧者居壙西，復為廢壞。天台僧可觀訴於官，時何頤貞為湖州推官，柯九思以書白其事，田之沒於人者復歸，然廟與寺無寸椽片瓦，會李君金初為杭總管府經曆，慨然以興廢為已任，而鄭元祐為作疏，郡人王華父一力興建，寺廟又復完美。杭州申明浙省轉咨中書以求褒贈，適趙子期在禮部倡義奏聞，降命敕封並如宋，止加“保義”二字，自我元統一函夏以來，名人佳士多有詩弔之，不下數十百篇。【陶宗儀《輟耕錄》。】

……又西為葛嶺，葛稚川墓前為四聖延祥觀。竹閣西為虎頭巖、嘉德永壽講寺。又西為鳳林禪寺、君子泉。嶺西為履泰山、棲霞嶺、桃溪、棲霞洞、紫雲洞、輔文侯牛臯墓、妙智菴，嶺下為岳武穆王墓、翊忠祠、分屍檜、流芳亭，祠後為掃箒塢、黃龍洞、護國仁王禪寺，西為淨性禪寺，履泰西為仙姑山張烈文侯墓……【張淶《北名山勝紀》。】

楊廷麟

［清］謝旻等編：《江西通志》卷一百五十五，《香城雪坐》

十年江上半漁臣，為爾流連暫卜鄰。已向洪崖封禹穴，空勞洞口問秦人。冰城久信窮魚隱，風影何關竹葉身。煨栗無言緣底事，莫將熊虎歎沈淪。

雩都羅田巖讀周元公、岳武穆、王文成、羅文恭諸先生題字，李淩虛易去浮易山，甫施教臣及兒輩。

[1] 此為明朱廷煥增補宋周密《武林舊事》，相同處不錄。

黄周星

[清] 梁詩正、沈德潛編:《西湖志纂》卷十二,《西湖竹枝》

山川不改仗豪雄,浩氣能排岳麓松。岳少保同于少保,南高峰對北高峰。

朱明鎬

撰:《史糾》卷五,《宋史·孝宗帝紀》

若隆興元年七月,既書給還岳飛田宅矣。淳熙八年七月,又復書之……總之修史者,仰成于托克托一人,而元順帝復求成書之速,不三年而宋、遼、金三史告竣,宜訛謬不倫之狎出也。

同上書卷五,《宋史·張浚傳》

魏公之傳,強半失實。殺曲端則委吳玠以咎,平楊幺則沒岳飛之功。

陶履中

[清] 謝旻等編:《江西通志》卷一百三十八,《重修瑞州府志序》

昔賢如蘇次公、楊文節、文信公皆曆官其地,應史君、鍾南平、岳武穆皆保障其民。

吕毖

撰:《明宫史》卷二,《司禮監》

東廠……外署大廳之左小廳供岳武穆像一軸。

佚名

撰：《太常續考》卷五，《曆代帝王事宜》

西廡上，力牧、夔、伯夷、伊尹、周公旦、太公望、方叔、蕭何、陳平共一壇；東廡下，周勃、馮異、房玄齡、李靖、李晟、潘美、岳飛、許遠共一壇。

同上書卷六，《于太傅忠節祠》

一、祝文皇帝遣太常寺諭祭於太傅兵部尚書于謙：惟卿扶輿間氣社稷孤忠，當己巳之遇氛，屬家邦之多難，矢精誠而徇國，竭心力以回天。持危定傾，皇輿再返，排遷主戰，神鼎不摇。惜大功之未酬，憾群奸之肆害。沉冤雖白，特典當稽。魂遊武穆之西湖，血灑文山之柴市。恤恩寵被旌未泯之忠勛，敕賜專崇勵將來之風教。爰頒諭祭，庶慰英靈。時維仲庸仲常祀，卿其有知，尚克享之春秋。

清

孫奇逢

撰:《中州人物考》卷三,《王侍郎良》

良,字天性,一字文信,祥符人,曆官刑部左侍郎。建文三年,問燕國人罪從末減,左遷浙江按察使。至浙江,謁岳鄂王墓,誓曰:“苟愧武穆,非人也。”建文君遜位,大慟。九月,詔召良,良集臬司諸印私第,躊躇未能決。妻問故,曰:“我分應死,未知所以處汝耳。”妻曰:“我何難?君為男子,乃為婦人謀乎?”遂餽良食,抱幼子欷歔如厠,置其子池旁,自投池死。良殮妻畢,即列薪於戶,寫遺囑付家人,令妾抱幼子往匿某僉事家,或曰托諸汴商,遂舉火闔室,自焚死。事聞,上曰:“死本良分也,朝廷印信,良不得輒毀。良毀印不得無罪,徒其家於邊。”台人陳燧私識良死事,每談及流涕沾襟。正德戊寅,浙江按察使梁材、提學副使劉瑞改公署水鑑亭為祠祀良。

野史氏曰:“公之躊躇未決者,所以令其妻之自決也,而妻果明決至此,死生倉卒之際,而義理分明,從容就義,又為幼子思存匿之所。當是時,夫婦之死,各慊其心,此便是朝聞夕可,着一毫勉强不得,陳燧談及流涕,亦人心之同然也。”

同上書卷七,《岳純孝仲明》

仲明,固始人,宋鄂王七世孫也。洪武初,徙家於大梁。仲明少負清節,隱居不仕。嘗廬居於墓側者九年,有司以孝廉舉朝廷,三召不起,賜號“純孝先生”。今三召祠故址尚存,所著有《遺安集》。

陳宏緒

撰:《江城名蹟》卷一,《考古一》

大忠祠,在四道後街,祀宋忠臣岳飛、文天祥、謝枋得。飛平馬進於洪州,授江西制置使;天祥以同都督出兵江西;枋得為江西招諭使。

同上書卷二,《考古二》

東湖居士宅,宋樞密徐俯建。俯字師川,卜築東湖,自號東湖居士,黄山谷之從甥也……秦檜專政,以金人成和,大赦天下。俯方罷樞密,提舉臨安府洞霄宫,上表云:"禍福倚伏,情偽多端。恐未盡於事幾,當復勞於聖慮。"時湖北京西宣撫使岳飛表云:"願定謀於全勝,期收地於兩河。唾手燕雲,終欲復讎而報國;矢心天地,尚令稽首以稱藩。"知廣州連南夫表云:"雖虞舜之十二州,昔皆吾有;然商於之六百里,當念爾欺。"三人表章,一時皆盛相傳誦,檜見而大惡之。

同上書卷四,《證今二》

李君子巷,在蓼洲。宋有李生者,逸其名,南昌人。好義樂施,每歲稔,積穀社囷,歉則和糴平準,里人賴之。世亂,集義勇以衛一方。紹興間,李成寇饒,置家洪州。生瞰成出,率衆戮其妻子。成恨甚,下令致生,不然且屠洪州。既得生,錮之於火神廟,縛縶手足,係于巨板,寇環守之,期以旦日剖心祭亡魂。衆各熟寢,至夜半,忽火神揷劍躍起,割生左右縛,生執劍自開餘縛。雞鳴,走出城南,從筠州入楚,迎岳飛兵討成,大破之。飛表生行軍長史,不就。人名其居為李君子巷。

黄虞稷

撰:《千頃堂書目》卷八,《地理類》

李春芳《岳王精忠錄外集》四卷。

《湯陰精忠廟志》十卷。

李濂《朱仙鎮岳廟集》。

徐乾學

撰:《資治通鑑後編》卷一百六

（建炎二年秋七月）丙戌，東京留守宗澤卒……澤子潁居戎幕，素得士心，都人請以潁繼父任。時已命杜充代澤，不許。充酷而無謀，至汴悉反澤所為，於是豪傑離心，降盜聚城下者復去剽掠。唯岳飛仍為留守司統制，隸充麾下。

同上書卷一百八

（紹興元年五月）是月……飛過廬陵，托宿廛市，質明為主人汛掃門宇，洗滌盆盎而去。郡守供帳餞別於郊，師行將絶，謁未得通，問大將軍何在，云已雜偏裨去矣，其嚴肅如此。

同上書卷一百九

（紹興二年五月）癸亥，吕頤浩出師，百官班送。初，秦檜多引傾險浮躁之士，列於要途，以為黨助，且謀出頤浩而專朝權。及頤浩督軍北向，檜又諷其黨言："周宣王内修外攘，故能中興，今二相宜分任内外。"於是帝諭頤浩及檜曰："頤浩治軍旅，檜理庶務，如种、蠡分職可也。"乃命頤浩開府鎮江。頤浩辟文武士七十餘人，以神武後軍及御前忠鋭崔增、趙延壽二軍從行。韓世忠、張俊、劉光世、岳飛、王𤫉、楊沂中等皆隸焉。帝嘗謂給事中程瑀曰:"頤浩熟于軍事，在外總諸將，檜在朝廷，庶幾内外相應。然檜誠實，但太執耳。"瑀對曰："如求機警能順旨者，極不難得，但不誠實則終不可倚。"帝然之。

同上書卷一百十

（紹興四年十二月）癸酉……岳飛奏："襄陽路人户闕牛糧，乞量給官錢，免官私逋負，州縣官以招集流亡為殿最。"

同上書卷一百十一

（紹興五年六月）乙丑……湖賊既平，張浚乃更易郡縣姦贓之吏，宣佈寬恩，命岳飛進軍屯荆襄以圖中原。浚率官屬泛洞庭而下。時淮東宣撫使韓世忠、江東宣撫使張俊皆已立功，而飛以列校拔起，世忠、俊不能平。飛皆屈己下之，數通書，俱不答。及飛破楊幺，獻樓船各一，兵徒戰守之械畢備，世忠始大悦而俊益忌之。

同上書卷一百十五

（紹興十一年冬十月）癸巳，樞密使韓世忠罷。世忠深以和議為不然，及魏良臣使金，世忠諫曰："中原豪傑，莫不延頸以俟弔伐之師。若自此與和，日月侵尋，人情消弱，國勢委靡，誰復振之。北使之來，乞與面議。"復抗疏言秦檜誤國之罪。檜諷言官論之，帝不聽而世忠連疏乞罷，遂罷為醴泉觀使。世忠懲岳飛之事，杜門謝客，絶口不言兵。時跨驢攜酒，從一二童妓，縱游西湖以自樂，平時將佐罕得見其面。

同上書卷一百十六

（紹興十七年）三月，都統制田師中於上巳大會諸將。馬步軍副總管牛皋遇毒而歸，語所親曰："皋年六十一，官至侍從，即死無恨，所恨南北通和，不以馬革裹屍，顧死牖下耳。"明日卒。皋，岳飛之愛將，或言秦檜使師中酖之。

同上書卷一百十七

（紹興二十四年）秋七月癸丑，太師、清河郡王張俊卒。帝諭秦檜曰："武臣中無如張俊者，比韓世忠相去萬萬，恩數宜從優厚。"遂如俊第臨奠。禮部擬俊贈典依世忠例，上曰："可與贈小國一字王。"於是特封循王。自淳化以後，異姓不封真王，其追封蓋自俊始。後謚忠烈。俊晚年主和議，帝厚眷之，麾下將佐若楊存中、田師中、趙密、劉寶皆建節鉞。或至公師幕府諸僚，為侍從、守、帥者甚衆。然附秦檜，忌劉錡，害岳飛，為世所唾罵。

同上書卷一百十八

（紹興二十七年三月）辛卯，尚書右僕射、同平章事万俟卨卒。卨始附秦檜殺岳飛，既而忤檜去。及檜死，帝將反檜所為，召卨。為相主和固位，無異于檜，士論益薄之。

同上書卷一百二十六

（淳熙十年秋七月）丙寅……户部尚書韓彦直乞廣糴為備，且言："冤濫為致旱之由，乞追究部曲曾誣陷岳飛者，以慰忠魂。”

同上書卷一百八十

（至正二十一年三月）是月……張士信修宋鄂王岳飛精忠廟，率僚佐致祭，仍令郡守謝節經理其墓田。【據陳基《修忠廟碑》。】

谷應泰

撰：《明史紀事本末》卷六十六，《东林党议》

（崇禎十五年）八月，召還黃道周，仍任少詹事。時周延儒承上眷最深，凡上怒莫能回，延儒能談言微中。先是，道周在獄，人謂必不可救。延儒以微詞解之，得減放。至是，上偶言及岳飛事，嘆曰：“安得將如岳飛者而用之？”延儒曰：“岳飛自是名將。然其破金人事，史或多溢辭。即如黃道周之為人，傳之史册，不免曰其不用也，天下惜之。”上默然，甫還宮，即傳旨復官。

同上書卷七十一，《魏忠賢亂政》

天啓六年九月……蘇杭織造李實奏廠臣祠宇已建，乞授杭州衛百户沈尚文等永守祠宇，世為祝釐崇報，上允之。祠建於西湖之麓，居關壯繆、岳武穆祠之中，備極壯麗。閣臣縉紳施鳳來撰記，張瑞圖書丹，賜額曰“普德”。子衿微有反脣者，則守祠之豎叢毆之。

鍾淵映

撰：《曆代建元考》卷七

高宗紹興三年，湖寇楊幺自稱大聖天王，後岳飛討平之。偽元一：庚戌。

閻興邦

［清］王士俊等編：《河南通志》卷七十四，《水調歌頭·謁岳忠武王廟》

策馬周流社，人指鄂王宮。參天樹色安在，雲淡草連空。迴想昔時神武，父子疆場戮力，血染戰袍紅。一自甘和議，百計害孤忠。

莫須有，三字獄，曲如弓。湯陰城外，苦雨歲歲泣英雄。誰料年逾二百，故里重為立廟，遙對大梁東。試看雙橋下，流水意何窮。

宋犖

［清］嵇曾筠等編：《浙江通志》卷二百七十二，《扈蹕西湖紀事》①

平生慕西湖，聞說便神王。吳越咫尺耳，七載勞悵望。何意奉宸遊，夙懷得一暢。朝出湧金門，耳目忽清曠，水潑葡萄醅，山矗翡翠障。白蘇勾留處，西子譬允當。追隨豹尾間，未敢策笻杖。聖情厪民依，物外聊探訪。御墨灑湖亭，勾陳入雲嶂。召許侍從臣，小憇就畫舫。亭午獨徘徊，迢遞聞漁唱。六橋宛沿緣，兩峰屹相向。指點從山僧，脫帽廻堤上。瞻拜武穆墳，酹酒發悲愴。還過冷泉亭，兀坐茶煙颺。奇峰真飛來，驚嘆莫能狀。勝地難久停，歸趁湖波漲。道人索題詩，留待後來償。殘陽挂斷塔，古色落欃榜。薄暮趨行宮，劍珮依仙仗。

陳鼎

撰：《東林列傳》卷十二，《明黃道周傳》

（崇禎）十五年，上御講筵，偶言岳飛事，嘆曰："安得將如岳飛者而用之?"輔臣周延儒曰："岳飛自是名將，然其破金人事，史或多溢辭。即如黃道周之為人，傳之史册不免曰：'其不用也，天下惜之'。"上默然，甫還宮，即傳旨復官。

---

① 詩同見《西湖志纂》卷十二。

沈佳

撰：《明儒言行錄·續編》卷一，《吳訥》

吳訥，文恪公，字敏德……出巡浙江，揆咨吏治，赫然有聲。仁和邑庠有高宗御書《九經論孟碑》，多委佈行路。公拾湊全楷，置之殿廊。李公麟畫聖賢像，有秦檜為記，磨而削之，表陸贄奏議，修岳飛墓祠，議論舉措有前賢風。

劉瀚芳

［清］謝旻等編：《江西通志》卷一百五十五，《謁岳武穆王祠》

燕雲唾手數偏奇，十二金牌捲義旗。半壁中原看馬立，三台上將奏星移。矢心惟鏤精忠字，報國空題武穆祠。只有虔州章貢水，灘頭猶作吼聲悲。

愛新覺羅·玄燁

［清］愛新覺羅·胤禛等編：《聖祖仁皇帝聖訓》卷四十六

（康熙四十八年）五月丁酉，上諭大學士等曰："在部效用人員，初為筆帖式之日，即當念日後擢用，可為國家大臣，自立品行。今部院中欲求清官甚難，岳飛云：'文官不爱錢，武官不惜命，天下太平矣。'"

撰：《御批續資治通鑑綱目》卷十二

建炎三年……江淮統制岳飛敗金人于廣德。【飛率所部自建康躡金人于廣德境中，六戰皆捷，擒金將王權，俘首領四十餘，察其可用者，結以恩義，遣還，令夜斫營縱火，飛乘亂縱擊，大破之。駐軍鍾村，軍無見糧，將士忍饑，秋毫無犯。金所籍兵相謂曰："此岳爺爺軍也。"爭降附之。】

廣義【岳武穆者，雖古之孫、吳、韓、鄧，不是過也。向使杜充一聽其諫，則高宗必無明州之奔，而烏珠且將授首矣，嗚呼雄哉！】

建炎四年……岳飛襲金人于靜安，敗之。【烏珠既濟江，金人在建康者，大肆焚掠，執李棁、陳邦光等，自靜安渡宣化而去。棁道死，邦光歸於劉豫。岳飛邀擊金人于靜安鎮，大敗之。初，杜充之敗也，其將士潰去，多行剽掠。獨飛嚴戢所部，不擾居民，士夫避寇者多賴以免。】

戚方降於張浚。秋七月，以岳飛為通泰州鎮撫使。【諸將討戚方，飛與戰數十合，皆捷，方遂降於張浚。浚還，盛言飛可用，乃以為通、泰鎮撫，知泰州。飛辭，乞淮東一重難任使，收復本路州郡，乘機漸進，使山東、河北、河東、京畿等路次第而復。不聽。】

發明【戚方降於張浚，曷為加官岳飛？蓋浚歸功於飛，且因以薦之也。雖然今日薦飛者浚也，他日忌飛者亦浚也，是何好惡之不倫乎？然今日之薦飛者公義也，他日之害飛者私意也。蕭何始薦韓信，而終妬韓信，此小人之心。始薦之者，己之位尚高於彼也；終妬之者，己之位反卑於彼也。位卑則讒忌之心生，讒忌之心生則謀害之意作，是以君子、小人之不容並立焉耳。綱目特書于册，其所以謹微之意亦深切著明矣。】

同上書卷十三

紹興元年……春正月，以張俊為江淮招討使，岳飛副之。【時孔彦舟據武陵，張用據襄漢。李成據江淮、湖湘十餘郡，尤悍強，連兵數萬，有席卷東南之意，多造符讖，幻惑中外，久圍江州，朝廷患之，以俊為招討使，俊請岳飛同討。許之。】

三月，張俊、岳飛大敗李成於樓子莊，群盜皆遁。【俊聞李成將馬進在筠州，以豫章介江、筠之間，遂急趨之，既入城，喜曰："我已得洪，破賊決矣。"及進犯洪州，連營西山，俊斂兵若無人者。居月餘，進以大書牒索戰，俊以細書狀報之，進以俊為怯，俊諜知賊怠，乃議戰。岳飛曰："賊貪而不慮後，若以騎兵自上流絶生米渡，出其不意，破之必矣。"因請自為先鋒。俊大喜，乃令楊沂中絶生米渡，飛重鎧躍馬，潛出賊右，突其陣，所部從之。進大敗，走筠州。飛抵東城，進出城佈陣，飛設伏，以紅羅為幟，上刺"岳"字，選騎二百，隨幟而前，賊易其少，薄之，伏發，進大敗走。飛使人呼曰："不從賊者坐，吾不汝殺。"坐而降者八萬人。俊與沂中復前後夾擊，賊大潰，進以餘卒奔南康，飛夜引兵至朱家山，又斬其將趙萬。成聞進敗，自引兵十餘萬，俊與飛遇成於樓子莊，大破之，遂復筠州。成復以十萬衆與俊夾河而營，沂中夜銜枚渡河，與俊夾攻成，又大敗。俊乘勝追至江州，成勢迫，絶江而去，因呼俊為張鐵山，遂復江州。已而興國軍等處，

群盜皆遁。】①

發明【金人陷鞏、洮諸州，兵不貴多，而貴在於得民心；將不貴勇，而貴在於得賢人。苟不得民心，則雖貔貅百萬而前途為之倒戈；苟不得賢人，則雖猛將千員而血流為之漂杵。上書以張俊為江淮招討使，岳飛副之，下書張俊、岳飛大敗李成，則可見高宗付托得人，而俊飛不辱君命矣。據事直書，而宋之君臣皆致其美焉，此綱目不没人善之深意也。】

張俊追敗李成於黄梅，成奔劉豫，岳飛招張用降之。【俊引兵渡江，追成至蘄州黄梅縣，大敗之，其衆數萬皆潰。馬進為追兵所殺，成北走，降劉豫。張用復寇江西，岳飛與用俱相人，以書諭之曰："吾與汝同里，欲戰則出，不戰則降。"用得書，遂帥衆降，江淮悉平。張俊奏飛功第一，詔進飛右軍都統制，屯洪州，彈壓盜賊。】②

廣義【分注載江淮諸郡悉平，岳飛功第一。嗚呼！使高宗悉以中興之事付飛，而不為讒聞所沮，則金人不足平矣，豈特江淮諸郡哉?】

紹興二年……岳飛追曹成，大敗之，成走邵州。【成擁衆十餘萬，由江西曆湖湘，據道、賀二州。命岳飛權荆湖東路安撫都總管，付金字牌、黄旗招成。成聞飛至，驚曰："岳家軍來矣。"即遁。飛追至賀州，力戰，大破之。成乃自桂嶺置砦至北藏嶺，連控隘道，以衆十餘萬守蓬頭嶺，飛部纔八千人，一鼓登嶺，破其衆，成奔連州。飛謂部將張憲、徐慶、王貴曰："成黨散去，追而殺之，則脅從者可憫，縱之，則復聚為盜。今遣若等誅其首而撫其衆，慎勿妄殺，累上保民之仁。"於是憲自賀、連，慶自邵、道，貴自郴、桂招降者二萬，與飛會連州進討，成走入邵州。】

紹興三年……六月，岳飛討江廣群盜，悉平之。【時虔、吉盜連兵寇掠循、海、廣、惠、英、韶、南雄、南安、建昌、邵武、汀諸州，帝專命飛平之。飛至虔，固石洞賊彭友悉衆至雩都迎戰，躍馬馳突，飛麾兵即馬上擒之，餘黨退保固石洞。洞高峻環水，止一徑可入，飛列兵山下，令皆持滿，黎明遣死士疾馳登山，賊衆亂，棄山而下，騎兵圍之。賊呼丐命，飛令勿殺，受其降。因授徐慶等方略，捕諸郡餘賊，皆破降之。初，帝以隆祐太后震驚之故，密令飛屠虔城，飛請誅首惡而赦脅從，帝許焉。虔人感其德，繪像祠之。及入見，帝手書"精忠岳飛"字，製旗以賜之。】

廣義【仁哉！武穆之心也。然為將而有功能者，孰不欲肆其攻略之心

① 小注同见《資治通鑒後編》卷一百八。

② 小注同见《資治通鑒後編》卷一百八。

耶，求其不嗜殺人而推其一念仁民之心者，百無一二。其在東漢則有鄧禹，在宋時則有曹彬，故其累世顯榮，貴及椒房，陽施陰報，毫髮不爽。今武穆之功，固不在鄧、曹之下，而其心即鄧、曹之心也。嗚呼！鄧、曹名顯當時，福垂後裔，武穆身死姦賊，禍延子姓，天何厚於鄧、曹而薄於武穆耶？曰："不然。忠臣為國，視死如歸，禍福非所計也。況鄧、曹、武穆所遇之主不同，當夫高宗南渡之日，身命宗祧，危如一髮，百姓所恃者武穆也，金人所憚者武穆也，使高宗移任秦檜者以任武穆，則光復舊物如反諸掌，豈止王業偏安一隅哉？噫！武穆不克令終者，非天之毒於武穆也，乃高宗自絶於天而不能全中興之美故也。豈武穆之德愧於鄧、曹而天不善其報歟。然則武穆功業萬世，血食而垂名，與天地同久者，天之報之亦可謂不薄也。烏可以一時禍福計哉？"】

以劉光世、韓世忠為江東、兩淮宣撫使，王瓔、岳飛為荆湖、江西制置使，分屯沿江諸州。【時諸將擁重兵而無分地，劉光世在鎮江，月費至二十萬緡，每聞易鎮則設辭不奉詔，有急復遷延以避之，朝廷無如之何。故命四人易鎮，光世為江東、淮西宣撫使，屯池州；世忠為淮南東路宣撫使，屯鎮江；瓔為荆湖制置使，屯鄂州；飛為江南西路制置使，屯江州。】

紹興四年……五月，以岳飛兼荆南制置使。【時楊太與劉豫通，欲順流而下，李成既據襄陽，又欲自江西陸行趨浙，與太會。帝命飛為之備，朱勝非言："襄陽，國之上流，不可不急取。"飛亦奏："襄陽等六郡為恢復中原基本，今當先取六郡，以除心膂之病。李成遠遁，然後加兵湖湘，以殄群盗。"帝以語趙鼎，鼎曰："知上流利害，無如飛者。"除飛兼荆南制置使。飛渡江中流，顧幕屬曰："飛不擒賊，不涉此江。"】

岳飛復襄陽等六郡。【先是，飛至郢，偽齊將京超號"萬人敵"，乘城拒飛。飛鼓衆而登，超投崖死，飛復郢州。遂趨襄陽，李成迎戰，左臨襄江，飛笑曰："步兵利險阻，騎兵利平曠。成左列騎江岸，右列步平地，雖衆十萬，何能為？"舉鞭指王貴曰："爾以長槍步卒擊其騎兵。"指牛皋曰："爾以騎兵擊其步卒。"合戰，馬應槍而斃，後騎皆擁入江，步卒死者無數，成夜遁，飛遂復襄陽。齊人收成餘衆，益兵駐新野，飛與别將王萬夾擊，大敗之。又使牛皋復隨州，王貴、張憲復唐、鄧州、信陽軍，襄漢悉平。飛移屯德安，軍聲大振。捷聞，帝喜曰："朕素聞飛行軍有紀律，未知其能破敵如此。"飛因奏："金人所愛，惟女子金帛，志已驕惰，劉豫僭偽，人心終不忘宋，如以精兵二十萬直擣中原，恢復故疆，誠易為力。襄陽、隨、郢地皆膏腴，苟行營田，其地甚厚。臣候粮足，即過江北剿敵。"時方重深入之

舉，而營田之議自是興矣。】

發明【上書以岳飛兼荆南制置使，下書岳飛復襄陽等六郡，則其料敵之機速而討敵之義勤矣。苟或高宗一以恢復之事任之，不容浮言摇奪，則安患讎耻之不雪哉？直書曰復深予之也。】

廣義【仰觀武穆之將略，其即趙充國、諸葛孔明之儔也。雖然充國、諸葛破敵成功，皆不能如武穆之易也。武穆於是年五月受荆南制置使，拜命即往，遂復襄陽。觀其奏凱之言鑿鑿可行。噫！以武穆之精忠而加以智勇過人，則金兵雖強不足平矣？然而卒死姦賊之手而不能成其志者，天不欲祚宋也，惜哉！】

楊太敗官軍於鼎江，詔岳飛移兵討之。【王瓔遣忠鋭統制崔增等討太於鼎江，師敗皆沒。太乘大水出兵，攻破鼎州，社木寨守將許筌戰沒，官軍死者甚衆。於是授飛清遠軍節度使，代王瓔討太。飛時年三十二，中興諸將建節未有如飛之年少者。】

十二月，金人圍廬州，岳飛使牛皋救之，金兵敗走。【金、齊合兵圍廬州，守臣仇悆嬰城固守，求援於飛。飛遣牛皋、徐慶援之。皋至，遥語金將曰："牛皋在此，爾輩胡為見犯。"衆愕然，不戰而潰。飛謂皋曰："必追之，去而復來無益也。"皋乃追擊三十餘里，金人相踐及殺死者不可勝計。】

發明【凡書救，未有不善者也。岳飛此舉，深合乎義矣，故特書而善之，所以表其忠君徇國之一念也。】

紹興五年……六月，岳飛大破楊太於洞庭。太死，湖湘平。【飛奉命討太，而所部皆西北人，不習水戰，飛曰："兵何常？顧用之何如耳。"乃先遣使招諭之，其黨黄佐曰："岳節使號令如山，若與戰，萬無生理，不如往降。節使誠信，必善遇我。"遂降。飛表授佐武義大夫，單騎按其部，拊佐背曰："子知逆順者。果能立功，封侯豈足道？欲復遣子歸湖中，視其可乘者擒之，可勸者招之，如何？"佐感泣，誓以死報。時張浚知潭州，席益疑飛玩寇，欲以聞，浚曰："岳侯，忠孝人也，兵有深機，胡可易言。"益慚而止。黄佐襲周倫砦，殺之，飛上其功，遷武功大夫。統制任士安不受王瓔，令無功。飛鞭士安，使餌賊曰："三日賊不平，斬汝。"士安宣言："岳太尉兵二十萬至矣。"賊見止士安軍，併力攻之。飛設伏，士安戰急，伏四起，擊賊，賊走。會朝旨召張浚還防秋，飛袖小圖示浚，浚欲俟來年議之，飛曰："已有定畫，都督能少留，八日可破賊。"浚曰："何言之易？"飛曰："王四廂以王師攻水寇則難，飛以水寇攻水寇則易。水戰我短彼長，以所短攻所長，是以難。若因敵將用敵兵，奪其手足之助，離其腹心之托，使孤立而以王師乘之，八日之内，當俘諸酋。”浚許之。飛遂如鼎州。黄佐招楊欽來降，飛喜曰：“楊欽驍悍，既降，敵腹心潰矣。”表授欽武義大夫，禮遇甚厚，乃復遣歸湖中。兩日，欽說全琮、劉詵來降，飛詭罵欽曰：“賊不盡降，何來也？”杖之，復遣去。是夜，掩賊營，降其衆數萬。太負固不服，方浮舟湖中，以輪激水，其行如飛，旁置撞竿，官舟迎之輒碎。飛伐君山木為巨筏，塞諸港汊，又以腐木亂草浮上流而下，擇水淺處，遣善罵者挑之，且行且罵。賊怒來追，則草木壅積，舟輪礙不行，飛急擊之，賊奔港中，為筏所拒。官軍乘筏張牛革，以蔽矢石，舉巨木撞其舟，盡壞。太技窮，赴水死。飛入賊壘，餘酋驚曰：“何神也！”俱請降，衆凡二十餘萬。飛親行諸砦慰撫之，縱老弱歸田，籍少壯為軍，果八日而捷。書至潭，浚嘆曰：“岳侯神算也。”黄誠斬楊太首，挾鍾子儀、周倫詣浚降，湖湘悉平。初，太恃其險，官軍自陸襲則入湖，水攻之則登岸，因曰：“欲犯我者，除是飛來。”至是，人以其言為讖云。】

發明【觀飛之神謀聖算，誠有出人之意表者。以八日而破累年之水寇，是知兵貴勝，不貴久之義也。由是内難既戡，湖湘肅清，其功為如何哉？書以予之宜也。】

廣義【武穆為將，主之以信義，輔之以籌略，加之以勇敢，又況忠孝素根於心，故所向無前，成功取捷，動輒可必，雖古名將不能過焉。君子論南渡中興之將，當以武穆為首稱。】

紹興六年……起復岳飛為京湖宣撫副使。【飛以母憂，扶櫬還廬山，累表乞終制，不許。】

發明【是時，金革彌興，宜行變禮，況飛累表乞終制，朝廷不許，則非奪人之喪，自奪其喪之比也。君子不可以常例觀之，則知綱目書法之深意矣。】

六月，張浚撫師淮上，遣劉光世屯廬州，岳飛屯襄陽，楊沂中屯泗州。【浚命光世屯合肥，以招北軍；沂中領精騎，以佐張俊；飛屯襄陽，以圖中原，且謂飛曰：“此君素志也。”】

岳飛復蔡州。【飛累戰皆捷。遣牛皋復鎮汝軍，楊再興復河南長水縣，張浚曰：“飛措畫甚大，今已至伊洛，則太行一帶山砦必有響應者。”已而忠義杜梁興等果歸之。飛復及僞齊李成、孔彦舟連戰至蔡州，克其城。】

岳飛遣兵敗劉豫之衆於唐州，上疏請進軍，恢復中原，帝不許，飛乃還鄂。【飛遣王貴、郝晸、董先復虢州盧氏縣，獲糧十五萬石，降其衆數萬。會劉豫屯兵窺唐州，飛遣貴等攻破之，焚其營。飛因奏進取中原，不許於

飛，召貴等引還鄂州。】

發明【是時飛敗豫衆，人人自奮，正進取之時也，且恢復乃高宗分内之事，何苦畏縮而不之許乎？然以岳飛之請不遂，則知恢復之議難成，高宗之意不許，則知恢復之機自失。嗚呼！值進取之時為自沮之計，其無意於中原可見矣。豈有忘國大讎，甘於退避者，尚可以謂之有為哉？綱目直書之於册，蓋所以深惜之耳。】

廣義【於時高宗一得武穆之捷奏，便當連督諸將為援，則劉豫必俘，中原必復。今而有將如此而不得遂其志，則高宗之怯懦可知矣。故曰："時乎時乎，不再來。"徒興君子萬古之惜。曰："綱目何以書劉豫之軍曰衆？"曰："古者天子六師，侯國三師，今於劉豫之軍而書曰衆而不曰師者，明其聚衆為寇盜，而非天子諸侯之師也。"此綱目正名定分之大義也，學者知之。】

冬十月，劉豫使劉麟、劉猊分道寇淮西，楊沂中等大敗猊於藕塘，追麟至南壽春而還。【劉豫聞張浚會諸將於江上，榜其罪逆，將進兵討之，告急於金，請先出師南侵，而乞師救援。金主亶召諸將相議之，富勒呼曰："先帝所以立豫者，欲其開疆保境，我得安民息兵也。今豫進不能取，又不能守，兵連禍結，愈無休期。從其請則豫收其利，敗則我受其弊。況前年因豫出師嘗不利於江上矣。奈何許之？"金主遂不許豫，而遣烏珠提兵黎陽以觀釁，於是豫僉鄉兵三十萬，分三道入寇，麟率中路兵由壽春以犯合肥，猊率東路兵由紫荆山出渦口以犯定遠，孔彦舟率西路兵由光州以犯六安。時張俊、楊沂中、韓世忠、岳飛、劉光世分屯諸州，而沿江上下無兵，趙鼎深以為憂，移書張浚，欲令俊與沂中同保合肥，浚以為然，乃遣沂中、張宗顔等分道禦之，且令沂中趣濠州以與張俊合，因謂沂中曰："上待統制厚，宜及時立功。"會邊報日急，張俊、劉光世皆張大賊勢以聞，浚以書戒二將曰："賊豫之兵，以逆犯順，若不剿除，何以立國？平日亦安用養兵為哉？今日之事，有進戰無退保。"及劉麟進逼合肥，趙鼎曰："今賊渡淮，當急遣張俊合光世之軍，盡掃淮南之寇，然後議去留。"帝善之。然慮俊、光世不足任，因命岳飛盡以兵東下，而手札付浚，令俊、光世、沂中等還保江。浚上言："若諸將渡江，則無淮南，而長江之險與賊共有，淮南之屯，正所以屏蔽大江。使賊得淮南，因糧就運，以為家計，江南其可保乎？今正當合兵掩擊，可保必勝，若一有退意，則大事去矣。且岳飛一動，襄漢有警，何所恃乎？願朝廷勿專制於中，使諸將有所觀望也。"帝手書報浚曰："非卿識高慮遠，何以及此？"由是異議乃息。】

紹興七年……夏四月，岳飛乞終喪，遂還廬山。張浚以張宗元監其軍。【飛自鄂入見，拜太尉，繼除宣撫使，以王德、酈瓊兵隸之。帝詔德、瓊曰："聽飛號令，如朕親行。"飛見帝，數論恢復之略，疏言："金人所以立劉豫，蓋欲荼毒中原，以中國攻中國，彼得以休息觀釁耳。臣願陛下假臣月日，提兵趨京、洛，據河陽、陝府、潼關，以號召五路叛將。叛將既還，遣王師前進，豫必棄汴而走，河北、京畿、陝右可以盡復。然後分兵濬、滑，經略兩河，如此則逆豫成擒，金人知畏，社稷長久之計實在此舉。"帝曰："有臣如此，朕復何憂？"復召至寢閣，命之曰："中興之事，一以委卿。"飛方圖大舉，會秦檜主和議，忌之，遂不以德瓊兵隸飛，而請詔飛詣張浚議事，浚謂飛曰："王德淮西軍所服，浚欲以為都統，而命吕祉以督府參謀領之，如何？"飛曰："德與酈瓊素不相下，一旦握之在上，則必爭。吕尚書不習軍旅，恐不足服衆。"浚曰："張俊、楊沂中如何？"飛曰："張宣撫，飛之舊帥也，其人暴而寡謀。沂中視德等耳，亦豈能御此軍哉？"浚艴然曰："固知非太尉不可。"飛曰："都督以正問飛，飛不敢不盡其愚，豈以得軍為念哉？"飛既與浚忤，即日上章乞終喪服，以張憲攝軍事，步歸廬山，廬母墓側。浚怒，遂以張宗元權宣撫判官，監其軍。】

發明【直言固可為用，而惡直言者忌之，佞言本無所益，而好佞言者悦之。是時飛謀大舉，見忌秦檜，而以其兵詣浚。飛因直言無隱，見忤張浚，而乃步歸廬山。檜之姦邪固無足責，浚亦忌飛，謂之何哉？蓋由飛性忠直，略無避諱，故浚從而惡之耳。雖然君子和而不同，安肯同而不和哉？觀綱目之所書，則其義蓋可見矣。】

廣義【嗚呼！天不欲祚宋，有賊檜以扼武穆之志焉。然觀分注，備載張浚、武穆之事，則知武穆以公道待浚，浚以私意窺武穆，張浚忌刻殘忍人也，武穆守道篤信者也，豈可同日語哉。綱目大書岳飛乞終喪制，遂還廬山，則其見幾明決之義照矣。繼書張浚以張宗元監其軍，則其以私滅公之意顯矣。此綱目書法之謹嚴矣。】

岳飛奉詔入朝，遂遣還鎮。【累詔趣飛還職，飛不得已，趨朝待罪，帝慰遣之。及張宗元還，言將和士悦，人懷忠孝，皆飛訓養所致，帝大悦。飛至鎮，奏言："比者寢閣之命，咸謂聖斷已堅，何至今尚未決？臣願提兵進討，順天道，因人心，以曲直為老壯，以逆順為強弱，萬全之效可必。錢塘僻在海隅，非用武地，願建都上游，用漢光武故事，親率六軍，往來督戰，庶將士知聖意所向，人人用命。"】

廣義【高宗向嘗失信而用秦檜，今又失信而棄武穆，夫失信固不可也，

用小人棄君子尤不可也。書曰："一人三失。"諸葛武侯曰："近小人，遠君子，後漢之所以傾頽也。"其高宗之謂乎？】

金人襲汴，執劉豫，廢為蜀王，立行臺尚書省於汴。韓世忠、岳飛請伐金，收復中原，不報。【初，豫由尼瑪哈、高慶裔得立，故奉二人特厚，烏珠及諸將多憾之。豫兵敗藕塘，金人欲廢豫，及尼瑪哈死，岳飛因遣間齎蠟書與豫約同誅烏珠，烏珠得書大驚，馳白金主，於是廢豫之意益決。會豫請立麟為太子，金主亶曰："徐當咨訪河南百姓。"豫雖意沮而猶曰："遣使乞師南侵。"金乃建元帥府於太原，令豫兵悉聽節制，而以薩巴為左都監，屯太原，托卜嘉為右都監，屯河間，復分戍陳、蔡、汝、亳、潁、許諸郡。至是尚書省奏豫治國無狀，金主遂令達蘭、烏珠偽稱南侵以襲之，將至汴，遣人召劉麟渡河議事，麟以二百騎至武城，烏珠麾騎翼而擒之，遂馳入汴。豫方射講武殿，烏珠從三騎突入東華門，下馬逼豫出見，因執其手偕至宣德門，強乘以羸馬，露刃夾之，囚於金明池。翌日，集百官宣詔，責豫而廢之。其詔有曰："建爾一邦，逮茲八稔，尚勤兵戍，安用國為？"仍以鐵騎數千圍宮門，遣小校巡閭巷間，宣言曰："自今不僉汝為軍，不取汝免行錢，為汝敲殺貎似人，請汝舊主少帝來。"由此人心稍安。置行臺尚書省於汴，以張孝純權行臺左丞相，呼沙呼為汴京留守，李儔副之，諸軍悉令歸農，聽宮人出嫁，得金一百二十餘萬兩，銀一千六百餘萬兩，米九十餘萬石，絹二百七十萬匹，錢九千八百七十餘萬緡。豫求哀於二帥，達蘭謂之曰："昔趙氏少帝出京，百姓燃頂煉臂號泣，今汝廢，無一人憐者，汝何不自責也？"豫語塞。十二月，與家屬徙臨潢。岳飛奏："乘廢豫之際，擣其不備，長驅以取中原。"韓世忠亦上疏言："機不可失，請全師北討。"皆不報。】

發明【輕行而掩之曰襲，執者執其有罪之詞貶之也。劉豫叛宋事金，苟焉無耻，而以為建立一邦，傳嗣萬世，迨兹八載，仍復廢棄，然則仇敵果可以盟誓要哉？世忠、岳飛志存恢復，此乃機不可失者，高宗違而不聽，則自是失機會耳。安有中原故地不思克復，女真讎耻不思報償，尚可謂之有人心者乎？直書不報，深譏之也。】

廣義【奇哉！武穆之敗劉豫也，不廢一鏃，不遺一矢，而所費用者不過蠟書之半紙耳，何其識之高而算之神耶！彼烏珠、劉豫特武穆掌中之玩物耳。當烏珠發憤以責豫劉，豫怕死以求生，斯時也，武穆知之否乎？若曰知之，武穆必為之絶倒耳。雖然武穆既敗劉豫，則中原空矣，於時即當連督諸將，乘時進取，則中原唾手可復矣。中原既復，則金人失其屏蔽，所謂唇亡

齒寒，瓶罄罍耻是也。夫何高宗一以懦弱自處，不聽忠良之謀，終不足與有為，而徒起君子不平之忿於千古。】

同上書卷十四

紹興十年……岳飛遣兵敗金人於京西。【帝賜飛札曰："設施之方，一以委卿，朕不遙度。"飛乃遣王貴、牛皋、楊再興、李寶等分佈經略西京、汝、鄭、潁昌、陳、曹、光、蔡諸郡；又命梁興渡河，糾合忠義社取河東、北州縣；又遣兵東援劉錡，西援郭浩，自以其軍長驅，以闞中原。將發，密奏言："先正國本，以安人心，然後不常厥居，以示無忘復讎之意。"飛將李寶、牛皋相繼敗金人於京西。】

遣使諭岳飛班師。【時秦檜力主和議，奏遣司農少卿李若虛詣飛營，諭旨班師。】

廣義【使無賊檜此舉，則剖竹之勢成矣，金人豈足敵哉?】

岳飛收復河南州郡。【飛攻金人於蔡州，破之，復其城。於是遣張憲敗金韓常於潁昌，又復淮寧府；郝足復鄭州；張憲、韓清復西京；楊遇復南城軍；喬渥堅復趙州；他將所至皆捷。金人大震，河南兵馬鈐轄李興聚兵應飛，收復伊陽等八縣，及汝州金河南尹李成棄城遁走，詔興知河南府。飛又使張應會興，復永安軍。】

岳飛擊走金烏珠於郾城，追至朱仙鎮，大破之，遣使修治諸陵。【飛留大軍於潁昌，命諸將分道出戰，自以輕騎駐郾城，兵勢甚鋭。烏珠大懼，會諸帥，欲併力一戰。飛聞之，曰："金人技窮矣。"乃日出挑戰，且罵之。烏珠怒，合龍虎大王、蓋天大王及韓常之兵逼郾城，飛遣子雲領騎兵，直貫其陣，戒之曰："不勝先斬汝。"雲與金人戰數十合，金屍佈野。烏珠以拐子馬萬五千來，飛戒步卒以麻札刀入陣，勿仰視，第斫馬足。拐子馬相連，一馬仆，二馬不能行，飛軍奮擊，遂大破之。烏珠大慟曰："自海上起兵，皆以此勝，今已矣。"乃復益兵而前，飛自以四十騎突戰，敗之。烏珠憤甚，合師十二萬，次於臨潁，楊再興以三百騎遇之於小商橋，驟與之戰，殺二千人及萬戶薩巴、千戶百人，再興死之，獲屍焚焉，得箭鏃二升，飛痛惜之。張憲繼至復戰，烏珠夜遁，追奔十五里，中原大震。飛謂子雲曰："賊屢敗，必還攻潁昌，汝宜速援王貴。"既而烏珠果至，貴將游佚、雲將背嵬戰於城西，雲以騎兵八百挺前決戰，步卒張左右翼繼之，殺烏珠壻夏金吾。飛又使梁興會太行忠義、兩河豪傑敗金人於垣曲，又敗之於沁水，遂復懷、衛州，斷金人山東、河北之道，金人大恐。飛進軍朱仙鎮，距汴京四十五

里，與烏珠對壘而陣，遣背嵬騎五百奮擊，大破之。烏珠還汴。飛檄陵臺，令行視諸陵，葺治之。】

發明【直書擊走，蓋深幸之也。自中原淪陷，諸陵廢祀，雖有忠臣義士，徒能北望慨想而已。今飛進軍討罰，遂能修治諸陵，亦足少伸臣子之情矣。綱目詳而書之，蓋予之也。如晉書桓温敗姚襄，入洛陽修謁諸陵，同義。】

岳飛奉詔班師還鄂，河南州郡復陷於金。【兩河豪傑李通等帥衆歸飛，由是金人動息，山川險要，飛皆得其實。中原盡磁、相、澤、潞、晉、絳、汾、隰之境，皆期日興兵，與官軍會。其所揭旗以“岳”為號，父老百姓爭挽車牽牛，載糗糧以饋義軍，頂盆焚香迎候者，充滿道路。自燕以南，金人號令不行，烏珠欲僉軍以抗飛，河北無一人應者。乃嘆曰：“自我起北方以來，未有如今日之挫衄。”金烏陵阿思謀素驍勇桀黠，亦不能制其下，但諭之曰：“毋輕動，待岳家軍來即降。”金將王鎮、崔慶、李覬、崔虎、華旺等皆率所部降飛。龍虎大王之將噶克察亦密受飛旗榜，自其國來降。韓常亦欲以衆五萬内附。飛大喜，語其下曰：“直抵黃龍府，與諸君痛飲耳!”方指日渡河，而秦檜欲畫淮以北與金和，諷臺臣請班師。飛奏：“金人鋭氣沮喪，盡棄輜重，疾走渡河，而我豪傑向風，士卒用命，時不再來，機難輕失。”檜知飛志鋭不可當，乃先請張俊、楊沂中等歸，而後上言飛孤軍不可久留，乞連召還。飛一日奉十二金字牌，乃憤惋泣下，東面再拜曰：“十年之力，廢於一旦!”乃自郾城引兵還，民遮馬痛哭，訴曰：“我等迎官軍，金人皆知之，相公去，我輩無噍類矣。”飛亦悲泣，取詔示之曰：“吾不得擅留。”哭聲震野，飛留五日以待民徙，從而南者如市，飛亟奏以漢上六郡閑田處之。初，烏誅敗於朱仙，欲棄汴而去，有書生叩馬曰：“太子毋走，岳少保且退。”烏珠曰：“岳少保以五百騎破吾十萬，京城日夜望其來，何謂可守?”生曰：“自古未有權臣在内，而大將能立功於外者，岳少保且不免，况欲成功乎?”烏珠悟，遂留不去。及飛還，烏珠遣兵追之不及，而河南新復府州皆復為金有。飛至鄂，力請解兵柄，不許。已而入覲，帝問之，飛拜謝而已。】

發明【嗚呼！宋事至此，浸不可為矣。是時諸將進取，所向有功，金兵敗亡，心喪膽落，而中原之民簞食壺漿以迎王師，誠應天順人，機不可失之際也。苟能假以歲月，莫或撓之，如易云：“高宗伐鬼方，三年克之”，則不惟舊疆可復，而幽燕亦可復；不惟讎恥可清，而沙漠亦可清。惜其功業粗佈沮抑復生，使忠臣義士徒有黍離之嘆，終不能過河與之一決，可哀也已。由是飛甫班師，河南隨陷，是則宋人知有江南而不知有江北。噫！固天所以限南北也。雖然班師之計皆秦檜所為，其欺君誤國，擢髮難數，是固萬世之罪人也。或以飛雖被詔，違而前進，克復舊物，以功贖罪，不亦可乎？曰：“禮：‘君命召，不俟駕。’違而前進，則是有跋扈不臣之心，況十二金牌一日迭至，雖功蓋天下，罪亦難贖，君子其肯蒙首惡之名哉？綱目據事而詳書於策，則惜之之意為可見矣。】

廣義【武穆嘗言：”以曲直為老壯，以逆順為強弱。蓋烏珠敗盟，此可見曲逆在金，而直順在宋。宋常取勝，此可見壯疆在宋，而老弱在金。故自順昌之捷以來，無將不勝，無地不復者，武穆之言驗矣。或曰：“然則武穆奉詔而還，何如？”曰：“不能處權變也。”曰：“若武穆者，正所以守經也，守經乃所以行權也，何不能權之有？”曰：“不然。權者經之所自出，權變之中自有一定不易之理，乃所以為經也，非經能守而即可以為權，經而非權，則子莫之中矣。故曰：‘權而得中，是乃禮也。’甫刑云：‘惟齊非齊，有倫有要。’此之謂歟。若武穆奉詔還師，則是不能用權也，權既失矣，惡在其為守經哉。昔者，舜不告而娶，嫂溺援之以手，孟子皆許其權，若以守經言之，舜娶必告，嫂溺不援為當也，然舜娶必告，必無後也，嫂溺不援，必致死也，謂之守經可乎？然後知舜娶不告者，非不孝也，嫂溺必援者，非盜嫂也，乃所以行其權也。權不失正，非經而何？使舜必告而娶，尾生孝已之行，嫂溺不援以手，豺狼禽獸之心，皆不得謂之權也。漢宣帝時有甘延壽、陳湯者奉使西域，矯制誅斬郅支單于於康居，後來宣帝因劉向之說，不罪二人，反封侯爵，且宣帝何如主也，決非高宗之庸闇，武穆何如將也，決非甘陳之寡謀，又況金敵大讎，決非郅支單于之比。於時即當駐師郾城，遣騎馳奏曰：‘臣以卻敵之功，成在旦夕，詔旨諭臣，臣不敢奉，容臣盡取敵人，獻於太廟，以復不共戴天之讎，願伏矯詔之罪，身潤鼎鑊，甘心無悔。’如此，則蓋世之功，武穆收之，何至父子同死奸賊之手哉？”曰：“史稱武穆好《春秋》，何其招禍之酷也？”曰：“經文用權，《左傳》載事，武穆之所好者，特左傳而已，彼聖經如化工，武穆想未之及也。”】

紹興十一年……岳飛帥兵救濠州，不及，還次舒州。【飛將救濠州，奏：“金人舉國南來，其內必虛，若長驅京、洛以擣之，彼必奔命，可坐而敝。”帝不從。飛方苦寒嗽，力疾而行，又恐帝急於退敵，乃奏：“臣如擣虛，勢必得利，若以敵方在邇，未暇遠圖，欲乞親至蘄、黃，以議攻卻。”帝乃詔飛會師蘄、黃，飛至濠，而城已陷，遂還兵舒州，以俟命。】

發明【凡書救，善之也。是時，飛已班師，聞濠受圍，率兵往救，雖

已陷敵，弗克成功，然其忠君之心不亦誠乎？救在遠者，則罪在近者，當時張浚諸人不能辭其責矣。還次舒州，不得已之意也。】

以韓世忠、張俊為樞密使，岳飛為副使。【秦檜力主和議，恐諸將難制，欲盡收其兵權。給事中范同獻計於檜，請除韓世忠、張俊、岳飛樞府，則兵柄自解。檜喜，乃密奏柘皋之捷，召三將赴行在論功行賞，於是世忠、俊皆入朝，飛至獨後。檜用王次翁計，俟之七日，既至，遂拜世忠、俊樞密使，飛為副使，並宣押至樞府治事，加楊沂中開府儀同三司，賜名存中，王德清遠軍節度使，而進范同為翰林學士。】①

罷三宣撫司。五月，詔張俊、岳飛如楚州閱軍。【張俊知秦檜欲罷兵，首請以所部隸御前，且力贊和議，檜深喜之。遂罷三宣撫司，以其兵隸御前，遇出師臨時取旨。又置三總領所，於湖北、淮東、淮西以統諸軍錢糧。時，更軍制之初，將士多不安，乃命浚、飛往淮東撫韓世忠之軍。初，飛在諸軍中年少，以列校拔起，累立顯功，張俊不能平，飛屈己下之。淮西之役，俊以糧乏怵飛，飛不為止，帝賜札褒諭，有曰："轉餉艱阻，卿不復顧。"俊疑飛漏語，還朝反倡言飛逗留不進，以乏餉為辭。至是，俊知世忠忤檜，欲與飛分其背嵬軍，飛義不背，俊大不悅。既至楚，張俊欲修城為備，飛曰："當戮力以圖恢復，豈可為退保計？"俊變色。會世忠軍吏景著與總領胡昉言："樞密若分世忠軍，恐至生事。"昉上之朝，檜捕著下大理，將以扇搖誣世忠。飛馳書告以檜意，世忠見帝自明。俊於是大憾飛，遂密以飛報世忠事告檜，檜大怒。俊、飛既還，飛遂不復出掌兵，其僚屬多乞宮祠而去，俊每獨出視師。】

廣義【張俊依違小人也，何以處大事、決大義哉？其乘時射利如此，於心得無愧乎？】

罷岳飛，奉朝請。【飛以恢復為己任，不背附和議。嘗讀檜奏，至"德無常師，主善為師"之語，恚曰："君臣大倫，根於天性，大臣而忍面欺其主耶？"烏珠遺檜書曰："汝朝夕以和請，岳飛方為河北圖，必殺飛，始可和。"檜亦以飛不死終梗和議，己必及禍，故力謀殺之。遂諷中丞何鑄、侍御史羅汝楫、諫議大夫万俟卨等，交章論飛奉旨援淮西暫至舒、蘄而不進，比與張俊按兵淮上，欲棄山陽而不守。乃罷為萬壽觀使，奉朝請。】

發明【《孟子》曰："無罪而殺士，則大夫可以去；無罪而戮民，則士可以徙。"張良相漢滅楚，而辟穀歸山；范蠡輔越平吳，而五湖遠遁；至若

---

①　小注同見《資治通鑒後編》卷一百十四。

張翰之思鱸，二疏之請老，又莫非見幾而作者也。蓋位極者勢危，功高者不賞。岳飛處危疑之勢，立不賞之功，張俊忌之於前，秦檜忌之於後，金人忌之於外，群小忌之於中，苟能見幾明決，則投簪而退，解組而歸，儉德避難以脱小人之厄可也，不能以此自圖而乃陷其坎窞，自是而罷官，自是而係獄，自是而屈辱，自是而遭刑，父子一門略無噍類，其禍豈不慘哉！一念不謹而貽後憂，岳公亦昧於進退之機云。爾綱目書此，始為秦檜罪，而終為岳飛惜也。】

秦檜矯詔，下岳飛於大理獄。【秦檜必欲殺飛，乃與張俊謀，密誘飛部曲能告飛事者優與重賞，卒無應者。俊聞飛嘗欲斬統制王貴，又嘗杖之，乃誘貴告飛。貴不肯，曰："為大將，寧免以賞罰用人，苟以為怨，將不勝其怨。"俊因劫以私事，貴懼而從之。檜又聞飛統制王俊善告訐，號"鵰兒"，以姦貪屢為張憲所抑，使人諭之，王俊許諾，於是檜謀以張憲、王貴、王俊皆飛部將，使其徒自相攻發，目以及飛父子，庶帝不疑。俊時在鎮江，乃自為狀付王俊，妄言副都統制張憲謀據襄陽，還飛兵柄，令告王貴，使貴執憲赴鎮江行樞密府。憲未至，俊預為獄以待之，屬吏王應求白俊，以為樞院無推勘法。俊不聽，親行鞠鍊，使憲自誣，謂得飛子雲手書，命憲營還兵計。憲被掠無完膚，竟不伏。俊手自具獄成，告檜械憲至臨安，下大理寺獄。檜奏召飛父子證憲事。帝曰："刑所以止亂，勿妄追證，動搖人心。"檜矯詔召飛父子，使者至飛第，飛笑曰："皇天后土，可表此心。"遂與雲就獄。檜命中丞何鑄、大理卿周三畏鞠之。鑄引飛至庭，詰以反狀，飛裂裳，以背示鑄，有舊涅"盡忠報國"四大字，深入膚理。既而閲實，俱無驗。鑄察其冤，白檜，檜曰："此上意也。"鑄曰："鑄豈區區為岳飛者？強敵未滅，無故戮一大將，失士卒心，非社稷之長計。"檜語塞，乃改命諫議大夫万俟卨。卨與飛有怨，遂誣飛令于鵬、孫革致書張憲、王貴，令虛申報情以動朝廷，雲與憲書令措置使飛還軍，且云其書已焚。飛坐係兩月，無可証者。或教卨以臺章所指淮西逗留事為言，卨喜白檜，簿錄飛家，取所賜御札與往來、道途、日月皆可考，乃收其御札送官藏之，以滅跡。卨又使鵬、革等證飛受詔逗留，命評事元龜年取行軍時日雜定之，傅會其獄。大理卿薛仁輔、寺丞李若樸、何彦猷皆言飛無辜，判宗正寺士㒟請以百口保飛無他，且曰："中原未靖，禍及忠義，是忘二聖，不欲復中原也。"皆不聽。韓世忠心不平，詣檜詰其實，檜曰："飛子雲與張憲書雖不明，其事莫須有。"世忠曰："'莫須有'三字，何以服天下人也！"】

發明【矯詔者，專輒無君之詞。楊氏曰："小人設險中之險，以陷君子。坎之初六，陰柔之小人設險以陷君子，猶為未，又設險中之險。坎險也，窞險中之險也。”蓋君子、小人勢不兩立，金人所忌者惟飛，而秦檜所忌者亦飛，以為不早驅除，終梗和議，是以必欲害之也。誣以謀反固險，矯詔下獄，此非險中之險乎？秦檜主之，張俊、万俟卨又從而成之，妄摯張憲，株連岳飛，身受非刑，羅織抵罪。嗚呼！檜何讎於飛，飛何負於檜耶？此誠天地之大變，人心所不容，檜之罪又可得而粉飾之哉？故書矯詔，所以著其無君之罪。書下岳飛大理獄，所以明其誣累之非，即綱目之所書，驗當時之政治，則宋事之興廢可知矣。】

廣義【少保當時若矯詔進兵而得罪，豈不愈於賊檜矯詔而殺己耶？】

秦檜殺故少保、樞密副使、武昌公岳飛。【歲已暮，而飛獄不成。一日，檜手書小紙付獄，即報飛死矣，年三十九。雲與張憲皆棄市。于鵬等從坐者六人。籍飛家資，徙之嶺南。於是薛仁輔、李若樸、何彥猷皆被黜。佈衣劉允升上書訟飛冤，下大理獄死。凡傅成其獄者，皆進秩。洪皓在金，以蠟書奏：“金人所畏服者惟飛，至以父呼之，及聞其死，諸將酌酒相賀。”飛事親孝，家無姬侍。吳玠素服飛，願與交歡，飾名姝遺之。飛曰：“主上宵旰，豈大將安樂時耶？”卻不受，玠益敬服。帝欲為飛營第，飛辭曰：“金兵未退，何以家為？”或謂天下何時太平，飛曰：“文臣不愛錢，武臣不惜死，天下太平矣。”卒有取民麻一縷以束芻者，立斬以徇。卒夜宿，民間門願納，無敢入者。軍號“凍死不折屋，餓死不擄掠。”卒有疾，飛躬為調藥；諸將遠戍，飛遣妻問勞其家；死事者哭之而育其孤，或以子婚其女。凡有頒犒，均給軍吏，秋毫不私。善以少擊衆。嘗以八百人破群盜王善等五十萬衆於南薰門，以八千人破曹成十萬衆於桂嶺，其戰烏珠於潁昌，則以背嵬八百，於朱仙鎮則以五百，皆破其衆十餘萬。凡有所舉，盡召諸統制與謀，謀定而後戰，故有勝無敗。猝遇敵不動，故敵為之語曰：“撼山易，撼岳家軍難。”張俊嘗問用兵之術，飛曰：“仁、信、智、勇、嚴，闕一不可。”飛好賢禮士，覽經史，雅歌投壺，恂恂如書生。每辭官，必曰：“將士效力，飛何功之有？”然忠憤激烈，議論持正，不少挫於人，卒以此得禍焉。[①] 史臣曰：“西漢而下，若韓、彭、絳、灌之為將，代不乏人，求其文武全器、仁智並施如岳飛者，一代豈多見哉，而卒死於秦檜之手。蓋飛與檜勢不兩立，使飛得志，則金讎可復，宋恥可雪；檜得志，則飛

① 同見《資治通鑒後編》卷一百十五，惟不云“秦檜殺武穆”，而云“武穆賜死於獄”。

有死而已。昔檀道濟曰："自壞汝萬里長城。"高宗忍自棄其中原，故忍殺飛。嗚呼冤哉！】

發明【甚矣，小人之心殘忍而酷暴也。欲執國命，則志在欺主，欲行私意，則志在妨賢。蓋不欺主，則權勢有不可專，不妨賢，則私意有不可遂。趙高欲專權，則矯詔以殺扶蘇，秦檜欲和金，則矯詔以殺岳飛，皆異世而同符者也。然既稱臣於金，又割地以畀金，所求必遂，無願不從，宜乎金之報聘也，何待次年始有册帝、歸喪之事耶？則知割地、稱臣猶未足以快敵，既殺岳飛，金人相慶，始遣報使，南北弭兵，則賊檜之與金為一可見矣。嗚呼！賊檜姦邪固不足責，高宗忘讎事敵，挈全國以付秦檜，任其所為，弗與之較，欲稱臣則從其稱臣，欲割地則聽其割地，欲殺岳飛則順其殺飛，黄帝、堯、舜垂衣裳而天下治，豈若是之無為乎？殺者殺無罪也，書殺而不去其官，所以明其無罪耳。考之前史，皆以殺飛為文，綱目歸獄於檜，變文直書秦檜殺故少保、樞密副使、武昌公岳飛，具官書爵，檜豈得而擅殺之乎？原情定罪，立法謹嚴，然後是非正曲直分。賊檜之欺君僭竊之罪，不容掩矣。凡若此類，微君子莫能修之。】

廣義【此何以書秦檜殺？書秦檜殺者，所以著賊檜專殺，無君之心也。然則於岳飛書故少保、樞密副使、武昌公者何？書此者所以復其銜以申萬古之冤也。】

同上書卷十五

紹興三十二年……追復岳飛官，以禮改葬。【官其孫六人。】

發明【岳飛為將十年，有折衝禦侮之功，固非他將比也，然為賊檜所陷，以沒其身。至是追復官爵，以禮改葬，是亦公論之不容泯者。書以予之宜矣。】

同上書卷十七

嘉泰四年……五月，追封岳飛為鄂王。【先已賜謚武穆，至是韓侂胄欲風厲諸將，乃追封飛。】

發明【時將用兵，追封飛爵，本非得正，曷為書？蓋飛以忠貞事主，為宋名將，雖云非正，然亦公論之不可泯者，豈以小人之故而遂没其善哉？夫如是，然後見綱目書法之意，人心天理之機耳。】

朱軾

撰：《史傳三編》卷五，《胡寅》

論曰："張浚負一時望，為國重輕。然劾李綱、沮岳飛，其僨事也大矣。"

同上書卷三十五，《趙鼎》

宰相朱勝非方規復襄陽，帝問："岳飛可使否?"鼎曰："知上流利害，無如飛者"。飛出師，竟復六郡。

及劉豫遣子麟、猊分路入寇，時張俊屯盱眙，楊沂中屯泗，韓世忠屯楚，岳飛駐鄂。

論曰："談者謂高宗之初，人心思奮，茍圖興復，指期可致。及鼎得政，而南北之勢成矣，故鼎專固根本，不急用兵。然使當鼎之時，宗澤尚在，李綱再用，其所設施，亦未可預料也。觀於岳飛，可以見矣。"

同上書同卷，《張浚》

時巨寇楊幺據洞庭，諸將討之不克，浚自請行。至醴陵，釋邑囚數百，皆幺諜者，給以文書，俾招諭諸砦。及岳飛破幺，賊衆二十餘萬，相繼來降，湖寇盡平。浚遂奏遣飛屯荆襄，以圖中原。乃自鄂、岳轉淮東，會諸將，議防秋之宜。詔促歸朝，進《中興備覧》四十一篇。帝嘉歎，置之坐隅。六年，會諸將，議事江上，榜豫僭逆之罪。命韓世忠據承、楚，以圖淮陽；劉光世屯合肥，以招北軍；張俊練兵建康，進屯盱眙；楊沂中領精兵為後翼，以佐俊；岳飛進屯襄陽，以窺中原。浚渡江，遍撫淮上諸戍。因入覲，請幸建康。未幾，劉豫復遣麟、猊入寇。浚敕諸將曰："賊豫以逆犯順，不剿除，何以為國？今日之事，有進無退。"及劉麟迫合肥，俊請益兵，光世欲退師，朝議欲召飛東下，令俊、光世還保江。浚言："俊等渡江，則無淮南，而長江之險，與敵共矣。且岳飛一動，襄、漢有警，復何所恃?"

論曰："建炎諸將相，志於恢復者，惟李綱、宗澤、岳飛、韓世忠及浚五人而已。"

同上書卷三十六，《岳飛》

岳飛，字鵬舉，相州湯陰人。世力農，父和，能節食以濟饑人。飛少負氣節，沈厚寡言，家貧力學，尤好《左氏春秋》、《孫吳兵法》。生有神力，未冠，挽弓三百觔，弩八石。學射於周同，盡其術，能左右射。同死，朔望設祭於其家。① 父異之曰："汝他日為時用，其徇國死義乎？"

宣和四年，應真定宣撫劉韐募。相有劇賊陶俊、賈進和，飛請百騎滅之。遣卒偽為商，入賊境，賊掠以充伍。飛乃伏百人山下，以數十騎逼賊。賊出戰，飛陽北。賊追之，伏起，先所遣卒擒俊、進和以歸。

康王至相，命飛招賊吉倩，倩降，補承信郎。從劉浩解東京圍，領百騎習兵河上。敵猝至，飛麾其徒曰："敵雖衆，未知吾虛實，當及其未定擊之。"乃馳迎敵。有梟將舞刀而前，飛斬之，敵大敗。遷承義郎，隸留守宗澤。犯法將刑，澤見，奇之曰："此將材也。"免之。會金人攻汜水，澤以五百騎授飛，遂大敗金人而還。澤謂曰："爾勇智才藝，古良將不能過。然好野戰，非萬全計。"因授與陳圖。飛曰："陳而後戰，兵法之常。運用之妙，存乎一心。"澤是其言。

高宗即位，飛上書數千言，大略謂："陛下已登大寶，社稷有主，勤王之師日集，宜乘其怠擊之。黃潛善、汪伯彥輩不能承聖意，奉車駕日益南，恐不足係中原之望。願陛下親率六軍北渡，則將士作氣，中原可復。"書聞，以越職奪官。

詣河北招討使張所，所問曰："汝能敵幾何？"飛曰："勇不足恃，用兵在先定謀。欒枝曳柴，莫敖采樵，皆謀定也。"所矍然曰："君殆非行伍中人。"待以國士。飛因說所曰："國家都汴，恃河北以為固。苟馮據要衝，峙列重鎮，一城受圍，諸城或撓或救，金人不能窺河南，則京師根本之地固矣。招討誠能提兵壓境，飛惟命是從。"所大喜，借補武經郎，使從王彥渡河。至新鄉，金兵盛，彥不敢進。飛獨引所部鏖戰，奪其纛而舞，諸軍爭奮，遂拔新鄉。飛軍食盡，從彥乞糧。彥不與，飛乃引兵益北，戰於太行山，擒金將托卜雅爾烏。居數日，復遇敵，飛單騎持丈八鐵槍，刺殺哈芬大王，敵衆敗走。

飛知彥不悅已，復歸宗澤，為留守司統制。澤卒，杜充代之。飛居職二

① 同見《資治通鑒後編》卷一百四，且云"劉韐宣撫鎮定，募敢戰士，飛與焉，屢擒劇賊。至是因劉浩以見王，以為承信郎。"

年，每戰皆捷。嘗駐兵竹蘆渡，與敵相持，乃選精鋭三百，伏前山下，令各以薪芻交縛兩束。夜半，爇四端而舉之，金人疑援兵至，驚潰。賊黄善、曹成、孔彦舟等合兵五十萬，薄南薫門。飛部僅八百，衆懼不敵。飛曰："吾為諸君破之。"左挾弓，右運矛，横衝其陳。賊亂，大敗之。又擒賊杜叔五、孫海于東明，敗黄善於清河，授英州刺史。

及杜充將走建康，飛諫曰："中原地尺寸不可棄，今一舉足，此地非我有，他日欲取之，非數十萬衆不可。"充不聽，飛不得已，從而南。於道連破張用、李成諸賊。及充降金，烏珠趨杭州，飛要擊至廣德，六戰皆捷，擒其將王權，俘簽軍首領四十餘，察可用者，結以恩遣還，令夜斫營縱火。敵衆亂，飛擊敗之。駐軍鐘村，軍無見糧，將士忍饑，不擾民。金所籍兵相謂曰："此岳爺爺軍也。"爭來降附。

四年，烏珠攻常州，宜興令迎飛移屯。盜郭吉聞飛來，遁入湖。飛使王貴、傅慶追破之，因遣辯士，盡降其衆。金人再攻常州，飛四戰皆捷；尾襲於鎮江東，又捷；戰於清水亭，又大捷，横屍十五里。烏珠趨建康，飛設伏牛頭山，待之夜，令百人黑衣混金營中擾之。金兵驚，自相攻擊。烏珠次龍灣，飛以騎三百、兵二千馳至新城，大破之。烏珠奔淮西，遂復建康。因上言："建康要害之地，宜選兵固守，仍益兵戍淮，拱護腹心。"帝嘉納焉。烏珠歸，飛邀擊於靜安，敗之。詔討戚方，降其軍。

紹興元年，張俊討李成，請飛為副。時成黨馬進犯洪州，連營西山，飛曰："賊貪而不慮後，若以騎兵自上流絶生米渡，出其不意，破之必矣。"請自為先鋒。俊大喜。飛重鎧躍馬，潛出賊右，突其陳，所部從之。進大敗，走筠州。飛抵城東，賊出城佈陳十五里。飛設伏，以紅羅為幟，上刺"岳"字，選騎二百，隨幟而前。賊易其少，薄之。伏發，賊敗。飛使人呼曰："不從賊者，坐。吾不汝殺。"坐而降者八萬餘人。進以餘卒奔成於南康，飛夜引兵至朱家山，又斬其將趙萬。成聞進敗，自引兵十餘萬來。飛與遇於樓子莊，大破之。成走降偽齊。

賊張用者，亦相人，寇江西。飛以書諭之曰："吾與汝同里，南薫門、鐵路步之戰，皆汝所悉。今吾在此，欲戰則出，不戰則降。"用得書，曰："果吾父也。"遂降。江、淮悉平，飛功第一。

二年，賊曹成擁衆十餘萬，據道、賀二州，命飛招之。成聞飛將至，驚曰："岳家軍來矣！"即分道遁。飛至茶陵招成，成不從。飛上言："比年多命招安，故盜強則肆暴，屈則就招。苟不略加剿除，蠭起之衆，未可遽殄。"許之。飛入賀州境，得諜，縛之帳下。飛出帳調兵食，吏曰："糧盡矣，奈何?”飛曰：“姑反茶陵。”已而顧諜者，若失意狀，頓足而入。陰令逸之，諜者既去，飛即蓐食，潛趨遶嶺。未明，已至太平場，麾兵掩擊，賊大潰。成走，據北藏嶺上梧關，遣其黨迎戰。飛不陳而鼓，奪其二隘。成又以衆十餘萬守蓬頭嶺，飛部纔八千，一鼓登嶺，破其衆，成奔連州。飛謂張憲等曰：“成黨散去，追而殺之，則脅從可憫，縱之則復聚為盜。今遣若等誅其魁而撫其衆，慎勿妄殺，累主上保民之仁。”於是，憲等分道，招降二萬人，與飛會連州，進兵追成，成走宣撫司降。時以盛夏，行師瘴地，撫循有方，士無一人病者。嶺表平，移屯江州。甫入境，承檄捕劇賊數部，皆平之。

三年，虔、吉盜合衆寇掠閩、廣，帝命飛討之。飛至，虔賊彭友迎戰，躍馬馳突。飛麾兵，即馬上擒之。餘黨退保固石洞。洞高峻環水，止一徑可入。飛列騎山下，皆持滿。黎明，遣死士疾馳登山。賊衆亂，棄山而下。騎兵圍之，賊呼丐命。飛令勿殺，受其降。復授徐慶等方略，悉破降諸郡餘賊。初，帝以隆祐震驚之故，密令屠虔。飛請誅首惡，赦脅從。不許。請至三四，帝為曲赦虔人。虔人感其德，祠之。

秋，入覲，帝手書“精忠岳飛”字，製旗賜之。授鎮南軍承宣使、江南西路沿江制置使。李山、吳全、吳錫、李横、牛皋，皆隸焉。

及偽齊遣李成挾金人入侵，破襄陽、唐、鄧、隨、郢諸州及信陽軍。湖寇楊幺又與偽齊通，欲順流而下。李成亦欲自江西趨兩浙，與幺會。四年，遂除飛兼荆南鄂、岳州制置使，使為之備。飛奏：“襄陽六郡，為恢復中原基本。今當先取六郡，除心膂之病。然後加兵湖湘，以殄群盜。”帝以問趙鼎，鼎曰：“知上流利害，無如飛者。”遂授黃、復州、漢陽軍、德安府制置使。飛渡江中流，顧幕屬曰：“飛不擒賊，不涉此江矣。”兵抵郢州，偽將京超號萬人敵，乘城拒飛。飛鼓衆而登，超投崖死，復郢州。俄復隨州，進趣襄陽。李成迎戰，飛見成陳，笑曰：“步兵利險阻，騎兵利平曠。成左列騎江岸，右列步平地。雖衆百萬，何能為?”舉鞭指王貴曰：“爾以長槍步卒擊其騎兵。”指牛皋曰：“爾以騎兵擊其步卒。”合戰，馬應槍斃，後騎皆擁入江，步卒死者無數。成夜遁，遂復襄陽。又進復鄧州、唐州及信陽軍，襄、漢悉平。帝聞，喜曰：“朕素聞飛行軍有紀律，未知能破敵如此。”乃以隨、郢、唐、鄧、信陽並為襄陽府路，以隸飛。授飛清遠軍節度使，湖北路荆、襄、潭州制置使，封武昌縣開國子，移屯鄂。

飛上言：“金人所愛，惟子女金帛，志已驕惰。劉豫僭偽，人心終不忘宋。如以精兵二十萬直擣中原，恢復故疆，誠易為力。襄陽、隨、郢地皆膏腴，苟行營田，其利必厚。臣候糧足，即過江北，剿戮敵兵。”又言：“六郡人戶闕牛、糧，乞量給官錢，免官私逋負。州縣官以招集流亡為殿最。”時方重深入之舉，而營田之議自此始。

烏珠、劉豫合兵圍廬州，帝命飛解圍。飛至廬，張“岳”字旗與“精忠”旗，一戰而金兵潰。

五年入覲，封武昌郡開國侯，命招捕楊幺。飛所部皆西北人，不習水戰。飛曰：“兵何常，顧用之何如耳。”乃先遣使招之。賊黨黃佐曰：“岳節使號令如山。若與之敵，萬無生理，不如降。”飛表佐武義大夫，單騎按其部，拊佐背曰：“子，知逆順者。果能立功，封侯豈足道。欲復遣子至湖中，視可乘者擒之，可勸者招之，如何?”佐感泣，誓以死報。佐襲周倫砦，殺倫，擒其統制陳貴等。飛上其功，遷武功大夫。

時張浚以都督軍事至潭，將還防秋，飛袖小圖，示浚曰：“已有定畫，都督能少留八日，可破賊。”浚曰：“何言之易?”飛曰：“王四廂以王師攻水寇則難，飛以水寇攻水寇則易。水戰我短彼長，以所短攻所長，所以難。若因敵將，用敵兵，奪其手足之助，離其腹心之托，而後以王師乘之，八日之内，當俘諸酋。”浚許之。

飛遂如鼎州。黃佐招楊欽來降，飛喜曰：“楊欽驍悍，既降，賊腹心潰矣。”表欽武義大夫，禮遇甚厚，復遣歸湖中。兩日，欽說余端、劉詵等來降，飛詭罵欽曰：“賊不盡降，何來也。”杖之，復令入湖。是夜，掩賊營，降其衆數萬。幺負固不服，方浮舟湖中，以輪激水，其行如飛，旁置撞竿，官舟迎之輒碎。飛伐君山木為巨筏，塞諸港汊，又以腐木亂草浮上流而下。擇水淺處，遣善罵者挑之，且行且罵。賊怒來追，則草木壅積，舟輪礙不行。飛亟擊之，賊奔港中，為筏所拒，官軍乘筏，張牛革以蔽矢石，舉巨木撞其舟，盡壞。幺投水，牛皋擒斬之。飛入賊壘，餘酋驚曰：“何神也。”俱降。飛親撫慰之，縱老弱歸田，籍少壯為軍，果八日而賊平。浚歎曰：“岳侯神算也。”初，幺恃其險曰：“欲犯我者，除是飛來。”至是，人以其言為讖。所獲賊舟千餘，鄂渚水軍，遂為沿江之冠。加檢校少保，進封公，還軍鄂州。

太行山忠義社梁興等百餘人慕飛義，率衆來歸。六年，入覲，請置襄陽監司，以按察州縣。帝從之。且命自知州、通判以下，賢否許飛黜陟。

張浚至江上，會諸大帥，獨稱飛與韓世忠可倚大事。令飛屯襄陽以窺中原，曰：“此君素志也。”尋除宣撫副使，置司襄陽。丁母憂，扶櫬還廬山。降制起復，連表乞終喪。不許。累詔趣起，乃就軍。又命宣撫河東，節制河北路。飛乃遣王貴等攻虢州，下之，獲糧十五萬石，降衆數萬。張浚曰：“飛措畫甚大。今已至伊洛，則太行一帶山砦，必有應者矣。”飛又遣楊再興進兵長水縣，再戰皆捷。復遣人焚蔡州糧，中原響應。會劉豫遣子麟、猊入寇，帝慮張俊、劉光世不足任，命飛東下。飛馳至，賊已敗去，乃還。時偽齊屯兵窺唐州，飛遣王貴、董先等攻破之，焚其營。因請圖蔡，以取中原。不許。

七年，入覲，拜太尉，除宣撫使，兼營田大使，從幸建康，以王德、酈瓊兵隸飛。飛數見帝，論恢復之略，又手疏言：“金人所以立劉豫於河南，蓋欲以中國攻中國，彼得休兵觀釁耳。願陛下假臣日月，便則提兵趨京、洛，據河陽、陝府、潼關，以號召五路叛將。叛將既還，王師前進，彼必棄汴而走河北，京畿、陝右可以盡復。然後分兵濬、滑，經略兩河，如此則劉豫成擒，金人遠遁。社稷長久之計，實在此舉。”帝答曰：“有臣如此，顧復何憂。進止之機，朕不中制。”又召至寢閣，命之曰：“中興之事，一以委卿。”

會秦檜主和，不欲以德、瓊兵隸飛。張浚遂以德為淮西統制，瓊為副，而吕祉以督府參謀領之。飛言其不可，與浚忤，乃乞解兵柄終喪。步歸，廬母墓側。浚怒，以張宗元為宣撫判官，監其軍。帝累詔，趣飛就職。飛趨朝待罪，帝慰遣之。未幾，酈瓊叛降偽齊，殺吕祉，浚始悔之。飛上言：“比者寢閣之命，竊謂聖斷已堅，何至今尚未決？臣願提兵進討，順天道，因人心，以曲直為老壯，以逆順為強弱，萬全之功可必。”又言：“錢塘僻在海隅，非用武地。願建都上游，用光武故事，親率六師，往來督戰。庶將士知聖意所向，人人用命。”

飛復請乘其廢豫，長驅以取中原。不報。

八年秋，金人遣使，許歸河南地。時飛適以召赴行在，因言：“金人不可信，和好不可恃，相臣謀國不臧，恐貽後世譏。”檜銜之。及明年以金歸河南地，大赦，飛謝表有云：“願定謀於全勝，期收地於兩河。唾手燕雲，終欲復讎而報國；誓心天地，尚令稽首以稱藩。”疏入，檜愈恨。會遣使謁諸陵，飛請以輕騎從灑掃，且言：“金人無事請和，此必有肘腋之虞，名以地歸我，實寄之也。”檜沮其行。

明年，金兵果南下攻拱亳，劉錡告急，帝命飛馳援，且賜札曰：“設施之方，一以委卿，朕不遙度。”飛乃遣王貴、牛臯、董先、楊再興、孟邦傑、李寶等，分佈經略西京、汝、鄭、潁昌、陳、曹、光、蔡諸郡，遣梁興渡河，糾合忠義，以圖河東北，又復東援劉錡，西援郭浩，自以其軍長驅，以闞中原。將發，密奏曰：“今欲恢復，必先正國本，以安人心，然後不常厥居，以示無忘復讎之意。”帝得奏，大褒其忠。飛將李寶、牛皋相繼敗金人於京西；飛自攻金人於蔡州，破之，復其城；於是遣張憲敗金韓常於潁昌，復潁昌府，憲又戰陳州界，敗之，復陳州；王成戰鄭州，敗之，復鄭州；統制孟邦傑復永安軍；張應、韓清復西京；楊遇戰南城軍，敗之，復南城軍；喬握堅復趙州；張憲又復淮寧府。他將所至，皆捷，金人大震。河南兵馬鈐轄李興聚衆收復伊陽等八縣及汝州，以應飛。金李成棄城走，飛又使張應會興，復永安軍。

時諸將分道出戰，飛留大軍於潁昌，而自以輕騎駐郾城，兵勢甚鋭。金將大懼，與龍虎大王議，以為諸將易與，獨飛不可當，欲致其師，併力一戰。飛聞之，曰：“金人技窮矣。”乃出挑戰，且罵之。烏珠怒，合龍虎大王、蓋天大王與韓常之兵，迫郾城。飛遣子雲領騎兵直貫其陳，戒之曰：“不勝，先斬汝。”鏖戰數十合，敵屍佈野。

初，烏珠有勁軍，皆重鎧，貫以韋索，三人為聯，號拐子馬，官軍不能當。是役也，以萬五千騎來戰。飛戒步卒，以麻札刀入陳，勿仰視，第砍馬足。拐子馬相連，一馬仆，二馬不能行，飛軍奮擊，遂大破之。金人大慟曰：“自海上起兵，皆以此勝，今已矣。”因益兵而前。飛時出視戰地，望見黃塵蔽天，自以四十騎突戰，敗之。烏珠憤甚，合師十二萬，次於臨潁。楊再興以二百騎遇於小商橋，驟與之戰，殺二千人。再興死焉，獲屍焚之，得箭簇二升，飛痛惜之。張憲繼至，復戰。金兵夜去，追奔十五里。飛謂雲曰：“賊屢敗，必還攻潁昌，汝宜速援王貴。”既而烏珠果至，貴將遊奕，雲將背嵬，戰於城西。雲以騎兵八百挺前決戰，步軍張兩翼繼之，殺烏珠壻夏金吾、副統軍尼雅滿索貝勒。烏珠引去。

是時梁興亦會太行忠義、兩河豪傑，敗金人于垣曲，又敗之於沁水，遂復懷、衛州。太行道絶，金人益恐。飛進軍朱仙鎮，距汴京四十五里，與烏珠對壘而陳，遣驍將以背嵬騎五百奮擊，大破之。烏珠遂還汴京。飛檄陵臺，令行葺諸陵。

先是，飛遣梁興等佈德意，招結兩河豪傑山砦。韋銓、孫謀等斂兵固堡，以待王師。至是李通、胡清、李寶、李興、張恩、孫琪等，舉衆來歸，金人動息，山川險要，一時盡得其實。盡磁、相、開德、澤、潞、晉、絳、汾、隰之境，皆期日興兵，與官軍會。所揭旗，以“岳”為號。父老百姓，爭挽車牽牛，載糗糧以餽義軍。頂盆焚香、迎候者，充滿道路。自燕以南，金人號令不行。烏珠欲簽軍以抗飛，河北無一人應者，乃歎曰：“自我起北方以來，未有如今日之挫衄。”金將烏凌阿思謀素號驍勇。亦不能制其下，但諭之曰：“毋輕動，俟岳家軍來，即降。”金將王鎮、崔慶、李覬、崔虎、華旺等，皆率所部降飛。以至禁衛龍虎大王之將奇徹、千戶高勇等，皆密受飛旗榜，自其國來降。大將韓常欲以五萬衆内附，飛大喜。

方指日渡河，而秦檜欲畫淮以北，與金為和，諷臺臣請班師。飛言：“金人鋭氣沮喪，盡棄輜重，疾走渡河。豪傑向風，士卒用命。時不再來，機難輕失。”檜知飛志鋭不可回，乃令張俊、楊沂中等先歸，而後言飛孤軍不可久留。一日奉十二金字牌，飛憤惋泣下，東向再拜，曰：“十年之力，廢於一旦。”飛班師，民遮馬慟哭，訴曰：“我等戴香盆、運糧草，以迎官軍，金人悉知之。相公去，我輩無噍類矣。”飛亦悲泣，取詔示之，曰：“吾不得擅留。”哭聲震野。飛留五日，以待其徙。徙而南者如市，亟請以漢上閒田處之。方烏珠將棄汴去，有書生叩馬曰：“太子毋走，岳少保且退矣。”烏珠曰：“岳少保以五百騎破吾十萬，京城日夜望其來，何謂可守?”生曰：“自古未有權臣在内，而大將能立功於外者。岳少保且不免，況欲成功乎?”烏珠悟，遂不去。飛既歸，所得州縣，旋復入於金。飛力請解兵柄。不許。及入覲，帝問之，飛拜謝而已。

十一年，金人分道渡淮，帝趣飛應援。時飛方苦寒嗽，力疾而行。飛至廬州，金兵望風而去。烏珠破濠州，張俊駐兵不敢進，楊沂中遇伏而敗，及飛至，金人乃去。初，飛在諸將中年最少，累立顯功。張俊不能平，飛屈己下之。及俊出兵無功，而飛屢捷，俊愈怒。俊又與檜捕韓世忠軍吏景著，誣以他事，欲以撼世忠。飛馳書告世忠，世忠見帝自明。於是俊與檜大憾飛。

檜之逐趙鼎也，飛每對客歎息。又以恢復為己任，不肯附和議。烏珠遺檜書曰：“汝朝夕以和請，而飛方為河北圖。必殺飛，始可和。”故檜力謀殺之。諫議大夫万俟卨、中丞何鑄、御史羅汝楫承檜旨，交章劾飛。飛遂解兵柄，奉朝請。檜又使張俊劫王貴，誘王俊誣告張憲謀還飛兵，因捕飛父子證張憲事。使者至，飛笑曰：“皇天后土，可表此心。”

初，命何鑄鞫之。飛裂裳，以背示鑄，有“盡忠報國”四大字，深入膚理。既閲，實無左驗，鑄明其無辜。檜乃改命万俟卨傅會其獄。歲暮，獄不成。檜手書小紙付獄，即報飛死，時年三十九。雲與憲皆棄市，家徙嶺南，幕屬于鵬等從坐者六人。

初，飛在獄，大理寺丞李若樸、何彦猷，大理卿薛仁輔，宗正卿士㒟，佈衣劉允升，皆以上書救飛，或斥或死。獄之將上也，韓世忠不平，詣檜詰實。檜曰：“飛子雲與張憲書雖不明，其事莫須有。”世忠曰：“‘莫須有’

三字，何以服天下也?”時洪皓在金，蠟書馳奏，言金人所嘆服者，惟飛耳，及聞其死，酌酒相賀。

飛事母至孝，藥餌必親。母卒，水漿不入口者三日。家無姬侍。吳玠素服飛，遺以名姝。飛曰：“主上宵旰，豈大將安樂時耶?”卻，不受。少豪飲，帝戒之曰：“卿異時到河朔，乃可飲。”遂絶不飲。帝為飛營第，飛辭曰：“敵未滅，何以家為?”或問天下何時太平，飛曰：“文臣不愛錢，武臣不惜死，天下太平矣。”

師每休舍，課將士注坡跳壕，皆重鎧習之。卒有取民麻一縷以束芻者，斬以徇。卒夜宿，民開門願納，無敢入者，軍號“凍死不拆屋，餓死不擄掠”。卒有疾，躬為調藥。諸將遠戍，遣妻勞問其家；死事者哭之，而育其孤，或以子婚其女。凡有頒犒，均給軍吏，秋毫不私。

善以少擊衆。欲有所舉，盡召諸統制與謀，謀定而後戰，故有勝無敗。猝遇敵，不動，故敵為之語曰：“撼山易，撼岳家軍難。”張浚嘗問用兵，曰：“仁、智、信、勇、嚴，闕一不可。”調軍食，必蹙額曰：“東南民力耗矣。”荆湖平，募民營田。又為屯田，歲省漕運之半。

張所死，飛感舊恩，鞠其子宗本，奏以官。好賢禮士，覽經史，雅歌投壺，恂恂如書生。每辭官，必曰：“將士效力，飛何功之有?”然忠憤激烈，議論持正，不挫於人，卒以此得禍。

紹興末，太學生程宏圖上書，訟飛冤。中丞汪澈宣撫荆襄，故部曲合詞訟之，哭聲雷震。孝宗時，詔復飛官，以禮改葬，賜錢百萬，求其後，悉官之，建廟於鄂。淳熙六年，謚武穆。嘉泰四年，追封鄂王。寶慶元年，改謚忠武。

五子：雲、雷、霖、震、霆。雲，飛養子，從飛，功最多。每戰，手握兩鐵椎，重八十觔，先諸軍登城陷陣。潁昌大戰，十數出入行陣，體被百餘創，甲裳為赤。初，飛下獄，檜令其黨王會搜其家，得御札數篋，束之左藏南庫。霖請於孝宗，還之。霖子珂以淮西十五御札辨驗彙次，凡出師應援之先後，皆可考。嘉定間，為《籲天辨誣集》五卷、《天定錄》二卷，上之。

論曰：“飛以韓、白之才，而忠孝出於天性，謙恭不伐，憂國勤民，可謂大臣也已。恢復之志雖不遂，然平生大功，亦莫之與敵。宋初南渡，潰裂分散，不可為國。飛始復建康，以扃北戶；取襄陽，以遏上流；平群盜，以清根本。又設間廢劉豫，以除心腹之害。微飛，則諸將帥不能獨當，雖欲限江淮而守之，恐未能也。至於襄陽，飛所自營，置終宋之世，以為強藩。寧、理之後，視襄陽為存亡。宋之有是人也，而使之至此，可悲也夫。”

同上書同卷，《韓世忠》

性忠義勇敢，事關廟社，必流涕極言。岳飛冤獄，舉朝無敢出一語，世忠獨詣檜詰之。

論曰："中興諸將，首推岳、韓，非獨用兵之能，乃其忠誠義勇，遠過於人。世忠章數十上，與秦檜爭和議之非，不以禍福介意。其在行間，挺身決鬥，百戰不怠，老而益奮，非夫忠義激於其心者，其孰能之？飛多方面之功，而世忠扃鑰北戶，與金人進退。如邀烏珠於金山，擒卜嘉於大儀，皆呼吸存亡，在於俄頃。世忠身獨任之，張俊、劉光世輩，未有肯與為首尾者也。至誅苗、劉，平群盜，功尤多，固將帥中社稷臣也。"

同上書同卷，《劉錡》

初，錡名位最在諸將後，以順昌之捷驟貴，張俊、楊沂中等深嫉之。二人還朝，誣錡戰不力，秦檜陰主之，遂罷錡，知荊南府。岳飛請留錡掌兵，不聽。

張廷玉 等

撰：《明史》卷五，《曆代帝王陵廟》

於是定風后、力牧、皋陶、夔、龍、伯夷、伯益、伊尹、傅說、周公旦、召公奭、太公望、召虎、方叔、張良、蕭何、曹參、陳平、周勃、鄧禹、馮異、諸葛亮、房元齡、杜如晦、李靖、郭子儀、李晟、曹彬、潘美、韓世忠、岳飛、張浚、木華黎、博爾忽、博爾术、赤老温、伯顏凡三十七人從祀於東西廡，為壇四。

愛新覺羅·胤禛

［清］愛新覺羅·允錄等編：《世宗憲皇帝上諭內閣》，卷五十九

（雍正五年七月）初三日，奉上諭，頃岳鍾琪奏稱四川成都府城中有一男子，沿街叫喊，說岳鍾琪帶領川陝兵馬，欲行造反。其人已被提督黃廷桂拏獲。臣不便檄訊，又不敢隱匿等語。數年以來，在朕前讒譖岳鍾琪者甚多，不但謗書一篋而已，甚至有謂岳鍾琪係岳飛之後，伊意欲修宋金之報復者，其荒唐悖謬，至於此極。

［清］雍正十年奉敕編：《世宗憲皇帝硃批諭旨》卷一百七十四之十三，《硃批李衛奏摺》

雍正九年五月初六日，浙江總督管巡撫事、在任守制、臣李衛同日又奏，為請定彰癉之鉅典，永垂萬世。臣鑒事，竊惟忠孝，本自性生，而善惡亦由觀感。幼孤失學，不習章句，緣從母命，訪擇塾師，僅能講說《通鑑》，粗知古人行事。於公正光明者，願為執鞭；姦邪傾險者，起而按劍。自少至今，此心不易。迨入仕途，出差往來各省，經過之處見廟宇最多，崇祀最廣，深山窮谷所在有之者莫如關聖，世人無賢無愚，若老若幼，畏敬遵奉，津津在口。臣他如……岳飛諸人，其專祠不過數處，然在人耳目之前，故邊鄙庸夫俗子，猶有傳述美名者。此外如幼時所聞忠臣烈士，不但祠宇寂然，即問其鄉人，非讀書者，亦竟不知其姓名矣。及後臣奉命蒞浙，惟以賞善黜惡，振作人心，使之知所懲勸，改移積習，故於前賢芳躅、姦慝遺蹟，常加採訪……即志書中向止有善無惡，未嘗表暴其姦。惟見杭州棲霞嶺下，岳飛祠墓之前，舊有鐵鑄秦檜夫婦、万俟卨、張俊四跪像。兒童婦女，瞽目跛足之輩，過者必以足蹴石擊，至今頭面俱損，而唾罵猶有餘恨。臣因此竊歎千古忠臣烈士，與岳飛諸賢並生一時，行事相類，而泯没無聞者，指不勝屈；千古姦臣邪佞，與秦檜諸人同惡齊等，衣鉢相傳，而生逃斧鉞之誅，歿無斲棺之及者，亦指不勝屈。則同為忠姦，亦有遇與不遇，幸與不幸之分……

李清馥

撰：《閩中理學淵源考》卷二十九，《忠肅陳君賁先生文龍》

公曰："宋無失德，三宫北狩，二邸深入瘴烟，何必窮兵至此？我家世受國恩，萬萬無降理。母老且死，先皇三子，岐分南北，我子何足關念！"情詞慷慨，索多愀然改容。乃械係送杭州，公去興化即不食. 至杭，謁岳武穆廟，大慟幾絶，語監者曰："吾病矣。"留宿廟下，以其夕卒，時年四十六，葬西湖智果寺。其母係福州尼寺中聞之，曰："吾與吾兒同死，又何恨哉。"亦死。訃聞，詔謚忠肅，賜廟號昭忠。

同上書卷七十四，《恭定郭愚菴先生惟賢》

集屈大夫、諸葛武侯、岳武穆文為《三忠集》，以風示楚人。

林蒲封

撰：《宋史》考證[①]，《〈宋史〉卷三百六十一考證》

臣蒲封按《齊東野語》，張魏公遣蠟書，酈瓊之語亦是潘遠知問岳武穆秦州叛卒事。

同上書，《〈宋史〉卷三百六十五考證》

《岳飛傳》：嘗問用兵之術，曰仁、智、信、勇、嚴。臣蒲封按《岳武穆御軍記》：征羣盜，過廬陵，托宿廛市，質明，為主人汛掃門宇、洗除盆盎而去。郡守供帳餞別於郊，師行將絶，謁未得，通問大將軍何在，殿者曰："已雜偏裨去矣。"其嚴肅如此。

趙宏恩 等

修：《江南通志》卷十一，《輿地志·山川·江寧府》

牛首山，在府南三十里，舊名牛頭山……宋建炎中，岳飛設伏兵於此，以拒烏珠。

同上書卷十四，《輿地志·山川·揚州府》

旗干蕩，在興化縣東十三里，蘆洲之南。宋岳飛曾駐師於此。

同上書同卷，《輿地志·山川·通州》

度軍井，在如臯縣西十里。一名聖井，不甚深。汲將盡，擊其欄，則溢出。宋岳飛經略通、泰，駐兵於此。

---

① 附於《宋史》每卷後，清人之作，故置於清代。

同上書卷十五，《輿地志・山川・徽州府》

石老山，在婺源縣西六十里。三峰聳秀，頂上廣數百畝。有吳王墓，有龍潭。其東為古城，山外峻中，平出口處，僅丈許，宋岳飛嘗屯軍其中。

五珠山，在婺源縣東北四十里。山形橫峙，凡五起，伏如貫珠。然有龍湫，旱禱輒應。舊名五株山。相近汪口村。東有煙樓峰，遠望可百里。宋岳飛軍于上流中平鎮，以此峰頂望敵人往來旌旗，舉煙火，因名。

昱嶺，在府東南百二十里山谷間，無跬步夷曠者。宋岳飛開道，由三嶺出。

同上書卷二十六，《關津【二】・橋梁鎮市附・揚州府・泰州》

三垛鎮，高郵州東四十里。建炎中，岳飛屯軍於此，以禦金兵，三戰三捷。其地有三垛橋，跨山陽河。

同上書同卷，《關津【二】・橋梁鎮市附・揚州府・高郵州》

口岸鎮，泰興縣西北四十五里，即故柴墟鎮。宋建炎三年，岳飛駐泰州，以無險可恃，退保柴墟鎮，即此。明置巡司，今因之。

同上書卷三十三，《古蹟・揚州府》

柴墟，在泰州南七里。宋岳飛以泰州無險可恃，退保柴墟，即此。

同上書同卷，《古蹟・通州》

度軍井，在如皋縣西十里許。宋岳飛鎮通、泰，引軍數千人過此，飲之不竭，因名。

同上書卷三十四，《古蹟・徽州府》

萬貫洲，在婺源縣鵲溪。宋岳飛征楊么，屯兵於此。

同上書同卷，《古蹟・池州府》

翠微亭，在齊山之巔，九華、清溪、秋浦，皆隱隱屬望，中唐時建。宋岳飛詩："經年塵土滿征衣，得得尋芳上翠微。好水好山觀未足，馬蹄催送月明歸。"

翠光亭，在池口瀕江。宋岳飛詩："愛此倚欄干，誰同寓目閒。輕陰弄晴日，秀色隱空山。島嶼蕭騷外，征帆杳靄間。予雖江上老，心羨白雲關。”

同上書卷三十六，《古蹟·潁州府·廣德州》

鍾村，在州境。宋建炎三年，岳飛自宜興駐師鍾村。軍中乏糧，將士不敢擾民。人至今稱之。

紮塞圩，在州治西北五里，宋岳飛屯兵於此。

同上書卷三十七，《壇廟·江寧府》

忠賢祠，在六合縣治北，祀唐康大尹，宋名將韓世忠、岳飛。明邑令歐陽得基、都督楊能、參議黄宏，後增元處士郭淵明、按察使王弘、知縣唐詔、邑人張約。

同上書卷三十八，《壇廟·蘇州府》

三忠祠，在吴江縣長橋，祀吴伍員、唐張巡、宋岳飛。

同上書卷四十，《壇廟·揚州府》

三鉅公祠，在高郵界，祀張浚、韓世忠、岳飛。

名賢祠，在泰州，祀宋富弼、范仲淹、胡瑗、王楊英、陳瓘、趙抃、孔道輔、曾肇、胡令儀、岳飛、文天祥。

同上書同卷，《壇廟·通州》

岳王廟，在泰興縣口岸西，祀宋岳飛。

亞賢祠，在州城西，祀宋范仲淹、胡瑗、岳飛、文天祥。

同上書卷四十一，《壇廟·徽州府》

岳王廟，在祁門縣西，祀宋岳飛。紹興元年，飛提兵討楊幺經此，後人因立廟祀之。

同上書卷四十二，《壇廟·潁州府》

岳武穆廟，在蒙城縣西北三十五里，忠義祠在學宫内。

同上書同卷，《壇廟・廣德州》

三忠祠，在州治，祀宋岳飛，明練子寧、王叔英。

同上書卷九十二，《武備志・兵制》

高宗開元帥府，諸將兵悉隸焉。後諸將兵寖盛，因時制變，屯無常所。光世軍或在鎮江、池州、太平，韓世忠軍或屯江陰，岳飛一軍或屯宜興、蔣山。乾道之末，各州有都統領軍。

同上書卷一百十二，《職官志・名宦》

岳飛，字鵬舉，相州人。初，以秉義郎隸留守宗澤。建炎四年，頻捷，收復建康，遷通泰鎮撫使，兼知泰州。

同上書卷一百四十八，《宦績・寧國府》

梅成和，字德修，涇人。紹興登第，調江夏簿徒步之官。時岳飛討楊幺於洞庭，安撫使劉湜守鄂渚，令督軍儲，掌箋表，多所裨助。賊平，授太湖令。

同上書卷一百五十二，《武功・徽州府》

胡閎休，字良弼，婺源人。嘗著兵書。靖康元年試，中知兵科。帝幸金營，閎休結義士，欲劫寨迎駕，宰相何栗禁止。之後從辛道宗軍勤王，岳飛辟為荆襄制機，有功，官至成忠郎。

同上書卷一百九十五，《紀聞・鎮江府》

楊文襄一清在靈州，人有笑其演營習陣者，楊謂："余誠書生，不諳軍旅，然以古人行必謹哨探，止必修戰備為法，其敢忽諸?"又每諭諸將曰："無事常如有事時隄防，有事常如無事時鎮靜。念武侯、衛公未嘗廢營陣，世無岳武穆，豈可恃野戰為能耶?"

同上書卷一百九十九，《雜類志・摭史紀事・宋・南渡》

（建炎）四年正月，帝御舟碇海中。二月丙申，金遊騎至平江。戊戌，入平江，縱兵焚掠。三月壬子，入常州。丁巳，至鎮江府。韓世忠屯焦山寺，邀擊之。四月，韓世忠駐軍揚子江，要金人歸路，屢敗之。烏珠引軍走建康。丙申，韓世忠及烏珠再戰江中，金人乘風縱火，世忠敗績。烏珠渡江，屯六合縣。五月壬子，金人焚建康。淮南宣撫司統制岳飛邀擊於靜安鎮，敗之。甲寅，金人陷定遠縣。是月，烏珠自六合引兵趨陜西。七月庚申，以岳飛為通泰州鎮撫使。九月，金人陷楚州。辛酉，犯揚州。統制靳賽逆戰于港河，敗之。十一月丙午，岳飛棄泰州渡江。丁未，金人犯泰州。飛退保江陰軍沙上。乙卯，金人陷泰州。丁巳，通州守臣吕伸棄城去。

（紹興七年）三月癸亥朔，次丹陽。韓世忠入見。命世忠扈從，岳飛次之。

同上書同卷，《雜類志·摭史紀事·宋·平江淮群盗》

（建炎四年）六月甲申，岳飛破戚方於廣德。

同上書同卷，《雜類志·摭史紀事·宋·劉豫南犯》

（紹興四年）十二月壬辰，金齊合兵，圍廬州。守臣仇悆嬰城固守，岳飛遣牛皋、徐慶援之。金軍潰，皋追之三十里，殺獲甚多。

來保 等

撰：《欽定大清通禮》卷九，《吉禮》

曆代帝王廟饗……兩廡……西……岳飛。

李衛 等

撰：《畿輔通志》卷十八，《山·永平府》

景忠山，遷安縣西北一百二十里，矗立雲表。明正德中，總兵馬永建諸葛武侯、岳武穆、文信國祠於上，因名。康熙十六年，聖祖御題“靈山秀色”四字匾額，内有知止洞。

同上書卷四十九《《祠祀·順天府》

三忠祠，在崇文門外，祀漢諸葛武侯亮、宋岳鄂王飛、文信國公天祥。又宣武門外有三忠祠，明天啓四年建，祀張銓、高邦佐、何廷魁，額曰

"山右三忠祠"。

同上書卷五十四,《古蹟·順德府》

岳城,在磁州西南岳城里,宋岳飛駐兵處。

周長發

[清] 來保等編:《欽定平定金川方略》卷二十九,《平定金川詩》

雷霆魂奪九溪蠻,已翦幺麽等刈菅。玉帳先聲騰雪嶺,金川群醜伏桃關。岳家軍入千尋壁,衛國師踰九疊山。面縛輸誠争乞命,納降書奏慰天顔。

黄任

[清] 梁詩正　沈德潛編:《西湖志纂》卷十二,《西湖雜詩》

畫羅紈扇總如雲,細草新泥簇蝶裙。孤憤何關兒女事,踏青爭上岳王墳。

梁詩正　沈德潛

撰:《西湖志纂》卷一,《湖山春社》

湖山神廟。在岳鄂王祠西南,前臨金沙澗,後為烏石峰。有泉發自棲霞山,涓涓伏榛莽中,上多桃花,舊名桃溪。雍正九年,創建祠宇,祀湖山之神。復見迤西一隅清泉,從竹徑出,有蘭亭曲水之致,闢地為園,盛蒔卉木,中構高軒,恭奉世宗憲皇帝御書"竹素園"三字,懸於正中,並奉御題聯句云:"花枝入戶猶含潤,泉水侵階乍有聲。"右為溪流,屈曲環繞,作流觴亭。亭西置舫齋,曰"臨花舫"。迤南為水月亭,後有樓曰"聚景",最後為觀瀑軒,為泉香室。乾隆十六年春聖駕臨幸。

同上書卷七，《南山勝蹟下》

關帝廟，在跨虹橋北，岳王墳左，《錢塘縣志》：明萬曆十五年建，尚書張瀚為記。陳繼儒棲霞嶺關帝廟柱聯：德必有隣，把臂呼岳家父子；忠能擇主，鼎足分漢室君臣。

古劍關，在棲霞嶺上，左寶雲、右仙姑兩山夹峙，若劍門然。咸淳《臨安志》：宋立巡司於此下，有牛臯墓。臯，字伯遠，汝州魯山人，為岳武穆部將，累立戰功，轉寧國軍承宣使。紹興十七年，遇毒，卒，蓋檜使人酖之云。景定初，追封輔文侯。

金鼓洞，《西湖遊覽志》：棲霞嶺北有金鼓洞，昔人伐木其間，聞金鼓聲作乃止。乾隆十六年春，聖駕田鑾，補題《西湖畫册》，御製《金鼓洞詩》："棲霞嶺迤西，嵌壁多崖洞。是間名金鼓，壯哉特異衆。武穆孤墳近，惜未中興宋。所恨和議行，敵人反間縱。山林思作氣，高孝獨無慟。過祠留句曾，撫畫興懷重。"

忠烈廟，在棲霞嶺下，俗稱岳王廟。萬曆《杭州府志》祀宋少保岳武穆王飛。[①] 王誣死後，孝宗為雪其冤，改葬於棲霞嶺，復官，賜謚武穆，廢智果院為祠，賜額曰"褒忠衍福寺"，墓木皆南向。寶慶二年，改謚忠武。嘉定四年，追封鄂王。宋亡寺廢，六世孫士迪重建，未幾復廢。元至元間，天台僧可觀訴於官復之，廟有王像，以其子雲、雷、震、霖、霆祔焉，後作寢堂，像王夫人與其女號銀瓶娘子者。至正中，加號保義，尋燬。洪武四年，正祀典，稱"宋少保武穆岳鄂王"，即寺址復建，祭以歲十二月二十九日。景泰間，修飭祠墓，賜春秋祀及忠烈廟額。弘治間，重建寢殿，廟右有流芳亭，刻王遺像於石，復肖王夫人子女遺像於後寢，扁曰"一門忠孝"。【趙孟頫《岳王祠詩》："岳王墳上草離離，秋日荒凉石獸危。南渡君臣輕社稷，中原父老望旌旗。英雄已死嗟何及，天下中分遂不支。莫向西湖歌此曲，水光山色不勝悲。"于謙《岳王祠詩》："匹馬南来渡浙河，汴城宫闕遠嵯峨。中興諸將誰降敵，負國奸臣主議和。黄葉古祠寒雨積，青山荒塚白雲多。如何一别朱仙鎮，不見將軍奏凱歌。"】國朝順治八年，巡撫范承謨重修。日久，殿宇傾圮。康熙五十四年，總督范時崇檄縣重建。雍正九年，總督李衛重修并建石坊於祠前。甬道題曰"碧血丹心"。乾隆十六年三月，聖駕駐蹕西湖，臨幸廟中，賜祭一壇，御題廟額曰"偉烈純忠"。《御製岳武

① 此處元有小注，乃《宋史・岳飛傳》武穆冤案節文。

穆墓詩》：讀史常懷忠孝誠，重瞻宰樹拱佳城。莫須有獄何須恨，義所重人死所輕。梓里秋風還憶昨，【去歲巡豫，過湯陰，乃其故里。】石門古月鎮如生。夜臺猶切偏安憤，想對餘杭氣未平。《臣沈德潛恭和元韻》：報國忘軀矢血誠，誰教萬里壞長城。十年憤積龍沙遠，一死身嫌泰岱輕。自願藏弓維弱主，何来叩馬有書生。於今墓畔南枝樹，猶見忠魂怒未平。

啓忠祠，在忠烈廟西，祀武穆王考妣，始建年月無考。【《宋史·岳飛傳》："父和，能節食以濟飢者，有耕侵其地，割而與之，貰其財者不責償。飛未冠，挽弓三百觔，弩八石，學射於周同，盡其術，能左右射。同死，朔望設祭於其家。父義之曰：'汝為時用，其殉國死義乎！'紹興五年，母封國夫人。"】

翊忠祠，在忠烈廟西，萬曆《杭州府志》祀宋施全、劉允升。全，宋殿司小校也，憤檜誤國，挾刃刺之不中，磔於市。允升，建州佈衣也，聞岳武穆被逮，詣闕上書訟其冤，檜大怒，下棘寺，論死。邦人重其義，因並祀之。獄卒隗順痛武穆冤死，負屍潛瘞。後孝宗購求敕葬，皆順之功。萬曆三十年，佈政使范淶并祀之，工部主事施浚明為記。

岳墳檜，在岳墓前。《太平清話》："其樹為雷火所劈。天順時，杭州郡丞馬偉圍以石欄，謂像檜分屍狀，名'分屍檜'，至今猶活。"《西湖遊覽志》："前有石壁大書'盡忠報國'四字，字徑五尺餘。"

張烈文侯祠，在仙姑山西，《西湖遊覽志》：侯名憲，岳武穆愛將也，累立戰功。紹興十年，烏珠頓兵臨潁，憲破其兵，追奔十五里，中原大振。會秦檜主和班師，憲還。檜謀殺飛，使奸人王俊妄言憲與岳雲通書謀還飛兵柄，鞫煉被掠無完膚，不伏，竟坐誣死，葬於東山衖口。景定二年，追封烈文侯。元總管夏思忠立石表其墓。明正德十二年，建祠，修撰唐皐為之記。《錢塘縣志》：明末圮。國朝巡撫范承謨即故址重建。

同上書卷八，《北山勝蹟下》

翠微亭。嘉靖《浙江通志》："宋韓世忠忤秦檜，解兵柄，逍遙湖上，自號逍遙居士。紹興間，建此亭，因岳飛有《登池州翠微亭詩》，故以名亭，亦隱痛之也。"亭在飛來峰半。

同上書卷九，《吴山勝蹟》

忠節祠，在寶山下。萬曆《杭州府志》："祀吴行人伍員、唐僕射褚遂良、宋少保岳飛、明太傅于謙。弘治十年，巡按御史姚纛建忠節坊於今祠之右，歲久坊圮。嘉靖十二年，巡按御史周汝員即坊左建祠。十七年，巡按御史傅鳳翱飭有司歲祀，以仲秋之望。”國朝乾隆十一年，佈政司潘思榘捐俸重建。

英廉 等

撰:《欽定日下舊聞考》卷五十一,《城市》

增世宗肅皇帝之九年命，建曆代帝王廟……廟設主，不像，廟五室。中三皇、伏羲、神農、黄帝；座左，帝少昊、帝顓頊、帝嚳、帝堯、帝舜；座右，禹王、湯王、武王；座又東，漢高祖、光武；又西，唐太宗、宋太祖。凡十有五帝。廡從祀臣四壇。東一壇九臣，風后、力牧、皋陶、夔、龍、伯夷、伯益、伊尹、傅説；二壇十臣，周公旦、召公奭、太公望、召虎、方叔、張良、蕭何、曹參、陳平、周勃。西一壇八臣，鄧禹、馮異、諸葛亮、房玄齡、杜如晦、李靖、李晟、郭子儀；二壇五臣，曹彬、潘美、韓世忠、岳飛、張浚。凡三十有二臣。

聖祖仁皇帝諭旨，增祀帝王，各立神牌……西廡原祀力牧、周公旦、太公望、方叔、蕭何、陳平、杜如晦、張浚、岳飛九人。

同上書卷八十九,《郊坰·東二》

原大通橋東有鹿園，方廣十餘里，地平如掌，古樹偃仰，與高冢相錯，傳自金章宗時故址。【《長安客話》】原鹿園，金章宗故園也，今曰“藍靛廠”。【《帝京景物略》】臣等謹按：藍靛廠凡二處。一在西直門外，今西頂廣仁宫即其地；一在東直門外，即此條所稱鹿園遺蹟也。

原距鹿園未一里為三忠祠，祀漢諸葛武侯、宋岳武穆王、文信公。【《長安客話》】原三忠廟在城東，都人周珍買地以建者。【《匏翁家藏集》】原祠後有濯纓亭，亭即河之畔。【《帝京景物略》】原三忠祠在大通橋東里許，地名槐村，義士周珍購地創建廟宇，殘缺僅蔽風雨。【《大興縣志》】

同上書卷一百,《御製題明景帝陵詩跋語》

然則，當時宜從和議乎？曰：不共之讎，安得與和？善治甲兵，以從其後。如岳飛之力戰，迎二帝，天下其誰非之？

嵇璜　刘墉

撰：《欽定續通志》卷三十四，《宋紀・高宗》

建炎三年春正月……乙未，杜充遣岳飛、桑仲討其叛將張用于城南。其黨王善救之，飛等敗績……十一月……甲子，杜充遣都統制陳淬、岳飛等及金人，戰于馬家渡。王瓔以軍先遁，淬敗績，死之。

建炎四年……五月……壬子，金人焚建康府，淮南宣撫司統制岳飛擊走之……六月……甲申，岳飛破戚方于廣德軍……秋七月……庚申，以岳飛為通、泰州鎮撫使……冬十月……乙未，岳飛擊金人于承州……十一月……丙午，岳飛棄泰州。

紹興元年……三月……丙午，張俊、楊沂中、岳飛擊馬進，大敗之……五月……是月，張俊及李成戰于黄梅縣，殺馬進，成遁歸劉豫。張用復叛，寇江西，岳飛招降之……秋七月……庚子，以岳飛為神武右副軍統制……十二月……丁丑，蠲諸路在官積欠，以岳飛為神武副軍都統制。

紹興二年……閏四月……丙申，岳飛擊破曹成於賀州。辛丑，韓世清伏誅。丙午，岳飛敗曹成於桂嶺縣，成走連州，遣統制張憲追擊，破之。成走郴州，入邵州……六月……戊戌，詔孟庾、韓世忠班師，岳飛屯駐江州……十二月……丁酉，岳飛遣統領徐慶、王貴討禽萍鄉賊高聚。

紹興三年……夏四月……丁未，岳飛遣統領張憲、王貴擊彭友，斬之。劉忠為部下王林所殺，傳首行在……八月己丑，詔岳飛赴行在……乙亥，以劉光世為江東淮西宣撫使，置司池州；韓世忠為鎮江、建康府、淮南東路宣撫使，置司鎮江府；王瓔為荆南府岳、鄂、潭、鼎、澧、黄州、漢陽軍制置使，置司鄂州；岳飛為江南西路舒、蘄州制置使，置司江州。

紹興四年……五月庚戌，以岳飛兼黄、復二州、漢陽軍、德安府制置使。甲寅，岳飛復郢州，斬偽齊守荆超。甲子，以孟庾兼權樞密院事。丙寅，李成棄襄陽去，岳飛復取之。金人攻金州。癸酉，偽齊收李成餘衆，益兵駐新野。岳飛與別將王萬夾擊，大破之……秋七月……壬戌，岳飛遣統制王貴、張憲擊敗李成及金兵于鄧州……八月……壬寅，王似罷，以岳飛為清遠軍節度使、湖北荆襄潭州制置使……十二月……壬辰，金、齊兵逼廬州，岳飛遣統制徐慶、牛皋援之。劉光世亦遣統制靳賽戰于慎縣，張浚遣統制張宗顔擊敗偽齊兵于六合。

紹興五年……二月丙子，以岳飛為鎮寧、崇信軍節度使……丙戌，以趙鼎為左僕射，張浚右僕射，並同中書門下平章事，兼知樞密院事，都督諸路軍馬。岳飛為荆湖南北、襄陽府路制置使……六月甲辰，封武經大夫令矼為安定郡王。湖賊楊欽、全琮、劉詵相繼詣岳飛降。癸丑，以久旱，減膳祈禱，禁諸路科率。岳飛急攻湖賊水砦，楊太赴水死，餘黨劉衡等悉降。飛擊夏誠，斬之……九月壬午，加岳飛檢校少保。偽齊寇固始縣，統領華旺拒卻之，尋復光州……十二月己亥，以岳飛為荆湖南北、襄陽府路、蘄黃州招討使。楊沂中權主管殿前司，併統神武中軍。

紹興六年……三月己巳，以韓世忠為京東、淮東路宣撫處置使，岳飛為京西、湖北路宣撫副使……夏四月……甲辰，偽齊陷唐州，團練判官扈舉臣、推官張從之等死之。岳飛以母喪去官……八月……甲辰，詔諭將士將親征。岳飛遣統制牛皋破偽齊鎮汝軍，禽其守薛亨……戊申，岳飛遣將楊再興復西京長水縣……是月，岳飛克蔡州。九月丙寅，帝發臨安，岳飛遣統制王貴、郝晸、董先復虢州盧氏縣。

紹興七年……二月……丁巳，以岳飛為太尉、湖北京西宣撫使……夏四月……丁未，岳飛乞解官，持餘服，遂棄軍去。詔不許……十一月……是月，偽齊知臨汝軍崔虎詣岳飛降。

同上書卷三十五，《宋紀·高宗》

紹興九年春正月……壬辰，加岳飛、吳玠並開府儀同三司。

紹興十年……六月甲辰，以韓世忠、張俊、岳飛並兼河南、北諸路招討使……丙辰，岳飛將牛皋擊金人于京西……甲子，薩里罕攻青谿嶺，鄜延經略使王彥擊之。薩里罕還屯鳳翔，命士㒟主奉濮王祠事。遣司農少卿李若虛詣岳飛軍，諭指班師。飛不聽。庚午，以劉錡為武泰軍節度使、侍衛馬軍都虞候。是月，金人圍慶陽府。岳飛與金人戰于蔡州，遂復蔡州……壬辰，岳飛遣統制張憲擊金將韓常於潁昌府，遂復潁昌府。丙申，復淮寧府。丁酉，趙鼎分司，興化軍居住。岳飛遣統制郝晸等與金人戰於鄭州北，復鄭州。李興復汝州，進復伊陽等八縣，李成遁去。韓世忠遣統制王勝、王權攻海州，克之……秋七月癸卯，岳飛遣張應、韓清入西京，會李興，復永安軍。丙午，以御史中丞王次翁參知政事。己酉，岳飛及烏珠戰于郾城縣。庚戌，曲赦海州。永興軍統領辛鎮及金人戰於長安城下。癸丑，以楊沂中為淮北宣撫副使，劉錡為判官。甲寅，岳飛遣統制楊再興、王蘭等擊金人于小商橋，死之。乙卯，金人攻潁昌。岳飛遣王貴、姚政合兵，擊敗之。壬戌，飛自郾城還軍。軍潰，潁昌、蔡、鄭諸州，皆復為金有。

紹興十二年二月……丙子，趣岳飛會兵蘄、黄。王德等擊金人於含山縣東……三月……辛亥，岳飛次定遠縣，還屯舒州。楊沂中歸行在……夏四月……辛巳，以王次翁兼權同知樞密院事。韓世忠、張俊、岳飛相繼入覲。壬辰，以世忠、俊並為樞密使，飛樞密副使。乙未，張浚請以所部兵隸御前。罷三宣撫司，改統制官為御前統制官，各屯駐舊所……五月丁未，遣張俊、岳飛于楚州巡視邊防。召劉光世赴行在……秋七月……是月，命張俊復如鎮江，措置軍務，留岳飛行在。八月……甲戌，罷岳飛……冬十月……戊寅，下岳飛、張憲大理獄……十二月……癸巳，賜岳飛死于大理寺，斬其子雲及張憲于市，家屬徙廣南官屬，于鵬等論罪有差。

紹興二十五年……六月……癸卯，以言者追讃岳飛，改岳州為純州，岳陽軍為華容軍。

同上書卷三十六，《宋紀・孝宗》

紹興三十二年……七月……戊申，以四川宣撫使吳璘兼陝西、河東路宣撫招討使。追復岳飛元官，以禮改葬……冬十月……壬午，官岳飛孫六人。

隆興元年……秋七月……戊午，給還岳飛田宅。

同上書卷一百十四，《祀曆代帝王》

明太祖洪武三年……是年，詔以曆代名臣風后、力牧、皋陶、夔、龍、伯夷、伯益、伊尹、傅說、周公旦、召公奭、太公望、召虎、方叔、張良、蕭何、曹參、陳平、周勃、鄧禹、馮異、諸葛亮、房玄齡、杜如晦、李靖、郭子儀、李晟、曹彬、潘美、韓世忠、岳飛、張浚、穆呼哩、博勒呼、博勒珠、齊拉、衮巴延從祀於東、西廡，凡三十七人。

同上書卷一百四十五，《曆代刑制・宋》

紹聖間，章惇、蔡卞用事，元祐舊臣悉遭貶黜。至南渡後，婁寅亮、岳飛等獄，悉出秦檜私意，名曰"詔獄"，實非詔旨也。其後所設詔獄，大率類此，故不備錄云。

同上書卷一百六十二，《藝文略・宋》

《岳武穆遺文》一卷，宋岳飛撰。

同上書卷一百六十八，《金石略・宋》

滿江紅詞【岳飛撰並書。行書，湯陰、錢塘俱刻石。】臣等謹案：岳飛詞，錢塘碑石存，湯陰石刻無存。

同上書卷一百八十九，《宗室傳・宋》

士㒟，字立之……士㒟數言事，忤秦檜。及岳飛被誣，士㒟力辨曰："中原未靖，禍及忠義，是忘二聖，不欲復中原也。臣以百口保飛無他。"檜大怒，諷言者論士㒟與飛交通，遂奪官。

不群，字介然……高宗在越，詔改郴州。時群盜出沒湖、湘間，不群嚴備禦，盜不能犯。會岳飛破曹成，成遁。

不尤有武力。靖康之難，與王明募義兵，與金人戰雄張。河南北盜，皆避其鋒，曰："此小使軍也。"高宗即位，引衆歸，補武翼郎。從岳飛平湖寇。飛死，檜奪其兵。

同上書卷一百九十六，《宗室傳・金》

宗秀，字實甫……宗弼復取河南，宗秀與海陵俱赴軍前。宋將岳飛軍于亳、宿之間，宗秀率步騎三千扼其衝要，擊敗之。

同上書卷一百九十七，《宗室傳・金》

宗弼，本名斡啜……遂議南伐，命宗弼由黎陽趨汴；右監軍薩里罕出河中趨陝西。宋岳飛、韓世忠分據河南州郡要害，復出兵涉河東，駐嵐、石、保、德之境，以相牽制。宗弼遣孔彦舟下汴、鄭兩州，王伯龍取陳州，李成取洛陽，自率衆取亳州及順昌府、嵩、汝等州。時暑，還軍於汴。岳飛等軍皆退去，河南平。時天眷三年也。

同上書卷三百六十七，《列傳・宋・李綱》

時宋師與金人、偽齊相持於淮泗者半年。綱奏："兩兵相持，非出奇，不足以取勝。願速遣驍將自淮南，約岳飛為掎角，夾擊之，大功可成已。"

同上書卷三百六十八，《列傳・宋・宗澤》

秉義郎岳飛犯法將刑，澤一見，奇之，曰："此將材也。"會金人攻汜水，澤以五百騎授飛，使立功贖罪。飛大敗金人而還，遂陞飛為統制。飛由是知名。【伏讀《通鑑輯覽》御批，宗澤忠義凛然，屢戰克捷，奉命留守，東京賴以保全。而前後所陳諸疏，正論侃侃，亦皆發于忠愛，實為宋室純臣。且能拔岳飛於刑罪之中，遂成中興名將，其明識尤有過人者。】

同上書同卷，《列傳·宋·趙鼎》

宰相朱勝非言："襄陽，國之上流，不可不急取。"上問："岳飛可使否?"鼎曰："知上流利害，無如飛者。"簽樞徐俯不以為然。飛出師，竟復襄陽。

劉豫遣子麟、猊分路入寇。時張俊屯盱眙，楊沂中屯泗，韓世忠屯楚，岳飛駐鄂，劉光世駐廬，沿江上下無兵。帝與鼎以為憂。

同上書同卷，《列傳·宋·張浚》

（紹興）五年，除尚書右僕射、同中書門下平章事，兼知樞密院事，都督諸路軍馬。趙鼎除左僕射。浚與鼎同心輔治，務在塞倖門、抑近習。時巨寇楊幺據洞庭，屢攻不克。浚以建康東南都會，而洞庭據上流，恐滋蔓為害，請因盛夏，乘其怠討之。具奏請行。至醴陵，釋邑囚數百，皆楊幺諜者。給以文書，俾招諭諸砦。囚驩呼而往。至潭，賊衆二十餘萬，相繼來降，湖寇盡平。帝賜浚書，謂："上流既定，則川陝、荆襄，形勢接連，軍力增倍。天其以中興之功付卿乎?"浚遂奏：遣岳飛屯荆襄，以圖中原，乃自鄂、岳轉淮東，大會諸將，議防秋之宜。高宗遣使，賜詔趣歸。召對便殿，進《中興備覽》四十一篇。帝嘉歎，置之坐隅。浚以敵勢未衰，而叛臣劉豫復據中原六年，會諸將，議事江上，榜豫僭逆之罪。命韓世忠據承、楚以圖淮揚；命劉光世屯合肥，以招北軍；命張俊練兵建康，進屯盱眙；命楊沂中領精兵為後翼，以佐俊；命岳飛進屯襄陽，以窺中原。浚渡江，遍撫淮上諸屯。入覲，力請幸建康。車駕進發，浚先往江上。諜報劉豫與子猊挾金人入攻，浚奏金人不敢悉衆而來，此必豫兵也。俊、光世皆張大敵勢。浚謂："賊豫以逆犯順，不剿除，何以為國? 今日之事，有進無退。"且命楊沂中往屯濠州。劉麟逼合肥，張俊請益兵，劉光世欲退師。趙鼎及簽書折彦質欲召岳飛兵東下，御書付浚，令俊、光世、沂中等還保江。浚奏："俊等渡江，則無淮南，而長江之險與敵共矣。且岳飛一動，襄、漢有警，復何所恃?"詔書從之。沂中兵抵濠州，光世舍廬州而南，淮西洶動。浚聞，疾馳至采石，令其衆曰："有一人渡江者，斬。"光世復駐軍，與沂中接。劉猊攻沂中，沂中大破之。猊、麟皆拔柵遁。帝手書嘉獎，召浚還，勞之。時趙鼎等議回蹕臨安，浚奏："天下事，不倡則不起。三歲之間，陛下一再臨江，士氣百倍。今岳飛一還，人心解體。"帝幡然，從浚計。

同上書卷三百七十，《列傳・宋・張所》

李綱與伯彥爭於上前，伯彥語塞。所方招來豪傑，以王彥為都統制，岳飛為準備將。而李綱已罷相，朝廷以王圭代之。所落直龍圖閣，嶺南安置，卒于貶所。子宗本以岳飛奏補官。

同上書卷三百七十一，《列傳・宋・韓世忠【子彥直】》

韓世忠，字良臣……世忠因奏江西、湖南寇賊尚多，乞乘勝討平廣西賊。曹成擁餘衆在郴、邵，世忠旋師永嘉，若將就休息者。忽由處、信徑至豫章，連營江濱數十里，群賊不虞其至，大驚。世忠遣人招之，成方為岳飛所追，遂率衆降，得戰士八萬……世忠嘗戒家人曰："吾名世忠，汝曹無諱'忠'字。諱而不言，是忘忠也。"性戇直，勇敢忠義。事關廟社，必流涕極言。岳飛冤獄，舉朝無敢出一語，世忠獨攖檜怒。語在《檜傳》。又抵排和議，觸檜尤多。或勸止之，世忠曰："今畏禍苟同，他日瞑目，豈可受鐵杖于大祖殿下。"時一二大將，多曲徇檜苟全。世忠與檜，同在政地，一揖外，未嘗與談。①

彥直，字子溫……拜司農少卿，進直龍圖閣，江西轉運，兼權知江州。時朝廷還岳飛家貲產，多在九江。歲久，業數易主，吏緣為姦。彥直搜剔隱匿，盡還岳氏……久之，再為戶部尚書。會歲旱，乞廣糴為先備。又乞追貶部曲曾誣陷岳飛者，以慰忠魂，以言降充敷文閣學士。

同上書同卷，《列傳・宋・岳飛傳》

岳飛，字鵬舉，相州湯陰人。世力農。父和，能節食以濟饑人。有耕侵其地者，割而與之。飛生時，有大禽若鵠，飛鳴室上，因以為名。未彌月，河決內黃，水暴至，母姚抱飛坐甕中，衝濤及岸得免，人異之。少負氣節，沈厚寡言，家貧力學，尤好《左氏春秋》、孫吳兵法。生有神力，未冠，挽弓三百斤，弩八石，學射于周同，盡其術，能左右射。同死，朔望設祭於其家。父義之，曰："汝為時用，其徇國死義乎！"

宣和四年，真定宣撫劉韐募敢戰士，飛應募。相有劇賊陶俊、賈進和，

---

① 自"世忠嘗謂家人"，同見《資治通鑒後編》卷一百十七。

飛請百騎滅之。遣卒偽為商入賊境，賊掠以充部伍。飛遣百人伏山下，自領數十騎逼賊壘。賊出戰，飛佯北，賊追之，伏兵四起，先所遣卒擒二賊以歸。康王至相，飛因劉浩見，命招賊吉倩，倩以衆降。補承信郎。以鐵騎三百往李固渡嘗敵，敗之。從浩解東京圍，與敵相持於滑南，領百騎習兵河上。敵猝至，飛麾其徒曰："敵雖衆，未知吾虛實，當及其未定擊之。"乃獨馳迎敵。有梟將舞刀而前，飛斬之，敵大敗。遷秉義郎，隸留守宗澤。戰開德、曹州皆有功，澤大奇之，曰："爾勇智才藝，古良將不能過，然好野戰，非萬全計。"因授以陣圖。飛曰："陣而後戰，兵法之常。運用之妙，存乎一心。"澤是其言。

康王即位，飛上書數千言，大略謂："陛下已登大寶，社稷有主，已具伐敵之謀，而勤王之師日集，彼方謂吾素弱，宜乘其怠擊之。黃潛善、汪伯彥輩不能承聖意恢復，奉車駕日益南，恐不足繫中原之望。臣願陛下乘敵穴未固，親率六軍北渡，則將士作氣，中原可復。"書聞，以越職奪官歸。詣河北招討使張所，所待以國士，藉補修武郎，充中軍統領。所問曰："汝能敵幾何？"飛曰："勇不足恃，用兵在先定謀，欒枝曳柴以敗荆，莫敖采薪以致絞，皆謀定也。"所矍然曰："君殆非行伍中人。"飛因說之曰："國家都汴，恃河北以為固。苟馮據要衝，峙列重鎮，一城受圍，則諸城或撓或救，金人不能窺河南，而京師根本之地固矣。招撫誠能提兵壓境，飛唯命是從。"所大喜，藉補武經郎。

命從王彥渡河，至新鄉，金兵盛，彥不敢進。飛獨引所部鏖戰，奪其纛而舞，諸軍爭奮，遂拔新鄉。翌日，戰侯兆川，身被十餘創，士皆死戰，又敗之。夜屯石門山下，或傳金兵復至，一軍皆驚，飛堅卧不動，金兵卒不來。食盡，走彥壁乞糧，彥不許。飛引兵益北，戰於太行山，擒金將拓跋雅勒呼。居數日，復遇敵，飛單騎持丈八鐵槍，刺殺黑風大王，敵衆敗走。飛自知與彥有隙，復歸宗澤，為留守司統制。澤卒，杜充代之，飛居故職。

二年，戰胙城，又戰黑龍潭，皆大捷。從閭勍保護陵寢，大戰氾水關，射殪金將，大破其衆。駐軍竹蘆渡，與敵相持，選精鋭三百伏前山下，令各以薪芻交縛兩束，夜半，爇四端而舉之。金人疑援兵至，驚潰。

三年，賊黃善、曹成、孔彥舟等合衆五十萬，薄南薰門。飛所部僅八百，衆懼不敵，飛曰："吾為諸君破之。"左挾弓，右運矛，横衝其陣，賊亂，大敗之。又擒賊杜叔五、孫海于東明。藉補英州刺史。黃善圍陳州，飛戰于清河，擒其將孫勝、孫清，授真刺史。

杜充將還建康，飛曰："中原地尺寸不可棄，今一舉足，此地非我有，他日欲復取之，非數十萬衆不可。”充不聽，遂與俱歸。師次鐵路步，遇賊張用，至六合遇李成，與戰，皆敗之。成遣輕騎劫憲臣犒軍銀帛，飛進兵掩擊之，成奔江西。時命充守建康，金人與成合寇烏江，充閉門不出。飛泣諫請視師，充竟不出。金人遂由馬家渡渡江，充遣飛等迎戰，王瓊先遁，諸將皆潰，獨飛力戰。

會充已降金，諸將多行剽掠，惟飛軍秋毫無所犯。烏珠趨杭州，飛要擊至廣德境，六戰皆捷，擒其將王權，俘簽軍首領四十餘。察其可用者，結以恩遣還，令夜斫營縱火，飛乘其亂縱擊，大敗之。駐軍鐘村，軍無見糧，將士忍饑，不敢擾民。金所籍兵相謂曰：“此岳家軍。”爭來降附。

四年，烏珠攻常州，宜興令迎飛移屯焉。盜郭吉聞飛來，遁入湖，飛遣王貴、傅慶追破之，又遣辯士馬皋、林聚盡降其衆。有張威武者不從，飛單騎入其營，斬之。

金人再攻常州，飛四戰皆捷；尾襲於鎮江東，又捷；戰于清水亭，又大捷，橫屍十五里。烏珠趨建康，飛設伏牛頭山待之。夜，令百人黑衣混金營中擾之，金兵驚，自相攻擊。烏珠次龍灣，飛以騎三百、步兵二千馳至新城，大破之。烏珠奔淮西，遂復建康。飛奏：“建康為要害之地，宜選兵靜守，仍益兵守淮，拱護腹心。”帝嘉納。烏珠歸，飛邀擊于靜安，敗之。

詔討戚方，飛以三千人營于苦嶺。方遁，俄益兵來，飛自領千人，破之于廣德。會張浚兵至，方遂降。遷通、泰鎮撫使兼知泰州。飛辭，乞淮南東路一重難任使，收復本路州郡，乘機漸進，使山東、河北、河東、京畿等路次第而復。

會金攻楚急，詔張浚援之。浚辭，乃遣飛行，而命劉光世出兵援飛。飛抵承州，三戰三捷，殺高太保，俘隊長七十餘人。光世等皆不敢前，飛師孤力寡，楚遂陷。詔飛還守通、泰，有旨可守即守，如不可，但于沙洲保護百姓，伺便掩擊。飛以泰無險可恃，退保柴墟，戰于南霸橋，金兵大敗。渡百姓于沙上，飛以精騎二百殿，金人不敢近。飛以泰州失守待罪。

紹興元年，張俊請飛同討李成。時成將馬進犯洪州，連營西山。飛曰：“賊貪而不慮後，若以騎兵自上流絶生米渡，出其不意，破之必矣。”飛請自為先鋒，俊大喜。飛重鎧躍馬，潛出賊右，突其陣，所部從之。進大敗，走筠州。飛抵城東，賊出城佈陣，飛設伏，以紅羅為幟，上刺“岳”字，選騎二百隨幟而前，賊易其少，薄之，伏發，賊敗走。飛使人呼曰：“不從賊者坐，吾不汝殺。”坐而降者八萬餘人。進以餘卒奔成于南康，飛夜引兵至朱家山，又斬其將趙萬。成聞進敗，自引兵十餘萬來，飛與遇於樓子莊，大破成軍，追斬進，【伏讀《通鑑輯覽》御批，史稱岳飛行兵，張“岳”字旗，以慴敵。蓋其後威望衆著，藉此以先聲奪人。而樓子莊之戰則不盡然，蓋飛設伏已定，正欲以兵少誘賊，使賊但見其易取，而不復致疑，斯為制勝之要。若徒以旗幟虛名，謂操勝券，猶淺之乎論飛矣。】成走蘄州，降偽齊。張用寇江西，用亦相人，飛以書諭之曰：“吾與汝同里，南薰門、鐵路步之戰，皆汝所悉。今吾在此，欲戰則出，不戰則降。”用得書遂降。

江、淮平，俊奏飛功第一，加神武右軍副統制，留洪州，彈壓盜賊，授親衛大夫、建州觀察使。建寇范汝為陷邵武，江西安撫李回檄飛分兵保建昌軍及撫州，飛遣人以“岳”字幟植城門，賊望見，相戒勿犯。賊黨姚達、饒青逼建昌，飛遣王萬、徐慶討擒之。升神武副軍都統制。

二年，賊曹成擁衆十餘萬，由江西歷湖湘，據道、賀二州。命飛權知潭州，兼權荆湖東路安撫都總管，付金字牌、黃旗招成。成聞飛將至，驚曰：“岳家軍來矣。”即分道而遁，飛至茶陵，奉詔招之，成不從。飛奏：“比年多命招安，故盜力強則肆暴，力屈則就，苟不略加剿除，蠭起之衆未可遽殄。”許之。

飛入賀州，命士蓐食，遶嶺潛趨，未明，已至太平場，破其砦。成據險拒飛，飛麾兵掩擊，賊大潰。成走據北藏嶺、上梧關，遣將迎戰，飛不陣而鼓，士爭奮，奪二隘據之。成又自桂嶺置砦至北藏嶺，連控隘道，親以衆十餘萬守蓬頭嶺。飛部才八千，一鼓登嶺，破其衆，成奔連州。飛謂張憲等曰：“成黨敗去，追而殺之，則脅從者可憫，縱之則復聚為盜。今遣若等誅其酋而撫其衆，慎勿妄殺，累主上保民之仁。”於是憲自賀、連，徐慶自邵、道，王貴自郴、桂，招降者二萬，與飛會連州。進兵追成，成走宣撫司降。時以盛夏行師瘴地，撫循有方，士無一人死癘者，嶺表平。授武安軍承宣使，屯江州。甫入境，安撫李回檄飛捕劇賊馬友、郝通、劉忠、李通、李宗亮、張式，皆平之。

三年，虔、吉盜連兵寇掠循、梅、廣、惠、英、韶、南雄、南安、建昌、汀、邵武諸郡，帝乃專命飛平之。飛至虔州，固石洞賊彭友悉衆至雩都迎戰，躍馬馳突，飛麾兵即馬上擒之，餘賊退保固石洞。洞高峻環水，止一徑可入。飛列騎山下，令皆持滿。黎明，遣死士疾馳登山，賊衆亂，棄山而下，騎兵圍之。賊呼丐命，飛令勿殺，受其降。授徐慶等方略，捕諸郡餘賊，皆破降之。初，以隆祐震驚之故，密旨令飛屠虔城。飛請誅首惡而赦脅從，不許；請至三四，帝乃曲赦。人感其德，繪像祠之。餘寇高聚、張成犯袁州，飛遣王貴平之。

秋，入見，帝手書“精忠岳飛”字，制旗以賜之。授鎮南軍承宣使、江南西路沿江制置使，又改神武後軍都統制。仍制置使，李山、吳全、吳錫、李横、牛皋皆隸焉。

偽齊遣李成挾金人入侵，破襄陽、唐、鄧、隨、郢諸州及信陽軍，湖寇楊幺亦與偽齊通，欲順流而下，李成又欲自江西陸行，趨兩浙與幺會。帝命飛為之備。

四年，除兼荆南、鄂岳州制置使。飛奏：“襄陽等六郡為恢復中原基本，今當先取六郡，以除心膂之病。李成遠遁，然後加兵湖湘，以殄群盜。”帝以諭趙鼎，鼎曰：“知上流利害，無如飛者。”遂授黄、復州、漢陽軍、德安府制置使。飛渡江中流，顧幕屬曰：“飛不擒賊，不涉此江。”抵郢州城下，偽將京超號“萬人敵”，乘城拒飛。飛鼓衆而登，超投崖死，復郢州，遣張憲、徐慶復隨州。飛趨襄陽，李成迎戰，左臨襄江，飛笑曰：“步兵利險阻，騎兵利平曠。成左列騎江岸，右列步平地，雖衆十萬何能為。”舉鞭指王貴曰：“爾以長槍步卒擊其騎兵。”指牛皋曰：“爾以騎兵擊其步卒。”合戰，馬應槍而斃，後騎皆擁入江，步卒死者無數，成夜遁，復襄陽。劉豫益成兵屯新野，飛與王萬夾擊之，連破其衆。

飛奏：“金所愛惟子女金帛，志已驕惰；劉豫僭偽，人心終不忘宋。如以精兵二十萬，直擣中原，恢復故疆，誠易為力。襄陽、隨、郢地皆膏腴，苟行營田，其利為厚。臣候糧足，即過江北剿戮敵兵。”時方重深入之舉，而營田之議自是興矣。

進兵鄧州，成與金將鈕赫貝勒列砦拒飛。飛遣王貴、張憲掩擊，敵衆大潰，鈕赫貝勒僅以身免。餘黨高仲退保鄧城，飛引兵一鼓拔之，擒高仲，復鄧州。帝聞之，喜曰：“朕素聞岳飛行軍有紀律，未知能破敵如此。”又復唐州、信陽軍。

襄、漢平，飛辭制置使，乞委重臣經畫荆襄，不許。趙鼎奏：“湖北鄂、岳最為上流要害，乞令飛屯鄂、岳，不惟江西藉其聲勢，湖、廣、浙、江亦獲安妥。”乃以隨、郢、唐、鄧、信陽並為襄陽府路隸飛，飛移屯鄂，授清遠軍節度使、湖北路、荆、襄、潭州制置使，封武昌縣開國子。

烏珠、劉豫合兵圍廬州，帝手札命飛解圍，提兵趨廬，偽齊已驅甲騎五千逼城。飛張“岳”字旗與“精忠”旗，金兵一戰而潰，廬州平。飛奏：“襄陽等六郡人戶闕牛、糧，乞量給官錢，免官私逋負，州縣官以招集流亡為殿最。”

五年，入覲，封母國夫人；授飛鎮寧、崇信軍節度使，湖北路、荆襄潭州制置使，進封武昌郡開國侯；又除荆湖南北、襄陽路制置使，神武後軍都統制，令招捕楊幺。飛所部皆西北人，不習水戰，飛曰："兵何常，顧用之何如耳。"先遣使招諭之。賊黨黄佐曰："岳節使號令如山，若與之敵，萬無生理，不如往降。節使誠信，必善遇我。"遂降。飛表授佐武義大夫，單騎按其部，拊佐背曰："子知逆順者。果能立功，封侯豈足道？欲復遣子至湖中，視其可乘者擒之，可勸者招之，如何？"佐感泣，誓以死報。

時張浚以都督軍事至潭，參政席益與浚語，疑飛玩寇，欲以聞。浚曰："岳侯，忠孝人也。兵有深機，胡可易言？"益慚而止。黄佐襲周倫砦，殺倫，擒其統制陳貴等。飛上其功，遷武功大夫。統制任士安不稟王㑺令，軍以此無功。飛鞭士安使餌賊，曰："三日賊不平，斬汝。"士安宣言："岳太尉兵二十萬至矣。"賊見止士安軍，併力攻之。飛設伏，士安戰急，伏四起擊賊，賊走。

會召浚還防秋，飛袖小圖示浚，浚欲俟來年議之。飛曰："已有定畫，都督能少留，不八日可破賊。"浚曰："何言之易？"飛曰："王四廂以王師攻水寇則難，飛以水寇攻水寇則易。水戰我短彼長，以所短攻所長，所以難。若因敵將用敵兵，奪其手足之助，離其腹心之托，使孤立，而後以王師乘之，八日之內，當俘諸賊。"浚許之。

飛遂如鼎州。黄佐招楊欽來降，飛喜曰："楊欽驍悍，既降，賊腹心潰矣。"表授欽武義大夫，禮遇甚厚，乃復遣歸湖中。兩日，欽說余端、劉詵等降，飛詭罵欽曰："賊不盡降，何來也？"杖之，復令入湖。是夜，掩賊營，降其衆數萬。幺負固不服，方浮舟湖中，以輪激水，其行如飛，旁置撞竿，官舟迎之輒碎。飛伐君山木為巨筏，塞諸港汊，又以腐木亂草浮上流而下，擇水淺處，遣善罵者挑之，且行且罵。賊怒來追，則草木壅積，舟輪礙不行。飛亟遣兵擊之，賊奔港中，為筏所拒。官軍乘筏，張牛革以蔽矢石，舉巨木撞其舟，舟盡壞。幺投水，牛臯擒斬之。飛入賊壘，餘賊驚曰："何神也！"俱降。飛親行諸砦慰撫之，縱老弱歸田，籍少壯為軍，果八日而賊平。浚歎曰："岳侯神算也。"初，賊恃其險曰："欲犯我者，除是飛來。"至是，人以其言為讖。獲賊舟千餘，鄂渚水軍為沿江之冠。詔兼蘄、黄制置使，飛以目疾乞辭軍事，不許，加檢校少保，進封公。還軍鄂州，除荆湖南北、襄陽路招討使。

六年，入覲面陳："襄陽自收復後，未置監司，州縣無以按察。"帝從之，以李若虛為京西南路提舉兼轉運、提刑，又令湖北、襄陽府路自知州、通判以下賢否，許飛得自黜陟。張浚至江上會諸大帥，獨稱飛與韓世忠可倚大事，命飛屯襄陽，以窺中原，曰：“此君素志也。”飛移軍京西，改武勝、定國軍節度使，除宣撫副使，置司襄陽。命往武昌調軍。居母憂，降制起復，飛扶櫬還廬山，連表乞終喪，不許，累詔趨起，乃就軍。又命宣府河東，節制河北路。首遣王貴等攻虢州，下之，獲糧十五萬石，降其衆數萬。張浚曰：“飛措畫甚大，今已至伊、洛，則太行一帶山砦，必有應者。”飛遣楊再興進兵至長水縣，再戰皆捷，中原響應，又遣人焚蔡州糧。

九月，劉豫遣子麟、猊分道寇淮西，劉光世欲舍廬州，張俊欲棄盱眙，同奏召岳飛以兵東下，欲使飛當其鋒，而己得退保。張浚謂：“飛一動，則襄漢何所制？”力沮其議。帝慮俊、光世不足任，命飛東下。飛自破曹成、平楊幺，凡六年，皆盛夏行師，致目疾，至是益；甚聞詔即日啓行，未至，麟敗。飛奏至，帝語趙鼎曰：“劉麟敗北不足喜，諸將知尊朝廷為可喜。”遂賜札，言：“敵兵已去淮，卿不須進發，其或襄、鄧、陳、蔡有機可乘，從長措置。”飛乃還軍。時僞齊屯兵窺唐州，飛遣王貴、董先等攻破之，焚其營。奏圖蔡以取中原，不許。飛召貴等還。

七年，入見，帝從容問曰：“卿得良馬否？”飛曰：“臣有二馬，日啖芻豆數斗，飲泉一斛，然非精潔即不受。介而馳，初不甚疾，比行百里始奮迅，自午至酉，猶可二百里。褫鞍甲而不息不汗，若無事然。此其受大而不苟取，力裕而不求逞，致遠之材也。不幸相繼以死。今所乘者，日不過數升，而秣不擇粟，飲不擇泉，攬轡未安，踴躍疾驅，甫百里，力竭汗喘，殆欲斃然。此其寡取易盈，好逞易窮，駑鈍之材也。”帝稱善，曰：“卿今議論極進。”拜太尉，繼除宣撫使兼營田大使。從幸建康，以王德、酈瓊兵隸飛，詔諭德等曰：“聽飛號令，如朕親行。”

飛數見帝，論恢復之略。又手疏言：“金人所以立劉豫于江南，蓋欲荼毒中原，以中國攻中國，而尼雅滿因得休兵觀釁。臣欲陛下假臣日月，便則提兵趨京、洛，據河陽、陝府、潼關，以號召五路叛將。叛將既還，遣王師前進，彼必棄汴而走河北，京畿、陝右可以盡復。然後分兵濬、滑，經略兩河，如此則劉豫成擒，金人失勢，社稷長久之計，實在此舉。”帝答曰：“有臣如此，顧復何憂，進止之機，朕不中制。”又召至寢閤命之曰：“中興之事，一以委卿。”命節制光州。

飛方圖大舉，會秦檜主和，遂不以德、瓊兵隸飛。詔詣都督府與張浚議事，浚謂飛曰：“王德淮西軍所服，浚欲以為都統，而命吕祉以督府參謀領之，如何？”飛曰：“德與瓊素不相下，一旦握之在上，則必爭。吕尚書不習軍旅，恐不足服衆。”浚曰：“張宣撫如何？”飛曰：“暴而寡謀，尤瓊所不服。”浚曰：“然則楊沂中爾？”飛曰：“沂中視德等爾，豈能馭此軍？”浚艴然曰：“浚固知非太尉不可。”飛曰：“都督以正問飛，不敢不盡其愚，豈以得兵為念耶？”即日上章乞解兵柄，終喪服，以張憲攝軍事，步歸，廬母墓側。【伏讀《通鑑輯覽》御批，岳飛威望素著，果以王德、酈瓊隸之，必不致變。而秦檜以和議阻其行，所失更不止於控御無人之患。至張浚論將，昧於知人而疏於料事。飛一一辨駁之，語雖齟齬而議皆切當，且于淮西之釁，億度不爽，其明識豈浚所及。乃浚竟以飛言忤意，不能相容，而聽其去。既貽國家有強臣叛逆之患，復致大將蒙徑情舍去之嫌。浚實無所辭咎，迫，瓊難既作而始悟飛言，悔亦晚矣。】浚怒，奏以張宗元為宣撫判官，監其軍。

帝累詔趣飛還職，飛力辭，詔幕屬造廬以死請，凡六日，飛趨朝待罪，帝慰遣之。宗元還言：“將和士鋭，人懷忠孝，皆飛訓養所致。”帝大悦。飛奏：“比者寢閣之命，咸謂聖斷已堅，何至今尚未決？臣願提兵進討，順天道，固人心，以曲直為老壯，以逆順為強弱，萬全之效可必。”又奏：“錢塘僻在海隅，非用武地。願陛下建都上游，用漢光武故事，親率六軍，往來督戰。庶將士知聖意所向，人人用命。”未報而酈瓊叛，浚始悔。飛復奏：“願進屯淮甸，伺便擊瓊，期於破滅。”不許，詔駐師江州為淮、浙援。飛知劉豫結尼雅滿，而烏珠惡劉豫，可以間而動。會軍中得烏珠諜者，飛陽責之曰：“汝非吾軍中人張斌耶？”吾向遣汝至齊，約誘致四太子，汝往不復來。吾繼遣人問，齊已許我，今冬以會合寇江為名，致四太子於清河。汝所持書竟不至，何背我耶？”諜冀緩死，即詭服。乃作蠟書，言與劉豫同謀誅烏珠事，因謂諜曰：“吾今貸汝。”復遣至齊，問舉兵期，刲股納書，戒勿泄。諜歸，以書示烏珠，烏珠大驚，馳白其主，遂廢豫。飛奏：“宜乘廢豫之際，搗其不備，長驅以取中原。”不報。

八年，還軍鄂州。王庶視師江、淮，飛與庶書：“今歲若不舉兵，當納節請間。”庶甚壯之。秋，召赴行在，命詣資善堂見皇太子。飛退而喜曰：“社稷得人矣，中興基業，其在是乎？”【伏讀《通鑑輯覽》御批，高宗擇立孝宗為嗣，當時多謂付托得人，蓋以藝祖後不克享有天下，人心頗有餘憾。一旦見昌陵之裔復繼大統，不覺溢美任情，至以中興事業推許孝宗，則實過矣。孝宗雖承懼德壽，嚮學右文，不過蒙偏安之業，端處晏然而已。中原侵地，未能恢復尺寸，而符離之役，任用非人，遂致一敗不振，所謂中興者安在？岳飛退喜之言，蓋出於史家過譽，不足信也。】會金遣使將歸河南地，飛言：“金不可信，和不可恃，相臣謀國不臧，恐貽後世譏。”檜銜之。

九年，以復河南，大赦。飛表謝，寓和議不便之意，有“唾手燕雲，復讎報國”之語。授開府儀同三司，飛力辭，謂：“今日之事，可危而不可安；可憂而不可賀；可訓兵飭士，謹備不虞，而不可論功行賞，取笑敵人。”三詔不受，帝温言獎諭，乃受。會遣士㒟謁諸陵，飛請以輕騎從灑掃，實欲觀釁以伐謀。又奏：“金人無事請和，此必有肘腋之虞，名以地歸我，實寄之也。”檜白帝止其行。

十年，金人攻拱、亳，劉錡告急，令飛馳援，飛遣張憲、姚政赴之。帝賜札曰：“設施之方，一以委卿，朕不遙度。”飛乃遣王貴、牛皋、董先、楊再興、孟邦傑、李寶等，分佈經界西京、汝、鄭、潁昌、陳、曹、光、蔡諸郡；又命梁興渡河，糾合忠義社，取河東、北州縣。又遣兵東援劉錡，西援郭浩，自以其軍長驅以闞中原。將發，密奏言：“先正國本以安人心，然後不常厥居，以示無忘復讎之意。”帝得奏，大褒其忠，授少保，河南府路、陝西、河東北路招討使，尋改河南、北諸路招討使。未幾，所遣諸將相繼奏捷。大軍在潁昌，諸將分道出戰，飛自以輕騎駐郾城，兵勢甚銳。烏珠大懼，會龍虎大王議，以為諸帥易與，獨飛不可當，欲誘致其師，併力一戰。中外聞之，大懼，詔飛審處自固。飛曰：“金人伎窮矣。”乃日出挑戰，且罵之。烏珠合龍虎大王、蓋天大王與韓常之兵逼郾城。飛遣子雲領騎兵直貫其陣，戒之曰：“不勝，先斬汝。”鏖戰數十合，敵屍佈野。初，烏珠有勁軍，皆重鎧，貫以韋索，三人為聯，號“拐子馬”，官軍不能當。是役也，以萬五千騎來，飛戒步卒以麻扎刀入陣，勿仰視，第斫馬足。拐子馬相連，一馬仆，二馬不能行，【伏讀《通鑑輯覽》御批，北人使馬，惟以控縱便捷為主。若三馬聯絡，馬力既有參差，勢必此前彼卻。而三人相連，或勇怯不齊。勇者且為怯者所累，此理之易明者。拐子馬之說，《金史》《本紀》、《兵志》及《烏珠》等傳，皆不載，惟見於《宋史》《岳飛》、《劉錡傳》，本不足為確據。況烏珠戰陣素嫻，必知得進則進、得退則退之道，豈肯覊絆己馬，以受制於人。此或彼時列隊齊進，所向披靡，宋人見其勢不可當，遂從而妄加之名目耳，即所云馬被重鎧，亦徒束縛而不能騁其騰驤之力，尤理所必無。紀事家或狃于兵車駟介之說，強為傅會，不足當有識者一哂。千載傳訛，耳食之徒無能，究其其僞，皆為史策無稽之說所誤，不得不明辨之。】官軍奮擊，遂大敗之。烏珠大慟曰：“自海上起兵，皆以此勝，今已矣。”烏珠益兵來，部將王貴以五十騎覘敵，遇之，奮斬其將。飛時出視戰地，望見黃塵蔽天，自以四十騎突戰，敗之。

方郾城再捷，飛謂雲曰：“賊屢敗，必還攻穎昌，汝宜速援王貴。”既而烏珠果至，貴將遊奕、雲將背嵬戰於城西。雲以騎兵八百挺前決戰，步軍張左右翼繼之，殺烏珠壻夏金吾、副統軍尼雅滿蘇貝勒，烏珠遁去。梁興會大行忠義及兩河豪傑等，累戰皆捷，中原大震。飛奏："興等過河，人心願歸朝廷。金兵累敗，烏珠等皆令老少北去，正中興之機。"飛進軍朱仙鎮，距汴京四十五里，與烏珠對壘而陣，遣驍將以背嵬騎五百奮擊，大破之，烏珠遁還汴京。飛檄陵臺令行視諸陵，葺治之。先是，紹興五年，飛遣梁興等佈德意，招結兩河豪傑，山砦韋銓、孫謀等斂兵固堡，以待王師，李通、胡清、李寶、李興、張恩、孫琪等舉衆來歸。金人動息，山川險要，一時皆得其實。盡磁、相、開德、澤、潞、晉、絳、汾、隰之境，皆期日興兵，與官軍會。其所揭旗以"岳"為號，父老百姓爭挽車牽牛，載糗糧以餽義軍，頂盆焚香迎候者，充滿道路。自燕以南，金號令不行，烏珠欲簽軍以抗飛，河北無一人從者。乃嘆曰："自我起北方以來，未有如今日之挫衂。"金帥烏凌阿思謀素號桀黠，亦不能制其下，但諭之曰："毋輕動，俟岳家軍來即降。"金統制王鎮、統領崔慶、將官李覬、崔虎、葉旺等皆率所部降，以至禁衛龍虎大王下噶扎爾千戶高勇之屬，皆密受飛旗榜，自北方來降。金將軍韓常欲以五萬衆内附。飛大喜，語其下曰："直抵黄龍府，與諸君痛飲爾!"方指日渡河，而檜欲畫淮以北棄之，風臺臣請班師。飛奏："金人銳氣沮喪，盡棄輜重，疾走渡河，豪傑向風，士卒用命，時不再來，機難輕失。"檜知飛志銳不可回，乃先請張俊、楊沂中等歸，而後言飛孤軍不可久留，乞令班師。一日奉十二金字牌，飛憤惋泣下。東向再拜曰："十年之力，廢於一旦。"飛班師，民遮馬慟哭，訴曰："我等戴香盆、運糧草以迎官軍，金人悉知之。相公去，我輩無噍類矣。"飛亦悲泣，取詔示之曰："吾不得擅留。"哭聲震野，飛留五日以待其徙，從而南者如市，亟奏以漢上六郡閒田處之。方烏珠棄汴去，有閩書生叩馬曰："太子毋走，岳少保且退矣。"烏珠曰："岳少保以五十騎破五十萬，京城日夜望其來，何謂可守?"生曰："自古未有權臣在内，而大將能立功於外者，岳少保且不免，況欲成功乎?"【伏讀《通鑑輯覽》御批，岳飛奉詔班師，議者病其不能達權，以圖恢復，此甚非也。人徒見飛長驅逐北，轉戰克捷，金之號令，不能行於河北，謂其功在垂成，不知飛孤軍深入，内外無援，安能保其長操必勝。此叩馬書生所以逆料岳少保之且退也。飛雖善戰，亦止當一面耳。及諸路大兵已撤，中原無復宋師，脅飛以不得不還之勢。至金牌促召，固已事不可為。飛之悲泣回軍，實亦知難而退者。區區功罪之說，猶未深察其時勢之當然也。惟是臨安偏處，已非一木所能支，而復多方以挫，抑其良將，自壞長城。檜之姦不足置論，高宗誠無人心者耳。】烏珠悟，遂留。飛既歸，所得州縣，旋復失之。飛力請解兵柄，不許，自廬入覲，帝問之，飛拜謝而已。

十一年，諜報金分道渡淮，飛請合諸帥之兵破敵。烏珠、韓常與龍虎大王疾驅至廬，帝趣飛應援，凡十七札。飛策金人舉國南來，巢穴必虛，若長驅京、洛以搗之，彼必奔命，可坐而敝。時飛方苦寒嗽，力疾而行。又恐帝急于退敵，乃奏："臣如搗虛，勢必得利，若以為敵方在近，未暇遠圖，欲乞親至蘄、黃，以議攻卻。"帝得奏大喜，賜札曰："卿苦寒疾，乃為朕行，國爾忘身，誰如卿者?"師至廬州，金兵望風而遁。飛還兵於舒以俟命，帝又賜札，以飛小心恭謹、不專進退為得體。烏珠破濠州，張俊駐軍黃連鎮，不敢進；楊沂中遇伏而敗，帝命飛救之。金人聞飛至，又遁。時和議既決，檜患飛異己，乃密奏召三大將論功行賞。韓世忠、張俊已至，飛獨後，檜又用參政王次翁計，俟之六七日。既至，授樞密副使，位參知政事上，飛固請還兵柄。五月，詔同俊往楚州措置邊防，總韓世忠軍還駐鎮江。初，飛在諸將中年最少，以列校拔起，累立顯功，世忠、俊不能平，飛屈己下之，幕中輕鋭教飛勿苦降意。金人攻淮西，俊分地也，俊始不敢行，師卒無功。飛聞命即行，速解廬州圍，帝授飛兩鎮節，俊益恥。楊幺平，飛獻俊、世忠樓船各一，兵械畢備，世忠大悅，俊反忌之。淮西之役，俊以前途糧乏訹飛，飛不為止，帝賜札褒諭，有曰："轉餉艱阻，卿不復顧。"俊疑飛漏言，還朝，反倡言飛逗留不進，以乏餉為辭。至視世忠軍，俊知世忠忤檜，欲與飛分其背嵬軍，飛義不肯，俊大不悅。及同行楚州，俊欲修城為備，飛曰："當戮力以圖恢復，豈可為退保計?"俊變色。會世忠軍吏景著與總領胡紡言："二樞密若分世忠軍，恐至生事。"紡上之朝，檜捕著下大理寺，將以扇摇誣世忠。飛馳書告以檜意，世忠見帝自明。俊於是大憾飛，遂昌言飛議棄山陽，且密以飛報世忠事告檜，檜大怒。初，檜逐趙鼎，飛每對客嘆息，又以恢復為己任，不肯附和議。讀檜奏，至"德無常師，主善為師"之語，惡其欺罔，恚曰："君臣大倫，根於天性，大臣而忍面謾其主耶!"烏珠遺檜書曰："汝朝夕以和請，而岳飛方為河北圖，必殺飛，始可和。"檜亦以飛不死，終梗和議，己必及禍，故力謀殺之。以諫議大夫万俟卨與飛有怨，風卨劾飛，又風中丞何鑄、侍御史羅汝楫交章彈論，大率謂："今春金人攻淮西，飛略至舒、蘄而不進，比與俊按兵淮上，又欲棄山陽而不守。"飛累章請罷樞柄，尋還兩鎮節，充萬壽觀使、奉朝請。檜志未伸也，又諭張俊令劫王貴、誘王俊誣告張憲謀還飛兵。檜遣使捕飛父子證張憲事，【按檜召飛父子證憲事，帝曰："刑所以止亂，勿妄追證，動摇人心。"檜矯詔，召飛父子。】使者至，飛笑曰："皇天后土，可表此心。"初命何鑄鞫之，飛裂裳以背示鑄，有"盡忠報國"四大字，深入膚理。既而閱實無左驗，鑄明其無辜。改命万俟卨。卨誣"飛與憲書，令虛申探報以動朝廷，雲與憲書，令措置使飛還軍；言其書已焚。飛坐係兩月，無可證者。或教卨以臺章所指淮西事為言，卨喜白檜，簿錄飛家。取當時御札藏之以滅跡。又逼孫革等證飛受詔逗留，命評事元龜年取行軍時日雜定之，傅會其獄。歲暮，獄不成，檜手書小紙付獄，即報飛死，【按《三朝北盟會編》載，高宗紹興十一年十月十三日戊寅，岳飛下大理寺。十二月二十九日癸巳，飛死於獄中。梟其首，市人聞之，悽愴有墮淚者。】時年三十九。雲棄市。【伏讀《通鑑輯覽》御批，高宗于岳飛始則賜以精忠旗幟，既復手敕褒嘉，其於飛之心跡，非不深知者。乃檜欲召飛父子證事，不能明其無辜，第語以"勿妄追證"。及檜矯詔逮鞫，致飛銜不白之冤於獄?，高宗竟不復一言致詰。雖甚憒憒，不應若此，然則檜之擅殺飛父子，高宗實不得辭其責也。】籍家貲，徙家嶺南，幕屬于鵬等從坐者六人。

初，飛在獄，大理寺丞李若樸、何彥猷，大理卿薛仁輔並言飛無罪，卨俱劾去。宗正卿士? 請以百口保飛，卨亦劾之，竄死建州。佈衣劉允升上書訟飛冤，下棘寺以死。凡傅成其獄者，皆遷轉有差。獄之將上也，韓世忠不平，詣檜詰其實，檜曰："飛子雲與張憲書雖不明，其事體莫須有。"世忠曰："'莫須有'三字，何以服天下?"時洪皓在金國中，蠟書馳奏，以為金人所畏服者惟飛，聞其死，酌酒相賀。

飛至孝，母留河北，遣人求訪，迎歸。母有痼疾，藥餌必親。母卒，水漿不入口者三日。家無姬侍，吳玠素服飛，願與交驩，飾名姝遺之。飛曰："主上宵旰，豈大將安樂時?"卻不受，玠益敬服。少豪飲，帝戒之曰："卿異時到河朔，乃可飲。"遂絶不飲。帝初為飛營第，飛辭曰："敵未滅，何以家為?"或問天下何時太平，飛曰："文臣不愛錢，武臣不惜死，天下平矣。"

師每休舍，課將士注坡跳壕，皆重鎧習之。子雲嘗習注坡，馬躓，怒而鞭之。卒有取民麻一縷以束芻者，立斬以徇。卒夜宿，民開門願納，無敢入者。軍號"凍死不折屋，餓死不虜掠。"卒有疾，躬為調藥；諸將遠戍，遣妻問勞其家；死事者哭之而育其孤，或以子婚其女；凡有頒犒，均給軍吏，秋毫不私。

善以少擊衆。欲有所舉，盡召諸統制與謀，謀定而後戰，故有勝無敗。猝遇敵不動，故敵為之語曰："撼山易，撼岳家軍難。"張俊嘗問用兵之術，曰：“仁、智、信、勇、嚴，闕一不可。”調軍食，必蹙額曰：“東南民力，耗敝極矣。”荆湖平，募民營田，又為屯田，歲省漕運之半。帝手書曹操、諸葛亮、羊祐三事賜之。飛跋其後，獨指操為姦賊而鄙之，尤檜所惡也。

張所死，飛感舊恩，鞠其子宗本，奏以官。李寶自楚來歸，韓世忠留之，寶痛哭願歸飛，世忠以書來諗，飛復曰：“均為國家，何分彼此？”世忠歎服。襄陽之役，光世為援，六郡既復，光世始至。飛奏先賞光世軍。好賢禮士，覽經史，雅歌投壺，恂恂如書生。每辭官，必曰：“將士效力，飛何功之有？”然忠憤激烈，議論持正，不挫於人，卒以此得禍。

檜死，議復飛官。万俟卨謂金方願和，一旦錄故將，疑天下心，不可。及紹興末，太學生程宏圖上書訟飛冤，詔飛家自便。初，檜惡岳州同飛姓，改為純州，至是仍舊。中丞汪澈宣撫荆、襄，故部曲合辭訟之，哭聲雷震。孝宗詔復飛官，以禮改葬，賜錢百萬，求其後悉官之。建廟于鄂，號忠烈。淳熙六年，謚武穆。嘉定四年，追封鄂王。

五子：雲、雷、霖、震、霆。雲，飛養子。年十二，從張憲戰，多得其力，軍中呼曰：“贏官人。”飛征伐，未嘗不與，數立奇功，飛輒隱之。每戰，手握兩鐵椎，重八十斤，先諸軍登城。攻隨破鄧，襄、漢平，功在第一，飛不言。逾年，銓曹辯之，始遷武翼郎；楊幺平，功亦第一，又不上。張浚廉得其實，曰：“岳侯避寵榮，廉則廉矣，未得為公也。”奏乞擢異數，飛力辭不受。嘗以特旨遷三資，飛辭曰：“士卒冒矢石立奇功，始升一級，男雲遽躐崇資，何以服衆？”累表不受。潁昌大戰，無慮十數，出入行陣，體被百餘創，甲裳為赤。以功遷忠州防禦使，命帶御器械，飛又力辭。之終左武大夫、提舉醴泉觀。以死年二十三。孝宗初，與飛同復元官，以禮祔葬，贈安遠軍承宣使。雷，忠訓郎、閤門祗候，贈武略郎。霖，朝散大夫、敷文閣待制，贈大中大夫。初，飛下獄，檜令親黨王會搜其家，得御札數篋，束之左藏南庫，霖請於孝宗，還之。霖子珂，彙次淮西十五御札辨驗，出師應援之先後皆可考。嘉定間，為《籲天辨誣集》五卷、《天定錄》二卷上之。震，朝奉大夫、提舉江南東路茶鹽公事。霆，修武郎、閤門祗候。

同上書卷三百七十二，《列傳·宋·劉琦》

劉錡，字信叔……七月，命為淮北宣撫判官，副楊沂中破敵兵於太康縣。未幾，秦檜請令沂中還師鎮江，錡還太平州，岳飛以兵赴行在，出師之謀寢矣……俊、沂中還朝，每言岳飛不赴援，而錡戰不力。秦檜主其說，遂罷宣撫判官，命知荆南府，岳飛奏留錡掌兵，不許。詔以武泰之節度，提舉江州太平觀。

同上書卷三百七十三，《列傳・宋・王彥》

王彥，字子才……時張所為河北招撫使，異其才，擢為都統制，使率裨將張翼、白安民、岳飛等十一將，部七千人渡河，與金人戰，敗之……六年二月，知襄陽府、京西南路安撫使。彥以岳飛嫌辭。浚奏彥為行營前護副軍、都統制督府參謀軍事。六月，以八字軍萬人赴行在。

同上書同卷，《列傳・宋・張憲》

張憲，飛愛將也。飛破曹成，憲與徐慶、王貴招降其黨二萬。有成黨郝政率衆走沅州，號白巾賊，憲一鼓擒之。飛遣憲復隨州，敵將王嵩不戰而遁。進兵鄧州，距城三十里，遇賊兵數萬，迎戰，與王萬、董先各出騎突擊，賊衆大潰，遂復鄧州。紹興十年，金人渝盟入侵，憲戰潁昌，戰陳州，皆大捷，復其城。烏珠頓兵十二萬於臨潁縣，楊再興與戰，死之。憲繼至，破其潰兵八千。烏珠夜遁，憲將徐慶、李山復捷於臨潁東北，破其衆六千，獲馬百匹，追奔十五里，中原大震。會秦檜主和，命飛班師，憲亦還。未幾，檜與張俊謀殺飛，密誘飛部曲以能告飛事者，寵以優賞，卒無人應。聞飛嘗欲斬王貴，又杖之，誘貴告飛，貴不肯曰："為大將寧免以賞罰用人，苟以為怨，將不勝其怨。"檜、俊不能屈，俊劫貴以私事，貴懼而從。時又有王俊者，善告訐，號鵰兒，以姦貪屢為憲所裁。檜使人諭之，王俊從。檜、俊謀以憲、貴、王俊皆飛將，使其徒自相攻發，因及飛父子，庶朝廷不疑。俊自為狀付王俊，妄言憲謀還飛兵，令告王貴，使貴執憲。憲未至，俊預為獄以待之。屬史王應求白張俊，以為密院無推勘法，俊不聽，親行鞫煉，使憲自誣，謂得雲書，命憲營還兵計。憲被掠無全膚，竟不伏。俊手自具獄成告檜，械憲至行在，下大理寺。檜奏召飛父子證憲事，帝曰："刑所以止亂，勿妄追證，動揺人心。"檜矯詔，召飛父子至。万俟卨誣飛使于鵬、孫革致書憲、貴，令虛申警報，以動朝廷，雲與憲書規還飛軍，其書皆無有，乃妄稱憲、貴已焚之，但以衆證具獄。語在飛傳。憲坐死，籍家貲。紹興三十二年，追復龍神衛四廂都指揮使、閬州觀察使，贈寧遠軍承宣使，錄其家。

同上書同卷，《列傳・宋・楊再興》

楊再興，賊曹成將也。紹興二年，岳飛破成，入莫邪關。再興走躍入澗，張憲欲殺之。再興曰："願執我見岳公。"遂受縛。飛見再興，奇其貌，釋之曰："吾不汝殺，汝當以忠義報國。"再興拜謝。飛屯襄陽，以圖中原。遣再興至西京長水縣之業陽，殺孫都統及統制滿在，斬五百餘人，俘將吏百人，餘黨奔潰。明日，再戰於孫洪澗，破其衆二千，復長水，得糧二萬石，以給軍民，盡西京險要。又得僞齊所留馬萬匹，芻粟數十萬，中原響應。復至蔡州，焚敵糧。飛敗金人於郾城，烏珠合龍虎大王、蓋天大王及韓常兵逼之，飛遣子雲當敵，鏖戰數十合，敵不支。再興以單騎入其軍，擒烏珠不獲，手殺數百人而還。烏珠憤甚，併力復來，頓兵十二萬于臨潁。再興以三百騎遇敵于小商橋，驟與之戰，殺二千餘人及萬戶薩巴貝勒、千戶百人。再興戰死，【按《三朝北盟會編》作"五百騎"；按《三朝北盟會編》，與再興同戰没者，王蘭、高林。會天大雨，溪澗皆滿，金人不得進，官軍乃得還。】後獲其屍，焚之得箭鏃二升。

同上書同卷，《列傳·宋·牛皋》

牛皋，字伯遠，汝州魯山人。初為射士，聚衆與金人戰，屢勝，補保義郎。討劇賊楊進于魯山，三戰三捷，累遷榮州刺史、中軍統領。金人再攻京西，皋十餘戰皆捷，加果州團練使。京城留守上官悟辟為同統制，兼西京南路提點刑獄。金人攻江西者，自荆門北歸，皋潛軍于寶豐之宋村，擊敗之，轉和州防禦使，充五軍都統制。又與貝勒戰魯山鄧家橋，敗之，轉西道招撫使。僞齊乞師於金人寇，皋設伏要地，自屯丹霞以待。敵兵悉衆來，伏發，俘其將鄭務兒。遷安州觀察使。尋除蔡、唐州、信陽軍鎮撫使，知蔡州。遇敵，戰輒勝。加親衛大夫。會岳飛制置江西、湖北，將由襄漢規中原，命皋隸飛軍。飛喜甚，即辟為唐、鄧、襄、郢州安撫使，尋改神武後軍中部統領。僞齊使李成合金人入寇，破襄陽六郡，敵將王嵩在隨州。飛遣皋行裹三日糧，糧未盡，城已拔，執嵩斬之，得卒五千，遂復隨州。李成在襄陽，飛遣皋以騎兵擊破之，復襄陽。金人攻淮西，飛遣皋渡江，自提兵與皋會。時僞齊驅甲騎五千薄廬州，皋遥謂金將曰："牛皋在此，爾輩胡為見犯。"衆皆愕然，不戰而潰。飛謂皋曰："必追之，去而復來，無益也。"皋追擊三十餘里，金人相踐及殺死者相半，斬其副都統及千戶五人、百戶數十人，軍聲大振。廬州平，進中侍大夫。從平楊幺，破之。幺技窮，舉鍾子儀投于水，繼乃自仆。皋投水擒幺，飛斬其首，函送都督行府，除武泰軍承宣使，改行營護聖中軍統制。尋充湖北、京西宣撫司左軍統制，加龍神衛四廂都指揮使。金人渝盟，飛命皋出師，戰汴、許間，以功最除捧日天武四廂都指揮使、成德軍承宣使，曆荆湖南路馬步軍副總管。紹興十七年上巳日，都統制田師中大會諸將。皋遇毒，明日卒，或言秦檜使師中毒皋云。初，檜主和，未幾，金渝盟入侵，帝手札賜飛，從便措置。飛乃命皋及王貴、董先、楊再興、孟邦傑、李寶等經略東西京、汝、鄭、潁、陳、曹、光、蔡諸郡，又遣梁興渡河，糾合忠義社，取河東北州縣。未幾，李寶捷於曹州，捷於宛亭，捷於渤海廟；董先、姚政捷於潁昌；劉政捷於中牟；張憲復潁昌、淮寧府；王貴之將楊成復鄭州；張應、韓清復西京；皋及傅選捷於京西，捷于黄河上；孟邦傑復永安軍，其將楊遇復南城軍，又與劉政捷於西京；梁興會太行忠義及兩河豪傑趙雲、李進、董榮、牛顯、張峪等，破金人於垣曲，又捷於心水，追至孟州之邵原，金張太保、成太保等以所部降，又破金高太尉兵於濟源；喬握堅等復趙州；李興捷於河南府，捷於永安軍。梁興在河北，取懷、衛二州，大破烏珠軍，斷山東、河北金帛馬綱之路。金人大擾。未幾，岳飛還朝，下獄死，世以為恨云。

同上書同卷，《列傳・宋・胡閎休》

胡閎休，字良弼，開封人。宣和初，入太學，時方諱兵，閎休著兵書二卷。靖康初，創知兵科，閎休應試，中優等，補承信郎。金人圍城，閎休分地而守。二帝詣金營，閎休欲結義士劫之，何栗禁止之。二帝北遷，范瓊散勤王師，閎休曰："勤王師可進不可退。"檄令隨軍而無靖康年號，閎休得之泣下，懷檄而走。從辛道宗勤王南渡，以忠義進兩官。湖湘盜起，閎休作《致寇》、《禦寇》二篇，言："天地之氣，先春後秋。招之不伏則討之。"於是，以岳飛為招討使。飛辟閎休為主管機宜文字，以誅鍾子儀功，進成忠郎。飛被誣死，閎休發憤，杜門佯疾，十年卒。有《勤王忠義集》，藏於家。孫照。

同上書卷三百七十四，《列傳・宋・張俊》

張俊，字伯英……時孔彦舟據武陵，張用據襄、漢，李成尤悍，彊據江淮湖湘十餘州，連兵数萬，有席卷東南意，多造符讖，蠱惑中外，圍江州久未解，時方患之。范宗尹請遣將致討，俊慨然請行，遂改江淮路招討使。成黨馬進在筠州。豫章介江、筠之間，俊急趨豫章，且曰："我已得洪州，破賊決矣。"乃斂兵若無人者，金鼓不動。居月餘，進以大書牒來索戰。俊以細書状報之，賊以俊為怯。俊諜知賊怠，乃議戰。岳飛為先鋒，楊沂中由上流徑絶生米渡，出賊不意……南渡後，俊握兵最早，屢立戰功，與韓世忠、劉錡、岳飛，並為名將，世稱“張、韓、劉、岳”。【伏讀《通鑑輯覽》御批，南渡諸將，世以張、韓、劉、岳並稱。然當日始終未常敗衄者，獨一岳飛耳。韓世忠雖時見失利，而戰功尚可指數。至張俊輩之少著微勞，不過削平内地群盜，其與金人遇，未常不望風鼠竄也。即如楚州之役，張俊既畏縮辭避，至五降御扎，而光世訖不奉行。逮後劉麟邀金師南下，光世坐視遷延，棄慶州不守，反告趙鼎以何事為他人任患，幾有無君之心。高宗不能明抵其罪，光世得以榮寵倖終，而史官亦概以中興佐命目之，無識甚矣。】……岳飛冤獄，韓世忠救之。俊獨助檜成其事，心術之殊也遠哉。帝於諸將中，眷俊特厚。【伏讀《通鑑輯覽》御批，張俊才勇，既不逮岳飛遠甚，又嫉其驟貴，累立顯功，猜嫌日積，竟至甘心作檜鷹犬，百計傾誣，織成冤獄，其罪豈在檜下。高宗任其肆意妄為，曾不加察，轉使之榮保功名，非庸闇而何?】

同上書卷三百七十五，《列傳・宋・徐俯》

徐俯，字師川……宰相朱勝非言：“襄陽上流，所當先取。”帝曰：“盍就委岳飛。”參政趙鼎曰：“知上流利害，無如飛者。”俯獨持不可，帝不聽。

同上書同卷，《列傳・宋・沈與求》

沈與求，字必先……金師將入侵，與求贊帝親征。帝書《車攻》詩以賜之，曰：“朕以二聖在遠，屈己通和。今豫逆亂如此，安可復忍?”與求曰：“和親乃金人屢試之策，不足信也。”因奏諸將分屯江岸，而敵人往來淮甸，當遣岳飛自上流取間道，乘虛擊之，彼必有反顧之憂。

同上書同卷，《列傳・宋・王庶》

王庶，字子尚……遂命庶措置江淮邊防。京湖宣撫使岳飛聞庶行邊，遺書曰：“今歲若不出師，當納節請間。”庶壯之。庶還朝，論金人變詐，自渝海上之盟，因及飛“納節”之語。當是時，秦檜再相，以和戎為事。金使烏凌河思謀至。詔趣庶還。庶力詆和議，乞誅金使，其言甚切。金又遣蕭通古來，許割地，還梓宫，歸太后。庶曰：“和議之事，臣所不知。”凡七疏，乞免官，乃以資政殿學士知潭州。御史中丞勾龍如淵劾，“庶本趙鼎所薦，欺君罔上。”庶罷歸，至九江，被命奪職，徙家居焉。十三年，御史胡汝明論庶譏訕朝政，責嚮德軍節度副使，道州安置。至貶所，卒。孝宗思庶言，追復其官，諡敏節。子六人。之奇乾道中，知樞密院事。

同上書卷三百七十八，《列傳·宋·李邴》

李邴，字漢老……又言："陛下即位之初，韓世忠、劉光世、張俊威名，隱然為大將，今又有吳玠、岳飛者出矣。願詔大將於所部舉智謀忠勇、可以馭衆統師各兩三人，朝廷籍記。遇有事宜，使當一隊，毋隸大將，則諸人競奮，才智皆飛、玠之儔矣。"

同上書同卷，《列傳·宋·常同》

常同，字子正……又言："國家養兵不為不多，患在于偏聚而不同力，自用而不同心。今韓世忠在楚，張浚在建康，岳飛在江州，吳玠在蜀，相去不遠，情不相通。"

同上書卷三百八十，《列傳·宋·胡松年》

胡松年，字茂老……岳飛收復襄、漢，令松年籌度守禦事。松年奏乞飛班師，徐窺劉豫意向。

同上書卷三百八十一，《列傳·宋·何鑄》

何鑄，字伯壽……先是，秦檜力主和議，大將岳飛有戰功，金人所深忌。檜惡其異己，欲除之。脅飛故將王貴上變，逮飛係大理獄，先命鑄鞫之。鑄引飛至庭，詰其反狀。飛袒而示之背，背有舊涅"盡忠報國"四大字，深入膚理. 既而閱實，俱無驗。鑄察其冤，白之檜。檜不悦，曰："此帝意也。"鑄曰："鑄豈為一岳飛者？強敵未滅，無故戮一大將，失士卒心，非社稷之長計。"檜語塞。改命万俟卨，飛死獄中，子雲斬於市。檜銜鑄。時金遣蕭毅、邢具瞻來議事。檜言："先帝梓宮未反，太后鑾輿，尚遷朔方，非大臣不可祈請。"乃以鑄為端明殿學士、僉書樞密院事，為報謝使。既返命，檜諷万俟卨，使論鑄私岳飛為不反，欲竄諸嶺表。帝不從，止謫徽州。時有使金者還言："金人問'鑄安在''曾用否？'。"於是復使知温州。未幾，以端明殿學士提舉萬壽觀，兼侍讀，召赴行在。力辭，乃再遣使金，使事秘而不傳。既歸，報帝，復許以大用。又力請祠除資政殿學士知徽州，居數月，提舉江州太平興國宫。卒年六十五。鑄自紹興己未以後，遍曆臺諫，所論如趙鼎、李光、周葵、范冲、孫近諸人，多迎望風旨，議者少之。至於慈寧歸養，梓宫復還，雖鑄祈請之力，而金謀蓋素定矣。先是，金諸將皆已厭兵欲和，難自己發，故使檜盡室航海而歸，密有成約。紹興以後，宋師屢捷，金欲和益堅。至是，遣鑄銜命，蓋檜之陰謀。以鑄嘗爭岳飛之獄，而飛竟死。使金知之，而其議速諧也。

同上書同卷，《列傳·宋·王次翁》

王次翁，字慶魯……帝曰："將帥成不戰卻敵之功，乃輔弼奇謀，指縱之力，除一子職名。"檜召三大將，論功行賞，岳飛未至。檜與次翁謀，以明日率世忠、俊置酒湖上，欲出，則語直省官曰："姑待岳少保來，益令堂厨豐其燕具。"如此展期以待者六七日。飛既至，皆除樞密使，罷兵柄。

同上書同卷，《列傳·宋·薛弼》

薛弼，字直老……楊幺據洞庭，寇鼎州，王𤩽久不能平，更命岳飛討之。幺陸耕水戰，樓船十餘丈。官軍徒仰視，不得近。飛謀益造大舟，弼曰："若是，則未可以歲月勝矣。且彼之所長，可避而不可鬥也。今大旱，湖水落洪。若重購舟，首勿與戰，逐筏斷江路，稿其上流，使彼之長坐廢，而精騎直搗其壘，則破壞在目前矣。"飛曰："善。"兼旬，積寇盡平，進直秘閣。時道殣相望，弼以聞。帝惻然，命賑之，且使講求富弼青州荒政，民賴以甦。除岳飛參謀官。飛母死，遁於廬山。張宗元攝飛事，部曲洶洶生異語，弼語諸將，數言而定，除戶部郎官。

同上書同卷，《列傳·宋·羅汝楫》

羅汝楫，字彥濟……殿中侍御史，與中丞何鑄交章論岳飛，罷其樞筦。又言："朱芾、李若虛嘗為飛議曹，主帥有異意而不能諫。"又言："飛獄具寺官聚斷，咸謂死有餘罪。寺丞何彥猷、李若樸獨以衆議為非，欲從輕典。"皆坐黜。子……願，字端良，朱熹特稱重之，知鄂州，以父故，不敢入岳飛廟。一日姑往祠之，甫拜，遽卒於像前。

同上書卷三百八十二，《列傳·宋·晏敦復》

晏敦復，字景初……淮西宣撫使劉光世請以淮東私田易淮西田，帝許之。敦復言："光世帥一道未聞為朝廷措置毫髪，乃先易私畝。比者岳飛屬官以私事干朝廷，飛請加罪，中外稱美，謂有古賢將風。光世自處必不在飛下，乞以臣言示光世，且令經理淮南，收撫百姓，以為定都建康計。中興有期，何患私計之未便？"

同上書同卷，《列傳・宋・張燾》

張燾，字子公……和議成，范如圭請遣使朝八陵，遂命判大宗正士㒟與燾偕行，且命修奉，令荆湖帥臣岳飛濟其役。燾與士㒟道武昌，出蔡、潁。河南百姓歡迎夾道，曰："久隔王化，不圖今日復為宋民。"

同上書卷三百九十一，《列傳・宋・史浩》

史浩，字直翁……隆興元年，拜尚書右僕射，首言："趙鼎、李光之無罪，岳飛之久寃，宜復其官爵，禄其子孫。"悉從之。

同上書卷三百九十六，《列傳・宋・畢再遇》

畢再遇，字德卿，兖州人。父進，建炎間，從岳飛護衛八陵，轉戰江淮間，積階至武義大夫。

同上書卷三百九十七，《列傳・宋・孟宗政》

孟宗政，字德夫，絳州人。父林，從岳飛至隨州，因家焉。

同上書卷三百九十八，《列傳・宋・張運》

張運，字南仲……紹興五年，通判鼎州。賊楊幺、黄誠擁衆數萬，殘破城邑，跳梁湖北。高宗遣張浚以都督董師、岳飛以招討舉兵擊之。賊率輕鋭徑趨武溪、南興，以臨鼎州。城中大震，運與太守程昌寓勒兵登城，控扼上下，以張其勢。賊宵潰。

同上書卷四百三，《列傳・宋・孟珙》

孟珙，字璞玉，随州棗陽人。四世祖安，嘗從岳飛軍中，有功。

同上書卷四百八，《列傳・宋・趙范》

范，字武仲……屬南北軍將交爭，范失於撫御，於是北軍王旻内叛，李伯淵繼之，焚襄陽北去。南軍大將李虎不救焚，不定變，乃因之刼掠。城中官民尚四萬七千有奇，錢糧在倉庫者無慮三十萬，弓矢器械二十有四庫，皆為敵有。蓋自岳飛收復，百三十年，生聚繁庶，城高池深，甲於西陲，一旦灰燼，禍至慘也。

同上書卷四百二十四，《列傳・金・阿里佈》

宗弼召諸將會於汴，阿里佈以敵在近，獨不赴。而宋將岳飛、劉光世等果乘間，襲取許、潁、陳三州。【按《宋史》，紹興十年，岳飛收復順昌、潁昌、淮寧諸府，及蔡、鄭、汝、趙等州。順昌即潁州，潁昌即許州，淮寧即陳州也。】

同上書卷四百二十五，《列傳・金・昂》

昂，本名瓊都……明年夏，宋將岳飛以兵十萬來攻東平，東平軍五千倉卒出禦。時桑柘、方茂昂使多張旗幟於林間為疑兵，自以精兵陳於前。飛不敢動，相持數日而退。昂勒兵襲之，至清口，飛衆泛舟，逆水而去。時霖雨晝夜不止，昂附水屯營。夜將半，促衆北行，諸將皆諫。昂怒不應，鳴鼓督之，遂棄營去。是夜，宋人來劫營，無所得而去。諸將問故，昂曰："沿流而下者，走也；泝流而上者，誘我必追也。今大雨泥淖，彼舟行安，我陸行勞。士卒飢乏，弓矢敗弱。我軍居其下流，勢不便利，其襲我必矣。"衆皆稱善。岳飛以兵十萬圍邳州，甚急。城中兵纔千餘，守將懼，遣人求救。昂曰："我嘗至下邳城中，西南隅有塹，深丈餘，可速實之。"守將如其教填之。岳飛果自此穴地以入，知有備遂止。昂舉兵以為聲援，飛乃退。

同上書卷四百二十七，《列傳・金・王伯龍》

王伯龍……渡采石擊敗岳飛、劉立、路尚等兵，獲芻糧數百萬計。

同上書卷四百二十九，《列傳・金・佈薩歡塔》

佈薩歡塔……天眷二年，與宋岳飛相拒。歡塔領六十騎深入，覘伺至鄢陵，敗宋護糧餉軍七百餘人，多所俘獲。

同上書卷五百四，《外戚傳・宋・李道》

李道，字行之……會李成入寇，道與橫俱棄鎮，南至江州。詔道屬岳飛為選鋒軍統制，入唐州擒偽將，除唐鄧郢州襄陽都統制，從飛收復襄陽等郡。累官武勝軍承宣使、御前諸軍統制。武興蠻楊再興連歲寇掠，道破其衆，擒再興及其二子，遷保寧軍承宣使。

同上書卷五百十三，《忠義傳・宋・張玘》

張玘，字伯玉……玘從岳飛復京西六州，累功進拱衛大夫，入侍衛。

同上書卷五百十五，《忠義傳・宋・徐應鑣》

徐應鑣，字巨翁……德祐二年，瀛國公入燕，三學生百餘人皆從行。應鑣不欲從，乃與其子琦松、女元娘誓共焚死，子女皆喜從之。太學故岳飛第，有飛祠。應鑣具酒肉祀飛曰："天不祐宋，社稷為墟。應鑣誓死，闔家與俱死。將魂魄累王作配，仰王英靈，永永罔艾。"琦亦賦詩自誓。

同上書卷五百四十五，《儒林傳・宋・楊萬里》

楊萬里，字廷秀……異時名相，如趙鼎、張浚，名將如岳飛、韓世忠，此金人所憚也。

同上書卷五百六十三，《文苑傳・宋・張嵲》

張嵲，字巨山……論王德收復宿、亳兩郡，乃擅退軍，使岳飛勢孤，今授承宣防禦使，何應罰而反賞。

同上書卷六百十六，《姦臣傳・宋・秦檜》

秦檜，字會之……時張俊克亳州，岳飛克郾城，幾獲烏珠。韓世忠勝於泇口鎮，諸將所向皆捷。而檜立主班師，詔飛還行在，沂中還鎮江，劉光世還池州，劉錡還太平，於是淮寧、蔡、鄭復為金人有……檜以岳飛沮和議，力謀殺之，使諫官万俟禼論其罪，張俊又誣飛舊將張憲謀反，於是飛及子雲俱送大理寺。命御史中丞何鑄、大理卿周三畏鞫之，久不伏。禼入臺獄，遂誣飛指斥乘輿，受詔不救淮西，賜死獄中，子雲及憲殺於都市，天下冤之。

同上書卷六百十七，《姦臣傳・宋・万俟禼》

万俟禼，字元忠……除湖北轉運判官，改提點刑獄。岳飛宣撫荆湖，遇禼不以禮，禼憾之。禼入覲，希秦檜意譖飛於朝，留為監察御史，擢右正言。時檜謀收諸將兵權，禼力助之。張俊歸自楚州，與檜合謀擠飛。命中丞何鑄治飛獄，鑄明其無辜，檜怒以禼代治，遂誣飛與其子雲致書張憲，令虛申警報，以動朝廷，及令憲措置，使還飛軍。獄不成，又誣以淮西逗留事，飛父子與憲俱死。大理卿薛仁輔、寺丞李若樸、何彥猷言飛無罪，禼劾之。

知宗正寺士㒟請以百口保飛，卨又劾之，士㒟竄死建州。劉洪道與飛有舊，卨劾其媚飛，聞飛罷宣撫，抵掌流涕，於是洪道抵罪，終身不復。

同上書卷六百三十一，《逆臣傳·宋·劉豫》

劉豫，字彥游……舒、蘄等州制置使岳飛復襄陽，李成遁……岳飛遣將敗金人於廬州，金人退師。

撰：《欽定續文獻通考》卷八十五，《群廟考》

（明洪武）二十一年二月，以歷代名臣從祀帝廟。

先是，禮官擬歷代名臣風后等三十六人以進，帝……於是定風后……岳飛……凡三十七人從祀於東西廡，為壇四。

景帝景泰元年閏正月，建岳飛廟於湯陰。

翰林院侍講徐理言："臣以招募民壯至河南彰德府，道經湯陰縣周流社，宋臣岳飛實生其地。飛以應募勤王，大立戰功，佐成中興之業，理宜廟食。矧今方將奮揚神武，復讎雪恥，成中興之功，如飛者宜令建立廟宇，春秋祭祀，使將士知所激勸。"從之。廟成，賜額"精忠"。

孝宗弘治五年，命修岳飛祖塋在湯陰者，給人戶看視。

遣祭帝王廟儀：……凡正祭前一日，獻官承制畢詣本壇，省牲陳設……東廡……第二壇……岳飛。

臣等謹按：《會典》：以上遣祭帝王廟儀定於洪武二十六年，下遣祭儀亦係是年所定，又每位設帛白色，所謂禮神帛也。

同上書卷一百九十七，《郭惟賢〈三忠集〉十四卷》

惟賢，晉江人。萬曆進士，官至户部右侍郎。臣等謹案，是編乃惟賢巡撫湖廣時所輯，自序稱"屈原秭歸人，孔明南陽人，岳忠武雖起家湯陰而封鄂王，苗裔迄今在武、黃間，均以楚稱，故合為一編"。

撰：《欽定皇朝文獻通考》卷一百十九，《群廟考一》

曆代帝王廟……配享功臣……岳飛……共四十一臣功臣。

（順治十四年）二月丁酉，世祖章皇帝親祭歷代帝王廟。先是，十三年十二月己亥，世祖章皇帝諭禮部……時禮部議覆山東道監察御史顧如華疏……至從祀功臣似應照舊，惟宋臣潘美……又宋臣張浚……與岳飛議不合，奏飛欲專兵柄。觀史書所載，未可與韓世忠、岳飛同日並論，此二臣宜皆罷其從祀。

（康熙）六十一年十二月……壬戌，禮部遵大行皇帝諭旨議覆，曆代帝王廟……其從祀功臣原祀……岳飛……三十九人。

親祭曆代帝王廟儀……兩廡……西……岳飛。

同上書卷一百二十二，《群廟考四·特祀》

（乾隆）十五年八月丁亥，聖駕時巡中州，遣官祭前代聖賢、忠烈祠墓。凡祠墓在御道所經三十里内者，皆遣官致祭，前代名臣以配享帝王廟者為斷……時祭……岳飛廟。

（乾隆）十六年正月，聖駕南巡……二月……庚寅遣官祭……宋岳飛墓。

（乾隆）二十二年，聖駕重舉南巡……二月……乙酉遣官祭……宋岳飛墓。

撰：《欽定續通典》卷五，《食貨屯田上》

高宗紹興元年，知荊南府解潛奏辟宗綱、樊賓措置屯田，詔除宗綱充荊南府、歸、峽州、荊門、公安軍鎮撫使司措置五州營田官，樊賓副之。渡江後，營田蓋始於此……六年，都督張俊奏改江淮屯田為營田。凡官田逃田並拘籍，以五頃為一莊，募民承佃。其法五家為保，共佃一莊，以一人為長，每莊給牛五具，耒耜及種副之，別給十畝為蔬圃，貸錢七十千，分五年償。命樊賓、王弗行之。尋命五大將劉光世、韓世忠、張俊、岳飛、吴玠及江、淮、荊、襄、利路帥悉領營田使。

同上書卷五十三，《禮吉·功臣配享·祀先代帝王、名臣附》

明太祖洪武……六年，帝以五帝三王及漢、唐、宋創業之君，俱宜於京師立廟致祭，遂建歷代帝王廟於欽天山之陽……二十一年……詔以歷代名臣從祀於東西廡，定……岳飛……凡三十七人。

同上書卷九十二，《兵·選擇附》

宋韓世忠與岳飛並置背嵬軍，皆勇鷙絶倫者，故俱能以少擊衆。

同上書卷九十三，《兵·法制》

岳飛討楊幺，統制任士安不稟前帥令，致軍無功，鞭之使餌賊，曰：

“三日賊不平，斬汝。”乃挑賊併攻，伏兵四起擊，賊走之。

同上書卷九十五，《兵・間諜》

岳飛知劉豫結尼雅滿，而烏珠惡劉豫，可以間而動。會軍中得烏珠諜者，飛陽責之曰：“汝非吾軍中人張斌乎？前遣汝至齊，誘致四太子，何竟不報？今齊使至，爾乃來，不亦緩乎？”諜冀緩死，即詭服。乃作蠟書，若與豫誘四太子狀，謂諜曰：“姑貸汝，圖後效。”刲股納書，戒勿泄。諜歸，以書示烏珠，果疑豫，馳白其主，廢之。

同上書卷九十六，《兵・撫士》

岳飛御軍嚴整，卒有取民麻一縷以束芻者，立斬以徇。然遇士卒有疾，躬為調藥；諸將遠戍，遣妻問勞其家；死事者哭之而育其孤，或以子婚其女。李寶自楚來歸，韓世忠留之，寶痛哭願歸飛，世忠嘆服。

同上書同卷，《兵・行賞招降》

宋岳飛受命招捕楊幺，飛所部皆西北人，不習水戰，飛曰：“兵何常，顧用之何如耳。”先遣使招諭之。賊黨黃佐曰：“岳節使號令如山，若與之敵，萬無生理，不如往降。節使誠信，必善遇我。”遂降。飛表授佐武義大夫，單騎按其部，拊佐背曰：“子知順逆者。果能立功，封侯豈足道？欲復遣子至湖中，視其可乘者擒之，可勸者招之，如何？”佐感泣，誓以死報。佐襲周倫砦，殺倫，擒其統制陳貴等。飛上其功，遷武功大夫。佐又招楊欽來降，飛喜曰：“楊欽驍悍，既降，賊腹心潰矣。”表授欽武義大夫，禮遇甚厚，乃復遣歸湖中。兩日，欽說余端、劉銑等降，飛詭罵欽曰：“賊不盡降，何來也？”杖之，復令入湖。是夜，掩賊營，降其衆數萬。

同上書同卷，《兵・示惠招降》

宋岳飛攻賊李成將馬進，賊駭亂退走，飛使人呼曰：“不從賊者坐，吾不殺汝。”坐而降者八萬餘人，賊大敗。又因曹成敗去，謂張憲等曰：“追之則脅從可憫，縱之則復聚為盜。今遣若等誅其酋而撫其衆，慎勿妄殺，累主上保民之仁。”於是降者二萬，進兵追之，成出降。

同上書卷九十七，《兵・示怯》

張俊討李成，時成圍江州，未解，成黨馬進在筠州，俊急趨豫章，既入城，喜曰："我已得洪州，破賊決矣。"及進犯洪州，連營西山，俊斂兵若無人者，金鼓不動，令將士登城者斬。居月餘，進以大書牒索戰，俊以細書狀報之，賊以俊為怯，故懈。俊密遣岳飛、楊沂中由上流絶生米渡，出賊不意，追奔七十里，又與賊戰，令陳思恭從山後馳擊，夾攻破之。

同上書卷九十九，《兵・攻其不整》

岳飛從劉浩解東京圍，與敵相持於滑南，領百騎習兵河上。敵猝至，飛麾其徒曰："敵雖衆，未知吾虛實，當及其未定擊之。"乃獨馳迎敵，斬其梟將，遂大敗之。

同上書同卷，《兵・先設備而勝》

金熙宗天眷二年，宋將岳飛以兵十萬圍邳州甚急，城中兵纔千餘，守將懼，遣人求救於鎮國上將軍璮都。璮都曰："為我語守將，我嘗至下邳，城中西南隅有塹深丈餘，可速實之。"守將如其教，填之。岳飛果自此穴地以入，知有備，遂止。璮都舉兵以為聲援，飛乃退。

同上書卷一百一，《兵・下營、斥堠並防捍及分佈陣》

（宋）岳飛隸留守宗澤，戰開德、曹州皆有功。澤大奇之，曰："爾勇智才藝，古良將不能過。然好野戰，非萬全計。"因授以陣圖。飛曰："陣而後戰，兵法之常；運用之妙，存乎一心。"澤是其言。

（明）楊一清撫靈川時，有笑其演營習陣者，一清曰："古人行必謹哨探，止必修戰備，無事常如有事時隄防，有事常如無事時鎮静。武侯、李靖均未嘗廢營陣。苟世無武穆，豈可恃野戰為能哉？"

同上書卷一百二，《兵・輕易致敗》

岳飛討李成，賊連營西山，乃自為先鋒，麾騎從上流潛出賊右，突其陣，大敗之。走筠州，復出城，佈陣十五里。飛設伏，以"岳"字幟，麾騎二百而前。賊易其少，薄之，伏發，敗走。

同上書同卷，《兵・乘敵亂而取之》

宋岳飛因虔寇彭友迎戰，擒之。餘酋退保石洞。洞高環水，入止一徑。乃列騎山下，令皆持滿。旦，遣死士馳登。賊亂，棄山而下，圍之。賊呼丐命，遂受其降。初，奉旨屠賊，於是請誅首惡而赦脅從。從之。

同上書卷一百三，《兵・按地形知勝負》

岳飛趨襄陽，李成盛兵迎戰，左臨襄江，飛笑曰："步兵利險阻，騎兵利平曠。成左列騎江岸，右列步平地，雖衆十萬，何能為。"舉鞭指王貴曰："爾以長槍步卒擊其騎兵。"指牛皋曰："爾以騎兵擊其步卒。"合戰，馬應槍而斃，後騎皆擁入江，步卒死者無數。成夜遁，遂復襄陽。

同上書卷一百五，《兵・奪敵心計》

宋岳飛討楊幺，所部皆西北人，不習水戰，曰："兵何常，顧用之何如耳。"先遣使招論之。會張浚督軍，至見之，飛曰："水戰我短彼長，攻之所以難。若因敵將用敵兵，奪手足之助，離腹心之托，使孤立，而後乘之，不八日可破賊。"後賊平，果如期，浚服其神算。

金熙宗天眷元年，以鎮國上將軍昂尹東平。明年宋將岳飛以兵十萬，號稱百萬，來攻東平。東平有軍五千，倉卒出禦之。時桑柘方茂，昂使多張旗幟於林中，以為疑兵，自以精兵陣於前。飛不敢動，相持數日而退。昂勒兵襲之，至清口，飛衆泛舟逆水而去。時霖雨晝夜不止，昂乃附水屯營。夜將半，忽促衆北行，諸將諫曰："軍士遠涉泥淖，飢憊未食，恐難遽行。"昂怒不應，鳴鼓督之，下令曰："鼓聲絶而敢後者斬。"遂棄營去，幾二十里而止。是夜，宋人來劫營，無所得而去。諸將入賀，且問其故。昂曰："沿流而下者，走也。泝流而上者，誘我必追也。今大雨泥淖，彼舟行安，我陸行勞。士卒飢乏，弓矢敗弱，我軍居其下流，勢不便利，其襲我必矣。"衆皆稱善。

同上書卷一百六，《兵・大陣動則亂，因乘而敗之》

岳飛因王善、曹成、孔彦舟合兵五十萬薄南薫門，所部僅八百，衆懼不敵，曰："吾為諸君破之。"左挾弓，右運矛，横衝其陣，賊亂，大敗之。

同上書卷一百十九，《刑・舞亲》

（紹興）十一年，樞密使張俊使人誣告張憲收岳飛文字謀為變。檜以飛夙梗和議，必欲殺之，以獄事付諫議大夫万俟卨。卨誣飛嘗自言己與太祖皆三十歲建節，為指斥乘輿，又受詔不救淮西罪，賜死獄中。誅其子雲及憲於市。有訟飛冤者，皆決杖流竄。廣西帥胡舜陟與轉運使吕源有隙，源奏舜陟贓汙僭擬，又以書抵檜言舜陟訕笑朝政，檜素惡舜陟，遣大理官往治之，舜陟不服，斃於獄。自飛、舜陟死，檜權勢愈熾，動興大獄，脅制天下，賢士大夫死徙相繼。

撰：《皇朝通典》卷五十，《禮·吉十·直省聖賢忠烈名臣祠墓》

乾隆十五年八月，皇上巡幸中州，於御道所經三十里内前代名臣、忠烈、先賢祠墓遣官致祭。名臣以從祀帝王廟者為斷，如……岳飛九人……其祠墓均遣官祭醊。

（乾隆）十六年，聖駕南巡……於浙江遣官祭……宋岳飛……祠墓，皆如中州遣祀之例。

撰：《皇朝通志》卷四十，《禮略·吉禮五·曆代帝王廟》

（康熙）六十一年十二月，禮部遵大行皇帝諭旨，議覆曆代帝王廟……其從祀功臣原祀……宋臣……岳飛……三十九人。世宗憲皇帝諭是以議速行。

同上書卷一百十，《校讎略六》

武英殿校刊《二十二史考證》，《舊唐書》至《元史》，共一百三十六條。

《金史·熙宗本紀》：天眷三年，宋將岳飛、張俊、韓世忠率衆渡江。據《續通鑑本末》補，此遺楊沂中，而誤舉韓世忠。

同上書卷一百二十，《金石略·石·浙江·杭州府》

《御製岳武穆祠詩》乾隆十六年、二十二年、三十年七言律各一首，四十五年、四十九年五言律各一首，俱行書。

同上書卷一百二十一，《金石略·石·河南·彰德府》

《御製岳武穆廟詩》乾隆十五年七言律一首，行書。

謝旻 等

撰：《江西通志》卷十一，《山川五·饒州府》

巍石山，在府城東九十里，又名獅子山。有龍居寺，宋岳飛詩：“巍石山前寺，林泉勝復幽。”

同上書卷十二，《山川六·南康府》

長山，在建昌縣西南五十里，與龍安山相對。宋岳飛屯兵於此，李成屯兵於龍安之北。飛望見成軍陣勢，遂邀擊於樓子莊，大破之。

同上書同卷，《山川·九江府》

治南有鄂王池，相傳宋岳飛節鎮江州時所鑿，今湮。

同上書卷十三，《山川七·贛州府》

固石山，在雩都縣北一百里，一名展誥山，宋岳飛平彭友處。

鶩峰，在瑞金縣南五里。宋建炎時，劉十六郎兄弟從岳武穆破峒賊，倡義於此。六峰在縣西三十五里，環拱若城郭，巖壁玲瓏。縣西北二十里有寶蓋峰，相傳黑龍攪地成溪，今濁溪是也。又縣北五十里有齊雲峰。

羅田巖，在雩都縣南五里，一名善山，兩旁巖岫空洞交通……巖西有別一洞天，其左曰仕學山房。巖壁有飛、文天祥題句。

同上書卷十六，《水利·九江府》

長虹堤，在湖口縣虹橋港口。明萬曆間，稅監李道築以捍水棲泊商舟，堤上建岳王廟，後漸崩圮。

同上書卷十八，《學校·九江府儒學》

德化縣儒學，學在府治南，縣治東，宋慶曆間置於縣治東南，岳鄂王池右。崇寧間，縣令楊春遷今所。

同上書卷二十，《公署·贛州府》

（雩都縣）平頭寨巡檢司，在縣東北一百里。宋紹興間，岳飛創設。

同上書卷三十，《武事二·宋》

紹興元年【辛亥】春正月，命張俊為江淮路招討使，岳飛副之。江州陷，守臣姚舜明棄城走，端明殿學士王易簡等二百人皆遇害。吕頤浩遣王瓊、崔增擊李成於湖口，大破之。及惟忠引兵趨江州。三月，張俊趨豫章，與楊沂中、岳飛大敗馬進，復筠州。成聞進敗，自引兵來，遇於樓子莊，又大破之。成勢迫，絶江而去，遂復江州。詔奪成官，募人擒斬，赦其脅從。進復寇江州，沂中、趙密引兵追擊，又大敗之，成奔蕲州。

《岳飛傳》云：李成將馬進犯洪州，連營西山。飛請於張俊曰："賊貪而不慮後，若以輕兵絶生米渡，出不意，破之必矣。"俊大喜，因以為前鋒。飛重鎧躍馬，潛出賊右，突其陣，所部從之。進大敗，走筠州。飛抵城東，賊佈陣十五里。飛先設伏以待，選騎二百，以紅羅為幟，上刺"岳"字，騎隨幟而前。賊易其少，薄之。伏發，敗走。使人大呼曰："不從賊者坐，吾不汝殺。"坐而降者八萬。進與餘卒奔南康，飛夜引兵至朱家山，斬其將趙萬。成聞，自引兵十餘萬來，遇於樓子莊，復大破之，追斬進。時張用方寇江西，飛以書招之曰："吾汝同里，南薰門、鐵路步之戰，皆汝所悉。欲戰則出，不戰則降。"用得書，遂降。江淮悉平，俊奏飛功第一，加神武右軍副統制，留洪州，彈壓盜賊。建寇范汝為將攻撫州，飛遣人植"岳"字旗於城門，賊畏不敢犯。已而賊黨逼建昌，飛遣將討擒之。

二年【壬子】……夏六月詔……岳飛駐江州。

《岳飛傳》云：二年，曹成擁衆，由江西曆湖、湘，據道、賀二州，命飛權荊湖東路安撫都總管、嶺表平，授武安軍承宣使，屯江州。安撫李囬檄捕劇賊馬友、郝通、劉忠、李通、李宗亮、張式，皆平之。

三年癸丑二月，虔、吉盜周十隆等連兵犯循、梅、汀州，詔岳飛合兵捕之。六月，岳飛遣張憲、王貴擒斬虔賊彭友，餘悉降。曲赦虔州，命飛班師，留兵三千屯駐虔、廣，彈壓盜賊。八月，詔飛赴行在，留兵萬人戍江州。九月，以飛為江南西路制置使，置司江州。同上。

《岳飛傳》云：三年，宣諭劉大中奏，令飛討虔、吉諸郡盜賊。固石洞賊彭友悉衆迎戰，躍馬馳突。飛麾戈，即馬上擒之。餘酋退保。其洞高峻環水，止一徑可入。飛列騎山下，令皆持滿，遣死士潛入賊巢。黎明，奮擊。賊潰，蔽山而下。騎兵圍之，賊號呼丐命。飛令勿殺，受其降。初，以隆祐太后震驚之故，密旨令屠虔。飛請宥，不許。請至三四，帝乃曲赦虔。虔人感其德，繪像祠之。萍鄉餘寇犯袁州，授統領徐慶、王貴方略。未幾，悉平。九月，自江州來朝，帝手書'精忠岳飛'字，製旗以賜。改鎮南軍承宣使、江南西路沿江制置使、神武後軍都統制，偏將李山、吳全、吳錫、李横、牛皋皆隸焉。

六年【丙辰】夏四月，命岳飛自九江進屯襄陽。【《宋史·本紀》】

七年【丁巳】秋七月，酈瓊叛降劉豫，詔岳飛屯江州，為淮浙聲援。

十一年【辛酉】春正月，兀朮由壽春府渡淮，復陷廬州，命岳飛屯江

州。【同上】

同上書卷三十八，《古蹟一·南昌府》

李君子巷。《江城名蹟》記：在蓼洲，宋有李生者，逸其名，南昌人。好義樂施，每歲稔，積穀社囷；歉，則和糴平準。里人賴之。世亂，集義勇以衛一方。紹興間，李成寇饒。生迎岳飛兵討成，大破之。飛表生行軍長史，不就。人名其居為李君子巷。

同上書卷四十二，《古蹟·九江府》

叠翠亭，《林志》：在府城南五十里，宋岳飛建，以對廬山九叠故名。

同上書卷四十六，《秩官一》

岳飛【詳《名宦》。】……俱江南西路沿江制置大使。

同上書卷五十七，《名宦》

岳飛，字鵬舉，相州湯陰人。少負氣節，好《孫吳兵法》。生有神力，未冠，挽弓三百斤，弩八石，能左右射。紹興元年，張俊請飛同討李成。成將馬進犯洪州，連營西山。飛曰："賊貪而不慮後，若以騎兵自上流截生米渡，出其不意，破之必矣。"請自為先鋒，重鎧躍馬，潛出賊右，突其陣，所部從之。進敗，走筠州。飛抵城東，賊出城。飛設伏，以紅羅為幟，上刺"岳"字，選騎二百，隨幟而前。賊易其少，薄之。伏發，賊敗走，降者八萬餘人。進以餘卒奔南康，飛夜引兵至朱家山，又斬其將趙萬。李成聞進敗，自引兵十萬來。飛遇於樓子莊，大破之，遂平江淮。俊奏飛功第一，加神武右軍副統制，留洪州彈壓盜賊，授親衛大夫、建州觀察使。建寇范汝為陷邵武，江西安撫李回檄飛分兵保建昌軍及撫州。飛遣人以"岳"字幟植城門。賊望見，相戒勿犯。升都統制。二年，賊曹成擁衆十餘萬，由江西曆湖、湘，據道、賀二州，命飛平之。三年春，召赴行在。虔、吉盜連兵寇掠，帝專命飛平之。初，帝以隆祐震驚之故，密旨令飛屠虔城，飛請誅首惡而赦脅從，不許，請至再四，帝乃曲赦，人感其德，繪像祠之。餘寇犯袁州，飛遣王貴平之。秋，入見，帝手書"精忠岳飛"字，製旗以賜，授鎮南軍、江南西路沿江制置使。飛行師有紀律，道出廬陵，士卒托宿市廛，黎明為主人汛掃門宇，洗滌釜盎而去，其嚴肅如此。【同上。】

張俊……紹興元年，李成據江淮，以俊為江淮招討使。俊聞命就道，急趨豫章，曰："我已得洪州，破賊決矣。"乃斂兵，若無人者，金鼓不動。賊以大書牒來索戰，俊以細書狀報之。賊以俊為怯，俊諜知賊怠，乃以岳飛為先鋒，楊沂中由上流徑絶生米渡，出賊不意，追奔七十里，至筠州。

同上書卷六十四，《名宦八・九江府》

韓彦直，字子温，世忠子……檜死，進直龍圖閣、江西轉運，兼權知江州。時朝廷還岳飛家貲產，多在九江，歲久業數易主，吏緣為奸，彦直搜剔隱匿，盡還岳氏。【《宋史》】

同上書卷六十五，《名宦九・南安府》

按《安志》於南安名宦，有宋一朝只載十人，而張齊賢、孫沔、岳飛、程大昌、趙希懌俱以統轄闌入，則專治南安者，守令僅五人而已。因從《宋史》、《明一統志》、《林志》、《郡志》及諸文集增補如右。

同上書同卷，《名宦九・贛州府》

魏懋，字覺民，甌寧人。由進士紹興初知雩都事。江西盜起，虔諸邑多失守。懋出帑金犒勵，誓與死守。寇攻城，累日不能克，遁去。岳飛提兵過雩，見井邑俱無殘毀，甚稱賞之。【《豫章書》】

同上書卷六十六，《人物一・南昌府》

徐俯，字臨川，洪州分寧人。以父禧死國事，授通直郎，累官至司門郎……建炎初，致仕奉祠。内侍鄭諶識俯於江西，重其詩，薦於高宗。胡直孺在經筵，汪藻在翰苑，迭薦之，遂以為右諫議大夫、中書舍人，遷翰林學士。俄擢端明殿學士，兼權參知政事。宰相朱勝非言襄陽上流，所當先取。帝曰："盍就委岳飛。"俯獨持不可。帝不聽，罷知信州，予祠，卒。【《宋史》】

同上書卷七十一，《人物六・瑞州府》

幸元龍，字震甫，高安人，慶元進士。初尉京邑，時万俟卨之孫與岳飛家爭田，歲久不能決，府委元龍裁斷。積案如山，元龍並不閲視，即擬云："岳武穆，一代忠臣。万俟卨助檜逆賊，雖籍其家，不足以謝天下，尚敢與岳氏爭田乎？"田歸於岳，卷畀於火。時論韙之，改知當陽縣，擢通判郢州。【《人物志》】

同上書卷七十五，《人物十·吉安府一》

楊邦乂，字晞稷，吉州吉水人。以舍選登進士第，遭時多艱，每以節義自許……又有楊再興痛主之死，誓必報仇，投岳飛帳下旗校。敵至，力戰，陷陣死，獲其尸焚焉，得箭鏃二升。朝廷聞之，皆官其一子，邦人肖其像從祀云。【《宋史》】

羅上行，字元亨，廬陵人。建炎進士，少負奇氣，以功名自許。時岳飛奉命討洞庭巨寇楊幺，檄上行督餉諸郡. 至全州，通判范寅倨傲不與，上行抗責之，乃發廩帑以應。【同上】

李覿，字彦和，吉州龍泉人。幼孤，母督之學，不肯卒業。母詰之，辭曰："國家遭女真之變，寓縣雲擾，士當捐軀，為國戡大憝，安能呫囁章句間，效淺丈夫哉?"岳飛督師平虔寇，挺身從之。未行，奔母喪。【《宋史》】

同上書卷七十六，《人物十一·吉安府二》

嚴致堯，字正之。岳飛授鉞專征，道出廬陵，所過搜訪奇士。致堯一見語合，許以從行。初，龍泉賊帥彭友等，盤踞四年，攻破八縣，至是就縛，奏凱而還。其後定鼎、澧，安湘、漢，取唐、鄧，復郢、随，致堯皆在軍中，屢委以事，積功版授七階。方將長驅宛洛，而武穆罷兵柄矣。致堯無以白杜郵之冤，歸而自放山水間，自號龍洲居士。有文集三十卷。【林志】

同上書卷九十五，《人物二十九·贛州府》

劉十六郎，瑞金人。兄弟三人，素負勇敢。建炎中，金人侵江西，峒寇李鐵面乘亂擾虔。岳飛奉詔討賊，十六郎昆弟願自效，屢立戰功，竟沒於陣。【林志】

同上書同卷，《寓賢》

知浹，汾州人。通《春秋左傳》，好直言。岳飛以賓禮待之。飛下大理獄，浹上書聲其冤，流袁州。【《明一統志》】

同上書卷九十六，《寓賢》

薛仁輔，字汝弼，河東人。紹興間，官大理少卿。時秦檜忌岳飛，坐以逼撓不奉詔下獄。獄成，仁輔不署，奏牘且明飛無罪。檜怒，諷御史劾之，編管。遇赦，量移饒州，因卜樂平之安巷居之，今薛家塘即其遺址。【林志】

同上書卷一百八，《祠廟・南昌府》

忠節名賢祠，在省城洪恩橋，舊為同仁祠。祀孫燧、許逵、王守仁、胡世寧、伍文定、唐龍六人。康熙二十九年，巡撫宋犖改祀陶潛、狄仁傑、張九齡、顔真卿、李綱、張叔夜、楊邦乂、胡銓、洪皓、歐陽珣、岳飛、文天祥、謝枋得、楊萬里、黄子澄、練子寧、胡閏、周德、顔瑰、王省、王艮、曾鳳韶、鄒瑾、魏冕、李時勉、劉球、于謙、孫燧、許逵、胡世寧、王守仁、伍文定、唐龍、周憲、黄宏、馬思聰、宋以方、熊浹、韓雍、林俊、蔡涎德、李邦華、吳甘來，凡四十三人，祠田租二百零七石。

大忠祠，在省城四道後街，祀宋岳飛、文天祥、謝枋得，久廢。

同上書同卷，《祠廟・瑞州府》

雷神祠，在新昌十六都。宋岳飛統兵過此，麾下有三將軍者暴卒。元丙子，苦旱，有神憑人言曰："我三將軍也，若建壇以禱，必獲豐收。"民如其言，果雨，遂立祠。

岳王廟，在新昌小東門内，祀宋鄂王岳飛，明知縣熊紀建。

蔣將軍廟，在新昌四都。蔣為宋岳飛裨將，追曹成至此，中流矢，卒。屍立田間不仆，鄉人異而廟祀之。

同上書同卷，《祠廟・袁州府》

忠烈祠，在府城東一里，祀宋鄂王岳飛及其將王貴，以戡定湖南、江西之功，僉事余珊建。明崇禎庚辰，邑人袁業泗重修，增祀左武大夫張憲及王子岳雲、後軍義勇施全。

同上書卷一百九，《祠廟・建昌府》

三忠祠，在南城仙都觀左側，祀唐撫州刺史顔真卿、宋丞相李綱、文天祥。明嘉靖中知府王度建，萬曆中知府鄔鳴雷重修，以岳武穆祠圮，製主祔焉。後胡松祠圮，又移主祔祀。

同上書同卷，《祠廟・九江府》

岳母祠，在德化縣白鶴鄉，祀宋岳飛之母，明正德中建。

岳武穆祠，在府治南，明正德中知府李從正建，一在湖口縣。

同上書同卷，《祠廟·南安府》

岳武穆祠，在大庾水南，東山麓，祀宋少保岳飛。

同上書同卷，《祠廟·贛州府》

精忠祠，在府南景德寺右，祀宋岳武穆王飛，近圮。贛南道王世繩捐修，有記。祠有武穆手書《贈張紫陽北伐詩》鐫於石。

同上書卷一百十，《丘墓·九江府》

岳武穆母姚夫人墓在德化白鶴鄉，株嶺之麓。飛鎮九江時，高宗賜葬於此。後夫人李氏，孝宗賜葬大陽山下，去株嶺十五里。

按：《名勝志》及九江何陸舊志俱載夫人李氏亦祔葬株嶺，今載大陽山，未知孰是。

同上書卷一百六十，《雜記二》

幸清節公，居官慷慨，有風節。時京邑万俟卨之孫與岳飛家爭田，委問一十三州府縣，歲久不能決。理宗皇帝御批金牌，敕賜諸侯劍、皁纛旗、衮龍筆架、玳瑁硯，委公裁斷。公得敕命，案積庭下如山，並不閱視，即判以大義云："靖康之變，此臣子所不忍言。東南全半壁之天者，岳武穆之功也；中原絶可圖之望者，万俟卨之罪也。武穆乃一代效忠名將，秦檜實萬世賣國賊臣。凡檜所以殺忠臣、懷逆謀者，皆卨助成其惡。雖籍其家，不足以謝天下，尚敢與岳氏爭田乎？可謂不揣其本矣。"田歸於岳，所有一十三處案卷，盡畀於火。別給公據與飛之子孫，執照仍錄以聞。上得奏，大喜，復出御賜緋魚袋一、象笏一、玉帶一、金帛百端、梅花金臺盞一，副以旌公焉。其御賜皆已遺失，不可考，惟衮龍筆架至今猶在洪城後房收貯。【《豫章書》】

淳祐七年冬，謝枋得偕同志關大猷等十七人會於鉛山之全相寺，夜宿辛棄疾祠堂。棄疾之孫徽在座，時有疾聲大呼至三鼓，近寢室愈悲，一寺人驚以為神，枋得呼曰："稼軒歿後六十年，平生志願百無一酬，鬼神豈能無抑鬱哉？枋得見君父，當披肝瀝膽以雪公之冤。"言已寂然，乃秉燭作文，旦祭之，稱其精忠大義不在張忠獻、岳武穆之下。【《弋陽縣志》】

嵇曾筠 等

撰：《浙江通志》卷三十，《公署·浙江省城》

按察使司【在前洋街紀家橋東】，嘉靖《浙江通志》：故宋岳武穆王宅也。紹興三十一年，以宅為太學，學燬。元大德中，改為肅政廉訪司。明洪武初改提刑按察司，仍其舊址。萬曆《杭州府志》：洪武二十七年重建。堂後有一清樓，歲久圮。成化十年，按察司戴珙重建，為堂並營夾室，徙民居，闢道南出，規制始稱……國朝設按察使司，裁併道員，其現設者則分設各道署，而司署仍其舊署之制，中為大堂……大門外東西列二坊，曰“激揚”，曰“振肅”。又東為岳忠武王祠，為經曆司，為照磨所，西為司獄司。

同上書卷四十，《古蹟二·杭州府下》

翠微亭。萬曆《靈隱寺志》：“在飛來峰半，韓世忠建。韓公因岳飛登池州翠微亭詩有‘特地尋芳上翠微’之句，故以名亭，亦隱痛之也。”

岳墳檜。舊《浙江通志》：在鄂王墓前。明天順間，杭州同知馬偉鋸而植之，以示分檜屍狀，號“分骸檜”，至今猶活。

同上書卷四十二，《古蹟四·湖州府》

穆王城。嘉靖《安吉州志》：“在鳳亭鄉。昔岳飛於此壘土結營，後謚武穆，人遂以穆王城呼之。”

同上書卷二百十七，《祠祀一·杭州府》

忠節祠。嘉靖《浙江通志》：“在寶月山下，祀吳行人伍員、唐僕射褚遂良、宋少保岳飛、明太傅于謙，歲以八月十五日致祭。”

忠烈廟，成化《杭州府志》：“在西湖北山棲霞嶺，王姓岳名飛。初謚武穆，寶慶二年改謚忠武。元至正中，加謚保義。明洪武四年，稱宋少保、鄂國武穆王。”萬曆《杭州府志》：“景泰間請於朝，賜春秋祀及忠烈額。”【《宋史·岳飛傳》：“紹興七年，秦檜主和，飛言：‘金人不可信，和好不可恃，相臣謀國不臧。’檜銜之。十年，金人攻鞏、亳，命飛馳援。飛輕騎駐郾城，烏珠兵逼。飛奮擊，大破之，進軍朱仙鎮。自燕以南，金號令不行。飛喜謂其部下曰：‘直抵黃龍府，與諸君痛飲耳。’方指日渡河，而檜欲割淮以北棄之。乃先召張俊、楊沂中歸，而後言：‘飛孤軍不可久留，乞令班師。’一日奉十二金字牌，飛憤惋泣下，東向再拜，曰：‘十年之力，廢於一旦！’既歸，十一年，和議既決，授樞密副使，詔同張俊措置韓世忠軍。俊欲與飛分其背嵬軍，飛義不肯。會檜捕世忠軍吏景著，以誣世忠。飛馳書，告以檜意。俊密以告檜，檜大怒，風万俟卨劾飛，罷樞柄。又諭張俊劫王貴、誘王俊誣告張憲謀還飛兵柄，捕飛父子。飛笑曰：‘皇天后土，可表此心。’令何鑄鞫之，閱實無左驗。改命万俟卨，卨誣飛與憲書，令虛聲探報，以動朝廷，雲與憲書令措置使還飛軍，言其書已焚。飛坐係兩月。歲暮，獄不成。檜手書小紙付獄，即報飛死。雲棄市，籍家資，徙家嶺南。孝宗復飛官，以禮改葬，求其後，悉官之，建廟於鄂，號忠烈。”】

《名勝志》：“廟貌恢特，蓋斥智果院為之。兩廡刻其所製《滿江紅詞》並《送張紫巖北伐詩》。西偏有流芳亭，石刻王像存焉。”【鄭元祐《重建精忠廟記》：“故宋贈太師、忠武岳鄂王，起卒伍，至將相。其謀審戰勝，規模施設，雖古名將不過是，而竟斃於權奸之手。孝宗嗣位，禮葬王父子於西湖之北山舊廢智果觀音院，賜額曰：‘褒忠衍福寺’，錫之田土，命僧甲乙流傳主之。宋亡，寺廢，不惟王墳墓灑埽廢缺，至於廟貌，一切委地。會隴西李君全，初以承事郎來為杭州路總管府經曆。過王墓道，每瞻望徘徊。時褒忠寺住持僧可觀等，亦合辭累請於君。君遂以興復為己任，市材鳩工，前為廟門，翼以兩廡，正寢中像王，右像王之子——左武大夫、忠州防禦使，左像王之將——龍神衛、四廂都指揮使、閬州觀察使，燕寢中像王父母，衆王夫人咸在焉。王故五子：忠州君既以侑食於正寢，次任忠訓郎、閤門祇候、贈武略郎，次任朝請大夫、敷文閣待制、贈中奉大夫，次任朝奉大夫、提舉江南東路常平事，又其次任修武郎、閤門祇候，以及王之女號銀瓶娘子，並閬州君之夫人，與夫王諸孫名位通顯者，皆肖像以祀焉。王部曲諸將：張憲烈文侯，徐慶昌文侯，董先焕文侯，牛皋輔文侯，李寶崇文侯，王貴尚文侯。李君懼廟祀之或缺，有田一百餘畝，歸之廟，為祊田。廟既落成，杭守土官一再致祭，乃為叙述其事。”胡銓《弔岳太尉詩》：“匹馬吳江誰著鞭，惟公攘臂獨爭先。張皇貔虎三千士，撐柱乾坤十六年。堪恨臨淄功未就，不知鐘室事何緣。石頭城下聽輿議，萬姓顰眉亦可憐。”林景熙《弔岳忠武詩》：“寥落一抔在，英雄萬古冤。孤忠懸白日，遺恨寄中原。樹老殘霞淡，塵深斷碣皆。東南天半壁，往事泣寒猿。”于謙《忠烈廟詩》：“匹馬南來渡浙河，汴城宮闕遠差峨。中興諸將誰降敵，負國奸臣主議和。黄葉古祠寒雨積，青山荒塚白雲多。如何一別朱仙鎮，不見將軍奏凱歌。”】國朝順治八年，巡撫范承謨重修。康熙二十一年，兩淮運使羅文瑜重建。三十四年，杭州知府李鐸重修。雍正九年，鹽驛副使道江承炌重葺。

忠烈二侯祠。萬曆《杭州府志》："在衆安橋南棗木巷，祀宋封繼忠侯岳雲、烈文侯張憲。雲，武穆之子；憲，武穆部將。武穆死於獄，二侯就戮此地，里人憐其冤，立祠祀之。"

忠祐廟。嘉靖《浙江通志》："在岳武穆王故宅，今按察司治之左，宋紹興三十年建。王卒時，有女尚幼，抱銀瓶赴井死，附祭於此，俗稱銀瓶娘子廟。井在廟東北，明正德間，按察使梁材築亭覆之，榜曰孝娥井。"【楊維楨《銀瓶怨樂府》："岳家父，國之楨。秦家賊，城之傾。皇天弗靈，嗟我父與兄。生不贖父，死不如無生。千尺井，一尺瓶，瓶中之水精衛鳴。"王逢《銀瓶娘子祠詩》："碧梧月落烏號霜，寒泉幽凝金井牀。綺疏光流大星墜，夢驚萬里長城亡。女郎報父收囹圄，匍匐將身贖無所。官家聖明如漢主，妾心愧死緹縈女。井臨交衢下通海，海枯衢遷井不改。銀瓶同沉意有在，萬歲千秋露伸彩。魂今歸來風颯然，思陵無樹容啼鵑，阿爺墓木西湖邊。"】

張烈文侯廟。嘉靖《浙江通志》："在東山衖口，墓所祀宋張憲。景定二年，追封烈文侯。"【唐皋《張烈文侯祠記》："侯，蜀之閬州人，武穆愛將，或曰其壻也。以功授閬州觀察使、御前軍統制、宣撫司副都統。賊檜與張俊謀陷武穆，執憲於鎮江，榜掠無完膚，卒無可証者，遂遇害。墓與祠俱在棲霞嶺，西去武穆不遠百步許，地曰東山衖口。正德丁丑，創廟宇，樹石坊於通衢，榜曰：'宋張烈文侯祠'。"】國朝康熙十年，巡撫范承謨重建。

資福廟。《錢塘縣志》："在江干，祀宋烈文侯張憲。景定二年，建於忠壯鄉，地方以侯得名。"

翊忠祠。《杭州府志》："在忠烈祠神宇之西。"【《名勝志》："以祀劉允升、施全者。允升，建州佈衣，聞岳飛被建，上疏訟其冤，秦檜大怒，下棘寺論死。全，殿前司小校也，憤檜滅忠誤國，懷刃刺之，不中，磔於市云。"】

同上書卷二百十九，《祠祀・嘉興府海鹽縣》

岳武穆王廟。《澉水志》：在千户所公廨左。嘉靖癸丑後，倭寇海上屢至城下，官兵悉力捍禦，百户余勛、郎舜臣默禱於王。城上忽見神兵數輩，約長丈餘，金戈鐵馬，出入雲端，自是師屢捷，於是勛等因申請建精忠祠，以答靈貺，實戊午歲也。

同上書卷二百二十，《祠祀·寧波府鄞縣》

岳公行祠。嘉靖《寧波府志》：舊名下塔山廟，在縣東南三十五里。宋端平間，以岳武穆王飛嘗顯靈於此，故里人祠之。

同上書卷二百二十五，《祠祀九·溫州府永嘉縣》

馮魯公祠。《永嘉縣志》："在夾嶼，公名守信，滑州白馬縣人。宋真宗時，捍邊及治河有功，累進太師、中書令，追封魯國公。其孫成為岳飛裨將，扈駕至温，遂居夾嶼，因建祠焉。"

同上書卷二百三十三，《寺觀·衢州府龍游縣》

烏石寺。嘉靖《浙江通志》在縣北四十五里，弘治《衢州府志》：舊名幽巖，宋政和二年建。紹興二年，岳鄂王、張魏公俱有題識。

同上書卷二百三十五，《陵墓一·杭州府》

宋忠武王岳飛墓。《輟耕錄》："在棲霞嶺，王子雲旁祔焉。"萬曆《杭州府志》："初，飛瘞九曲叢祠，孝宗時改葬是處，墓木皆南向。明景泰間，同知馬偉修葺，取檜析幹為二，植墓前，名分屍檜。正德八年，都指揮李隆範銅為檜、檜妻王氏、万俟禼三像，反接跪墓前。嘉靖十四年，巡按御史張景刻"盡忠報國"四大字於石，樹墓之南。"【詳見《祠祀》。徐階《岳王墓記》："宋鄂國岳武穆王，故有祠在墓所。嘉靖乙未春，巡按浙江、侍御張公慕王之烈，率諸吏士造而謁焉。既乃觀王遺像，讀所作《滿江紅詞》、《送張紫巖北伐》詩，慨然想見王之為人，又退而論王之世，至所謂以背示何鑄，有"盡忠報國"四大字深入膚裏者，於是礱石謂参政洪君珠曰為書之，謂階曰為紀之。階昔讀明道先生書有言曰：'天下之事，須才與至誠合一，方能有濟。才而不誠，雖有忠義功業，亦出於事為，浮氣幾何，時而不盡。'竊嘗執是評古之人物，至武穆王事，未始不嘆王之才與誠，非尋常號有忠義功業者所能擬也。王始起徒步，在諸將中位最卑、年最少，然而百戰百勝，為功最多。郾城之捷、廬州之援，其才大類漢淮陰侯。高宗之始用王，有精忠之褒，有中興之委。其為知遇，亦大率類漢高之於信。然信困楚之績，拒徹之言，雖有可稱，而怏怏之私，率不免萌於奪爵之非。其罪惟王自破劉豫唐州之後，鋭意欲取中原，於時高宗方惑於奸檜，以節制光州則不果，以諫阻和議則不納，以親灑掃諸陵則不從，蓋高宗之用王者，已大異於初。而王援鞏、亳，略汝、鄭，經營潁、蔡，為之益力。比進軍朱仙，恢復之功且垂成矣，而班師之詔遽下。未幾，王亦身及於戮，以忠受禍，至今論者猶冤之。而王怡然就死，略無憤懟不平之意。其視信失王則不赴討狶之徵，臨刑追咎拒徹之誤者，固未可同年而語也。然則王忠義功業，非激於高宗之知遇，如信解衣推食之云，非懾於天下之議己，如信悖人不祥之說，特其徇國之心真切懇至，意以為幸不死於戰，即歸死於獄。苟初心之不違，斯隨遇而安耳，非誠之至也，奚能為之。故語王之純節，惟漢諸葛忠武侯、唐郭汾陽王可為儔匹，而汾陽之才又似不及王。蓋三代以降，才與至誠合一，卓然炳然者，王及諸葛兩人而已。方今天下承平，士幸生其時，如王之忠義功業，固無由自見。然而有官守言責者，體王之心，以修其職，以盡其忠，則豈有異道乎？階故不辭而記之碑，為石四，以是歲八月望日立於墓之南。"趙孟頫《岳墓詩》："岳王墳上草離離，秋日荒涼石獸危。南渡君臣輕社稷，中原父老望旌旗。英雄已死嗟何及，天下中分遂不支。莫向西湖歌此曲，水光山色不勝悲。"林清源《岳墓詩》："誰收將骨葬西湖，已卜他年必沼吳。孤冢有人來下馬，六陵無樹可棲烏。廟堂計短慚嫠婦，宇宙惟公是丈夫。往事重觀如敗局，一龕燈火屬浮屠。"】國朝雍正七年，總督臣李衛飭屬員重修祠墓，錢塘縣知縣李惺重鑄鐵人，立碣為記。

同上書卷二百七十九，《雜記上》

《南宋相眼》：紹興壬午七月，臨安訪求岳飛墳，在錢塘門外，當時私號賈宜人墳。

同上書卷二百八十，《雜記下》

《菽園雜記》："吳文恪公訥為御史，巡按兩浙時，壞秦檜碑，因刻石記曰：'右宣聖及七十二弟子贊，宋高宗製並書，其像則李龍眠所畫也。高宗南渡，建行宮於杭，紹興十四年正月，始即岳飛第作太學。三月，臨幸，首製先聖贊，後自顏淵而下，亦撰辭以致褒。'"

郝玉麟 等

撰：《福建通志》卷六十六，《雜記·興化府》

陳忠肅文龍初在太學，累試不入格。一日夢太學祀神，岳侯請交代，自謂必死於學，恒悒悒不樂。既而廷對第一，仕宦顯達，前夢不復記矣。及守鄉郡，又夢神通，詩首言交代，後署至元年月日，心甚駭愕。未幾，宋亡，被俘至杭，拘於太學，以前夢語故人趙有得，因嘆曰："社稷人民，一旦易主，此天數也。皇宋未亡之前，鬼神已奉其正朔矣。吾今病且死，而適囚太學，得無為太學土神乎？"果卒，墓在知果寺傍。葬之日，墓上生竹，竹有刺，人不能登，世謂岳王為公前身。岳墳松不北枝，公墓竹盡生刺，忠魂義魄結為卉木，如出一節，亶其然乎？【《莆田縣志》】

同上書卷六十七，《雜記·漳州府》

游中孚，字大信，崇安人。博學強識，《春秋左傳》、《漢》《唐》《史記》，成誦如流，且能言其同異得失，上下數千載事，纚纚可聽。李光知宣州，會李成擁衆攻城，議遣官求援於岳飛。道路阻絶，衆皆憚往。中孚時為光門客，慨然請行，挾十騎由間道走太平。見飛，與飲，屢起請，飛曰："君姑飲，援兵已至竟陵矣。"圍解後，光欲請於朝官之，中孚力辭，竟不仕。【《閩書》】

撰：《廣東通志》卷六，《編年志一·宋紀》

紹興元年辛未……都統制岳飛敗賊曹成於桂嶺。成走連州，統制張憲追擊破之，成降。

《宋史》："知鄂州曹成反，寇郴、賀等州。飛屢破之，成奔連州砦。飛遣張憲與飛會連州，進兵追成。成走宣撫司降。時以盛夏，行師瘴地，撫循有方，士無一人死癘者，嶺表平。"

（紹興）三年癸丑……四月，招討使岳飛討平廣寇陳顒等，班師。

（紹興）十一年辛酉冬十二月，殺太保、樞密副使岳飛，徙其家屬於廣南。

同上書卷三十九，《名宦志·省總》

岳飛，字鵬舉，湯陰人。由武舉仕為秉義郎，宗澤奇之，曰："將材也。"陞都統制。紹興二年，權知潭州，兼荆湖東路安撫都總管，付金字牌、黃旗，招賊曹成。時成攻陷道、賀二州，擁衆十餘萬，由江西曆湖、湘間。聞飛至，驚曰："岳家軍來矣。"分道而遁。飛至茶陵，詔令察成情為進退。飛奉詔招成，不聽，乃疏陳："比年多命招安，故盜強則肆暴，弱則就招。苟不大懲，四方蠭起。"帝許之。飛入賀州境，得成諜者，縛至帳下。飛出調兵食，吏曰："糧盡矣，奈何?"飛陽曰："姑反茶陵。"陰令逸諜。諜歸告成，成大喜，期翼日追之。飛命士蓐食，夜趨繞桂嶺。未明，至太平場，破其砦。成據險相拒，飛麾兵掩賊，大破之。成走，據北藏嶺，遣將迎戰。飛不陣而鼓，士卒爭奮，奪二隘據之。成督衆十餘萬，守蓬頭嶺。飛部纔八千人，一鼓登嶺，破其衆。成大潰，奔連州。飛謂部將曰："賊衆已敗，追而殺之，則脅從者可憫，縱之則復聚為盜。今遣若等誅其首，而撫其衆，慎無妄殺。"於是張憲自賀、連，徐慶自邵、道，王貴自郴、桂，招降者二萬，與飛會連州，進兵討成。成走邵州，降於韓世忠。時江、廣多盜，陳顒圍循州，焚龍川，周十隆犯循、梅二州，飛悉提兵討平之。初，帝以隆祐太后震驚之故，密令飛屠虔城，飛請誅首惡而赦脅從，帝許焉。虔人繪像祠之。及入見，帝手書"精忠岳飛"字，製旗以賜之。後為秦檜所害，徙其家屬於廣南，諸孫珂等流寓廣州。久之，得放還。

同上書同卷，《名宦志・廉州府》

岳霖，相州人，鄂武穆王飛次子。淳熙二年，知欽州。交趾入貢使者毁驛舍，霖封劍示其都監曰："若不葺而行，當以軍法相待。"使者懼，繕而後行。紹熙二年，遷知廣州。

同上書同卷，《忠義》

馬南寶，香山人，世殷富，讀書好義。景炎二年十月，端宗自潮州之淺灣航海過邑，南寶獻粟千石供軍，召拜權工部侍郎。十一月，丞相陳宜中、少傅張世傑、殿前指揮使蘇劉義奉端宗幸沙衝，暫宫于南寶家，南寶竭力保衛。數日，元兵入廣州，諸將召募潮居里民數百以行，南寶勞勉諸將，歌岳武穆直擣長驅之句，以相風勵，慷慨激烈，聞者壯之。張世傑奉御舟退保秀山，颶風舟敗，宜中欲奉帝走佔城，不果，遂逃去。南寶聞之，慟曰："丞相必不返，國事去矣!"後果然宋亡，悲憤不食。元人籍仕宋者，南寶逃匿，不書姓名。已而元兵欲屠潮，居里人為南寶危，而南寶恬不為動。後被執，不屈，死之。

同上書卷四十三，《謫宦志、流寓附》

楊煒，越州人。同郡李光執政，而金人議和。煒移書責光，後為黄巖令。詆秦檜誤國，除名，萬安軍編管。同時有于鵬者，岳飛部下參議官，秦檜惡之，亦除名，編管萬安軍。

同上書卷四十五，《人物志·明廣州府》

龐尚鵬，字少南，南海人，嘉靖癸丑進士……立孫忠烈祠，修岳武穆墓以示風勸。

鍾卿，字懋敬，東莞人……擢知九江府……繕岳飛廟，其革蠹維風類此。

邁柱 等

撰：《湖廣通志》卷三，《沿革志·全省》

建炎，京西南路皆屬金，惟存襄、均、隨、棗陽、光化五郡。而荆湖南北二路則仍宋版，後岳飛復襄陽。

同上書卷十二，《山川志·岳州府巴陵縣》

七里山，在城北七里，宋岳飛屯兵處。

同上書卷十四，《關隘志【津梁附】·長沙府·湘陰縣》

磊石寨，在縣西一百二十里，屹立湖濱，三面背水，一面阻山，宋岳飛結營於此。穆屯寨，在縣北七十里，岳飛討楊幺，駐兵於此。

同上書卷二十五，《祀典志【祠廟附】·武昌府·武昌縣》

岳鄂王廟，一在縣東五里，宋乾道中建；一在賓陽門内青草坡，兵燹後為菴，易王像於殿側。康熙十二年，知縣馬中駿題額，改正王像於殿中。

同上書同卷，《祀典志【祠廟附】·武昌府·嘉魚縣》

三忠祠，在縣東。明嘉靖八年，知縣陳一言建，以關忠義、張睢陽、岳武穆合為一祠，春秋祀之。

同上書同卷，《祀典志【祠廟附】·安陸府·鍾祥縣》

岳武穆廟，在城南，舊在拱辰門，南宋淳熙中建。

三忠祠，在西門内。

同上書同卷，《祀典志【祠廟附】・安陸府・荊門州》

岳武穆廟，在州南七十里。

同上書同卷，《祀典志【祠廟附】・荊州府・石首縣》

岳武穆王廟，在縣南六十里，王討楊幺時屯兵於此，故祀之。

同上書同卷，《祀典志【祠廟附】・長沙府・茶陵州》

岳王廟，在州城内，祀宋少保。

同上書同卷，《祀典志【祠廟附】・永州府・祁陽縣》

精忠祠，在城内，祀宋岳飛。

同上書同卷，《祀典志【祠廟附】・岳州府・巴陵縣》

岳武穆廟，在城北七里山，明成化間建。

同上書同卷，《祀典志【祠廟附】・常德府・武陵縣》

四賢祠，在府學前，祀屈原、馬援、唐介、岳飛。

同上書同卷，《祀典志【祠廟附】・永順府・安鄉縣》

白馬廟，在縣東北十五里，祀岳武穆。

同上書卷二十七，《藩封》

鄂武忠王岳飛。《宋史・列傳》："字鵬舉，相州湯陰人。少負氣節，家貧力學，尤好《左氏春秋》、《孫吳兵法》。生有神力，未冠，挽弓三百斤，弩八石。宣和四年，真定宣撫劉韐募敢戰士，飛應募。康王即位，飛上書數千言。歸宗澤，為留守司統制。紹興四年，除兼荊南鄂岳制置使。趙鼎奏湖北鄂、岳，最為上流要害，乞命飛屯鄂、岳，乃以隨、郢、唐、鄧、信陽并為襄陽府路隸飛。封武昌縣開國子。五年，入覲，進封武昌郡開國侯，後授少保。嘉定四年，追封鄂王。"

同上書卷二十八，《職官志・曆代職官》

岳飛，湯陰人，荊湖南北路招討使。

同上書卷四十一，《名宦志》

李道，《宋史·列傳》：字行之，相州人。高宗時除唐、鄧、郢州、襄陽都統制，從岳飛收復襄陽等郡。累官至復州防禦使，戍鄂州。

岳飛，《宋史·列傳》：字鵬舉，湯陰人。紹興元年，權知潭州，兼權荆湖東路安撫都總管。時賊曹成擁衆十餘萬，由江西曆湖、湘，據道、賀二州。詔付飛金字牌、黄旗招成。成聞飛將至，驚曰："岳家軍來矣。"即分道而遁。飛至茶陵，奉詔招之。成不從，飛奏："比年多命招安，故盜力強則肆暴，力屈則就招。苟不略加剿除，蠭起之衆，未可遽殄。"許之。飛入賀州境，得成諜者，縛之帳下。飛出帳，調兵食，吏曰："糧盡矣，奈何?"飛陽曰："姑反茶陵。"已而顧諜，若失意狀，頓足而入，陰命逸之。諜歸告成，成大喜，期翌日來追。飛命士蓐食，潛趨遶嶺。未明，已至太平場，破其砦。成據險拒飛，飛麾兵掩擊，賊大潰。五年，除荆湖南北制置使，命招捕楊幺。張浚都督軍事，欲俟來年議之。飛曰："八日之内，當俘諸酋。"遂如鼎州。黄佐招楊欽來降，飛喜曰："楊欽驍悍，既降，賊腹心潰矣。"表授欽武義大夫，禮遇甚厚。乃復遣歸湖中。兩日，欽説余端、劉詵等降。飛詭駡欽曰："賊不盡降，何來也。"杖之，復令入湖。是夜，掩賊營，降其衆數萬。幺負固不服，方浮舟湖中，以輪激水，其行如飛，旁置撞竿，官舟迎之輒碎。飛伐君山木為巨筏，塞諸港汊，又以腐木亂草浮上流而下。擇水淺處，遣善駡者挑之，且行且駡。賊怒來追，則草木壅積，舟輪礙不行。飛亟遣兵擊之，賊奔港中，為筏所拒。官軍乘筏，張牛革以蔽矢石，舉巨木撞其舟盡壞。幺投水，牛皋斬之。飛入賊壘，餘酋驚曰："何神也?"俱降。飛親行諸砦，慰撫之，縱老弱歸田，籍少壯為軍，果八日而賊平。張浚嘆曰："岳侯神算也。"

薛弼，《宋史·列傳》：字直老，温州永嘉人。登政和二年進士。靖康初，改湖南運判。楊幺據洞庭，寇鼎州，命岳飛討之。幺陸耕水戰，樓船十餘丈，官軍徒仰視，不得近。弼曰："彼之所長，可避而不可鬥。今天旱，湖水落洪，連筏斷江路，稿其上流，使彼之長坐廢，而精騎直擣其壘，則破壞在目前矣。"飛曰："善。"兼旬，積寇盡平，進直秘閣。

同上書卷四十三，《名宦志·安陸府》

岳飛，《宋史·列傳》：字鵬舉，湯陰人。紹興四年，為德安府制置使。抵郢州城下，偽將京超，號萬人敵，乘城拒飛。飛鼓衆而登，超投崖死，復郢州。

同上書卷四十六，《名宦志・常德府》

張運，《宋史・列傳》：字南仲，貴溪人。紹興五年，通判鼎州。賊楊幺、黄誠擁衆數萬，殘破城邑，跳梁湖北。高宗遣張浚以都督董師，岳飛以招討舉兵擊之……

同上書卷四十九，《鄉賢志》

張嵲，《宋史・列傳》：字巨山，光化人……擢修撰，論王德擅退，使岳飛勢孤，敵人猖獗，應罰而反賞，封還辭頭，乞罷。

同上書卷五十六，《人物志・岳州府》

劉寶，《姓譜》：岳飛將，嘗從破楊幺有功。及飛遇害，寶遂散其部曲，隱居華容山，卒。按《府志》，華容人。

同上書卷五十八，《隱逸・長沙府》

謝英，《姓譜》字楚華，寧鄉人，讀書於石桂山，博學好古聞。岳武穆被害，乃隱居山林，教授子弟，孝宗累辟之，不就。所著有《志伊錄》、《白雲稿》、《循吏龜鑑》。

同上書卷六十一，《忠臣志・寶慶府》

岳飛，詳總《宦志》。

楊再興，《宋史・列傳》：再興，臨岡人，賊曹成將也。岳飛破成，再興走，躍入澗。張憲欲殺之，再興曰："願執我見岳公。"遂受縛。飛奇其貌，釋之曰："吾不汝殺，當以忠義報國。"飛屯襄陽，遣再興至長水縣之業陽，殺孫都統及統制滿在。再戰，破其衆二千，復長水縣，得糧二萬石，盡復西京險要。又得僞齊所留馬萬匹、芻粟數十萬，中原響應，復蔡州，焚敵糧。飛敗金人於郾城，金人合兵逼飛。再興單騎入其軍，手殺數百人而還。金人併力復來，再興以三百騎遇敵於小商橋，驟戰，殺二千餘人。再興戰死，後獲其尸，焚之，得箭鏃二升。

同上書卷七十三，《流寓志・黄州府》

岳震，父飛，討李成駐兵黄梅，詔進屯洪州，飛以士卒非震莫可彈壓，因留震於梅。及飛死，震易姓匿大河間，弟霆知震所在，亦潛依焉。以秦檜憎岳字，改岳州為純州，遂從鄂姓。孝宗恤錄徙嶺南雲、雷支裔，而此流不及，其後分為十三户。鄂有武穆遺金鉦一面，地方有警則此金不敲自鳴。【以上《舊通志》】

同上書同卷，《流寓志・襄陽府》

孟宗政，《明一統志》：絳州人。父林，從岳飛至棗陽，因家焉。餘詳《人物志》。

同上書同卷，《流寓志・岳州府》

劉寶，《明一統志》：岳飛將，嘗從破楊幺有功。及飛遇害，寶遂散其部曲，隱居華容東山。

同上書卷七十七，《古蹟志・武昌府江夏縣》

岳柏，在大東門外，鄂王廟墀左，圍可三尺，枝幹疏老不繁，人號為“獨柏”。每值辰戌丑未年，楚士有掇巍科者，柏預吐一奇枝。

同上書同卷，《古蹟志・武昌府嘉魚縣》

岳公城，在縣東北。岳飛征楊幺，於此築城屯兵。

同上書同卷，《古蹟志・荆州府石首縣》

係馬臺，在縣南八十里。相傳岳飛討楊幺，係馬於此。

同上書卷七十九，《古蹟志・長沙府茶陵州》

鄂王城，在二十五都。宋岳飛屯兵時築。

同上書同卷，《古蹟志・衡州府酃縣》

擂鼓磐，在縣南。下有潭，似鼓鳴，輕重有節。相傳宋岳飛討曹成餘黨，山靈感飛忠義，為助兵威。至今廟猶存。

同上書同卷，《古蹟志・岳州府臨湘縣》

引路古松，雲溪、長安二驛路皆有之。《岳陽風土記》：宋岳飛行軍時所植也。

同上書同卷，《古蹟志·岳州府華容縣》

岳城，在縣西北四十里。宋岳飛築城凡三，各相距四十里，今人呼為岳城、穆城、湖城云。

食成臺，在縣西南四十五里。宋岳飛築以望楊么軍者，食頃便成，故名。

同上書同卷，《古蹟志·直隸澧州安鄉縣》

石家山，在縣東一里。舊云岳武穆討楊幺，駐兵於此，壘土而成，環山皆濠塹。

同上書卷八十，《古蹟志【寺廟】·長沙府茶陵州》

旌忠寺，在州西，明張治《碑記略》："青雲庵去城西郭里許，宋旌忠祠故址也。南渡寇曹成比衆萬人，武穆討焉。成走茶陵，武穆追至之，成遂就俘。從戰陣而歿者，以其骨函之西郊殯焉，奏建祠祀之額曰'旌忠'。弘治癸未，王參戎君錫奉武穆主祀焉。"

同上書卷一百十九，《雜紀二》

捲旗花，湖賊楊幺為岳飛所破，兵皆散，捲旗播野。後遍地生花，如捲旗之狀，因名。【《岳州志》】

赤塘冬青樹，岳武穆董師過茶陵之赤塘，向有冬青樹，大數尺，横生梗，道過者難之。武穆師至之夕，忽自植立。【舊志】

武穆廟，羅元知鄂州，以父汝楫附秦檜成岳武穆獄故，不敢入武穆廟，久之自念"吾故無愧"，姑往祠之，是夕遂卒。【舊志】

同上書卷一百二十，《雜紀》

岳武穆飛領兵過茶陵，鄉人尹彦德以牛酒謁軍門，犒軍三日。飛曰："汝當以詩書教其子孫。"乃親書"一經堂"三大字，遺之彦德。如其言，子伯、正仲、正後果登第。飛初封武昌縣開國子，後子霖漕湖北，過武昌，吏民設香案，具酒牢，哭而迎。有一嫗尤哀，曰："相公今不復此來矣。"霖呼而遺之食，問其夫何在，嫗哭曰："不善為人，為相公所斬矣。"問其子與婿，皆然。人以是知武穆之感人者深矣。【舊志】

辛中丞辛人膺紹興中為湖南提刑，舟至武昌，大將岳侯於江亭迎謁，辛見之，即以明日具食。既宴，延辛入小閣，執手曰："前夕夢為棘寺逮對獄，獄吏曰辛中丞被旨推勘，驚寤而津，吏報君至。他日飛或不幸下獄，願公救護之。"後數年，飛故部王貴迎時相意，告其謀叛，係大理獄，新除御史中丞何鑄治其事，方悟前夢乃新中丞也。【《江夏志》】

葉忠節映榴過湯陰，謁鄂王廟，題詩云："百戰英雄骨，東窗笑語中。繡旗恩未斷，丸蠟間先通。鐵像行人礫，王封史筆公。我來瞻廟貌，灑淚拜孤忠。"蓋報國丹心已見於此矣。詩刻忠節祠中，後武昌糧道王承烈次韻云："山斗欽山斗，流連語句中。貞魂詞已現，碧血兆先通。今古惟吾道，乾坤此數公。時雍私後起，俯仰感雙忠。"【採補】

王士俊 等

撰：《河南通志》卷四十七，《選舉四·武勛》

岳飛，湯陰人。以功進少保，封開國公，除宣撫使。

同上書卷四十八，《祠祀·開封府》

岳忠武王廟。【在府城南朱仙鎮，明成化二十一年，佈政使吳節、知府張岫建。正德四年修，明何孟春記："宋岳鄂侯武穆王廟始建於鄂，再建於杭，三建於湯陰，而今建於梁城南之朱仙鎮。在鄂者，王開國地，王冤白時已建；在杭者，王墓在焉；在湯陰者，王父母之邦。其廟皆著祀典，而朱仙鎮者，王之功於是為極，王之忠憤所不能忘者也。王當靖康、建炎之難，應宣撫募，屢擒劇賊。轉武階，隸留守司，所向戰必克。以言事削官，歸詣招討使。時年尚少，柄任未及，而奇其戰功者以為古良將不能過，聽其言者知其非行伍人也。新鄉之戰，侯兆川、太行山皆有功，而事見忌於都統。胙城之戰，黑虎潭、汜水關、竹蘆渡、南薰門及清河、鐵路步、六合、烏江皆有功，而謀復行於留守。然王自一軍獨制烏珠不能犯杭長入，而宋得復建康，則皆廣德之戰，宜興、鎮江、東清亭、牛頭山、新城、靜安之功也。嗚呼！王用統制，借補州刺階大夫，四年間崛起行伍，厥功已如此。紹興以來，王始承制命，秉節鉞，洊陞使帥，專征諸路，控扼數州，叛將歸降，逆賊奔潰，江西嶺表，水陸繼平，使內不得合，外無與應，固皆王之功也。王志在中原，復讐報國，奏移屯鎮，每圖大舉而姦相擅權，力主和議，時臨機至，輒加沮抑。高宗聞王言，始大感悟，授王河南北諸路招討之命。王分遣諸將在處，奏功相繼。大軍既北，與烏珠遇，大敗之於郾城，於臨潁，於潁昌，而進至是鎮，距汴四十餘里，與烏珠對壘，又大敗之。當時中興之機，舉集目中，天時人事，强弱已見，而班師之詔，前後踵趨，使王十年之力，廢於一旦，蓋秦檜之計也。嗚呼！王之功於是為極，而王之忠憤亦於是為甚。王一回轡，河南州縣復陷。明年，入廬、濠，王至則遁去。和議既決，而王歸，遂死於權姦之手矣。嗚呼！高宗嘗命王"中興之事，一以委卿"，而竟不能成。王唾手燕雲之功，於招討之命若是者，天耶，人耶？王之功自紹興來，十二年間，朝廷無日不聞捷，士民無處不賴其救，徵諸史册，難復事數而地計。而春獨謂是鎮為極者，以此王之蹤跡，周旋兩河南北凡幾，而獨是鎮有廟，與其開國地、其墓、其鄉比者，春所謂王之忠憤所不能忘者也。嗚呼！王廟在宋惟鄂，國朝杭、湯陰用守臣議並署，而是鎮成化間居民知義者共為之，藩、臬官交獎助之，其制簡隘。今天子正德紀元之四年己巳，河南鎮守因行縣有感，乃拓而新焉，而廟貌閎偉，香火虔嚴。開封道紀司擇道士一人同焚祝焉，顧歲時祭物供諸居民，弗典弗虔，焚祝衣食，無所於寄。又四年壬申，佈政司右佈政使楊公子器至，為買旁鎮腴田七十畝，出帖給廟。春適至，為量費制祭，備用鑿井，作亭廟前，俾廟神有禮，享祀有業，守民知義者交慰焉。乙亥春當去，汴民石杲等聯告請祀，春謝，不及為。明年，道士楊繼時又走京師以請。嗚呼！忠義之在人心亘古，今達天下，豈有既哉？今太行兩河之人，皆應王之忠義豪傑也。昔者挽車牽牛，載糗糧，饋義軍，頂盆焚香，候王之人，今日拜廟之民也。嗚呼！是孰强之使然哉？忠義之在人心，不得而泯也。謁是廟者，忠義之心其油然而生矣乎，春於是重有感焉。廟之地界田畝，俱列石陰，以示來者。是為記。】

同上书同卷，《祠祀・汝寧府》

岳武穆王廟【在府西門月城内。昔宋紹興初，武穆嘗統軍克復蔡州，蔡人德之，故為立廟。明高叔嗣詩："戰血憑誰浣，忠魂任所之。郊原高故壘，草樹暗靈祠。落日啼鵑處，征人係馬時。千年知己淚，片石外孫辭。"】

同上書卷四十九，《陵墓・彰德府》

岳忠武鄂王先塋【在湯陰縣城東二十里周流社。明弘治間，尚書李燧奏如錢塘制豎表勒石。】

同上書卷五十四，《名宦上》

張所，青州人。建元初，為河北招撫使，賜内府錢百萬緡，給空名誥千餘道，以京西卒二千為衛，將佐官屬許自辟置。所方招來豪傑，以王彦為都統制，岳飛為準備將。而汪伯彦、黃潛善惡之，誣奏，安置嶺南而卒。

同上書卷五十六，《名宦下》

楊再興，岳飛部將，屢立戰功。紹興中，飛大敗金人於郾城。烏珠憤甚，遂合龍虎大王、蓋天大王及韓常兵決戰。飛遣子雲衝其鋒，再興單騎破之。烏珠愈憤，併力復來，屯兵十二萬於臨潁。再興以三百騎遇之于小商橋，殺二千餘人及萬戶薩巴貝勒、千戶百人。再興死之，焚其屍，得箭鏃二升。飛痛惋，哭之。後人即其地，為立楊將軍祠。明王祖嫡為之記，詳《祠祀志》。

同上書卷五十七，《人物一》

胡閎休，字良弼，開封人。初入太學，著兵書二卷。靖康初，應知兵科，中優等，補承信郎。二帝詣金營，閎休欲結士劫之，為何栗所止。後南渡，從岳飛討賊湖湘，以誅鍾子儀功，進成忠郎。飛被誣死，閎休發憤，杜門佯疾，十年卒。有《勤王忠義集》藏於家。孫照，德安太守。

同上書卷五十八，《人物二》

李道，字行之，安陽人。初與兄旺聚衆歸宗澤，澤以他事誅旺，命道掌其軍。澤卒，引軍依襄陽鎮撫使桑仲。仲奏於朝，授武義郎、閤門宣贊舍人。劉豫遣人持書招道，道不從，執其使以聞，詔嘉奬之。豫怒，遣將楊楷攻道。道力拒，破其軍。除知隨州。會李成入寇，道棄隨南歸。至江州，詔道屬岳飛，為選鋒軍統制。入唐州，禽敵偽將。從飛收復襄陽等郡。武興蠻楊再興連歲寇掠，道破其衆，禽再興及其二子……

同上書卷六十，《人物四》

牛皋，字伯遠，魯山人。初為射士，金兵至，皋聚衆與戰，屢勝。西道總管翟興表補保義郎。討劇賊楊進於魯山，三戰三捷，以功累遷滎州刺史，曆知蔡州。遇敵戰輒勝，加親衛大夫。命隸岳飛軍，飛喜甚。偽齊使李成合金人入寇，破襄陽六郡。飛遣皋大破之，復隨州。又破李成，復襄陽。偽齊薄廬州，皋追擊三十餘里，軍聲大振，廬州平。又從飛平楊幺。金人渝盟，飛命皋出師，戰汴、許間，以功最，除捧日天武四廂都指揮使。金再攻京西，皋十餘戰，皆捷。會秦檜誣殺飛，並忌皋。紹興十七年上巳日，田師中大會諸將，秦檜使師中毒皋。皋中毒，亟歸，語所親曰："皋年六十一，官至侍從，死無所恨。所恨南北通和，不以馬革裹尸，顧死牖下耳。"明日卒。

同上書卷六十三，《忠烈・開封府》

明王良，字天性，祥符人。洪武時，以刑部郎中擢僉都御史。建文朝歷官刑部侍郎，出為浙江按察使，廉潔明峻，素以忠義自許。至浙，詣岳鄂王墓，誓曰："苟愧武穆，非人也。"聞靖難師入，誓以必死，慟哭不已。會命使召，良乃集諸司印凡九，置私第。妻問故，曰："吾分應死，未知所以處汝耳。"妻曰："君乃為婦人謀乎？"即入後園，投池中死。良抱印積薪自焚，後謚忠毅，妻謚貞烈。

同上書同卷，《忠烈・彰德府》

岳飛，字鵬舉，湯陰人。少力學，好《左氏春秋》、《孫吳兵法》。宣和四年，始從宣撫劉韐軍。自起小校，為大將，與金人無歲不戰，戰必大克。中間翦滅巨寇，削平内難，飛功為多。是時二帝北狩，中原巨盜起，各擁衆數十萬，蟠結嶺表襄漢，滋蔓江淮湖湘間，飛次第翦平之。建炎四年，破李成，降張用；紹興二年，破曹成，成走宣撫司降；三年，殲固石洞賊彭友，降其衆；四年，大破金人及李成於郢襄；五年，馘楊幺，破其衆數十萬。七年，入見行在，數論恢復之略。帝曰："中興之事，一以委卿。"飛遂鋭意恢復。十年，金攻拱、亳，飛分遣諸將出擊，而自以其軍長驅取中原，大破敵拐子馬萬五千騎已。復連戰，大破之。太行忠義、兩河豪傑皆期日興師，旗幟悉以'岳'為號，中原大震。飛遂進軍朱仙鎮，距汴京四十五里而軍。河北民餽運相望，焚香迎候者盈路。自燕以南，金國號令不行。烏珠至，欲棄汴以避之。其禁衛、龍虎大王等皆密受旗榜，自北來降。大將韓常欲以五萬衆内附。飛大喜，語其下曰："直抵黄龍府，與諸君痛飲爾！"方計日渡河，而十二金字牌一日至，召飛還。飛憤惋泣下，東向再拜，曰："十年之功，廢於一旦！"遂班師。民遮馬慟哭，乞留。飛涕泣，取詔示之，哭聲震野，從而南者如市。飛歸，竟為秦檜誣害。敵人聞其死，皆酌酒相賀。淳熙六年，謚武穆。嘉定四年，追封鄂王，改謚忠武。五子：雲、雷、霖、震、霆。

岳雲，湯陰人。飛養子，年十二從征，數立奇功。每戰，手握鐵椎八十觔，先諸軍登城。襄漢平，功在第一，遷武翼郎。潁昌大戰，出入行陣，體被百餘創，甲裳為赤，以功遷中州防禦使，終左武大夫，提舉醴泉觀。為秦檜所誣，與飛同時死，年二十三。孝宗初，贈安遠軍承宣使。

張玘，澠池人。建炎中，以家財募兵破敵，人從者數千。時翟興制置西京，玘以衆屬焉。敵兵渡河，玘禦之白浪口。敵將取商州，玘佐統制董先禦之，九戰九捷。累功遷唐州馬步軍副總管。又從岳飛復西京六州，平湖賊鍾子義等。後與敵人戰於海州，中流矢，卒。孝宗命祠於戰所，贈清遠軍承宣使。子世雄亦歿於符離之戰，贈武節大夫。

同上書卷六十四，《孝義》

岳仲明，本固始人，宋鄂王七世孫。洪武初，徙家於汴。仲明少立清節，隱居不仕，嘗廬墓九年。有司以孝廉舉，三召不起，賜號“純孝先生”，今三召塚尚存。所著有《遺安集》，藏於家。

同上書卷七十五，《藝文四·曆代詔誥 ·諭祭宋岳飛文》

昔宋運將終，爾克盡大義，精忠丕著，敵者畏之。使當時檜賊不生，則有宋或未至絶，豈但爾亡於賊手哉？朕纘承天位，今有事顯陵，南之荆楚，道經爾祠，特命重臣諭祭於爾，惟爾欽承哉！

同上書卷八十，《辨疑·岳武穆當稱忠武》

今天下岳祠皆稱武穆，此未定之謚也。嘗見宋贈鄂王岳飛，謚忠武，文曰：“李將軍口不出辭，聞者流涕；藺相如身雖已死，凛然猶生。”又曰：“易名之典雖行，議禮之言未一。始為忠愍之號，旋更武穆之稱。獲覩中興之舊章，灼知皇祖之本意。爰取危身奉上之實，仍採戡定禍亂之文。合此兩言，節其一意。昔孔明之志興漢室，子儀之光復唐都，雖計効以或殊，在秉心而弗異。垂之典册，何嫌今古之同辭；賴及子孫，將與山河而並久。”觀此益知當稱忠武為是也。

［清］王士俊等編：《河南通志》七十七，《論蔡虛齋先生〈岳少保論〉》

虛齋先生之論少保公也，略曰：“岳公報國之志，所以終不酬者，愚獨恨公之未知權也。孝子之於親也從治命，不從亂命。高宗一日十二金牌召班師，則亦亂命之類耳。將在軍，君命有所不受，正為此也。苟利社稷，專之可矣，此乃所謂權也。”因持此意，反覆至五百餘言。然則公誠失此機會，知守經而不知達權者乎？於戲！是豈知公之心哉。

夫權之云者，善於用經而非離經而去之，且冒不韙之典，開專擅之漸，甚或至於進退狐疑，身名交喪者也。君臣之義，有死無二，不聞之乎？況大將握重兵於外，而形跡疑似涉於跋扈不恭，雖功蓋天下，君子將誅其心矣，何則？功名者，一時之跡，忠孝者，萬世之綱，奚可圓融曲折於其間哉？故公之奉詔班師也，知有君而已，知有君之命而已，遑論河北河南與？是以雖憤惋泣下，而卒不敢遷就，以快吾志，此其恪共純白，肫肫懇懇，光光潔潔，傳之至今，雖三尺童子扼腕太息，共知君命之嚴重如斯也，奈何責公以違詔耶？且夫將在軍，君命有所不受，斯言也，可訓而不可為訓也。為此說者，蓋以決機兩陣之間，勝敗呼吸，不容事事承制，非為君使之出而故入，君使之退而故進，如虛齋先生所引桓溫拜表輒行之說，可近類桓溫，而心跡與桓溫有間，不害為同行異情也，以一例自恣矣。昔者漢周亞夫，原論云雖常持此說矣。七國之役，文帝使告亞夫救梁，亞夫不奉詔，然吾謂亞夫不奉詔乃正善於奉詔耳。何也？其不救梁而絶吳楚饟道，洵善於救梁之策，且亞夫兩朝宿將，將吏畏服，莫敢間言，故得從容以成其功。抑詔固移軍，非班師也。若文帝赦七國罪令，亞夫班師，亞夫敢不奉詔與？諸葛武侯又嘗引此說矣，五丈原之役，司馬懿欲戰，辛毘仗節立軍門不許，懿不敢出。武侯曰：“彼本無戰心，將在外，君命有所不受也。”蓋武侯特用以激懿，仍遺巾幗之術耳。然此舉終以辛毘為正，以司馬懿為智，雖奸雄之尤，何嘗不挾君命以鎮衆心乎？是則將在外君命有所不受，斯言也，固不得輕以藉口也明矣。且就公之事勢而斷之，則又萬萬有所不可者。內有奸臣之嫉，外多同列之忌，茫茫四顧，無蚍蜉蟻子之援，公固可謂孤立無助矣，特以忠勇之氣，鼓勵麾下。設一旦違命北渡，跡涉可疑，彼賊檜且擱然得計，强坐以謀反之律，榜其罪於朝廷，暴其事於天下，鍛鍊文致，公將何以自明腹心之旅。即不疑公，而亦安保無疑之者？心有所疑，則氣必不振，兩河豪傑，望風解體，即欲直抵黃龍府，何可得哉，何可得哉！斯時蒼黃失據，悔之晚矣。不觀唐之郭汾陽、李臨淮乎？郭公強兵勁卒，俱歸部籍，一紙徵之，無不就道，以故讒謗無從而入。臨淮擁兵不朝，諸將田神功等亦不復稟畏，遂愧恨而卒。由此論之，去其平日之所恃，而以為吾以行權，則雖孚號有厲，衆亦莫之信耳。此即利害之見，不可以論聖賢，然亦何得不籌及之哉？惟有奉詔班師乃出於至正至大，而亦萬全之策也。明知賊檜此計匪特撤兵，直假以殺公，何也？吾召之而來也，則解其兵柄，徐搆其隙而除之；吾召之而不來也，則加以惡名，立正其罪而誅之。賊檜固籌之至熟，十二金牌不來，則遣張樞密輩提一旅之師，具檻車長鎖而至，公其敢與王師抗乎？若其抗之，則公真反也；若其不抗，則又恨其不早也。是惟束身還朝，面見天子，日將兩河形勢、唾手燕雲之策詳陳於黼座之前，高宗未必不悔且悟矣。果悔且悟，則吾之偏裨士馬固在也，百姓之糧車可再挽也，所揭岳字之旗可復卓於三晉也，堂堂正正，何敵不摧，何功不奏耶？即吾不幸而死，而趙鼎未亡，韓、劉諸將猶在，天果悔禍，尚可繼吾而恢復，則雖死之日，猶生之年。若一不奉詔，則君心疑我，疑我而竝及韓、劉諸將，賊檜且得以一網打盡，而恢復永無期矣，是真吾死之日矣。於戲！此正公之可與權也，而奈何責以冒不韙之典，開專擅之漸？至於進退狐疑，身名交喪耶！乃班師之後，烏珠復遺檜書，曰："汝朝夕以和請，而岳某方為河北圖，不殺某何以和。"公因是竟死，天不祚宋，奈何哉，奈何哉！此則國運為之，而非公之不可與權也。惟留此精忠大義，凛凛萬古，寒奸邪之膽，興頑懦之心，所全不已多乎，而又何責之有？明儒之持是說者，不止虚齋先生一人。虚齋先生實敬公愛公，而為此過求之論，然而其義稍偏，且其漸不可開也。余故揭其意於柱聯之上，而復備論之如此。柱聯云：河北河南，俱歸掌理，守兩字精忠，偃旗息鼓，視凱旋尤為義正；閫內閫外，只奉詔書，明千秋大節，口輝星朗，較恢復更覺功高。

岳濬 等

撰：《山東通志》卷九，《古蹟志·碑碣》

岳武穆王詩石刻【在濟南府治内，明太守樊時英掘地得之，上刻《送紫巗張先生詩》。】

同上書卷二十一，《秩祀志·青州府》

岳武穆王廟【在府城鎮青門外，明崇禎間建。】

同上書卷二十五之一，《職官志》

岳飛【開德府轄守，相州湯陰人。】

覺羅石麟 等

撰：《山西通志》卷十四，《關隘六・澤州府鳳臺縣》

將軍砦。宋岳飛為張所部將，復新鄉，轉戰大捷。後梁興渡河，會太行忠義，亦敗敵，於沁水築砦以待飛。

同上書卷十六，《關隘八・垣曲縣》

上敵原，東北三十里。宋紹興十年秋七月，岳飛使梁興渡河會太行忠義、兩河豪傑，大敗金人於垣曲，即此。

同上書卷二十三，《山川・澤州府沁水縣》

丹坪山，在縣西六十五里白華村，有下疊、中疊、上疊。上疊有泉巔，有平地三十畝，山下為丹溝，岳將軍七砦之一。

同上書卷五十一，《武事二・壺關縣》

宋建康初，張所命岳飛從王彥渡河至新鄉。金兵盛，彥不敢進。飛獨引所部鏖戰，奪其纛而舞，諸軍爭奮，遂拔新鄉。翼日，戰侯兆，以身被十餘創，士皆死，戰又敗之。夜屯石門山下，或傳金兵復至，一軍皆驚，飛堅卧不動，金兵卒不來。食盡，走彥壁乞糧。彥不許，飛引兵益北，戰於太行山，擒金將托卜雅穆。居數日，復遇敵，飛單騎持丈八鐵鎗，刺殺黑風大王，敵衆敗走。飛自知與彥有隙，復歸東京留守宗澤。

同上書同卷，《武事二・永寧州》

金天眷三年，宋岳飛、韓世忠分據河南州郡要害，復出兵涉河東，駐嵐石、保德之境，以相牽制。宗弼平河南，還軍攻嵐石、保德，皆克之。

同上書卷五十三，《武事四・澤州府鳳臺縣》

建炎元年七月，河北招撫使王彥及金人戰，敗績，奔太行山聚衆。其裨將岳飛引部曲自為一隊。

同上書同卷，《武事四・沁水縣》

《宋史・牛臯傳》："岳飛遣梁興渡河，糾合忠義社，取河東、北州縣。興會太行忠義及兩河豪傑趙雲、李晉、董榮、牛顯、張峪等，破金人於垣曲，又捷於沁水，追至孟州之邵原。"

同上書卷五十五，《武事六・垣曲縣》

宋岳飛遣梁興渡河，糾合忠義社，取河東、北州縣。興會太行忠義及兩河豪傑趙雲、李進、董榮、牛顯、張峪等，破金人於垣曲。又捷於沁水，追至孟州之邵原，金張太保、成太保等以所部降。又破金高太尉兵于濟源，遂取懷、衛二州。破宗弼軍，斷山東、河北金帛馬綱之路，金人大擾。飛尋召還，志於垣曲，以紀事始。

同上書卷五十九，《古蹟三・沁水縣》

南陽忠義寨，南五十里，亦名岳將軍寨。宋紹興十年秋，岳飛使梁興會兩河忠義敗金人於沁水，即此。土人築砦拒金，以待飛援，一在白華村東，一在南陽村，一在漢封村北，一在板橋村西南，一在尖山峰下，一在端氏東北，一在縣治西壘間存。

同上書卷五十，《古蹟四・垣曲縣》

上敵原，東北三十里。宋紹興十年秋七月，岳飛使梁興渡河會太行忠義、兩河豪傑，大敗金人於垣曲，即此。

同上書卷七十六，《職官四》

岳飛【紹興六年，河東宣撫使。】

同上書卷八十四，《名宦二・統轄》

岳飛，字鵬舉，相州湯陰人。建炎初，藉補武經郎，渡河戰於太行山，擒金將托卜雅爾烏，復斃黑風大王。後制置荆湖。紹興六年，太行山忠義社梁興等百餘人慕飛，率衆來歸。晉宣撫使。七年，命宣撫河東，節制河北路。張浚曰："飛措畫甚大。今已至伊洛，則太行一帶山砦，必有應者。"十年，命梁興渡河糾合忠義社，取河東北州縣。興會太行忠義及兩河豪傑等，累戰皆捷。先是，五年，飛遣興等佈德意，招結兩河山砦。韋銓、孫謀等斂兵固堡，以待宋師，李通、胡清、李寶、李興、張恩、孫琪等舉衆來歸。金人動息，山川險要，一時皆得其實。盡磁、相、開德、澤、潞、晉、絳、汾、隰之境，皆期日興兵，與宋軍會。其所揭旗，以“岳”為號。父老百姓，爭挽車牽牛，載糗糧以餽義軍。頂盆焚香迎候者，充滿道路。而秦檜亟下班師詔。十一年，授樞密副使，位參知政事上，罷為萬壽觀使。歲暮，檜手書小紙付獄，斃之。孝宗復官。淳熙六年，謚武穆。嘉定四年，追封鄂王。

同上書卷九十四，《名宦十二》

盧象昇，字建斗，宜興人。少讀張巡、岳飛傳，輒歎息曰：“吾得為斯人足矣。”舉天啓二年進士。崇禎八年八月，總理江北、河南、山東、湖廣、四川軍務。尋晉兵部侍郎，加督山西、陝西軍務，賜尚方劍，便宜行事，殲流寇幾盡。

同上書卷一百十二，《人物十二》

王彦，字子才，上黨人……金攻汴，彦棄家赴闕，求自試。河北招撫使張所異其才，擢都統制。使率裨將張翼、白安民、岳飛等十一將，部七千人渡河，敗金人。復新鄉縣，傳檄諸郡。金率數萬衆薄彦壘，圍數匝。彦以衆寡不敵，潰圍出，諸將散歸，彦獨保其城……六年二月，知襄陽府、京西南路安撫使，以岳飛嫌，辭。

同上書卷一百三十四，《人物三十四》

趙鼎，字元鎮，解州聞喜人……京西招撫使李横欲用兵復東京，鼎言：“横，烏合之衆，不能當敵，恐遂失襄陽。”已而横戰不利走，襄陽竟陷。召拜參知政事。宰相朱勝非議取襄陽，上問：“岳飛可使否？”鼎曰：“知上流利害，無如飛者。”簽樞徐俯異議。飛出師，竟復襄陽……劉麟、劉猊分路入寇，時張浚屯盱眙，楊沂中屯泗，韓世忠屯楚，岳飛駐鄂，劉光世駐廬，沿江上下無兵，上與鼎以為憂。

孟宗政，字德夫，絳州人。父林從岳飛至隨州，僑家焉。

孟珙，字璞玉，絳州人，僑棗陽。宗政子也。四世祖安嘗從岳飛有功。

同上書卷一百六十五，《祠廟・潞安府長子縣》

岳武穆王廟，在南關大士閣西，舊在關門外。國朝康熙二十一年，縣令章經改建。

同上書同卷，《祠廟・大同府大同縣》

岳武穆廟，在東甕城。

同上書同卷，《祠廟・朔平府右玉縣》

岳武穆廟，在城東北隅。

同上書同卷，《祠廟・寧武府寧武縣》

岳武穆廟。

同上書卷一百六十七，《祠廟四、關聖廟附考・河曲縣》

漢景耀三年秋九月，追謚故前將軍關某曰壯繆侯。程敏政《爵謚考》："關將軍仕漢，封漢壽亭侯，謚壯繆，而今之祠扁止題曰壽亭侯，不書謚。意以漢為國名，故不書；以繆為惡謚，故削之，為神諱也。考之史，漢壽本縣名，在犍為。史稱費禕遇害於漢壽。唐人詩亦曰：'漢壽城邊野草春。'又《昭烈勸進表》前列銜曰'前將軍漢壽亭侯關某'，若以漢為國名，不當錯置於職名之下。至於謚法，武功不成曰繆，而繆、穆古通用，若秦穆公、魯穆公在《孟子》，漢穆生、晉穆肜在史，皆為繆。宋岳飛謚武穆，與此同意。"

劉於義 等

撰：《陝西通志》卷二十九，《祠祀・商州雒南縣》

岳武穆廟，在縣西關外。

黃廷桂 等

撰：《四川通志》卷二十七，《古蹟・直隸綿州綿竹縣・古碑記》

岳武穆《送張魏公出征》詩碑【在縣南二里岳王廟前。】

同上書卷二十八上，《祠廟・成都府成都縣》

岳武穆祠【在府北門外，原任總督岳鍾琪建。】

金鉷 等

撰：《廣西通志》卷四十二，《壇廟・田州土州》

岳王廟，在州治西。

同上書卷四十四，《古蹟・桂林府灌陽縣》

明碑，在大覺寺，載岳武穆討劇賊功，其石光明如鏡，十步外可鑑毛髮，碎於兵燹，文不能備錄。

同上書卷四十五，《古蹟・融縣》

將臺，在城西門外。宋清遠軍節度使岳飛建，今舊基尚存。

同上書卷五十一，《秩官》

權荆湖東路安撫都總管岳飛。【紹興二年任，詳《名宦》。】

同上書卷六十五，《名宦》

岳飛，字鵬舉，湯陰人。賊曹成擁衆十餘萬，由江西曆湖、湘，據道、賀二州。命飛權知潭州，兼權荆湖東路安撫都總管，付金字牌、黃旗招成。成遁。飛至茶陵，奉詔招之，成不從。飛奏乞勦除，許之。飛入賀州境，得成諜者，縛之帳下。飛出帳調兵食，吏曰：“糧盡矣，奈何?”飛佯曰：“姑反茶陵。”已而顧諜，謬為失意狀，頓足而入，陰令逸之。諜歸告成，成大喜，期翌日來追。飛命蓐食，潛趨遶嶺。未明，已至太平場，破其砦，麾兵掩擊，賊大潰。成走，據北藏嶺上梧關，遣將迎戰。飛不陣而鼓，士爭奮，奪二隘據之。成又自桂嶺置砦，至北藏嶺，連控隘道，親以衆十餘萬，守蓬頭嶺。飛部才八千，一鼓登嶺，破其衆。成奔連州。飛謂張憲等曰：“成敗散去，追而殺之，則脅從者可憫，縱之，則復聚為盜。今遣若等誅其酋，而撫其衆，慎勿妄殺，累主上保民之仁。”於是憲自賀、連，徐慶自邵、道，王貴自郴、桂招降。時以盛夏，行師瘴地，撫循有方，士無一人死癘者，嶺表平。節《本傳》。

同上書卷七十六，《鄉賢》

唐時，全州人，政和二年進士。初名時臣，御筆去臣字。紹興中，官鄂、岳間。值岳飛將兵，時應副軍，甚有勞績，岳薦之。

同上書卷八十六，《遷客、流寓附》

劉洪道，岳武穆重其才，辟為參謀，有戰功。紹興中，飛死，洪道謫柳州。【舊志。】

高穎，紹興中，參福建安撫司，坐從岳飛，謫象州。固窮守節，剛直之性，始終不渝。【舊志】

趙不尤，太宗裔。靖康之難，募義兵與金人戰，威張河南、北，盜皆避其鋒，曰："此小使軍也"。高宗即位，引衆歸，補武翼郎，從岳飛平湖寇。飛死，檜奪其兵，遣守横州而卒。【舊志】

傅恒 等

撰：《御批曆代通鑒輯覽》卷八十三，《宋·高宗皇帝》

建炎元年……六月……李綱欲用所，以其前論黄潛善，因從容與潛善言之，使所冒死立功抵罪。潛善許諾，乃藉所直龍圖閣，充河北招撫使，賜内府錢百萬緡，給空名告身千餘道，以京西卒三千自衛，將佐官屬，許自辟置，一切以便宜從事。所入對，條上利害，且乞置司北京，俟措置有緒，乃渡河。河北轉運副使張益謙附黄潛善意，奏招撫司之擾，且言："自置司河北，盜賊益熾。"李綱言："張所尚留京師，益謙何以知其擾河北？民無所歸，聚而為盜，豈由置司？益謙非理，沮抑如此，必有使之者。"上乃命益謙分析，命下樞密院。汪伯彦猶用其奏，詰責招撫司。綱與伯彦力爭，伯彦語塞。所招徠豪傑，擢王彦為都統制。時岳飛上書言："勤王之師日集，宜乘敵怠而擊之。黄潛善、汪伯彦輩，不能承聖意恢復，奉車駕日益南，恐不足係中原之望。願陛下乘敵穴未固，親率六軍北渡，則將士作氣，中原可復。"坐越職言事，奪官。歸詣所，所以飛為中軍統領，問之曰："爾能敵幾何？"飛曰："勇不足恃，用兵在先定謀。欒枝曳柴以敗荆，莫敖採樵以致絞，皆謀定也。"所矍然曰："君殆非行伍中人！"飛因説所曰："國家都汴，恃河北以為固。苟憑據要衝，峙列重鎮，一城受圍，則諸城或擾或救，金人不能窺河南，而京師根本之地固矣。招撫誠能提兵壓境，飛唯命是從。”所大喜，借補飛武經郎[①]……九月……都統制王彥等渡河，敗金人于新鄉。進次太行，金人圍之。彥兵潰，走保共城。彥帥岳飛等十一將，部七千人渡河至新鄉。金兵盛，彥不敢進。飛獨引所部鏖戰，奪其纛而舞。諸軍爭奮，遂復新鄉。

同上書卷八十四，《宋・高宗皇帝》

建炎三年……秋七月……充留守東京，以糧絶，歸行在，遂有是命。充將發汴，岳飛諫曰：“中原地尺寸不可棄，今一舉足，此地非我有，他日取之，非數十萬衆不可。”不聽。朝廷命郭仲荀、程昌寓相繼代充，然留守司名存而已……冬十月……江浙倚重於充，而充日事誅殺，且無制敵之方。及烏珠與李成合兵攻烏江，充閉門不出。統制岳飛泣諫，請視師，充不從。烏珠遂乘充無備，進兵取和州無為軍，遂由馬家渡渡江，破太平州……江淮統制岳飛敗金人於廣德。飛率所部，自建康躡金人於廣德境中，六戰皆捷。擒金將王權，俘首領四十餘。察其可用者，結以恩義遣還，令夜斫營縱火。飛乘亂縱擊，大破之。

建炎四年……夏四月……烏珠窘甚，或曰：“老鸛河故道今雖湮塞，若鑿之，可通秦淮。”烏珠從之。一夕渠成，凡三十里，遂趋建康。岳飛以騎三百、步兵三千，邀擊于新城，大破之……五月，岳飛襲金人于靜安。岳飛邀金人于靜安鎮，大敗之。[②] 初，充之敗也。其將士潰去，多行剽掠。獨飛嚴戢所部，不擾居民。士夫避寇者，多賴以免……秋七月……以岳飛為通泰鎮撫使。張浚薦之也，飛辭，乞淮東一重難任使，收復本路州郡，乘機漸進，使山東、河北、河東、京畿等路次第而復。不聽……九月……楚州被圍久，立遣人告急。趙鼎欲遣張俊救之，俊辭不行。乃命劉光世督淮南諸鎮救楚州。光世將王德、酈瓊等，多不用命。惟岳飛僅能為援，而衆寡不敵。帝以書趣光世會兵者五，光世訖不行。金人知外援絶，進攻東城。立登磴道以觀，飛礮中其首，左右馳救之。立曰：“我終不能為國殄敵矣。”言訖而絶。金人疑立詐死，不敢動。越旬餘，城始破。

紹興元年春正月，以張俊為江淮招討使，岳飛副之。時孔彥舟據武陵，

---

① 自“所人對”起，同見《資治通鑒後編》卷一百五。

② 同見《資治通鑒後編》卷一百八。

張用據襄、漢。李成據江、淮、湖、湘十餘郡，尤悍強，連兵數萬，有席捲東南之意。多造符讖，幻惑中外，久圍江州。吕頤浩救之，不克。朝廷患之，以俊為招討使。俊請岳飛同討，許之[①]……三月，張俊、岳飛大敗李成於樓子莊，群盜皆遁。

俊聞李成將馬進在筠州，以豫章介江、筠之間，遂急趋之。既入城，喜曰："我已得洪，破賊决矣。"及進犯洪州，連營西山【在南昌府新建縣西，一名南昌山】，俊斂兵若無人者，居月餘。進以大書牒索戰，俊以細書狀報之。進以俊為怯，俊諜知賊怠，乃議戰。岳飛曰："賊貪而不慮後。若以騎兵自上流絶生米渡【亦曰生米潭，上有市，又曰生米市，在新建縣西南】，出其不意，破之必矣。"因請為先鋒。俊大喜，乃令楊沂中絶生米渡。飛重鎧躍馬，潛出賊右，突其陣，所部從之。進大敗，走筠州。飛抵東城，進出城佈陣。飛設伏，以紅羅為幟，上刺"岳"字，選騎二百，隨幟而前。賊易其少，薄之。伏發，進大敗，走。飛使人呼曰："不從賊者坐，吾不汝殺。"坐而降者八萬人。俊與沂中復前後夾擊，賊大潰。進以餘卒奔南康，飛夜引兵至朱家山【即長山，在建昌縣南。】，又斬其將趙萬。成聞進敗，自引兵十餘萬來。俊與飛遇成於樓子莊，大破之，遂復筠州。成復以十萬衆與俊夾河而營。沂中夜銜枚渡河，與俊夾攻。成又大敗，俊乘勝追至江州。成勢迫，絶江而去，因呼俊為"張鐵山"，遂復江州興國軍【宋置，今湖北武昌府興國州是】等處。群盜皆遁。【已而俊引兵渡江，追成至蘄州黄梅縣，大敗之。馬進為追兵所殺，成北走，降劉豫。張用復寇江西。岳飛與用俱相人，以書諭之。用遂率衆降，江淮也平。俊奏飛功第一，詔進飛右軍都統制，屯洪州，彈壓盜賊。孔彦舟本李成黨，尋為蘄黄鎮撫，暴横不奉法。明年，朝廷將以兵執之，彦舟遂以所部叛降劉豫。】

同上書卷八十五，《宋·高宗皇帝》

紹興二年……夏四月……岳飛追曹成，大敗之。成走邵州。成既陷道州，復陷賀州。帝命岳飛權荆湖東路安撫都總管，付金字牌、黄旗招成。成聞飛至，驚曰："岳家軍來矣！"即遁。飛追至賀州，力戰，大破之。成乃自桂嶺置砦至北藏嶺，連控隘道，以衆十餘萬守蓬頭嶺。飛部纔八千人，一鼓登嶺，破其衆。成奔連州，飛謂部將張憲、徐慶、王貴曰："成黨散去，追而殺之，則脅從者可憫，縱之則復聚為盜。今遣若等誅其首而撫其衆，慎

① 自"時孔彦舟據武陵"始，同见《资治通鉴后编》卷一百八。

勿妄殺，累上保民之仁。”於是憲自賀、連，慶自邵、道，貴自彬、桂，招降者二萬，與飛會連州進討。成走入邵州……五月……韓世忠招曹成，降之。世忠既平范汝為，旋師永嘉，若將休息者。忽由處、信至豫章，連營江濱數十里。群賊不虞其至，大驚。世忠因使董旼招成，成方為岳飛所追，乃率衆降。得戰士八萬，遣詣行在。

紹興三年……六月，岳飛討江、廣群盜，悉平。時，虔、吉盜連兵，寇掠循、海、廣、惠、英、韶、南雄、南安、建昌、邵武、汀諸州，帝專命飛平之。飛至虔固石洞。賊彭友悉衆至雩都迎戰，躍馬馳突。飛揮兵，即馬上擒之。餘黨退保固石洞。洞高峻環水，止一徑可入。飛列騎山下，令皆持滿。黎明，遣死士疾馳登山。賊衆亂，棄山而走。騎兵圍之，賊呼丐命。飛令勿殺，受其降。因授徐慶等方略，捕諸郡餘賊，皆破降之。初，帝以隆祐太后震驚之故，密令飛屠虔城。飛請誅首惡，而赦脅從。帝許焉。虔人感其德，繪像祠之。及入見帝，手書“精忠岳飛”四字，製旗以賜之……九月……以劉光世、韓世忠為江東、兩浙宣撫使，王𤫉、岳飛為荆湖、江西制置使，分屯沿江諸州。時諸將擁重兵而無分地，劉光世在鎮江，月費至二十萬緡，每聞易鎮則設辭不奉詔，有急復遷延以避之。朝廷無如之何，故命四人易鎮。光世為江東淮西宣撫使，屯池州；世忠為淮南東路宣撫使，屯鎮江；𤫉為荆湖制置使，屯鄂州；飛為江南西路制置使，屯江州。

紹興四年……五月，以岳飛兼荆南制置使。時楊太與劉豫通，欲順流而下。李成既據襄陽，又欲自江西陸行趨浙，與太會。帝命飛為之備，朱勝非言：“襄陽國之上流，不可不急取。”飛亦奏：“襄陽等六郡為恢復中原基本，今當先取六郡，以除心膂之病。李成遠遁，然後加兵湖湘，以殄群盜。”帝以語趙鼎。鼎曰：“知上流利害，無如飛者。”除飛兼荆南制置使。飛渡江中流，顧幕屬曰：“飛不擒賊，不涉此江。”秋七月，岳飛復襄陽等六郡。先是飛至郢，偽齊將京超號萬人敵，乘城拒飛。飛鼓衆而登，超投崖死。飛復郢州，遂趨襄陽。李成迎戰，左臨襄江。飛笑曰：“步兵利險阻，騎兵利平曠。成左列騎江岸，右列步平地，雖衆十萬，何能為。”舉鞭指王貴曰：“爾以長槍步卒擊其騎兵。”指牛皋曰：“爾以騎兵擊其步卒。”合戰，賊馬應槍而斃，餘騎皆擁入江，步卒死者無數。成夜遁，飛遂復襄陽。齊人收成餘衆，益兵駐新野。飛與別將王萬夾擊，大敗之。又使牛皋復隨州，王貴、張憲復唐、鄧州、信陽軍，襄漢悉平。飛移屯德安，軍聲大振。捷聞，帝喜曰：“朕素聞飛行軍有紀律，未知其能破敵如此。”【飛因奏：“金人所愛，惟子女金帛，志已驕惰。劉豫僭偽，人心終不忘宋，如以精兵二十萬直搗中原，恢復故疆，誠易為力。襄陽、隨、郢地皆膏腴，苟行營田，其利甚厚，臣候糧足，即過江北剿敵。”時方重深入之舉，而營田之議自是興矣。】① ……八月……楊太敗官軍于鼎江，詔岳飛移兵討之。先是詔都統制王𤫊會兵討楊太，至是𤫊遣忠鋭統制崔增等討太於鼎江，師敗皆没。太乘大水出兵，攻破鼎州。社木寨守將許筌戰没，官軍死者甚衆。於是授飛清遠軍節度使，代王𤫊討太。【飛時年三十二，中興諸將建節，未有如飛之年少者。】……九月……劉豫使乞師於金，遣其子麟入寇。先是金主與尼瑪哈議南侵，會烏珠還，力言不可，曰：“江南卑濕。今士馬困憊，糧儲未豐，恐無成功。”尼瑪哈曰：“都監務偷安耳！”金主以議不合，乃止。至是，劉豫聞岳飛復襄、鄧，遂乞師於金。金主乃命鄂爾多、達蘭調渤海漢軍五萬以應，豫謂烏珠知地險易，使將前軍。豫遣其子麟、姪猊各將兵會金兵南下，騎兵自泗攻滁，步兵自楚攻承州……十二月，金人圍廬州，岳飛使牛皋救之。金兵敗走，金、齊合兵圍廬州。守臣仇悆嬰城固守，求援於飛。飛遣牛皋、徐慶援之。皋至，遥語金將曰：“牛皋在此，爾輩胡為見犯。”衆愕然，不戰而潰。飛謂皋曰：“必追之。去而復來，無益也。”皋乃追擊三十餘里。金人相踐及殺死者，不可勝計。

紹興五年……六月，岳飛大破楊太於洞庭。太死，湖、湘平。飛奉命討太，而所部皆西北人，不習水戰。飛曰：“兵何常顧，用之何如耳。”乃先遣使招諭之。其黨黄佐曰：“岳節使號令如山。若與戰，萬無生理，不如往降。節使誠信，必善遇我。”遂降。飛表授佐武義大夫，單騎按其部，拊佐背曰：“子，知順逆者。果能立功，封侯豈足道？欲復遣子歸湖中，視其可乘者擒之，可勸者招之，如何？”佐感泣，誓以死報。時張浚至潭州，席益疑飛玩寇，欲以聞。浚曰：“岳侯，忠孝人也。兵有深機，胡可易言。”益慚而止。黄佐襲周倫砦，殺之。飛上其功，遷武功大夫。會朝旨召張浚還防秋，飛袖小圖示浚，浚欲俟來年議之。飛曰：“已有定畫，都督能少留八日，可破賊。”浚曰：“何言之易？”飛曰：“王四廂以王師攻水寇則難，飛以水寇攻水寇則易。水戰我短彼長，以所短攻所長，是以難。若因敵將，用敵兵，奪其手足之助，離其腹心之托，使孤立，而以王師乘之。八日之内，當俘諸囚。”浚許之。飛遂如鼎州，黄佐招楊欽來降。飛喜曰：“楊欽驍悍。既降，敵腹心潰矣。”表授欽武義大夫，禮遇甚厚。乃復遣歸湖中，兩日欽説全琮、劉説來降。飛詭駡欽曰：“賊不盡降，何來也？”杖之，復遣之。

① 自“王貴、張憲”始，同見《資治通鑒後編》卷一百十。

是夜掩賊營，降其衆數萬，太負固不服，方浮舟湖中，以輪激水，其行如飛，旁置撞竿，官舟迎之輒碎。飛伐君山木為巨筏，塞諸港汊，又以腐木亂草浮上流而下，擇水淺處遣善罵者挑之，且行且罵。賊怒來追，則草木壅積，舟輪礙不行，飛急擊之，賊奔港中，為筏所拒。官軍乘筏，張牛革以蔽矢石，舉巨木撞其舟盡壞，太技窮，赴水死。【《宋史・牛皋傳》：幺先舉鍾子儀投于水，繼乃自仆。皋投水擒幺，與此所載不同。】飛入賊壘，餘酋驚曰："何神也?"俱請降，衆凡二十餘萬。飛親行諸砦慰撫之，縱老弱歸田，籍少壯為軍。果八日而捷音至潭，浚嘆曰："岳侯神算也!"黄誠斬楊太首，【《牛皋傳》：飛斬幺首，函送都督行府。與此所載亦異。】挾鍾子儀詣浚降，湖湘悉平。【初，太恃其險，官軍自陸襲則入湖，水攻之則登岸，因曰："欲犯我者，除是飛來。"至是人以其言為讖云。】冬十月，張浚還自潭州。浚奏遣岳飛屯荆、襄，以圖中原，乃自鄂、岳轉淮東。已而帝賜詔召還，浚進《中興備覽》四十一篇，帝嘉嘆，置之坐隅。

紹興六年……夏六月，張浚撫師淮上。浚命劉光世屯合肥，以招北軍；楊沂中領精騎，以佐張俊；岳飛屯襄陽，以圖中原。且謂飛曰："此君素志也。"【先是飛以母喪扶櫬還廬山，起復為京湖宣撫使。飛累表求終制，不許。】……八月……岳飛復蔡州。飛累戰皆捷，遣牛皋復鎮汝軍，楊再興復河南長水縣【注見前】。張浚曰："飛措畫甚大，今已至伊、洛，則太行一帶山砦，必有響應者。"已而忠義社梁興等果歸之，飛復及偽齊李成、孔彦舟，連戰至蔡州，克其城。九月，帝如平江。岳飛遣兵敗劉豫之衆于唐州，上疏請進軍恢復中原。帝不許，飛乃還鄂。飛遣王貴、郝晸、董先復虢州、盧氏縣，獲糧十五萬石，降其衆數萬。會劉豫屯兵唐州，飛遣貴等攻破之，焚其營。飛因奏進取中原，不許。於是召貴等引還鄂州。冬十月，劉豫使劉麟、劉猊分道寇淮西。楊沂中等大敗猊於藕塘【鎮名，在鳳陽府定遠縣東】，追麟至南壽春【今鳳陽府壽州，本秦壽春縣，唐為壽州治，五代周顯德中，徙州治下蔡，因以故治為南壽春，至宋乾道中，復還故治，置安豐軍，元為路，明仍改壽州，以縣省入】而還。劉豫聞張浚會諸將於江上，榜其罪逆，將進兵討之，告急於金，請先出師南侵而乞師救援。金主召諸將相議之，以富勒呼言【富勒呼曰："先帝所以立豫者，欲其開疆保境，我得安民息兵也。今豫進不能取，又不能守。兵連禍結，愈無休期。從其請，則豫收其利，敗則我受其弊。況前年因豫出師，嘗不利于江上矣，奈何許之"】，遂不許豫，而遣烏珠提兵黎陽以觀釁。於是豫僉鄉兵三十萬，分三道入寇。麟率中路兵，由壽春以犯合肥；猊率東路兵，由紫荆山【在壽州東北】出渦口【注見前】以犯定遠【蕭梁縣，今屬鳳陽府】；孔彥舟率西路兵，由光州以犯六安。時張浚、楊沂中、韓世忠、岳飛、劉光世分屯諸州，而沿江上下無兵。趙鼎深以為憂，移書張浚，欲令俊與沂中同保合肥。浚以為然，乃遣沂中、張宗顏【字希賢，延安人】等分道禦之。且令沂中趣濠州【注見前】，以與張俊合，因謂沂中曰："上待統制厚，宜及時立功。"會邊報日急，張俊、劉光世皆張大賊勢以聞。浚以書戒二將曰："賊豫之兵，以逆犯順。若不剿除，何以立國。平日亦安，用養兵為哉？今日之事，有進戰，無退保。"及劉麟進逼合肥，趙鼎曰："今賊渡淮，當急遣張俊合光世之軍，盡掃淮南之寇，然後議去留。"帝善之。【帝猶慮俊、光世不足任，因命岳飛盡以兵東下，而手札付浚，令俊、光世、沂中等還保江。浚上言："若諸將渡江，則無淮南，而長江之險與賊共之，江南其可保乎？今正當合兵掩擊，可保必勝。若一有退意，則大事去矣。且岳飛一動，襄漢有警，何所恃乎？願朝廷勿專制於中，使諸將有所觀望也。"帝手書報浚曰："非卿識高慮遠，何以及此？"由是異議乃息。】

紹興七年……夏四月，岳飛乞終養，遂還廬山。張浚以張宗元監其軍。飛自鄂入見，拜太尉，繼除宣撫使。以王德、酈瓊兵隸之。帝謂德、瓊曰："聽飛號令，如朕親行。"飛見帝，數論恢復之略，疏言："金人所以立劉豫，蓋欲荼毒中原，以中國攻中國，彼得以休息觀釁耳。臣願陛下假臣月日，提兵趨京、洛，據河陽、陝府、潼關，以號召五路叛將。叛將既還，遣王師前進，豫必棄汴而走，河北京畿、陝右可以盡復。然後分兵濬、滑，經略兩河，如此則逆豫成擒，金人知畏。社稷長久之計，實在此舉。"帝曰："有臣如此，朕復何憂？"復召至寢閣，命之曰："中興之事，一以委卿。"飛方圖大舉，會秦檜主和議，忌之，遂不以德、瓊兵隸飛。而請詔飛詣張浚議事，浚謂飛曰："王德淮西軍所服，浚欲以為都統，而命吕祉以督府參謀領之，如何？"飛曰："德與酈瓊素不相下，一旦握之在上，則必爭。吕尚書不習軍旅，恐不足服衆。"浚曰："張俊、楊沂中如何？"飛曰："張宣撫，飛之舊帥也，其人暴而寡謀。沂中，視德等耳，亦豈能御此軍哉？"浚艴然曰："固知非太尉不可！"飛曰："都督以正問飛，飛不敢不盡其愚，豈以得軍為念哉？"飛既與浚忤，即日上章，乞終喪服。以張憲攝軍事，步歸廬山廬母墓側。浚怒，遂以張宗元權宣撫判官，監其軍……六月，岳飛奉詔入朝。累詔趣飛還職，飛不得已趨朝待罪。帝慰遣之。【既而張宗元還，言將和士悅，人懷忠孝，皆飛訓養所致。帝大悅。飛至鎮，奏言："比者寢閣之命咸謂聖斷已堅，何至今尚未決。臣願提兵進討，順天道，因人心，以曲直為老壯，以順逆為強弱，萬全之效可必。錢塘僻在海隅，非用武地，願建都上游，用漢光武故事，親率六軍往來督戰，庶幾將士知聖意所向，人人用命。”】……八月……於是，張浚始悔不用岳飛言。飛乞進討瓊，不許。詔駐師江州，為淮、浙援……十一月，金人襲汴，執劉豫，廢為蜀王，立行臺尚書省于汴。韓世忠、岳飛請收復中原，不報。初，豫由尼瑪哈、高慶裔得立，故奉二人特厚。烏珠及諸將多憾之。豫兵敗藕塘，金人欲廢豫。及尼瑪哈死，岳飛因遣間齎蠟書與豫，約同誅烏珠。烏珠得書大驚，馳白金主，於是廢豫之意益決……岳飛奏：乘廢豫之際，搗其不備，長驅以取中原。韓世忠亦上疏言：“機不可失，請全師北討。”皆不報。

同上書卷八十六，《宋・高宗皇帝》

紹興九年春正月……以金國通和也。張浚在永州，上疏言：“燕雲之舉，其鑑不遠。金自宣和以來，挾詐反覆，傾我國家，蓋非可結以恩信者。借令天屬盡歸，河南遂復，我德其厚賜，謹守信誓。數年之後，人情益解，士氣潛消。彼或指瑕造釁，肆無厭之欲，發難從之請，其將何辭以對？況于事理可憂，又有甚於此者。”前後凡五上疏，皆不報。岳飛在鄂州，聞金將歸河南，上言：“金人不可信，和議不可恃。相臣謀國不臧，恐貽後世譏。”秦檜銜之。及赦至鄂，飛又上疏，力陳和議之非……五月……士㒟至鄂，岳飛請以輕騎從灑掃，實欲觀釁以代謀。

紹興十年夏五月……岳飛遣兵，敗金人於京西。帝賜飛札曰：“設施之方，一以委卿，朕不遙度。”飛乃遣王貴、牛皋、楊再興、李寶等經略西京、汝、鄭、潁、昌、陳、曹、光、蔡諸郡；又命梁興渡河糾合忠義社，取河東、北州縣；又遣兵東援劉錡，西援郭浩，自以其軍長驅，以圖中原。將發，密奏言：“先正國本，以安人心。然後不常厥居，以示不忘復仇之意。”飛將李寶、牛皋相繼敗金人於京西……岳飛收復河南州郡。飛攻金人于蔡州，破之，復其城。於是遣張憲敗金韓常於潁昌，又復淮寧府；郝晸復鄭州；張應、韓清復西京；楊遇復南城軍；喬握堅復趙州。他將所至皆捷，金人大震。河南兵馬鈐轄李興聚兵應飛，收復伊陽等八縣及汝州。金河南尹李成棄城遁走，詔興知河南府。飛又使張應、李興復永安軍……秋七月……岳飛擊走金烏珠于郾城，追至朱仙鎮，大破之，遣使修治諸陵。先是，飛赴西京，秦檜力主和議，奏遣司農少卿李若虛詣飛營，諭旨班師。會飛已復河南州郡，相繼奏捷。至是，飛留大軍於潁昌，命諸將分道出戰，自以輕騎駐郾城，兵勢甚鋭。烏珠大懼，會諸帥，欲併力一戰。朝廷聞之，詔飛審處自固。飛曰："金人伎窮矣。"乃日出挑戰，且罵之。烏珠怒，合龍虎大王、蓋天大王及韓常之兵，逼郾城。飛遣子雲領騎兵，直貫其陣，戒之曰："不勝，先斬汝。"雲與金人戰數十合，殺傷甚衆。烏珠以拐子馬萬五千來，飛戒步卒，以麻扎刀入陣，勿仰視，第斫馬足。拐子馬相連，一馬仆，二馬不能行。飛軍奮擊，遂大破之。烏珠大痛曰："自海上起兵，皆以此勝，今已矣。"因復益兵而前。飛自以四十騎突戰，敗之。烏珠憤甚，合師十二萬，次于臨潁。楊再興以三百騎遇之於小商橋，驟與之戰，殺二千人及萬戶薩巴、千戶百人。再興死之，獲屍焚焉，得箭鏃二升，飛痛惜之。張憲繼至，復戰。烏珠夜遁，追奔十五里。中原大震，飛謂子雲曰："敵屢敗，必還攻潁昌，汝宜速援王貴。"既而烏珠果至，貴將游奕，雲將背嵬，戰于城西。雲以騎兵八百，挺前決戰，步卒張左右翼繼之，殺烏珠壻夏金吾。飛又使梁興會太行忠義、兩河豪傑，敗金人於垣曲，又敗之於沁水，遂復懷、衛州，斷金人山東、河北之道，金人大恐。飛進軍朱仙鎮，距汴京四十五里，與烏珠對壘而陣。遣背嵬騎五百奮擊，大破之。烏珠還汴。飛檄陸臺，令行視諸陵，葺治之。岳飛奉詔班師還鄂，河南州郡，復入於金。兩河豪傑李通等率衆歸飛，自是金人動息、山川險要，飛皆得其實。中原盡磁、相、澤、潞、晉、降、汾、隰之境，皆期日興兵，與官軍會。其所揭旗，以"岳"為號。父老百姓，爭挽車牽牛戴糗糧，以饋義軍。頂盆焚香迎候者，充滿道路。自燕以南，金人號令不行。烏珠欲簽軍以抗飛，河北無一人應者，乃歎曰："自我起北方以來，未有如今日之挫衄。"金將烏陵阿思謀素驍勇桀黠，亦不能制其下，但曰："毋輕動。侍岳家軍來，即降。"金將王鎮、崔慶、李覬、崔虎、華旺等率所部降飛。龍虎大王之將噶克察等，亦密受飛旗榜，自其國來降。韓常亦欲以衆五萬內附。飛大喜，諭其下曰："直抵黃龍府，與諸君痛飲爾。"方指日渡河，而秦檜欲畫淮以北，與金和，諷臺臣請班師。飛奏："金人銳氣沮喪，盡棄輜重，疾走渡河。而我豪傑向風，士卒用命，時不再來，機難輕失。"檜知飛志銳不可回，乃先請張俊、楊沂中等歸，而後上言："飛孤軍，不可久留。"飛一日奉十一金字牌，乃憤惋泣下，東面再拜曰："十年之力，廢於一旦。"乃自郾城引兵還。民遮馬痛哭，訴曰："我等迎官軍，金人皆知之。相公去，我輩無噍類矣。"飛亦悲泣，取詔示之，曰："我不得擅留。"哭聲振野，飛留五日以待民徙。從而南者如市，飛亟奏以漢上六郡間田處之。【初，烏珠敗於朱仙鎮，欲棄汴而去。有書生叩馬曰："太子毋走，岳少保且退。"烏珠曰："岳少保以五百騎破吾十萬，京城日夜望其來，何謂可守？"生曰："自古未有權臣在內，而大將能立功于外者，岳少保且不免，況欲成功乎?”烏珠悟遂，留不去。】飛還，烏珠遣兵追之，不及。而河南新復府州，皆復為金有。飛至鄂，力請解兵權。不許。久而入覲，帝問之，飛拜謝而已。《周禮》曰：“飛甫班師，河南遂破，是固天之所以限南北也。或以飛即被詔，違而前進，竟復舊物，以功贖罪，不亦可乎。曰違而前進，則是有跋扈不臣之心，況十二金牌一日迭至，雖功蓋天下，罪亦難贖，君子其肯蒙首惡之名哉?”

紹興十一年春正月……烏珠自敗後，留屯京、亳，出入許、鄭之間。僉兩河軍與舊部十餘萬，以謀再舉。及聞秦檜召諸軍還，乃攻破壽春，遂渡淮入廬州。詔張俊、楊沂中帥兵赴淮西，岳飛進兵江州……三月……岳飛帥兵救濠州，不及，還次舒州。飛將救濠州，奏：“金人舉國南來，其内必虛。若長驅京、洛以擣之，後必奔命，可坐而斃。”帝不從。飛方苦寒嗽，力疾而行，又恐帝急於退敵。乃奏：“臣如擣虛，勢必得利。若以敵方在邇，未暇遠圖，欲乞親至蘄、黄，以議攻卻。”帝乃詔飛會師蘄、黄。飛至濠，而城已破，遂還兵舒州以俟命。夏四月，以韓世忠、張俊為樞密使，岳飛為副使。秦檜力主和議，恐諸將難制，欲盡收其兵權。給事中范同獻計於檜，請除韓世忠、張俊、岳飛樞密府，則兵柄自解。檜喜，乃密奏柘皋之捷，召三將赴行在，論功行賞。於是世忠、俊皆入朝，飛至獨後。檜用王次翁計，俟之七日。既至，遂拜世忠、俊樞密使，飛為副使。罷三宣撫司。五月，詔張俊、岳飛如楚州閱軍。張俊知秦檜欲罷兵，首請以所部隸御前，且力贊和議。檜深喜之，遂罷三宣撫司，以其兵隸御前，遇出師臨時取旨。又置三總領所于湖北、淮東、淮西，以統諸軍錢糧。時更軍制之初，將士多不安，乃命俊、飛往淮東撫世忠之軍。【初[①]，飛在諸軍中年少，以列校拔起，累立顯功，張俊不能平。飛屈己下之，淮西之役，俊以糧乏怵飛，飛不為止。帝賜札褒諭有曰：“轉餉艱阻，卿不後顧。”俊疑飛漏言，還朝及倡言飛逗遛不進，以乏餉為辭。至是俊知世忠忤檜，欲與飛分其背嵬軍。飛義不肯，俊大不悦。既至楚州，俊欲修城為備，飛曰：“當戮力以圖恢復，豈可為退保計。”俊變色。會世忠軍吏景著與總領胡昉言：“二樞密若分世忠軍，恐至生事。”昉上之朝，檜捕著下大理，將以扇搖誣世忠。飛馳書告以檜意，世忠見帝白明。俊於是大憾飛，遂密以飛報世忠事告檜，檜大怒。俊、飛既還，飛遂不復出掌兵，其僚屬多乞宫祠而去。俊每獨出視師，為後俊害飛張本。】……秋七月……錡自順昌之捷驟貴，張俊、楊沂中嫉之。至是，二人

① 自“五月”，同見《資治通鑒後編》卷一百十四。

言於朝曰："淮西之役，岳飛不赴援，劉錡戰不力。"秦檜信之，遂罷錡兵，命錡知荆南府[①]……八月……罷岳飛，奉朝請。飛以恢復為己任，不肯附和議。嘗讀檜奏，至"德無常師，主善為師"之語，恚曰："君臣大倫，根於天性，大臣而忍面欺其主耶。"烏珠遺檜書曰："汝朝夕以和請，岳飛方為河北圖。必殺飛，始可和。"檜亦以飛不死，終梗和議，已必及禍，故力謀殺之。遂諷中丞何鑄、侍御史羅汝楫、諫議大夫万俟卨等，文章論飛奉旨援淮西，暫至舒、蘄而不進；比與張俊按兵淮上，欲棄山陽而不守。乃罷為萬壽觀使，奉朝請……冬十月……秦檜矯詔，下岳飛于大理獄。秦檜必欲殺飛，乃與張俊謀，密誘飛部曲，能告飛事者，優與重賞，卒無應者。俊聞飛嘗欲斬統制王貴，又嘗杖之。乃誘貴告飛，貴不肯，曰："為大將，寧免以賞罰用人。苟以為怨，將不勝其怨。"俊因劫以私事，貴懼而從之。檜又聞飛統制王俊善告訐，號"鵰兒"，以姦貪，屢為張憲所抑。使人諭之，王俊許諾。於是檜謀以張憲、王貴、王俊皆飛部將，使其徒自相攻發，因以及飛父子，庶帝不疑。俊時在鎮江，乃自為狀付王俊，妄言"副都統制張憲謀據襄陽，還飛兵柄"，令告王貴，使貴執憲赴鎮江行樞密府。憲未至，俊預為獄以待之。屬吏王應求白俊以"為樞院，無推勘法"，俊不聽。親行鞫鍊，使憲自誣，謂"得飛子雲手書，命憲營還兵計"。憲被掠無完膚，竟不伏。俊手自具獄成，告檜，械憲至臨安，下大理寺獄。檜奏，召飛父子證憲事。帝曰："刑所以正亂，勿妄追證，動摇人心。"檜矯詔，召飛父子。使者至飛第，飛笑曰："皇天后土，可表此心。"遂與雲就獄。檜命中丞何鑄、大理卿周三畏鞫之。鑄引飛至庭，詰其反狀。飛裂裳，以背示鑄，有舊涅"盡忠報國"四大字，深入膚理。既而閱涅，俱無驗，鑄察其冤，白檜。檜曰："此上意也。"鑄曰："豈區區為岳飛者？强敵未滅，無故戮一大將，失士卒心，非社稷之長計。"檜語塞，乃改命諫議大夫万俟卨。卨素與飛有怨，遂誣飛令于鵬、孫革致書張憲、王貴，令虚申探報，以動朝廷；雲與憲書，令措置，使飛還軍，且云其書已焚。飛坐係兩月，無可證者。或教卨以臺章所指淮西逗遛事為言，卨喜白檜。簿錄飛家，取所賜御札，與往來道途、日月皆可考，乃收其御札，送官藏之滅跡。卨又使鵬、革等證飛受詔逗遛，命評事元龜年取行軍時日雜定之，傅會其獄。大理卿薛仁輔、寺丞李若樸、何彦猷皆言："飛無辜。"判宗正寺士㒟請以百口，保飛無他，且曰："中原未靖。禍及忠義。是忘二聖。不欲復中原也。"皆不聽。韓世忠心不

① 自"張俊、楊沂中嫉之"始，同見《資治通鑒後編》卷一百十四。

平，詣檜詰其實，檜曰："飛子雲與張憲書雖不明，其事莫須有。"世忠曰："'莫須有'三字，何以服天下也。"……十二月……秦檜殺故少保樞密副使武昌公岳飛。歲已暮，而飛獄不成。一日檜手書小紙付獄，即報飛死矣，年三十九。雲與張憲皆棄市，于鵬等從坐者六人，籍飛家貲，徙之嶺南。於是薛仁輔、李若樸、何彥猷皆被黜，佈衣劉允升上書訟飛冤，下大理獄死，齊安王王□以救飛尋放之建州。凡傅成其獄者，皆進秩。洪皓在金，以蠟書奏："金人所畏服者惟飛，至以父呼之。及聞其死，金人酌酒相賀。"【飛事親孝，家無姬侍。吳玠素服飛，願與交驩，飾名妹遺之，飛曰："主上宵旰，豈大將安樂時邪?"卻不受，玠益敬服。帝欲為飛營第，飛辭曰："金兵未退，何以家為?"或問天下何時太平，飛曰："文臣不愛錢，武臣不惜死，天下太平矣。"卒有取民麻一縷以束芻者，立斬以徇。卒夜宿，民開門願納，無敢入者。軍號"凍死不折屋，餓死不虜掠"。卒有疾，飛躬為調藥，諸將遠戍，飛遣妻問勞，其家死事者，哭之而育其孤，或以子婚其女。凡有頒犒，均給軍吏，秋毫不私。善以少擊衆，謀定而後戰，故有勝無敗。猝遇敵不動，故敵為之語曰："撼山易，撼岳家軍難。"張俊嘗問用兵之術，飛曰："仁、信、智、勇、嚴，闕一不可。"飛好賢禮士，覽經史，雅歌投壺，恂恂如書生。每辭官，必曰："將士效力，飛何功之有。"然忠憤激烈，議論持正，不挫于人，卒以此得禍。飛死時，有女痛父冤，抱銀瓶投井以殉，後人因名其井為"孝娥井"。】

紹興十二年……秋八月……秦檜以鑄不傅會岳飛之獄，怨之。諷方俟卨論其過，欲竄諸嶺表。帝不許，遂出知徽州。後復責授秘書少監，徽州居住。

十三年春正月，作太學，以岳飛宅為之。

同上書卷八十七，《宋・高宗皇帝》

紹興二十三年……秋七月，張俊卒。俊握兵最早，屢立戰功。帝于諸將中，眷注特厚。然忌劉錡，附秦檜殺岳飛，為世所鄙薄焉。

紹興二十五年……六月，改岳州為純州，岳陽軍為華陽軍。或言："岳州乃岳飛駐軍之地，又與其姓同，乞改之。"蓋以媚秦檜也。岳州人謂："飛駐軍，乃鄂州，於我州何與，而改之?"

紹興三十二年……秋七月……追復岳飛官，以禮改葬。官其孫六人。【初，飛死，獄卒隗順負其屍，葬之九曲叢祠。至是懸賞購其瘞，順子告於官，而改葬之。墓在今錢塘縣棲霞嶺之左。】

同上書卷八十九，《宋·光宗皇帝》

嘉泰四年……五月，追封岳飛為鄂王。先是賜謚武穆，至是韓侂胄欲風厲諸將，乃追封飛。

同上書卷九十二，《宋·理宗皇帝》

端平三年……三月……襄陽自岳飛收復以來，生聚繁庶，城高池深，甲于邊陲。

撰：《欽定大清會典》卷四十五，《禮部·祠祭清吏司·中祀二》

凡祭前代帝王之禮為廟……兩廡各以其名臣配饗……西廡……岳飛。

撰：《欽定大清會典則例》卷八十二，《禮部·祠祭清吏司·中祀二》

前代帝王廟……西廡原祀……岳飛。

同上書卷八十四，《禮部·祠祭清吏司·群祀三》

乾隆十四年，議準：乘輿巡省中州，御道所經，於附近輦路之前代名臣、忠烈、先賢祠墓，與本朝勛臣雖屬有間，但思表墓式閭，自昔著有令典。恭逢皇帝巡俗省，方禮隆咸秩，應請就該撫咨開祠墓，詳加酌議。其名臣以從祀帝王廟者為斷，如……岳飛等九人……其祠墓均應遣賜祭醊，以昭曠典……祭文由翰林院撰擬，香帛由太常寺，祭品由地方官豫備，遣祭各官照例開列具奏，恭候欽命往祭。

（乾隆）十五年，議準：車駕南巡，凡先賢祠墓在御道三十里內者，據浙撫咨開到部，如……宋岳飛……皆從祀帝王廟……皆與中州議準祀典相符，理應遣祭。

愛新覺羅·弘曆

［清］高晉撰：《欽定南巡盛典》卷五，《竹素園小憩》

策馬山陰廿里強，延緣嶺複達山陽。亭看放鶴緬高士，祠過褒忠嘉鄂王。却喜名園傳翰墨，亦饒幽趣足徜徉。外湖宛與內湖接，咫尺煙宮可泛航。

撰：《評鑑闡要》卷八，《"帝育太祖後子偁之子瑗，於宮中封為建國公"目》

高宗擇立孝宗為嗣，當時多謂付托得人，蓋以藝祖後不克享有天下，人心頗有餘憾。一旦見昌陵之裔復繼大統，不覺溢美任情，至以中興事業推許孝宗，則實過矣。孝宗雖承歡德壽，嚮學右文，不過蒙偏安之業，端處晏然而已。中原侵地，未能恢復尺寸，而符離之役，任用非人，遂至一敗不振，所謂中興者安在？岳飛退喜之言，蓋出於史家過譽，不足信也。

同上書同卷，《"金烏珠以拐子馬來，岳飛令步卒以刀斫馬足，拐子馬相連，一馬仆，二馬不能行"目》

北人使馬，惟以控縱便捷為主，若三馬聯絡，馬力既有參差，勢必此前彼卻，而三人相連，或勇怯不齊，勇者且為怯者所累，此理之易明者。拐子馬之說，《金史》，《本紀》、《兵志》及《烏珠》等傳皆不載，惟見於《宋史》，《岳飛》、《劉錡》傳，本不足為確據。況烏珠戰陣素嫻，必知得進則進、得退則退之道，豈肯羈絆己馬，以受制於人。此或彼時列隊齊進，所向披靡，宋人見其勢不可當，遂從而妄加之名目耳。即所云馬被重鎧，亦徒束縛而不能騁其騰驤之力，尤理所必無。紀事家或狃於兵車駟介之說，強為傅會，不足當有識者一哂。千載傳訛，耳食之徒，無能究其真偽，皆為史册無稽之說所誤，不得不明辯之。

同上書卷十一，《"軍旅他非所敢聞"目》

景帝任于謙，排群議，而力戰守，不可謂無功於宗社。獨是英宗還國，僻處南宮，事同禁錮，而廢后易儲，有貪心焉。天道好還，子亦隨死，終於殺禮，西山實所自取耳。然英宗亦豈得辭寡恩尺佈之譏哉？至於于謙，社稷為重之言，蓋出於吕飴甥喪君有君，及公孫申為將，改立晉，必歸君之意。後世迂儒，無不以是為韙。夫君，猶親也，親為人執，為子者不被髮纓冠而往救之，以示不急，其可乎？則意欲之獄，亦有由來。或猶以為非英宗意，是真不識事體者之言耳。然則當時宜從和議乎？曰："不共之讎，安得與和，繕甲治兵，以從其後，如岳飛之力，戰迎二帝，天下其誰非之？"

同上書同卷，《丘濬議論多偏激，嘗譏范仲淹多事，岳飛未必能恢復，秦檜有再造功注》

論古貴有特識，固不當剿說雷同，亦豈可獨徇偏見？丘濬謂岳飛之未必能恢復，論雖未當，尚從南渡時勢立言。若范仲淹處置西夏，苟且許和，其失在於畏事而並非多事，所見殊為枘鑿。至於秦檜誤國之罪，婦孺咸知，而忽許其有再造功，顛倒是非，實足駭人聞聽。濬學問尚稱淹貫，所補《大學衍義》，自詡其可見施行，何評隲之謬，不近人情，乃至於此？蘇軾稱荀卿好為放言高論而不顧，如濬者，殆更荀之不如者耳。

和珅 等

撰：《大清一統志》卷六十，《常州府》

岳飛【湯陰人。建炎四年，烏珠攻常州、宜興，令迎飛移屯焉。盜郭吉聞飛來，遁入湖，飛遣王貴、傅慶追破之。又遣辯士馬臯、林聚，盡降其衆。有張威武者不從，飛單騎入其營，斬之。避地者賴以免，圖飛像祠之。金人再攻常州，飛四戰皆捷。烏珠舊作兀朮，今改。】

岳武穆廟【在宜興縣治南，祀宋岳飛。】

同上書卷六十三，《鎮江府》

岳飛祠【在丹陽草堰門外。】

岳飛【湯陰人。紹興十一年，詔同張浚往楚州措置邊防，總韓世忠軍還駐鎮江。】

同上書卷六十九，《徐州府》

岳武穆廟【在蕭縣東南。元至正八年，立于縣西北黄柏口，十二年遷于縣東南桃山。】

同上書卷七十三，《通州》

岳王廟【在泰興縣西北口岸鎮，祀宋岳飛。】

同上書卷八十六，《廬州府》

岳飛【湯陰人。紹興三年，烏珠、劉豫合兵圍廬州。高宗手札命飛解圍，提兵趨廬。偽齊已驅甲騎五千逼城，飛張“岳”字旗與“精忠”旗，金兵一戰而潰，廬州平。十一年，諜報金分道渡淮，飛請合諸帥之兵破敵。師至廬州，金兵望風而遁。烏珠改，見前。】

同上書卷一百四十八，《河南省》

岳飛【湯陰人。紹興十年，為河南北諸路招討使。所遣諸將相繼奏捷，飛自以輕騎駐郾城，兵勢甚鋭。烏珠合兵逼郾城，飛大敗之。累戰皆捷，中原大振。飛進軍朱仙鎮，父老百姓輓車牽牛，載糗糧以餽義兵。頂盆焚香迎候者，充滿道路。自燕以南，金號令不行。】

同上書卷一百五十七，《彰德府》

岳飛【字鵬舉，湯陰人。少負氣節，沈厚寡言。家貧力學，尤好《左氏春秋》、《孫吴兵法》。宣和四年，應募，隸留守宗澤。紹興元年，張浚請飛同討李成。飛請為先鋒，大破成軍，江淮平。累授武安軍承宣使。帝手書“精忠岳飛”字以賜之。曆授少保、河南北路招討使。討平群盜，屢破金兵。既敗烏珠於郾城，累戰皆捷，中原大震。方指日渡河，秦檜諷臺臣請班師。一日奉十二金字牌，飛憤惋泣下曰：“十年之力，廢於一旦。”既歸，授樞密副使。檜以飛終梗和議，風万俟卨等劾飛，遣使捕飛父子，命何鑄鞫之，飛裂裳，以背示有“盡忠報國”四大字，深入膚理。坐係兩月，無可誣者。歲暮，獄不成。檜手書小紙付獄，即報飛死。飛至孝，母有痼疾，藥餌必親。母卒，水醬不入口者三日。好賢禮士，覽經文，雅歌投壺，恂恂如書生。然忠憤激烈，議論持正，不挫於人，卒以此得禍。孝宗詔復飛官，謚武穆，後改謚忠武。嘉定四年，追封鄂王。烏珠舊作兀朮，今改。】

同上書卷一百六十八，《汝寧府》

岳鄂王廟【在汝陽縣西門月城内，明正德六年建。宋紹興初，岳飛嘗統軍克復蔡州，又信陽州治東北亦有廟。】

同上書卷二百十七，《杭州府》

岳飛故宅【在府治北。宋紹興中，改為太學。元改建為肅政廉訪司，即今按察司治。相傳飛被害時，有幼女挾銀瓶投井死，今有銀瓶井，在司左側。】

岳飛墓【在錢塘縣棲霞嶺。初，瘞九曲叢祠。孝宗時，改葬今處。墓

木枝皆南向。子雲祔葬。又張憲墓在東山衖口，牛皋墓在劍門關畔。本朝乾隆四十六年，翠華南幸，有御製《題岳武穆墓》詩。】

同上書卷二百三十七，《江西統部》

岳飛【湯陰人。紹興元年，張俊請飛同討李成。成將馬進犯洪州，連營西山。飛自為先鋒，率所部潛軍，出賊右，突其陣。進大敗，走筠州，又設伏敗之，降八萬餘人。引兵至朱家山，又斬其將趙萬。李成自引兵十萬來，飛於樓子莊大破之，遂平江淮。加神武右軍副統制，留洪州，彈壓盜賊。建寇范汝為陷邵武，江西安撫李回檄飛分兵保建昌及撫州，飛遣人以“岳”字植城門，賊望見，相戒勿犯。後平嶺表，又屯江州，平虔、吉盜。授江南西路沿江制置使。】

同上書卷二百四十四，《九江府》

岳飛母墓【在德化縣西南五十里株嶺之麓。飛鎮江州時，母姚氏歿，高宗賜葬於此。明正德中建祠。】

岳飛【湯陰人。紹興二年，授武安軍承宣使，屯江州。甫入境，安撫李回檄飛捕劇賊馬友、郝通、劉忠、孝通、李通亮、張式，皆平之。三年春，召赴行在。江西宣諭劉大中奏飛兵有紀律，人恃以安，今赴行在，恐盜復起。不果行。時虔、吉盜連兵寇掠諸郡，飛悉破降之。】

同上書卷二百五十七，《湖北省》

岳飛【湘州湯陰人。紹興四年，李成挾金人，破襄陽、唐、鄧、隨、郢諸州及信陽軍。除飛荆南鄂岳制置使，尋命兼統黄、復諸州。飛奏：“襄陽六郡，為恢復中原基本。當先取六郡，議營田以足軍食。”遂破李成，悉復諸郡。乃以取郢、唐、鄧、信陽並為襄陽府路，隸飛。飛奏：“襄陽等六郡人戶，闕牛、糧。乞量給官錢，免官私逋負，州縣官以招集流亡為殿最。”六年，入覲，面陳：“襄陽自收復後，未置監司，州縣無以按察。”帝從之。又令湖北襄陽府自知州、通判以下，賢否許飛得自黜涉。張浚至江上，命飛屯襄陽以窺中原。改武勝、定國軍節度使，置司襄陽。】

同上書卷二百六十九，《荆州府【二】》

岳武穆祠【在石首縣西，祀宋岳飛。】

同上書卷二百七十五，《湖南省》

岳飛【為相州湯陰人。紹興元年，賊曹成擁衆十餘萬，歷湖、湘。命飛權荆湖東路安撫都總管。成聞飛至，即分道而遁。飛破之於賀州。成奔連州，飛與張憲、徐慶、王貴追之，成降。五年，除荆湖南北制置使，招捕湖寇楊幺。飛擊之於湖中，擒斬之，餘悉降。飛親行諸砦慰撫，縱老弱歸田籍，少壯為軍，八日而賊平。】

同上書卷二百七十七，《長沙府【二】》

岳武穆祠【有二，俱在茶陵州。一在西門外，名青雲菴；一在西郭山側，名旌忠祠。祀宋岳飛。】

同上書卷二百七十八，《寶慶府》

岳武穆廟【在邵陽縣治南，祀宋岳飛。】

同上書卷二百七十九，《岳州府》

岳武穆祠【在巴陵縣城北七里山下，明成化中建。】

傅澤洪

撰：《行水金鑑》卷十四，《河水・河決内黄》

宋崇寧二年，岳飛生未彌月，河決内黄，水暴至，母姚抱飛坐甕中，衝濤及岸得免，人異之。【《宋史・岳飛傳》。按飛死於紹興十一年辛酉，飛年三十九，逆數至徽宗崇寧二年癸未，乃飛所生之年也。】

高晉

撰：《欽定南巡盛典》卷六十六，《祀典》

乾隆十五年十二月十九日，禮部奏言……本年八月内，聖駕巡幸中州，直隸、河南各省督撫咨請附近輦路之名臣忠烈先賢等祠墓應否致祭，經臣部議準，致祭名臣，以從祀帝王廟者為斷……明春，聖駕南巡，先經臣部敬查應行祀典……其浙江省咨報……錢塘縣……宋岳飛祠墓……查……岳飛……係從祀曆代帝王廟……所有祠墓，或為里居，或為殉節之地……皆與臣部議準中州祀典符合，理應遣祭。

乾隆十六年二月二十日，行在禮部奏言，前經臣部奏準……錢塘縣……宋臣岳飛墓……致祭之處，謹將随駕滿漢文武大臣職名繕寫名籤進呈，恭候欽點六員前往致祭。奏入，奉旨，遣錢陳群、胡寶瑔、七達色、多爾濟四人。其餘二處，量其近處，兼行致祭。

乾隆二十二年正月二十六日，禮部奏言，恭照御路所經三十里内有無應祭處所，臣部行文各該督撫查明報部……浙省咨報……錢塘縣……宋臣岳飛墓……乾隆十六年聖駕南巡，經臣部奏準，照依遣官致祭，此次仍請照例遣祭。

乾隆二十二年二月二十三日，行在禮部奏言，前經臣部奏準……錢塘縣……宋臣岳飛墓……致祭之處，謹將随駕滿漢文武大臣職名繕寫名籤進呈，恭候欽點前往致祭。奏入，奉旨，遣永慶、劉綸、秦蕙田。

同上書卷六十七，《祀典》

乾隆二十七年二月二十五日，行在禮部奏言，先經臣部具奏，浙省……宋臣岳飛……祠墓，遣官拈香奠酒，今謹將扈從文武大臣職名繕寫名籤進呈，恭候欽點二員致祭，三員拈香奠酒。奏入，得旨，讀文致祭遣永福、介福，拈香奠酒遣張成勛、程巖、張映辰。

乾隆三十年閏二月初一日，行在禮部奏言，先經臣部具奏……錢塘縣……宋臣岳飛……祠墓……遣官拈香奠酒，謹將扈從文武大臣職名繕寫名籤，恭候欽點一員致祭，二員拈香。奏入，得旨，致祭遣雙慶，拈香遣張若澄、孫灝。

同上書卷六十八，《祀典》

乾隆四十五年二月二十八日，行在禮部奏言，前經臣部奏淮浙江省……錢塘縣……宋臣岳飛墓……遣官拈香奠酒，謹將扈從大臣職名繕寫名簽，恭候欽點一員讀文致祭，欽點二員拈香奠酒。奏入，得旨，南鎮、會稽山神、夏禹王陵、海潮神廟、江潮神廟遣德明，其餘遣王昶、倪承寬。

乾隆四十九年三月十一日，行在禮部奏言，前經臣部奏準浙江省……錢塘縣……宋臣岳飛墓……請遣官拈香奠酒，謹將扈從大臣職名繕寫名簽，恭候欽派四員分路前往。奏入，得旨，海潮神廟遣扎拉翰，江潮神廟遣德明，其餘遣朱珪、達椿。